【权威解读】

# 中华人民共和国
# 反间谍法
# 释义

主编
王爱立
副主编
黄永 许永安 王宁



中国法制出版社
CHINA LEGAL PUBLISHING HOUSE

# 前 言

反间谍斗争本质上是反渗透、反颠覆、反窃密斗争，直接关系国家政治安全等核心安全。新中国成立以来，特别是改革开放以来，境外间谍组织和各种敌对势力危害我国家安全，意图颠覆我国政权和社会主义制度的敌对活动从未停止，各种间谍和破坏活动愈演愈烈，范围不断扩大，领域不断扩展，造成的危害也极为严重。为坚决捍卫国家安全，依法开展反间谍等国家安全工作，1993 年 2 月，第七届全国人民代表大会常务委员会第三十次会议通过了《中华人民共和国国家安全法》，为依法严厉惩治间谍组织和各种敌对势力危害我国家安全的行为奠定了坚实的法治基础。

进入新时代，在总体国家安全观的指引和要求下，需要制定一部具有综合性、全局性、基础性的新国家安全法，需要将国家安全法的法名让渡出来，并制定反间谍法。2014 年 11 月，第十二届全国人民代表大会常务委员会第十一次会议通过《中华人民共和国反间谍法》。反间谍法是贯彻落实总体国家安全观的第一部法律，是规范和保障反间谍斗争的专门法律，具有特殊的立法意义。

反间谍法颁布施行近十年来，我国的国家安全形势又发生了重大变化，为了更好地贯彻落实党的二十大精神和党中央为加强反间谍工作的一系列重要决策部署，需要修订反间谍法，以法治方式保障并加强反间谍工作，提高专门机关的反间谍工作能力，增强全民国家安全意识和素养，以应对急剧变化的国家安全形势，坚决捍卫国家主权、安全和发展利益，统筹好发展和安全、开放和安全、传统安全和非传统安全、维护国家安全和塑造国家安全，以新安全格局保障新发展格局。2023 年 4 月 26 日，第十四届全国人民代表大会常务委员会第二次会议审议通过了新修订的《中华人民共和国反间谍法》，同日，国家主席习近平签署第四号主席令公布，新修订的反间谍法自 2023 年 7 月 1 日起施行。

修订反间谍法，是进一步完善国家安全法治体系的一件大事，为深入学习、广泛宣传、切实实施好新修订的反间谍法，全国人大常委会法制工作委员会参与这部法律修订工作的有关同志编写了《中华人民共和国反间谍法释义》一书，对新修订的反间谍法进行逐条释义，力求对反间谍法的每条规定进行全面、准确、深入的阐释，对重点问题和实践中需要注意的问题作了重点提示，为读者准确理解把握新修订的反间谍法的主要精神和内容提供帮助。本书由全国人大常委会法制工作委员会刑法室主任王爱立担任主编，刑法室副主任黄永、许永安、二级巡视员王宁担任副主编，参加本书编写的还有张义健、黄星、伊繁伟、王瑞、马曼、骆程、张金勇、王雷、纪文哲、刘筱彤、张宇翔等同志。法制工作委员会刑法室对反间谍法修订的背景和主要内容作了说明，国家安全部法治办公室对修订反间谍法的重大意义、主要内容和落实反间谍法的实践要求作了解读。此外，本书还附录了修订后的反间谍法、2014 年反间谍法、1993 年国家安全法条文、对照表及相关法律文件。

由于水平有限，书中难免有不足之处，恳请读者批评指正。希望本书的出版，能够对大家学习《中华人民共和国反间谍法》有所帮助。

编　者

2023 年 6 月

# 修订反间谍法的主要背景和内容

法制工作委员会刑法室

2023年4月，第十四届全国人大常委会第二次会议高票通过了反间谍法修订草案，自2023年7月1日起开始实施。这是自2014年反间谍法实施以来的一次全面修订。此次修订全面贯彻落实习近平法治思想，坚持总体国家安全观，以党的二十大精神为指引，立足新时代反间谍斗争的需要，将党中央对反间谍工作的重大决策部署转化为法律，坚决维护政治安全、政权安全，保护人民利益，积极回应我国反间谍斗争面临的新情况和新问题，统筹传统安全与非传统安全，推动发展和安全的深度融合，同时进一步丰富反渗透、反颠覆、反窃密斗争的“法律武器库”，以新安全格局保障新发展格局。

## 一、反间谍法修订的主要背景和工作过程

### （一）反间谍法修订的背景情况

#### 1. 需要以更高水平贯彻落实总体国家安全观

党的二十大提出，必须坚定不移贯彻总体国家安全观。反间谍工作本质上是反渗透、反颠覆、反窃密斗争，维护国家政治安全、政权安全等国家核心安全。以立法形式维护国家安全是国际通行做法，反间谍法作为我国维护国家安全法治体系的一部重要法律，为依法防范、制止和惩治间谍行为发挥了关键性作用。适时对反间谍法进行修改和完善，是坚持系统观念，及时提高维护国家安全能力和依法治国水平的重要举措。党的十八大以来，在习近平总书记总体国家安全观的指引下，我国国家安全体系和能力得到全面加强，国家安全领导体制和法治体系、战略体系、政策体系不

断完善。2014 年，习近平总书记在中央国家安全委员会第一次会议上创造性地提出总体国家安全观。2017 年，党的十九大将坚持总体国家安全观纳入新时代坚持和发展中国特色社会主义的基本方略，并写入党章。2020 年，习近平总书记在主持十九届中央政治局第二十六次集体学习时，对总体国家安全观作出全面、系统、完整的论述，阐明了新时代国家安全工作的总体目标，提出“十个坚持”的要求。2022 年，党的二十大进一步明确“推进国家安全体系和能力现代化，坚决维护国家安全和社会稳定”，并且提出了明确目标。从时间脉络上看，2014 年颁布的反间谍法是我国贯彻落实总体国家安全观的第一部法律，而此次修订反间谍法是适应新时代维护国家安全的要求，更高水平、更全面贯彻落实总体国家安全观的重要举措。

2. 需要与国家安全法治体系的相关法律更紧密地衔接

党的十八大以来，以总体国家安全观为指导，在党中央的坚强领导下，全国人大及其常委会加速构建国家安全法治体系，夯基垒石、立柱架梁，颁布实施了国家安全领域具有综合性、全局性、基础性的国家安全法，并且继续制定、修改多部法律，主要包括反恐怖主义法、核安全法、生物安全法、网络安全法、数据安全法、密码法、反外国制裁法以及一系列涉及军事、国防方面的法律。同时，现行的反分裂国家法、刑法、保守国家秘密法等也是国家安全法治体系的重要组成。据统计，我国现有 30 多部法律重点规范各领域国家安全有关内容。可以说，国家安全法治体系的“四梁八柱”已经形成，并且还将继续发展和完善。

反间谍法是国家安全法治体系的承重石，依法开展反间谍工作，需要与国家安全法治体系的相关法律做好衔接，形成系统性合力，对各领域的国家安全予以周延保护。随着新形势下国家安全的内涵和外延发生显著变化，非传统安全领域维护国家安全的任务更加紧迫。对反间谍法进行必要的修改，既可以从国家安全法治体系的高度，明确当前维护国家安全的边界和范围，确定行为的性质，给社会公众以正确的指引，并对开展好反间谍工作的法理依据进行再强调、再提炼，同时也可以根据新形势新任务对反间谍工作进行再加强、再提升，进一步完善国家安全法治体系，实现相互促进、共同发展的格局。

3. 需要适应新形势下反间谍斗争需要

自新中国成立，特别是改革开放以来，境外各种敌对势力危害我国国家安全，意图颠覆我国政权和社会主义制度的敌对活动从未停止，包括境外间谍情报机关在内的各种敌对势力对我国的间谍和破坏活动愈演愈烈，范围不断扩大，领域不断扩展，涉及经济建设以及社会生活等多个领域。我国国家安全领域的斗争一直是尖锐、复杂的。1993 年国家安全法和 2014 年反间谍法等相关规定，将反间谍工作纳入法治轨道，实现了法治固根本、稳预期、利长远的保障作用，极大提高了我国开展反间谍工作的能力和水平。

当前，我国发展处于新阶段，中国特色社会主义进入新时代，中华民族迎来了实现伟大复兴的光明前景。境外间谍情报机构等敌对势力加紧对我实施渗透破坏，不断变化手段试图颠覆和破坏我国的社会主义制度，妄图迟滞、中断中华民族伟大复兴进程。实践中，各类间谍情报活动的主体更加复杂、领域更加广泛、目标更加多元、手法更加隐蔽，传统安全威胁与非传统安全威胁相互交织，传统安全领域的窃密、渗透、破坏活动不容忽视，非传统安全领域的间谍活动也呈现专业化、科技化，防控难度加大，反间谍工作面临前所未有的挑战。2014 年颁布施行的反间谍法，在实施中存在安全防范制度不健全、行政执法赋权不足等问题，已经不能适应新形势下贯彻落实总体国家安全观和反间谍斗争实践需要，法治供给需要及时跟进和补足，修订反间谍法显得十分必要和紧迫。

（二）反间谍法修订的主要工作过程

2021 年，全国人大监察司法委就反间谍法实施情况开展专题调研，提出修法立法建议，推动将修改反间谍法列入全国人大常委会 2022 年度立法工作计划。2021 年 12 月至 2022 年 1 月，全国人大监察司法委会同 7 个中央有关部门共同组成工作专班负责修订起草工作，形成了反间谍法修订草案。2022 年 8 月，全国人大监察司法委提出议案，将反间谍法修订草案提请第十三届全国人大常委会第三十六次会议进行初次审议；同年 12 月，第十三届全国人大常委会第三十八次会议对修订草案进行了二次审议。修订草案二次审议后，在中国人大网全文公布修订草案二次审议稿，公开征求社会公众意见。同时，全国人大常委会法工委通过多种形式广泛征求意见，将修订草案印发多个省（区、市）人大常委会、全国基层立法联系点及中央有关部门等征求意见；通过召开座谈会等方式，听取部分全国人大代表、反间谍工作基层执法部门、企业和相关专家学者等各方面的意见；赴地方调研，深入了解反间谍工作一线的实际情况，专门听取工作一线执法部门和重点防范单位等同志的意见。

按照立法法的有关规定，全国人大常委会法工委还在修订草案提请三次审议前，召开立法通过前评估会，邀请部分全国人大代表、基层执法部门、专家学者等对修订草案主要制度规范的可行性、出台时机、社会效果和可能发生的问题进行了评估。在充分吸收常委会审议意见和各方面意见的基础上对修订草案进行修改完善。反间谍法修订工作，充分体现了党的领导、人民当家作主、依法治国有机统一的制度体制优势，充分体现了法治在推进国家治理体系和治理能力现代化中的重要作用。

2023 年 4 月，第十四届全国人大常委会第二次会议对反间谍法修订草案进行了第三次审议，并于 4 月 26 日表决通过。国家主席习近平于当日签署第四号主席令予以公布，自 2023 年 7 月 1 日起施行。

**二、反间谍法修订的主要内容**

2014 年颁布施行的反间谍法有 5 章共计 40 条规定。在此基础上，2023 年修订反间谍法，新增 29 条，修改 41 条，修订后的反间谍法有 6 章共计 71 条规定，几乎每一条都作了修改和完善。

（一）贯彻落实党的二十大精神，强化党中央对反间谍工作的领导

党的二十大提出“坚持党中央对国家安全工作的集中统一领导，完善高效权威的国家安全领导体制。”反间谍法修订工作全面贯彻落实党的二十大精神，进一步加强党中央对反间谍工作的集中统一领导，主要体现在以下方面：

1. 完善反间谍工作基本原则

反间谍法规定的基本原则统领法律中各项具体规定。此次修订反间谍法对法律第二条规定的工作基本原则作了多处重要修改。

一是，明确“坚持党中央集中统一领导”反间谍工作。习近平总书记指出“坚持党对国家安全工作的领导，是做好国家安全工作的根本原则。”总结近十年来反间谍工作，党中央的集中统一领导是反间谍工作得以加强、反间谍能力得以提升的根本原因。为更好地开展反间谍工作，在新形势下高质量地贯彻落实总体国家安全观，需要在法律中对此作进一步明确。此次修订反间谍法将反间谍工作“坚持中央统一领导”修改为“坚持党中央集中统一领导”，以明确党中央对反间谍工作的绝对领导。

二是，增加规定反间谍工作应当“坚持总体国家安全观”。制定并修订反间谍法是全面依法治国过程中贯彻落实总体国家安全观的重要举措。反间谍工作只有在总体国家安全观的指导下，才可以与时俱进，周延维护国家安全。此次修订反间谍法，在法律基本原则中增加了“坚持总体国家安全观”的规定。

三是，增加反间谍工作要坚持“标本兼治”“筑牢国家安全人民防线”的规定。反间谍斗争具有长期性和艰巨性。对间谍行为加大打击和惩治力度，是十分重要的“靶向治疗”。同时，还需要进一步织密反间谍法网，既“治已病”，也“治未病”，充分发挥安全防范间谍行为的作用。只有增强全民反间谍安全防范意识和国家安全素养，发挥人民群众防范和制止间谍行为的作用，才可以做到打防并举，达到“标本兼治”的目的和效果。此次修订反间谍法，在法律原则中增加了坚持“标本兼治”“筑牢国家安全人民防线”的规定。

基于以上，修订后的反间谍法第二条规定：“反间谍工作坚持党中央集中统一领导，坚持总体国家安全观，坚持公开工作与秘密工作相结合、专门工作与群众路线相结合，坚持积极防御、依法惩治、标本兼治，筑牢国家安全人民防线。”

2. 建立国家层面的反间谍工作协调机制

反间谍工作是一项系统工程，不只是专门机关一家的责任，而是社会各相关主体的共同职责，需要各部门各方面通力协作、加强配合，共同打造国家安全的钢铁长城。建立国家层面的反间谍工作协调机制，是加强党中央集中统一领导反间谍工作的制度设计，以保障各方面的协调效果，将主体责任落到实处，切实凝聚各方面力量，加强反间谍工作。具体而言，国家层面建立反间谍工作协调机制，需要对反间谍工作中的重大事项、重大问题进行统筹协调和研究、解决，形成工作合力，强化工作力度。

基于以上，修订后的反间谍法新增加第五条规定："国家建立反间谍工作协调机制，统筹协调反间谍工作中的重大事项，研究、解决反间谍工作中的重大问题。"

（二）与国家安全法治体系中的其他法律规定相衔接，清晰界定间谍行为的定义范围

明确什么是间谍行为，是反间谍法最核心的内容，也是此次修订反间谍法的重点。当前社会生活、科学技术等各领域发展迅速，实践中一些新行为新情况是否属于间谍行为需要站在新的历史时期，严格贯彻落实总体国家安全观，整体考虑国家安全法治体系的内容和要求，在法律上予以界定和明确。此次修订完善了间谍行为的定义，回应实践关切，紧跟全面依法治国的最新立法成果，与其他法律法规相衔接，清晰界定间谍行为的定义范围，织密国家安全法网。主要体现以下几个方面：

1. 进一步明确特定主体"窃密"对象范围

修订后的反间谍法第四条第一款第三项将间谍组织及其代理人以外的其他境外机构、组织、个人等窃取、刺探、收买、非法提供"其他关系国家安全和利益的文件、数据、资料、物品"的行为明确为间谍行为。2014年反间谍法规定上述特定主体窃取、刺探、收买、非法提供国家秘密或者情报，属于间谍行为。此次修订反间谍法在保留和延续原法律规定的基础上，总结实践中的情况，对既有规定的"情报"的概念，从范围到载体作了进一步的细化和明确，即特定主体"窃密"对象范围为"国家秘密、情报以及其他关系国家安全和利益的文件、数据、资料、物品"。从社会危害性的角度看，窃取"其他关系国家安全和利益的文件、数据、资料、物品"与窃取国家秘密、情报的社会危害性应是相当的，整体上有利于社会公众

区分合法行为与违法行为，只要针对这些对象实施了窃取、刺探、收买、非法提供的行为，就属于间谍行为。

2. 增加利用网络实施间谍行为的规定

修订后的反间谍法第四条第一款第四项中将“间谍组织及其代理人实施或者指使、资助他人实施，或者境内外机构、组织、个人与其相勾结实施针对国家机关、涉密单位或者关键信息基础设施等的网络攻击、侵入、干扰、控制、破坏等活动”明确为间谍行为。互联网的飞速发展，在为人民群众生活带来更多便利，促进社会进步的同时，也容易被间谍所利用。当前，网络成为间谍窃密活动的新空间和主战场之一，境外间谍组织等实施的网络攻击、破坏活动日渐增多，“成本小、收益大”“无差别、全天候”的特点，使网络间谍行为成为境外间谍组织及其代理人对我实施窃密、破坏行动的重要途径。针对当前网络间谍多发、高发态势，修订后的反间谍法明确了网络间谍的行为方式，为实践中依法识别、防范和惩治网络间谍行为提供法律依据。

3. 与国家安全法治体系中的相关法律实现衔接

修订后的反间谍法关于间谍行为的定义，延续以往的立法体例列举了几种间谍行为，对这些行为规定的理解不能限于反间谍法自身文本的有限体量，更不可做断章取义地解释，造成相关概念被不当地放大或缩小，影响法律实施的效果。对这些行为规定的理解，需要从我国法律体系，特别是从国家安全法治体系的相关法律中作系统化地理解和认定，实现法律之间的有效衔接。事实上，间谍行为定义中出现的一些概念，在其他法律中不仅是明确的，而且已经经历长期实践检验，较为清楚和易于判断，有利于社会公众识别和执法司法机关办理案件。

一是，修订后的反间谍法第四条中规定的“间谍组织及其代理人”的范围，与我国 1997 年修订后的刑法第一百一十条明确规定的间谍犯罪中的“间谍组织及其代理人”的含义是一致的。

二是，修订后的反间谍法第四条第一款第一项中的“危害中华人民共和国国家安全”主要是指危害到国家安全法第二条所规定的国家安全，即危害到国家政权、主权、统一和领土完整、人民福祉、经济社会可持续发展以及国家其他重大利益，严重侵害了上述国家核心利益的安全和国家其他重大利益相对处于没有危险和不受内外威胁的状态，以及保障持续安全状态的能力。

三是，修订后的反间谍法第四条第一款第三项中的“关系国家安全和利益的数据”主要是指数据安全法第二十一条第二款规定的，实行更加严格的管理制度保护的关系国家安全、国民经济命脉、重要民生、重大公共利益等国家核心数据。

四是，修订后的反间谍法第四条第一款第四项中的“关键信息基础设施”的范围，根据网络安全法第三十一条的规定，其具体范围由国务院制定。国务院2021年制定的关键信息基础设施安全保护条例第二条明确了相关范围，即指公共通信和信息服务、能源、交通、水利、金融、公共服务、电子政务、国防科技工业等重要行业和领域的，以及其他一旦遭到破坏、丧失功能或者数据泄露，可能严重危害国家安全、国计民生、公共利益的重要网络设施、信息系统等。

此外，针对实践中的问题，此次修订反间谍法增加了投靠间谍组织及其代理人、胁迫国家工作人员叛变、针对第三国开展间谍活动等间谍行为方式。总体而言，修订后的间谍行为的定义与2014年反间谍法对于间谍行为的定义一样，聚焦于危害中华人民共和国国家安全的违法犯罪行为，而且更加清晰明确，公开透明，明确了非法行为和合法行为的界限。

### （三）加强对反间谍工作的保障与监督，尊重和保障人权

修订后的反间谍法在加强反间谍工作，依法防范、制止和惩治间谍行为的同时，更加注重坚持法治原则，兼顾赋权与限权，加强对公权力的监督制约，依法保护个人和组织的合法权益。例如，反间谍法第三条明确规定“反间谍工作应当依法进行，尊重和保障人权，保障个人和组织的合法权益”。该条规定在法条的位置上由2014年反间谍法的第五条提前至修订后的第三条，体现了国家在开展反间谍工作时，对尊重和保障人权的庄严承诺和坚定的法治决心。

再比如，反间谍法在总则部分第十一条规定了国家安全机关工作人员应当严格依法办事，不得超越职权、滥用职权，不得侵犯个人和组织的合法权益，并对工作中获取的信息予以保密。在总则部分规定国家安全机关工作人员的责任义务和禁止性规定，是此次修订反间谍法向全社会传递的重要信号。国家安全机关工作人员在执行本法其他规定的时候，都需要遵守总则的责任义务和禁止性规定，并接受全社会监督。修订后的反间谍法第六十九条同步配置了法律责任，如果国家安全机关工作人员违反了总则的该条规定，依法予以处分，构成犯罪的，依法追究刑事责任。

此外，修订后的反间谍法设置"保障与监督"专章，进一步明确国家安全机关执法规范要求，严格审批程序，加强对国家安全机关工作人员的监督，明确国家安全机关应当执行内部监督和安全审查制度。个人和组织依法享有检举、控告权利，并规定了可以申请的救济措施等，使尊重和保障人权的规定有具体的制度和程序予以落实。

反间谍法具有较强的涉外性。制定并修改完善反间谍法，同时加强对反间谍工作的保障与监督，强调尊重和保障人权，是维护我国开放安全的法治举措。我国坚持改革开放，加强贸易、文化、学术、科技等方面对外交流，欢迎并吸引来华商贸、投资和访问。制定并不断修改完善反间谍法，就是为了更好地坚持对外开放政策，营造稳定和谐的社会环境，一方面依法惩处危害我国国家安全的间谍行为，抵御借助我国对外开放政策而实施的渗透、策反、窃密活动；另一方面对依法开展对华交流、交往的境外个人和组织的合法权益，在华合法进行的经营、投资、工作等活动，明确依法予以保护。

### （四）加强反间谍工作体制机制建设，提高维护国家安全能力

1. 加强安全防范制度建设

2014 年反间谍法对机关、团体和其他组织以及重点领域、单位、人员的安全防范责任缺乏明确规定；缺乏反间谍宣传教育组织方面的统筹性规定。

此次修订反间谍法，总结反间谍安全防范的实践经验，增加"安全防范"专章，对各单位的反间谍安全防范主体责任、地方各级政府、行业主

管部门的管理责任、重点单位的安全防范责任、国家安全机关的协调指导和监督检查职责以及涉及国家安全事项的建设项目许可等方面作了规定，形成了有体系、有重点、有具体措施的反间谍安全防范体制机制。通过具体规定，依法明确“防什么、谁来防、怎么防”，有利于进一步压实反间谍安全防范责任，提升全社会特别是核心要害领域的安全防范工作能力和水平。

2. 完善反间谍调查处置措施

2014 年反间谍法对防范、制止和惩治间谍行为的行政执法赋权不足，行政强制措施缺乏，调查措施缺乏配套保障，适用范围较窄。

此次修订反间谍法，根据执法实践的实际需求，整合完善“调查处置”专章，与网络安全法、数据安全法、出境入境管理法等相关法律做好衔接，增加查阅调取数据、传唤、查询财产信息、不准出入境等行政执法职权；明确国家安全机关执法规范要求，严格审批层级和程序，实现规范化执法；增加对发现的网络安全风险等的通报和处置措施；增加对国家秘密、情报的鉴定评估机制；增加行刑衔接的规定。

3. 完善法律责任，兼顾预防和惩治

2014 年反间谍法中行政处罚适用的情形有限，处罚种类少、层次性弱、惩戒力度偏轻，规定的行政拘留主要针对不配合国家安全机关调查取证，阻碍国家安全机关依法执行任务等行为，对大量的尚不构成犯罪，同时又具有打击必要性的危害国家安全行为只能处以警告、没收违法所得和非法财物，缺乏行政拘留、罚款等处罚措施，造成行政处罚与刑事处罚之间存在空档，缺乏科学性和合理性。

此次修订反间谍法，根据反间谍工作的实际需要，扩大行政处罚的适用情形，对涉及间谍行为的轻微违法行为明确规定罚款、拘留等行政处罚，对帮助实施间谍行为的一并处罚；增加约谈、通报批评、罚款、暂扣或者吊销许可证件等处罚种类；立足我国反间谍工作实践，做好与行政处罚法、行政诉讼法、刑事诉讼法等相关法律的衔接，增强法律的可操作性。

# 深入学习贯彻反间谍法<br>坚持在法治轨道上开展反间谍工作

国家安全部法治办公室

2023 年 4 月 26 日，十四届全国人大常委会第二次会议通过了新修订的《中华人民共和国反间谍法》（以下简称反间谍法），自 2023 年 7 月 1 日起施行。反间谍法是党的二十大后国家安全领域的首部专门立法，也是新一届全国人大常委会审议通过的第一部法律，充分体现了以习近平同志为核心的党中央对国家安全工作的高度重视，体现了国家立法机关加快完善中国特色国家安全法律制度体系的坚定态度，对深化新时代反间谍斗争、筑牢国家安全法治屏障具有里程碑意义。国家安全机关要以学习贯彻反间谍法为抓手，深入贯彻习近平法治思想和总体国家安全观，全面落实党的二十大精神，全面提升运用法治思维和法治方式开展国家安全工作的能力水平，坚决护航强国建设和民族复兴伟业。

**一、修订反间谍法的重大意义**

法律是治国之重器，法治是治国理政的基本方式。踏上全面建设社会主义现代化国家新征程，面对新形势新任务新挑战，反间谍法的修订出台，具有特殊重要意义。

*贯彻习近平法治思想和总体国家安全观的重要实践。*习近平法治思想和总体国家安全观是习近平新时代中国特色社会主义思想的“法治篇”和“国家安全篇”，实现了马克思主义法治理论、国家安全理论中国化时代化新的飞跃，为中国特色国家安全法治实践提供了根本遵循和行动指南。修订反间谍法，把深入贯彻习近平法治思想和总体国家安全观作为贯穿始终

的一条红线，通篇鲜明体现了坚持党中央对反间谍工作的集中统一领导、国家安全一切为了人民一切依靠人民、统筹发展和安全、统筹传统安全和非传统安全、依法开展反间谍工作等核心要义和实践要求，以制度化、法治化方式推动党的创新理论在隐蔽战线落地生根，对深化新时代新征程反间谍斗争具有重大指导意义。

运用法治护航中国式现代化的有力保障。党的二十大擘画了全面建成社会主义现代化强国、以中国式现代化全面推进中华民族伟大复兴的宏伟蓝图。当前，我国发展站在了新的历史起点，外部环境和安全格局发生了重大变化，各种可以预料和难以预料的风险挑战、艰难险阻甚至惊涛骇浪，对国家安全工作提出了更高要求。特别是各种间谍活动的新主体新行为新危害多元复杂，传统安全风险和非传统安全风险相互交织，迫切需要完善我国反间谍法律制度，筑牢国家安全法治屏障。反间谍法的修订出台，为新形势下防范打击各种间谍活动、维护国家安全提供了有力法律武器，为以新安全格局保障新发展格局、以高水平安全保障高质量发展筑牢了法治基石。

完善中国特色国家安全法律制度体系的最新成果。党的十八大以来，在以习近平同志为核心的党中央坚强领导下，以 2015 年国家安全法为统领，20 余部国家安全专门立法接连出台，110 余部含有国家安全条款的法律法规相继制定修订，中国特色国家安全法律制度体系加速构建形成，为有效维护国家安全提供了坚强法治保障。党的二十大报告鲜明提出“全面推进国家各方面工作法治化”，要求“完善国家安全法治体系”。《反间谍法》的修订出台，是落实党的二十大精神的重要成果，是对中国特色国家安全法律制度体系的重要完善，为新时代新征程谱写“中国特色国家安全之治”新篇章提供了有力法律支撑。

推进隐蔽战线工作体系和能力现代化的重大举措。法治是国家治理体系和治理能力的重要依托，一直以来，国家安全法治建设与隐蔽战线事业紧密相连、息息相关。1983 年，国家安全部成立之初，六届全国人大常委会第二次会议通过《全国人民代表大会常务委员会关于国家安全机关行使公安机关的侦查、拘留、预审和执行逮捕的职权的决定》，这是关于国家安全机关性质和职权的第一个法律文件。1993 年，十年磨一剑，七届全国人大常委会第三十次会议通过国家安全法，这是新中国第一部国家安全专门法律。2013 年，着眼新时代党和国家事业需要，党的十八届三中全会决定设立中央国安委，统筹推动国家安全法治建设取得历史性成就、发生历史性变革。2023 年，踏上全面建设社会主义现代化国家新征程，反间谍法的全面修订，对在法治轨道上推进隐蔽战线工作体系和能力现代化具有重要深远意义。

**二、修订反间谍法的主要内容**

2014 年反间谍法施行以来，对于防范、制止和惩治间谍行为，维护国家安全，发挥了重要作用。同时，这部法律源于 1993 年国家安全法，主体内容已施行 30 年。面对新形势下反间谍斗争需要，原反间谍法存在的间谍行为界定不清晰、防范制度不健全、执法赋权不完善、法律责任不匹配等问题日渐突出，亟需全面修订完善。这次修订反间谍法，遵循科学立法、民主立法、依法立法，坚持问题导向、目标导向、效果导向，主要内容包括六个方面。

*更加突出政治引领。*反间谍工作本质上是反渗透反颠覆斗争，事关政权巩固、国家安危，具有很强的政治性，必须牢牢把握政治方向。这次修法，将反间谍工作“坚持中央统一领导”进一步明确为“坚持党中央集中统一领导”，旗帜鲜明推动党的领导入法入规，从法律上落实坚持党对国家安全工作的绝对领导这一根本原则；增加“坚持总体国家安全观”作为反间谍工作指导思想并贯穿法律全篇，以党的创新理论指导反间谍斗争实践；明确“国家建立反间谍工作协调机制”，统筹协调反间谍工作重大事项、解决重大问题，进一步完善中国特色反间谍工作顶层设计，更好运用制度优势打好新时代新征程反间谍斗争。

*精准界定间谍行为。*科学界定间谍行为范围，及时纳入法律管制范畴，是实现依法打击的基本前提。近年来，各类间谍活动的主体更加复杂、领域更加广泛、目标更加多元、手法更加隐蔽、危害更加严重。这次修法，

立足更加精准“保护合法、打击非法”，增加了网络间谍、投靠间谍组织及其代理人、针对第三国的间谍行为，明确为境外窃取、刺探、收买、非法提供其他关系国家安全和利益的文件、数据、资料、物品属于间谍行为。通过进一步清晰界定间谍行为的内涵与外延，更加准确划定了合法非法的行为边界，既有利于保护和促进正常对外交流合作，又有利于依法惩治间谍违法犯罪行为，实现促发展和保安全的良性互动。

构建安全防范体系。反间谍工作是一项系统工程，既要惩更要防，必须把加强安全防范作为基础工作和前端环节。这次修法，针对原反间谍法安全防范制度不健全的问题，增加“标本兼治”作为反间谍工作的基本原则，增设“安全防范”专章，全面压实各单位反间谍安全防范的主体责任、地方人民政府和行业主管部门的管理责任、国家安全机关的指导监督责任，完善重点单位反间谍安全防范措施，明确涉及国家安全事项的建设项目许可制度，畅通公民举报间谍行为渠道，从法律上对“防什么”“谁来防”“怎么防”作出系统性规范。

全面规范查处措施。反间谍工作政治性、专业性、斗争性很强，既要科学合理赋权，依法保障执法部门及时有效发现处置间谍违法犯罪行为，又要严格规范限权，确保始终按照法律规定的权限和程序行使各项执法权。这次修法，针对间谍活动的敌情变化和突出特点，完善了反间谍执法必需的调查处置措施，为开展新形势下反间谍工作提供了更加完备的法律保障。同时，反间谍法对执法情形、执法主体、执法程序、执法证件等作出一系列明确规范和限定，对国家安全机关严格规范公正文明执法提出了新的更高要求。

强化教育震慑作用。坚持教育和惩治相结合，引导公民和组织自觉守法，是我国重要的法治原则。这次修法，一方面鼓励教育挽救，对实施间谍行为，有自首或立功表现的，可从轻、减轻或免除处罚，有重大立功表现的给予奖励；对在境外受胁迫或者受诱骗参加间谍组织，从事危害国家安全活动，及时如实说明情况并有悔改表现的，可不予追究。另一方面坚持依法惩治，对涉及间谍行为的轻微违法行为，明确规定警告、罚款、拘留等行政处罚，明确帮助他人实施间谍行为、单位实施间谍行为的法律责任，增加通报批评、暂扣或者吊销许可证件等处罚种类；涉嫌构成犯罪的，依法追究刑事责任，有效织密法网。

加强权力制约监督。有权必有责、用权受监督，是权力运行的基本原则，也是锻造新时代国安铁军的基本要求。这次修法，明确规定国家安全机关应当严格执行内部监督和安全审查制度，对工作人员遵守法律和纪律等情况进行监督；任何个人和组织对国家安全机关及其工作人员超越职权、滥用职权和其他违法行为，都有权向有关部门检举控告。为落实全面从严管党治警责任，2023 年 4 月，国家安全部向全社会公布监督举报电话和举报信箱，广泛接受社会各界监督，确保权力始终运行在法治轨道上。

**三、落实反间谍法的实践要求**

这次修订反间谍法，是对长期以来反间谍工作经验规律的系统总结，也是新形势下深化反间谍斗争的重要指引。反间谍法明确规定，“反间谍工作坚持党中央集中统一领导，坚持总体国家安全观，坚持公开工作与秘密工作相结合、专门工作与群众路线相结合，坚持积极防御、依法惩治、标本兼治”，这一系列工作原则是开展新时代新征程反间谍斗争必须遵循的基本要求。

坚持党的绝对领导。习近平总书记指出，中国共产党领导是中国特色社会主义最本质的特征，是中国特色社会主义制度的最大优势，是党和国家的根本所在、命脉所在。开展新时代新征程反间谍斗争，必须坚持党对国家安全工作的绝对领导，坚持走中国特色国家安全道路，坚持中央国安委主席负责制，深刻领悟“两个确立”的决定性意义，增强“四个意识”、坚定“四个自信”、做到“两个维护”，更加自觉在思想上政治上行动上同以习近平同志为核心的党中央保持高度一致，确保国家安全机关“刀把子”始终掌握在党和人民手中。

坚决维护政治安全。坚持把政治安全放在首要位置，是新时代国家安全工作的生命线。政治安全的核心是政权安全和制度安全，最根本的就是维护中国共产党的领导和执政地位、维护中国特色社会主义制度。隐蔽战线作为巩固和捍卫党的执政地位的特殊力量，维护国家主权、安全、发展利益的特殊力量，坚持和发展中国特色社会主义的特殊力量，必须把维护政治安全放在第一位，严厉打击境外间谍情报机关和敌对势力危害政治安全的活动，努力铲除境内影响政治安全的土壤，坚定维护国家政权安全、制度安全、意识形态安全。必须从政治安全高度统筹各领域安全，提高政治判断力、政治领悟力、政治执行力，严密防范其他领域安全风险与政治安全问题交织、向政治安全领域传导，全方位筑牢国家安全屏障。

*坚持积极防御方针。*将积极防御作为反间谍工作的出发点和落脚点，鲜明体现了中国共产党领导的社会主义国家性质，体现了中国式现代化的本质和特征，体现了中国特色国家安全道路的正义性。反间谍工作实行积极防御的方针，目的是防御，就是要坚决防范打击危害我国家安全的各种间谍活动，坚决反对对他国实施渗透、破坏、颠覆、分裂活动，既维护本国国家安全，又推进国际共同安全。关键要积极，就是要坚持主动的而不是被动的、有效的而不是盲目的开展反间谍斗争，确保各项工作建立在对安全形势的科学判断上、建立在对斗争规律的准确把握上、建立在对战略策略的精准运用上，牢牢掌握斗争主动权。

*发挥专群结合优势。*专群结合是党的群众路线在隐蔽战线的生动体现，是反间谍工作长期积累形成的优良传统和宝贵经验，新形势下必须进一步坚持和发扬。要进一步提升“专”的能力，强化斗争精神和斗争本领养成，全面提升国家安全干部队伍的法律政策运用能力、防控风险能力、群众工作能力、科技应用能力、舆论引导能力，高效发挥专门机关的专门作用。要进一步打牢“群”的基础，坚持把人民作为国家安全的基础性力量，探索新形势下专门工作与群众路线相结合的新内涵、新形式、新办法，充分发挥人民群众积极性、主动性、创造性，筑牢国家安全人民防线，打好反间防谍人民战争。

*落实依法惩治要求。*全面依法治国背景下，坚持依法办事、依法办案，是开展反间谍工作的基本要求。要严把法律关，开展执法活动、作出执法决定，都要严格遵循法律规定的权限和程序，严格落实重大执法决定法制

审核要求，确保决策依法、程序合法。要严把证据关，坚持以事实为依据、以法律为准绳，严格规范收集、固定、使用证据，确保证据确实充分、案件办成铁案。要严把权责关，既要强化有权必有责的意识，严禁超越职权、滥用职权，又要树牢尊重和保障人权的理念，依法保障个人和组织的合法权益。

*实现标本兼治效果。*间谍活动往往隐蔽性强、潜伏期长、危害性大，反间谍斗争必须坚持标本兼治、惩防并举，不断增强工作的预见性、系统性、实效性。要以惩促治，坚持“打的一手更狠”，及时发现间谍活动线索，严厉打击间谍违法犯罪行为，坚决维护国家主权、安全、发展利益。要以防促治，坚持“防的一手更严”，坚持思想教育、法治宣传、制度落实、追责问责等多措并举，提升全社会反间谍安全防范意识和能力，筑牢反间防谍的钢铁长城。要以技促治，坚持“科技的一手更强”，把握大数据、区块链、人工智能等对国家安全工作带来的颠覆性特征，以科技创新应对新形势下反间谍斗争的“险”与“难”，提升运用科学技术开展反间防谍、防范化解风险的效能。

**四、加强反间谍法的学习宣传**

学法懂法是守法用法的前提。加强反间谍法的学习宣传，是推动法律落地实施、增强全社会国家安全意识的一项基础工作，对筑牢国家安全人民防线、有效维护国家安全具有重要意义。

*要系统学习。*把学懂弄通做实习近平法治思想作为首要任务，深刻理解这一思想的核心要义、精神实质、丰富内涵、实践要求，学好用好蕴含其中的世界观和方法论，自觉武装头脑、指导实践。把深入学习反间谍法作为当前重点，全面把握修订这部法律的重要意义、主要内容、实践要求等，做到精准掌握、熟练运用。把系统学习履职必须的法律法规作为一个整体，系统学习国家安全领域和其他应知应会的法律法规，健全完善常态化、长效化国家安全法治教育培训体系，切实把学习成果转化为维护国家安全的实际成效。发挥各级国家安全机关领导干部“关键少数”作用，带头尊法学法守法用法，不断提升运用法治思维和法治方式开展工作的意识能力。

要广泛宣传。国家安全机关要落实“谁执法谁普法”责任制，把法治宣传教育融入执法办案，使依法办理典型案件的过程成为全民的法治公开课。要充分利用“报网微屏端”等传播载体，广泛运用公益广告、电影电视、普法读本等不同形式，以人民警察节、全民国家安全教育日、法律颁布实施等为重要节点，以主流媒体、防线组织、教育基地、网络平台等为主要阵地，创新国家安全法治宣传教育。要推动各级人民政府和新闻、广播、互联网信息服务等单位落实宣传教育责任，推动国家安全普法进机关、进乡村、进社区、进学校、进企业、进单位，增强全社会国家安全法治意识，引导人民群众自觉做国家安全的坚定捍卫者。

要优化环境。法治是社会的最大公约数，良好的法治环境是筑牢国家安全屏障的社会基础。要打造国家安全法治文化，深入总结新时代国家安全法治建设的理论和实践创新成果，充分发掘中华优秀传统法律文化精华，推动法治文化与国安文化融合发展，为国家安全依法之治提供不竭精神源泉。要加强国家安全法治交流，立足新时代全面依法治国伟大实践，讲好中国特色社会主义法治建设的故事，讲好新时代国家安全工作的故事，增进国际社会对法治中国的认识和认同，为推进中国式现代化创造良好环境。

# 目　录

第五章 法律责任



第六章 附 则

## 附录一



## 附录二



## 附录三

## 附录四

# 中华人民共和国反间谍法

## 第一章 总 则

**第一条** 为了加强反间谍工作，防范、制止和惩治间谍行为，维护国家安全，保护人民利益，根据宪法，制定本法。

### ◆ 条文主旨

本条是关于反间谍法的立法目的和立法依据的规定。

### ◆ 立法背景

本条是1993年国家安全法的规定，2014年制定反间谍法时作了修改，2023年修订反间谍法时又作了修改。

**（一）立法背景及修改情况**

1. 1993年国家安全法的规定。第一条规定："为了维护国家安全，保卫中华人民共和国人民民主专政的政权和社会主义制度，保障改革开放和社会主义现代化建设的顺利进行，根据宪法，制定本法。"

自新中国成立以来，境外各种敌对势力实施危害我国国家安全，意图颠覆我国政权和社会主义制度的敌对活动从未停止过，我国国家安全领域的斗争一直是尖锐、复杂的。改革开放以后，我国国民经济快速增长，人民生活水平不断提高。与此同时，包括境外间谍情报机关在内的各种敌对势力对我国的间谍和破坏活动不仅没有停止，且范围不断扩大，领域不断扩展，涉及经济建设以及社会生活等多个领域。为了有效防范和惩治危害国家安全的违法犯罪行为，维护国家安全、社会稳定，保障我国改革开放和经济社会建设事业顺利进行，1993年2月，第七届全国人大常委会第三十次会议通过了国家安全法。国家安全法第一条规定了法律的立法目的和立法依据。表明了根据宪法，切实维护国家安全，保卫人民民主专政的政权和社会主义制度，保障改革开放和社会主义现代化建设。1993年国家安全法自公布实施以来，对维护国家安全，防范、制止和打击危害国家安全的行为发挥了重要作用。

2. 2014 年反间谍法的规定。第一条规定：“为了防范、制止和惩治间谍行为，维护国家安全，根据宪法，制定本法。”

1993 年国家安全法颁布后近二十年，我国改革开放和经济社会发展达到了新高度，在国际上具有重要的影响力，我国的国家安全也面临新的挑战。伴随形势的发展，我们对国家安全的认识也不断深化。当前我国国家安全的内涵和外延比历史上任何时候都要丰富，时空领域比历史上任何时候都要宽广，内外因素比历史上任何时候都要复杂。国家安全已经不只限于传统安全，还包括非传统安全，各种风险挑战前所未有，人民群众的安全需求更趋强烈、更加多元，对国家安全提出更高要求。2014 年 4 月，习近平总书记在中央国家安全委员会第一次会议上创造性地提出总体国家安全观，为新时代国家安全工作提供了强大思想武器。总体国家安全观把马克思主义国家安全理论同当代中国安全实践、中华优秀传统战略文化结合起来，是我们党历史上第一个被确立为国家安全工作指导思想的重大战略思想，是中国共产党和中国人民捍卫国家主权、安全、发展利益百年奋斗实践经验和集体智慧的结晶，是马克思主义国家安全理论中国化的最新成果。在总体国家安全观的指导下，必须从法治层面构建新的国家安全法治体系，通过法治保障发展和安全问题；既重视自身安全，又重视共同安全，形成集政治安全、军事安全、国土安全、经济安全、文化安全、社会安全、科技安全、网络安全、生态安全、资源安全、核安全、海外利益安全、太空安全、深海安全、极地安全、生物安全等于一体的国家安全体系。对于维护国家安全，1993 年国家安全法规定的主要还是国家安全机关履行的各项职责，特别是在反间谍工作方面的职责，难以在国家安全立法领域发挥统领作用。同时，反间谍工作也面临许多新情况、新问题，需要进一步规范和加强反间谍工作。为了适应我国国家安全面临的新形势、新任务，需要根据总体国家安全观的要求，制定一部具有综合性、全局性、基础性的国家安全法，并将 1993 年国家安全法修订为反间谍法。

修订国家安全法的总体考虑是：一是以 1993 年国家安全法为基础，突出反间谍工作的特点，将多年来坚持并行之有效的原则和制度，通过法律形式加以确认；二是总结反间谍工作的经验，将实践检验有效且反间谍工作确需的措施上升为法律规定，确保国家安全机关正常行使职权，有利于反间谍工作的顺利开展；三是注意与刑法、刑事诉讼法、行政强制法、行政处罚法等法律协调一致。根据上述总体考虑，国务院有关部门以 1993 年国家安全法为基础，认真总结反间谍工作实践经验，拟订了《中华人民共和国反间谍法（草案）》，经国务院常务会议讨论通过后提请全国人大常委会进行审议。2014 年 11 月 1 日，第十二届全国人大常委会第十一次会议将国家安全法修订为反间谍法，并于当日颁布实施。1993 年国家安全法同时废止。

2014 年反间谍法第一条规定的立法目的对 1993 年国家安全法第一条规定作了两处修改：一是删去了“保卫中华人民共和国人民民主专政的政权和社会主义制度，保障改革开放和社会主义现代化建设的顺利进行”的表述。修改的考虑是，这些内容可在制定新法时通盘考虑并规定。二是本法的名称由“国家安全法”改为“反间谍法”。为了进一步明确本法的直接任务，在立法宗旨中相应增加“防范、制止和惩治间谍行为”的表述，使本法的立法宗旨更具有针对性。

3. 2023 年修订后的反间谍法的规定。2014 年施行的反间谍法是我国贯彻落实总体国家安全观的第一部重要法律，也是规范和保障反间谍斗争的专门法律，为维护国家安全发挥了重要作用。当前，反间谍斗争形势较为严峻，传统安全威胁与非传统安全威胁相互交织，各类间谍情报活动的主体更加复杂、领域更加广泛、目标更加多元、手法更加隐蔽。在总体国家安全观的指导下，需要修改、完善反间谍法以适应新时代反间谍斗争的需要。2023 年 4 月 26 日，第十四届全国人大常委会第二次会议审议通过新修订的反间谍法，自 2023 年 7 月 1 日起施行。新修订的反间谍法第一条规定的立法目的对 2014 年反间谍法第一条的规定作了两处修改：一是增加“为了加强反间谍工作”的规定。考虑到此次修订反间谍法较为重要的任务是适应新时代反间谍斗争的需要，在总体国家安全观的指引下，通过立法将党中央对反间谍工作的重大决策部署转化为国家意志，更好地贯彻落实党中央对维护国家安全的决策部署，提升维护国家安全的能力；同时，坚持问题导向，聚焦现行反间谍法实施中存在的间谍行为范围较窄、安全防范制度不健全、行政执法赋权不足等重点难点问题，通过完善相关法律规定，支持专门机关高效开展反间谍工作，切实维护国家安全；此外，考虑到反间谍工作涉及人民群众的支持和协助等多个方面，需要通盘考虑，因此，此次修订在现行法律规定的具体措施、工作保障等内容的基础上增加了不少新的规定，这些规定的目的都是加强反间谍工作。“加强反间谍工作”是本次修法的重要目的，有必要在立法目的中予以明确。在修订草案征求意见的过程中，一些专家学者等也提出，修订草案的内容较现行法作了较大幅度的修改和完善，增加了“安全防范”专章，整合相关措施，形成了“调查处置”专章，完善相关规定，形成了“保障与监督”专章，条文数量从 5 章共计 40 条增加到 6 章共计 71 条，是从法治角度整体“加强反间谍工作”，建议在总则第一条立法目的中，对“加强反间谍工作”予以明确。2023 年 4 月，全国人大宪法和法律委员会经研究，采纳了这一建议，并根据有关方面的建议，在条文表述的语序上，将“加强反间谍工作”放在第一条的条首部分。二是增加“保护人民利益”的规定。在修订草案的起草阶段，有部门提出，既重视国土安全，又重视国民安全，是总体国家安全观的重要精神。反间谍工作整体上也是为了保护人民利益，建议增加相关规定。2022 年 8 月，修订草案由全国人大监察和司法委员会提请第十三届全国人大常委会第三十六次会议初次审议，在第一条中增加“保护人民利益”的规定。

**（二）公开征求意见的情况**

修订草案在向社会公开征求意见时，有的建议将“维护国家安全”修改为“维护国家安全和利益”；有的建议将“根据宪法，制定本法”修改为“根据宪法和刑法相关对间谍罪名的论述，制定本法”；有的则建议做好其与国家安全法的衔接。

**（三）有关国家和地区的规定**

世界上许多国家都制定了本国的反间谍法律。美国是较早制定反间谍法律的国家。1917 年《反间谍法》是美国最早规定“间谍罪”的法律，主要设置了间谍犯罪、刑事处罚和有关特别监管措施等内容。具体包括非法获取国防信息罪；非法披露、泄露国防信息罪；为外国政府收集或传递国防信息罪；战时叛国、煽动和破坏罪等。该法具有犯罪主体范围广、保护信息范围广、处罚措施重等特点。在美国法律中，“反间谍”是指为了防止外国政府或其组成部分、外国组织或外国人或国际恐怖主义活动或其代表进行的间谍活动、其他情报活动、破坏或暗杀而进行的信息收集和所开展的活动。该法同时还与美国 1950 年《国内安全法》、1996 年《经济间谍法》、1996 年《国家信息基础设施保护法》等共同构成反间谍法律体系，周延保护专有经济信息、计算机和网络信息等。

英国 1911 年制定了《官方秘密法》以防范和惩治间谍行为，认为间谍主要收集的信息是：军事机密，包括武器、军队、国防信息等；工业秘密，包括公司、产品和计划的信息，尤其是具有军事或者商业用途的新发明和能给国家带来经济或军事优势的技术和科学秘密等；政治秘密，包括政治和安全事务的机密信息、谈判立场和政策发展细节，特别是可以帮助国家在国家关系和情报行动等领域获得优势的信息等。英国对官方秘密的认定范围较广，不仅涉及政治、军事秘密，还涉及工业和商业秘密。

◆ **条文释义**

对于本法的立法宗旨，可以从三个方面进行理解。

第一，本法的基本任务是“加强反间谍工作”。这里有三层意思。

1. 新时代需要加强反间谍工作。反间谍斗争本质上是反渗透、反颠覆、反窃密斗争，事关以政权安全、制度安全为核心的政治安全，事关党和国家的核心利益，事关中华民族的伟大复兴。党中央一直高度重视反间谍工作，对反间谍工作作出符合时代发展和变化的一系列重要部署。在总体国家安全观的指引下，国家安全法治体系加速形成并不断发展，反间谍法作为贯彻、落实总体国家安全观的第一部法律，已经发挥了维护国家安全的重要作用。当前，我国发展处于新阶段，中国特色社会主义进入新时代，中华民族迎来了实现伟大复兴的光明前景。与此同时，国家安全方面也出现了不少新情况、新风险，境外间谍情报机构等敌对势力加紧对我实施渗透破坏，不断尝试颠覆和破坏我国的社会主义制度，妄图迟滞、中断中华民族伟大复兴的进程，并且勾连聚合，运用各种手段、通过多种方式、从多个领域入手，妄图阻挠我国迈向中华民族伟大复兴的目标。基于这种状况，有必要进一步提高国家安全意识，对国家的反间谍工作加大投入、保障和支持，切实提高反间谍工作的实际能力，提升反间谍工作的质量和效果，在防范、制止和惩治层面系统地化解间谍风险，并总结实践经验，加快建章立制，通过相关法律规定固定各种规范、要求和做法。通过法律确定“加强反间谍工作”的立法目的是以国家的最高形式保障反间谍工作，体现了国家坚定支持并持续加强该项工作的决心和意志。

2. 法律规定的内容是为了加强反间谍工作。2014 年反间谍法规定的国家安全机关在反间谍工作中的职权、公民和组织的义务和权利以及法律责任等，已经为专门机关依法开展反间谍等维护国家安全的工作提供了法律依据。此次新修订的反间谍法为专门机关更好地开展反间谍工作提供了更为充分的法律依据，解决了实践中的问题和难点。

例如，进一步完善间谍行为的定义，即将“投靠间谍组织及其代理人”“针对国家机关、涉密单位或者关键信息基础设施等的网络攻击、侵入、干扰、控制、破坏等活动”明确为间谍行为；根据实践中的情况，进一步确定相关主体窃密的对象、范围，明确将“其他关系国家安全和利益的文件、数据、资料、物品”纳入保护范围；增加针对第三国的间谍行为等。这些规定对模棱两可的行为确立了法律性质和边界，一方面方便专门机关执法，另一方面有利于警示和教导个人、组织明晰行为的界限，区分合法行为与非法行为，有利于精确识别并打击间谍行为。

新修订的反间谍法还专门完善了反间谍安全防范的规定，对“安全防范”设专章规定。明确了国家机关、社会组织等反间谍安全防范的主体责任；明确了有关方面积极开展反间谍宣传教育的职责：专门机关应指导宣传教育活动，切实提高全民反间谍安全防范意识和国家安全素养。同时，明确了重点单位的安全防范责任和涉及国家安全事项的建设项目许可制度等。

在执法手段上，此次修订的反间谍法增加了专门机关反间谍行政执法职权。在“调查处置”一章中，增加了查阅调取数据、传唤、查询财产信息、不准出入境等行政执法职权；明确国家安全机关的执法规范要求，严格审批程序，实现规范化执法；增加了对发现的网络安全风险等的通报和处置措施；增加对国家秘密、情报的鉴定评估机制的规定；增加了行刑衔接的规定。

新修订的反间谍法进一步加强了对反间谍工作的保障与监督。在“保障与监督”一章中，增加对相关人员予以保护、营救、补偿、安置、抚恤优待、培训等的规定；增加鼓励反间谍领域科技创新，发挥科技在反间谍工作中的作用的规定。同时，加强对国家安全机关工作人员的监督，明确国家安全机关应当执行内部监督和安全审查制度，明确个人、组织有权对国家安全机关及其工作人员的超越职权、滥用职权和其他违法行为进行检举和控告。

在法律责任部分，配合法律赋予专门机关反间谍行政执法职权，同时扩大了行政处罚的适用情形，对涉及间谍行为的轻微违法行为明确规定了罚款、拘留等行政处罚；增加了约谈、通报批评、暂扣或者吊销许可证件等处罚种类；明确了对帮助他人实施间谍行为的法律责任等。

整体上，反间谍法的规定是体系性提升反间谍工作的法律依据，无论是从安全防范的角度落实反间谍安全防范工作的主体责任，还是对专门机关进行法律赋权以及根据执法规范化的要求作出限权性规定，都为专门机关开展反间谍工作和全社会以新安全格局保障新发展格局提供了有力的法律武器。将反间谍工作纳入法治框架，依法开展反间谍工作，整体提升反间谍工作的能力和层次，是法治国家的题中应有之义，也是治理能力现代化的重要体现。依法开展的反间谍工作，也必然会进一步提升反间谍工作的质量和效果，加强反间谍工作的实际成效。

3. 对法律规定的理解和执行，需要从加强反间谍工作的角度出发。反间谍法中确立的相关原则、立场和要求，规定的具体措施、义务和法律责任都是为了更好地加强反间谍工作。其中不少规定仍属于倡导性和原则性规定，在实践中需要进一步明确和细化；在法律实施的过程中，不同主体可能对法律规定有不同理解，也需要谁对法律规定的含义作进一步解释和说明，以利于凝聚共识，获得广泛支持，实现“加强反间谍工作”的目的。如果因对相关规定的理解或者执行做得不好，导致其不能发挥良好的政治效果、法律效果和社会效果，不仅将直接影响反间谍工作的成效，也将削弱反间谍法的法律效力，对反间谍工作是不利的。如对本法第六条规定，公安、保密等有关部门和军队有关部门按照职责分工，密切配合，加强协调，依法做好有关工作，就需要从如何更好地“加强反间谍工作”的角度，理解规定相关部门加强协作配合的意义，在实践中加强并细化沟通协调、案件移送等机制，提升部门合力，及时发现并惩治间谍行为，避免国家安全受到危害。如本法第三十六条规定，情况紧急，不立即采取措施将对国家安全造成严重危害的，由国家安全机关责令有关单位修复漏洞、停止相关传输、暂停相关服务，并通报有关部门，就需要国家安全机关慎重对待法律授权，确定是在“情况紧急，不立即采取措施将对国家安全造成严重危害”的危急时刻，才可以适用法律规定采取相关措施。如果法律适用的情景、场合、方式不当，不仅不能加强反间谍工作，还会影响执法公信力。

第二，本法的直接任务是“防范、制止和惩治间谍行为”。我国坚持中国特色社会主义道路，坚持深化改革开放，坚定不移扩大开放。自改革开放以来，国内外交流日益频繁，出入境人员大量增多，入境的外国人、华侨、台港澳同胞增多，国内因公、因私出境的人员增多；对外交流主题也日益广泛，涉及商贸、金融、学术、环境、法治、科技、文体等多个领域。我国的改革开放取得了彪炳史册的伟大成就，同时，改革开放和社会主义现代化建设一直都面临着境外间谍情报机关和其他敌对势力的巨大威胁。境外间谍情报机关和其他敌对势力始终没有放弃对我国进行政治渗透、分裂颠覆、情报窃密、勾连策反等破坏活动，而且范围不断扩大、方式更加多样，以公开掩护秘密，以合法掩护非法，成为其危害我国国家安全的常态性活动。国内极少数敌视社会主义的分子，也极力寻求境外间谍情报机关和其他敌对势力的支持。还有一些人出于个人私利，出卖国家利益，给境外间谍情报机关和其他敌对势力以可乘之机。这些都对国家的安全、人民民主专政的政权、社会主义制度的巩固、经济社会的发展以及人民的利益和福祉造成了危害。当前，在总体国家安全观的指导下，我们对国家安全的认识不断深入，国家安全覆盖的领域不断扩大，国家安全和反间谍工作又面临许多新形势、新情况、新任务。针对这些新形势、新情况、新任务，用法律的形式明确规定什么是间谍行为、违反者应承担什么样的法律责任、有关单位在反间谍工作中承担哪些安全防范义务和职责、公民和组织在反间谍斗争中负有哪些义务和权利等，既有利于防范、制止和惩治外国间谍、境外敌对势力危害我国国家安全和利益的间谍行为，又有利于宣传、教育、动员广大群众和各方面提高警惕，增强同一切间谍行为作斗争的自觉性和责任感，以保护公民、法人和国家的权益，维护正当活动和对外正常交往，维护国家安全，保卫我国人民民主专政的政权和社会主义制度。

“防范、制止和惩治间谍行为”明确了反间谍工作的主要内容，即从防范、制止和惩治三个方面着手，体系性地构建反间谍工作。本法相关章节的规定也是具体体现防范、制止和惩治间谍行为的规范性要求，将实践中成熟的制度上升为法律。

所谓“防范”，是指社会各相关主体要承担起反间谍安全防范的主体责任，在前端预防并化解间谍等危害国家安全的风险，构筑国家安全人民防线。安全防范是反间谍工作最前端和最重要的环节。本次修订反间谍法设置了“安全防范”专章，系统性规定了反间谍安全防范的内容，落实社会各相关主体的职责，降低间谍犯罪等严重危害行为和结果的发生概率。如本法第十二条规定，国家机关、人民团体、企业事业组织和其他社会组织承担本单位反间谍安全防范工作的主体责任；地方各级人民政府、相关行业主管部门按照职责分工，管理本行政区域、本行业有关反间谍安全防范工作。第十三条规定，各级人民政府和有关部门，新闻、广播、电视、文化、互联网信息服务等单位要承担反间谍安全防范宣传教育的责任，通过宣传教育增强全民反间谍安全防范意识和国家安全意识。个人和组织需要注意法律对国家秘密、专用间谍器材等设置的禁止性规定，避免踏入“红线”。对于反间谍安全防范重点单位，规定其要加强“人防、物防、技防”建设。反间谍法的相关规定，可使公民、组织、企事业单位、国家机关等自觉建设、遵守和严格执行保守国家秘密，开展反间谍安全防范等维护国家安全的各项制度，堵塞工作和制度上的漏洞，使间谍、境外敌对势力的间谍情报活动无隙可乘，通过积极主动的措施达到防范间谍行为的效果。

所谓“制止”，是指提高对间谍行为的警惕，加强相关监控工作，及时了解境外间谍组织和敌对势力的动向，及时获取他们的活动线索，及时发现间谍行为，并采取有效措施防止间谍行为发生，或者将已经发生的间谍行为遏制在未果状态，避免造成危害国家安全的严重后果。新修订的反间谍法加强了制止间谍行为的措施，对于一些危害性不大的间谍行为，国家安全机关可以对其进行传唤。增加了国家安全机关工作人员依法查阅、调取数据、查询财产信息等措施。明确了限制相关人员出境入境的措施。对于发现的涉及间谍行为的网络信息内容或者网络攻击等风险，可依法予以消除，以及时制止间谍行为，消除风险和隐患。

所谓“惩治”，是指及时抓获间谍违法犯罪分子，坚决依照相关法律的有关规定追究间谍违法犯罪分子的法律责任，使违法犯罪分子受到应得的惩罚，同时达到震慑其他不法分子违法犯罪企图的目的。新修订的反间谍法扩大了国家安全机关行政处罚的适用情形，对涉及间谍行为的轻微违法行为明确规定罚款、拘留等行政处罚，通过及时惩戒，防微杜渐，避免出现严重的间谍犯罪，造成更大的危害后果；明确对帮助实施间谍行为的人员予以行政处罚，进一步明确合法行为与违法行为的界限，彻底肃清为间谍行为提供信息、资金、物资、劳务、技术、场所等支持、协助的灰色地带。对违法的境外人员，可以施加限期出境、驱逐出境措施，消除其实施间谍行为等危害国家安全行为的环境和条件。此外，需要对间谍行为作严格的否定性评价，全流程防范间谍组织及其代理人通过事后给付、向第三人给付等方式施加利益诱惑，将行为人实施间谍行为从间谍组织及其代理人获取的所有利益，由国家安全机关依法采取追缴、没收等措施。如果间谍行为涉嫌犯罪，应及时依法立案侦查，并依法追究刑事责任。

总体上，反间谍法全方位地从“防范、制止和惩治间谍行为”的角度作出相应规定，以实现反间防谍、严厉惩治间谍违法犯罪行为的效果。

第三，本法的根本目的，是通过“加强反间谍工作，防范、制止和惩治间谍行为”，最终“维护国家安全，保护人民利益”。这里有三个方面的含义。

1. 反间谍法必须实现“维护国家安全，保护人民利益”的目的，坚决捍卫政治安全。维护国家安全涉及国家的领土完整、主权独立、社会制度的巩固，关系到国家的发展利益、经济繁荣和人民安居乐业。保护人民利益贯彻落实了总体国家安全观“坚持以人民安全为宗旨”的根本立场，体现了一切工作依靠人民，一切工作为了人民。党的十九届六中全会通过的《中共中央关于党的百年奋斗重大成就和历史经验的决议》强调，党的根基在人民、血脉在人民、力量在人民，人民是党执政兴国的最大底气。坚持“人民至上”，永远把人民放在心中的最高位置，为人民谋幸福，是中国共产党百年奋斗的宝贵经验和深刻启示，是一切工作好坏的试金石。我国的政权是以工人阶级为领导、以工农联盟为基础的人民民主专政的政权。人民民主专政的政权和社会主义制度，是不可分割的整体。政权是社会制度的保证，而社会制度则是政权的基础。人民民主专政的政权和社会主义制度，是我国人民经历长期的、艰苦卓绝的革命斗争所取得的胜利成果，集中体现了我国各族人民的根本利益。因此，人民民主专政的政权和社会主义制度的巩固，关系到国家、民族的前途和命运，与人民群众的根本利益休戚相关。根据本法和有关法律规定积极防范、及时制止、严厉惩治间谍行为，就是为了维护国家安全，保护人民利益，这是我们制定反间谍法的最终目的。

2. 反间谍法要保障社会主义建设和改革开放事业的顺利进行，维护安定和谐的对外开放局面。总结我国社会主义建设和改革开放事业的经验，其中重要的一条就是，经济社会发展离不开安定团结的社会环境。要保持这种良好、稳定的社会环境，则必须坚决、有效地同间谍等危害国家安全的行为作斗争。制定并不断修改完善反间谍法，是为了更好地坚持对外开放政策，营造和谐稳定的社会环境，一方面依法惩处危害我国国家安全的间谍行为，另一方面对依法保护对华交流、交往的境外个人和组织的合法权益，营造对外开放的良好局面，达到维护国家安全，保护人民利益的目的。

3. 根据总体国家安全观的要求，反间谍法将更加全面地保障国家安全，更加积极回应人民群众日益提高的对于安全的需求，保护人民的利益。反间谍法是国家安全机关开展反间谍工作的重要法律依据。一方面，反间谍法有利于规范、加强和保障国家安全机关依法开展反间谍工作，更加完整地贯彻总体国家安全观的要求，周延地保护国家安全，使反间谍各项工作、各个环节都有法可依，进一步规范国家安全机关的反间谍工作严格在法律的框架内行事。另一方面，宪法规定，公民“有维护祖国的安全、荣誉和利益的义务，不得有危害祖国的安全、荣誉和利益的行为”。在我国长期处于和平环境和对外交往不断加强的情况下，我们不能淡薄国家安全意识，不能放松对间谍行为和一切破坏活动的警惕性。同时，要保持用发展的眼光看问题，及时回应实践中出现的危害国家安全的新情况和新问题。反间谍法有利于贯彻宪法规定的公民维护国家安全和利益的义务，有利于国家安全机关在反间谍工作中获得各方面的支持、协助和配合，动员一切力量参与反间谍斗争，形成综合防线，也有利于维护有关公民、组织的合法权益，全面为我国经济社会建设和人民生活创造一个安全、稳定、和谐的环境。

本条还明确了制定本法的法律依据，即“根据宪法，制定本法”。宪法作为我国的根本大法，是制定其他一切法律的基础，其他法律都不能与宪法相抵触。反间谍法的相关规定和内容始终以宪法为根本遵循。从反间谍法的前身——1993 年国家安全法开始，1994 年颁布施行的反间谍法以及新修订的反间谍法都在第一条立法目的和依据中规定了“根据宪法，制定本法”，这进一步表明，反间谍法的制定和修订都是在强化宪法关于维护国家安全有关制度规定的立法实施，是新时期防范化解重大安全风险、维护国家安全的客观需要，是推进国家治理体系和治理能力现代化的有力支撑，是全面贯彻依宪治国、依法治国的重要举措，必将为反间谍工作在法治轨道上依法有序进行提供更加完备的制度遵循。

宪法对禁止一切破坏社会主义制度的行为，维护国家安全，作了原则性规定。宪法的序言规定，中国人民对敌视和破坏我国社会主义制度的国内外的敌对势力和敌对分子，必须进行斗争。宪法第一条规定，社会主义制度是中华人民共和国的根本制度。第二十八条规定，国家维护社会秩序，镇压叛国和其他危害国家安全的犯罪活动，制裁危害社会治安、破坏社会主义经济和其他犯罪的活动，惩办和改造犯罪分子。第五十三条规定，中华人民共和国公民必须遵守宪法和法律，保守国家秘密。第五十四条规定，中华人民共和国公民有维护祖国的安全、荣誉和利益的义务，不得有危害祖国的安全、荣誉和利益的行为。反间谍法是根据宪法的有关规定制定的，着重从反间谍工作需要出发，规定了反间谍工作的基本原则、国家安全机关等专门机关在反间谍工作中的职权、公民和组织在反间谍斗争中的义务和权利以及危害反间谍工作的行为应承担的法律责任等，也是对宪法有关规定的落实和具体化。比如，反间谍法第二条规定，反间谍工作坚持党中央集中统一领导，坚持总体国家安全观，坚持公开工作与秘密工作相结合、专门工作与群众路线相结合，坚持积极防御、依法惩治、标本兼治，筑牢国家安全人民防线。第七条规定，中华人民共和国公民有维护国家的安全、荣誉和利益的义务，不得有危害国家的安全、荣誉和利益的行为。一切国家机关和武装力量、各政党和各人民团体、企业事业组织和其他社会组织，都有防范、制止间谍行为，维护国家安全的义务。国家安全机关在反间谍工作中必须依靠人民的支持，动员、组织人民防范、制止间谍行为。第八条规定，任何公民和组织都应当依法支持、协助反间谍工作，保守所知悉的国家秘密和反间谍工作秘密，等等。这些规定都是贯彻落实宪法的具体规定。同时需要注意的是，宪法同时强调了尊重和保障人权原则。宪法是每个公民享有权利、履行义务的基本遵循，公民的基本权利和义务是宪法的核心内容。如宪法第三十三条第三款明确规定，国家尊重和保障人权。反间谍法的规定严格依照宪法，从实体内容到程序规范都体现、尊重和保障人权。如第三条规定，反间谍工作应当依法进行，尊重和保障人权，保障个人和组织的合法权益。第三十一条专门规定了执法规范化的相关程序性要求，即国家安全机关工作人员在反间谍工作中采取查阅、调取、传唤、检查、查询、查封、扣押、冻结等措施，应当由二人以上进行，依照有关规定出示工作证件及相关法律文书，并由相关人员在有关笔录等书面材料上签名、盖章。国家安全机关工作人员进行检查、查封、扣押等重要取证工作，应当对全过程进行录音录像，留存备查，等等。反间谍法通过原则、规则和专门的制度设计安排与宪法规定的尊重和保障人权的精神保持一致。

另外，其他一些法律也对与反间谍有关的工作作了具体规定。比如，刑法从犯罪与刑罚的角度规定了间谍犯罪所应受到的刑事处罚；保守国家秘密法从保守国家秘密的角度规定了国家秘密的范围和密级、保密制度以及泄露国家秘密应承担的法律责任；出境入境管理法从出入境管理的角度对人员出入境措施作了一般性的规定；行政处罚法、行政许可法、行政复议法等对行政处罚、许可、复议的适用条件、程序、特殊情况的要求等作了规定，反间谍法的规定与相关法律规定已经作了相应的衔接，有的条文明确规定了适用的具体法律，在反间谍工作中也应当系统性地考虑这些法律的相关规定。

◆ **相关规定**

《中华人民共和国宪法》第一条、第二十八条、第三十三条、第五十三条、第五十四条

---

**第二条** 反间谍工作坚持党中央集中统一领导，坚持总体国家安全观，坚持公开工作与秘密工作相结合、专门工作与群众路线相结合，坚持积极防御、依法惩治、标本兼治，筑牢国家安全人民防线。

---

◆ **条文主旨**

本条是关于反间谍工作基本原则的规定。

◆ **立法背景**

本条是 2014 年制定反间谍法时增加的规定，2023 年修订反间谍法时作了修改。

**（一）立法背景及修改情况**

1. 2014 年反间谍法的规定。第二条规定：“反间谍工作坚持中央统一领导，坚

持公开工作与秘密工作相结合、专门工作与群众路线相结合、积极防御、依法惩治的原则。”

2014年制定反间谍法时，增加了对反间谍工作基本原则的规定。反间谍工作要适应反间谍领域面临的新形势、新任务，保障反间谍工作更加规范高效地开展，一方面需要在斗争中不断地总结新的经验做法，另一方面也需要及时将这些原则、制度通过立法上升为法律制度，以提升开展反间谍工作的整体能力，动员各方面力量广泛参与和支持反间谍斗争，切实筑牢防范、制止和惩治间谍行为的“铜墙铁壁”，维护国家安全。

2. 2023年修订后的反间谍法的规定。此次修订反间谍法，在充分总结实践经验的基础上，对2014年反间谍法第二条作了以下四处修改。

一是，进一步强化党中央对反间谍工作的领导。2014年反间谍法出台，成为反间谍领域的专门立法，为积极有效开展反间谍工作发挥了重要作用。制定反间谍法，是党中央决策部署的重要立法任务。随着我国对国家安全认识的不断深入，1993年国家安全法的内容已难以在国家安全立法领域发挥统领作用。为了适应我国国家安全面临的新形势、新任务，需要根据总体国家安全观的要求，制定一部具有综合性、全局性、基础性的新法，因此，党中央决定制定一部关于反间谍工作的专门法律，以使专门机关维护国家安全工作于法有据。根据党中央构建并完善国家安全法治体系的总体思路和具体安排，反间谍法的制定迈出了坚实的第一步。反间谍法施行后近十年，又出现了很多新情况新问题，对我国的发展和安全造成了严重威胁，需要修改完善反间谍法以适应新时代反间谍斗争的需要。在国家安全法治体系建设方面，我国已经形成了以新的国家安全法为统领，反间谍法、网络安全法、数据安全法、生物安全法、密码法等30多部法律重点规范各领域国家安全内容的格局。对反间谍法进行修订，是站在国家安全法治体系的新高度上对反间谍工作的再总结、再加强，是新的历史时期进一步完善国家安全法治体系的新立法任务。总结近十年来的反间谍工作，党中央的集中统一领导是反间谍工作得以加强、反间谍能力得以提升的根本原因，是打赢反渗透、反颠覆、反窃密斗争的根本保障。为更好地开展反间谍工作，在新形势下高质量地贯彻落实总体国家安全观，需要在法律中进一步明确反间谍工作是在党中央的集中统一领导下开展的。基于此，此次修订将反间谍工作“坚持中央统一领导”修改为“坚持党中央集中统一领导”。

二是，将总体国家安全观写入反间谍法。制定反间谍法本身就是为了贯彻落实总体国家安全观。2014年4月，习近平总书记在中央国家安全委员会第一次会议上提出总体国家安全观，并对总体国家安全观作了全面、系统、完整的阐述。为贯彻落实总体国家安全观，需要制定新的国家安全法，并将1993年国家安全法修改为反间谍法。2014年11月，第十二届全国人大常委会第十一次会议审议通过反间谍法，使之成为贯彻落实总体国家安全观的第一部法律。随着我国对国家安全认识的逐步深入，总体国家安全观这一指导思想已全面贯彻于党和国家的各项工作中。党的十九大将坚持总体国家安全观纳入新时代坚持和发展中国特色社会主义的基本方略。2020 年 10 月，党的十九届五中全会强调牢牢守住安全发展底线，首次把统筹发展和安全纳入“十四五”时期我国经济社会发展的指导思想，历史性地用专章对筑牢国家安全屏障作出战略部署。2022 年 10 月，党的二十大进一步明确“推进国家安全体系和能力现代化，坚决维护国家安全和社会稳定”，强调必须坚定不移贯彻总体国家安全观，把维护国家安全贯穿党和国家工作各方面全过程，确保国家安全和社会稳定。要坚持以人民安全为宗旨、以政治安全为根本、以经济安全为基础、以军事科技文化社会安全为保障、以促进国际安全为依托，统筹外部安全和内部安全、国土安全和国民安全、传统安全和非传统安全、自身安全和共同安全，统筹维护和塑造国家安全，夯实国家安全和社会稳定基层基础，完善参与全球安全治理机制，建设更高水平的平安中国，以新安全格局保障新发展格局。党的十八大以来，在立法方面，国家安全法、预备役人员法、数据安全法、国防法、生物安全法、出口管制法、密码法、反有组织犯罪法等法律在法律原则部分也相继规定了“坚持总体国家安全观”。在此次修订反间谍法时，在本条反间谍工作基本原则中增加了“坚持总体国家安全观”的规定，也是贯彻落实党的二十大决策部署的重大举措。

三是，增加了“坚持标本兼治”的原则。通过不断总结反间谍工作，需要进一步织密反间谍法网，充分发挥预防、制止、惩治间谍行为的整体效果。修订前的反间谍法在指导专门机关和社会各方面开展反间谍工作时，在一些领域缺乏明确的规范和指引，侧重于惩治间谍行为，缺乏对防范间谍行为的规定；仅将间谍行为归类为较为严重的刑事犯罪，对专门机关在行政执法方面的赋权不足，缺乏对轻微违法行为的处罚手段，无法做到“打早打小”。反间谍工作只有打防并举，才可以有的放矢。一方面，反间谍工作不仅仅是国家安全机关的责任，也是社会各相关主体的共同责任。实践中，有的部门和单位对自身反间谍安全防范的主体责任并不清晰，安全防范制度不健全、措施不完善；有的单位负责人、重要涉密人员反间防谍的意识淡薄，支持、参与反间谍斗争的积极性、主动性不够。只有加强社会各方面反间防谍的安全防范意识和措施，才可以实现提前防范、主动防范、防患于未然。另一方面，间谍机构及各种敌对势力不会停止和放弃危害我国家安全的各种活动，对此就需要配齐配足打击间谍行为的各种法律武器，如进一步完善对间谍行为的定义，加强专门机关的行政调查处置手段，增加行政强制措施、行政处罚种类等，有针对性地制止、惩治间谍行为，特别是针对较为轻微的间谍违法行为，要及时制止和惩治，防止其社会危害性由轻变重，最终发展为具有严重危害的刑事犯罪。对于严重的刑事犯罪，要坚决及时依据刑法追究刑事责任，起到震慑作用。基于此，在本条明确增加了“坚持标本兼治”的规定，从防范和惩治两个方面实现“标本兼治”的目的和效果。

四是，增加了“坚持筑牢国家安全人民防线”的原则。党的二十大明确提出，要“增强全民国家安全意识和素养，筑牢国家安全人民防线”。人民防线是反间谍专门工作与群众路线相结合的重要抓手和宝贵经验。反间谍工作离不开人民群众的支持，只有通过人民、依靠人民，才可以最大化地发挥预防、制止和惩治间谍行为的作用，使间谍行为能被有效地抵御在外，降低间谍行为带来的危害，进一步提高防范间谍行为的意识和能力。基于此种考虑，在本条反间谍工作基本原则中增加了“筑牢国家安全人民防线”的规定。

**（二）公开征求意见的情况**

修订草案向社会公开征求意见时，有的建议将“积极防御”修改为“积极防范”。有的建议增加一款作为第二款：“强化对国防军事、经济、金融、科技、生物、网络、通信、数据等重点领域的反间谍安全风险防范。”

### ◆ 条文释义

本条规定了反间谍工作需要坚持的四个方面的原则。

**（一）坚持党中央集中统一领导的原则**

国家安全和社会稳定是改革开放和社会发展的前提。当前，我国面临对外维护国家主权、安全、发展利益，对内维护政治安全和社会稳定的双重压力，各种可以预见和难以预见的风险因素明显增多。境外间谍机构和敌对势力开展间谍活动，具有明确的目的、目标，往往会对我国政治、经济、军事、社会造成整体性甚至全局性破坏和影响。因此，我们应当从全局的角度把握和开展反间谍工作。将反间谍工作明确为中央事权，由党中央集中统一领导。这是开展反间谍工作的首要原则和根本原则。

1. 党中央对反间谍工作的绝对领导。反间谍工作事关反渗透、反颠覆、反窃密斗争，是与间谍组织和各种敌对势力的不断较量，肩负着维护我国政治安全、制度安全等核心安全的重要使命，不容有失。坚持党中央集中统一领导，强调了党中央对反间谍工作的绝对领导权，反间谍工作只能听从党中央的领导指挥，是取得反间谍斗争胜利的关键核心。

2. 党中央以集中统一的方式领导反间谍工作。反间谍工作具有高度敏感、复杂的性质，既需要运筹帷幄，也需要令行禁止，必须通过集中统一的方式实现对反间谍工作的领导指挥。一方面，党中央集中统一领导反间谍工作可以形成统一的组织保障，建立强有力的工作体系，保证指令清晰畅通，发挥高效的反间谍工作机制；另一方面，党中央集中统一领导有利于从党中央和国家的核心利益出发，调动各方面的力量，形成反间谍合力。

3. 坚持党中央集中统一领导，符合反间谍工作的客观规律，能够从全局出发统筹部署和集中指挥反间谍工作，并根据不同时期和不同地区的实际情况，有针对性地调整反间谍工作的侧重领域和重点地区，提高反间谍工作能力和水平，以新安全格局保障新发展格局。

在本条规定的各项原则中，坚持党中央集中统一领导是反间谍工作的首要原则和最基本原则，不仅明确了反间谍工作的领导体系，而且也是贯彻其他各项原则、相关制度及措施的基础。只有在遵循这一原则的前提下，其他几项原则才能真正发挥好指导反间谍工作的作用。

**（二）坚持总体国家安全观的原则**

总体国家安全观是国家安全领域总结以往历史经验、适应当前形势任务的重要战略思想，是维护国家安全特别是开展反间谍工作必须遵循的重要指导。

总体国家安全观对国家安全的总结和判断与当今时代的发展高度契合，反间谍工作只有坚持总体国家安全观，才可以应对间谍行为的主体更加复杂、间谍行为涉及的领域更加广泛、间谍行为的目标更加多元、实施间谍行为的手法更加隐蔽等新时期的发展和变化，以更高水平维护国家安全。

1. 必须坚持总体国家安全观的基本要求。2020 年 12 月，习近平总书记在主持十九届中央政治局第二十六次集体学习时，对总体国家安全观作出了全面、系统、完整的论述，阐明了新时代国家安全工作的总体目标，提出了“十个坚持”的工作要求：一是坚持党对国家安全工作的绝对领导；二是坚持中国特色国家安全道路；三是坚持以人民安全为宗旨；四是坚持统筹发展和安全；五是坚持把政治安全放在首要位置；六是坚持统筹推进各领域安全；七是坚持把防范化解国家安全风险摆在突出位置；八是坚持推进国际共同安全；九是坚持推进国家安全体系和能力现代化；十是坚持加强国家安全干部队伍建设。总体国家安全观的内涵十分丰富，反间谍工作作为总体国家安全观指导下的一项专门工作，必须坚持总体国家安全观的具体要求，开展反间谍的各项工作。新修订的反间谍法每一处修改，几乎都反映了总体国家安全观的基本要求，在对法律条文具体的适用和解释过程中，也需要与总体国家安全观的要求保持一致。

2. 准确把握反间谍工作所维护的国家安全的内涵。总体国家安全观对国家安全进行了体系化的拓展和总结，国家安全不再是多个领域安全的简单叠加，而是环环相扣，相互联系、相互影响，在一定条件下可以相互转化，具有传导效应和联动效应的整体安全。这表明维护国家安全，不仅要维护各个领域的安全，也要维护整体和系统的安全。党的十九届六中全会通过的《中共中央关于党的百年奋斗重大成就和历史经验的决议》指出，维护国家安全要统筹发展和安全、统筹开放和安全、统筹传统安全和非传统安全、统筹自身安全和共同安全、统筹维护国家安全和塑造国家安全。习近平同志强调，保证国家安全是头等大事，提出总体国家安全观，涵盖政治、军事、国土、经济、文化、社会、科技、网络、生态、资源、核、海外利益、太空、深海、极地、生物等诸多领域。2015 年国家安全法第二条对总体国家安全观下的国家安全进一步作了明确的界定，这对正确理解反间谍法规定的“维护国家安全”的内涵，以及准确判断“危害中华人民共和国国家安全的活动”提供了明确的范围依据。

3. 与总体国家安全观的发展同步。实践探索是无止境的，理论创新同样无止境。总体国家安全观是一个不断发展和开放的理论体系，必将随着我国国家安全实践的深入推进而丰富、发展，引导中国人民创造更加伟大的成就。反间谍工作只有坚持总体国家安全观，才可以与时俱进，及时对新情况、新问题作出反应和调整，不断适应发展和变化的敌情，切实维护好我国的国家安全。

**（三）坚持公开工作与秘密工作相结合、专门工作与群众路线相结合的原则**

这项原则是反间谍工作战略层面的重要原则，是经过长期工作经验积累并传承下来的重要法宝。

1. 坚持公开工作与秘密工作相结合。间谍机构和间谍人员要窃取、刺探国家秘密、情报等，进行策反和破坏活动，一般都会采取隐秘的手段进行。这样的手段一般很难发现，必须根据间谍活动的特点和规律，采取相应的隐蔽方法展开斗争。因此，很多反间谍工作都是秘密进行的。为了做好这项工作，我们一方面要不断破解间谍组织及各种敌对势力的秘密工作渠道、技能和方法，另一方面也要不断提高自身的斗争技能和方法，这样才能真正克敌制胜。同时，面对间谍组织及各种敌对势力的间谍和破坏活动，我们也要有策略地开展各种公开工作，如公开谴责、制止和惩治间谍行为，揭露间谍组织及各种敌对势力的罪行，对其形成强烈震慑；广泛开展宣传教育活动，动员广大社会公众提高警惕，积极支持和参与反间谍工作；加强社会各个领域的国家安全防范工作，有效防御间谍行为；制定、公布反间谍及保密法律法规，完善有关法律制度等。只有公开工作与秘密工作相结合，才能真正做好反间谍工作。

2. 坚持专门工作与群众路线相结合。坚持“一切为了群众，一切依靠群众”“从群众中来，到群众中去”的群众路线，一直是我们党的优良传统。专门工作与群众路线相结合，是国家安全工作的政治优势和重要原则，是克敌制胜的重要法宝和鲜明特色。一方面，间谍活动是有目的、有针对性、有训练的活动，因此，反间谍工作也需要根据间谍活动的规律和特点，组织专门的机关，采取专门的措施和手段。各国都普遍建立专门的反间谍工作机关，专门从事反间谍工作。专门机关应当在自己的职责范围内积极开展好工作。另一方面，反间谍的专门机关要做好对外情报、反间防谍和涉外安全保卫等各项工作，又离不开人民群众的支持。因此，专门机关开展反间谍工作，并不是要把反间谍工作搞成神秘主义，而是要积极争取有关部门、社会各界和人民群众的理解、支持和参与。

人民群众对反间谍工作的支持和参与是广泛的。首先，间谍活动会渗透到我们社会生活的各个方面，对人民群众的生活造成影响，但也容易引起广大人民群众的察觉，这有利于我们及时发现间谍分子和间谍行为。实践中有很多间谍活动，如外国谍报人员到我国进行非法测绘等，很多都是通过人民群众的举报发现的，甚至是被人民群众扭送到公安机关、人民检察院或者人民法院的。新时代的许多新情况、新问题，也是群众主动发现并举报的，如我国沿海渔民经常捕获的外国无人探测器、用于情报收集的无人潜航器等，为维护国家安全发挥了重要作用。专门机关在具体案件的调查、侦查等活动中，也需要与案件有关或者了解案情的公民客观、充分地提供证据，甚至可以吸收他们协助调查。其次，针对间谍活动无孔不入的特点，我们需要，也只有通过人民群众的参与，才能全面细致地开展保密和防范工作，真正做到让敌人无隙可乘。有时候，专门工作本身就是通过贯彻执行群众路线实现的，比如，有时候需要通过人民群众完成相关的秘密工作，有时候专门机关还需要在广大人民群众的掩护下才能完成秘密工作。因此，在坚持充分发挥专门机关的主导作用和职能优势的前提下，广泛动员、组织、依靠全社会力量，发挥广大人民群众的积极性，形成以专门机关为骨干，以政权优势为依托，以广大人民群众广泛参与为基础的工作格局，才能真正做好反间谍工作，打好维护国家安全和社会政治稳定的人民战争。

**（四）坚持积极防御、依法惩治、标本兼治，筑牢国家安全人民防线的原则**

这是反间谍工作制度层面的重要原则。主要有以下四个方面。

1. 坚持积极防御。这是我国反间谍工作长期坚持的一项重要制度性原则，包含两个方面的内容。

一是积极防御，也就是防范、制止和惩治危害我国国家安全的间谍活动，是具有反击性质的正义性的斗争，同时需要讲究斗争艺术，做到趋利避害，化弊为利，利用各种方式打赢反间谍斗争。

二是维护我国的国家安全是开展反间谍工作的目的。我们反对，也不对他国进行渗透、颠覆、分裂等活动。但是，间谍活动是境外间谍机构和敌对势力针对我国开展的敌对活动，不会停止，如果不及时防范，将间谍活动消灭在萌芽阶段或者未果状态，一旦间谍行为得逞，即使最终对间谍分子进行了惩治，我们所受到的影响、遭受的损失也已经无可挽回。面对这些间谍破坏活动，必须要做好防范工作，完善防范措施，使间谍分子无隙可乘。如果只是消极防御，再坚固的城池也会被攻破。因此，开展反间谍工作，更重要的应当是敌未动我先动，采取积极的防御措施。积极防御不仅包括不断完善防范措施，不断完善保密制度和措施，筑牢反间谍的“铜墙铁壁”，还包括不断提高自身的反间谍斗争能力和技术，对间谍分子和间谍行为进行主动、准确的打击，真正彻底消除隐患。

2. 坚持依法惩治。这是我国反间谍工作长期坚持的一项重要制度性原则。宪法第五条第一款规定：“中华人民共和国实行依法治国，建设社会主义法治国家。”党的十八大以来，社会主义法治国家建设深入推进，全面依法治国取得历史性成就、发生历史性变革，法治中国的建设出现了新局面。党的二十大报告专章论述“坚持全面依法治国，推进法治中国建设”，强调全面依法治国是国家治理的一场深刻革命，关系党执政兴国，关系人民幸福安康，关系党和国家长治久安。依法治国作为我国的基本治国方略，贯穿于社会生活的各个方面。在反间谍工作中，对于间谍违法犯罪行为也应当贯彻全面依法治国的要求，依法予以惩治。一方面，间谍行为构成犯罪的，应当严格按照反间谍法、刑法、刑事诉讼法的规定立案侦查、起诉、审判、执行，遵照罪刑法定、罪责刑相适应的原则，根据其犯罪的主客观要件、实际危害等情节确定其罪名及应当承担的法律责任。间谍行为尚不构成犯罪的，应当遵照比例原则、合理性原则，严格依照反间谍法等法律法规，体现过罚相当；违法行为显著轻微的，处罚结果也应当减轻，不能从重处罚或者顶格处罚。另一方面，依法惩治也要求反间谍专门机关要依法开展各项反间谍工作，对于间谍行为的调查、处置措施要严格按照反间谍法规定的批准层级、执法的特殊要求、适格的法律文书、严格的程序等进行。对于间谍犯罪的调查、侦查、起诉和审判，应当严格按照反间谍法、刑法、刑事诉讼法等法律的规定进行。比如，在进行侦查、起诉、审判等诉讼活动时，要依照刑事诉讼法的规定保障犯罪嫌疑人、被告人依法获得辩护和行使诉讼的权利等。

3. 坚持标本兼治。这是我国反间谍工作通过总结实践经验确立的一项重要制度性原则。在总体国家安全观的指引下，反间谍工作承担的责任不断加大，国家安全防线不断延伸，给反间谍工作提出了更高的要求，需要从体系上完善反间谍工作，从系统上调配资源，支持反间谍工作，做到良性循环、轮动发展，“治标”且“治本”。

一是，“治标”是坚决制止和惩治间谍组织及各种敌对势力的间谍活动，打击其嚣张气焰、震慑其不断危害我国家安全的企图。为了应对间谍活动的新动向，要不断丰富和完善惩治间谍行为的各种武器，法律武器也是其中之一。本次修订反间谍法将制止、惩治间谍行为的关口前移，形成了调查处置的专章规定，丰富了反间谍调查处置措施，新增了传唤、查询财产信息、不准出入境、处置网络信息内容及风险等的行政执法职权。在惩治阶段，授权专门机关对轻微间谍违法行为进行行政处罚，将投靠行为、网络间谍行为等明确纳入间谍行为予以惩治，增加对为间谍行为提供信息、资金、物资、劳务、技术、场所等支持、协助以及窝藏、包庇的行为予以处罚，在处罚种类上增加了通报批评、罚款、暂扣或者吊销许可证件等，规定专门机关可以建议相关主管部门进一步进行责令停止从事相关业务、提供相关服务或者责令停产停业、吊销有关证照、撤销登记等行政处理，延展了行政处罚的层次和深度。在惩治间谍行为后，还需要进一步“清扫余毒”，对间谍组织及敌对势力支付的所有利益予以追缴、没收，彻底切断间谍组织及敌对势力拉拢腐蚀的途径，打碎违法犯罪人员的幻想。通过赋予专门机关执法权限，严密法网，形成事前、事中、事后全方位制止、惩治间谍行为的体系，对间谍行为在打击阶段和打击力度上同步加大，为全方位惩治间谍行为提供法律武器。

二是，“治本”是要提升全社会国家安全意识和与间谍行为做斗争的能力，尽早发现、识别并抵御间谍行为，降低间谍活动对我国国家安全造成的损失。从制度上加强自身建设，落实国家机关、人民团体、企业事业组织和其他社会组织的反间防谍主体责任。通过宣传、教育、培训、普法等方式，增强全民反间谍安全防范意识。对于反间谍安全防范重点单位，持续落实已有的安全防范工作制度，重点增强人防、物防和技防措施；不断总结间谍活动和反间谍工作的规律，进一步落实涉及国家安全事项的建设项目许可制度等。此外，专门机关具有丰富的反间防谍经验，需要有针对性地教育、辅导公民和组织开展反间谍工作，帮助其提高防范能力，对于已经发现的间谍风险，及时“打补丁”“敲警钟”，帮助消除隐患。对专门机关开展相关工作，也需要给予保障和支持，要在政治、理论、技能培训、科技、待遇、安置等各个方面考虑到队伍建设的需要，并且加强监督工作，使之成为党和人民值得信赖的反间谍专门力量。

4. 坚持筑牢国家安全人民防线。国家安全一切为了人民、一切依靠人民，只有强化人民群众的国家安全意识，我国的形成国家安全人民防线，才是国家安全的固本之策和长久之计。反间谍工作取得的辉煌成果得益于发挥了人民群众的主观能动性。国家安全人民防线是党和国家在维护国家安全领域长期以来摸索并形成的有效方式，凝聚着一代代国家安全捍卫者的辛劳和智慧，值得传承和发展。

在工作方式上，需要广泛教育并发动群众提高维护国家安全的意识，通过坚持集中性宣传教育与经常性宣传教育相结合，创新内容、方式和载体，开展人民群众喜闻乐见的宣传教育活动，营造国家安全、反间防谍人人有责的浓厚氛围，引导广大人民群众认真学习新修订的反间谍法，增加对间谍风险的认识和了解，牢记国家安全职责，提升维护国家安全能力，筑牢维护国家安全的钢铁长城。在渠道上，鼓励公民和组织发现间谍行为及时向专门机关举报，并且安排多种途径和方式受理举报。对举报间谍行为或者在反间谍工作中做出重大贡献的个人和组织，按照国家有关规定给予表彰和奖励。在政策上，从防患于未然的角度出发，要着重宣传宽大政策，争取做到人人皆知。对于实施间谍行为或者在境外受胁迫、诱骗等从事危害我国家安全活动的人，只要积极悔改和说明情况，是有明确的法律依据，可以从宽处理的。人民防线需要帮助犯错的人员尽可能回归社会，争取宽大处置，尽快迷途知返。

筑牢国家安全人民防线，还需要着重针对两类人进行教育和管理。

一是，要抓住党员领导干部的“关键少数”。一方面，各级党员领导干部是维护国家安全、开展反间防谍工作的中坚力量，是国家安全战略和任务的主要组织者、实施者，也是间谍组织和敌对势力重点拉拢、策反的对象，必须要以更高标准、更严要求、更实举措深入学习贯彻总体国家安全观，提高法治意识和敌情意识，坚定做到守土有责、守土负责、守土尽责。以上率下、率先垂范，影响身边人、周围人、家里人共同做好反间防谍工作。另一方面，反间谍专门机关也需要多向党员领导干部介绍间谍组织和其他敌对势力的最新发展和动作，多“敲警钟”，及时升级“病毒库”，帮助强化国家安全意识和防范能力。

二是，青年是实现中华民族伟大复兴的先锋力量。维护国家安全需要一代代青年接续奋斗。需要通过多种方式培养青年反间防谍的意识，用总体国家安全观武装青年的头脑，引导广大青年树立对中国特色国家安全道路的坚强信念，坚定正确政治方向，识别间谍组织和敌对势力的惯用伎俩。引导广大青年增强忧患意识，切实肩负起维护国家安全的历史责任，使广大青年在维护国家安全的宏伟实践中发挥生力军作用。

### ◆ 相关规定

《中华人民共和国宪法》第五条；《全国人民代表大会常务委员会关于国家安全机关行使公安机关的侦查、拘留、预审和执行逮捕的职权的决定》；《中华人民共和国国家安全法》第二条、第三条

---

**第三条** 反间谍工作应当依法进行，尊重和保障人权，保障个人和组织的合法权益。

---

### ◆ 条文主旨

本条是关于反间谍工作应当依法进行，尊重和保障人权以及保障个人和组织的合法权益的规定。

### ◆ 立法背景

本条是2014年制定反间谍法时增加的规定，2023年修订反间谍法时作了修改。

### （一）立法背景及修改情况

1. 2014 年反间谍法的规定。第五条规定："反间谍工作应当依法进行，尊重和保障人权，保障公民和组织的合法权益。"

该条是在 2014 年全国人大常委会审议法律草案的过程中，根据全国人大常委会组成人员和各方面的意见，统筹国家安全与公民权益的保障，基于维护公民和组织的合法权益的考虑新增加的规定。2004 年 3 月 14 日，第十届全国人民代表大会第二次会议通过的宪法修正案，首次将"保障人权"的概念写入宪法。宪法第三十三条明确规定"国家尊重和保障人权"，这对我国的立法工作具有重要的指导意义。尊重和保障人权，意味着法律在规范社会关系时，要处理好权力和权利的关系，做好责任权利的平衡与协调。落实宪法关于"尊重和保障人权"的精神，要求各个部门法在其对法律关系相关各方权利义务的分配、责任归属的配置的具体规定中要体现宪法精神，有的法律在具体条文中也明确规定了要"尊重和保障人权"，如治安管理处罚法第五条规定，"实施治安管理处罚，应当公开、公正，尊重和保障人权"；刑事诉讼法第二条也有"尊重和保障人权"的表述。反间谍法作为规范国家安全机关反间谍工作的法律，也要处理好反间谍工作和保障人权之间的平衡，既要赋予国家安全机关有效的反间谍手段，也要保障个人、组织的合法权益不受损害。

2014 年 10 月《全国人民代表大会法律委员会关于〈中华人民共和国反间谍法（草案）〉审议结果的报告》指出，一些常委委员、地方、部门、专家和社会公众提出，反间谍法既要有利于专门机关行使职权，也要注意规范权力运行，建议充实草案中规范权力行使和保障公民、组织合法权益的规定。基于此，法律委员会决定在总则中增加一条规定，即"反间谍工作应当依法进行，尊重和保护人权，保障公民和组织的合法权益"。

2. 2023 年修订后的反间谍法的规定。本次对 2014 年反间谍法第五条作了两处修改。

一是，调整了本条的位置。在 2014 年反间谍法中，该条规定在第五条，具体在反间谍法的立法目的、反间谍工作的基本原则、主管机关及有关部门的配合协作、维护国家安全义务的规定之后。本次修订反间谍法，将该条调整并提前至第三条，仅次于反间谍法的立法目的、反间谍工作的基本原则。作出这样的调整，是全面依法治国不断深化，各项具体工作要依法进行的重要体现，是尊重和保障人权在反间谍工作中被突出强调的重要证明，是反间谍工作对保障个人和组织合法权益的重要承诺。

二是，将"保障公民和组织的合法权益"修改为"保障个人和组织的合法权益"。我国是法治国家，随着我国对外开放不断深化，反间谍法在维护国家对外开放安全，保护社会秩序稳定方面发挥了法治引领和规范落实的突出作用。开展反间谍工作，无论是对特定对象采取调查和处置措施，还是向其了解情况、查阅、调取资料，或者寻求配合和帮助，都需要依法进行，以保障其合法权益为前提，以不侵犯其合法权益为宗旨。修订前的反间谍法仅规定了反间谍工作应当保障公民的合法权益，而对于公民以外的其他个人，如外国人、无国籍人等，也应当根据宪法的规定和精神，保障其合法权益。通过总结反间谍法实施过程中的工作经验，此次修订将“保障公民和组织的合法权益”修改为“保障个人和组织的合法权益”，将实践中好的做法上升为法律，保障权益对象的范围进一步扩大。这样修改更加符合宪法精神，进一步在立法中落实了反间谍工作尊重和保障人权的承诺。

◆ **条文释义**

本条是宪法“尊重和保障人权”精神进一步落实，有以下两层意思。

第一，强调专门机关在进行反间谍工作中，必须“依法进行”。“反间谍工作应当依法进行”是全面依法治国在反间谍工作领域的具体体现，也是反间谍法的立法之基。这里的“依法”既包括依照本法，也包括依照宪法、国家安全法治体系的相关法律和其他法律。

一是，依照反间谍法开展反间谍工作。首先，需要坚持依照反间谍法规定的基本原则。在法律的授权下开展反间谍工作，理解、适用并执行反间谍法的具体法律规定时，需要以本法的基本原则为标尺，判断是否达到了“加强反间谍工作”的效果，完成了“防范、制止和惩治间谍行为”的目标，进一步“筑牢国家安全人民防线”，并符合“尊重和保障人权，保障个人和组织的合法权益”等原则。如本法第五十四条对个人、单位实施间谍行为尚不构成犯罪的，设置了包括行政拘留、罚款等在内的行政处罚。罚款则根据违法行为的违法所得设置了两个档次。个人的违法所得在五万元以上的，单处或者并处违法所得一倍以上五倍以下罚款；单位的违法所得在五十万元以上的，单处或者并处违法所得一倍以上五倍以下罚款，并对直接负责的主管人员和其他直接责任人员，依照个人违法行为的档次进行处罚。在实际作出较重罚款的行政处罚时，国家安全机关需要考虑是否准确评价了违法行为，行政处罚是否达到了惩戒的效果，并且发挥了较好的法律效果和社会效果。国家安全机关的性质决定其不同于进行一般性社会治理的行政机关，其执法的目的是维护国家安全，而不是通过高额罚款惩罚违法行为。拟作出较重罚款时，需要慎重评估处罚可能产生的社会效果，是否能实质性“加强反间谍工作”，维护国家安全，而不是简单地“一罚了之”。此外，还需要评估较重的罚款是否意味着行为的危害性程度已经超出行政处罚的范围，更适合通过刑事程序追究法律责任。以上考虑都体现了依法开展反间谍工作需要通过本法的法律原则整体把握政治效果、法律效果和社会效果的统一。

其次，需要依照反间谍法的具体规定和要求开展反间谍工作。反间谍法在赋权国家安全机关预防、制止和惩治间谍行为的同时，也注意通过设置条件和程序，规范权力行使，避免权力滥用。反间谍工作要依法进行，就需要遵循这些条件和程序，使执法规范化。如反间谍法第三章“调查处置”第二十八条规定的关于对涉嫌间谍行为的人身、物品、场所进行检查；第二十九条关于查询涉嫌间谍行为人员的相关财产信息；第三十条关于对涉嫌用于间谍行为的场所、设施或者财物依法查封、扣押、冻结的措施，都需要依法满足“国家安全机关调查间谍行为”的条件。考虑到上述措施属于调查措施中较为严厉的措施，国家安全机关必须对需要调查“间谍行为”的案件，在程序上启动立案，在由设区的市级以上国家安全机关负责人签署相应的法律文书后，才可以开展工作。在调查措施的执行过程中，还需要满足本法第三十一条具体规定的执法条件，即执行调查措施的办案人数、出示工作证件和法律文书、由相关人员进行签名、盖章，全程录音录像等。

二是，依照宪法、国家安全法治体系的相关法律和其他法律，更好地开展反间谍工作。

首先，反间谍法是根据宪法制定的，依法开展反间谍工作就是为了遵守并贯彻、实施宪法的规定和精神，更好地履行宪法序言中规定的中国人民对敌视和破坏我国社会主义制度的国内外的敌对势力和敌对分子必须进行斗争的义务。宪法同时规定了“尊重和保障人权”“公民有维护祖国的安全、荣誉和利益的义务”等，在反间谍法中也有具体的体现。因此，反间谍工作应当依法进行，需要以宪法规定的精神和要求把握对相关法律规定的理解和适用。

其次，依法开展反间谍工作需要通过国家安全法治体系的相关法律系统性理解反间谍法中的有关规定，以指导法律实施。具体而言，反间谍法的相关规定在总结实践的基础上，进一步衔接国家安全法、网络安全法、数据安全法等相关规定，比如本法第四条第一款第三项规定的“其他关系国家安全和利益的文件、数据、资料、物品”，可以通过我国现行法律中的规定，明确其范围。这里的“关系国家安全和利益”在国家安全法中有明确的规定。国家安全法第二条规定，“国家安全是指国家政权、主权、统一和领土完整、人民福祉、经济社会可持续发展和国家其他重大利益相对处于没有危险和不受内外威胁的状态，以及保障持续安全状态的能力”。同时，“关系国家安全和利益的数据”在我国的数据安全法中也有明确规定。数据安全法第二十一条第二款规定，“关系国家安全、国民经济命脉、重要民生、重大公共利益等数据属于国家核心数据，实行更加严格的管理制度”。以此，可以一并把握与数据一致的“关系国家安全和利益的文件、资料、物品”的范围。再比如，本法第四条第一款第四项将间谍组织及其代理人等实施的网络攻击等行为明确为间谍行为。该项规定的“关键信息基础设施”的范围，根据我国网络安全法的要求，2021 年国务院关键信息基础设施安全保护条例作了具体规定，主要“是指公共通信和信息服务、能源、交通、水利、金融、公共服务、电子政务、国防科技工业等重要行业和领域的，以及其他一旦遭到破坏、丧失功能或者数据泄露，可能严重危害国家安全、国计民生、公共利益的重要网络设施、信息系统等”。因此，对于反间谍法的相关规定不能孤立地、断章取义地理解，需要从我国国家安全法治体系中整体性地理解。

三是，依法开展反间谍工作，还需要严格依照本法规定的其他法律的内容和精神，具体执行。比如，依据本法第三十九条、第六十二条提到的刑事诉讼法，需要对涉嫌犯罪的间谍行为严格依照刑事诉讼法的规定立案侦查，并处理已经被查封、扣押、冻结的财物。依据第三十六条提到的网络安全法，国家安全机关需要根据网络安全法规定的职责分工通报有关部门，采取下一步处置。依据第五十九条提到的数据安全法，需要按照数据安全法的相关规定予以处罚。依据第六十七条提到的行政处罚法，需要依照该法的规定向当事人履行告知义务。此外，在反间谍法中没有明确规定出来的法律，也需要遵照执行，如第六十八条规定“依法”复议、诉讼，就需要满足行政复议法、行政诉讼法规定的相关条件，具体进行复议和诉讼工作。

第二，反间谍工作应当“尊重和保障人权，保障个人和组织的合法权益”。尊重和保障人权，保障个人和组织的合法权益，作为本法的一个总则性规定，在本法中有更为具体的体现。

一是，在法律规定上充分考虑了“尊重和保障人权，保障个人和组织的合法权益”的要求。开展反间谍工作本身就是尊重和保障人权的重要体现，对于支持和协助反间谍工作的个人和组织，更应当依法予以保护，本法在多处作了规定。如本法第九条规定，国家对支持、协助反间谍工作的个人和组织给予保护。第十六条规定，国家安全机关依法及时处理举报信息，并为举报人保密。第四十六条规定，国家安全机关工作人员因执行任务，或者个人因协助执行反间谍工作任务，本人或者其近亲属的人身安全受到威胁时，国家安全机关应当保护和营救，个人因支持、协助反间谍工作，本人或者其近亲属的人身安全面临危险的，可以向国家安全机关请求予以保护，导致财产损失的，根据国家有关规定给予补偿。第四十七条规定，对为反间谍工作做出贡献并需要安置的人员，国家给予妥善安置。第四十八条规定，对因开展反间谍工作或者支持、协助反间谍工作导致伤残或者牺牲、死亡的人员，根据国家有关规定给予相应的抚恤优待，等等。

二是，对适用反间谍相关措施设置了一定的限度，对国家安全机关提出了具体要求，考虑了“尊重和保障人权，保障个人和组织的合法权益”的直接诉求。如本法第十一条要求国家安全机关及其工作人员依法履行反间谍工作职责获取的国家秘密、工作秘密、商业秘密和个人隐私、个人信息，应当保密。考虑到国家安全机关的特殊性，对上述信息的管理要求提高到按保密等级管理，属于从严管理。第二十五条规定，查封、扣押的电子设备、设施及有关程序、工具，在危害国家安全的情形消除后，国家安全机关应当及时解除查封、扣押。第二十六条规定，查阅、调取不得超出执行反间谍工作任务所需的范围和限度。第三十条规定，不得查封、扣押、冻结与被调查的间谍行为无关的场所、设施或者财物。第三十六条规定，经采取相关措施，涉及间谍行为的网络信息内容或者网络攻击等风险已经消除的，国家安全机关和有关部门应当及时作出恢复相关传输和服务的决定。第四十四条规定，国家安全机关设置相关工作场所和设施设备，任务完成后应当及时归还或者恢复原状，并依照规定支付相应费用；造成损失的，应当给予补偿。这些规定是从实践工作中总结出来并上升为法律的，可以达到尊重和保障人权，保障个人和组织的合法权益的目的。

三是，在法律规定中设置了明确的条件，需要从“尊重和保障人权，保障个人和组织的合法权益”的角度出发，更高水平地开展反间谍工作。如本法第八条规定，任何公民和组织都应当依法支持、协助反间谍工作，保守所知悉的国家秘密和反间谍工作秘密。这里的“支持、协助义务”需要依法进行，属于原则性、倡导性规定，即在保障个人和组织的合法权益的前提下鼓励完成“支持、协助义务”。此外，第四十一条规定，国家安全机关依法调查间谍行为，邮政、快递等物流运营单位和电信业务经营者、互联网服务提供者应当提供必要的支持和协助。本条要求相关主体履行支持、协助义务，是有前提条件的。只有在出现间谍行为以后，国家安全机关通过正当程序依法开展调查间谍行为时，才适用本条规定。第五十六条规定，国家安全机关对未按照要求改正的应当履行反间谍安全防范主体责任的单位，可以约谈相关负责人，必要时可以将约谈情况通报该单位上级主管部门。该条修改了目前直接将约谈情况通报该单位上级主管部门的做法，调整为“必要时”向上通报，对主体责任单位实施有层次的督促，激发其主观能动性，达到了保障个人和组织合法权益的效果。

四是，反间谍法通过严格的批准程序和多种救济方式，实质性维护“尊重和保障人权，保障个人和组织的合法权益”的原则。本法根据实践中的情况，不仅在多条规定中设置了明确的批准层级，而且在一些重要的涉及人权和个人基本权益的规定中，直接规定由反间谍工作主管部门的最高层级机关决定实施，从严把握。如本法第三十四条关于境外人员不准入境的规定，第六十六条关于对境外人员决定限期出境、驱逐出境的规定，由国务院国家安全主管部门决定。此外，本法还明确了监督和救济方式。本法第六十八条规定，当事人对行政处罚决定、行政强制措施决定、行政许可决定不服的，可以依法申请复议，对复议决定不服的，可以依法提起诉讼。对于国家安全机关及其工作人员的监督，法律要求从内部和外部共同开展。在内部，根据本法第五十一条的规定，国家安全机关应当严格执行内部监督和安全审查制度，对其工作人员遵守法律和纪律等情况进行监督，并依法采取必要措施，定期或者不定期进行安全审查。在外部，本法第五十二条规定，任何个人和组织有权检举、控告国家安全机关及其工作人员的违法行为。第六十九条进一步规定了法律责任，即国家安全机关工作人员滥用职权、玩忽职守、徇私舞弊，或者有非法拘禁、刑讯逼供、暴力取证、违反规定泄露国家秘密、工作秘密、商业秘密和个人隐私、个人信息等行为，依法予以处分，构成犯罪的，依法追究刑事责任。

上述规定都体现了保障人权，保障个人和组织合法权益的要求。总之，本法关于人权保障的规定既包括对因反间谍工作需要，给国家安全机关等部门的反间谍工作提供协助的人员、组织的权益的保护，也包括对涉嫌从事间谍活动人员依法应享有的合法权益的保护。国家安全机关等部门在反间谍工作中应认真落实本法规定，切实体现对人权的保障，实现对个人和组织合法权益的保护。

◆ **相关规定**

《中华人民共和国宪法》第三十三条；《中华人民共和国国家安全法》第七条；《中华人民共和国治安管理处罚法》第五条；《中华人民共和国刑事诉讼法》第二条

---

**第四条** 本法所称间谍行为，是指下列行为：

（一）间谍组织及其代理人实施或者指使、资助他人实施，或者境内外机构、组织、个人与其相勾结实施的危害中华人民共和国国家安全的活动；

（二）参加间谍组织或者接受间谍组织及其代理人的任务，或者投靠间谍组织及其代理人；

（三）间谍组织及其代理人以外的其他境外机构、组织、个人实施或者指使、资助他人实施，或者境内机构、组织、个人与其相勾结实施的窃取、刺探、收买、非法提供国家秘密、情报以及其他关系国家安全和利益的文件、数据、资料、物品，或者策动、引诱、胁迫、收买国家工作人员叛变的活动；

（四）间谍组织及其代理人实施或者指使、资助他人实施，或者境内外机构、组织、个人与其相勾结实施针对国家机关、涉密单位或者关键信息基础设施等的网络攻击、侵入、干扰、控制、破坏等活动；

（五）为敌人指示攻击目标；

（六）进行其他间谍活动。

间谍组织及其代理人在中华人民共和国领域内，或者利用中华人民共和国的公民、组织或者其他条件，从事针对第三国的间谍活动，危害中华人民共和国国家安全的，适用本法。

---

### ◆ 条文主旨

本条是关于间谍行为定义的规定。

### ◆ 立法背景

本条是2014年制定反间谍法时增加的规定，2023年修订反间谍法时作了修改。

**（一）立法背景及修改情况**

1. 1993年国家安全法的规定。第四条第二款规定："本法所称危害国家安全的行为，是指境外机构、组织、个人实施或者指使、资助他人实施的，或者境内组织、个人与境外机构、组织、个人相勾结实施的下列危害中华人民共和国国家安全的行为：（一）阴谋颠覆政府，分裂国家，推翻社会主义制度的；（二）参加间谍组织或者接受间谍组织及其代理人的任务的；（三）窃取、刺探、收买、非法提供国家秘密的；（四）策动、勾引、收买国家工作人员叛变的；（五）进行危害国家安全的其他破坏活动的。"

1993年国家安全法对危害国家安全的行为作了定义。其特点，一是明确了1993年国家安全法规定的危害国家安全行为，是指境外相关主体直接或间接实施的，或者境内外相勾结实施的危害我国国家安全的行为。二是在立法方式上采用列举式规定，明确具体，便于理解和执行。强调境外因素，主要是为了明确国家安全机关和公安机关在维护国家安全方面的职能分工。因为1993年国家安全法调整的是包括反间谍工作在内但不限于反间谍的综合的国家安全。根据有关分工，在维护国家安全方面，国家安全机关是主管机关，公安机关也按照国家规定承担相应的维护国家安全的职责。1993年国家安全法在关于国家安全行为的定义中，将该法规定的危害国家安全的行为确定为境外相关主体直接或间接实施的，或者境内外相勾结实施的危害我国国家安全的行为；在关于职责分工中明确国家安全机关是该法规定的国家安全工作主管机关，国家安全机关和公安机关按照国家规定的职权划分，各司其职，密切配合，维护国家安全；在附则中则对公安机关依照分工执行国家安全工作任务时适用1993年国家安全法有关规定作了衔接性规定。这些规定明确了国家安全机关和公安机关在维护国家安全方面的职责，也解决了公安机关在履行相关职责时的法律依据问题。

2. 2014 年反间谍法的规定。第三十八条规定："本法所称间谍行为，是指下列行为：（一）间谍组织及其代理人实施或者指使、资助他人实施，或者境内外机构、组织、个人与其相勾结实施的危害中华人民共和国国家安全的活动；（二）参加间谍组织或者接受间谍组织及其代理人的任务的；（三）间谍组织及其代理人以外的其他境外机构、组织、个人实施或者指使、资助他人实施，或者境内机构、组织、个人与其相勾结实施的窃取、刺探、收买或者非法提供国家秘密或者情报，或者策动、引诱、收买国家工作人员叛变的活动；（四）为敌人指示攻击目标的；（五）进行其他间谍活动的。"

2014 年制定反间谍法，是适应新形势下总体国家安全观的要求，对 1993 年国家安全法重新定位，并在其基础上制定反间谍法，并让渡国家安全法的法名，为未来制定一部基础性、综合性、统领性的新国家安全法创造条件。在 2014 年 8 月国务院提请第十二届全国人大常委会第十次会议审议的反间谍法草案中，对间谍行为的定义未作规定。主要考虑是，反间谍工作由国家安全机关主管，分工是明确的，将国家安全法修订为反间谍法，可不再规定间谍行为的定义。在反间谍法草案的审议过程中，一些常委委员、地方、部门、专家和社会公众提出，间谍行为不同于一般违法犯罪行为，应当明确列举，以便于实践中的准确理解和执法，也便于群众参与反间谍工作。建议参照 1993 年国家安全法对危害国家安全行为的表述方式和刑法的有关规定，对间谍行为进行明确列举。根据上述意见，2014 年反间谍法在附则部分第三十八条对间谍行为的定义作了规定。

3. 2023 年修订后的反间谍法的规定。此次修订反间谍法最重要的内容之一就是回应实践关切，解决实践中对一些间谍行为的认定存在困难，无法处理的情况。一方面，社会生活、科学技术等各领域发展迅速，传统安全风险与非传统安全风险相互交织，一些新行为、新情况是否属于间谍行为需要在法律上明确，以严格贯彻落实总体国家安全观，织密国家安全法网；另一方面，本次修订反间谍法是通过充分总结反间防谍实践经验，进一步将防范、制止和惩治间谍行为的关口前移，赋予国家安全机关行政执法和处罚的权力，对一些轻微的间谍行为通过行政处罚达到惩戒作用，发挥预防效果，减少造成特别重大危害或者产生特别重大损失的间谍犯罪行为，因此，需要将一些已经具有一定的危害性但是尚不构成间谍犯罪的行为定义为间谍行为，通过科学设置惩治方式，做到"打早打小"和防微杜渐。

基于此，此次修订反间谍法对间谍行为的定义作了进一步完善，对 2014 年反间谍法第三十八条的规定作了以下修改。

一是，条文位置，由附则部分调整至第一章总则部分。在立法技术上，一些在该法律文本中反复出现的概念，需要对其作出明确定义和解释的，可以在法律文本的附则部分作出规定，这种立法技术有利于合并处理多个概念的定义和解释，同时保证法律文本的简洁、流畅。在修订草案的起草阶段，有关部门提出，间谍行为的定义是本法最重要的内容，建议开宗明义地作出规定，同时，此次修订还增加了对第三国开展间谍活动适用本法的规定。从立法技术上看，对重要的定义内容在法律总则部分作出规定是可行的，也有不少立法先例，故将间谍行为的定义调整至总则中。

二是，增加了“投靠间谍组织及其代理人”的规定。实践中出现过不少行为人明知对方是间谍组织及其代理人，还通过各种渠道主动“投诚”“伸出橄榄枝”，与之进行接洽，表达愿意参加该组织，或者愿意接受该组织及其代理人的“任务”，有的甚至已经提供了涉及国家安全的重要信息以增加与间谍组织及其代理人建立联系、攀谈的“筹码”，为间谍组织及其代理人实施或者与其勾结实施危害国家安全的活动做好准备。这些行为在实践中属于间谍犯罪的准备阶段，行为人一般已经突破了进行间谍犯罪活动的心理障碍，准备着手实施间谍犯罪。考虑到该种行为已经具有一定的社会危害性，但尚未达到参加间谍组织或者接受间谍组织及其代理人的“任务”的阶段。但是，只要有证据证明其实施了投靠行为，就可以认定已经构成间谍行为，并予以处罚，防止其转变为更为严重的间谍犯罪。此次修订反间谍法时，将该种行为明确规定为间谍行为。

三是，明确相关主体窃取、刺探、收买、非法提供“其他关系国家安全和利益的文件、数据、资料、物品”以及“胁迫”国家工作人员叛变的行为为间谍行为。2014 年反间谍法第三十八条第三项规定，间谍组织及其代理人以外的其他境外机构、组织、个人实施或者指使、资助他人实施，或者境内机构、组织、个人与其相勾结实施的窃取、刺探、收买或者非法提供国家秘密或者情报是间谍行为。这里的“情报”是指除国家秘密以外的关系国家安全和利益、尚未公开的或者依照有关规定不应公开的事项。有关部门反映，实践中，“窃密”主体更加多元、表现形式更加多样、内容和载体更加丰富、行为方式更加隐蔽，现行法的规定已经不能满足总体国家安全观的要求。同时，“情报”被泄露与“国家秘密”被泄露具有同样的危害性，但是执法中对其认定有不同理解，不利于操作，建议对涉及国家安全和利益的各种资料、载体等在法律上作进一步明确，一方面有利于执法机关和鉴定机关判断“情报”的性质，减少因法律概念的理解偏差，无法周延保护相关内容的情况的发生；另一方面有利于向外界阐明法律所保护的特殊对象的性质和内容，只要实施了窃取、刺探、收买、非法提供的行为，就属于违法行为。此外，实践中，除了策动、引诱、收买国家工作人员叛变的情况外，还出现了通过“抓把柄”等方式“胁迫”国家工作人员叛变的情况，对于该种行为也应予以惩处。因此，此次修订反间谍法时，对该项规定作了以上两处修改。

四是，增加对通过网络实施间谍行为的规定。反间谍法修订草案公开征求意见时，许多意见提出，利用网络技术实施的间谍行为是新情况，危害巨大，建议增加并完善关于网络间谍行为的规定，明确网络间谍的行为方式。有关部门也提出，当前，利用网络技术实施间谍行为已成为境外间谍组织及其代理人获取我国家秘密、情报等的主要来源。网络间谍技术新颖、行为隐蔽，具有“远距离、无差别、全天候”的特点，对我国家机关、涉密单位、关键信息基础设施等不断进行侵入潜伏、秘密控制、瘫痪破坏，对我国家主权、安全和发展利益造成严重威胁。

我国相关法律已经对防范、制止和惩治网络攻击、侵入、窃密等行为作出相关规定。如网络安全法第二十一条、第二十五条、第四十三条、第四十七条、第四十八条、第五十九条等规定，责任主体应当履行网络安全保护义务，保障网络免受干扰、破坏或者未经授权的访问，防止网络数据泄露或者被窃取、篡改；及时处置系统漏洞、计算机病毒、网络攻击、网络侵入等安全风险，防范、制止和依法惩治网络攻击、网络入侵、网络窃密等网络违法犯罪行为，维护国家网络空间主权、安全和发展利益。第二十七条、第六十三条规定，任何个人和组织不得从事非法侵入他人网络、干扰他人网络正常功能、窃取网络数据等危害网络安全的活动；不得提供专门用于从事侵入网络、干扰网络正常功能及防护措施、窃取网络数据等危害网络安全活动的程序、工具；明知他人从事危害网络安全的活动的，不得为其提供技术支持、广告推广、支付结算等帮助，并规定了法律责任。数据安全法第三十二条规定，任何组织、个人收集数据，应当采取合法、正当的方式，不得窃取或者以其他非法方式获取数据。考虑到在总体国家安全观的统领下，现行网络安全法、数据安全法已经对网络和数据的保护作了较为全面、基础的规定，但是不同法律的立法目的侧重不同，利用互联网技术实施的间谍行为不只侵害了一般意义上的网络安全和数据安全，更主要是其涉及境外间谍组织等各种敌对势力对我的渗透、颠覆、破坏、窃密活动，严重危害国家安全。在反间谍法中进一步明确网络间谍的危害性和法律责任，在立法上持续加强对网络、数据安全的保护力度，有利于专门机关直接适用反间谍法，及时惩治网络间谍行为，丰富对间谍行为斗争的法律武器库。基于此，此次修订反间谍法时，明确将通过网络实施间谍的行为认定为间谍行为。

五是，增加了一款规定，即对于利用我国的相关条件开展针对第三国的间谍活动，危害我国国家安全的，适用反间谍法的相关规定。实践中，一些国家和地区对第三国开展间谍活动，却利用我国的公民、组织或者其他条件进行掩饰，伪装成我国对第三国开展间谍情报活动，规避直接冲突，提高其开展间谍活动的成功率，有的甚至将其实施间谍行为产生的危害嫁祸给我国的公民、组织，这很容易让第三国产生误判、误解，造成不好的国际影响，严重危害我国的国家安全、发展利益和名誉声誉。基于此，此次修订反间谍法增加了“利用中华人民共和国的公民、组织或者其他条件，从事针对第三国的间谍活动，危害中华人民共和国国家安全的，适用本法”的规定。

**（二）公开征求意见的情况**

反间谍法修订草案第四条对间谍行为作了定义。

关于第一款第一项，有的建议将“间谍组织及其代理人”修改为“间谍组织及其成员、代理人”。有的建议将“实施或者指使、资助他人实施”修改为“实施或者指使、资助、委托、欺骗、胁迫他人实施”或者“实施或者利用、资助他人实施”。有的建议将“危害中华人民共和国国家安全的活动”修改为“危害中华人民共和国国家安全和利益的活动”。有的建议将该项修改为“间谍组织及其代理人直接实施或明确指使，或者为达成间谍行为资助他人实施的重大影响人民生活安全的活动，代理人在境外利用中华人民共和国公民从事危害中华人民共和国行为的也适用本法”。

此外，有的建议删去第一款第二项之规定。

关于第一款第三项，有的建议在“以及其他关系国家安全和利益的文件、数据、资料、物品”后增加“包括但不限于模式、计划、编译、程序设备、公式、设计、原型、方法、技术、过程、程序、项目或代码等信息，包括有形的或无形的信息，存储、编辑或记忆方式涵盖物理的、电子的、图形的、摄影的、书面的等”。有的建议“以及其他关系国家安全和利益”修改为“以及其他关系国家安全”。有的建议该项修改为“间谍组织及其代理人以及间谍本人、实施或指使、明确资助他人实施间谍行为，或者境内机构、组织个人与其勾结实施窃取、刺探、收买，严重影响人民生活，违反中华人民共和国宪法第二、三章之规定，非法提供国家秘密、情报以及严重影响人民生活、关系国家安全利益的文件、数据、资料、物品，或者策动、引诱、胁迫、收买国家工作人员叛变的活动。”有意见建议该项增加“信息”方面的规定，信息的外延既包含网络信息，也包括特殊人群如领导干部的个人信息、与国家安全和利益相关的公民个人信息的集合等。

关于第一款第四项，有意见建议增加“利用网络爬取、标注、泄露、上传重点领域敏感信息；利用网络窃密、攻击、破坏等”。有意见建议规定间谍利用互联网“引流”，指挥网络水军等煽动、破坏行为。有意见建议增加有关网络间谍的规定，网络间谍行为的内涵和外延更广泛，建议进一步研究。

有意见建议第一款增加一项：“间谍组织为外国政府所有、控制、资助、命令、管理或支配的任何机关、局、部门、协会，或任何法律组织、商务组织或商业组织、公司或实体等及其代理人系指任何外国政府之官员、雇员、受托人、公务员与会人员以及代表。”有意见建议增加经济间谍属于间谍行为的规定。如果涉嫌间谍违法犯罪的人同时涉嫌其他违法犯罪行为，应当与其他部门成立专案组。

关于第二款，有意见建议适当扩大域外管辖的主体范畴，将“间谍组织及其代理人”修改为“间谍组织及其成员、代理人，以及间谍组织及其代理人以外的其他境外机构、组织、个人”。

**（三）有关国家和地区的规定**

外国法律对间谍行为的界定并不统一，但普遍将外国政府、机构、组织、人员实施的，或者与外国政府、机构、组织、人员相勾结实施的，危害国家安全的窃密、泄密、叛国、煽动、渗透、破坏等行为，规定为间谍行为。

美国法律中的“间谍行为”，一般指危害军事安全、经济安全和科技安全等的特定行为。美国 1917 年《反间谍法》将 4 种行为规定为间谍犯罪：一是非法获取国防信息罪；二是非法披露、泄露国防信息罪；三是为外国政府收集或传递国防信息罪；四是战时叛国、煽动和破坏罪。美国 1996 年《经济间谍罪》将“使外国政府受益的侵犯商业秘密行为”规定为经济间谍犯罪。同时，美国法律规定了“反情报”的内容，以适应国家安全领域不断丰富的需要，拓展了间谍行为的范围。美国 1947 年《国家安全法》提出的“反情报”具体包括：一是反间谍、反恐怖主义；二是打击有外国政府、组织、个人参与的破坏、暗杀；三是有外国政府、组织、个人参与的情报收集活动；四是开展上述工作所需的情报搜集工作。

俄罗斯法律对间谍行为的界定比较宽泛。从《俄罗斯联邦刑法典》第二百七十五条背叛国家罪、第二百七十六条间谍罪和第二百八十三条泄露国家机密罪等间谍犯罪可见，间谍行为至少包括以下四个方面：一是出卖、泄露国家机密；二是帮助外国政府、外国组织或者其他代表损害俄罗斯国家安全；三是以向外国政府、外国组织或者其他代表传递为目的，收集、窃取、保存、传递国家机密；四是执行国外间谍机关任务，搜集情报，危害俄罗斯国家安全。

◆ **条文释义**

本条共分两款。第一款是关于间谍行为具体行为方式的规定。

本款分六项对间谍行为作了规定。反间谍法中的间谍行为主要包括下列六类行为。

1. 间谍组织及其代理人实施或者指使、资助他人实施，或者境内外机构、组织、个人与其相勾结实施的危害中华人民共和国国家安全的活动。这类行为是最典型的间谍行为。根据本款第一项之规定，这类间谍行为有以下特点。

一是，行为的主体是特定主体，即行为与间谍组织及其代理人相关。这里的“间谍组织”，是指外国政府或者境外的敌对势力建立的旨在收集我国政治、经济、军事等方面的国家秘密、情报等信息，或者对我国进行颠覆、破坏等活动，以危害我国国家安全和利益作为其主要任务的组织。“间谍组织代理人”，是指受间谍组织或者其成员的指使、委托、委派、资助，下达间谍组织的任务指令，进行或者授意、指使他人进行危害我国国家安全活动的人。根据有关规定，间谍组织和间谍组织代理人由中华人民共和国国家安全部确认。实施本项的具体主体为间谍组织及其代理人，以及间谍组织及其代理人指使、资助、勾结的他人。

二是，行为方式上包括间谍组织及其代理人直接实施，也包括其以指使、资助他人的方式间接实施，以及其与境内外机构、组织、个人相勾结实施。这里的“指使”，是指间谍组织及其代理人通过命令、安排、派遣、唆使等方式，使其他组织、个人按照其要求，实现或者完成危害我国国家安全的行为。“资助”，是指间谍组织及其代理人以提供资金、场所和物资等方式，支持、帮助其他组织、个人进行危害我国国家安全的行为。“勾结”，包括境内外机构、组织、个人与间谍组织及其代理人共同策划进行危害我国国家安全活动，或者境内外机构、组织、个人接受间谍组织的资助、指使，进行危害我国国家安全活动，或者与间谍组织建立联系，取得支持、帮助，进行危害我国国家安全的活动等。这里所说的“境内外机构、组织、个人”，包括中华人民共和国境内、境外的一切机构、组织、个人。其中境外机构、组织、个人与间谍组织及其代理人相勾结实施间谍行为，主要是针对一些境外非政府组织等与间谍组织相勾结，从事危害我国国家安全活动的情况所作出的规定。

三是，行为人实施的是危害中华人民共和国国家安全的活动。这里的“危害中华人民共和国国家安全的活动”主要是指危害我国国家安全法第二条所规定的国家安全的活动，即危害到国家政权、主权、统一和领土完整、人民福祉、经济社会可持续发展和国家其他重大利益，严重侵害了上述国家核心利益的安全。间谍组织及其代理人实施的没有危害我国国家安全的间谍活动，不属于本法规定的间谍行为。境外间谍组织实施的不是针对我国的，但是在我国领域内，或者利用我国的公民、组织或者其他条件的针对第三国的间谍行为，且危害到我国国家安全的，适用本条第二款的规定。

2. 参加间谍组织或者接受间谍组织及其代理人的任务，或者投靠间谍组织及其代理人。这类行为包含三种情形。

一是，参加间谍组织的行为。这里的“参加间谍组织”，是指行为人通过一定的程序或者手续正式加入间谍组织，成为间谍组织成员的行为。行为人只要有参加间谍组织的行为，无论其参加后是否实施了具体的间谍活动，都属于间谍行为。即参加间谍组织后即行潜伏的，不影响其间谍行为的成立。

二是，接受间谍组织及其代理人的任务的行为。这里的“接受间谍组织及其代理人的任务”，是指受间谍组织及其代理人的命令、派遣、指使、委托，为间谍组织及其代理人服务，从事进行危害我国国家安全的活动。行为人只要实施了接受间谍组织及其代理人任务的行为，无论其是否参加间谍组织，都不影响其间谍行为的成立。

三是，投靠间谍组织及其代理人。这里的“投靠”是指明知对方为间谍组织及其代理人，还主动与其接触和联系，加入间谍组织或者认领间谍组织及其代理人任务的行为。这里的“投靠”可以通过接触和联系的频率、表达的意愿、提出的条件、实施的行为、造成的危害等进行判断和认定。间谍组织及其代理人已经对其明确招募、布置任务的，属于参加间谍组织或者接受间谍组织及其代理人的任务。

3. 间谍组织及其代理人以外的其他境外机构、组织、个人实施或者指使、资助他人实施，或者境内机构、组织、个人与其相勾结实施的窃取、刺探、收买、非法提供国家秘密、情报以及其他关系国家安全和利益的文件、数据、资料、物品，或者策动、引诱、胁迫、收买国家工作人员叛变的活动。本项从行为的主体和危害行为的类型两个方面明确了这类行为所具有的间谍活动的本质特征。

一是，行为的主体是间谍组织及其代理人以外的其他机构、组织、个人，包括“境外机构、组织、个人”，以及“被其指使、资助的他人”和“与其相勾结的境内机构、组织、个人”。这里的“境外机构”，是指中华人民共和国边境以外的国家和地区的机构，如政府、军队以及其他由有关当局设立的机构。此外，上述境外机构在我国境内设立的分支机构或代表机构，也属于境外机构。“境外组织”，主要是指中华人民共和国边境以外的国家和地区的政党、社会团体、非政府组织，以及其他企业、事业组织等。同样，上述组织在中国境内设立的分支或者代表组织，也属于境外组织。“境外个人”，主要是指外国公民、无国籍人以及其他境外个人。外国人、无国籍人身在中华人民共和国境内的，也属于这里的“境外个人”。

二是，行为人实施了特指的两类危害我国国家安全的间谍活动。

（1）实施了窃取、刺探、收买、非法提供国家秘密、情报以及其他关系国家安全和利益的文件、数据、资料、物品的行为。这里的“窃取”是指行为人采用各种秘密手段，如盗窃、偷拍、偷录、拦截等行为而取得国家秘密、情报等的行为。“刺探”是指行为人通过各种途径和手段非法探知国家秘密、情报等的行为。“收买”是指行为人以提供金钱、财物或者其他财产性利益的方法，获取国家秘密、情报等的行为。“非法提供”是指知悉国家秘密、情报等的人，将自己知悉、管理、持有的国家秘密、情报等，以非法出售、交付、出借、告知等方式提供给其他不应知悉该秘密、情报等的人员的行为。“国家秘密”，应当根据保守国家秘密法等相关法律法规确定。按照保守国家秘密法第二条、第九条的规定，国家秘密是关系国家安全和利益，依照法定程序确定，在一定时间内只限一定范围的人员知悉的事项。具体包括下列泄露后可能损害国家在政治、经济、国防、外交等领域的安全和利益的事项：国家事务重大决策中的秘密事项；国防建设和武装力量活动中的秘密事项；外交和外事活动中的秘密事项以及对外承担保密义务的秘密事项；国民经济和社会发展中的秘密事项；科学技术中的秘密事项；维护国家安全活动和追查刑事犯罪中的秘密事项；经国家保密行政管理部门确定的其他秘密事项。“情报”是指除国家秘密以外的关系国家安全和利益、尚未公开的或者依照有关规定不应公开的事项。需要注意的是，关于“情报”的范围，实践中要根据具体情况具体分析，从严掌握，要特别注意将其与正常的信息情报交流区别开，也不能把所有未公开的内部信息都列入“情报”的范围。根据2001年最高人民法院《关于审理为境外窃取、刺探、收买、非法提供国家秘密、情报案件具体应用法律若干问题的解释》的规定，人民法院审理为境外窃取、刺探、收买、非法提供情报案件，需要对有关事项是否属于情报进行鉴定的，由国家保密工作部门或者省、自治区、直辖市保密工作部门鉴定。这里规定的“其他关系国家安全和利益的文件、数据、资料、物品”主要是对“情报”的进一步说明，在维护国家安全和利益的状态和能力的性质上应与“国家秘密、情报”相当，一旦被侵害所造成的危害性也应相当。实践中，需要对特定主体窃取“情报”的内容和范围进一步明确，以确定“窃密”对象的性质、载体，同时将其与正常的信息情报交流等区别开。这里的“国家安全和利益”应参照国家安全法第二条关于国家安全的定义进行判断和确定。这里的载体包括“文件、数据、资料、物品”，既包括有形载体，也包括无形载体，其性质是都需要承载涉及国家安全和利益的内容和信息，而不是一般性质的“文件、数据、资料、物品”。如数据安全法第二十一条第二款规定，关系国家安全、国民经济命脉、重要民生、重大公共利益等数据属于国家核心数据，实行更加严格的管理制度。本项规定的关系国家安全和利益的数据，应与数据安全法规定的核心数据的范围一致。此外，如果相关文件、数据、资料、物品等十分重要，但并不关系到国家安全和利益的，而具有其他需要保护的价值，如文物、普通商业秘密等，受到侵害的，由其他法律调整，并且由法律规定的其他执法部门进行执法。

（2）实施了策动、引诱、胁迫、收买国家工作人员叛变的行为。这里的“策动”，是指策划、鼓动、诱使他人叛变的行为；“引诱”，是指以名利、地位等手段勾引他人叛变的行为；“胁迫”，是指以暴力或者其他手段威胁、强迫他人实施某种行为，具体是指以实施暴力侵害、揭露隐私、污点或者对其家庭成员实施侵害行为等进行威胁的行为；“收买”，是指以金钱、财物或者其他财产性利益等方法，诱使他人叛变的行为。根据刑法第九十三条的规定，“国家工作人员”，是指国家机关中从事公务的人员。国有公司、企业、事业单位、人民团体中从事公务的人员和国家机关、国有公司、企业、事业单位委派到非国有公司、企业、事业单位、社会团体从事公务的人员，以及其他依照法律从事公务的人员，以国家工作人员论。“叛变”是指背叛祖国，投靠敌国、敌方，出卖国家和人民利益的变节行为。

4. 间谍组织及其代理人实施或者指使、资助他人实施，或者境内外机构、组织、个人与其相勾结实施针对国家机关、涉密单位或者关键信息基础设施等的网络攻击、侵入、干扰、控制、破坏等活动。本项对利用网络技术实施间谍行为作了专门规定，该类间谍活动有以下特征。

一是，行为的主体需要与间谍组织及其代理人相关。具体的实施主体为间谍组织及其代理人、受间谍组织及其代理人指使、资助的他人以及与间谍组织及其代理人勾结的境内外机构、组织、个人。如果行为主体与间谍组织及其代理人无关，则不属于本项规定的行为主体。例如，没有间谍组织及其代理人背景或者联系的普通网络黑客之间相互勾结实施的网络窃密、攻击行为，不属于反间谍法调整的范围，可以依据治安管理处罚法、网络安全法、数据安全法等其他法律进行规范。

二是，行为的对象限定为国家机关、涉密单位或者关键信息基础设施等。这里规定的“国家机关”，是指管理国家某一方面事务的具体工作部门，包括各级国家权力机关、党政机关、司法机关和军事机关。这里的“涉密单位”，与保守国家秘密法第六条规定的涉及国家秘密的单位含义相同，即产生、处理、保存国家秘密的单位。这里的“关键信息基础设施”，根据网络安全法第三十一条规定的关键信息基础设施的具体范围和安全保护办法由国务院制定的要求，2021 年关键信息基础设施安全保护条例第二条规定，关键信息基础设施是指公共通信和信息服务、能源、交通、水利、金融、公共服务、电子政务、国防科技工业等重要行业和领域的，以及其他一旦遭到破坏、丧失功能或者数据泄露，可能严重危害国家安全、国计民生、公共利益的重要网络设施、信息系统等，其即为本项规定的“关键信息基础设施”的含义和范围。需要注意的是，这里规定的“等”，指特定主体利用网络技术实施间谍行为，除国家机关、涉密单位、关键信息基础设施以外的对象。被间谍组织及其代理人等特定主体利用网络技术实施攻击、侵入、干扰、控制、破坏等行为本身就证明该对象有必要依法被保护。

三是，实施了网络攻击、侵入、干扰、控制、破坏等活动。这里的“网络”是指计算机网络信息技术，主要是由计算机或者其他信息终端及相关设备组成的按照一定的规则和程序对信息进行收集、存储、传输、交换、处理的系统型技术、程序性工具等。实施“网络”性质的“攻击、侵入、干扰、控制、破坏”等活动，具有信息时代的远程性、虚拟性、广泛性等鲜明特征。这里的“网络攻击”是指通过计算机网络信息技术直接或者间接对特定目标采取打击，以达到使特定目标受损、超负荷运转、瘫痪、失常、被侵入的目的。较为典型的为服务器 DDoS（分布式拒绝服务攻击），即意图通过因大量网络访问形成的数据洪流使目标对象在短时间内被“挤爆”，造成服务器拒绝正常流量服务的网络瘫痪。需要注意的是，网络攻击不以是否造成危害结果来认定，只要实施了行为，就可以认定构成网络攻击。

一些网络攻击即使被成功地防护、抵御住，其攻击行为也属于这里实施的“网络攻击”行为。这里的“网络侵入”是指未经授权或者同意，通过计算机网络技术进入对象目标的计算机信息系统。例如，通过计算机网络技术手段突破对象目标的计算机信息系统安全防护设置，进入其计算机信息系统；侵入对象目标的信息系统并进一步植入“木马程序”，窥探信息系统的运行情况，以获取其产生、存储、处理或者传输数据的内容等。“网络侵入”行为常具有隐蔽性，可能长期静默、引而不发，从而造成被窃密或者在关键时刻遭到破坏等巨大危害。这里的“网络干扰”是指通过计算机网络技术手段扰乱对象目标的正常秩序或者相关部署。“网络干扰”的危害性体现在多个层面。在技术层面，可以是通过网络技术使卫星通讯、遥感的信息传输失误、被截获甚至被篡改，影响军事、民事活动等；在秩序层面，可以是通过网络技术等伪造决策和命令，干扰党政机关、军事机关的工作，制造社会混乱等。这里的“网络控制”是指通过计算机网络技术锁定、劫持、操控他人的计算信息系统，并且通过使用该计算机信息系统控制人的意图开展活动。例如，通过木马程序等方式控制、劫持相关计算机信息系统，使其成为“僵尸网络”以攻击其他的计算机信息系统；或者通过技术方式锁定他人的计算机信息系统，使之无法开展工作或者完全根据控制人的意图进行操作，以达到勒索、窃密、窃录、窃照等目的。这里的“网络破坏”是指通过计算机网络技术进行毁坏和损坏行动，使被攻击对象完全丧失或者部分丧失功能，且不能恢复。需要注意的是，这里规定的“等”，指其他网络活动。随着技术的发展和迭代，可能出现一些新的网络活动方式，只要这些网络活动是为了特定主体针对特定目标实施的间谍活动，就可以认定构成本项规定的行为。此外，这里的网络间谍活动主要是通过计算机网络技术开展的“线上”网络攻击、侵入、干扰、控制、破坏等活动；也有“线下”与“线上”配合进行的活动，即为了开展“线上”网络攻击、侵入、干扰、控制、破坏等活动而实施的“线下”准备活动，如在计算机系统的硬件装备上安设“后门”；通过物理输入等方式向内部网络、局域网络等对外绝缘的网络植入木马、病毒，使该网络系统能够被外部的广域网攻击、侵入、破坏等。如果只存在“线下”活动，而没有“线上”的网络活动，则属于本款第一项规定的间谍行为。

5. 为敌人指示攻击目标。该项规定的这类间谍行为，与刑法第一百一十条关于间谍犯罪行为的规定相衔接。刑法第一百一十条将“为敌人指示轰击目标”作为一种间谍活动定义并规定了刑事责任，反间谍法作了相应的衔接性规定，并根据情况的变化，将“轰击”改为“攻击”。这里的“敌人”，主要是指战时与我方交战的敌国或者敌对方，也包括非交战状态下袭击我国境内目标的敌国、敌对方。这里的“为敌人指示攻击目标”，是指引导敌人的军事攻击等破坏活动，或者为其提供、标示相关目标信息的行为。“指示”的具体方式多种多样，既包括通过发送情报、发射信号弹、燃烧明火等传统的指示方式，也包括激光引导、数字定位及其他技术手段等新的指示方式。“攻击”，包括各类通过人员和使用武器进行的武力袭击等活动。

6. 进行其他间谍活动。本款第六项属于兜底性规定，即除上述五种情形以外的其他间谍活动。这一规定，主要是考虑到间谍行为的表现形式很多，间谍机构、组织、人员为逃避追究，也在不断变换方式、方法，难以一一列举，作概括性规定可以适应复杂的实际情况，有利于对间谍行为的打击。

第二款是关于针对第三国的间谍活动适用本法的规定。本款规定，间谍组织及其代理人在中华人民共和国领域内，或者利用中华人民共和国的公民、组织或者其他条件，从事针对第三国的间谍活动，危害中华人民共和国国家安全的，适用本法。本款有以下五层意思。

1. 明确针对第三国的间谍活动的实施主体为间谍组织及其代理人。这里的“间谍组织及其代理人”与本条第一款中规定的范围一致。

2. 需要满足“在中华人民共和国领域内，或者利用中华人民共和国的公民、组织或者其他条件”。这里规定了适用本法进行预防、制止和惩治该种行为的条件，即只要是在中华人民共和国领域内实施的，就可以根据属地原则依法适用本法的规定。同时，只要我国公民、组织或者其他条件被间谍组织及其代理人利用，以对第三国进行间谍活动，也满足适用本法规定的条件。这里的“利用”是指间谍组织及其代理人使用我国公民、组织及其他条件产生的便利条件和价值，将其作为工具或者跳板以完成间谍活动。间谍组织及其代理人在我国领域内实施，或者利用我国公民、组织及其他条件开展间谍活动，容易让我国被第三国误解和误判，从而影响到我国的国家安全，因此需要依法预防、制止和惩治该种行为。

3. 需要满足“从事针对第三国的间谍活动”的条件。这里的“第三国”是指间谍组织及其代理人针对我国以外的其他国家。这里的“间谍活动”与本条第一款规定的各类间谍活动的行为方式是一致的，需要注意的是，这些间谍活动是危害第三国的国家安全的活动。

4. 只有“危害中华人民共和国国家安全的”才适用我国的反间谍法。间谍组织及其代理人针对第三国的间谍活动，只有危害到我国国家安全的，才适用本法的规定。一般而言，间谍组织及其代理人直接针对第三国开展间谍活动，不与我国产生任何联系。但是间谍组织及其代理人在我国领域内，或者利用我国公民、组织或者其他条件针对第三国开展间谍活动，就容易使我国国家安全受到侵害。只要危害到中华人民共和国国家安全的，就可以适用本法的规定。

5. 满足前述条件的，“适用本法”规定。由于间谍组织及其代理人实施的是针对第三国的间谍活动，直接危害的是第三国的国家安全，因此不属于本法需要严格防范、制止和惩治的间谍行为。但是，针对第三国的间谍行为对我国国家安全造成危害的，也需要适用本法的相关规定进行防范、制止和惩治，可以适用本法规定的措施依法予以打击。

◆ **实践中需要注意的问题**

在对本条的理解与适用中，需要注意以下几个方面的问题。

第一，本条对间谍行为作了定义，其中相关概念的定义和范围是十分清楚的，需要从我国国家安全法治体系的角度整体把握。如我国 1997 年修订后的刑法第一百一十条明确规定了间谍组织及其代理人实施的间谍犯罪，这里的“间谍组织及其代理人”的定义与反间谍法中本条规定的“间谍组织及其代理人”的含义是一致的。本条规定的“危害中华人民共和国国家安全的活动”主要是指危害国家安全法第二条所规定的国家安全，即危害到国家政权、主权、统一和领土完整、人民福祉、经济社会可持续发展以及国家其他重大利益，严重侵害了上述国家核心利益的安全和国家其他重大利益相对处于没有危险和不受内外威胁的状态，以及保障持续安全状态的能力。“关系国家安全和利益的数据”主要是指数据安全法第二十一条第二款规定的，实行更加严格的管理制度保护的关系国家安全、国民经济命脉、重要民生、重大公共利益等的国家核心数据。关键信息基础设施安全保护条例第二条明确了相关范围，即关键信息基础设施是指公共通信和信息服务、能源、交通、水利、金融、公共服务、电子政务、国防科技工业等重要行业和领域的，以及其他一旦遭到破坏、丧失功能或者数据泄露，可能严重危害国家安全、国计民生、公共利益的重要网络设施、信息系统等。总体上，间谍行为的定义不是泛化的概念，需要结合案件的具体证据和情况，区分不法行为的性质、判断执法主体，并且严格根据我国现有法律法规认定其是否构成间谍行为。

第二，实施间谍行为，尚不构成犯罪的，根据本法第五十四条的规定，可以追究相应的行政责任；构成犯罪的，依法追究刑事责任。本法第五十五条规定的实施间谍行为，有自首或者立功表现的，可以从轻、减轻或者免除处罚；有重大立功表现的，给予奖励的规定，适用于对实施间谍行为追究行政责任和刑事责任。

第三，对“间谍行为”的认定需要严格依法，慎重进行。此次修订反间谍法，较为重要的修改是规定国家安全机关可以对社会危害性较为轻微的间谍行为予以行政处罚，进一步降低了追究间谍行为法律责任的门槛，提前进行规制，从防微杜渐的角度出发，是合适的。同时，也需要加大法律的宣传力度，给人民群众一段时间学习和了解新修订的反间谍法。人民群众对“间谍行为”，多数仍认为属于严重犯罪。国家安全机关对轻微的“间谍行为”进行行政处罚已经能够体现过罚相当的法律效果，还需要考虑执法后如何更好地发挥社会效果。进一步而言，需要注意打击违法行为与处遇不法人员的科学衔接，一方面需要慎重认定“间谍行为”，避免行为人过多地贴上“间谍”的标签；另一方面对社会如何处置和对待轻微“间谍行为”做更为细致的安排和考虑，以方便行为人迷途知返，降低回归社会的阻力，防止将其完全推向对立面。

**◆ 相关规定**

《中华人民共和国国家安全法》第二条；《中华人民共和国保守国家秘密法》第二条、第六条、第八条；《中华人民共和国网络安全法》第二十五条、第二十七条、第三十一条；《中华人民共和国数据安全法》第二十一条、第三十二条；《中华人民共和国刑法》第九十三条、第一百零二条至第一百零七条、第一百一十条至第一百一十三条、第二百一十九条之一、第二百八十二条；《关键信息基础设施安全保护条例》第二条

**第五条** 国家建立反间谍工作协调机制，统筹协调反间谍工作中的重大事项，研究、解决反间谍工作中的重大问题。

**◆ 条文主旨**

本条是关于国家建立反间谍工作协调机制的规定。

**◆ 立法背景**

本条是2023年修订反间谍法时增加的规定。

**（一）立法背景及修改情况**

1993年国家安全法和2014年反间谍法没有规定本条内容，本条是2023年修订反间谍法时根据有关方面的建议，增加规定的内容。关于规定本条的主要背景和考虑有以下几个方面。

一是贯彻落实总体国家安全观，从国家层面统筹加强国家安全和反间谍工作的战略需要。以习近平同志为核心的党中央高度重视、全面谋划、深入推进国家安全工作，提出了总体国家安全观的重要战略。2014年4月25日，习近平总书记在十八届中央政治局第十四次集体学习时指出：“要贯彻总体国家安全观，准确把握我国国家安全形势变化新特点新趋势，坚持既重视外部安全又重视内部安全、既重视国土安全又重视国民安全、既重视传统安全又重视非传统安全、既重视发展问题又重视安全问题、既重视自身安全又重视共同安全，切实做好国家安全各项工作。”贯彻落实总体国家安全观，2015年全国人大常委会通过的国家安全法，对国家安全各项工作作了全面规定，同时明确规定，国家安全工作应当坚持总体国家安全

观。坚持总体国家安全观，需要树立总体安全、系统安全的观念和措施，从国家层面建立相应的统筹协调机制是贯彻落实总体国家安全观、加强国家安全工作落实的重要举措。国家安全法对此也作了专门规定，该法第五条规定："中央国家安全领导机构负责国家安全工作的决策和议事协调，研究制定、指导实施国家安全战略和有关重大方针政策，统筹协调国家安全重大事项和重要工作，推动国家安全法治建设。"第四十四条规定："中央国家安全领导机构实行统分结合、协调高效的国家安全制度与工作机制。"第四十五条规定："国家建立国家安全重点领域工作协调机制，统筹协调中央有关职能部门推进相关工作。"反间谍工作作为国家安全的重要方面，与贯彻落实总体国家安全观的新形势、新要求相适应，为适应新时期加强反间谍工作的需要，专门增加了国家建立反间谍工作协调机制的规定。

二是加强反间谍工作的实践需要。反间谍工作涉及各部门、各方面、各项工作，涉及各主体的职责和义务，既包括中央有关部门、单位，也包括社会组织和公民个人的职责、义务，在反间谍工作中还可能遇到一些涉及各方面的重要或者复杂事项，需要在国家层面建立统一的反间谍工作协调机制，对反间谍工作中的重大事项、重大问题进行统筹协调和研究、解决，形成工作合力，强化工作力度，以有效落实和加强反间谍工作。根据本法第六条，国家安全机关是反间谍工作的主管机关，但反间谍工作不是国家安全机关一家的工作，单独依靠国家安全机关是不可能完成反间谍工作任务的，实践中涉及其他部门的职责，如公安、保密、军队有关部门等，涉及各单位、组织、公民的职责义务等，或者涉及反间谍工作重大事项。实践中，遇到反间谍工作的重要问题需要统筹协调或者研究解决时，仅依靠国家安全机关难以有效协调和形成最大合力，因此，需要在国家层面建立相应机制，以这一机制作为"主心骨"，发挥协调各方各负其责、各司其职又形成合力的重要作用，保障反间谍重大事项、重要工作的统筹协调和研究解决，更好地推进工作。

三是其他有关国家安全重要领域的法律也都对相应领域的国家安全要建立国家工作协调机制作了规定：（1）出口管制法第五条第二款规定，国家建立出口管制工作协调机制，统筹协调出口管制工作重大事项。国家出口管制管理部门和国务院有关部门应当密切配合，加强信息共享。（2）反恐怖主义法第七条、第八条和第四十三条规定，国家设立反恐怖主义工作领导机构，统一领导和指挥全国反恐怖主义工作。公安机关、国家安全机关和人民检察院、人民法院、司法行政机关以及其他有关国家机关，应当根据分工，实行工作责任制，依法做好反恐怖主义工作。中国人民解放军、中国人民武装警察部队和民兵组织依照本法和其他有关法律、行政法规、军事法规以及国务院、中央军事委员会的命令，并根据反恐怖主义工作领导机构的部署，防范和处置恐怖活动。（3）国家情报法第三条、第五条规定，国家建立健全集中统一、分工协作、科学高效的国家情报体制。中央国家安全领导机构对国家情报工作实行统一领导，制定国家情报工作方针政策，规划国家情报工作整体发展，建立健全国家情报工作协调机制，统筹协调各领域国家情报工作，研究决定国家情报工作中的重大事项。中央军事委员会统一领导和组织军队情报工作。国家安全机关和公安机关情报机构、军队情报机构按照职责分工，相互配合，做好情报工作、开展情报行动。各有关国家机关应当根据各自职能和任务分工，与国家情报工作机构密切配合。（4）数据安全法第五条规定，中央国家安全领导机构负责国家数据安全工作的决策和议事协调，研究制定、指导实施国家数据安全战略和有关重大方针政策，统筹协调国家数据安全的重大事项和重要工作，建立国家数据安全工作协调机制。（5）生物安全法第十条规定，中央国家安全领导机构负责国家生物安全工作的决策和议事协调，研究制定、指导实施国家生物安全战略和有关重大方针政策，统筹协调国家生物安全的重大事项和重要工作，建立国家生物安全工作协调机制。上述法律对在相应领域的国家安全方面建立国家层面的工作协调机制进行了规定，体现的是国家层面的高度重视和统筹推进，体现的是这些工作的重要性以及需要国家建立协调机制的迫切性，目的是贯彻、落实总体国家安全观，加强相应领域国家安全工作的落实和推进。反间谍法的本条规定在总结实践经验的基础上，参考、借鉴了上述规定，同样体现了这些工作的重要性和实践需求。

**（二）公开征求意见的情况**

反间谍法修订草案二次审议稿第五条规定：“国家建立反间谍工作协调机制，统筹协调反间谍工作中的重大事项，研究、解决反间谍工作中的重大问题。”

有的建议将“解决”修改为“处理”；有的建议增加一条，规定在省、自治区、直辖市建立地方级的反间谍工作协调机制，负责研究、协调、解决本地区反间谍工作中的重大问题；有的建议增加“中央国家安全领导机构，并明确其在反间谍工作中的领导职能”；有的建议将“国家建立反间谍工作协调机制”修改为“国家建立党委、政府、人民军队、人大、政协和基层工会之间的反间谍工作协调机制”。

### ◆ 条文释义

本条是关于国家建立反间谍工作协调机制的规定。在国家层面建立专门的协调机制，主要职责是统筹、协调反间谍工作中的重大事项，研究、解决反间谍工作中的重大问题。对于本条规定，可以从以下三个方面来理解和把握。

第一，国家建立反间谍工作协调机制。国家安全法对建立、完善国家安全领导体制作了规定，要求建立集中统一、高效权威的国家安全领导体制，同时，明确规定中央国家安全领导机构负责国家安全工作的决策和议事协调，研究制定、指导实施国家安全战略和有关重大方针政策，统筹协调国家安全重大事项和重要工作，推动国家安全法治建设。反间谍工作是国家安全工作的重要组成部分，根据反间谍工作实践需要，考虑到反间谍工作的重要性和涉及的各方面工作，以及实践中需要一个国家层面的机制在反间谍工作中发挥统揽全局、协调各方的作用，本条规定，国家建立反间谍工作协调机制。中央国家安全领导机构在实践中发挥反间谍工作协调机制功能。需要说明的是，根据反间谍法第二条，反间谍工作协调机制依照本条规定开展统筹协调等工作，必须始终坚持中国共产党对反间谍工作的领导，坚持党中央集中统一领导。

第二，统筹协调反间谍工作中的重大事项，是反间谍工作协调机制的一项重要职责。对于本条中“重大事项”的理解可以参考《中国共产党重大事项请示报告条例》的有关规定，其第三条第二款规定：“本条例所称重大事项，是指超出党组织和党员、领导干部自身职权范围，或者虽在自身职权范围内，但关乎全局、影响广泛的重要事情和重要情况，包括党组织贯彻执行党中央决策部署和上级党组织决定、领导经济社会发展事务、落实全面从严治党责任，党员履行义务、行使权利，领导干部行使权力、担负责任的重要事情和重要情况。”参考这一规定，本条中的“重大事项”可以理解为一般是指超出自身职权范围，或者虽在自身职权范围内，但关乎全局、影响广泛的重要事情和重要情况。在具体工作中，有关部门认为属于反间谍工作重大事项的，可以报请反间谍工作协调机制研究，同时，反间谍工作协调机制认为属于涉及反间谍工作重大事项的，也可以要求有关方面提请反间谍工作协调机制进行研究。

第三，研究、解决反间谍工作中的重大问题，是反间谍工作协调机制的另一项重要职责。“重大问题”与“重大事项”相比，相对具体，属于反间谍工作中遇到的具体事项，但属于关乎全局或者关乎重要领域的事项或者重要情况，或是涉及重要制度建设方面的情况和问题，或是有关部门、单位认为事项重要，靠单一部门无法有效研究、解决的问题等。实践中，有关部门、单位等认为属于涉及反间谍工作中的重大问题的，可以按照规定和程序报请反间谍工作协调机制研究、解决，同样，国家反间谍工作协调机制可以定期研究、解决其认为属于相关反间谍工作中的重大问题的问题。通过协调机制的常态化工作，推进反间谍法实施和反间谍工作有效落实，切实维护国家安全。

### ◈ 实践中需要注意的问题

实践中需要注意的是，国家建立的反间谍工作协调机制，负责统筹协调反间谍工作中的重大事项和研究、解决重大问题，但其与国家安全机关并不是一回事。国家安全机关是反间谍工作的主管机关，但是反间谍工作还涉及其他各有关部门、各方面事项，涉及一些重大事项、重要问题，只依靠国家安全机关无法有效统筹协调，因此，不能将反间谍工作协调机制等同于国家安全部门。国家安全部门认为属于反间谍工作中的重大事项、重大问题需要统筹研究的，可以报请反间谍工作协调机制研究确定。

◆ **相关规定**

《中华人民共和国国家安全法》第五条、第四十四条、第四十五条；《中华人民共和国出口管制法》第五条；《中华人民共和国反恐怖主义法》第七条、第八条、第四十三条；《中华人民共和国数据安全法》第五条；《中华人民共和国生物安全法》第十条

---

**第六条**　国家安全机关是反间谍工作的主管机关。

公安、保密等有关部门和军队有关部门按照职责分工，密切配合，加强协调，依法做好有关工作。

---

◆ **条文主旨**

本条是关于反间谍工作主管机关及有关部门的配合协作的规定。

◆ **立法背景**

本条是1993年国家安全法的规定，2014年制定反间谍法时作了修改，2023年修订反间谍法时又作了个别修改。

**（一）立法背景及修改情况**

1. 1993年国家安全法的规定。第二条规定："国家安全机关是本法规定的国家安全工作的主管机关。国家安全机关和公安机关按照国家规定的职权划分，各司其职，密切配合，维护国家安全。"

为了适应改革开放形势下国家安全工作的需要，确保国家安全并加强反间谍工作，加强对国家安全工作的领导，经国务院提请，全国人大于1983年批准成立了国家安全部，在地方，相应地成立国家安全厅、局等。这里的"国家安全机关"就是指国家安全部和各地的国家安全厅、局等。1983年9月2日，第六届全国人大常委会第二次会议通过了《全国人民代表大会常务委员会关于国家安全机关行使公安机关的侦查、拘留、预审和执行逮捕的职权的决定》，明确国家安全机关承担原由公安机关主管的间谍、特务案件的侦查工作，是国家公安机关的性质，因而国家安全机关可以行使宪法和法律规定的公安机关的侦查、拘留、预审和执行逮捕的职权。1993年制定国家安全法，明确规定国家安全机关是国家安全工作的主管机关。同时规定，公安机关也应当按照国家规定的职权划分，密切配合，共同做好维护国家安全的工作。

2. 2014 年反间谍法的规定。第三条规定：“国家安全机关是反间谍工作的主管机关。公安、保密行政管理等其他有关部门和军队有关部门按照职责分工，密切配合，加强协调，依法做好有关工作。”

本条对 1993 年国家安全法第二条作了以下修改：一是，2014 年将国家安全法修订为反间谍法，相应地将原来规定的“国家安全工作的主管机关”修改为“反间谍工作的主管机关”。二是在配合部门职责主体方面增加了“保密行政管理等其他有关部门和军队有关部门”的规定。三是增加了按照“职责分工”“加强协调，依法做好有关工作”的表述。上述修改主要是强化了其他有关部门协同做好反间谍工作的责任。间谍行为会渗透到政治、经济、军事、社会管理的各个方面，反间谍工作必然涉及各个方面的工作。公安、保密行政管理等其他有关机关和军队有关部门都应当从全局出发，按照法律和相关规定作出的职责分工，各司其职，在做好各自职责领域内工作的同时，互相支持，互通情况，密切配合，共同做好反间谍工作，维护国家安全。

3. 2023 年修订后的反间谍法的规定。这次修订反间谍法对 2014 年反间谍法第三条主要作了一些文字修改：一是将“保密行政管理”部门修改为“保密”部门，涵盖范围更为广泛；二是删去了“其他有关部门”中“其他”的表述，属于文字修改。

**（二）公开征求意见的情况**

修订草案二次审议稿第六条规定：“国家安全机关是反间谍工作的主管机关。公安、保密等有关部门和军队有关部门按照职责分工，密切配合，加强协调，依法做好有关工作。”

关于第一款规定。有的建议对国家安全机关的反间谍工作职权作出原则性规定；有的建议在“公安、保密”之后增加“外交、人民法院、人民检察院”，并增加“互相制约”；有的建议将“依法做好有关工作”修改为“依法做好反间谍工作”；有的建议将第一款“国家安全机关是反间谍工作的主管机关”修改为“国家安全机关主管全国反间谍工作”。

关于第二款规定。有的建议增加一款规定，“国家安全机关、人民检察院、人民法院应当加强分工负责、互相配合、互相制约，严格依法办理涉嫌犯罪的间谍案件”；有的建议增加规定“公安机关依照职责分工开展反间谍工作”；有的建议明确国家安全机关与公安机关的管辖和职责分工，特别是对于涉及间谍犯罪的刑事案件的管辖；有的建议对地方国家安全机关的职责和设置也作出相应规定，将本款修改为：“国务院国家安全主管部门统一领导协调全国反间谍安全工作和相关监督管理工作。省、自治区和直辖市人民政府国家安全机关主管本行政区域内的反间谍安全防范、制止和惩治工作，领导和监督下级国家安全机关反间谍工作。国务院其他有关部门依照本法和有关法律、行政法规，在各自职责范围内负责反间谍安全防范工作。县级以上地方人民政府有关部门依法承担反间谍安全防范工作”。

**（三）有关国家和地区的规定**

很多国家和地区都设有相应的反间谍工作专门机构或建立了统筹协调机制，负责统筹协调和主管反间谍各项工作，维护国家安全。

1. 美国联邦调查局。联邦调查局隶属于司法部，其反间谍工作的主要职责包括：一是保护美国国家秘密安全，与其他部门合作，降低间谍和其他内部风险隐患；二是保护美国国防、经济、金融、公众健康、科技等领域的先进技术和敏感信息；三是打击外国间谍活动；四是阻止大规模杀伤性武器扩散。在工作权力的行使上，可以要求有关部门协助调查。要求情报系统各部门协助收集美国境外非美国人的个人信息。采取与其他执法部门共同调查、委托调查等方式，拓展使用其他部门的执法权力。

2. 俄罗斯联邦安全局。俄罗斯联邦安全局由总统直接领导，既是警察机构，也是军事机构，承担反间谍侦察、打击恐怖主义和颠覆破坏活动等工作职责。

3. 英国安全局。英国安全局，又称军情五处，由首相直接领导，其反间谍工作的主要职责包括：一是保卫国家安全，防范、制止谍报、恐怖及破坏活动以及国外间谍机构人员带来的威胁；二是防范、制止意图以政治、经济或暴力方式颠覆或破坏议会民主体制的不法活动；三是保障英国经济利益，对抗来自境外的威胁或破坏；四是在防止与侦查严重犯罪方面支援警察及其他执法机构。

4. 加拿大皇家骑警和安全情报局。加拿大皇家骑警隶属于公共安全部，是加拿大联邦层面的警察机构，其反间谍工作的主要职责包括：一是预防和调查犯罪，打击危害加拿大领土完整和有组织犯罪、恐怖主义犯罪等行为；二是维护国家安全；三是负责本国政要、来访外宾、外交使团等的警卫工作；四是为其他执法部门提供支持。安全情报局原本是皇家骑警的情报部门，1984 年分离出来，现同样隶属于公共安全部，其反间谍工作的主要职责包括：一是情报搜集与分析；二是安全背景审查，并根据需要向联邦和地方政府或外国政府和国际组织提供安全评估；三是调查外国政府威胁加拿大国家安全的秘密行动，包括监控、操纵、威胁、利用加拿大公民的行为，不利于科技发展的行为，以及威胁加拿大重要经济设施、信息设施、军事利益、商业利益和政府涉密信息等行为；四是保护网络安全及关键基础设施安全。

5. 澳大利亚安全情报局。安全情报局隶属于司法部，主管情报搜集和反间谍工作，打击对象有间谍活动、政治颠覆活动、国际恐怖主义的袭击和外国的干涉、颠覆活动等。其反间谍工作的主要职责包括：一是保护澳大利亚领土、政府和人民的安全；二是监视国内反政府团体和各国驻澳人员，开展反间谍活动；三是境内的国外重要人员的安全保卫，对可能给国家带来危害的人进行签证审查。

6. 新西兰安全情报局。安全情报局的职责是使新西兰免遭间谍、破坏和恐怖活动，不论这种活动的主谋或执行者是否在境内。其可行使以下权力：一是获取、传递、评估危及国家安全的情报，并将这些情报传送给必要的人员；二是当有关安全的问题涉及某政府部门时，可向主管部长提出建议；三是新西兰国内外的政府机构和其他单位，凡能协助安全情报局职责的，都必须与之尽可能地合作；四是对在新西兰境内可能发生间谍、破坏和恐怖活动的地区，建立监听系统。

7. 德国联邦宪法保卫局。联邦宪法保卫局隶属于内政部，其反间谍工作的主要职责包括：一是搜集和分析各类危及国家安全的情报；二是对安全和国防等重要部门的工作人员进行政审；三是参与制定各项保密制度和措施；四是监视国外情报机关和境内外激进团体在德国的活动。

8. 法国领土监护司。领土监护司隶属于内政部的国家警察总署，负责国内的反间谍、反颠覆和反恐怖工作。领土监护司成立初期的主要任务是在本土打击各种形式的间谍活动，粉碎境外敌对势力对法国政治、军事、经济、科技等方面的破坏。其四项基本职责是：一是国内反间谍工作；二是打击恐怖活动；三是防止本国工业、科技及经济情报被窃取，一方面对高科技企业和实验室及研究所进行秘密监护，对在公司中担任高级职务的外国人进行必要调查，防止外国参观团窃取经济情报，另一方面进行保密和反间谍宣传工作；四是反信息犯罪，运用高科技手段，对计算机网络及移动电话进行有效监控。

9. 韩国国家情报院。国家情报院由总统直接领导，其反间谍工作的主要职责包括：一是协调、指挥各单位开展反间谍工作；二是搜集、汇编以及分发国外情报和国内安保情报（包括反间谍、反恐怖主义等多种情报）；三是对韩国刑法规定的内乱罪、外患罪，军事刑法规定的叛乱罪、不正当使用密码罪，军事机密保护法规定的罪行以及国家保安法规定的罪行等进行调查；四是制定并调整情报和安保任务计划。此外，2021 年，韩国进一步明确了警察“执行反间谍作战”的任务，有权在国家重要设施区域实施交通管制、使用石弩、武器、特殊镇压车辆、多目标发射器等武器装备。

◆ **条文释义**

本条共分两款。第一款是关于国家安全机关是反间谍工作的主管机关的规定。

1993 年国家安全法明确规定，国家安全机关是国家安全工作的主管机关。但针对我国国家安全工作实际情况，1993 年国家安全法所调整的范围是防范、制止境外机构、人员或者境外机构、人员同境内机构、人员相勾结的危害中华人民共和国国家安全的工作中由国家安全机关所主管的那一部分工作所涉及的各种法律关系，并没有对所有与国家安全有关的部门的工作和法律关系进行调整。比如，1993年国家安全法第三条规定，国家安全机关在国家安全工作中必须依靠人民的支持，动员、组织人民防范、制止危害国家安全的行为。第四条、第六条规定，国家安全机关承担对境外机构、组织、个人实施或者指使、资助他人实施的，或者境内组织、个人与境外机构、组织、个人相勾结实施的危害中华人民共和国国家安全的案件进行侦查、拘留、预审和执行逮捕。根据1993年国家安全法的这些规定，国家安全机关实际上也就是反间谍工作的主管部门。在1993年国家安全法修订以后，根据本条之规定，国家安全机关仍然是反间谍工作的主管机关。

反间谍工作是一项重要的国家安全工作，必须要有专门的部门主管，推动反间谍各项工作。其他有关国家安全领域的事务也都在法律中明确规定了相应的主管部门，通过以法律确认的方式为有关部门依法履职提供明确依据和有力支撑。1993年国家安全法第五条规定：“中央国家安全领导机构负责国家安全工作的决策和议事协调，研究制定、指导实施国家安全战略和有关重大方针政策，统筹协调国家安全重大事项和重要工作，推动国家安全法治建设。”反恐怖主义法第七条规定了反恐怖主义工作领导机构：“国家设立反恐怖主义工作领导机构，统一领导和指挥全国反恐怖主义工作。设区的市级以上地方人民政府设立反恐怖主义工作领导机构，县级人民政府根据需要设立反恐怖主义工作领导机构，在上级反恐怖主义工作领导机构的领导和指挥下，负责本地区反恐怖主义工作。”反间谍工作同样更加需要专责机关专门负责。国家安全机关作为反间谍工作的主管机关，从目前的机构设置情况上看，国家安全机关是指国家安全部，省级及省级以下国家安全厅、国家安全局、国家安全分局等。

第二款是关于公安、保密等有关部门和军队有关部门的职责划分和相互间关系的规定。

公安机关、保密等有关部门和军队有关部门也会涉及反间谍工作。比如，军事秘密对于保障军事安全和国家政权具有非常重要的意义，一直以来就是境外间谍机构和敌对势力间谍活动的重要目标。军队有关部门一方面需要做好保密措施，防止秘密被刺探和窃取，另一方面也需要采取及时有效的措施，发现和制止间谍行为，防止军事秘密被窃取、刺探，引起重大损失。公安机关作为负责社会治安和管理的国家机关，其出入境、人口、网络管理等工作，都可能涉及国家安全。公安机关负责侦查“国内危害国家政治安全的犯罪案件”，对为境外窃取国家秘密、情报的行为也要开展情报、侦察、控制、处置、反制等工作。本法第七十条第二款也规定：“公安机关在依法履行职责过程中发现、惩治危害国家安全的行为，适用本法的有关规定”。保守国家秘密法对国家保密行政管理部门的职责作了规定。根据保守国家秘密法的规定，国家保密行政管理部门负有制定保密规章和国家保密标准，依法组织开展保密宣传教育、保密检查、保密技术防护和泄密案件查处工作，对机关、单位的保密工作进行指导和监督，对机关、单位遵守保密制度的情况进行检查，要求存在泄密隐患的机关、单位采取措施和限期整改，责令停止使用存在泄密隐患的设施、设备、场所以及督促、指导有关机关、单位对涉嫌泄露国家秘密的进行调查处理等的职责。保密部门对保密检查中发现的非法获取、持有的国家秘密载体，应当予以收缴。对于涉嫌泄露国家秘密的案件，要配合国家安全机关等部门开展相关工作，如对涉嫌泄密案件中被泄露的事项是否属于国家秘密以及属于何种密级进行鉴定等。因此，公安、保密等有关部门和军队有关部门，根据法律法规和有关职责规定，在反间谍工作中都有相应职责。这里所说的“按照职责分工”，是指上述各部门按照法律和有关规定的职责划分，把自己职责范围内的任务完成好。“密切配合、加强协调，依法做好有关工作”，是指上述各部门在反间谍工作中，应顾全大局，从维护国家安全和利益的角度出发，在开展好各自职责领域内的工作的基础上，协调一致，互联互通，互相帮助，互相支援，避免出现责任不清、擅自越权或者互相扯皮等情况，依法行使职权。

◆ **实践中需要注意的问题**

在对本条的理解适用中，需要注意以下几个方面的问题。

第一，关于公安机关在反间谍工作中的职责。公安机关在这方面的工作职责主要体现为“对内”维护涉及的国家安全相关工作，对境内人员、组织为境外窃取、刺探、收买、非法提供国家秘密、情报罪行为进行防范打击，是公安机关的职责所在。实践中，公安机关也会在履行相应职责的过程中开展反间谍安全防范工作。国家安全机关是反间谍工作的主管机关，公安机关应当与国家安全机关按照职责分工，密切配合，加强协调，依法做好有关工作。

第二，关于军队有关部门的职责。本条对军队有关部门按照职责分工，依法做好有关工作作了规定。军队有关部门在履行相关工作职责中也涉及对间谍行为的防范处置，承担有关工作。考虑到本法修订后，规定了一些行政许可、行政处罚、行政强制措施，当事人根据相关法律规定，可以进行复议和诉讼，与军队开展反间谍相关工作的情况有所不同，军队的反间谍工作按照军队的有关规定执行即可。本法主要对军队有关部门按照职责分工，依法做好有关工作作了原则性规定。

◆ **相关规定**

《全国人民代表大会常务委员会关于国家安全机关行使公安机关的侦查、拘留、预审和执行逮捕的职权的决定》；《中华人民共和国保守国家秘密法》第五条、第四十一条至第四十七条；《中华人民共和国国家安全法》第五条；《中华人民共和国反恐怖主义法》第七条

**第七条**　中华人民共和国公民有维护国家的安全、荣誉和利益的义务，不得有危害国家的安全、荣誉和利益的行为。

一切国家机关和武装力量、各政党和各人民团体、企业事业组织和其他社会组织，都有防范、制止间谍行为，维护国家安全的义务。

国家安全机关在反间谍工作中必须依靠人民的支持，动员、组织人民防范、制止间谍行为。

### ◆ 条文主旨

本条是关于公民、国家机关、武装力量、各政党、各人民团体、企业事业组织和其他社会组织维护国家安全的义务以及国家安全机关在反间谍工作中必须依靠人民的规定。

### ◆ 立法背景

本条是1993年国家安全法的规定，2014年制定反间谍法时作了修改，2023年修订反间谍法时又作了修改。

**（一）立法背景及修改情况**

1. 1993年国家安全法的规定。第三条规定："中华人民共和国公民有维护国家的安全、荣誉和利益的义务，不得有危害国家的安全、荣誉和利益的行为。一切国家机关和武装力量、各政党和各社会团体及各企业事业组织，都有维护国家安全的义务。国家安全机关在国家安全工作中必须依靠人民的支持，动员、组织人民防范、制止危害国家安全的行为。"

根据宪法之规定，中华人民共和国公民有维护祖国的安全、荣誉和利益的义务，不得有危害祖国的安全、荣誉和利益的行为。一切国家机关和武装力量、各政党和各社会团体、各企业事业组织都必须遵守宪法和法律。一切违反宪法和法律的行为，必须予以追究。本条在这里强调公民和国家机关、组织维护国家安全的义务是对宪法规定的进一步落实。维护国家安全工作和反间谍工作离不开公民和国家机关、各组织的支持配合，离不开他们提高防范意识和采取防范措施。本条在对公民、国家机关和组织等提出责任义务要求的同时，也明确规定，国家安全机关在维护国家安全工作中必须动员、组织人民，依靠人民，形成保护国家安全的人民阵线，这样才能有效防范、制止敌对势力破坏我国家安全的行为。

2. 2014年反间谍法的规定。第四条规定："中华人民共和国公民有维护国家的安全、荣誉和利益的义务，不得有危害国家的安全、荣誉和利益的行为。一切国家机关和武装力量、各政党和各社会团体及各企业事业组织，都有防范、制止间谍行为，维护国家安全的义务。国家安全机关在反间谍工作中必须依靠人民的支持，动员、组织人民防范、制止危害国家安全的间谍行为。”

本条在 1993 年国家安全法第三条的基础上，根据本法在适用范围上的调整，对 1993 年国家安全法第三条第二款、第三款有针对性地作了修改，其中，在第二款中增加了“防范、制止间谍行为”的规定，将其修改为“一切国家机关和武装力量、各政党和各社会团体及各企业事业组织，都有防范、制止间谍行为，维护国家安全的义务”，第三款将原规定的国家安全机关“在国家安全工作中”必须依靠人民的支持修改为“在反间谍工作中”必须依靠人民的支持，将原规定的“动员、组织人民防范、制止危害国家安全的行为”，修改为“动员、组织人民防范、制止危害国家安全的间谍行为”，增加了“间谍”的表述。

3. 2023 年修订后的反间谍法的规定。本次修订反间谍法对 2014 年反间谍法第四条作了以下修改：一是将第二款中的“一切国家机关和武装力量、各政党和各社会团体及各企业事业组织”修改为“一切国家机关和武装力量、各政党和各人民团体、企业事业组织和其他社会组织”，即将“社会团体”修改为“人民团体”，增加了“其他社会组织”的主体等。在研究过程中，也有意见认为，原规定与宪法第五条第四款相一致，不适宜修改有关义务主体的表述以及增加相关义务主体。也有意见认为应当根据当前组织的发展情况作相应修改，增加主体，与国家安全法的相关规定保持一致，经研究，参考国家安全法第十一条第一款的规定对表述作出调整，修改为“一切国家机关和武装力量、各政党和各人民团体、企业事业组织和其他社会组织”。二是对第三款作了文字修改，删去“危害国家安全的”的表述，意思更清晰。

关于这次修订时将“社会团体”修改为“人民团体”表述的问题。宪法序言中有关爱国统一战线的规定中规定，“在长期的革命、建设、改革过程中，已经结成由中国共产党领导的，有各民主党派和各人民团体参加的……爱国统一战线”。国家安全法第十一条关于维护国家安全主体的规定，“中华人民共和国公民、一切国家机关和武装力量、各政党和各人民团体、企业事业组织……都有维护国家安全的责任和义务”；第七十八条关于国家安全教育的规定，“机关、人民团体、企业事业组织和其他社会组织应当对本单位的人员进行维护国家安全的教育”。从现行法律中有关人民团体的规定来看，有将人民团体与政党、民主党派并列的，如宪法、国家安全法等；有将人民团体与国家机关、事业单位并列的，如刑法、治安管理处罚法等；有将人民团体与社会组织、社会团体并列的，如反家庭暴力法、预防未成年人犯罪法等；还有一些其他表述方式，如人民陪审员法将人民团体与基层群众性自治组织并列表述，刑事诉讼法将人民团体与单位并列表述，等等。这些法律规定中，人民团体的范围有大有小，有些和与其并列表述的其他概念存在包含与被包含的关系，但都使用了“人民团体”的表述。这次将“社会团体”修改为“人民团体”，与宪法、国家安全法等其他法律规定的表述一致。

**（二）公开征求意见的情况**

修订草案二次审议稿第七条规定：“中华人民共和国公民有维护国家的安全、荣誉和利益的义务，不得有危害国家的安全、荣誉和利益的行为。一切国家机关和武装力量、各政党和各人民团体、企业事业组织和其他社会组织，都有防范、制止间谍行为，维护国家安全的义务。国家安全机关在反间谍工作中必须依靠人民的支持，动员、组织人民防范、制止间谍行为。”

关于第一款。有的建议，将公民“有维护”国家安全的义务修改为公民“都有维护”国家安全的义务；有的建议将“荣誉”修改为“形象”；有的建议在第一款“公民”后增加“公司、社会团体及其他组织”。

关于第二款。有的建议在义务主体中增加“社区农村基层组织”“院校和中华人民共和国公民”；有的建议将“维护国家安全的义务”修改为“维护国家安全的义务和责任”；有的建议将“各人民团体、企业事业组织和其他社会组织”修改为“社会组织及各族人民”；有的建议将“人民团体”修改为“各级群团组织”；有的提出将第一款与第二款合并，修改为“中华人民共和国公民、一切国家机关和武装力量、各政党和人民团体、企业事业组织和其他社会组织，都有防范、制止间谍行为的义务”。

关于第三款。有的建议将第三款中的“必须依靠”修改为“依靠”；有的建议将“必须依靠人民的支持”修改为“应当依靠人民的支持”或“应当坚持依靠人民群众”；有的建议将该款并入第二条；有的建议将“制止间谍行为”修改为“发现、举报、制止间谍行为”；有的建议在第三款中增加“人民对侦察行动提供无偿帮助”，后续可由国家安全机关给予适当的补贴补助。

**◆ 条文释义**

本条共分三款。第一款是关于公民维护国家安全的义务的规定。

公民有维护国家安全的法定义务，对此，我国宪法已有明确规定。宪法第五十四条规定：“中华人民共和国公民有维护祖国的安全、荣誉和利益的义务，不得有危害祖国的安全、荣誉和利益的行为。”国家安全是全国各民族人民的根本利益之所在。珍惜祖国的荣誉，维护国家安全和利益，是每个公民的神圣职责。在我国对外交往日益增多，尤其是信息网络技术大发展的背景下，反间谍任务更为艰巨，也对做好反间谍工作提出了更高的要求。但是，仍然有一些人防范意识不足、警惕性不强，为境外的间谍组织等敌对势力从事危害国家安全的活动提供了可乘之机；有的人为了金钱或者其他目的，主动为境外组织机构和人员窃取、非法提供国家秘密；还有的人立场不稳、不辨是非，明知有人从事间谍活动而不报告，不制止，听之任之；有的人在反间谍机关向其调查有关情况、收集有关证据时，隐瞒、掩饰，拒绝提供信息，甚至设置障碍，妨碍反间谍工作以及其他维护国家安全工作的开展。这些都严重地危害和妨碍了反间谍工作，也与宪法规定的公民义务背道而驰。本法除了在总则中规定“中华人民共和国公民有维护国家的安全、荣誉和利益的义务，不得有危害国家的安全、荣誉和利益的行为”，还在其他章节中从多个方面对公民在反间谍等维护国家安全工作中的义务与责任作了具体规定，如在第二章对公民的一些具体义务和责任作了专门规定，在第五章对公民违反义务的法律责任作了具体规定，其中，第六十条规定：“违反本法规定，有下列行为之一，构成犯罪的，依法追究刑事责任；尚不构成犯罪的，由国家安全机关予以警告或者处十日以下行政拘留，可以并处三万元以下罚款：（一）泄露有关反间谍工作的国家秘密；（二）明知他人有间谍犯罪行为，在国家安全机关向其调查有关情况、收集有关证据时，拒绝提供；（三）故意阻碍国家安全机关依法执行任务；（四）隐藏、转移、变卖、损毁国家安全机关依法查封、扣押、冻结的财物；（五）明知是间谍行为的涉案财物而窝藏、转移、收购、代为销售或者以其他方法掩饰、隐瞒；（六）对依法支持、协助国家安全机关工作的个人和组织进行打击报复。”此外，本法第九条关于“国家对支持、协助反间谍工作的个人和组织给予保护。对举报间谍行为或者在反间谍工作中做出重大贡献的个人和组织，按照国家有关规定给予表彰和奖励”的规定，也从另一个方面体现了国家对于有关组织和公民支持、协助进行反间谍工作的鼓励，同时，在第四章中对有关保护、支持措施作了具体规定。上述规定，对于动员公民认真履行法定义务，支持反间谍机关维护国家安全，做好反间谍工作具有重要意义。

第二款是关于一切国家机关和武装力量、各政党和各人民团体、企业事业组织和其他社会组织等各种“组织”防范、制止间谍行为，维护国家安全的义务的规定。

2014 年修订反间谍法时，本款对 1993 年国家安全法第三条第二款的规定做了修改，将原来的“维护国家安全的义务”改为“防范、制止间谍行为，维护国家安全的义务”，即增加了“防范、制止间谍行为”的表述，更有针对性，更符合反间谍法“防范、制止和惩治间谍行为，维护国家安全”的立法目的。本次修订反间谍法，进一步扩大了“其他社会组织”的主体范围，使承担防范、制止间谍行为，维护国家安全的义务主体扩大到一切组织。维护国家的安全，不仅是每个公民的法定义务，而且也是各政党、机关、人民团体、企业事业组织和其他社会组织的法定义务。为了发挥机关、团体和其他各类所有组织在维护国家安全方面的重要作用，本法根据宪法的规定，对机关、团体和其他各类组织在维护国家安全方面应尽的义务作了具体规定，是反间谍法对于宪法规定的具体体现。“一切国家机关和武装力量、各政党和各人民团体、企业事业组织和其他社会组织，都有防范、制止间谍行为，维护国家安全的义务。”这里的“国家机关”包括中央和地方各级国家权力机关、监察机关、行政机关、审判机关、检察机关以及军事机关等。“武装力量”是指中国人民解放军、武装警察部队和民兵。“政党”包括中国共产党以及各民主党派。“人民团体”是指本着共同宗旨而依法成立的非营利性组织，既包括工会、共青团、妇联等人民团体，也包括各种学会、协会、研究会等团体。这里的“防范、制止间谍行为，维护国家安全的义务”主要是指以下方面的义务：（1）一切机关、武装力量、政党、人民团体、企事业组织和其他社会组织都要严格地遵守本法规定，履行防范、制止间谍行为，维护国家安全的义务，要坚持依法履行职责，完善各项制度，不能凭借权力进行危害国家安全的活动。（2）要教育本组织成员遵守本法的规定，协助国家安全机关、公安机关作好防范、制止间谍行为的工作。（3）要积极协助执行反间谍任务的部门的工作，在国家安全机关、公安机关因执行反间谍工作需要帮助时，予以必要的支持。

第三款是关于国家安全机关在反间谍工作中必须依靠、动员和组织人民群众的规定。

本款在1993年国家安全法规定“动员、组织人民防范、制止危害国家安全的行为”的基础上，增加了“间谍”的表述，修改为“动员、组织人民防范、制止危害国家安全的间谍行为”，本次修订将本款中“危害国家安全的间谍行为”修改为“间谍行为”，表述上更为准确。依靠人民群众是我国国家安全工作的一项基本原则，反间谍工作必须依靠人民群众。本款规定的国家安全机关在反间谍工作中“必须依靠人民的支持”，是指国家安全机关在反间谍工作中不能只靠自己的力量，而必须要相信群众，依靠群众，获得人民的理解和支持，将专门机关的工作与人民群众的支持紧密结合起来。“动员、组织人民防范、制止间谍行为”，是指国家安全机关在防范、制止和惩治间谍行为，维护国家安全的工作中要始终注意发动群众，组织群众，让人民群众自觉地同间谍行为作斗争，从而有效、及时地防范、制止间谍行为。本款规定是宪法规定精神的体现。宪法规定，“一切国家机关和国家工作人员必须依靠人民的支持”。国家安全机关作为国家机关，当然应当遵守宪法，在自己的工作中贯彻群众路线。本款规定与本法第二条规定的反间谍工作坚持“专门工作与群众路线相结合”的工作原则是一致的。专门工作与群众路线相结合，是国家安全机关同危害国家安全的行为作斗争的优良传统，是多年来国家安全工作重要的成功经验，反间谍工作同样要依靠人民的支持，坚持专门工作与群众路线相结合，这对于做好国家安全工作具有重要意义。间谍活动的特点之一是秘密进行的，人民群众的发现和报案是国家安全机关及时、有效惩治间谍行为的重要途径。在调查情况、收集证据时，国家安全机关同样离不开人民群众的支持和协助。如果要防范、制止间谍行为，就更离不开组织、动员人民群众了。“动员、组织人民防范、制止间谍行为”，要求国家安全机关必须有效地加强各项专业工作，提高专业工作水平，同时还要求国家安全机关必须牢固地树立起相信群众、依靠群众的思想。同危害国家安全的犯罪分子作斗争，不仅是国家安全机关的事情，也是同群众切身利益息息相关的事情。我们应当相信、鼓励和支持群众揭发、检举犯罪，保护群众协助国家安全机关查获犯罪分子的积极性。在当前形势下，国家安全工作面临的情况更为复杂，涉及的领域更广，间谍的手段更为隐蔽，要充分发动、依靠人民群众，建立起群众防线，形成真正的防范、制止间谍行为的“铜墙铁壁”，筑牢国家安全人民防线，切实、有效地做好反间谍各项工作。

◆ **实践中需要注意的问题**

实践中需要注意的是，为了充分依靠、动员和组织人民开展防范、制止间谍行为的工作，有关单位应当负起责任，加强对人民防止、制止间谍行为意识和能力的培训和提升，这样，才能充分依靠群众取得反间谍和维护国家安全工作的最大效果。有关机关、人民团体、企业事业组织和其他社会组织对本单位的人员进行维护国家安全教育，动员、组织本单位的人员防范、制止间谍行为的工作，应当接受国家安全机关的协调和指导。有关机关、人民团体、企业事业组织和其他社会组织不履行本法规定的安全防范义务，未按照要求整改或者未达到整改要求的，国家安全机关可以责令改正，未按照要求改正的，可以约谈相关负责人，必要时可以将约谈情况通报该单位的上级主管部门，推动该单位落实防范间谍行为和其他危害国家安全行为的责任。

◆ **相关规定**

《中华人民共和国宪法》第二十七条、第五十四条；《中华人民共和国反间谍法实施细则》第十五条

---

**第八条** 任何公民和组织都应当依法支持、协助反间谍工作，保守所知悉的国家秘密和反间谍工作秘密。

---

◆ **条文主旨**

本条是关于任何公民和组织都应该依法支持、协助反间谍工作，保守所知悉的国家秘密和反间谍工作秘密的规定。

◆ **立法背景**

本条是 1993 年国家安全法的规定，2014 年制定反间谍法时作了修改，2023 年

修订反间谍法时又作了修改。

**（一）立法背景及修改情况**

1. 1993 年国家安全法的规定。1993 年国家安全法中与本条对应的规定有两条。一是，第十六条规定："公民和组织应当为国家安全工作提供便利条件或者其他协助。"由于维护国家安全和反间谍的工作必须依靠全社会和人民群众的大力支持，因此，1993 年制定国家安全法时作出了公民和组织应当为国家安全工作提供便利或者其他协助的规定。二是，第十九条规定："任何公民和组织都应当保守所知悉的国家安全工作的国家秘密。"

我国宪法第五十三条规定，中华人民共和国公民必须遵守宪法和法律，保守国家秘密。保守国家秘密法第三条进一步明确规定，国家秘密受法律保护。一切国家机关、武装力量、政党、社会团体、企业事业单位和公民都有保守国家秘密的义务。间谍行为是危害国家安全、荣誉和利益的行为，且间谍活动具有极强的隐蔽性，因此，对于反间谍工作中属于国家秘密的事项，以及有关工作秘密必须严格保密。为使反间谍工作顺利进行，让公民了解自己在反间谍工作中的义务和如何配合专门机关进行反间谍工作，本条进一步强调了公民、组织保守反间谍工作国家秘密和工作秘密的义务。同时，反间谍工作离不开人民的支持，必须依靠人民，在反间谍各项具体工作中也有涉及公民、组织的具体责任要求，这也是公民和组织的法定义务，因此，本法总则中规定，公民和组织应当为国家安全工作提供便利条件或者其他协助。

2. 2014 年反间谍法的规定。2014 年制定反间谍法时，作了相应表述修改。第二十条第一款规定："公民和组织应当为反间谍工作提供便利或者其他协助。"第二十三条规定："任何公民和组织都应当保守所知悉的有关反间谍工作的国家秘密。"将 1993 年国家安全法第十六条中的"为国家安全工作"修改为"为反间谍工作"，将第十九条中的"国家安全工作"修改为"反间谍工作"，在反间谍工作前增加了"有关"二字。

反间谍工作是国家安全工作的一部分，在没有制定本法之前，关于反间谍工作在国家安全法中有相应规定，2014 年将国家安全法修改为反间谍法，将与反间谍有关的规定从国家安全法中独立出来，单独立法，其目的是规范和加强反间谍工作，维护国家安全和人民的利益。因此，相关条文中的"国家安全工作"的表述相应修改为"反间谍工作"。

3. 2023 年修订后的反间谍法的规定。本次修订反间谍法，对 2014 年反间谍法的相应规定作了整合修改。一是将 2014 年反间谍法的第二十条第一款和第二十三条规定整合规定为本条。二是，原第二十条第一款规定为："公民和组织应当为反间谍工作提供便利或者其他协助"，修改为"任何公民和组织都应当依法支持、协助反间谍工作”；三是，将原第二十三条中规定的“保守所知悉的有关反间谍工作的国家秘密”修改为“保守所知悉的国家秘密和反间谍工作秘密”。公民和组织应当依法支持、协助反间谍工作是做好反间谍工作、维护国家安全的重要方面和必然要求，本条的规定与国家安全法等相关规定相衔接。另外，考虑到反间谍存在特殊性，大量的是隐蔽工作，即使不是国家秘密，泄露后也有可能会使国家安全遭受重大损失，因此作出也要保守工作秘密的规定，同时界定为“所知悉的反间谍工作秘密”。

**（二）公开征求意见的情况**

反间谍法修订草案二次审议稿第八条规定：“任何公民和组织都应当依法支持、协助反间谍工作，保守所知悉的国家秘密和反间谍工作秘密。”

有的建议对“工作秘密”的内涵与外延明确界定；有的建议增加“商业秘密和个人隐私”，考虑到协助反间谍工作可能接触到的主要是国家秘密和反间谍工作秘密，接触商业秘密和个人隐私并不多，如果有需要保守的商业秘密和个人隐私，也属于所知悉的反间谍工作秘密，因此未作专门规定；有的建议将“公民”修改为“个人”；有的建议在“国家秘密”后增加“对国家经济安全、金融安全、能源安全等有重大影响的商业秘密”。

**（三）有关国家和地区的规定**

一些国家对机构、组织和个人协助配合反间谍工作的义务作了规定。

1. 美国。《1994 年反情报和安全促进法》规定，行政机构各部门负责人应保证，一旦获知涉密信息正在或者可能已经未经授权而被泄露给外国，应立即向 FBI 汇报，并根据 FBI 意见采取行动，确定泄密渠道。FBI 可对相关部门进行全方位调查，相关部门应当配合。1978 年《外国情报监视法》规定，有关企业、组织和其他人员应当配合美国的执法部门采取电子监视、情报监视、追踪、查阅商业记录等秘密技术调查手段，并应当提供设施、技术方面的援助，保守相关秘密。《2001 年爱国者法案》进一步规定，银行和其他金融机构必须向执法部门提供准确、完整的交易记录，各金融机构也有义务保留详尽的交易记录，以备执法机构查询。

2. 俄罗斯。《俄罗斯联邦安全局法》规定：一是俄罗斯联邦安全局可以和任何国家机关、企事业单位、社会团体组织协作开展反间谍工作，相关机构有义务提供支持帮助。二是从事邮电联络、电子通信、加密通信、卫星通讯服务的机构、组织，应当按照俄罗斯联邦安全局的要求完善相应设备设施，并为俄罗斯联邦安全局采取业务技术措施创造必要的条件。此外，2005 年，俄罗斯政府出台第 538 号决定，明确要求移动通信运营商有义务配合支持俄罗斯联邦安全局反间谍工作。

3. 德国。《联邦宪法保护法》规定，检察机关、警察机关和海关机关，应当及时向联邦宪法保卫局或者州宪法保卫局传递涉及维护国家安全的情报信息。《限制信件、邮件和通信秘密法》规定，邮件和通讯服务商及其工作人员，应当按照已获授权部门（包括宪法保卫机关）的要求，提供相关便利和协助。

◆ **条文释义**

本条包含两层意思：

第一，任何公民和组织都应当依法支持、协助反间谍工作。开展反间谍工作和维护国家安全，不仅要靠国家安全机关等专门机关开展工作，更重要的是要依靠全社会的支持和协助。本法第二条也规定，反间谍工作坚持公开工作与秘密工作相结合、专门工作与群众路线相结合，筑牢国家安全人民防线。这是因为国家安全关系到全社会的安全利益，甚至关系到我们每个公民的安全利益，因此，只有全社会同心协力，公民和组织共同努力，才能做好维护国家安全的工作，使国家安全不受到破坏和威胁。“依法支持、协助反间谍工作”是指依照本法等法律规定，在国家安全机关的工作人员依法执行有关反间谍工作任务时，有关公民和组织应当依法提供有关支持、帮助或者条件。根据本法等法律规定，这些支持、协助行为包括：在国家安全机关等依法执行反间谍工作任务时，有关部门和公民个人根据需要应当允许执法人员进入有关场所；在符合本法规定的程序的情况下，应当允许执法人员进入限制进入的有关地区、场所和单位；对于确需查验个人和组织的电子设备、设施及有关程序、工具，查阅、调取有关文件、数据、资料、物品的，应当依法配合。因反间谍工作的需要，使用交通工具、通信工具、场地和建筑物的，也应当提供优先使用。交通部门包括铁路、民航、水上航运、公共电汽车等部门，对于依法执行紧急反间谍任务的，根据需要，应当允许优先乘坐交通工具、优先通行。国家安全机关因反间谍工作需要，根据国家有关规定，可以提请海关、移民管理等检查机关对有关人员提供通关便利，对有关资料、器材等予以免检，有关检查机关应当依法予以协助。对于国家安全机关因反间谍工作需要采取技术侦察措施的，有关部门和公民个人也应当提供必要条件。由于国家安全机关工作人员执行反间谍工作有时需要采取多种侦察手段，其中包括秘密跟踪、及时赶赴有关地点等，执行紧急任务刻不容缓，时机性非常强，一旦延误时机，很可能会干扰或严重影响反间谍工作，从而给国家安全和利益造成不可弥补的损失，这就需要有关部门积极配合，给予支持。此外，还包括：有关的组织协助国家安全机关行使拘留和执行逮捕的职权；组织和公民如实提供国家安全机关工作人员因反间谍工作调查询问的有关情况；对涉嫌间谍行为人员的相关财产信息进行查询，对涉嫌用于间谍行为的场所、设施或者财物依法查封、扣押、冻结时提供配合、协助等。除此之外，还包括其他有利于反间谍工作的各种条件和协助，只要符合法律规定的条件和程序同时又具备提供支持、协助的条件，公民和组织应当依法给予支持、协助。总之，在国家安全机关等依法执行反间谍工作任务中，特别是依照本法第三章调查处置依法行使相关职权时，公民和组织都应当依法提供支持、协助。

第二，保守所知悉的国家秘密和反间谍工作秘密。有关公民、组织依法支持、协助国家安全机关工作人员执行反间谍工作的同时，还要自觉恪守有关的保密义务，做到对国家安全机关工作人员本人的情况，体貌特征，执行的是什么任务，执行任务时间、场所，侦察的对象是谁等情况等予以保密。即使任何人询问，也不能透露有关情况和信息。这样才能做到保护国家安全机关工作人员的自身安全并保障其顺利进行反间谍工作，也就真正做到了为反间谍工作提供支持和协助。关于公民和组织要保守所知悉的国家秘密和反间谍工作秘密的义务，国家安全法第七十七条规定，公民和组织应当履行维护国家安全的义务，向国家安全机关、公安机关和有关军事机关提供必要的支持和协助，保守所知悉的国家秘密。保守所知悉的国家秘密和反间谍工作秘密的义务主体是指任何公民和组织，根据保守国家秘密法第三条的规定，包括所有的中国公民和一切国家机关、武装力量、政党、社会团体、企业事业单位。在境内的中国公民和组织及在境外的中国公民和组织，都应当遵守本条规定。根据保守国家秘密法的规定，“国家秘密”是指关系国家安全和利益，依照法定程序确定，在一定时间内只限一定范围的人员知悉的事项。本条所说的“保守所知悉的国家秘密”，是指每个公民和组织对于从各种渠道得知的任何国家秘密，都不得以任何方式扩散或传播，对秘密文件要妥善保管，不得遗失，严格依照保守国家秘密法的规定办事。涉及的“国家秘密”既包括公民和组织在履行反间谍工作职责中知悉的国家秘密，也包括公民和组织在协助国家安全机关工作等情况下知晓的国家秘密。根据保守国家秘密法的规定，国家秘密的密级分为绝密、机密、秘密三级。绝密级国家秘密是最重要的国家秘密，泄露会使国家安全和利益遭受特别严重的损害；机密级国家秘密是重要的国家秘密，泄露会使国家安全和利益遭受严重的损害；秘密级国家秘密是一般的国家秘密，泄露会使国家安全和利益遭受损害。具体依照保守国家秘密法的规定进行认定，根据本法第三十八条的规定，需要对有关事项是否属于国家秘密进行鉴定以及需要对危害后果进行评估的，由国家保密部门或者省、自治区、直辖市保密部门按照程序在一定期限内进行鉴定和组织评估。本条中所说的“工作秘密”是指与反间谍工作有关的不能向外界公开的内部事项、工作、信息等情况。目前有 20 多部法律中作出了保守“工作秘密”的规定，如国家情报法中规定，任何组织和公民都应当保守所知悉的国家情报工作秘密。

本条规定公民和组织有保守国家秘密的义务，违反本条规定，泄露有关国家秘密和反间谍工作秘密的，会出现两种法律后果：一是行政处罚；二是刑事处罚。根据本法第六十条的规定，泄露有关反间谍工作的国家秘密的，由国家安全机关予以警告或者处十日以下行政拘留，可以并处三万元以下罚款；构成犯罪的，依法追究刑事责任。这里所说的“构成犯罪的，依法追究刑事责任”，是指根据刑法第三百九十八条的规定，国家机关工作人员违反保守国家秘密法的规定，故意或者过失泄露国家秘密，情节严重的，处三年以下有期徒刑或者拘役；情节特别严重的，处三年以上七年以下有期徒刑。非国家机关工作人员犯前款罪的，依照前款的规定酌情处罚。泄露反间谍工作秘密的法律责任，根据情况予以处分等处理，根据工作秘密的性质，对于鉴定后属于国家秘密的，依法承担相应法律责任。

**◆ 实践中需要注意的问题**

实践中需要注意的是，任何公民和组织都应当“依法”支持、协助反间谍工作，支持、协助的事项需要于法有据，即有法律法规等的规定。国家安全机关等在执行反间谍工作任务中，应当按照法定职权、法定程序开展相关工作。如根据本法第二十五条的规定，要求公民、组织配合对有关电子设备、设施及有关程序、工具进行查验时，应当经设区的市级以上国家安全机关负责人批准，出示工作证件后依法予以查验。在行使本法第三章规定的其他职权时都应当依照法律规定的条件和程序，对相关组织和个人提出支持、协助的要求。又如，根据本法第二十六条的规定，国家安全机关工作人员依法执行反间谍工作任务时，根据国家有关规定，经设区的市级以上国家安全机关负责人批准，可以查阅、调取有关的文件、数据、资料、物品，有关个人和组织应当予以配合。查阅、调取不得超出执行反间谍工作任务所需的范围和限度。其中，对国家安全机关依法行使职权的条件等都作了明确规定。对于国家安全机关工作人员依法执行职务的，个人和组织应当按照要求积极支持、协助相关工作。同时，任何个人和组织对国家安全机关及其工作人员超越职权、滥用职权和其他违法行为，都有权向上级国家安全机关或者监察机关、人民检察院等有关部门检举、控告。受理检举、控告的国家安全机关或者监察机关、人民检察院等有关部门应当及时查清事实，依法处理，并将处理结果及时告知检举人、控告人。对支持、协助国家安全机关工作或者依法检举、控告的个人和组织，任何个人和组织不得压制和打击报复。

**◆ 相关规定**

《中华人民共和国宪法》第五十三条；《中华人民共和国保守国家秘密法》第二条、第三条；《中华人民共和国刑法》第三百九十八条

---

**第九条** 国家对支持、协助反间谍工作的个人和组织给予保护。

对举报间谍行为或者在反间谍工作中做出重大贡献的个人和组织，按照国家有关规定给予表彰和奖励。

---

### ◆ 条文主旨

本条是关于国家对支持、协助反间谍工作的个人和组织给予保护和依照规定给予表彰和奖励的规定。

### ◆ 立法背景

本条是1993年国家安全法的规定，2014年制定反间谍法时作了修改，2023年修订反间谍法时又作了修改。

**（一）立法背景及修改情况**

1. 1993年国家安全法的规定。第五条规定："国家对支持、协助国家安全工作的组织和个人给予保护，对维护国家安全有重大贡献的给予奖励。"

反间谍工作是关系国家安全的一项极其重要的工作。做好这一工作，对于维护国家整体安全、政治稳定、经济社会平稳发展、人民生命财产安全十分重要。我国是人民民主专政的社会主义国家，人民是国家的主人，同危害国家安全的间谍行为作斗争，维护国家统一与安全，维护全国各民族的团结，是宪法赋予一切组织和个人的光荣责任，也是作为一名中华人民共和国公民应尽的义务。宪法第五十二条规定："中华人民共和国公民有维护国家统一和全国各民族团结的义务。"第五十四条规定："中华人民共和国公民有维护祖国的安全、荣誉和利益的义务，不得有危害祖国的安全、荣誉和利益的行为。"本法第七条规定："中华人民共和国公民有维护国家的安全、荣誉和利益的义务，不得有危害国家的安全、荣誉和利益的行为。一切国家机关和武装力量、各政党和各人民团体、企业事业组织和其他社会组织，都有防范、制止间谍行为，维护国家安全的义务。国家安全机关在反间谍工作中必须依靠人民的支持，动员、组织人民防范、制止间谍行为。"在我国，国家利益与人民的根本利益是一致的，反间谍工作不仅关乎国家命运，也影响人民群众的福祉。人民为了祖国和自身的利益，自觉地、积极地支持、协助国家安全机关同间谍行为作斗争，是做好反间谍工作的基础和保证。反间谍工作具有复杂性、艰巨性，甚至有一定程度的危险性。支持、协助反间谍工作的组织和个人很有可能受到敌对势力的威胁、报复。保护这些组织和个人的人身财产安全，使其免受侵害，既是做好反间谍工作的需要，也是反间谍工作的重要组成部分。通过保护这些组织和个人的人身财产安全，也能进一步取得人民群众的信任，鼓励人民群众同间谍行为作斗争，更好地维护国家安全。同时，也应当对那些为反间谍工作做出重大贡献的组织和个人给予奖励，以体现国家对于这些组织和个人的肯定和鼓励。

2. 2014年反间谍法的规定。第七条规定："国家对支持、协助反间谍工作的组织和个人给予保护，对有重大贡献的给予奖励。"2014年制定反间谍法时，对1993

年国家安全法第五条作了两处修改：一是将“国家安全工作”修改为“反间谍工作”；二是删去“对维护国家安全有重大贡献的给予奖励”中的“维护国家安全”。本条修改体现了根据总体国家安全观的要求，将1993年国家安全法修改为反间谍法的立法目的，突出了反间谍法的特点。

3. 2023年修订后的反间谍法的规定。这次修改反间谍法对2014年反间谍法第七条作了进一步修改。一是将原来的一款规定分为两款加以规定。第一款对给予保护作了规定，第二款对给予表彰和奖励作了专门规定。这样修改的主要考虑是，奖励应涵盖国家安全机关工作人员，考虑到国家安全机关工作人员在反间谍工作做出重大贡献的也应当予以表彰和奖励，扩大表彰和奖励的范围，将国家安全机关工作人员纳入表彰和奖励的范围。修改变为两款后，对于做出重大贡献给予表彰奖励的对象就不限于支持、协助的个人和组织，还可以包括国家安全机关工作人员等。二是将原来规定“组织和个人”的表述顺序作了修改，修改为“个人和组织”，也与其他条文的表述相一致。三是在第二款给予表彰和奖励的规定中增加了“举报间谍行为”，加强对举报间谍行为的表彰和奖励。主要考虑的是，原条文只规定“做出重大贡献”才有奖励，而对符合国家规定奖励标准以外的，但因举报行为等确有贡献的个人和组织并未明确是否奖励，民众和组织容易产生误解、疑虑，增加对举报奖励的规定，更能调动人民群众对间谍行为关注、举报的积极性。四是增加了“按照国家有关规定”给予表彰和奖励的表述。

**（二）公开征求意见的情况**

反间谍法修订草案二次审议稿第九条规定：“国家对支持、协助反间谍工作的个人和组织给予保护。对在反间谍工作中作出重大贡献的个人和组织按照国家有关规定给予表彰和奖励。”

关于第一款规定。有的建议在“支持、协助”后增加“配合”。有的建议将本款修改为“国家对支持、协助反间谍工作的个人和组织给予保护，提供物质保障。”

关于第二款规定。有的建议进一步鼓励举报行为，明确“举报间谍行为”给予表彰和奖励。有的建议将“作出”重大贡献修改为“做出”重大贡献。有的建议将国家安全机关工作人员纳入表彰和奖励的范围。有的建议对“重大贡献”作进一步明确，将本款修改为“国家按照有关规定对在反间谍工作中作出重大贡献的个人和组织给予表彰和奖励”。有的提出，第九条第一款规定与第八条规定相似，建议作为第八条第二款一并规定。

**◆ 条文释义**

本条共分两款。第一款是关于国家对支持、协助反间谍工作的个人和组织给予保护的规定。

有关国家安全方面的法律对此也都有规定，反映了国家对支持、协助维护国家安全工作的一贯保护态度和支持措施。国家安全法第八十条规定：“公民和组织支持、协助国家安全工作的行为受法律保护。因支持、协助国家安全工作，本人或者其近亲属的人身安全面临危险的，可以向公安机关、国家安全机关请求予以保护。公安机关、国家安全机关应当会同有关部门依法采取保护措施。”这里所说的“个人和组织”是广义的，包括各人民团体、企业事业组织、其他社会组织和公民个人。这里所说的“保护”，主要是指对支持、协助反间谍工作的组织和个人的人身安全、财产安全和其他合法权益加以保护，防止其遭受侵害。如对其个人信息采取保护措施，对其人身采取专门保护等。此外，国家安全机关在工作中也要注意保护这些个人和组织的合法权益，不能随意侵害其合法权益。对此，本法其他条文也有相应规定，如本法第三条规定：“反间谍工作应当依法进行，尊重和保障人权，保障个人和组织的合法权益。”第四十四条规定：“国家安全机关因反间谍工作需要，根据国家有关规定，可以优先使用或者依法征用国家机关、人民团体、企业事业组织和其他社会组织以及个人的交通工具、通信工具、场地和建筑物等，必要时可以设置相关工作场所和设施设备，任务完成后应当及时归还或者恢复原状，并依照规定支付相应费用；造成损失的，应当给予补偿。”第四十六条第二款、第三款规定：“个人因支持、协助反间谍工作，本人或者其近亲属的人身安全面临危险的，可以向国家安全机关请求予以保护。国家安全机关应当会同有关部门依法采取保护措施。个人和组织因支持、协助反间谍工作导致财产损失的，根据国家有关规定给予补偿。”第五十二条规定：“任何个人和组织对国家安全机关及其工作人员超越职权、滥用职权和其他违法行为，都有权向上级国家安全机关或者监察机关、人民检察院等有关部门检举、控告。受理检举、控告的国家安全机关或者监察机关、人民检察院等有关部门应当及时查清事实，依法处理，并将处理结果及时告知检举人、控告人。对支持、协助国家安全机关工作或者依法检举、控告的个人和组织，任何个人和组织不得压制和打击报复。”另外，本法第四十八条规定：“对因开展反间谍工作或者支持、协助反间谍工作导致伤残或者牺牲、死亡的人员，根据国家有关规定给予相应的抚恤优待。”这实际上也是一种保护。还有，对于支持、协助反间谍工作的个人在刑事诉讼中担任证人的，还可以根据案件的情况和需要，适用刑事诉讼法中规定的保护措施，如不公开真实姓名、住址和工作单位等个人信息，采取不暴露外貌、真实声音等出庭作证措施，禁止特定的人员接触证人及其近亲属，对人身和住宅采取专门性保护措施等。

第二款是关于对举报间谍行为或者在反间谍工作中做出重大贡献的个人和组织给予表彰和奖励的规定。

国家安全方面的法律和对于个人和组织在维护相应领域国家安全工作中做出重

要贡献的也都规定给予表彰和奖励。如国家安全法第十二条规定：“国家对在维护国家安全工作中作出突出贡献的个人和组织给予表彰和奖励。”反恐怖主义法第十条规定：“对举报恐怖活动或者协助防范、制止恐怖活动有突出贡献的单位和个人，以及在反恐怖主义工作中作出其他突出贡献的单位和个人，按照国家有关规定给予表彰、奖励。”国家情报法第九条规定：“国家对在国家情报工作中作出重大贡献的个人和组织给予表彰和奖励。”反有组织犯罪法第八条第二款规定：“对举报有组织犯罪或者在反有组织犯罪工作中作出突出贡献的单位和个人，按照国家有关规定给予表彰、奖励。”

本条所说的举报间谍行为，是指对自己知悉的他人或者组织涉嫌间谍行为的线索、信息等向国家安全机关等报告的行为。2022 年国家安全部《公民举报危害国家安全行为奖励办法》对公民举报危害国家安全的行为的奖励条件、方式、标准、程序等作了明确规定，同样适用于反间谍行为的举报。实践中，公民可以通过下列方式向国家安全机关举报：（1）拨打国家安全机关 12339 举报受理电话；（2）登录国家安全机关互联网举报受理平台网站 www. 12339. gov. cn；（3）向国家安全机关投递信函；（4）到国家安全机关当面举报；（5）通过其他国家机关或者举报人所在单位向国家安全机关报告；（6）其他举报方式。获得举报奖励应当同时符合下列条件：（1）有明确的举报对象，或者具体的危害国家安全行为线索或者情况；（2）举报事项事先未被国家安全机关掌握，或者虽被国家安全机关有所掌握，但举报人提供的情况更为具体详实；（3）举报内容经国家安全机关查证属实，为防范、制止和惩治危害国家安全行为发挥了作用、作出了贡献。

本条所说的“重大贡献”，根据 2017 年反间谍法实施细则第十六条的规定和实践做法，是指对反间谍工作起到重要的促进作用，对反间谍工作进展有重大帮助的，包括：（1）为国家安全机关提供重要线索，发现、破获严重危害国家安全的犯罪案件的；（2）为国家安全机关提供重要情况，防范、制止严重危害国家安全的行为发生的；（3）协助国家安全机关、司法机关抓获间谍犯罪分子的；（4）密切配合国家安全机关执行国家安全工作任务，表现突出的；（5）与危害国家安全的犯罪分子进行斗争，表现突出的；（6）在教育、动员、组织本单位的人员防范、制止危害国家安全行为的工作中，成绩显著的；等等。根据 2021 年国家安全部《反间谍安全防范工作规定》第二十条的规定，对反间谍安全防范工作中取得显著成绩或者做出重大贡献的单位和个人，符合下列条件之一的，国家安全机关可以按照国家有关规定，会同有关部门、单位给予表彰、奖励：（1）提供重要情况或者线索，为国家安全机关发现、破获间谍案件或者其他危害国家安全案件，或者为有关单位防范、消除涉及国家安全的重大风险隐患或者现实危害发挥重要作用的；（2）密切配合国家安全机关执行任务，表现突出的；（3）防范、制止间谍行为或者其他危害国家安全行为，表现突出的；（4）主动采取措施，及时消除本单位涉及国家安全的重大风险隐患或者现实危害，挽回重大损失的；（5）在反间谍安全防范工作中，有重大创新或者成效特别显著的；（6）在反间谍安全防范工作中做出其他重大贡献的。

这里的“奖励”，是指国家对举报间谍行为或者在反间谍工作中做出重大贡献的个人和组织在精神和物质方面予以表彰和鼓励。国家安全机关根据违法线索查证结果、违法行为危害程度、举报发挥作用情况等，以及做出的重大贡献的具体情况和大小，综合评估确定奖励等级，给予精神奖励或者物质奖励。给予精神奖励的，颁发奖励证书；给予物质奖励的，发放奖金。征得举报人及其所在单位同意后，可以由举报人所在单位对举报人实施奖励。奖励的对象包括在积极协助反间谍工作中，做出重大贡献的个人和组织，也包括做出重大贡献的国家安全机关工作人员等。需要特别说明的是，即使是一时误入歧途，实施了间谍等违法犯罪行为，但及时悔过自新，并有重大立功表现，举报间谍行为或者对国家反间谍工作做出重大贡献的人，依法也应予以奖励。此外，本法第四十七条规定：“对为反间谍工作做出贡献并需要安置的人员，国家给予妥善安置。公安、民政、财政、卫生健康、教育、人力资源和社会保障、退役军人事务、医疗保障、移民管理等有关部门以及国有企业事业单位应当协助国家安全机关做好安置工作。”该规定也是对为反间谍工作做出重要贡献予以表彰和奖励的一种方式和具体落实措施。

**◆ 实践中需要注意的问题**

在本条的理解适用中，需要注意以下几个方面的问题：

第一，对举报间谍行为的，按照国家有关规定给予表彰和奖励，但任何个人和组织都应当按照自己知悉的情况如实举报，不得编造虚假间谍行为或者弄虚作假进行举报。根据《公民举报危害国家安全行为奖励办法》第二十一条的规定，举报人有下列情形之一的，依法予以处理；构成犯罪的，依法追究刑事责任：（1）借举报之名故意捏造事实诬告、陷害他人的；（2）弄虚作假骗取奖金的；（3）恶意举报或者以举报为名制造事端，干扰国家安全机关工作的；（4）泄露举报中知悉的国家秘密或者工作秘密，造成不良后果或者影响的。举报人有上述规定情形之一，已经启动奖励程序的，应当终止奖励程序；已经作出奖励决定的，应当予以撤销；已经实施奖励的，应当予以追回。

第二，国家安全机关工作人员应当对举报人和举报信息予以保密，不得泄露举报事项或者举报人信息。根据本法第十一条第二款的规定，国家安全机关及其工作人员依法履行反间谍工作职责获取的个人和组织的信息，只能用于反间谍工作。对属于国家秘密、工作秘密、商业秘密和个人隐私、个人信息的，应当保密。对举报人信息予以保密，是对举报人的保护，对于鼓励举报工作也是必需的。

第三，举报人单位对举报事项应当依法及时处理，不得打击报复举报人。根据《公民举报危害国家安全行为奖励办法》第二十二条的规定，举报人所在单位有下列情形之一的，依法予以处理：（1）举报人向所在单位报告危害国家安全行为线索或者情况后，单位不及时向国家安全机关报告或者漏报、瞒报，造成不良后果或者影响的；（2）举报人向国家安全机关报告危害国家安全行为线索或者情况后，单位对举报人实施打击、报复的。

第四，对以下情形，根据《公民举报危害国家安全行为奖励办法》第九条的规定，将不予奖励或者不予重复奖励：（1）国家安全机关工作人员或者其他具有法定职责的人员举报的，不予奖励；（2）无法验证举报人身份，或者无法与举报人取得联系的，不予奖励；（3）最终认定的违法事实与举报事项不一致的，不予奖励；（4）对同一举报人的同一举报事项，不予重复奖励；对同一举报人提起的两个或者两个以上有包含关系的举报事项，相同内容部分不予重复奖励；（5）经由举报线索调查发现新的危害国家安全行为或者违法主体的，不予重复奖励；（6）其他不符合法律法规规章规定的奖励情形。

◆ **相关规定**

《中华人民共和国宪法》第五十二条、第五十四条；《中华人民共和国刑事诉讼法》第六十二条；《中华人民共和国国家安全法》第十二条、第八十条；《中华人民共和国反恐怖主义法》第十条；《中华人民共和国国家情报法》第九条；《中华人民共和国反有组织犯罪法》第八条；《中华人民共和国反间谍法实施细则》第十六条；《反间谍安全防范工作规定》第二十条；《公民举报危害国家安全行为奖励办法》第四条、第八条、第九条、第二十一条、第二十二条

---

**第十条**　境外机构、组织、个人实施或者指使、资助他人实施的，或者境内机构、组织、个人与境外机构、组织、个人相勾结实施的危害中华人民共和国国家安全的间谍行为，都必须受到法律追究。

---

◆ **条文主旨**

本条是关于境外机构、组织、个人实施或者指使、资助他人实施的，或者境内机构、组织、个人与境外机构、组织、个人相勾结实施的危害中华人民共和国国家安全的间谍行为，都必须受到法律追究的规定。

◆ **立法背景**

本条是 1993 年国家安全法的规定，2014 年制定反间谍法时作了修改，2023 年

修订反间谍法时未作修改。

**（一）立法背景及修改情况**

1. 1993 年国家安全法的规定。第四条第一款规定：“任何组织和个人进行危害中华人民共和国国家安全的行为都必须受到法律追究。”

本法对危害国家安全的行为及其处罚作了规定，任何组织、个人都不得危害中华人民共和国国家安全，中国公民、组织负有维护国家安全，同危害国家安全行为作斗争的责任。本条是一项强调性的规定，进一步明示对一切危害中华人民共和国国家安全的行为都将追究法律责任，以此警示危害中华人民共和国国家安全的任何组织和个人。我国是工人阶级领导的、以工农联盟为基础的社会主义国家，是在中国共产党领导下，经过艰苦卓绝的斗争，推翻帝国主义、封建主义和官僚资本主义的统治而建立起来的实行人民民主专政的新中国。维护祖国安全，保卫人民民主专政的政权和中国特色社会主义制度，是全体中国人民的根本利益所在，也是每一个中华人民共和国公民应尽的职责和义务。人民民主专政政权的巩固与稳定，是国家强大和繁荣的基础，是把我国建设成为富强、民主、文明、和谐、美丽的社会主义国家的可靠保证。宪法第五十四条规定：“中华人民共和国公民有维护祖国的安全、荣誉和利益的义务，不得有危害祖国的安全、荣誉和利益的行为。”任何危害国家安全的间谍行为，都将受到我国刑法及有关法律的追究。

2. 2014 年反间谍法的规定。第六条规定：“境外机构、组织、个人实施或者指使、资助他人实施的，或者境内机构、组织、个人与境外机构、组织、个人相勾结实施的危害中华人民共和国国家安全的间谍行为，都必须受到法律追究。”

本条在 1993 年国家安全法第四条第一款规定的基础上作了修改：一是将“任何组织和个人”改为“境外机构、组织、个人实施或者指使、资助他人实施的，或者境内机构、组织、个人与境外机构、组织、个人相勾结”，强调了间谍行为的“境外”因素，表述上更加清晰明确。二是将“危害中华人民共和国国家安全的行为”改为“危害中华人民共和国国家安全的间谍行为”，更有针对性。这一条规定实际上明确了间谍行为必须具有境外因素。

3. 2023 年修订后的反间谍法的规定。这次修订反间谍法对本条规定未作修改。

关于本条内容，审议中的一些意见主要是关于是否还需要保留这一条规定。有意见认为，本条内容已经被第四条关于间谍行为的定义所覆盖，没有必要再规定，建议删去。有的提出，如果保留则可以放在第四条定义之后，或者移至法律责任章节部分。考虑到本条的原意是强调间谍行为的境外因素，以区别于其他危害国家安全行为，因此保留这一规定，也可以更好地强调对境内外机构、组织、个人进行危害国家安全的间谍行为一律依法严厉惩治的态度和决心。

### （二）公开征求意见的情况

修订草案二次审议稿第十条规定："境外机构、组织、个人实施或者指使、资助他人实施的，或者境内机构、组织、个人与境外机构、组织、个人相勾结实施的危害中华人民共和国国家安全的间谍行为，都必须受到法律追究。"

有的提出，本条是管辖条款，建议挪至第四条间谍行为的定义后，或者并入第四条第二款规定；有的提出，本条的规定与第四条的规定存在冲突，建议将本条修改为"一切危害国家安全的间谍行为必须受到法律追究"；有的建议将本条作为第四条第二款，修改为"前款第一项至第六项规定的间谍行为，都必须受到法律追究"；有的建议修改为"在中华人民共和国领域外实施了危害中华人民共和国国家安全的间谍行为，中华人民共和国行使刑事管辖权，依法追究刑事责任"；有的建议删去本条或者并入第五十三条法律责任中；有的建议将本条修改为"间谍组织及其代理人或境内机构、组织、个人实施的，或者间谍组织及其代理人、境外机构、组织、个人指使、资助他人实施的，或者境内机构、组织、个人与间谍组织及其代理人或境外机构、组织、个人相勾结实施的危害中华人民共和国国家安全的间谍行为，都必须受到法律追究"。

## ◆ 条文释义

本条对进行危害我国国家安全的间谍行为作了明确的禁止性规定。包括了两个方面的内容：

一是间谍行为的主体及其涉外特征，这实际上明确了本法的适用范围，即境外机构、组织、个人实施或者指使、资助他人实施的，或者境内机构、组织、个人与境外机构、组织、个人相勾结实施的危害中华人民共和国国家安全的间谍行为。不过这一点，在总则第四条有关间谍行为的定义中也作了十分明确的规定。间谍行为必须具有境外势力参与的因素，这是间谍行为区别于其他危害国家安全行为的显著特征。

二是本条明确规定了一切危害中华人民共和国国家安全的间谍行为，都必须受到法律追究。首先，本条对间谍行为的主体及其涉境外特征作了规定，有三个层次的内容：境外机构、组织、个人实施的间谍行为，境外机构、组织、个人指使、资助他人实施的间谍行为以及境内机构、组织、个人与境外机构、组织、个人相勾结实施的间谍行为。这是间谍行为区别于其他非法获取、泄露国家秘密等行为的重要特征。改革开放以来，我国经济繁荣发展，人民生活水平日益提高，在国际政治舞台上发挥着越来越重要的作用，与国外的交往也日益频繁。与此同时，境外一些间谍机构和其他各种敌视我国的组织、人员经常披着合法外衣，打着各种旗号，在政治、文化等各个领域对我国进行渗透、颠覆以及窃密等间谍活动。其中有的间谍活动是境外机构、组织、个人实施或者指使、资助他人实施的，有的是境内机构、组织、个人与境外机构、组织、个人相勾结实施的。在当今社会经济、科技高速发展和经济、科技领域国际竞争日益激烈的情况下，其刺探、窃取、收买情报的范围更加广泛。不仅收集政治、军事情报，也收集我国科技、经济等其他各种情报。国内极少数敌视社会主义制度的不法分子以各种手段、方法与境外间谍机构和其他各种敌对势力相勾结，出卖国家利益，进行危害我国国家安全的活动。在这条隐蔽战线上一直充满了尖锐、复杂的斗争。由于这种犯罪活动与其他刑事犯罪活动有所不同，具有境外背景，其背后往往有国际敌对组织的支持，有着相当的经济、物质基础，因此，相较于一般的刑事犯罪，手段更加多样，隐蔽性更强，侦破也更加困难。可以说，这类犯罪是刑事犯罪中非常危险的一种犯罪。根据这些情况，本条明确规定，任何机构、组织、个人进行危害中华人民共和国国家安全的间谍行为“都必须受到法律追究”。

本条所称的“境外机构、组织”包括境外机构、组织及其在中华人民共和国境内设立的分支（代表）机构和分支组织；“境外个人”包括外国人以及居住在中华人民共和国境内的不具有中华人民共和国国籍的人。其中“实施”“指使”，分别是指境外机构、组织、个人直接实施，或者通过“境内机构、组织、个人”实施间谍行为的情况。“资助”是指境外机构、组织、个人向境内组织、个人提供经费、场所和物资，用于间谍活动。“境内机构、组织”，包括在我国境内的各国家机关、人民团体、企业事业组织等机构、组织。本条中的境内“个人”，是指具有中华人民共和国国籍的中国公民。

其次，本条规定一切危害中华人民共和国国家安全的间谍行为，都必须受到法律追究。即无论什么人，无论其是外国人还是中国人，只要违反了中国法律，实施了危害中华人民共和国国家安全的间谍行为，都必须受到法律追究。本条所称的“间谍行为”在本法第四条有具体规定，包括：（1）间谍组织及其代理人实施或者指使、资助他人实施，或者境内外机构、组织、个人与其相勾结实施的危害中华人民共和国国家安全的活动；（2）参加间谍组织或者接受间谍组织及其代理人的任务，或者投靠间谍组织及其代理人；（3）间谍组织及其代理人以外的其他境外机构、组织、个人实施或者指使、资助他人实施，或者境内机构、组织、个人与其相勾结实施的窃取、刺探、收买、非法提供国家秘密、情报以及其他关系国家安全和利益的文件、数据、资料、物品，或者策动、引诱、胁迫、收买国家工作人员叛变的活动；（4）间谍组织及其代理人实施或者指使、资助他人实施，或者境内外机构、组织、个人与其相勾结实施针对国家机关、涉密单位或者关键信息基础设施等的网络攻击、侵入、干扰、控制、破坏等活动；（5）为敌人指示攻击目标；（6）进行其他间谍活动。

这里所说的间谍行为“必须受到法律追究”，是在本法总则中对间谍相关行为必须承担相应法律责任的总的要求，具体承担何种法律责任，要通过本法其他条文以及刑法等相关法律的相应规定来确定。本法第五章“法律责任”专章对违反反间谍法要承担的法律责任作了具体规定：一是对间谍行为行政法律责任的规定，本法在第五章法律责任部分作了相应规定。第五十四条对个人或者单位实施间谍行为，尚不构成犯罪的，如何进行处罚作了明确规定：“个人实施间谍行为，尚不构成犯罪的，由国家安全机关予以警告或者处十五日以下行政拘留，单处或者并处五万元以下罚款，违法所得在五万元以上的，单处或者并处违法所得一倍以上五倍以下罚款，并可以由有关部门依法予以处分。明知他人实施间谍行为，为其提供信息、资金、物资、劳务、技术、场所等支持、协助，或者窝藏、包庇，尚不构成犯罪的，依照前款的规定处罚。单位有前两款行为的，由国家安全机关予以警告，单处或者并处五十万元以下罚款，违法所得在五十万元以上的，单处或者并处违法所得一倍以上五倍以下罚款，并对直接负责的主管人员和其他直接责任人员，依照第一款的规定处罚。国家安全机关根据相关单位、人员违法情节和后果，可以建议有关主管部门依法责令停止从事相关业务、提供相关服务或者责令停产停业、吊销有关证照、撤销登记。有关主管部门应当将作出行政处理的情况及时反馈国家安全机关。”同时，在实施间谍行为过程中，也将根据涉及的具体行为承担相应的行政法律责任，如本法第六十一条规定：“非法获取、持有属于国家秘密的文件、数据、资料、物品，以及非法生产、销售、持有、使用专用间谍器材，尚不构成犯罪的，由国家安全机关予以警告或者处十日以下行政拘留。”二是对实施间谍行为但有自首或者立功表现等情况如何处理的规定，如本法第五十五条第一款规定：“实施间谍行为，有自首或者立功表现的，可以从轻、减轻或者免除处罚；有重大立功表现的，给予奖励。”该条第二款规定了在一些条件下还可不予追究：“在境外受胁迫或者受诱骗参加间谍组织、敌对组织，从事危害中华人民共和国国家安全的活动，及时向中华人民共和国驻外机构如实说明情况，或者入境后直接或者通过所在单位及时向国家安全机关如实说明情况，并有悔改表现的，可以不予追究。”上述规定对于反间谍工作领域具有重要现实意义，是承担、免除法律责任的一种方式。三是对构成犯罪的，规定依法追究刑事责任。本法第五十三条规定：“实施间谍行为，构成犯罪的，依法追究刑事责任。”具体如何追究刑事责任、确定罪名和刑罚都需要依照刑法相关规定执行。根据刑法规定，结合本法有关间谍行为的方式的规定，实施间谍行为，可能涉及的刑法罪名包括：间谍罪，为境外窃取、刺探、收买、非法提供国家秘密、情报罪，以及颠覆国家政权罪，煽动颠覆国家政权罪，叛逃罪，拒绝提供间谍犯罪证据罪，故意泄露国家秘密罪，过失泄露国家秘密罪，非法持有国家绝密、机密文件、资料、物品罪等相关犯罪。此外，本法第六十六条还规定，境外人员违反本法的，国务院国家安全主管部门可以决定限期出境，并决定其不准入境的期限。未在规定期限内离境的，可以遣送出境。对违反本法的境外人员，国务院国家安全主管部门决定驱逐出境的，自被驱逐出境之日起十年内不准入境，国务院国家安全主管部门的处罚决定为最终决定。以上都是对间谍行为“必须受到法律追究”的具体处理依据。

◆ **实践中需要注意的问题**

实践中需要注意的是，关于实施间谍行为的刑事责任应当按照刑法规定认定，但在间谍行为定义两次修改的情况下，刑法有关间谍罪的规定是否需要相应修改，以更加明确和准确地追究相关间谍行为刑事责任，是可以进一步研究的问题。总体上，在目前刑法规定未作修改的情况下，也能够依法惩治间谍行为涉及的相关犯罪。刑法第一百一十条规定的间谍罪，在行为类型上与本法有关间谍行为的定义相比，列举的情况少，只有两项：“（一）参加间谍组织或者接受间谍组织及其代理人的任务的；（二）为敌人指示轰击目标的。”应当说，刑法关于间谍罪，侧重于从境内机构、组织、个人参与间谍组织、活动的角度作出规定。本法第四条规定的行为包括六项：“（一）间谍组织及其代理人实施或者指使、资助他人实施，或者境内外机构、组织、个人与其相勾结实施的危害中华人民共和国国家安全的活动；（二）参加间谍组织或者接受间谍组织及其代理人的任务，或者投靠间谍组织及其代理人；（三）间谍组织及其代理人以外的其他境外机构、组织、个人实施或者指使、资助他人实施，或者境内机构、组织、个人与其相勾结实施的窃取、刺探、收买、非法提供国家秘密、情报以及其他关系国家安全和利益的文件、数据、资料、物品，或者策动、引诱、胁迫、收买国家工作人员叛变的活动；（四）间谍组织及其代理人实施或者指使、资助他人实施，或者境内外机构、组织、个人与其相勾结实施针对国家机关、涉密单位或者关键信息基础设施等的网络攻击、侵入、干扰、控制、破坏等活动；（五）为敌人指示攻击目标；（六）进行其他间谍活动。”与刑法规定相比，本法第四条列举的其他四项情形中，第一项情形，即“间谍组织及其代理人实施或者指使、资助他人实施，或者境内外机构、组织、个人与其相勾结实施的危害中华人民共和国国家安全的活动”，通常来说也符合刑法关于间谍罪规定的第一项情形，构成犯罪的主体并不限于境内公民和组织；对于第三项情形，可依照刑法第一百一十一条为境外窃取、刺探、收买、非法提供国家秘密、情报罪等处罚；第四项有关网络间谍行为的规定，是本法本次修订增加的情形，是针对采取网络攻击、侵入、干扰、控制、破坏等手段进行间谍活动的规定，只是重点强调和突出行为方式，可按照间谍罪和有关破坏、非法控制、侵入计算机信息系统犯罪等处罚。因此，对实施相应间谍行为，构成犯罪的，应当全面依照刑法相关规定，根据行为方式和案件情况，分别依照相应犯罪，依法严厉惩治间谍活动。

◆ **相关规定**

《中华人民共和国宪法》第五十四条；《中华人民共和国刑法》第一百一十条、第一百一十一条、第一百一十三条

---

**第十一条**　国家安全机关及其工作人员在工作中，应当严格依法办事，不得超越职权、滥用职权，不得侵犯个人和组织的合法权益。

国家安全机关及其工作人员依法履行反间谍工作职责获取的个人和组织的信息，只能用于反间谍工作。对属于国家秘密、工作秘密、商业秘密和个人隐私、个人信息的，应当保密。

---

◆ **条文主旨**

本条是关于国家安全机关及其工作人员应当依法办事，因履行职责获取的个人和组织的信息，只能用于反间谍工作，以及对属于国家秘密、工作秘密、商业秘密和个人隐私、个人信息的，应当保密的规定。

◆ **立法背景**

本条是1993年国家安全法的规定，2014年制定反间谍法时作了修改，2023年修订反间谍法时又作了修改。

**（一）立法背景及修改情况**

1. 1993年国家安全法的规定。第十三条规定："国家安全机关及其工作人员在国家安全工作中，应当严格依法办事，不得超越职权、滥用职权，不得侵犯组织和个人的合法权益。"国家安全机关的工作有的情况下需要社会上的组织和个人的支持、配合，涉及在履行职责过程中对公民、组织权利的限制和义务的履行，如果不严格依照法定程序、条件行使职权可能会不当损害公民、组织的利益，从而妨碍反间谍工作的依法开展。在赋予国家安全机关反间谍执法手段和措施的同时，本法也强调要求严格依法办事，按照本法和其他法律规定的职权和条件开展工作，不得超越职权、滥用职权，不得侵犯组织和个人的合法权益，体现了反间谍工作的法治原则。

2. 2014年反间谍法的规定。第十七条规定："国家安全机关及其工作人员在工作中，应当严格依法办事，不得超越职权、滥用职权，不得侵犯组织和个人的合法权益。国家安全机关及其工作人员依法履行反间谍工作职责获取的组织和个人的信息、材料，只能用于反间谍工作。对属于国家秘密、商业秘密和个人隐私的，应当保密。"

该条第一款是1993年国家安全法的内容，反间谍法将“国家安全机关及其工作人员在国家安全工作中”修改为“国家安全机关及其工作人员在工作中”，这是根据法律定位的变化而作的相应调整。第二款是新增加的规定，反间谍法草案提交全国人大常委会审议和征求有关方面意见过程中，一些常委委员、部门、专家和社会公众提出，反间谍法应当处理好保障反间谍主管部门依法行使职权和保护公民、组织合法权益之间的关系，建议增加规范国家安全机关权力行使和保障公民、组织合法权益的内容。根据这些意见，反间谍法增加规定了一些规范专门机关职权，保护公民、组织合法权益的内容，本条第二款的规定即是其中之一，明确规定在依法履行反间谍工作职责中获取的组织和个人的信息、材料，只能用于反间谍工作，对属于国家秘密、商业秘密和个人隐私的，应当保密。

3. 2023年修订后的反间谍法的规定。这次修订反间谍法对2014年反间谍法第十七条作了个别修改。一是将“组织和个人”修改为“个人和组织”，统一本法中的表述顺序。二是保密的内容中增加“工作秘密”，与第八条修改相一致。第八条规定，任何公民和组织都应当依法支持、协助反间谍工作，保守所知悉的国家秘密和反间谍工作秘密，其中“反间谍工作秘密”也是这次修订时增加的规定。同样，国家安全机关及其工作人员对于履行职责过程中获取的涉及个人和组织的工作秘密也应当严格保守。三是在保密的内容中增加了“个人信息”，保密的对象包括“个人隐私、个人信息”。个人隐私与个人信息既有联系也有区别，个人信息保护法制定以后对个人信息作了界定并加强保护，根据过去有关法律规定，一般使用“国家秘密、商业秘密和个人隐私”的表述，近年来一些法律逐渐将个人信息增加进来，表述为“国家秘密、商业秘密、个人隐私和个人信息”。如民法典对个人隐私和个人信息作了区分，第一千零三十二条规定：“自然人享有隐私权。任何组织或者个人不得以刺探、侵扰、泄露、公开等方式侵害他人的隐私权。隐私是自然人的私人生活安宁和不愿为他人知晓的私密空间、私密活动、私密信息。”第一千零三十四条规定：“自然人的个人信息受法律保护。个人信息是以电子或者其他方式记录的能够单独或者与其他信息结合识别特定自然人的各种信息，包括自然人的姓名、出生日期、身份证件号码、生物识别信息、住址、电话号码、电子邮箱、健康信息、行踪信息等。个人信息中的私密信息，适用有关隐私权的规定；没有规定的，适用有关个人信息保护的规定。”第一千零三十九条规定：“国家机关、承担行政职能的法定机构及其工作人员对于履行职责过程中知悉的自然人的隐私和个人信息，应当予以保密，不得泄露或者向他人非法提供。”又如，反电信网络诈骗法第五条第二款规定：“有关部门和单位、个人应当对在反电信网络诈骗工作过程中知悉的国家秘密、商业秘密和个人隐私、个人信息予以保密。”这次修订反间谍法也根据加强保护个人信息的需要，与其他有关法律衔接，明确增加了对“个人信息”的保密规定。

对本条的进一步修订体现了兼顾赋权与限权，加强对行使公权力的监督制约的立法指导思路和原则。为了保障反间谍工作开展，维护国家安全，必须赋予国家安全机关等执法部门以充分有效的职权和手段，本法在第二章“安全防范”、第三章“调查处置”和第四章“保障与监督”等章节中具体规定了国家安全机关等的职权，同时规定了公民、组织的支持、协助责任，在依法履行上述职权过程中将涉及公民、组织的利益和有关工作秘密、个人信息等的获取、使用和保护。因此，国家安全机关及其工作人员在依法履职过程中必须对这些国家秘密、工作秘密、商业秘密、个人隐私和个人信息予以保密，保护个人和组织的合法权益。另外，本条是作为总体要求提出的，是国家安全机关在依法履职中必须注意遵守的重要方面，对实践中可能存在的偏差和问题起着指导和纠偏的重要作用。

**（二）公开征求意见的情况**

修订草案二次审议稿第十一条规定：“国家安全机关及其工作人员在工作中，应当严格依法办事，不得超越职权、滥用职权，不得侵犯个人和组织的合法权益。国家安全机关及其工作人员依法履行反间谍工作职责获取的个人和组织的信息，只能用于反间谍工作。对属于国家秘密、工作秘密、商业秘密和个人隐私的，应当保密。”

关于第一款规定，有的建议将“不得超越职权、滥用职权”修改为“应当公平公正，符合比例原则，遵守正当程序”。有的建议将“依法办事”修改为“依法行使职权”。有的建议将“不得侵犯”修改为“不得非法侵犯”。有的建议将“国家安全机关及其工作人员在工作中”修改为“国家安全机关及其工作人员在反间谍工作中”。

关于第二款规定。有的建议增加规定应当依法对“个人信息”予以保密。有的提出，数据安全法第三十八条规定了对个人隐私、个人信息、商业秘密、保密商务信息等数据应当依法予以保密。第四十九条规定：“国家机关不履行本法规定的数据安全保护义务的，对直接负责的主管人员和其他直接责任人员依法给予处分。”建议本法第十一条第二款、第六十六条与数据安全法做好衔接，体现对个人信息、保密商务信息等数据的保护。有的建议将“应当保密”修改为“应当依法予以保密”，或者修改为“应当依法加以保密”，或者修改为“应当依法保密或予以保护”。有的建议将“获取的个人和组织的信息”修改为“获取的信息”。有的提出本条规定过于原则，建议进一步细化国家安全机关应当遵守的相关具体履职要求。

### ◆ 条文释义

本条共分两款。第一款是关于国家安全机关及其工作人员在工作中，应当严格依法办事，不得超越职权、滥用职权，不得侵犯个人和组织的合法权益的规定。

这里所说的“严格依法办事”，就是要严格依照我国宪法、刑法、刑事诉讼法、本法以及其他法律的有关规定办事，特别是按照本法规定的职权和程序、条件依法行使职权和办事，主要包括以下几个方面的内容：第一，国家安全机关及其工作人员对于间谍犯罪行为和本法规定的其他违法行为，必须采取防范和制止的措施，对于不属于违法犯罪的行为，不能行使侦查、拘留、预审和执行逮捕的权力。第二，对于间谍犯罪行为，行使侦查、拘留、预审和执行逮捕权力时，必须严格依照我国刑事诉讼法规定的程序办事。第三，在反间谍工作中行使权力，只能行使法律规定的权力，法律没有规定的，不得行使。在行使权力时，要严格履行规定的手续，凡是法律有限制性规定的，例如法律规定应当经过批准、出示相应证件的，都应当严格遵守。如根据本法第三十一条第一款的规定，国家安全机关工作人员在反间谍工作中采取查阅、调取、传唤、检查、查询、查封、扣押、冻结等措施，应当由二人以上进行，依照有关规定出示工作证件及相关法律文书，并由相关人员在有关笔录等书面材料上签名、盖章。因此，国家安全机关工作人员在行使上述职权时，应当按照要求，由二人进行，并依照规定出示工作证件及相关法律文书，这样要求的目的也是加强对执法的监督，保证执法的法治原则。第四，国家安全机关工作人员在反间谍工作中，要严格履行职务，不得玩忽职守、徇私舞弊，不得刑讯逼供、非法拘禁，更不得窝藏、包庇违法犯罪分子。国家安全机关及其工作人员在行使职权时，必须严格遵守本章关于“调查处置”的规定，不能超越法律规定的职权范围，更不得滥用法律所赋予的各项职权。“超越职权”是指行使了法律没有赋予的职权。“滥用职权”是指虽行使了法律规定的职权，但是没有正确行使，包括以权谋私、进行违法犯罪活动等。为了使国家安全机关及其工作人员更好地执行反间谍工作任务，法律赋予其一定的职权是必要的。而国家安全机关及其工作人员在行使这些权力时，必须严格依法执行，不得超越职权或者滥用职权。例如，国家安全机关不经检察院批准而自行批准逮捕犯罪嫌疑人，不经批准而擅自进入限制进入的有关地区、场所、单位，这些都是超越职权的行为。又如，在行使侦查、拘留、预审职权时，徇私舞弊或者非法拘禁、刑讯逼供。不是出于工作的需要，随意占用公民和组织的交通工具、通信工具或者场地，这些都是滥用职权的行为。超越职权或者滥用职权会侵犯公民和组织的合法权益，破坏国家安全机关的威信，损害国家的利益，而且还会给反间谍工作的正常进行造成影响。国家安全机关及其工作人员在执行反间谍工作任务时应当注意严格遵守宪法、法律和法规关于保护公民和组织合法权益的规定。宪法是我国的根本大法，为我们国家的各项工作规定了根本的方针和原则。同样，宪法关于公民的基本权利和义务一章中有“公民的人身自由不受侵犯”“禁止非法拘禁和以其他方法非法剥夺或者限制公民的人身自由”“禁止非法搜查或者非法侵入公民的住宅”“公民的通信自由和通信秘密受法律的保护”等规定，其他法律和法规中也有关于保护公民和组织的合法权益的一系列规定，这些都是国家安全机关及其工作人员在执行任务时所必须遵循的。国家安全机关执行工作任务，是为了维护整个国家的安全和利益，与组织和公民的利益是一致的。总体来看，国家安全利益高于组织的局部利益和公民的个人利益，但是，国家安全机关不能因此而不注意保护甚至侵犯组织和公民的合法权益。因此，一方面国家安全机关及其工作人员在执行工作任务时，应充分行使国家赋予的权力，坚决防范和制止间谍行为。另一方面国家安全机关及其工作人员又必须注意保护有关组织和公民的合法权益，如在反间谍工作中，优先使用或者依法征用国家机关、人民团体、企业事业组织和个人的交通工具、通信工具、场地和建筑物的，任务完成后应当及时归还或者恢复原状，并依照规定支付相应费用；造成损失的，应当补偿。对故意侵犯有关组织和公民的合法权益的行为，应当承担法律责任。

第二款是关于国家安全机关及其工作人员依法履行反间谍工作职责获取的个人和组织的信息，只能用于反间谍工作，对属于国家秘密、工作秘密、商业秘密和个人隐私、个人信息的，应当保密的规定。

涉及国家安全的有关法律中，对相应国家机关及其工作人员也都提出了这方面的要求。反恐怖主义法第四十八条规定：“反恐怖主义工作领导机构、有关部门和单位、个人应当对履行反恐怖主义工作职责、义务过程中知悉的国家秘密、商业秘密和个人隐私予以保密。违反规定泄露国家秘密、商业秘密和个人隐私的，依法追究法律责任。”国家情报法第十九条规定：“国家情报工作机构及其工作人员应当严格依法办事，不得超越职权、滥用职权，不得侵犯公民和组织的合法权益，不得利用职务便利为自己或者他人谋取私利，不得泄露国家秘密、商业秘密和个人信息。”反间谍法中同样对此作出规定，主要是考虑到国家安全机关及其工作人员在履行反间谍工作职责时，不可避免地会获取到个人和组织的信息、材料，为保护个人和组织的合法权益，避免发生侵权行为，法律规定这些信息材料只能用于反间谍工作，不得用于其他用途。这一要求最早规定在反洗钱法中，2006 年制定反洗钱法时，考虑到保障反洗钱工作与公民个人信息保护之间的平衡，反洗钱法第五条规定：“对依法履行反洗钱职责或者义务获得的客户身份资料和交易信息，应当予以保密；非依法律规定，不得向任何单位和个人提供。反洗钱行政主管部门和其他依法负有反洗钱监督管理职责的部门、机构履行反洗钱职责获得的客户身份资料和交易信息，只能用于反洗钱行政调查。司法机关依照本法获得的客户身份资料和交易信息，只能用于反洗钱刑事诉讼。”此后，反间谍法等其他法律也作了类似的重要规定。“对属于国家秘密、工作秘密、商业秘密和个人隐私、个人信息的，应当保密”，也是对国家安全机关及其工作人员的要求。“国家秘密”是指关系国家安全和利益，依照法定程序确定，在一定时间内只限一定范围的人员知悉的事项。“工作秘密”是指涉及相关重要工作，不宜为外部知晓的内部事项。“商业秘密”是指不为公众所知悉，能为权利人带来经济利益，具有实用性并经权利人采取保密措施的技术信息和经营信息。“个人隐私”是指个人生活中不愿公开或不愿为他人知悉的秘密。国家秘密关系国家安全和利益，商业秘密关系权利人的经济利益，隐私权是个人的重要人身权利。“个人信息”是指以电子或者其他方式记录的与已识别或者可识别的自然人有关的各种信息，不包括匿名化处理后的信息。保守国家秘密法、刑法、刑事诉讼法、民法典等法律对国家秘密、商业秘密、个人隐私等的保护作了规定。2021 年国家安全部《反间谍安全防范工作规定》第六条规定，国家安全机关及其工作人员对履行反间谍安全防范指导和检查工作职责中知悉的国家秘密、工作秘密、商业秘密、个人隐私和个人信息，应当严格保密，不得泄露或者向他人非法提供。国家安全机关及其工作人员对在反间谍工作中接触到的涉及国家秘密、商业秘密、个人隐私和个人信息的事项、材料，应当妥善保管，不得遗失、泄露，不得让不该知悉的人知悉。

本法第六十九条对违反本条规定的法律责任作了规定：“国家安全机关工作人员滥用职权、玩忽职守、徇私舞弊，或者有非法拘禁、刑讯逼供、暴力取证、违反规定泄露国家秘密、工作秘密、商业秘密和个人隐私、个人信息等行为，依法予以处分，构成犯罪的，依法追究刑事责任。”根据刑法相关规定，国家安全机关及其工作人员违反本条规定，可能涉嫌的犯罪包括：（1）刑法第三百九十七条规定的滥用职权罪、玩忽职守罪；（2）第三百九十八条规定的故意泄露国家秘密罪、过失泄露国家秘密罪；（3）第三百九十九条规定的徇私枉法罪；（4）第二百三十八条规定的非法拘禁罪；（5）第二百四十七条规定的刑讯逼供罪、暴力取证罪；（6）第二百五十三条之一规定的侵犯公民个人信息罪；（7）第二百一十九条规定的侵犯商业秘密罪等。具体要根据行为方式、情节轻重和具体案情依法确定，对于尚不构成犯罪的，依法给予处分。

### ◆ 实践中需要注意的问题

实践中需要注意的是，根据本条规定，国家安全机关及其工作人员依法履行反间谍工作职责获取的个人和组织的信息，只能用于反间谍工作。为了保障反间谍工作，维护国家安全，本法规定了较多的赋予国家安全机关的专门措施和职权，国家安全机关工作人员在依法履行职责过程中不可避免地会接触到相关个人和组织的信息，这些信息只能用于反间谍工作，不能作为其他任何用途使用，包括为了打击其他违法犯罪，或者作为立案查处其他违法犯罪的证据。如依照本法第二十五条、第二十六条的规定，查验、查阅、调取有关文件、资料、物品、设备等时，获取的有关信息，依照本法第三十七条的规定，采取技术侦察措施获取的有关信息等，都只能用于反间谍工作，不能移送其他负责查处违法违纪行为的相关部门，也不能在相关部门间共享获取的相关信息，实践中应当严格依照本条规定，落实好相关信息只能用于反间谍工作的法律要求。

◆ **相关规定**

《中华人民共和国宪法》第三十七条至第四十条；《中华人民共和国刑事诉讼法》第五十四条；《中华人民共和国保守国家秘密法》第二条、第三条；《中华人民共和国刑法》第二百一十九条、第二百三十八条、第二百四十七条、第二百五十三条之一、第三百九十七条至第三百九十九条

# 第二章　安全防范

**第十二条**　国家机关、人民团体、企业事业组织和其他社会组织承担本单位反间谍安全防范工作的主体责任，落实反间谍安全防范措施，对本单位的人员进行维护国家安全的教育，动员、组织本单位的人员防范、制止间谍行为。

地方各级人民政府、相关行业主管部门按照职责分工，管理本行政区域、本行业有关反间谍安全防范工作。

国家安全机关依法协调指导、监督检查反间谍安全防范工作。

## ◆ 条文主旨

本条是关于国家机关、人民团体、企业事业组织和其他社会组织承担本单位反间谍安全防范工作主体责任的规定。

## ◆ 立法背景

本条是1993年国家安全法的规定，2014年制定反间谍法时作了修改，2023年修订反间谍法时又作了修改。

### （一）立法背景及修改情况

1. 1993年国家安全法的规定。第十五条规定：“机关、团体和其他组织应当对本单位的人员进行维护国家安全的教育，动员、组织本单位的人员防范、制止危害国家安全的行为。”

在1993年制定国家安全法时，制定这一条是为了动员全社会广大人民群众都积极参与维护国家安全利益的工作，对各单位提出的对本单位的人员进行维护国家安全的教育，动员、组织本单位的人员防范方面的要求。

2. 2014年反间谍法的规定。第十九条规定：“机关、团体和其他组织应当对本单位的人员进行维护国家安全的教育，动员、组织本单位的人员防范、制止间谍行为。”

2014年制定反间谍法时，保留了1993年国家安全法第十五条的规定，同时，将其中的“制止危害国家安全的行为”修改为“制止间谍行为”。

3. 2023年修订后的反间谍法的规定。反间谍安全防范是防范化解国家安全风险、维护我国国家安全和利益的现实需要。当前，境外间谍情报机关和各种敌对势力对我渗透窃密活动明显加剧，手段更加多样，领域更加宽广，对我国家安全和利益构成严重威胁。同时，我核心要害领域仍然存在反间谍安全防范主体责任落实不到位、防范制度措施不健全等问题，有必要依法明确“防什么、谁来防、怎么防”，这有利于进一步压实反间谍安全防范责任，提升全社会特别是核心要害领域的安全防范工作能力和水平。近年来，国家安全机关积极推动反间谍安全防范地方立法，有的地方制定了地方性法规，如《上海市反间谍安全防范条例》《陕西省反间谍安全防范条例》《黑龙江省反间谍安全防范条例》，有的地方制定了政府规章《浙江省反间谍安全防范办法》《贵州省反间谍安全防范办法》等。在总结一些地方依法开展反间谍安全防范工作的有效做法和具体措施的基础上，2021 年国家安全部颁布了《反间谍安全防范工作规定》，细化了反间谍安全防范措施，有利于更好地组织、动员全社会力量，防范间谍行为。这次修改反间谍法，根据各地方反间谍安全防范的实践经验，并总结地方性法规和部门规章的有关规定，增加“安全防范”一章，对各单位的反间谍安全防范主体责任、地方各级政府、行业主管部门的管理责任、重点单位的安全防范责任、国家安全机关的协调指导和监督检查职责以及涉及国家安全事项的建设项目许可等方面作了规定。

2023 年修订的反间谍法对本条的修改完善了第一款中反间谍安全防范主体，同时还新增两款：一是，在第一款中将“机关、团体和其他组织”的反间谍安全防范主体修改为“国家机关、人民团体、企业事业组织和其他社会组织”，进一步明确了承担本单位反间谍安全防范工作的主体范围。二是，增加“承担本单位反间谍安全防范工作的主体责任，落实反间谍安全防范措施”的规定。对于“主体责任”的表述，在科学技术进步法、家庭教育促进法、安全生产法、海上交通安全法中均有规定。同时进一步明确主体责任需要落实反间谍安全防范措施。

增加第二款规定：“地方各级人民政府、相关行业主管部门按照职责分工，管理本行政区域、本行业有关反间谍安全防范工作。”在常委会审议和征求意见期间，有的常委委员建议明确“地方各级人民政府、相关行业主管部门”的职责。国家安全法第三十九条规定，中央国家机关各部门按照职责分工，贯彻执行国家安全方针政策和法律法规，管理指导本系统、本领域国家安全工作；第四十条第二款规定，地方各级人民政府依照法律法规规定管理本行政区域内的国家安全工作。《反间谍安全防范工作规定》第四条第二款规定，行业主管部门在其职权范围内，监督管理本行业反间谍安全防范工作。根据上述规定，增加地方各级人民政府、相关行业主管部门反间谍安全防范职责。

增加第三款规定：“国家安全机关依法协调指导、监督检查反间谍安全防范工作。”增加该款旨在明确机关、团体和其他组织在对本单位的人员进行维护国家安全的教育，动员、组织本单位的人员防范、制止间谍行为的工作时，应当接受国家安全机关的协调和指导，即明确了国家安全机关在反间谍安全防范工作中的协调和指导职责。

在草案审议过程中，有的部门提出，根据有关规定，各地各级党委负责管理国家安全工作即反间谍工作。因此，行业主管部门仅在业务上对行业内单位行使业务指导，并不行使实质管理权。如有的企业是由国资委党委负责管理的，建议保持《反间谍安全防范工作规定》对行业主管部门的规定，建议将“按照职责分工”修改为“在职责范围内”。考虑到“在职责范围内”与“按照职责分工”表达意思是一致的，按照职责分工也应当是在职责范围内，因此未作修改。

**（二）公开征求意见的情况**

征求意见过程中，主要有以下意见建议：

关于第一款，有的建议将“国家机关”修改为“机关”，主要理由是从实践看，反间谍安全范围工作仅限于国家机关，范畴偏窄，需要将各政党的机关涵盖在内；有的提出，建议进一步明确军队、社区、农村基层组织承担主体责任，在企业事业组织后增加“院校”；有的提出，第一款规定的主体与第七条第二款规定的主体不统一，少了“武装力量、各政党”，建议统筹考虑；有的建议将“制止间谍行为”修改为“发现、举报、制止间谍行为”；有的建议将“对本单位的人员进行维护国家安全的教育”修改为“对本单位的人员进行反间谍安全防范知识的教育”。

关于第二款，有的建议将“各地区、各部门”修改为“各地区、各部门、各方面”，或者修改为“各地区监督管理本地区的反间谍安全防范工作；中央和国家机关在其职权范围内，管理或者指导本系统的反间谍安全防范工作”；并进一步明确各地区、各部门监督管理本地区、系统、行业、领域的反间谍安全防范工作职责，形成规范化、常态化工作机制。有的提出，行业主管部门目前不具备反间谍相关的调查、处罚和其他执法权限，本法的其他规定未赋予行业主管部门监管职责和手段，建议将第二款中相关行业主管部门按照职责分工管理本行业有关反间谍安全防范工作的规定修改为“中央国家机关在其职权范围内，管理或者指导本系统的反间谍安全防范工作”；有的建议将“相关行业主管部门”修改为“相关行业主管部门和各级国家安全机关”。

有的提出，将本条第三款作为第一款规定；有的建议规定加强对学校尤其是高等院校反间谍安全教育。

**（三）有关国家和地区的规定**

多数国家都赋予反间谍机构广泛的权力，包括公开调查权、秘密调查权以及相关强制性权力，并注重其他部门与反间谍机构的协作配合，提升反间谍工作的权威和成效。有的国家如美俄反间谍机构是特殊的警察机构，具有警察的职权，同时具有反间谍工作的特殊权力。有的国家反间谍机构如英国军情五处，不具有搜查和逮捕等警察权力，须会同伦敦警察厅进行。以俄罗斯为例，俄罗斯联邦安全局由总统直接领导，既是警察机构，也是军事机构，承担反间谍侦察、打击恐怖主义和颠覆破坏活动等工作职责。在反间谍工作中，可以进行保密监督，包括：监督开展密码工作，参与制定国家秘密、商业秘密保护措施，监督实施信息、网络安全措施，对无线电电子设备等进行登记和集中管理等。

◆ **条文释义**

本条共分三款。第一款是关于有关单位的反间谍安全防范工作的主体责任的规定。

本款包含以下几个方面的内容：

第一，责任主体是国家机关、人民团体、企业事业组织和其他社会组织。这里的“国家机关”包括国家各级权力机关、行政机关、监察机关、司法机关以及军事机关等。

“人民团体”是承担反间谍安全防范工作的重要组成部分，从人民团体的历史演变、发挥的作用和功能来看，当前我国的人民团体具有以下性质和特点：一是政治性。人民团体是我国政治体制的重要组成部分，是我国重要的社会政治力量。政治性是人民团体最重要的属性，人民团体都是在中国共产党的指导下建立起来的，各人民团体的成长、发展都与中国共产党有深厚的历史渊源和紧密的现实关联。并且，各人民团体都由国家规定职能，核定机构和编制，拨给经费，工作人员也都参照公务员管理；人民团体是党和政府联系广大人民群众的“桥梁和纽带”，在党的领导下凝聚和团结各行各业人民群众和各类社会群体，发挥重要的政治性统战功能；人民团体是中国人民政治协商会议的参加单位，开展协助执行党和国家的各项政策、命令，以及听取人民群众意见、反映人民群众诉求等政治性工作。政治性是人民团体区别于一般社会组织的最重要特征。二是群众性。人民团体是群众性组织。当前的人民团体多是会员群体庞大的团体，各人民团体的成员基本涵盖了各种主要的对象，如工人、青年、妇女、科技工作者、工商业者等，具有广泛的群众代表性。此外，人民团体的工作对象、工作方式和工作内容也体现了群众性的特点。人民团体工作对象是广大人民群众，承担着代表人民群众意志的责任；人民团体主要通过示范引导、宣传教育、提供服务、反映诉求等群众化方式开展工作，有别于政府运用的行政、经济、法律等方式方法；人民团体的工作内容贴近群众需要，主要是一些经常性、社会性的服务和公益活动。三是非营利性。人民团体既不同于政府部门，也不同于一般的企事业单位。它是社会团体和组织在中国的特殊表现形式，具备社会团体和组织的一般性质，即非营利性。一般认为，社会团体和组织的非营利性主要包括以下几个方面：不以获取利润为目的；收入不能进行分配；个人对组织的财产不具有所有权；应按照设立组织的宗旨使用和处分财产。人民团体的非营利性主要体现在它的设立、发展壮大和它所从事的各项工作、开展的各种活动，都不以营利为目的，具有一定的社会公益性或互益性。落实好“人民团体”的反间谍安全防范主体责任至关重要。国家机关、人民团体、企业事业组织和其他社会组织应当对本单位的人员进行维护国家安全的教育，动员、组织本单位的人员防范、制止危害国家安全的行为。

“企业事业组织”是指国有企业、集体所有制企业、私营企业、股份制企业等不同经营形式的企业，以及属于事业单位性质的各种组织、机构。

“其他社会组织”是指除国家机关、人民团体、企业事业组织以外的依法或者根据有关政策设立，有一定的组织机构和财产的各类组织、机构。

第二，承担本单位反间谍安全防范工作的主体责任。反间谍安全防范工作应当在各级党委、人民政府领导下，加强国家安全人民防线建设，组织动员国家机关、人民团体、企业事业组织和其他社会组织和公民防范、制止间谍行为和其他危害国家安全等的行为，维护国家安全的活动。具体主要有：

一是落实反间谍安全防范措施。《反间谍安全防范工作规定》第八条规定：“机关、团体、企业事业组织和其他社会组织应当落实反间谍安全防范主体责任，履行下列义务：（一）开展反间谍安全防范教育、培训，提高本单位人员的安全防范意识和应对能力；（二）加强本单位反间谍安全防范管理，落实有关安全防范措施；（三）及时向国家安全机关报告涉及间谍行为和其他危害国家安全行为的可疑情况；（四）为国家安全机关依法执行任务提供便利或者其他协助；（五）妥善应对和处置涉及本单位和本单位人员的反间谍安全防范突发情况；（六）其他应当履行的反间谍安全防范义务。”

二是对本单位的人员进行维护国家安全的教育及动员、组织本单位的人员防范、制止间谍行为。做好维护国家安全的工作，必须要依靠广大的人民群众。宪法第五十四条明确规定：“中华人民共和国公民有维护祖国的安全、荣誉和利益的义务，不得有危害祖国的安全、荣誉和利益的行为。”为了保证公民自觉履行宪法规定的这一光荣义务，不仅要经常对公民进行维护国家安全的教育，而且还要动员和组织群众防范、制止间谍行为。在教育和动员群众方面可以采取很多方法，其中最有效的是靠国家机关、人民团体、企业事业组织和其他社会组织不断进行教育和动员，因为公民作为社会的一员，分散在国家机关、人民团体、企业事业单位、村民委员会、居民委员会等各个不同的组织中，这些组织最有条件将公民组织起来进行维护国家安全的宣传和教育，也最有条件动员和组织本单位的人员防范、制止间谍行为，实施维护国家安全的有关工作。所以，各单位和组织必须清醒地认识到，履行在本单位内进行维护国家安全的教育及动员、组织人员防范、制止间谍等破坏行为的义务的重要意义，不能走过场，也不能流于形式。只有对公民不断进行维护国家安全的教育，动员和提高每个公民维护国家安全的积极性，才能在整个社会上筑起一道坚实有力的防范大堤，使那些进行间谍破坏活动的不法分子寸步难行。

近年来，很多有关间谍等破坏活动案件的破获，都是得益于人民群众的举报和积极提供的有关线索。很多进行间谍等破坏活动的敌对分子往往混迹于群众之中以窃取情报。只要广大公民时刻保持警惕，以维护国家安全为己任，就等于布下了天罗地网，在反间谍破坏活动的人民战争中，那些不法分子将很难得逞。因此，教育群众和动员整个社会的公民积极参与反间谍工作，作用和意义都是重大的，各单位和组织以及我们每个公民都要给予高度的重视。

第二款是关于地方各级人民政府、相关行业主管部门的管理职责的规定。

第一，责任主体是地方各级人民政府、相关行业主管部门。国家安全法对地方各级人民政府、相关行业主管部门在职责范围内，管理本行政区域、本行业有关反间谍安全防范工作提出了原则性要求：在国家层面，国家防范、制止和依法惩治任何叛国、分裂国家、煽动叛乱、颠覆或者煽动颠覆人民民主专政政权的行为；防范、制止和依法惩治窃取、泄露国家秘密等危害国家安全的行为；防范、制止和依法惩治境外势力的渗透、破坏、颠覆、分裂活动。

在中央各部门层面，中央国家机关各部门按照职责分工，贯彻执行国家安全方针政策和法律法规，管理指导本系统、本领域国家安全工作。保守国家秘密法第六条也规定，国家机关和涉及国家秘密的单位管理本机关和本单位的保密工作。中央国家机关在其职权范围内，管理或者指导本系统的保密工作。

在地方层面，地方各级人民代表大会和县级以上地方各级人民代表大会常务委员会在本行政区域内，保证国家安全法律法规的遵守和执行。地方各级人民政府依照法律法规规定管理本行政区域内的国家安全工作。

第二，按照职责分工，管理本行政区域、本行业有关反间谍安全防范工作。《反间谍安全防范工作规定》第七条规定：“行业主管部门应当履行下列反间谍安全防范监督管理责任：（一）根据主管行业特点，明确本行业反间谍安全防范工作要求；（二）配合国家安全机关制定主管行业反间谍安全防范重点单位名录、开展反间谍安全防范工作；（三）指导、督促主管行业所属重点单位履行反间谍安全防范义务；（四）其他应当履行的反间谍安全防范行业管理责任。有关行业主管部门应当与国家安全机关建立健全反间谍安全防范协作机制，加强信息互通、情况会商、协同指导、联合督查，共同做好反间谍安全防范工作。”

国家安全是安邦定国的重要基石，维护国家安全是全国各族人民根本利益所在。要完善国家安全战略和国家安全政策，坚决维护国家政治安全，统筹推进各项安全工作。健全国家安全体系，加强国家安全法治保障，提高防范和抵御安全风险能力。严密防范和坚决打击各种渗透颠覆破坏活动、暴力恐怖活动、民族分裂活动、宗教极端活动。加强国家安全教育，增强全党全国人民国家安全意识，推动全社会形成维护国家安全的强大合力。当前我国国家安全内涵和外延比历史上任何时候都要丰富，时空领域比历史上任何时候都要宽广，内外因素比历史上任何时候都要复杂，必须坚持总体国家安全观，以人民安全为宗旨，以政治安全为根本，以经济安全为基础，以军事、文化、社会安全为保障，以促进国际安全为依托，走出一条中国特色国家安全道路。

第三款是关于国家安全机关依法协调指导、监督检查反间谍安全防范工作的规定。

机关、团体和其他组织对本单位的人员进行维护国家安全的教育及动员、组织本单位的人员防范、制止间谍行为的工作，应当接受国家安全机关的协调和指导。各级国家安全机关按照管理权限，依法对国家机关、人民团体、企业事业组织和其他社会组织开展反间谍安全防范工作进行业务指导和督促检查。

一是关于协调指导制度，《反间谍安全防范工作规定》第十一条规定：“国家安全机关可以通过下列方式，对机关、团体、企业事业组织和其他社会组织落实反间谍安全防范责任进行指导：（一）提供工作手册、指南等宣传教育材料；（二）印发书面指导意见；（三）举办工作培训；（四）召开工作会议；（五）提醒、劝告；（六）其他指导方式。”

二是关于监督检查制度，《反间谍安全防范工作规定》第二十一条规定：“国家安全机关对有下列情形之一的，经设区的市级以上国家安全机关负责人批准，并出具法律文书，可以对机关、团体、企业事业组织和其他社会组织开展反间谍安全防范检查：（一）发现反间谍安全防范风险隐患；（二）接到反间谍安全防范问题线索举报；（三）依据有关单位的申请；（四）因其他反间谍安全防范工作需要。”

《反间谍安全防范工作规定》第二十二条规定：“国家安全机关可以通过下列方式对机关、团体、企业事业组织和其他社会组织的反间谍安全防范工作进行检查：（一）向有关单位和人员了解情况；（二）调阅有关资料；（三）听取有关工作说明；（四）进入有关单位、场所实地查看；（五）查验电子通信工具、器材等设备、设施；（六）反间谍技术防范检查和检测；（七）其他法律、法规、规章授权的检查方式。”

“安而不忘危，存而不忘亡，治而不忘乱。”国家安全是国家发展的最重要基石、人民福祉的最根本保障。国泰民安是人民群众最基本、最普遍的愿望。实现中华民族伟大复兴的中国梦，保证人民安居乐业，国家安全是头等大事。因此，协调好各方做好反间谍安全防范工作是落实总体国家安全观的重要着眼点。各地区各部门要贯彻总体国家安全观，准确把握我国国家安全形势变化新特点新趋势，坚持既重视外部安全又重视内部安全、既重视国土安全又重视国民安全、既重视传统安全又重视非传统安全、既重视发展问题又重视安全问题、既重视自身安全又重视共同安全，切实做好国家安全各项工作。

◆ **实践中需要注意的问题**

在本条的理解适用中，需要注意以下两个方面的问题：

第一，国家安全机关在协调指导、监督检查反间谍安全防范工作时，要充分把握好发展与安全关系。在安全方面，做好协调指导、监督检查工作更加深刻地关联着国家安全利益，及时预防、及时监管可能直接引发现实安全的问题。在发展方面，在做好反间谍安全防范的同时，要兼顾好公司、企业等的正常运营，严格依法行使职权，以获取更多的支持，尽量避免企业事业组织等产生抵触情绪。

第二，加强各部门联防联控。国家安全机关要依靠各主体共同开展安全防范工作，需要凝聚合力，而不是把责任主体作为被监督、管理对象开展工作，这样不利于争取更多主体的配合合作。同时，还要聚焦重点领域及科技、粮食、生态等多方面国家安全，建立跨部门跨领域协调联动工作机制。

◆ **相关规定**

《中华人民共和国国家安全法》第十五条第二款、第三十九条、第四十条、第七十八条；《中华人民共和国保守国家秘密法》第六条；《中华人民共和国预防未成年人犯罪法》第四条第二款；《中华人民共和国反间谍法实施细则》第十五条第一款；《反间谍安全防范工作规定》第二条、第四条、第五条、第七条、第八条、第十一条、第二十一条、第二十二条

---

**第十三条**　各级人民政府和有关部门应当组织开展反间谍安全防范宣传教育，将反间谍安全防范知识纳入教育、培训、普法宣传内容，增强全民反间谍安全防范意识和国家安全素养。

新闻、广播、电视、文化、互联网信息服务等单位，应当面向社会有针对性地开展反间谍宣传教育。

国家安全机关应当根据反间谍安全防范形势，指导有关单位开展反间谍宣传教育活动，提高防范意识和能力。

---

◆ **条文主旨**

本条是关于各级人民政府和有关部门，新闻、广播、电视、文化、互联网信息

服务等单位开展反间谍宣传教育活动，以及国家安全机关负责指导开展反间谍宣传教育活动的规定。

## ◆ 立法背景

本条在1993年国家安全法、2014年反间谍法中都没有规定，是2023年修订反间谍法时增加的规定。

### （一）立法背景及修改情况

1. 立法背景。国家安全是安邦定国的重要基石。随着我国综合实力不断增强和国际战略格局的深刻变化，当前反间谍斗争形势较为严峻，一些境外间谍情报机关不断加强对我国的间谍情报活动，往往不择手段地伺机窃取各领域的信息，使各类间谍情报活动的主体更加复杂、领域更加广泛、目标更加多元、手法更加隐蔽。

“明者防祸于未萌，智者图患于将来。”对间谍行为的预防和治理是反间谍斗争的基础性工作，反间谍安全防范宣传教育能有效提升整个社会对间谍行为的防范意识和能力，在反间谍工作中居于十分重要的地位。只有各级人民政府和有关部门，新闻、广播、电视、文化、互联网信息服务等重点单位，切实担负起反间谍宣传教育的责任，同时明确国家安全机关指导开展反间谍宣传教育活动的职责，才能构建起政府主导、部门协同、社会参与的反间谍预防工作新格局。

2. 修改情况。本法第十三条在1993年国家安全法、2014年反间谍法中都没有规定，是本次修订反间谍法时增加的规定。2022年8月30日，第十三届全国人大常委会第三十六次会议初次审议稿第十三条对各级人民政府和有关部门组织开展反间谍安全防范宣传教育的内容作了规定。2022年12月28日，第十三届全国人大常委会第三十八次会议二次审议稿对本条作了修改，增加规定，新闻、广播、电视、文化、互联网信息服务等单位，应当面向社会有针对性地开展反间谍宣传教育。主要理由如下：在常委会审议和征求意见过程中，有的常委委员提出，应当对全民开展反间谍宣传教育，且通过有效载体或者有效形式进行反间谍宣传教育。2023年4月24日，第十四届全国人大常委会第二次会议三次审议稿对本条又作了修改，增加规定，国家安全机关应当根据反间谍安全防范形势，指导有关单位开展反间谍宣传教育活动，提高防范意识和能力。主要理由如下：在常委会审议和征求意见过程中，有的常委会组成人员和地方、基层立法联系点、社会公众提出，反间谍宣传教育具有特殊性，需要专门机关根据实践情况加以指导，建议增加国家安全机关的指导职责。

### （二）公开征求意见的情况

关于加强开展反间谍安全防范宣传教育，社会公众提出了一些建议：有的建议明确国家安全机关指导安排宣传教育的职责，加强反间谍宣传教育。有的建议增加相关规定，明确加大对青少年普及国家安全意识的教育力度。

### （三）有关国家和地区的规定

法国领土监护局隶属于内政部国家警察总局，负责国内的反间谍、反颠覆和反恐怖工作。领土监护局成立初期的主要任务是在本土打击各种形式的间谍活动，粉碎境外敌对势力对法国政治、军事、经济、科技等方面的破坏。其基本职责包括防止本国工业、科技及经济情报被窃取，一方面对高科技企业和实验室及研究所进行秘密监护，对公司中担任高级职务的外国人进行必要调查，防止外国参观团窃取经济情报；另一方面进行保密和反间谍宣传工作。

### ◆ 条文释义

本条共分三款。第一款是关于各级人民政府和有关部门在反间谍安全防范宣传教育中的职责规定。主要包含以下几个方面的内容：

第一，各级人民政府和有关部门是反间谍安全防范宣传教育的主要力量。各级人民政府是指国务院、省级人民政府直至乡级人民政府。有关部门是指具有反间谍安全防范宣传教育职责的部门和组织，包括宣传主管部门，国家安全机关，审判机关，检察机关，公安机关，司法行政机关，网信、电信、教育部门等。

第二，开展反间谍安全防范宣传教育的方式应立体多样化。各级人民政府和有关部门应采取多种形式进行宣传教育，包括发动新闻、宣传、文化等部门和工会、妇联、共青团等团体密切配合，普法宣传与以案释法相结合，通过播放警示教育题材的音视频资料、举办展览、张贴宣传标语、表彰反间谍工作先进集体和个人、组织志愿者到群众中表演反间谍斗争小故事等群众喜闻乐见的各种形式。如《反间谍安全防范工作规定》第十七条规定：“国家安全机关会同宣传主管部门，协调和指导广播、电视、报刊、互联网等媒体开展反间谍安全防范宣传活动，制作、刊登、播放反间谍安全防范公益广告、典型案例、宣传教育节目或者其他宣传品，提高公众反间谍安全防范意识。”

第三，反间谍安全防范宣传教育的内容应深入全面。宣传的内容可以包括间谍斗争的成因、根源、危害等；间谍行为手段及表现形式可以作为重点宣传，如刺探、窃照、潜伏、金钱收买、感情腐蚀、色情引诱、网络勾结等；还可以通过国际国内的反间谍斗争形势等内容，教育社会公众对间谍行为的关注和重视，自觉抵制、积极举报可能有损国家安全的行为。

第四，将反间谍安全防范知识纳入教育、培训、普法宣传内容。各级人民政府和有关部门有义务和责任将反间谍安全防范知识纳入教育、培训、普法宣传内容，牢牢把握学校教育和职业教育这两个宣传教育的重要阵地，目的是让学生和受培训人员掌握辨别间谍行为的方法和应对间谍行为的防范措施等知识，意识到间谍行为对国家利益的重大危害，从而有效防止被间谍组织侵染、诱惑。将反间谍安全防范知识纳入教育、培训、普法宣传内容，具体包括开设反间谍专门课程、专题预防讲座、开展反间谍知识竞赛等。

第五，开展反间谍安全防范宣传教育的目的是增强全民反间谍安全防范意识和国家安全素养。宣传教育往往既是立法的内容之一，也是立法的重要目的之一。多部法律法规中都规定了宣传教育的内容。如国家安全法第七十六条规定：“国家加强国家安全新闻宣传和舆论引导，通过多种形式开展国家安全宣传教育活动，将国家安全教育纳入国民教育体系和公务员教育培训体系，增强全民国家安全意识。”反恐怖主义法第十七条第一款规定：“各级人民政府和有关部门应当组织开展反恐怖主义宣传教育，提高公民的反恐怖主义意识。”反有组织犯罪法第十条第一款规定：“承担有组织犯罪预防和治理职责的部门应当开展反有组织犯罪宣传教育，增强公民的反有组织犯罪意识和能力。”《反间谍安全防范工作规定》第十三条规定：“国家安全机关运用网络、媒体平台、国家安全教育基地（馆）等，开展反间谍安全防范宣传教育。”实践证明，开展反间谍安全防范宣传教育，能够使人民群众认识到间谍行为危害国家安全的本质，增强辨别间谍行为的能力，不断提高反间谍安全防范意识，从而增强全民国家安全素养，使总体国家安全观落地见效。

第二款是关于新闻、广播、电视、文化、互联网信息服务等单位在开展反间谍宣传教育工作中的职责的规定。

新闻、广播、电视、文化、互联网信息服务等单位作为党和国家政策的重要媒介，面向社会公众有针对性地开展宣传教育是这些媒体单位的义务和责任。这些媒介往往受众广泛，传播速度快，其传播的内容有很强的影响力，因此反间谍安全防范宣传教育工作应利用好这一阵地。同时，这些媒体单位发挥着引导、传播正能量、新思想，抵制境内外不良价值理念的重要作用，有助于提升反间谍安全防范宣传教育的实效性。

一些法律法规中对新闻、广播、电视、文化、互联网信息服务等单位的宣传教育责任作出明确规定。如反恐怖主义法第十七条第三款规定：“新闻、广播、电视、文化、宗教、互联网等有关单位，应当有针对性地面向社会进行反恐怖主义宣传教育。”反有组织犯罪法第十条第三款规定：“新闻、广播、电视、文化、互联网信息服务等单位，应当有针对性地面向社会开展反有组织犯罪宣传教育。”《反间谍安全防范工作规定》第十七条规定：“国家安全机关会同宣传主管部门，协调和指导广播、电视、报刊、互联网等媒体开展反间谍安全防范宣传活动，制作、刊登、播放反间谍安全防范公益广告、典型案例、宣传教育节目或者其他宣传品，提高公众反间谍安全防范意识。”本款单独规定这些单位的职责是为了充分利用这些单位在宣传教育方面的专业性，利用现有的宣传手段，把本法的立法精神和目的向全社会宣传推广，提高反间谍安全防范宣传教育的广度和深度。

第三款是关于国家安全机关负责指导开展反间谍宣传教育活动的规定。

国家安全机关应当根据反间谍安全防范形势，指导有关单位开展反间谍宣传教育活动，提高防范意识和能力。主要包含以下几个方面内容：

第一，这是国家安全机关开展反间谍安全防范宣传教育工作中的一项专门性职责。作为维护国家安全的专门机关，其不仅具有相应的反间谍专业知识和能力，还具有丰富的反间谍实践经验，通过国家安全机关对有关单位开展的反间谍宣传教育活动进行指导，能够使反间谍安全防范宣传教育更具实效性和针对性。对国家机关、人民团体、企业事业组织及其他社会组织的指导包括但不限于提供工作手册、指南等宣传教育材料，印发书面指导意见，举办工作培训，召开工作会议，提醒、劝告等方式。

第二，国家安全机关指导有关单位开展反间谍宣传教育活动是一种动态的技术性指导。国家安全机关对有关单位在反间谍宣传教育的内容、方向等方面的专业指导，是根据国家反间谍安全防范形势来动态调整的。如当前一个时期间谍组织通过网络进行间谍行为较为常见，对此本法第四条中专门就网络间谍行为作了规定。国家安全机关就应根据当前反间谍安全防范这一形势，将维护网络安全作为指导有关单位开展反间谍宣传教育活动的重点。相应地，有关单位也应重点针对网络间谍行为进行安全防范宣传教育。

第三，国家安全机关指导有关单位开展反间谍宣传教育活动，既有宏观政策的指导，也有具体内容的指导，实现监督和参与宣传教育活动相结合。如国家安全机关定期分析反间谍安全防范形势，开展风险评估，通报有关单位，向有关单位提出加强和改进反间谍安全防范工作的意见和建议。国家安全机关会同教育主管部门，指导学校向全体师生开展反间谍安全防范教育，对参加出国（境）学习、交流的师生加强反间谍安全防范行前教育和回国（境）访谈。国家安全机关会同科技主管部门，指导各类科研机构向科研人员开展反间谍安全防范教育，对参加出国（境）学习、交流的科研人员加强反间谍安全防范行前教育和回国（境）访谈。国家安全机关会同有关部门，组织、动员居（村）民委员会结合本地实际配合开展群众性反间谍安全防范宣传教育。国家安全机关会同宣传主管部门，协调和指导广播、电视、报刊、互联网等媒体开展反间谍安全防范宣传活动，制作、刊登、播放反间谍安全防范公益广告、典型案例、宣传教育节目或者其他宣传品，提高公众反间谍安全防范意识。

◆ **实践中需要注意的问题**

实践中需要注意的是，各级人民政府和有关部门，新闻、广播、电视、文化、互联网信息服务等单位开展反间谍宣传教育是其维护国家安全利益的责任和义务。

借助多种公开的媒介进行宣传教育能够起到广泛的效果，但同时反间谍工作保密性要求高，在宣传教育过程中需要特别注意保密的内容，包括不能公开的政策文件、案例涉及的敏感信息等。各级人民政府和有关部门对反间谍宣传教育的内容应进行严格审查，确保宣传教育与保密义务相互衔接协调。

◆ **相关规定**

《中华人民共和国国家安全法》第四十条、第七十六条；《中华人民共和国反恐怖主义法》第十七条；《中华人民共和国反有组织犯罪法》第十条；《反间谍安全防范工作规定》第十二条至第十七条

---

**第十四条**　任何个人和组织都不得非法获取、持有属于国家秘密的文件、数据、资料、物品。

---

◆ **条文主旨**

本条是关于任何个人和组织不得非法获取、持有国家秘密的规定。

◆ **立法背景**

本条是1993年国家安全法的规定，2014年制定反间谍法时未作修改，2023年修订反间谍法时作了修改。

**（一）立法背景及修改情况**

1. 1993年国家安全法的规定。第二十条规定："任何个人和组织都不得非法持有属于国家秘密的文件、资料和其他物品。"

为了维护国家安全和重大利益，针对反间谍斗争的实际需要，1993年国家安全法规定了禁止任何个人和组织非法持有属于国家秘密的文件、资料和其他物品。国家秘密直接关系到国家的安全和利益。刺探、收买、窃取我国的国家秘密是境外间谍活动的一个主要方面，反泄密则一直是维护国家安全工作的重要任务。从实践来看，在被查获的间谍案中，间谍往往通过窃取属于国家秘密的文件、资料等，严重威胁我国的国家安全和利益。国内一些个人和组织非法持有国家秘密文件、资料和物品的情况也时有发生，特别是随着互联网应用的普及和发展，在电脑上有意或者无意保存、持有属于国家秘密文件、资料和其他物品的人，往往成为国外间谍刺探、收买、窃取我国国家秘密的对象。非法持有属于国家秘密的文件、资料和其他物品的行为成为泄露国家秘密的重要渠道，是保守国家秘密工作的重大隐患。如不严加禁止，一方面难以堵塞保密工作上的漏洞，另一方面也不利于防范间谍活动。

2010年4月29日第十一届全国人大常委会第十四次会议修订的保守国家秘密

法对国家秘密的接触范围和保密措施作了严格规定。其中规定，任何组织和个人不得非法获取、持有国家秘密载体；禁止非法复制、记录、存储国家秘密；国家秘密载体的制作、收发、传递、使用、复制、保存、维修和销毁，应当符合国家保密规定；绝密级国家秘密载体应当在符合国家保密标准的设施、设备中保存，并指定专人管理，未经原定密机关、单位或者其上级机关批准，不得复制和摘抄，收发、传递和外出携带，应当指定人员负责，并采取必要的安全措施；等等。上述规定对于保守国家秘密，健全、完善保密工作机制起了重大作用，但在反间谍斗争中仍发现一些人无视法律规定，使属于国家秘密的文件、资料等处于无保密措施的状态。为了进一步完善保密制度，增强公民、组织的保密意识，切实加强保密工作，维护国家安全，有效制止非法持有国家秘密的现象，反间谍法在本条中明确规定，任何个人和组织都不得非法持有属于国家秘密的文件、资料和其他物品。

2. 2014 年反间谍法的规定。第二十四条规定："任何个人和组织都不得非法持有属于国家秘密的文件、资料和其他物品。"2014 年反间谍法对 1993 年国家安全法对本条规定的内容未作修改，只对条文序号作了调整。

3. 2023 年修订后的反间谍法的规定。非法持有国家秘密一直是反间谍工作关注的重点，由于受限于技术发展，以往间谍行为多数是以非法持有实物性国家秘密的形式出现。随着信息技术和人类生产生活交汇融合，各类数据迅猛增长、海量聚集，对经济发展、社会治理、人民生活都产生了重大而深刻的影响。非法获取信息数据等已成为间谍行为的惯用手法，获取与持有在网络数据时代已成为间谍行为中两种最常见的手段。当前，数据安全已成为事关国家安全与经济社会发展的重大问题。党中央对此高度重视，习近平总书记多次作出重要指示批示，提出加快法规制度建设、切实保障国家数据安全等明确要求。党的十九大报告提出，推动互联网、大数据、人工智能和实体经济深度融合。信息化时代下，没有数据安全就没有国家安全，保护数据安全是保守国家秘密的重要内容，而保守国家秘密是为了维护国家安全和利益。

2023 年修订后的反间谍法第十四条对 2014 年反间谍法第二十四条作了以下修改：一是，增加了"非法获取"的方式，将"非法持有"修改为"非法获取、持有"。这是考虑到实践中非法获取国家秘密的情形较多，惩治非法获取文件、数据、资料、物品的行为十分必要，因而增加"非法获取"的规定。二是，增加了"数据"的内容，删去了"其他"的表述方式，将"属于国家秘密的文件、资料和其他物品"修改为"属于国家秘密的文件、数据、资料、物品"。惩治非法获取、持有数据的行为十分必要，目前法律规定的文件、资料和其他物品已经无法涵盖"数据"的内容，扩大对象范围已属必要，因而增加了"数据"。删去了"其他"的表述方式，属于文字修改，统一了表述。

**（二）公开征求意见的情况**

关于任何个人和组织不得非法获取、持有属于国家秘密的文件、数据、资料、物品，社会公众提出了一些建议：有的建议将“不得非法获取、持有”修改为“不得非法收集、分析、获取、持有”；有的提出，“窃取、刺探、收买”等行为也属于非法获取，容易与第四条间谍行为的规定重合，建议删去“非法获取”；有的提出，“文件、数据、资料、物品”语义重叠，建议进一步理顺。

**（三）有关国家和地区的规定**

美国将非法披露、泄露国防信息罪界定为军事间谍行为，将“使外国受益的侵犯商业秘密行为”规定为经济间谍罪。加拿大将四类行为界定为间谍行为：一是为境外提供有损国家安全或利益的文件、资料的行为。管有或控制任何与涉密场所或涉密场所的任何事物有关或在涉密场所使用的文件或资料的人，为任何外国势力的利益或以损害国家安全或利益的任何其他方式，将有关文件、资料传达给他人。二是经济间谍行为。任何人在外国指示下，为他国的利益非法获取、保留、更改、销毁、泄露商业秘密，损害加拿大的经济利益、国际关系或国防或国家安全的行为，构成经济间谍罪。三是通谋外国行为。未经合法授权，明知或应知军事或科学资料等能被他国用以危害国家安全或国防，与他人阴谋从事危害国家安全的行为。四是泄露情报的行为。将依法履行职责和义务过程中所获取的情报或所接触的情报等，违法泄露的行为。瑞士也规定了经济间谍行为，其是指为外国官方、外国组织、私人企业或其代理人刺探制造或营业的秘密，或者使外国官方、外国组织、私人企业或其代理人获得制造或营业的秘密。日本界定了窃泄密行为：采取不正当方式探知、收集、泄露防卫秘密，危害国家安全的；探知、收集、泄露驻日美军军事秘密的；公务员违反规定泄露秘密的。韩国规定的窃泄密行为则是指向敌国或向危害国家的组织成员泄露载有核心军事秘密、国家秘密的物品、信息的行为。

**◆ 条文释义**

本条是关于禁止任何个人和组织非法获取、持有属于国家秘密的文件、数据、资料、物品的规定。

本条规定主要包含以下几个方面内容：

第一，关于主体的范围。“任何个人”包括中国人、外国人、无国籍人以及国籍不明的人。任何“组织”是指一切按照一定的宗旨和系统建立起来的由多个人组成的国家机关、人民团体、企业事业组织等境内组织或境外组织。

第二，关于国家秘密的理解。根据保守国家秘密法第二条、第九条、第十条和第十一条的规定，国家秘密是关系国家安全和利益，依照法定程序确定，在一定时间内只限一定范围的人员知悉的事项。内容上具体包括：（1）国家事务重大决策中的秘密事项；（2）国防建设和武装力量活动中的秘密事项；（3）外交和外事活动中的秘密事项以及对外承担保密义务的秘密事项；（4）国民经济和社会发展中的秘密事项；（5）科学技术中的秘密事项；（6）维护国家安全活动和追查刑事犯罪中的秘密事项；（7）经国家保密行政管理部门确定的其他秘密事项。政党的秘密事项中符合上述规定的，属于国家秘密。从保密程度上划分，国家秘密的密级分为绝密、机密、秘密三级。其中，绝密级国家秘密是最重要的国家秘密，泄露会使国家安全和利益遭受特别严重的损害；机密级国家秘密是重要的国家秘密，泄露会使国家安全和利益遭受严重的损害；秘密级国家秘密是一般的国家秘密，泄露会使国家安全和利益遭受损害。国家秘密及其密级的具体范围，由国家保密行政管理部门分别会同外交、公安、国家安全和其他中央有关机关规定。军事方面的国家秘密及其密级的具体范围，由中央军事委员会规定。

第三，关于国家秘密的对象范围。这里规定的对象范围包括属于国家秘密的文件、数据、资料、物品。属于国家秘密的“文件”是指经过法定程序，被列为国家秘密并规定了密级的文件，这类文件的下发都标有一定的范围。属于国家秘密的“数据”是指任何以电子或者其他方式对信息的记录，数据和信息是载体与内容的关系，所有数据都能称为信息，但不是所有信息都属于数据，信息的范围大于数据。属于国家秘密的“资料”是指经过法定程序确定为国家秘密的情况统计、档案材料、研究结论等以及与经法定程序确定为国家秘密事项的有关资料，这些资料是已确定为国家秘密事项的文字载体。需要注意的是，文件、资料既包括传统的纸质载体，也包括光介质、电磁介质等载体。属于国家秘密的“物品”主要是指除了文件、资料外，其他列入国家秘密的实物，如属于国家秘密的科研设备、产品或者军事武器等。

第四，关于非法“获取”、非法“持有”手段的界定。非法获取是指通过非法手段，获得、取得国家秘密的行为。无论是采取非法手段秘密取得国家秘密的行为，还是通过各种途径和手段非法探知国家秘密的行为，或者是通过给予金钱或其他物质利益的方法非法得到国家秘密的行为等，都属于非法获取的手段方法。非法获取是具体行为的实施状态，也是非法行为所产生的结果状态。需要注意的是，这里所说的非法获取是除本法第四条规定的间谍行为以外的行为，如果实施窃取、刺探、收买等非法获取行为，则属于本法第四条规定的间谍行为，应当按照间谍行为进行处理。关于非法持有，根据 2017 年反间谍法实施细则第十七条的规定，“非法持有属于国家秘密的文件、资料和其他物品”包括两种情况：一是，不应知悉某项国家秘密的人员携带、存放属于该项国家秘密的“文件、资料和其他物品”的。保守国家秘密法第十六条规定：“国家秘密的知悉范围，应当根据工作需要限定在最小范围。国家秘密的知悉范围能够限定到具体人员的，限定到具体人员；不能限定到具体人员的，限定到机关、单位，由机关、单位限定到具体人员。国家秘密的知悉范围以外的人员，因工作需要知悉国家秘密的，应当经过机关、单位负责人批准。”上述规定人员以外的人员不应知悉国家秘密，擅自携带、存放属于国家秘密的“文件、资料和其他物品”的，属于非法持有。二是，可以知悉某项国家秘密的人员，未经办理手续，私自携带、留存属于该项国家秘密的文件、资料和其他物品的。这种情况是指具有某项国家秘密知悉权限的人员，违反保密规定，擅自携带，私自复制、留存属于国家秘密的文件、资料和其他物品。

第五，本条是任何个人、组织必须承担的义务，是禁止性的条文规定。为了保证个人和组织切实履行本条规定的义务，本法第六十一条明确规定：“非法获取、持有属于国家秘密的文件、数据、资料、物品，以及非法生产、销售、持有、使用专用间谍器材，尚不构成犯罪的，由国家安全机关予以警告或者处十日以下行政拘留。”刑法第二百八十二条规定：“以窃取、刺探、收买方法，非法获取国家秘密的，处三年以下有期徒刑、拘役、管制或者剥夺政治权利；情节严重的，处三年以上七年以下有期徒刑。非法持有属于国家绝密、机密的文件、资料或者其他物品，拒不说明来源与用途的，处三年以下有期徒刑、拘役或者管制。”上述法律规定为处理个人、组织非法获取、持有属于国家秘密的文件、数据、资料、物品的行为，提供了法律武器。

◆ **实践中需要注意的问题**

实践中需要注意的是，本条的适用应结合刑法、保守国家秘密法、数据安全法等综合理解。需要注意以下几个方面的问题：

第一，对国家秘密的认定是本条的核心内容，相应的标准和范围可依据保守国家秘密法中的相关规定。其中应注意内部不宜公开的信息与秘密的区别和认定。

第二，对违反本条禁止性规定的惩处，本法法律责任一章规定了本条一般违法行为的行政责任，对于可能产生的刑事责任主要依据刑法相关规定认定。违反本条除了可能构成刑法第二百八十二条的非法获取国家秘密罪或非法持有国家绝密、机密文件、资料、物品罪外，还可能构成泄露国家秘密等相关犯罪。

第三，禁止非法获取、持有属于国家秘密的数据是本法新增加的内容。目前，对数据的内涵与外延的理解还存在一些不一样的认识，对此可参照数据安全法的规定予以认定。此外，需要区分信息与数据的异同以便于理解数据范围。

◆ **相关规定**

《中华人民共和国刑法》第二百八十二条；《中华人民共和国保守国家秘密法》第二条、第九条至第十一条、第十六条、第二十五条、第二十六条；《中华人民共和国数据安全法》第三条、第三十二条第一款；《中华人民共和国反间谍法实施细则》第十七条

**第十五条** 任何个人和组织都不得非法生产、销售、持有、使用间谍活动特殊需要的专用间谍器材。专用间谍器材由国务院国家安全主管部门依照国家有关规定确认。

### ◆ 条文主旨

本条是关于任何个人和组织不得非法生产、销售、持有、使用专用间谍器材以及国务院国家安全主管部门依法认定专用间谍器材的规定。

### ◆ 立法背景

本条是 1993 年国家安全法的规定，2014 年制定反间谍法时作了修改，2023 年修订反间谍法时又作了修改。

**（一）立法背景及修改情况**

1. 1993 年国家安全法的规定。第二十一条规定："任何个人和组织都不得非法持有、使用窃听、窃照等专用间谍器材。"

利用专用间谍器材窃取、刺探我国国家秘密、进行破坏活动，是间谍活动的主要手段之一。发现、查获这些专用间谍器材对于维护我国国家安全，有效防范、制止间谍活动具有重要作用。非法持有、使用窃听、窃照等专用间谍器材，既可能为不法分子利用，成为其窃取或为境外机构、组织、人员提供国家秘密的工具和方式，也会给国家安全和社会秩序稳定带来隐患。因此，从维护国家安全和社会利益出发，本条规定禁止非法持有、使用窃听、窃照等专用间谍器材。但随着信息技术的高速发展和电子设备的智能化趋势，窃听、窃照等过去常见的专用间谍器材也已更新换代，窃听、窃照等专用间谍器材的表述已不能完全准确涵盖。而且实践中对专用间谍器材的认定标准也存在争议。

2. 2014 年反间谍法的规定。第二十五条规定："任何个人和组织都不得非法持有、使用间谍活动特殊需要的专用间谍器材。专用间谍器材由国务院国家安全主管部门依照国家有关规定确认。"

2014 年反间谍法第二十五条对 1993 年国家安全法第二十一条作了以下修改：一是，将"窃听、窃照等专用间谍器材"修改为"间谍活动特殊需要的专用间谍器材"；二是，增加规定了如何认定专用间谍器材，明确专用间谍器材由国务院国家安全主管部门依照国家有关规定确认。作出这样的修改完善，目的是进一步明确专用间谍器材的概念、范围和认定程序，防止执法随意性。随着科学技术的发展和应用，日常生活中使用的智能手机、照相机、录音笔等电子产品，也能用于窃听、窃照，其中有些还是微小、便携式的设备，在市场上也能够买到。将这些生产生活中使用的具有视听功能的电子设备与专用间谍器材作出区分是一项十分重要的工作，关系到国家安全和公民个人权利的保护。将“窃听、窃照等”专用间谍器材修改为“间谍活动特殊需要的”专用间谍器材，不是从是否具有窃听、窃照等客观功能的角度区分，而是从是否属于间谍活动特殊需要的角度区分，可以更准确地揭示专用间谍器材的本质，有利于更加准确、得当地限定专用间谍器材范围。但反间谍斗争需要对专用间谍器材进行源头治理和系统治理，仅严格规定不得非法持有、使用而忽略非法生产、销售环节，对专用间谍器材的监管是不全面的，这也是专用间谍器材在社会上频繁出现的原因之一。因此，将非法生产、销售专用间谍器材的行为入法势在必行。

3. 2023 年修订后的反间谍法的规定。随着电子信息技术的不断发展，不法分子利用专业间谍器材从事违法犯罪活动的情况更为严重，专业间谍器材的生产、销售和非法使用者之间甚至形成了违法犯罪的利益链条。密拍密录、监听拦截、跟踪定位等专业间谍器材的功能越来越强大，种类不断翻新，市场需求庞大，社会危害后果严重。有的专业间谍器材隐蔽性很强，通常被伪装成日常生活用品，使人难以察觉，便于实施间谍等不法行为；有的专业间谍器材可以全天不间断地远距离窃取他人信息、隐私等。此外，利用专业间谍器材从事绑架、敲诈勒索、非法讨债、非法调查等其他违法犯罪活动的情况也比较严重。非法持有、使用专用间谍器材从事违法犯罪活动，不仅严重侵害公民个人隐私等人身权利，扰乱社会管理秩序，而且对国家安全和利益造成极大的危害。为了从源头上遏制此类违法犯罪行为的发生，有必要进一步加大对非法生产、销售专用间谍器材的惩处和治理力度。

2023 年修订后的反间谍法第十五条对 2014 年反间谍法第二十五条作了以下修改：增加“非法生产、销售”专用间谍器材的规定。这样修改主要是考虑到利用专用间谍器材窃取、刺探国家秘密和情报是间谍活动的重要手段之一。实践中，非法使用专用间谍器材的需求增长，使通过走私等非法渠道流入社会的专用间谍器材增多；有些地方非法生产、销售专用间谍器材的活动愈演愈烈，对国家安全和社会秩序都造成了危害。同时，专用间谍器材也是我国国家情报工作机构开展情报工作的重要工具之一，因此对其生产、销售的管理必须十分严格，非法生产、销售专用间谍器材会给国家安全带来隐患，应当进行严格监管和严厉惩处。

**（二）公开征求意见的情况**

关于任何个人和组织不得非法生产、销售、持有、使用专用间谍器材以及国务院国家安全主管部门如何认定专用间谍器材，社会公众提出了一些建议：有的建议由国务院国家安全主管部门对专用间谍器材制定相应的标准和目录，方便实践中认定；有的建议明确“专用间谍器材”的范围；有的建议在“非法生产、销售、持有、使用”后增加“出借、改装”。

◆ **条文释义**

本条是关于任何个人和组织不得非法生产、销售、持有、使用专用间谍器材以及国务院国家安全主管部门依法认定专用间谍器材的规定。

本条规定主要包含以下几个方面的内容：

第一，关于专用间谍器材。根据2017年反间谍法实施细则第十八条的规定，本条规定的专用间谍器材是指进行间谍活动特殊需要的下列器材：（1）暗藏式窃听、窃照器材；（2）突发式收发报机、一次性密码本、密写工具；（3）用于获取情报的电子监听、截收器材；（4）其他专用间谍器材。由于专用间谍器材的特殊性，国家对这类专用专业器材的生产、销售、管理和使用等都有严格的规定。本条明确规定专用间谍器材由国务院国家安全主管部门依照有关规定确认，具体由国家安全部负责。国家安全部认定专用间谍器材，应当依照国家有关规定进行。未经国家安全部依法确认，任何器材都不属于专用间谍器材，持有、使用的行为都不得依照本法进行处罚。

第二，关于非法生产、销售间谍活动特殊需要的专用间谍器材。根据有关规定，专用间谍器材或者窃听、窃照专用器材的生产、销售都应当由有关主管部门批准。本条规定的“非法生产、销售”是指未经有关主管部门批准、许可，擅自生产、销售专用间谍器材或者窃听、窃照专用器材，或者虽经有关部门批准、许可生产、销售，但在实际生产、销售过程中违反有关主管部门关于数量、规格范围等的要求，生产、销售相关器材。因此，非法生产、销售的行为违反了国家有关规定，扰乱了国家对专用间谍器材的管理，一方面专用间谍器材流入社会，很可能严重侵犯公民个人隐私或公司、企业的商业秘密；另一方面不按照有关主管部门的要求，生产、销售相关器材，可能导致相关器材无法使用或者影响使用效果，这些行为严重的可能危及国家安全和利益。

第三，关于非法持有、使用间谍活动特殊需要的专用间谍器材。本条规定的“非法持有”主要是指非法保存、留藏专用间谍器材，即除依法从事反间谍、收缴专用间谍器材等工作的部门可以保存留有这些器材外，其他人保留这些器材都属于“非法持有”。非法“使用”包括两个方面的内容：一是依法不得使用这些器材的人使用这些器材，既包括非法持有人使用，也包括向他人借来使用；二是依法可以使用这些器材的人，违反法律和有关规定，在不该使用的场合、时间或者对不该使用的对象使用。

第四，关于违反本条的法律责任。本条是关于个人和组织法定义务的规定，为了保证个人、组织正确履行义务，保证本条规定的执行，本法规定了相应的法律责任。本法第六十一条规定：“非法获取、持有属于国家秘密的文件、数据、资料、物品，以及非法生产、销售、持有、使用专用间谍器材，尚不构成犯罪的，由国家安全机关予以警告或者处十日以下行政拘留。”对于非法生产、销售专用间谍器材的，刑法第二百八十三条规定：“非法生产、销售专用间谍器材或者窃听、窃照专用器材的，处三年以下有期徒刑、拘役或者管制，并处或者单处罚金；情节严重的，处三年以上七年以下有期徒刑，并处罚金。单位犯前款罪的，对单位判处罚金，并对其直接负责的主管人员和其他直接责任人员，依照前款的规定处罚。”对于非法持有、使用专用间谍器材的，刑法第二百八十四条规定：“非法使用窃听、窃照专用器材，造成严重后果的，处二年以下有期徒刑、拘役或者管制。”

◆ **实践中需要注意的问题**

在本条的理解适用中，需要注意以下几个方面的问题：

第一，本条关于不得非法生产、销售、持有、使用专用间谍器材的规定，可以与本法第十四条不得非法获取、持有属于国家秘密的文件、数据、资料、物品的规定结合起来理解适用。因为有些专用间谍器材本身就属于国家秘密，行为人如果非法生产、销售专用间谍器材可能会构成泄露国家秘密的犯罪，这就需要根据刑法第二百八十三条非法生产、销售专用间谍器材和第三百九十八条故意泄露国家秘密罪、过失泄露国家秘密罪等规定，综合不同案件行为人的主观方面、客观方面的不同表现予以判断。

第二，本条所规定的非法生产、销售、持有、使用专用间谍器材的行为往往不是不法分子的最终目的，其通常另有所图或存在其他关联犯罪。这也提醒相应的办案单位在查处类似案件时应深挖细查，找出关联犯罪。如有的案件中的行为人非法生产、销售专用间谍器材的买方是境外的机构、组织或人员，在明知其身份及意图的情况下仍然故意为其生产、销售涉及国家秘密的专用间谍器材，行为人则可能构成非法提供国家秘密或情报相关犯罪。

第三，本条明确了国务院国家安全主管部门如何认定专用间谍器材，具体由国家安全部负责并依据反间谍法实施细则等相关规定作出最终认定。当前专用间谍器材的具体标准及相关认定程序的规定还需进一步完善，国家安全主管部门在认定过程中应严格依照现有规定把握尺度，既不随意扩大认定范围也不放松认定要件。尤其是涉及企业正常生产经营时要严格谨慎认定，准确区分非法生产、销售专用间谍器材行为与企业产品创新中的过失行为，依据其主观目的等依法作出合理认定。

◆ **相关规定**

《中华人民共和国刑法》第二百八十三条、第二百八十四条、第三百九十八条；《中华人民共和国反间谍法实施细则》第十八条

**第十六条**　任何公民和组织发现间谍行为，应当及时向国家安全机关举报；向公安机关等其他国家机关、组织举报的，相关国家机关、组织应当立即移送国家安全机关处理。

国家安全机关应当将受理举报的电话、信箱、网络平台等向社会公开，依法及时处理举报信息，并为举报人保密。

## ◆ 条文主旨

本条是关于公民和组织举报间谍行为以及国家安全机关受理举报后的处理的规定。

## ◆ 立法背景

本条是 1993 年国家安全法的规定，2014 年制定反间谍法时作了修改，2023 年修订反间谍法时又作了修改。

**（一）立法背景及修改情况**

1. 1993 年国家安全法的规定。第十七条规定：“公民发现危害国家安全的行为，应当直接或者通过所在组织及时向国家安全机关或者公安机关报告。”

国家利益高于一切，国家安全人人有责。近些年，我国所处的国际安全环境正在发生深刻的变化，国家面临的安全形势也愈加严峻而复杂。国家的安全稳定离不开每个公民的共同维护，在国家安全和利益面前，每个公民都不是“局外人”。面对危害国家安全的间谍行为，公民不仅要增强自身的国家安全意识，保守国家秘密，做到自觉抵制侵扰，而且要积极主动行动，发现危害国家安全的行为应当及时向国家安全机关或者公安机关报告相关情况，既可以直接报告，也可以通过所在组织进行报告。本条的规定符合当时的时代特点和社会环境要求，当时的国家安全机关和公安机关相关职能存在交叉，鼓励支持公民对危害国家安全的行为进行报告，不仅有助于增强公民维护国家安全的责任意识，更有利于群众路线的落实，依靠群众开展国家安全工作，也起到了社会宣传教育的作用。

2. 2014 年反间谍法的规定。第二十一条规定：“公民和组织发现间谍行为，应当及时向国家安全机关报告；向公安机关等其他国家机关、组织报告的，相关国家机关、组织应当立即移送国家安全机关处理。”

2014 年反间谍法第二十一条对 1993 年国家安全法第十七条作了以下修改：一是扩大实施主体的范围，将“公民”修改为“公民和组织”；二是将“危害国家安全的”行为，修改为“间谍”行为；三是将“直接或者通过所在组织及时向国家安全机关或者公安机关报告”修改为“及时向国家安全机关报告”；四是增加了向公安机关等其他国家机关、组织报告的，相关国家机关、组织应当立即移送国家安全机关处理的规定。

本条为了从总体国家安全观出发，统筹部署国家安全方面的法律制度建设，将法律名称作了修改，其相关规定和表述也作了相应修改。在修改本法的过程中，考虑到公民和组织有举报间谍行为的义务，发现间谍行为应向国家安全机关报告，但有些群众对国家安全机关不熟悉，且有些基层地方未设国家安全机关，规定都向国家安全机关报告不便于公民和组织履行维护国家安全、利益的义务，同时也可能会影响报告的及时性，因此，本法规定公民和组织发现间谍行为应当向国家安全机关报告，也可向公安机关等其他国家机关、组织报告。这样规定方便群众检举、揭发间谍行为，有利于发动群众，专群结合，及时打击间谍行为。同时，考虑到反间谍工作的主管机关是国家安全机关，国家安全机关是办理反间谍案件的专门机关，为了更有效惩治间谍行为，本条还规定，向公安机关等其他国家机关、组织报告的，相关国家机关、组织应当立即将有关情况移送国家安全机关处理。

3. 2023 年修订后的反间谍法的规定。本条对 2014 年反间谍法第二十一条作了以下修改：一是将“公民和组织”的表述修改为“任何公民和组织”；二是将两处“报告”修改为“举报”；三是增加一款规定，“国家安全机关应当将受理举报的电话、信箱、网络平台等向社会公开，依法及时处理举报信息，并为举报人保密”。

本条是为适应反间谍工作的需要规定的，充分体现了我国反间谍工作不是只靠专门机关，还需依靠群众、发动群众，体现了专门机关与群众相结合，其他国家机关和组织予以配合的基本原则。人民是国家的主人，人民的利益与国家的利益是一致的，间谍行为直接影响国家的政权和社会主义制度，损害人民的根本利益，发动全民与间谍行为作斗争，既是公民维护自己根本利益的需要，也是履行维护国家利益应尽的义务。每个公民都应当自觉维护国家利益，发现间谍行为应当及时向国家安全机关举报，为国家安全机关侦破案件提供线索。对于实践中有些发现间谍行为向国家安全机关举报不便的，也可以向公安机关等其他国家机关举报，还可以向有关组织举报。任何单位和个人对公民和组织的举报行为都不得设置障碍、予以阻挠，更不得打击报复。对此，国家安全机关应当完善公民和组织的举报途径，为举报间谍行为提供最大便利。国家安全机关还应依法及时对举报信息作出处理，积极给予回应，同时保护举报人相关信息，防止举报人遭受打击报复。新增加的第二款规定了国家安全机关依法受理举报并及时作出处理的义务，与第一款公民和组织发现间谍行为及时举报的义务相对应。

**（二）公开征求意见的情况**

关于公民和组织举报间谍行为以及国家安全机关受理举报后的处理，社会公众提出了一些意见建议：

关于第一款，有的建议将“公民”修改为“个人”；有的建议将第一款“任何公民和组织”修改为“任何个人和组织”；有的建议将本款修改为“任何公民和组织发现间谍行为，应当及时向国家安全机关、公安机关举报；向其他国家机关、组织举报的，相关国家机关、组织应当按照职责分工，立即移送国家安全机关、公安机关处理”。

关于第二款，有的提出目前反间谍举报的知晓度不高，建议将“公开”修改为“广泛公开并宣介”；有的建议增加手机上网平台举报的方式；有的建议增加“经查证，线索属实的，对举报人给予表彰和奖励”；有的建议增加“视情保护举报人人身安全”；有的建议在“电话、信箱、网络平台”中增加“邮箱”。

**（三）有关国家和地区的规定**

对于个人和组织举报间谍行为及其保护方面：美国规定了禁止披露反间谍调查信息，对因配合反间谍调查所知悉的特定信息，不得对任何个人进行披露；规定了应当及时报告并配合调查的义务，其他机构、组织、个人应当及时报告窃密泄密事件并配合调查，为执法提供便利和支持并保守秘密。英国对此赋予安全部门获得协助的权力，在安全局获得截取公共邮政服务系统、共同电讯系统等信息的合法授权后，任何人应为执行许可证内容提供协助；同时规定禁止披露与截取通讯和特定执法活动有关的信息，出于维护国家安全、防止影响侦查严重犯罪或者国家经济利益的，可以在相关报告中删除这些信息。俄罗斯也有类似规定，为了在反间谍工作获得便利和协助，俄罗斯联邦安全机构可以利用能够保障俄罗斯联邦安全的其他力量。其中对个人和组织提出了相应的要求：任何国家机关、企事业单位、社会团体组织都有义务提供支持帮助，协作开展反间谍工作；对俄罗斯联邦安全机构在侦查活动中提出的合法要求，任何法人或自然人都必须完成，不完成的追究法律责任；邮电联络、电子和加密通信、卫星通讯等机构、组织，应当为俄罗斯联邦安全机构提供技术支持。所规定的支持帮助义务中也包含了对发现间谍行为及时进行举报。

**◆ 条文释义**

本条共分两款。第一款是关于公民和组织举报间谍行为的规定。

本款规定主要包含以下几个方面的内容：

第一，公民和组织发现间谍行为有举报的义务。本条规定任何公民和组织都有举报义务，是考虑到有些间谍行为是相关组织发现的，因此，组织也有举报义务。任何公民和组织发现间谍行为应当及时向国家安全机关举报，对于向国家安全机关举报不方便或可能影响举报及时性的，也可以向公安机关等其他国家机关、组织举报。

这里所说的“发现”间谍行为包括两个方面的内容：一是公民和组织自己发现有人实施间谍行为。二是听到他人陈述看见或听见有人实施间谍行为。对于这两种情形，公民和组织都应及时向有关部门举报。这里所说的“间谍”行为，是指本法第四条规定的下列行为：（1）间谍组织及其代理人实施或者指使、资助他人实施，或者境内外机构、组织、个人与其相勾结实施的危害中华人民共和国国家安全的活动；（2）参加间谍组织或者接受间谍组织及其代理人的任务，或者投靠间谍组织及其代理人；（3）间谍组织及其代理人以外的其他境外机构、组织、个人实施或者指使、资助他人实施，或者境内机构、组织、个人与其相勾结实施的窃取、刺探、收买、非法提供国家秘密、情报以及其他关系国家安全和利益的文件、数据、资料、物品，或者策动、引诱、胁迫、收买国家工作人员叛变的活动；（4）间谍组织及其代理人实施或者指使、资助他人实施，或者境内外机构、组织、个人与其相勾结实施针对国家机关、涉密单位或者关键信息基础设施等的网络攻击、侵入、干扰、控制、破坏等活动；（5）为敌人指示攻击目标；（6）进行其他间谍活动。本条规定的“及时”向国家安全机关举报，是要求公民和组织发现间谍行为不要拖延时间，抓紧时间举报，以免延误时间给国家和人民造成严重后果。

这里所说的“举报”是指当事人以外的其他知情人向国家安全机关、公安机关等其他国家机关检举、揭发间谍行为犯罪事实或者犯罪嫌疑人线索的行为。举报的形式是多样的，有关单位和个人可以亲自到有关部门举报，也可以通过信件、邮件、电话、网络平台等举报；可以口头提出，也可以书面提出；举报可以实名，也可以匿名。对于公民的口头举报，接受部门应当做好记录。

第二，关于处理举报的单位。处理举报的单位主要有两类：一类是国家安全机关。根据本法第六条第一款的规定，国家安全机关是反间谍工作的主管机关。因此，公民和组织发现间谍行为时，首先应当及时向国家安全机关举报。另一类是公安机关等其他国家机关、组织。这是考虑到有的公民和组织对国家安全机关不了解，或者找不到国家安全机关，因此本款还规定，可以向公安机关或其他国家机关、组织举报，接受公民和组织举报的机关或组织，应当将案件立即移送国家安全机关处理。

这里所说的“其他国家机关”是指除国家安全机关、公安机关以外的从事国家管理和行使国家权力的机关，包括国家权力机关、司法机关、行政机关。如各级人民代表大会，各级人民政府，各级人民法院、人民检察院、司法行政等部门。“组织”既包括自己所在的单位，也包括所在地的基层组织，如居民委员会、村民委员会等。

此次修改反间谍法，进一步明确了国家安全机关是反间谍的主管机关，公安、保密行政管理等其他有关部门和军队有关部门按照职责分工，密切配合，加强协调，依法做好有关工作。根据这一规定，相关国家机关或有关组织接到发现间谍行为的举报后应立即移送国家安全机关处理。本款规定也体现了国家安全机关是反间谍工作的主管机关。国家安全机关接到案件后，应当按照我国刑事诉讼法的有关规定进行立案、侦查。对于不构成犯罪的，由国家安全机关依照有关规定予以处理。

第二款是关于国家安全机关受理举报后的处理的规定。

本款规定主要包含以下几个方面的内容：

第一，国家安全机关丰富多样的举报渠道。根据本款规定，国家安全机关应当将受理举报的电话、信箱、网络平台等向社会公开。这里所说的受理举报的“电话”，是指国家安全机关向社会公开的举报间谍行为及相关线索的电话。实践中，国家安全机关公布的举报电话为“12339”。受理举报的“信箱”，是指国家安全机关向社会公开的举报间谍行为及相关线索接受信函的地址及网络电子邮箱地址。受理举报的“网络平台”，是指国家安全机关向社会公开的举报间谍行为及相关线索的平台网站等。实践中，国家安全机关公布的举报网站为“www. 12339. gov. cn”。

为鼓励公民和组织举报间谍行为，国家安全机关对此作了进一步规定，如《反间谍安全防范工作规定》第十八条规定：“公民、组织可以通过国家安全机关12339举报受理电话、网络举报受理平台或者国家安全机关公布的其他举报方式，举报间谍行为和其他危害国家安全的行为，以及各类反间谍安全防范问题线索。”《公民举报危害国家安全行为奖励办法》第四条对公民的举报方式作了进一步规定。公民向国家安全机关举报危害国家安全行为的方式包括：（1）拨打国家安全机关12339举报受理电话；（2）登录国家安全机关互联网举报受理平台网站www. 12339. gov. cn；（3）向国家安全机关投递信函；（4）到国家安全机关当面举报；（5）通过其他国家机关或者举报人所在单位向国家安全机关报告；（6）其他举报方式。同时，该办法第五条对公民的举报提出了一些具体的要求：“公民可以实名或者匿名进行举报。实名举报应当提供真实身份信息和有效联系方式。匿名举报人有奖励诉求的，应当提供能够辨识其举报身份的信息。提倡和鼓励实名举报。”

第二，国家安全机关依法处理举报信息与为举报人保密的义务。一是依法及时处理举报信息是国家安全机关的工作内容之一，也是其重要的工作职责。依法及时处理，就是要求国家安全机关严格依照法律相关规定及法律处理程序等进行审查、汇报、核实、移交、处置等，并且要在规定的处理期限内完成。不依法处理或怠于处理举报信息就可能构成违规甚至违法，问题严重的还可能构成职务犯罪。二是为举报人保守秘密，保护被举报人的人身财产安全，这是国家安全机关应有的职责。《反间谍安全防范工作规定》第十九条第一款对这一责任进行了阐述：“国家安全机关应当严格为举报人保密，保护举报人的人身财产安全。未经举报人同意，不得以任何方式公开或者泄露其个人信息。”对国家安全机关的具体要求，可根据《公民举报危害国家安全行为奖励办法》第六条的规定执行：“国家安全机关以及依法知情的其他组织和个人应当严格为举报人保密，未经举报人同意，不得以任何方式泄露举报人身份相关信息。因举报危害国家安全行为，举报人本人或者其近亲属的人身安全面临危险的，可以向国家安全机关请求予以保护。国家安全机关应当会同有关部门依法采取有效保护措施。国家安全机关认为有必要的，应当依职权及时、主动采取保护措施。”

◆ **实践中需要注意的问题**

实践中需要注意的是，本条规定是一个义务相对应的条款，既规定了公民和组织发现间谍行为应当举报的义务，又规定了国家安全机关依法及时处理并保护举报人的义务。本条既赋予了国家安全机关相应的权力，也明确了其相应的义务。本条对 2014 年反间谍法第二十一条所作的修改，除了增加第二款明确国家安全机关相应的职责外，最大的修改是将两处“报告”修改为“举报”。举报对于公民和组织而言既是义务也是权利，其有权要求国家安全机关就举报作出回复，从而形成一种权利与义务的对应关系。而报告本身则是公民和组织的单向义务，国家安全机关没有相应的回复义务。此外，举报要求公民和组织有一定的价值判断，实施起来更为慎重，诬告构陷则要承担相应的法律责任。而报告要求的标准相对较低，实施起来也更为随意。

◆ **相关规定**

《中华人民共和国反有组织犯罪法》第八条；《中华人民共和国反不正当竞争法》第十六条；《反间谍安全防范工作规定》第十八条、第十九条第一款；《公民举报危害国家安全行为奖励办法》第四条至第六条

---

**第十七条** 国家建立反间谍安全防范重点单位管理制度。

反间谍安全防范重点单位应当建立反间谍安全防范工作制度，履行反间谍安全防范工作要求，明确内设职能部门和人员承担反间谍安全防范职责。

---

◆ **条文主旨**

本条是关于国家建立反间谍安全防范重点单位管理制度以及反间谍安全防范重点单位建立反间谍安全防范工作制度的规定。

◆ **立法背景**

本条是 2023 年修订反间谍法时增加的规定。

**（一）立法背景及修改情况**

反间谍法是习近平总书记提出总体国家安全观后，在维护国家安全领域出台的第一部重要法律，也是规范和保障反间谍工作的专门法律。反间谍安全防范工作具

有一定的特殊性，境外间谍情报机关和其他各种敌对势力关注涉及国家安全的重点领域，如党政机关决策部门、研究机构、军队指挥机关作战单位、国防军工研发单位等，近年来，除针对党政机关、外交外事、军事军工等传统安全领域外，金融、科技、生物、数据、网络、粮食、能源等非传统安全领域也成为境内外敌对势力重点关注目标，因此，有必要针对不同时期、不同领域建立反间谍安全防范重点单位的管理制度，加强重点单位的安全防范工作。《反间谍安全防范工作规定》第九条对此也作了规定。这次修改反间谍法，根据《反间谍安全防范工作规定》和地方性法规的有关规定，以及总结实践经验，增加了本条规定。

**（二）公开征求意见的情况**

关于第一款，有的建议具体明确“反间谍安全防范重点单位”的范围，明确反间谍安全防范重点单位的确定、科学动态调整等问题，提高可操作性。有的建议明确确定反间谍安全防范重点单位的主体、原则，并实行目录管理。

有的建议增加规定“反间谍安全防范重点单位”的管理制度，增加规定“反间谍安全防范重点单位的确定，应当兼顾国家安全经济社会文化的发展，根据单位性质、所属行业、涉密等级、涉外程度以及是否发生过危害国家安全事件等因素加以确定，国家安全机关会同有关部门制定并定期调整反间谍安全防范重点单位名录，并以书面形式告知重点单位”。

关于第二款，有的建议在“应当”后增加“按照国家规定”，将“履行”修改为“按照”，增加规定“国家安全机关对反间谍安全防范重点单位工作制度执行情况进行定期监督检查”。将“应当建立反间谍安全防范工作制度，履行反间谍安全防范工作要求”修改为“应当建立相应工作制度，履行相应工作要求”。

有的建议将重要区域和重大设施纳入管理范畴。有的建议增加国家安全机关认为在有条件和有必要的情况下向反间谍安全防范重点单位派驻工作人员或者派出机构，进行反间谍工作的规定。

有的建议将第二款中的“应当建立反间谍安全防范工作制度，履行反间谍安全全防范工作要求”修改为“应当建立相应工作制度，履行相应工作要求”。

**◆ 条文释义**

本条共分两款。第一款是关于国家建立反间谍安全防范重点单位管理制度的规定。

反间谍安全防范工作中十分重要的是对安全防范重点单位的管理，这里所说的“反间谍安全防范重点单位”，一般包括重要国家机关、国防军工单位和其他重要涉密单位以及重要军事设施的管理单位等。实践中，国家安全机关可以根据有关单位性质、所属行业、涉密等级、涉外程度以及是否发生过危害国家安全事件等因素确定反间谍安全防范重点单位。

重点单位涵盖社会生活的方方面面，正如国家安全涵盖领域十分广泛，在党和国家工作全局中的重要性日益凸显。我们正在推进具有许多新的历史特点的伟大斗争、党的建设新的伟大工程、中国特色社会主义伟大事业，时刻面对各种风险考验和重大挑战。这既对国家安全工作提出了新课题，也为做好国家安全工作提供了新机遇。国家安全工作归根结底是为保障人民利益，要坚持国家安全一切为了人民、一切依靠人民，为群众安居乐业提供坚强保障。

第二款是关于重点单位的安全防范职责的规定。

本款规定包含以下几个方面的内容：

第一，建立反间谍安全防范工作制度。根据《反间谍安全防范工作规定》，反间谍安全防范重点单位除履行落实反间谍安全防范主体责任外，还应当建立健全反间谍安全防范工作制度。

第二，履行反间谍安全防范工作要求。开展反间谍安全防范工作，应当坚持专门工作与群众路线相结合，坚持人防、物防、技防相结合，严格遵守法定权限和程序，尊重和保障人权，保护公民、组织的合法权益。

人防方面，反间谍安全防范重点单位应当加强对工作人员反间谍安全防范的教育和管理，对离岗离职人员脱密期内履行反间谍安全防范义务的情况进行监督检查。

物防方面，反间谍安全防范重点单位应当加强对涉密事项、场所、载体等的日常安全防范管理，采取隔离加固、封闭管理、设置警戒等反间谍物理防范措施。

技防方面，反间谍安全防范重点单位应当按照反间谍技术防范的要求和标准，采取相应的技术措施和其他必要措施，加强对要害部门部位、网络设施、信息系统的反间谍技术防范。国家安全机关根据反间谍工作需要，可以会同有关部门制定反间谍技术防范标准，指导有关单位落实反间谍技术防范措施，对存在隐患的单位，经过严格的批准手续，可以进行反间谍技术防范检查和检测。

第三，明确内设职能部门和人员承担反间谍安全防范职责。

根据《反间谍安全防范工作规定》，反间谍安全防范重点单位除履行落实反间谍安全防范主体责任外，还应当履行下列义务：（1）建立健全反间谍安全防范工作制度；（2）明确本单位相关机构和人员承担反间谍安全防范职责；（3）加强对涉密事项、场所、载体、数据、岗位和人员的日常安全防范管理，对涉密人员实行上岗前反间谍安全防范审查，与涉密人员签订安全防范承诺书；（4）组织涉密、涉外人员向本单位报告涉及国家安全事项，并做好数据信息动态管理；（5）做好涉外交流合作中的反间谍安全防范工作，制定并落实有关预案措施；（6）做好本单位出国（境）团组、人员和长期驻外人员的反间谍安全防范行前教育、境外管理和回国（境）访谈工作；（7）定期对涉密、涉外人员开展反间谍安全防范教育、培训；（8）按照反间谍技术安全防范标准，配备必要的设备、设施，落实有关技术安全防范措施；（9）定期对本单位反间谍安全防范工作进行自查，及时发现和消除安全隐患。

实践中，有的地方制定了地方性法规，对重点单位的安全防范也作了具体规定，如《上海市反间谍安全防范条例》第十七条规定，反间谍安全防范重点单位应当履行下列反间谍安全防范义务：（1）建立健全本单位反间谍安全防范制度；（2）建立健全本单位国家安全人民防线组织，明确工作机构和责任人员；（3）加强对涉密事项、场所、载体、数据、岗位和人员的日常安全防范管理；（4）建立健全涉密、涉外人员国家安全事项定期报告制度，做好考核和数据信息管理；（5）按照反间谍技术安全防范标准，配备必要的设备、设施，落实有关技术安全防范措施；（6）定期开展反间谍安全防范工作自查，及时发现和消除安全隐患；（7）加强对外交流合作中的反间谍安全防范工作，做好出国（境）团组、人员和长期驻外人员的教育管理。第十八条规定，反间谍安全防范重点单位以外的涉及经济安全、科技安全、新型领域安全等重点领域的单位，还应当履行下列反间谍安全防范义务：（1）涉及国民经济命脉的重要行业和关键领域的单位，应当加强反间谍安全风险管控，定期开展资金流向、数据处理、技术应用、人才交流、货物流通等方面的反间谍安全防范工作自查；（2）涉及科技安全的高等院校、科研机构、国防军工等单位，应当加强涉密专家、高新技术项目、试验场所等方面的反间谍安全防范管理；（3）涉及生物、数据等新型领域安全的单位，应当在国家安全机关和有关行业主管部门的指导下，根据新的安全需要加强相应领域的反间谍安全防范工作。

**◆ 实践中需要注意的问题**

在对该条的理解与适用中，需要注意以下几个方面的问题：

第一，在确定重点单位及对重点单位的管理过程中，要避免泄露信息以及给重点单位造成不利影响。实践中，国家安全机关一般根据单位性质、所属行业、涉密等级、涉外程度以及是否发生过危害国家安全事件等因素确定反间谍安全防范重点单位。这些单位由于会覆盖一些重要国家机关、国防军工单位和其他重要涉密单位以及重要军事设施的管理单位等，有的涉密程度较高，如果将这些重点单位名单泄露，将与反间谍安全防范的初衷相背离，对党和国家安全造成危害，因此，有关机关务必在实践中做好保密工作，避免对重点单位造成不利影响，形成安全风险。

第二，关键信息基础设施的反间谍安全防范也应当引起有关方面的关注。关键信息基础设施，是指公共通信和信息服务、能源、交通、水利、金融、公共服务、电子政务、国防科技工业等重要行业和领域的，以及其他一旦遭到破坏、丧失功能或者数据泄露，可能严重危害国家安全、国计民生、公共利益的重要网络设施、信息系统等。国家对关键信息基础设施实行重点保护，采取措施，监测、防御、处置来源于中华人民共和国境内外的网络安全风险和威胁，保护关键信息基础设施免受攻击、侵入、干扰和破坏，依法惩治危害关键信息基础设施安全的违法犯罪活动。实践中，对于属于反间谍安全防范重点单位的关键信息基础设施，有关方面采取严格的管理措施，但对于不属于反间谍安全防范重点单位的关键信息基础设施，有的地方安全防范保障能力仍有待加强。一是制度方面，一些重点行业、单位反间谍技术防范、保密管理等制度不健全，互联网等重点行业存在监管漏洞；有的国防军工单位、民营企业在推进军民融合过程中的离职涉密人员脱密期管理存在漏洞。二是设施方面，一些地方保密设施配备不到位，办公设备国产化替代未完全普及。三是人员方面，保密、网络等专门力量配备不足，一些网络安全岗位配置偏弱，对于网络空间窃密等难以第一时间预警和发现。考虑到关键信息基础设施是境外敌对势力攻击的重点领域，有关方面应当按照关键信息基础设施安全保护条例和有关法律、行政法规的规定以及国家标准的强制性要求，在网络安全等级保护的基础上，采取技术保护措施和其他必要措施，应对网络安全事件，防范网络攻击和违法犯罪活动，保障关键信息基础设施安全稳定运行，维护数据的完整性、保密性和可用性。同时，还需聚焦安全防范薄弱环节，着力加强反间谍预防性法律制度建设，进一步总结经实践检验行之有效的行政规章和地方立法经验、成果，研究固化当前法律制度建设成果，明确有关单位特别是重点领域、部门和人员的安全防范责任及落实。

◆ **相关规定**

《反间谍安全防范工作规定》第八条至第十条；《上海市反间谍安全防范条例》第十七条

---

**第十八条**　反间谍安全防范重点单位应当加强对工作人员反间谍安全防范的教育和管理，对离岗离职人员脱密期内履行反间谍安全防范义务的情况进行监督检查。

---

◆ **条文主旨**

本条是关于反间谍安全防范重点单位加强对工作人员反间谍安全防范的教育和管理的规定。

◆ **立法背景**

本条是2023年修订反间谍法时增加的规定。

### （一）立法背景及修改情况

反间谍安全防范工作具有较强的专业性和隐蔽性，加强反间谍安全防范重点单位人员的管理十分必要。在实践中，对重要国家机关、国防军工单位、重要科研机构、重要涉密单位以及重要军事设施的管理单位等有关单位的在职工作人员和离岗离职人员的安全防范尤为重要，这些单位和人员是间谍机构、组织、人员重点关注的对象，也是境外机构、组织、个人窃取、刺探、收买国家秘密和情报、实施网络攻击或者实施策反叛变的重点对象，加强对上述重点单位人员的教育和管理，可以有效避免国家秘密、情报的泄露，防止国家安全和利益造成重大损失。这次修改反间谍法，参考《反间谍安全防范工作规定》第九条对人防专门作出的规定，增加了本条规定。

### （二）公开征求意见的情况

在审议过程中，有的建议增加针对重点人员、重点岗位等的反间谍安全防范教育工作机制，主要理由是反间谍工作具有较强的隐蔽性和专业性。在实践中，对重点单位、重点群体、重点人员，如科技专家、出国留学人员、科研机构、高等院校等的反间谍安全防范教育工作总体较为薄弱，这些单位和人员又恰恰是间谍人员和组织针对的重点对象。建议总结近年来工作中正反两个方面的经验，补充完善针对重点人员、重点单位等的反间谍安全防范教育工作机制，把“专门工作与群众路线相结合”的要求转化为具体措施。

有的建议将“反间谍安全防范管理”修改为“反间谍安全防范管理和培训”，并进一步健全对离岗离职人员脱密期的管理规定。

有的建议在涉密人员的基础上增加“涉外人员”。主要理由是反间谍安全防范重点单位的防范义务，其中被管理对象既包括涉密人员，也包括涉外人员。考虑到涉密人员无法完全涵盖涉外人员，建议增加“涉外人员”。

有的建议将“加强对工作人员反间谍安全防范的教育和管理”修改为“加强对涉密人员、日常工作人员及到访人员反间谍安全防范的教育和管理”，主要理由是应对重点单位人员实现教育和管理全覆盖，如保洁人员、物资保障人员、外聘人员等；针对性加强境外人士的甄别和管理；在“对离岗离职人员”前增加“对重点涉密岗位人员因公出国加强针对性涉密教育”的规定；“对离岗离职人员脱密期内履行反间谍安全防范义务的情况进行监督检查”后增加“根据实际情况，必要时可向国家安全机关申请协助”的内容。

## ◆ 条文释义

本条规定包含以下两个方面的内容：

第一，加强对反间谍安全防范重点单位工作人员反间谍安全防范的教育和管理职责。这里所说的反间谍安全防范重点单位“工作人员”包括在涉密岗位工作的人员和不在涉密岗位工作的人员。根据保守国家秘密法的规定，在涉密岗位工作的人员，即涉密人员，按照涉密程度分为核心涉密人员、重要涉密人员和一般涉密人员。不在涉密岗位工作的人员，包括从事管理工作、业务工作、事务性工作的人员，也包括保洁人员、物资保障人员、外聘人员等。

本条是关于“人防”的规定，反间谍安全防范重点单位落实反间谍安全防范主体责任外，还应当落实以下关于人员管理的责任，包括明确本单位相关机构和人员承担反间谍安全防范职责；加强对涉密事项、场所、载体、数据、岗位和人员的日常安全防范管理，对涉密人员实行上岗前反间谍安全防范审查，与涉密人员签订安全防范承诺书；组织涉密、涉外人员向本单位报告涉及国家安全事项，并做好数据信息动态管理；做好涉外交流合作中的反间谍安全防范工作，制定并落实有关预案措施；做好本单位出国（境）团组、人员和长期驻外人员的反间谍安全防范行前教育、境外管理和回国（境）访谈工作；定期对涉密、涉外人员开展反间谍安全防范教育、培训。

关于涉密人员的认定，实行分类管理。任用、聘用涉密人员应当按照有关规定进行审查。涉密人员应当具有良好的政治素质和品行，具有胜任涉密岗位所要求的工作能力。涉密人员的合法权益受法律保护。涉密人员在涉密岗位应当履行一定的职责并承担一定的责任。主要包括掌握并严格执行保密法律法规和具体规章制度，自觉接受继续教育和保密业务培训，依法保管和使用国家秘密载体及保密设施、设备，制止和纠正违反保密规定的行为，接受保密监督检查等。机关、单位应及时了解和掌握涉密人员思想状况和工作表现，对涉密人员遵守保密制度情况开展经常性检查，对涉密人员履行职责情况进行考核。涉密人员上岗应当经过保密教育培训，掌握保密知识技能，签订保密承诺书，严格遵守保密规章制度，不得以任何方式泄露国家秘密；涉密人员出境应当经有关部门批准，有关机关认为涉密人员出境将对国家安全造成危害或者对国家利益造成重大损失的，不得批准出境。

第二，对离岗离职人员脱密期内履行反间谍安全防范义务的情况进行监督检查。根据保守国家秘密法的规定，涉密人员离岗离职实行脱密期管理。涉密人员在脱密期内，应当按照规定履行保密义务，不得违反规定就业，不得以任何方式泄露国家秘密；机关、单位应当建立健全涉密人员管理制度，明确涉密人员的权利、岗位责任和要求，对涉密人员履行职责情况开展经常性的监督检查。

关于涉密人员的脱密期管理。涉密人员在脱密期内，应当按照规定履行保密义务，不得违反规定就业，不得以任何方式泄露国家秘密。“脱密期管理”，是指在一定期限内，从就业、出境等方面对离岗离职涉密人员采取限制措施。“离岗”，是指离开涉密工作岗位，仍在本机关、本单位工作的情形。“离职”，是指辞职、辞退、解聘、调离、退休等离开本机关、本单位的情形。脱密期管理要求主要包括：与原机关、原单位签订保密承诺书，作出继续遵守保密义务、不泄露所知悉国家秘密的承诺；及时清退所持有和使用的国家秘密载体和涉密信息设备，并办理移交手续；未经审查批准，不得擅自出境，不得到境外驻华机构、组织或者外资企业工作；不得为境外组织人员或者外资企业提供劳务、咨询或者服务。涉密人员的脱密期应根据其接触、知悉国家秘密的密级、数量、时间等情况确定。一般情况下，核心涉密人员的脱密期为 3 年至 5 年，重要涉密人员的脱密期为 2 年至 3 年，一般涉密人员脱密期为 1 年至 2 年。脱密期自机关、单位批准涉密人员离开涉密岗位之日起计算。对特殊的高知密度人员，可以依法设定超过上述期限的脱密期，甚至在就业、出境等方面予以终身限制。涉密人员离岗的，脱密期管理由本机关、本单位负责。涉密人员离开原涉密单位，调入国家机关和涉密单位的，脱密期管理由调入单位负责；属于其他情况，由原涉密单位、保密行政管理部门或者公安机关负责。保守国家秘密法第三十九条规定，机关、单位应当建立健全涉密人员管理制度，明确涉密人员的权利、岗位责任和要求，对涉密人员履行职责情况开展经常性的监督检查。此条是关于机关、单位管理涉密人员基本要求的规定。

### ◆ 实践中需要注意的问题

实践中需要注意的是，要进一步强化重点领域、重点单位、重点人员安全防范。针对新形势下国家安全任务和重点变化，加强对数据、网络、生物、科技等非传统安全领域安全防范，坚持“人防”“物防”“技防”并举，“人防”方面继续增强领导干部、核心涉密、科研人员的防范、管理意识，细化防范措施，明确标准程序。加强对高校、科研机构、关键信息基础设施运营单位、网络传媒等重点单位指导，完善涉密人员管理等制度规定。加强针对重点领域部门、薄弱环节以及领导干部、核心涉密、科研人员等重点人员的警示教育培训。

### ◆ 相关规定

《中华人民共和国保守国家秘密法》第三十五条至第三十九条；《反间谍安全防范工作规定》第九条、第十条

---

**第十九条** 反间谍安全防范重点单位应当加强对涉密事项、场所、载体等的日常安全防范管理，采取隔离加固、封闭管理、设置警戒等反间谍物理防范措施。

---

### ◆ 条文主旨

本条是关于反间谍安全防范重点单位应当加强对涉密事项、场所、载体等的日

常安全防范管理，采取反间谍物理防范措施的规定。

### ◆ 立法背景

本条是 2023 年修订反间谍法时增加的规定。

**（一）立法背景及修改情况**

主要是考虑到重点单位反间谍安全防范的重要性，从贯彻总体国家安全观出发，体现反间谍安全防范工作坚持人防、物防、技防相结合的原则，物理防范最常用的是隔离、加固、封闭等物理措施，对要害部门部位、重点区域加强防范，将人防、物防、技防结合起来，增加办公设施的防范是十分必要的，因此参考《反间谍安全防范工作规定》第九条对物防的有关规定，本条作出专门规定。

新形势下我国国家安全和社会安定面临的威胁和挑战增多，这对反间谍安全防范重点单位的安全防范能力提出了新的要求。本条明确了针对涉密事项、场所、载体等采取一定的物理防范举措。本法首先提出了物理防范这一概念，列举了隔离加固、封闭管理、设置警戒等物理隔离方式，有助于反间谍安全防范重点单位在反间谍安全防范工作中有的放矢，通过多种物理手段相互配合，对要害部门部位、重点区域加强防范，将人防、物防、技防结合起来，起到更好的防范效果。

**（二）公开征求意见的情况**

有的提出，单位保密要害部门部位均会存储大量密品、密件或者涉密信息设备，重要设施设备会存储大量涉密数据，应重点防范和检查，建议增加“对要害部门部位和重要设施设备进行反间谍技术防范检查检测”。有的建议增加“并根据实际情况动态调整”的内容。有的建议在“载体”后增加“数据、信息”。有的建议进一步明确反间谍物理防范措施。有的建议将“涉密”明确为“涉国密”。有的建议删去本条规定。

### ◆ 条文释义

本条规定包含以下两个方面的内容：

第一，反间谍安全防范重点单位应当加强对涉密事项、场所、载体等的日常安全防范管理。本条是关于“物防”的规定。根据《反间谍安全防范工作规定》，反间谍安全防范重点单位落实反间谍安全防范主体责任外，还应当落实以下物理防范责任，包括加强对涉密事项、场所、载体、数据、岗位和人员的日常安全防范管理。

关于涉密“事项”，根据保守国家秘密法实施条例第十三条的规定，机关、单位对所产生的国家秘密，应当按照保密事项范围的规定确定具体的保密期限；保密事项范围没有规定具体保密期限的，可以根据工作需要，在保密法规定的保密期限内确定；不能确定保密期限的，应当确定解密条件。国家秘密的保密期限，自标明的制发日起计算；不能标明制发日的，确定该国家秘密的机关、单位应当书面通知知悉范围内的机关、单位和人员，保密期限自通知之日起计算。

关于涉密“载体”，是指以文字、数据、符号、图形、图像、声音等方式记载涉密信息的纸介质、光介质、电磁介质等各类物品。纸介质涉密载体是指传统的纸质涉密文件、资料、书刊、图纸等。光介质涉密载体是指利用激光原理写入和读取涉密信息的存储介质，包括 CD、VCD、DVD 等各类光盘。电磁介质涉密载体包括电子介质和磁介质两种类型。电子介质涉密载体是指利用电子原理写入和读取涉密信息的存储介质，包括各类优盘、移动硬盘等；磁介质涉密载体是指利用磁原理写入和读取涉密信息的存储介质，包括硬磁盘、软磁盘、磁带等。国家秘密载体以及属于国家秘密的设备、产品的明显部位应当标注国家秘密标志。国家秘密标志应当标注密级和保密期限。国家秘密的密级和保密期限发生变更的，应当及时对原国家秘密标志作出变更。无法标注国家秘密标志的，确定该国家秘密的机关、单位应当书面通知知悉范围内的机关、单位和人员。涉密载体按照密级不同，具有不同的管理方式。绝密级涉密载体涉及国家核心秘密，一旦泄露将会对国家安全和利益造成特别严重的损害。按照保密管理规定的要求，绝密级涉密载体的保密管理，在保存、管理、复制、摘抄、收发、传递和外出携带等关键环节，必须采取更为严格的管理措施。

近年来，我国先后颁布了《印刷、复印等行业复制国家秘密载体暂行管理办法》《关于禁止邮寄或非法携运国家秘密文件、资料和其他物品出境的规定》《关于国家秘密载体保密管理的规定》《国家秘密载体销毁管理规定》《邮政机要通信保密管理规定》《信息系统和信息设备使用保密管理规定》《国家秘密载体印制资质管理办法》等，对涉密载体制作、收发、传递、使用、复制、保存、维修和销毁各环节的保密管理作出了明确规定。

制作方面，要标明密级和保密期限，注明发放范围、制作数量及编号；制作涉密载体要在机关、单位内部，或在保密行政管理部门审查批准的单位进行；制作涉密载体的场所应符合保密要求。收发与传递方面，要认真履行清点、编号、登记、签收手续；传递涉密载体要通过机要交通或机要通信部门；机关、单位指派专人传递的，要选择安全的交通工具和交通线路，并采取安全保密措施。使用方面，要根据涉密载体的密级和制发机关、单位的要求，确定知悉人员范围；阅读和使用涉密载体要办理登记、签收手续，在符合保密要求的办公场所进行。使用绝密级涉密载体，除按以上要求外，还要对接触、知悉人员作出文字记载，因工作需要携带涉密载体外出，要经本机关、本单位主管领导批准，并采取保密措施，使涉密载体始终处于携带人有效监控之下；携带绝密级涉密载体外出，必须指定专人负责，并采取绝对可靠的安全措施，禁止携带绝密级涉密载体参加涉外活动。

印制方面，国家秘密载体印制，是指以印刷、复制等方式制作国家秘密载体的行为。国家机关和涉及国家秘密的单位应当选择具有涉密印制资质的单位承接涉密印制业务。涉密印制资质包括涉密文件资料、国家统一考试试卷、涉密防伪票据证书、涉密光电磁介质、涉密档案数字化加工，以及国家保密行政管理部门许可的其他涉密印制业务。资质单位应当在保密行政管理部门许可的业务种类范围内承接涉密印制业务。涉密印制资质是指保密行政管理部门许可企业事业单位从事国家秘密载体印制业务的法定资格。机密级、秘密级涉密载体复制，应当经过机关、单位负责人批准，不得改变密级、保密期限和知悉范围；要履行登记手续，复制件应当加盖复制机关、单位的复印戳记，并视同原件管理；汇编涉密文件、资料，要经制发机关、单位批准，不得改变密级、保密期限和知悉范围；未经原定密机关、单位或者其上级机关批准，不得复制和摘抄绝密级涉密载体。保密行政管理部门在现场审查、保密检查过程中，发现申请单位或者资质单位存在涉嫌泄露国家秘密的案件线索，应当根据工作需要，按照泄密案件管辖权限，经保密行政管理部门负责人批准，由具备执法资格的人员对有关设施、设备、载体等采取登记保存措施，依法开展调查工作。保密行政管理部门调查结束后，认定申请单位或者资质单位存在违反保密法律法规事实的，违法行为发生地的保密行政管理部门应当按照本办法作出处理，并将违法事实、处理结果抄告受理申请或者准予行政许可的保密行政管理部门。

保存方面，要选择安全保密的场所和部位，配备必要的保密设备；定期对保存的涉密载体进行清查、核对，发现问题要及时向保密行政管理部门报告；机关、单位工作人员离岗离职前，要将使用和保管的涉密载体全部清退，并办理移交手续；被撤销或合并的机关、单位应当将涉密载体移交给承担原职能的机关、单位或其上级机关、单位，并履行登记、签收手续；绝密级涉密载体，必须存放在符合国家保密标准的设施、设备中。

维修方面，要由本机关、本单位专门技术人员负责；需外单位人员维修的，要由本机关、本单位的管理人员现场监督；需要送外维修的，应当送保密行政管理部门审查批准的定点单位进行维修。

销毁方面，要履行清点、登记手续，经机关、单位主管领导审核批准后，送交专门的涉密载体销毁机构销毁；机关、单位自行销毁的，应严格执行国家有关保密规定和标准。

第二，采取隔离加固、封闭管理、设置警戒等反间谍物理防范措施。这里所说的“隔离加固、封闭管理、设置警戒”都是通过实体，如隔离带、房屋外墙、警戒线等物理设施，从物理层面实现的硬隔离，达到外部人员无法进行物理性接触的反间谍安全防范的效果，与技术措施、人员管理措施并列，成为反间谍安全防范重点单位实现反间谍安全防范的重要举措。国家安全机关在开展反间谍技术防范检查检测中，为防止危害发生或者扩大，可以依法责令被检查对象采取技术屏蔽、隔离、拆除或者停止使用相关设备设施、网络、系统等整改措施，指导和督促有关措施的落实，并在检查检测记录中注明。

◆ **实践中需要注意的问题**

实践中需要注意的是，反间谍安全防范重点单位涉及范围广，防范任务重，各单位要针对新形势下国家安全任务和重点变化，加强对数据、网络、生物、科技等非传统安全领域安全防范，坚持人防、物防、技防并举，同时要细化物理防范措施，明确标准程序，加强一些关键核心行业和部门有关设备的国产化替代。

◆ **相关规定**

《反间谍安全防范工作规定》第九条、第十条

---

**第二十条**　反间谍安全防范重点单位应当按照反间谍技术防范的要求和标准，采取相应的技术措施和其他必要措施，加强对要害部门部位、网络设施、信息系统的反间谍技术防范。

---

◆ **条文主旨**

本条是关于反间谍安全防范重点单位加强对要害部门部位、网络设施、信息系统采取技术防范措施的规定。

◆ **立法背景**

本条是2023年修订反间谍法时增加的规定。

**（一）立法背景及修改情况**

增加本条规定，考虑到重点单位反间谍安全防范的重要性，从贯彻总体国家安全观出发，体现反间谍安全防范工作坚持人防、物防、技防相结合的原则，参考《反间谍安全防范工作规定》第九条对技防专门作出规定。一审期间，有部门建议对要害部门部位和重要设施设备加强技术防范，采纳这一意见，增加相关规定。当前反间谍斗争形势极为严峻，传统安全威胁与非传统安全威胁相互交织，各类间谍情报活动的主体更加复杂、领域更加广泛、目标更加多元、手法更加隐蔽。新增本条旨在完善安全防范规定，明确反间谍安全防范重点单位的反间谍技术防范要求和标准，进一步加强相应的技术措施和其他必要措施，以实现对要害部门部位、网络设施、信息系统的技术防范，提高反间谍斗争的能力。

**（二）公开征求意见的情况**

在审议过程中，有的提出，单位保密要害部门部位均会存储大量密品、密件或者涉密信息设备，重要设施设备会存储大量涉密数据，应重点防范和检查，建议增

加“对要害部门部位和重要设施设备进行反间谍技术防范检查检测”。

有的建议本章增加关于国家安全机关应当会同有关部门和单位综合利用互联网、物联网、大数据、人工智能等技术推进反间谍安全防范工作的内容。

有的建议与保守国家秘密法第二十一条至第二十三条的规定相衔接，统一保密技术标准。有的建议将“技术措施”修改为“技术防范措施”。有的建议在“网络设施”后增加“关键信息基础设施”。

### ◆ 条文释义

本条规定包含以下几个方面的内容：

第一，反间谍安全防范重点单位应当按照反间谍技术防范要求和标准履行反间谍安全防范责任。本条是关于“技防”的规定。“反间谍技术防范标准”是指具体规定防范间谍行为的技术标准，如网络安全设置、工作流程要求等，具体内容由国家安全机关会同有关部门制定，目的是通过科学、统一、规范的标准提升实践中防范间谍行为的水平，避免各部门、各机关执行标准不一的问题。

第二，应当采取相应的技术措施和其他必要措施。“反间谍技术防范措施”是为防范间谍行为而采取的各种技术防范措施，如提升网络安全等级等。根据《反间谍安全防范工作规定》，反间谍安全防范重点单位应当加强本单位反间谍安全防范管理，落实有关安全防范措施，按照反间谍技术安全防范标准，配备必要的设备、设施，落实有关技术安全防范措施。

第三，加强对要害部门部位、网络设施、信息系统的技术防范。具体包含以下几层意思：

一是在技术防护措施配备方面，要按照国家保密标准强制配备保密技术防护设备，提高防护水平。对使用的信息设备，要进行保密技术检查检测，特别是进口设备和产品，应事先进行安全技术检查。禁止使用无绳电话和手机，未经批准不得带入有录音、录像、拍照、信息存储等功能的设备。

二是在要害部门部位，机关、单位应当将涉及绝密级或者较多机密级、秘密级国家秘密的机构确定为保密要害部门，将集中制作、存放、保管国家秘密载体的专门场所确定为保密要害部位，按照国家保密规定和标准配备、使用必要的技术防护设施、设备。保密要害部门部位具有涉密程度深，涉密人员、涉密载体集中等特点，因此管理要求高、难度大。

保密要害部门部位的工作人员是保密管理的重点对象。机关、单位应按照保守国家秘密法等相关法律法规要求进行严格管理。保密要害部门部位集中处理大量国家秘密信息，是保密防护的重点，也是境外间谍情报机关的重要“关注对象”。根据保守国家秘密法等相关法律法规的要求，保密要害部门部位应当按照国家保密规定和标准配备、使用必要的技术防护设施、设备，提高安全防护水平。

三是在网络设施、信息系统的技术防范措施。针对网络设施、信息系统，需要及时防范网络攻击和违法犯罪活动，采取技术保护措施和其他必要措施，应对网络安全事件，保障反间谍安全防范重点单位网络设施及信息系统安全稳定运行，维护数据的完整性、保密性和可用性。为应对网络泄密风险，反间谍安全防范重点单位须严格按照涉密信息系统防护标准，为涉密计算机及移动存储介质配备管理系统、杀毒软件等；并通过技术手段，消除计算机违规外联、移动存储介质交叉使用、非授权登录、木马病毒和恶意代码等漏洞及隐患。由于信息网络安全涉及面较广，相关监管部门也涉及各个领域。如《互联网信息服务管理办法》第十八条规定，国务院信息产业主管部门和省、自治区、直辖市电信管理机构，依法对互联网信息服务实施监督管理。新闻、出版、教育、卫生、药品监督管理、工商行政管理和公安、国家安全等有关主管部门，在各自职责范围内依法对互联网信息内容实施监督管理。

关于关键信息基础设施运营者的技术防范措施要求，技术防范措施要求除履行加强本单位反间谍安全防范管理，落实有关安全防范措施，按照反间谍技术安全防范标准，配备必要的设备、设施，落实有关技术安全防范措施等义务外，还应当履行下列义务：（1）对本单位安全管理机构负责人和关键岗位人员进行反间谍安全防范审查；（2）定期对从业人员进行反间谍安全防范教育、培训；（3）采取反间谍技术安全防范措施，防范、制止境外网络攻击、网络入侵、网络窃密等间谍行为，保障网络和信息核心技术、关键基础设施和重要领域信息系统及数据的安全。

对于关键基础设施，保护工作部门应当制定本行业、本领域关键信息基础设施安全规划，明确保护目标、基本要求、工作任务、具体措施。国家网信部门统筹协调有关部门建立网络安全信息共享机制，及时汇总、研判、共享、发布网络安全威胁、漏洞、事件等信息，促进有关部门、保护工作部门、运营者以及网络安全服务机构等之间的网络安全信息共享。保护工作部门应当建立健全本行业、本领域的关键信息基础设施网络安全监测预警制度，及时掌握本行业、本领域关键信息基础设施运行状况、安全态势，预警通报网络安全威胁和隐患，指导做好安全防范工作。

保护工作部门应当按照国家网络安全事件应急预案的要求，建立健全本行业、本领域的网络安全事件应急预案，定期组织应急演练；指导运营者做好网络安全事件应对处置，并根据需要组织提供技术支持与协助。

此外，《网络产品安全漏洞管理规定》对网络产品安全漏洞管理工作进行了分工，国家互联网信息办公室负责统筹协调网络产品安全漏洞管理工作。工业和信息化部负责网络产品安全漏洞综合管理，承担电信和互联网行业网络产品安全漏洞监督管理。公安部负责网络产品安全漏洞监督管理，依法打击利用网络产品安全漏洞实施的违法犯罪活动。明知他人利用网络产品安全漏洞从事危害网络安全的活动的，不得为其提供技术支持、广告推广、支付结算等帮助。

网络产品提供者应当履行下列网络产品安全漏洞管理义务，确保其产品安全漏洞得到及时修补和合理发布，并指导支持产品用户采取防范措施：（1）发现或者获知所提供网络产品存在安全漏洞后，应当立即采取措施并组织对安全漏洞进行验证，评估安全漏洞的危害程度和影响范围；对属于其上游产品或者组件存在的安全漏洞，应当立即通知相关产品提供者。（2）应当在2日内向工业和信息化部网络安全威胁和漏洞信息共享平台报送相关漏洞信息。报送内容应当包括存在网络产品安全漏洞的产品名称、型号、版本以及漏洞的技术特点、危害和影响范围等。（3）应当及时组织对网络产品安全漏洞进行修补，对于需要产品用户（含下游厂商）采取软件、固件升级等措施的，应当及时将网络产品安全漏洞风险及修补方式告知可能受影响的产品用户，并提供必要的技术支持。

**◆ 实践中需要注意的问题**

实践中需要注意的是，做好要害部门部位、网络设施、信息系统的技术防范对我们来说至关重要。国家安全法提出了技术保护要求，国家也在建设网络与信息安全保障体系，提升网络与信息安全保护能力。比如，加强网络和信息技术的创新研究和开发应用，实现网络和信息核心技术、关键基础设施和重要领域信息系统及数据的安全可控；加强网络管理，防范、制止和依法惩治网络攻击、网络入侵、网络窃密、散布违法有害信息等网络违法犯罪行为。做好反间谍技术防范工作才能提升技术层面的安全防护能力，更好地维护国家网络空间主权、安全和发展利益。

**◆ 相关规定**

《中华人民共和国保守国家秘密法》第三十二条、第三十三条；《反间谍安全防范工作规定》第九条、第十条

---

**第二十一条**　在重要国家机关、国防军工单位和其他重要涉密单位以及重要军事设施的周边安全控制区域内新建、改建、扩建建设项目的，由国家安全机关实施涉及国家安全事项的建设项目许可。

县级以上地方各级人民政府编制国民经济和社会发展规划、国土空间规划等有关规划，应当充分考虑国家安全因素和划定的安全控制区域，征求国家安全机关的意见。

安全控制区域的划定应当统筹发展和安全，坚持科学合理、确有必要的原则，由国家安全机关会同发展改革、自然资源、住房城乡建设、保

密、国防科技工业等部门以及军队有关部门共同划定，报省、自治区、直辖市人民政府批准并动态调整。

涉及国家安全事项的建设项目许可的具体实施办法，由国务院国家安全主管部门会同有关部门制定。

---

### ◆ 条文主旨

本条是关于涉及国家安全事项的建设项目许可及其配套规范和要求的规定。

### ◆ 立法背景

本条是 2023 年修订反间谍法时增加的规定。

**（一）立法背景及修改情况**

长期以来，境外情报机构和各种敌对势力对我进行窃密、干扰、破坏的主要目标是我国的重要国家机关、国防军工单位和其他重要涉密单位以及重要军事设施。这些重要目标周边的相邻建筑物、建筑工程或者建设项目成为实施间谍行为的组织和个人的前沿阵地，不仅便于开展观察、窃密等间谍活动，实现危害我国家安全的目的，而且便于长期掩饰和潜伏，掩盖危害我国家安全的事实和证据。通过不断总结反间谍斗争的经验和教训，必须制度性开展重点目标周围的建设项目的国家安全审查，以降低间谍活动的风险。

对此，国家安全机关长期负责并开展“涉及国家安全事项的建设项目审批”工作，进行专门的国家安全审查。我国法律法规也对国家安全机关开展该项工作作了一般性的规定。《国务院对确需保留的行政审批项目设定行政许可的决定》的目录第 66 项规定，“涉及国家安全事项的建设项目审批”的实施机关是“安全部、地方各级国家安全机关”。2015 年 7 月 1 日，第十二届全国人民代表大会常务委员会第十五次会议审议通过的国家安全法第五十九条规定，国家建立国家安全审查和监管的制度和机制，对涉及国家安全事项的建设项目，以及其他重大事项和活动，进行国家安全审查，有效防范和化解国家安全风险。这是在法律层面首次对涉及国家安全事项的建设项目的国家安全审查作出规定。《法律、行政法规、国务院决定设定的行政许可事项清单（2023 年版）》的目录第 113 项“涉及国家安全事项的建设项目审批”规定，该项行政许可事项的中央主管部门是国家安全部，具体的实施机关是设区的市级国家安全机关。考虑到国家安全机关依法开展建设项目的国家安全审查，主要是为了预防和制止间谍行为，防止出现严重的危害国家安全的案件。因此，新修订的反间谍法在总结实践经验的基础上，参考类似立法，对国家安全法中规定的涉及国家安全事项的建设项目的国家安全审查制度作了进一步明确，确定涉及国家安全事项的建设项目许可及配套规范。

### （二）公开征求意见的情况

关于修订草案中的该条规定，有的建议将编制规划充分考虑国家安全因素和划定的安全控制区域的该款内容单独作为一条规定。还有的建议将“征求国家安全机关的意见”修改为“征求同级国家安全机关的意见”，或者修改为“征求联席会议的意见”。

关于安全控制区域划定相关要求的该款规定，有的建议将“国家安全机关会同发展改革、自然资源、住房城乡建设、保密、国防科技工业等部门以及军队有关部门”修改为“联席会议”。

关于制定具体实施办法的该款规定，有的建议将“涉及国家安全事项的建设项目许可的具体实施办法”修改为“涉及反间谍安全防范事项的建设项目许可的具体实施办法”。

### （三）有关国家和地区的规定

美国、日本等国家相继制定出台专门规定，加强建设项目的安全审查。美国2020年《房地产交易规则》重点围绕美国国防军事设施、政府设施财产等保卫目标实施审查，根据保卫目标性质不同，按照一般保护目标周边1英里、陆军作战训练中心等周边1英里至100英里之间、核导弹发射场所在郡县行政区域等不同距离划定控制区域。《房地产交易规则》明确了以下重点关注的建设项目：一是临近与国家安全有关的敏感目标的建设项目；二是具有向外国人提供、收集有关情报的能力的建设项目；三是将国家安全活动暴露在外国检视风险下的建设项目。《房地产交易规则》设置了较重的法律责任，当事方出现提交材料有重大错误遗漏或者进行虚假证明等行为的，每次处以25万美元以下罚款或者等于其交易价值罚款；如当事方未主动向美国监管部门申报，美国政府可在合同交易完成后要求撤销相关交易。

日本《土地和建筑物调查和管理法案》总则中明确规定，该法案旨在防止土地的使用妨碍重要设施的设施功能及边防海岛的海岛功能，并防范间谍情报机关在保卫目标周边“安营扎寨”开展观察窃密行为。该法案规定，对自卫队、海上保卫厅设施周边1公里范围内区域、重要边防海岛所在区域划定为“关注区域”，实施审查，相关区域具体划设时要综合考虑设施性质和该地区的地理特征。该法案还设置了较重的法律责任，如果当事方无正当理由不采取劝告要求的措施（即不落实防范措施），处二年以下有期徒刑或者200万日元以下罚金，或处有期徒刑同时并处罚金；未经审查即签订土地买卖合同或者虚假申请的，处六个月以下有期徒刑或者100万日元以下罚金。

## ◆ 条文释义

本条分为四款。第一款是关于国家安全机关对满足条件的建设项目实施涉及国家安全事项的建设项目许可。

本款规定，在重要国家机关、国防军工单位和其他重要涉密单位以及重要军事设施的周边安全控制区域内新建、改建、扩建建设项目的，由国家安全机关实施涉及国家安全事项的建设项目许可。本款有以下几层意思：

一是，建设项目的位置需要“在重要国家机关、国防军工单位和其他重要涉密单位以及重要军事设施的周边安全控制区域内”。根据本款规定，涉及国家安全事项的建设项目许可制度保护的对象和目标具有相应特点，即为“重要国家机关、国防军工单位和其他重要涉密单位以及重要军事设施”。不是所有的国家机关、国防军工单位和涉密单位以及军事设施的周边建设项目都需要进行涉及国家安全事项的建设项目许可，只有“重要”的被保护对象和目标周边安全控制区域内的建设项目才需要开展国家安全审查。这样规定，既符合优先保护国家秘密等维护国家安全的工作实际，也符合国家安全机关“抓重点、守关键”的工作方式，有利于高效阻断对重要被保护对象和目标实施的观察、窃密等间谍行为。基于此，该项行政许可工作需要把握适用范围，不宜作一般性地泛化。关于哪些主体属于“重要”的被保护对象和目标，具体由国家安全机关会同有关部门、单位、被保护主体等研究确定。相关主体被确定为“重要”保护对象或目标的，意味着需要在其“周边安全控制区域内”开展建设项目的国家安全审查。这里的“周边”是指被保护对象和目标周围的一定范围。“安全控制区域”是国家安全机关为了方便开展涉及国家安全事项的建设项目许可所划定的涵盖一定地理范围的区域。划定安全控制区域的具体要求在本条其余条款中有相应的规定。需要注意的是，建设项目只有位于被保护对象和目标周边划定的“安全控制区域内”的，才涉及国家安全审查。被保护对象和目标“周边安全控制区域”以外的建设项目，一般认为危险性不大，不需要向国家安全机关申请涉及国家安全事项的建设项目许可。

二是，需要进行涉及国家安全事项的建设项目许可的建设项目类别。这里的建设项目类别主要为“新建、改建、扩建建设项目”。“新建、改建、扩建”涵盖了一般建筑物的建设性质和状态，既包含从无到有的新建项目，也包括不超过现有建筑框架基础的翻新改建，还包括对现有建筑作扩大、扩张性建设的扩建。如果该建设项目先于安全控制区域的划定，已经在本款规定的安全控制区域内，并且没有开展“新建、改建、扩建”工程的，无需进行涉及国家安全事项的建设项目许可。同时，如果该建设项目是进行其他施工，不是以新建、改建、扩建为目的，例如是为了拆除现有建筑物而进行施工，不再开展任何新建、改建、扩建工程的，也无需进行涉及国家安全事项的建设项目许可。

三是，国家安全机关是实施涉及国家安全事项的建设项目许可的主体。《法律、行政法规、国务院决定设定的行政许可事项清单（2023 年版）》规定，“涉及国家安全事项的建设项目审批”，具体的实施机关是设区的市级国家安全机关。一般而言，建设项目与人民群众的生产生活紧密相连，如果存在需要国家批准的事项的，需要依法设置行政许可。实践中，根据国务院有关规定确定由一定层级的国家安全机关具体实施涉及国家安全事项的行政许可，是符合工作实际的。同时，各设区的市级以上国家安全机关按照“属地管理”原则对行政辖区内涉及国家安全事项的建设项目开展审批，一方面可以便利人民群众在建设项目的属地就近申请；另一方面，属地国家安全机关可以对具体的建设项目及时开展现场踏勘、整改验收等活动，更有利于摸清事实情况，便于在规定时限内完成行政许可工作，提高行政许可的效果和效率。

四是，实施的是涉及国家安全事项的建设项目许可。行政许可法第十二条对可以设定行政许可的事项作了一般性规定，其中包括“直接涉及国家安全、公共安全、经济宏观调控、生态环境保护以及直接关系人身健康、生命财产安全等特定活动，需要按照法定条件予以批准的事项”。国家安全法第五十九条原则性规定了国家建立国家安全审查和监管的制度和机制，对涉及国家安全事项的建设项目进行国家安全审查，但是对于国家安全审查的方式没有作进一步明确。长期以来，涉及国家安全事项的建设项目都是由国家安全机关采取行政许可的方式进行的，已经积累了较长时间的工作经验。本款明确了以行政许可的方式进行涉及国家安全事项的建设项目安全审查。以行政许可的方式对建设项目进行安全审查，一方面符合国家对该领域进行审查和审批的要求，满足了有关部门开展安全审查的工作实际和需要。程序上，由个人、组织先提出申请，后由国家安全机关通过行政许可进行国家安全审查，符合建设领域的社会监管机制，可以统筹好发展和安全。另一方面，考虑到建设项目与民生联系紧密，采取行政许可的方式，个人、组织可以及时掌握行政许可的报审条件、进度、审批决定及理由，并且可以救济。一些地方性法规、政府规章已经对涉及国家安全事项的建设项目审批和管理作了一些细化性规定。如《广东省涉及国家安全事项的建设项目管理规定》规定：重要国家机关、军事设施、重点科研单位和军工单位的周边建设项目，出入境口岸、邮件和快件处理场所、电信枢纽等建设项目等，属于涉及国家安全事项的建设项目。国家安全机关应当对申请人提交的申请材料进行审查。国家安全机关应当自受理申请之日起 20 日内作出是否准予行政许可的决定。20 日内不能作出决定的，经本级国家安全机关负责人批准，可以延长 10 日，并应当将延长期限的理由告知申请人。需要检测、鉴定和专家评审的，所需时间不计算在行政许可期限内。国家安全机关应当将所需时间书面告知申请人；等等。广东省政府规章的上述规定与行政许可法规定的程序和精神是一致的。由此例可见，各地开展的涉及国家安全事项的建设项目许可在程序、时限、救济等方面应当符合行政许可法的相关规定和要求。

第二款是关于需要在编制规划阶段充分考虑国家安全因素和划定的安全控制区域，以及征求国家安全机关意见的规定。

本款规定，县级以上地方各级人民政府编制国民经济和社会发展规划、国土空间规划等有关规划，应当充分考虑国家安全因素和划定的安全控制区域，征求国家安全机关的意见。这里有以下几层意思：

一是，县级以上地方各级人民政府编制各项规划的时候，就应当充分考虑国家安全因素和划定的安全控制区域。通过总结社会发展与治理的经验，在国家安全领域进行事前安排和计划，相较于事后进行治理和整治更为科学合理。在编制相关规划的时候一并考虑涉及国家安全等因素，平衡多方面的情况，对建设项目做到合理的监管和安排，可以提前避免威胁国家安全的突出风险和隐患，防止后续出现建设项目先建后拆、整改难度过大难以处理、大幅改造造成重大损失等情况。通过提前规划将防范国家安全风险的关口前移，整体上更加符合涉及国家安全事项的建设项目需要事前、事中、事后全过程管理的要求。

这里的负责主体为“县级以上地方各级人民政府”，即除中央人民政府以外的县级以上的各级人民政府，包括省、市、县三级人民政府。这里的“编制国民经济和社会发展规划、国土空间规划等有关规划”，一方面，明确了国民经济和社会发展规划、国土空间规划，这是关系民生和发展安排等多项内容，反映各方面计划和考虑的总纲性、总图性规划，划定的安全控制区域等涉及国家安全的因素需要汇总和落实到这两个规划中。另一方面，这里还规定了“等有关规划”，即在总纲性、总图性规划以外，还有根据具体项目、具体目标、具体地区的细项规划，如城镇开发边界规划、地下空间规划等，这些规划根据实际情况，也需要考虑国家安全因素和划定的安全控制区域。

二是，相关规划应当充分考虑国家安全因素和划定的安全控制区域。这里规定的“国家安全因素”，主要涉及因建设项目因素而产生的国家安全风险和隐患，而不是其他国家安全风险和隐患。由于存在多种情况和问题，有些地方一时无法划定安全控制区域的，人民政府在编制相关规划时就需要考虑因建设项目因素而产生的国家安全风险和隐患。本款规定的“划定的安全控制区域”，即围绕重要国家机关、国防军工单位和其他重要涉密单位以及重要军事设施周边划定的一定范围和区域。本条第三款对安全控制区域的划定方式作了原则性规定。实践中，安全控制区域已经划定完毕的，可以在制定各项规划时直接落实。如果安全控制区域作出动态调整的，相关规划也应及时作出调整。安全控制区域的划定和调整，应当及时完成并落实在规划中，使相关规划具有较高稳定性，并为公民和组织开展与建设项目相关的生产生活提供参照。

三是，在编制规划时，应当征求国家安全机关的意见。这里包括两层意思：其一，县级以上地方各级人民政府编制的相关规划，在充分考虑国家安全因素和划定的安全控制区域等因素时，应当征求国家安全机关的意见。国家安全机关可以对规划草案等是否反映和体现了国家安全因素和划定的安全控制区域提出意见建议，帮助规划工作更周延地考虑各方面因素，特别是国家安全因素。实践中，对于安全控制区域尚未及时划定，同时又需要根据国家安全因素排除建设项目可能产生的风险和隐患的，需要国家安全机关根据其掌握的情况及时提出意见建议，帮助规划工作尽早考虑国家安全因素，避免后续处置产生困难。其二，该款属于对特定事项明确规定了征求意见，如果国民经济和社会发展规划、国土空间规划等有关规划涉及国家安全的其他类事项的，不属于本款调整的范围。只有在相关规划需要考虑因建设项目涉及的国家安全因素和划定的安全控制区域的时候，才需要征求国家安全机关的意见。

第三款规定了划定安全控制区域的基本原则和要求。

本款规定，安全控制区域的划定应当统筹发展和安全，坚持科学合理、确有必要的原则，由国家安全机关会同发展改革、自然资源、住房城乡建设、保密、国防科技工业等部门以及军队有关部门共同划定，报省、自治区、直辖市人民政府批准并动态调整。这里有三层意思：

其一，安全控制区域的划定应当统筹发展和安全，坚持科学合理、确有必要的原则。考虑到安全控制区域内的新建、改建、扩建项目都需要进行涉及建设项目的国家安全审查，向国家安全机关申请行政许可，会影响公民、组织开展建设项目的计划、投入等安排，对此，安全控制区域的划定应当统筹好发展和安全，既充分认识到社会发展过程中建设项目的新建、改建、扩建存在必然性，又充分正视建设项目可能产生间谍行为的风险和隐患是客观事实。通过划定安全控制区域的范围，设置建设项目安全审查的保护机制，可以提高国家防范和化解因建设项目产生的国家安全风险和隐患。发展和安全，两者都需要兼顾，不能为了发展不顾安全，也不能为了安全“因噎废食”，限制发展。基于此，需要在建设项目的安全审查中统筹兼顾好发展和安全。这里的“坚持科学合理、确有必要”是划定安全控制区域的合理性和必要性原则。划定安全控制区域应当围绕重要保护目标，即重要国家机关、国防军工单位和其他重要涉密单位以及重要军事设施等这类容易被间谍组织及其代理人和其他主体着重开展窃取、刺探、收买、非法提供国家秘密等间谍活动的对象和目标。如果该类重要保护目标未被纳入安全控制区域，导致建设项目的国家安全审查存在监管漏洞，就属于划定的安全控制区域不合理。同时，划定安全控制区域需要科学规划、精确测量，避免简单化和扩大化，如果划定的安全控制区域范围过大，不仅会造成公民、组织生产生活的不便，而且容易分散国家安全机关对重点保护目标的保护能力，削弱涉及建设项目的国家安全审查的保护强度。此外，划定安全控制区域应当确有必要，需要与国家其他法律法规相衔接。如根据军事设施保护法划定的军事禁区、军事管理区主要由军事禁区管理单位、军事管理区管理单位管理，对于不需要进行重复管理的区域，国家安全部门应当与军队有关部门协商确定，确保划定的安全控制区域具有管理上的必要性。在一些特殊情况下，划定安全控制区域本身也需要考虑国家安全因素。有时候，划定的安全控制区域反而暴露了需要重点保护的对象和目标。基于此，需要统筹考虑各方面因素，认真贯彻落实划定安全控制区域的科学合理、确有必要的原则。

其二，安全控制区域要由国家安全机关会同发展改革、自然资源、住房城乡建设、保密、国防科技工业等部门以及军队有关部门共同划定。这里主要涉及划定安全控制区域的协商性要求。国家安全机关是划定安全控制区域的主要负责单位。在具体划定过程中，国家安全机关不可单独划定，需要与其他单位共同研究，根据各有关单位的职责分工，科学合理、确有必要地划定安全控制区域。本款规定了必须共同划定的单位范围，包括发展改革、自然资源、住房城乡建设、保密、国防科技工业等部门以及军队有关部门。这里的“等部门”需要根据实践中的具体情况，确定需要增加共同研究的单位或者部门。

其三，划定的安全控制区域需要报省、自治区、直辖市人民政府批准并动态调整。这里确定了安全控制区域的审批层级，即省、自治区、直辖市人民政府。划定安全控制区域对于地方来说，是需要综合考虑各方面因素、严格落实安全防范要求、慎重确定安全控制范围的重要工作，由省、自治区、直辖市人民政府统筹负责其辖区范围内安全控制区域的审批，体现了安全控制区域划定的严肃性和重要性。同时，划定的安全控制区域也要根据重点保护单位、辖区范围内的建设项目的情况和变化，开展动态调整，及时将需要保护的重点对象纳入保护范围，将不需要纳入安全控制区域的范围予以排除。基于此，划定的安全控制区域需要由省、自治区、直辖市人民政府批准和动态调整。

第四款是关于涉及国家安全事项的建设项目许可需要制定具体实施办法的规定。

本款规定，涉及国家安全事项的建设项目许可的具体实施办法，由国务院国家安全主管部门会同有关部门制定。考虑到本条仅原则性确定了涉及国家安全事项的建设项目许可制度，还有许多具体的条件、要求、程序等需要进一步明确和细化，本款要求对涉及国家安全事项的建设项目许可制定具体的实施办法。该实施办法由国务院国家安全主管部门会同有关部门制定。

**◆ 实践中需要注意的问题**

在本条的理解适用中，需要注意以下几个方面的问题：

第一，本条规定，涉及国家安全事项的建设项目许可的具体实施办法由国务院国家安全主管部门会同有关部门制定。法律对制定后续规范提出了明确要求，有利于社会公众进一步了解涉及国家安全事项的建设项目许可的制度、程序和要求。实践中，虽然涉及国家安全事项的建设项目许可制度已经施行了较长时间，但是仍存在知晓度不高、程序不清晰等情况。为了便于人民群众合法开展新建、改建、扩建建设项目，需要进一步对法律规定作出细化，以方便执行和实施。国务院国家安全主管部门应当依法尽快完成具体实施办法的制定工作。此外，本条规定国务院国家安全主管部门会同有关部门制定具体实施办法，并不意味着限制地方根据本地实际情况和需要，地方按照反间谍法、行政许可法等法律规定和精神可以制定涉及国家安全事项的建设项目许可的地方性法律规范。由于该项行政许可主要由地方国家安全机关开展，地方制定相关规范有利于为当地人民群众提供可以遵循的规范和程序，提高行政许可工作的效率。国家层面的具体实施办法出台后，地方性法律规范中存在与国家层面的具体实施办法不一致的内容的，应当及时根据国家的规定作出调整和修改。

第二，国家对建设项目进行国家安全审查，行政许可是否为唯一方式，研究中存在不同意见。有的认为，国家安全的审查方式应当是非公开、否决无理由的，涉及建设项目的国家安全审查也应如此。国家安全法第五十九条规定，国家建立国家安全审查和监管的制度和机制，对影响或者可能影响国家安全的外商投资、特定物项和关键技术、网络信息技术产品和服务、涉及国家安全事项的建设项目，以及其他重大事项和活动，进行国家安全审查，有效预防和化解国家安全风险。该条规定并未明确国家安全审查和监管的具体方式。在立法实践中，有的法律规定，对特定领域的国家安全审查决定不可以进行复议、诉讼，包括数据安全法、外商投资法。如数据安全法第二十四条规定，国家建立数据安全审查制度，对影响或者可能影响国家安全的数据处理活动进行国家安全审查。依法作出的安全审查决定为最终决定。外商投资法第三十五条规定，国家建立外商投资安全审查制度，对影响或者可能影响国家安全的外商投资进行安全审查。依法作出的安全审查决定为最终决定。有的法律没有规定对该领域的国家安全审查决定是否可以进行复议、诉讼，包括网络安全法、生物安全法。如网络安全法第三十五条规定，关键信息基础设施的运营者采购网络产品和服务，可能影响国家安全的，应当通过国家网信部门会同国务院有关部门组织的国家安全审查。生物安全法第二十条规定，国家建立生物安全审查制度。对影响或者可能影响国家安全的生物领域重大事项和活动，由国务院有关部门进行生物安全审查，有效防范和化解生物安全风险。因此，立法上既有规定特定的国家安全审查为终局决定式的，也有规定需要开展国家安全审查，但是未说明形式和方式的。考虑到涉及国家安全事项的建设项目的国家安全审查，长时间以来一直采取行政许可的方式，从效果上看能够达到国家安全审查的要求，符合有关部门的工作需要，本条在进一步总结实践经验的基础上，明确了由国家安全机关实施涉及国家安全事项的建设项目许可。

此外，对于反间谍法规定了地方国家安全机关采取行政许可的方式进行建设项目的国家安全审查后，是否还存在其他的国家安全审查方式，特别是由国家安全部这一层级作出的终局决定式的建设项目国家安全审查，涉及对国家安全法第五十九条的理解问题，不属于本法的调整范围。

第三，反间谍法对本条规定的“国家安全机关”没有设置实施主体的层级，需要根据国家层面的具体文件要求和实践需要确定。如《法律、行政法规、国务院决定设定的行政许可事项清单（2023 年版）》第一百一十三项“涉及国家安全事项的建设项目审批”，该项行政许可事项的中央主管部门是国家安全部，具体实施机关是设区的市级国家安全机关。

第四，安全控制区域内房屋、建筑物的租赁、转让、销售涉及国家安全审查问题的，不属于本条对建设项目的国家安全审查采取的行政许可范围。本条规定，只有被保护对象的周边安全控制区域内新建、改建、扩建的建设项目，才由国家安全机关实施涉及国家安全事项的建设项目许可。房屋、建筑物的租赁、转让、销售涉及国家安全审查问题的，可以通过外商投资法第三十五条规定的外商投资安全审查制度等予以解决。在本法施行后，一些地方开展的涉及房屋、建筑物的涉外租赁、转让、销售的国家安全审查已经纳入国家安全机关建设项目审批许可的，不应当适用本法第二十一条规定继续以涉及国家安全事项的建设项目进行许可，需要对其继续开展国家安全审查的法律依据作相应调整。

**◆ 相关规定**

《中华人民共和国国家安全法》第五十九条；《中华人民共和国行政许可法》第七条、第十二条；《法律、行政法规、国务院决定设定的行政许可事项清单（2023 年版）》第一百一十三项

---

**第二十二条** 国家安全机关根据反间谍工作需要，可以会同有关部门制定反间谍技术防范标准，指导有关单位落实反间谍技术防范措施，对存在隐患的单位，经过严格的批准手续，可以进行反间谍技术防范检查和检测。

---

**◆ 条文主旨**

本条是关于反间谍技术防范标准制定及检查检测的规定。

## ◆ 立法背景

本条是2014年制定反间谍法时增加的规定，2023年修订反间谍法时作了修改。

**（一）立法背景及修改情况**

1. 2014年反间谍法的规定。第十六条规定："国家安全机关根据反间谍工作需要，可以会同有关部门制定反间谍技术防范标准，指导有关部门落实反间谍技术防范措施，对存在隐患的部门，经过严格的批准手续，可以进行反间谍技术防范检查和检测。"

当时反间谍工作面临着复杂的形势，通过互联网实施窃密等间谍行为的比重不断升高，迫切要求各部门尤其是涉密部门不断提高反间谍技术水平。为了加强反间谍技术防范建设，防止因技术漏洞泄密，根据有关方面的意见，反间谍法赋予国家安全机关根据反间谍工作需要，会同有关部门制定反间谍技术防范标准，指导有关部门落实技术防范措施，对存在隐患的部门进行反间谍技术防范检查和检测的职权。

2. 2023年修订后的反间谍法的规定。在审议和征求意见过程中，有的提出，随着社会经济的发展，社会的多元化，为及时发现安全风险隐患，反间谍安全防范检查和检测不应只限于"有关部门"，根据反间谍工作需要，对国家机关、人民团体、企业事业单位和其他社会组织进行检查和检测也很有必要。考虑到"单位"的含义范围更广泛，同时考虑到有些技术防范标准是针对特定单位专门制定的，也需要涵盖在内，因此对本条作出修改，将"部门"修改为"单位"。

**（二）公开征求意见的情况**

有的建议增加国家安全机关帮助、指导、培训有关部门开展反间谍安全防范工作，以及帮助相关部门在人员招聘、雇佣境外人员时，进行人员审查等相关内容。

有的建议增加"国家机关发现反间谍安全防范重点单位存在隐患，或出现间谍事件的苗头，应及时会同重点单位或其上级主管部门果断采取措施，防止给国家安全造成更大损失"的规定。

有的建议将"对存在隐患的单位，经过严格的批准手续，可以进行反间谍技术防范检查和检测"修改为"根据有关单位申请或经过严格的批准手续，可以对有关单位进行反间谍技术防范检查和检测"，或修改为"要加强对存在隐患单位的反间谍技术防范工作指导，建立完善严密的审核、批准手续，及时开展反间谍技术防范检查和检测"；对"严格的批准手续"作进一步明确，并增加"国家安全机关在开展反间谍安全防范检查检测中，为防止危害发生或扩大，可以依法责令被检查对象采取技术屏蔽、隔离、拆除或者停止使用相关设备设施、网络、系统等整改措施，指导和督促有关措施的落实”；将“对存在隐患的单位”改为“对存在国家安全隐患的单位”。

有的建议将“制定”修改为“拟定”。有的建议增加一款，规定“公民在配合反间谍工作中，个人及相关信息受保护，不对外披露”。

有的建议将“经过严格的批准手续”修改为“经过法定严格的批准手续”。有的提出，对一般单位的日常检查与对已经存在隐患的单位进行防范检查和检测应设置不同的批准程序。有的建议增加“会同保密行政管理部门制定反间谍技术防范标准”。

**（三）有关国家和地区的规定**

各国均赋予反间谍机构广泛的权力，包括公开调查权、秘密调查权以及相关强制性权力，并注重其他部门与反间谍机构的协作配合，提升反间谍工作的权威和成效。有的国家如美俄，其反间谍机构是特殊的警察机构，具有警察的职权，同时具有反间谍工作的特殊权力。有的国家的反间谍机构，如英国军情五处，不具有搜查和逮捕等警察权力，搜查和逮捕等须会同伦敦警察厅进行。

1. 美国联邦调查局。美国联邦调查局隶属于美国司法部，其反间谍工作的主要职责包括：一是保护美国国家秘密安全，与其他部门合作，降低间谍和其他内部风险隐患；二是保护美国国防、经济、金融、公众健康、科技等领域的先进技术和敏感信息；三是打击外国间谍活动；四是阻止大规模杀伤性武器扩散。在反间谍工作中，美国联邦调查局可以公开调查，包括：访谈，查阅、调取数据信息，利用情报信息共享机制获取信息，依托商业咨询公司、调查公司、律师事务所等“外包调查”，或者要求有关部门协助调查。

2. 俄罗斯联邦安全局。俄罗斯联邦安全局由总统直接领导，既是警察机构，也是军事机构，承担反间谍侦察、打击恐怖主义和颠覆破坏活动等工作职责。在反间谍工作中，可以进行公开调查，包括询问和查询，调取信息，访问数据库，获取生物识别信息等；也可以进行保密监督，包括监督开展密码工作，参与制定国家秘密、商业秘密保护措施，监督实施信息、网络安全措施，对无线电电子设备等进行登记和集中管理等。

3. 英国安全局。英国安全局，又称军情五处，由首相直接领导，其反间谍工作的主要职责包括：一是保卫国家安全，防范、制止谍报、恐怖及破坏活动以及国外间谍机构人员带来的威胁；二是防范、制止意图以政治、经济或暴力方式颠覆或破坏议会民主体制的不法活动；三是保障英国经济利益，对抗来自境外的威胁或破坏；四是在防止与侦查严重犯罪方面支援警察及其他执法机构。

4. 加拿大皇家骑警和安全情报局。加拿大皇家骑警隶属于公共安全部，是加拿大联邦层面的警察机构，其反间谍工作的主要职责包括：一是预防和调查犯罪，打击危害加拿大领土完整和有组织犯罪、恐怖主义犯罪等行为；二是维护国家安全；三是负责本国政要、来访外宾、外交使团等警卫工作；四是为其他执法部门提供支持。

加拿大安全情报局原本是皇家骑警的情报部门，1984 年从皇家骑警中分离出来，现同样隶属于公共安全部，其反间谍工作的主要职责包括：一是情报搜集与分析；二是安全背景审查，并根据需要向联邦和地方政府或外国政府和国际组织提供安全评估；三是调查外国政府威胁加拿大国家安全的秘密行动，包括监控、操纵、威胁、利用加拿大公民的行为，不利于科技发展的行为，以及威胁加拿大重要经济设施、信息设施、军事利益、商业利益和政府涉密信息等行为；四是保护网络安全及关键基础设施安全。

5. 德国联邦宪法保卫局。德国联邦宪法保卫局隶属于内政部，其反间谍工作的主要职责包括：一是搜集和分析各类危及国家安全的情报；二是对安全和国防等重要部门的工作人员进行政审；三是参与制定各项保密制度和措施；四是监视国外情报机关和境内外激进团体在德国的活动。

### ◆ 条文释义

本条规定包含以下几个方面的内容：

第一，国家安全机关根据反间谍工作需要，可以会同有关部门制定反间谍技术防范标准。这是一般性规定，赋予了国家安全机关制定标准、指导落实的职权。

“根据反间谍工作需要”要求国家安全机关制定反间谍技术防范标准、指导落实反间谍技术防范措施时，要从反间谍工作需要出发，不能泛化制定技术防范标准的范围。“可以会同有关部门制定反间谍技术防范标准”，是指如果根据反间谍工作情况，需要制定技术防范标准的，应当由国家安全机关会同有关部门制定相应的反间谍技术防范标准。这里的“有关部门”主要是指一些行业主管部门，如保密、电信、邮政等部门。考虑到反间谍技术防范标准的落实需要其他有关部门的配合与支持，规定会同行业主管部门共同制定标准，有利于实践中执行和落实。制定反间谍技术防范标准只是解决了标准的有无问题，更重要的在于贯彻和落实标准的要求，只有抓好落实工作，标准才能落到实处，才能在防范间谍行为中发挥作用，因此法律赋予国家安全机关“指导有关单位落实反间谍技术防范措施”的职责。这里的“反间谍技术防范标准”是指具体规定防范间谍行为的技术标准，如网络安全设置、工作流程要求等，具体内容由国家安全机关会同有关部门制定，目的是通过科学、统一、规范的标准提升实践中防范间谍行为的水平，避免各部门、各机关执行标准不一的问题。

第二，国家安全机关指导有关单位落实反间谍技术防范措施。这里所说的

“反间谍技术防范措施”是为防范间谍行为而采取的各种技术防范措施，如提升网络安全等级等。国家安全机关可以采取下列方式开展反间谍技术防范检查检测：(一) 进入有关单位、场所，进行现场技术检查；(二) 使用专用设备，对有关部位、场所、链路、网络进行技术检测；(三) 对有关设备设施、网络、系统进行远程技术检测。

国家安全机关在开展反间谍技术防范检查检测中，为防止危害发生或者扩大，可以依法责令被检查对象采取技术屏蔽、隔离、拆除或者停止使用相关设备设施、网络、系统等整改措施，指导和督促有关措施的落实，并在检查检测记录中注明。国家安全机关可以根据反间谍安全防范检查情况，向被检查单位提出加强和改进反间谍安全防范工作的意见和建议，督促有关单位落实反间谍安全防范责任和义务。

第三，对存在隐患的单位，经过严格的批准手续，国家安全机关可以进行反间谍技术防范检查和检测，即在指导落实的基础上，针对存在隐患的单位，国家安全机关经批准可以进一步实施检查和检测。国家安全机关开展反间谍技术防范现场检查检测时，检查人员不得少于两人，并应当出示相应证件。国家安全机关开展远程技术检测，应当事先告知被检测对象检测时间、检测范围等事项。检查检测人员应当制作检查检测记录，如实记录检查检测情况。

“存在隐患的单位”是指其相关设备、设施、有关防范间谍行为的措施等存在漏洞，有可能被利用实施窃密等间谍行为的单位。实践中，有的单位不重视反间谍技术防范工作，给间谍行为人留下可乘之机，一旦发生间谍窃密等行为，损失往往难以估量，因此法律赋予国家安全机关进行反间谍技术防范检查和检测的职权。

“经过严格的批准手续”是指要进行反间谍技术防范检查和检测，需要按照国家有关规定履行相应的严格的审批程序，不能不经审批擅自实施。根据《反间谍安全防范工作规定》，国家安全机关对有下列情形之一的，经设区的市级以上国家安全机关负责人批准，并出具法律文书，可以对机关、团体、企业事业组织和其他社会组织开展反间谍安全防范检查：(1) 发现反间谍安全防范风险隐患；(2) 接到反间谍安全防范问题线索举报；(3) 依据有关单位的申请；(4) 因其他反间谍安全防范工作需要。

“技术防范检查和检测”是指保密要害部门部位的技术防范措施落实后，还需与国家安全机关的反间谍技术防范检查检测工作相配合，通过环境检查、技术检查，发现新的潜在的漏洞和隐患，或者检验目前的防范措施是否存在“损耗”，以便及时采取补救技术措施，增强动态防护能力。定期检查保密要害部门部位外围环境变化。如墙体、门、窗等是否存在物理安全隐患；门禁、监控、屏蔽装备是否运作良好。保密要害部门部位存在被人为放入窃听、窃照装置的风险，需要定期进行保密技术检查。如通过专业设备扫描电磁信号，检查是否存在无线窃密装置等可疑部件。另外，开展技术检查时，也不能忽视移动存储介质等信息设备的使用情况。应全面加强防范，减少保密要害部门部位的泄密隐患。

◈ **实践中需要注意的问题**

实践中需要注意的是，反间谍技术防范检查和检测必须经过严格的批准手续，国家安全机关不能擅自实施反间谍技术防范检查和检测。本次反间谍法修改强调遵守国家安全机关限权与赋权相结合的原则，保证国家安全机关在行使安全检查职权时，充分尊重被检查对象的合法权益，从而与社会健康发展、公民权利保障高度契合、相伴随行。

◈ **相关规定**

《反间谍安全防范工作规定》第二十一条、第二十二条、第二十四条至第二十七条

# 第三章 调查处置

**第二十三条** 国家安全机关在反间谍工作中依法行使本法和有关法律规定的职权。

## ◆ 条文主旨

本条是关于国家安全机关反间谍工作职权的范围的规定。

## ◆ 立法背景

本条是1993年国家安全法的规定，2014年制定反间谍法时作了修改，2023年修订反间谍法时又作了修改。

### （一）立法背景及修改情况

1. 1993年国家安全法的规定。第六条规定："国家安全机关在国家安全工作中依法行使侦查、拘留、预审和执行逮捕以及法律规定的其他职权。"

做好反间谍工作对于维护国家安全、保证经济社会平稳发展、保障人民群众生命财产安全具有重要的意义。1983年，为更好地适应改革开放以来反间谍工作的新形势，确保国家安全，第六届全国人民代表大会第一次会议根据国务院的建议，决定设立国家安全机关。1983年9月2日，第六届全国人大常委会第二次会议通过了《全国人民代表大会常务委员会关于国家安全机关行使公安机关的侦查、拘留、预审和执行逮捕的职权的决定》，规定国家安全机关承担原由公安机关主管的间谍、特务案件的侦查工作，是国家公安机关的性质，因而国家安全机关可以行使宪法和法律规定的公安机关的侦查、拘留、预审和执行逮捕的职权。1979年制定的刑事诉讼法，只对公安、检察、审判机关的职权及行使职权的程序作了明确规定，而没有国家安全机关行使职权的规定。自1983年9月2日以后，国家安全机关根据《全国人民代表大会常务委员会关于国家安全机关行使公安机关的侦查、拘留、预审和执行逮捕的职权的决定》的规定行使有关职权。

2. 2014年反间谍法的规定。第八条规定："国家安全机关在反间谍工作中依法行使侦查、拘留、预审和执行逮捕以及法律规定的其他职权。"

随着国家安全机关相关职责的进一步明确，1996年修改刑事诉讼法时，增加了国家安全机关依照法律规定，办理危害国家安全的刑事案件，行使与公安机关相同的职权的规定。2012 年修改刑事诉讼法时，对侦查机关的职权作了进一步完善，为国家安全机关行使相应职权提供了更为完备的法律依据。

2014 年反间谍法第八条对 1993 年国家安全法第六条作了一处修改：将“国家安全工作”修改为“反间谍工作”。这是因为我们对国家安全的认识不断深化和发展。当前，境外间谍情报机关和其他各种敌对势力除了在传统国家安全领域进行间谍和破坏活动外，还不断加大在非传统国家安全领域的间谍和破坏活动。在这种总体形势下，我们必须构建新的总体国家安全观，既重视发展问题，又重视安全问题；既重视自身安全，又重视共同安全，构建完善的国家安全体系。对于维护国家安全，1993 年国家安全法规定的主要还是国家安全机关履行的各项职责，特别是反间谍工作方面的职责，难以在国家安全立法领域发挥统领作用。同时，反间谍工作也面临许多新情况、新问题，需要进一步规范和加强反间谍工作。为了适应我国国家安全面临的新形势、新任务，需要根据总体国家安全观的要求，制定一部具有综合性、全局性、基础性的国家安全法，同时将 1993 年国家安全法修订为反间谍法，相应地将“国家安全工作”修改为“反间谍工作”。

3. 2023 年修订后的反间谍法的规定。本条对 2014 年反间谍法第八条作出修改：将“行使侦查、拘留、预审和执行逮捕以及法律规定的其他职权”修改为“行使本法和有关法律规定的职权”。2014 年反间谍法第八条所规定的国家安全机关的职权范围主要涉及刑事诉讼，无法有效涵盖行政执法的相关规定。本条修改参考了有关法律中关于行政调查的相关规定，将反间谍行政执法的职权进行涵盖，避免出现行政执法与刑事执法混淆的情况。

**（二）公开征求意见的情况**

关于国家安全机关反间谍工作职权的范围，社会公众提出了一些意见建议：有的建议进一步明确国家安全机关反间谍调查处理与安全防范工作权限间的关系，并研究考虑在第二章中增加衔接国家安全机关调查处理权限的规定；有的建议将本条修改为“国家安全机关在反间谍工作中依法行使法律规定的职权”。

**（三）有关国家和地区的规定**

各国均赋予反间谍机构广泛的权力，包括公开调查权、秘密调查权以及相关强制性权力，并注重其他部门与反间谍机构的协作配合，提升反间谍工作的权威和成效。有的国家如美俄，其反间谍机构是特殊的警察机构，具有警察的职权，同时具有反间谍机构的特殊权力。有的国家的反间谍机构，如英国军情五处，不具有搜查和逮捕等警察权力，搜查和逮捕等须会同伦敦警察厅进行。

1. 美国联邦调查局。其在反间谍工作中可行使以下权力：一是公开调查，包括访谈，查阅、调取数据信息，利用情报信息共享机制获取信息，依托商业咨询公司、调查公司、律师事务所等“外包调查”。二是采取强制性措施，包括盘查、讯问、搜查、查封、扣押、逮捕、通缉等。三是采取秘密技术调查措施，包括秘密检查信件，对通信设备、电脑和通讯内容实时监控，秘密录像、窃听、跟踪、定位等。四是采取秘密人力调查措施，包括派遣卧底或秘密力量。五是要求有关部门协助调查。要求情报系统各部门协助收集美国境外非美国人的个人信息。六是联合执法。采取与其他执法部门共同调查、委托调查等方式，拓展使用其他部门执法权力。七是域外管辖。有权管辖美国公民或外国人在境外实施的军事间谍行为；关联行为发生在美国的侵犯商业秘密的行为；或者美国公民在境外泄露间谍身份信息、侵犯美商业秘密的行为。

2. 俄罗斯联邦安全局。其在反间谍工作中可行使以下权力：一是公开调查，包括询问和查询，调取信息，访问数据库，获取生物识别信息等。二是采取强制性措施，包括盘查（查验公民的身份证件、检查随带物品、搜查嫌疑人人身和车辆、带回审查），强制传唤和讯问，拘留、逮捕和通缉，查封、扣押、冻结、没收，强制进入特定场所，封锁地点、限制或禁止通行，临时限制、暂停或终止个人和法人活动，携带和使用武器等。三是采取秘密调查措施，包括实施渗透获取情报，发展秘密力量，秘密邮件检查、电话监听和电子通信设备监控等。四是保密监督，包括监督开展密码工作，参与制定国家秘密、商业秘密保护措施，监督实施信息、网络安全措施，对无线电电子设备等进行登记和集中管理等。五是实施许可。对在核设施、国防设施、交通通信战略设施等周边区域新建、改建和维修建筑物、构筑物，实施特别许可和监督。六是边境管控和特定事项管制。实施边境管控，生物资源开采检查、捕鱼管制。七是联合管理。与相关机构联合实施车辆、货物、物品、动物和植物过境措施，参与管理外国人和无国籍人士等。

3. 英国安全局。其在反间谍工作中可行使以下权力：一是获取通讯数据。出于国家安全，防止和威慑犯罪以及防止动乱，维护国家经济利益、公共安全利益、公共健康，协助政府评估税收等目的时，可以获得任何通讯数据。二是获取特定资料。在未获许可令的情况下，可以依法获取需要的某些资料。三是限制或没收财产。可以对工作对象的财产进行干预和登记；根据国务大臣的授权，对授权令中规定的任何形式的财产进行没收。四是强制信息披露。对受密码保护的电子资料等，可以强制特定人员披露相关信息，具体包括：被授权使用期掌握的接触该信息的解答密码或将其转化为可理解的内容；将信息转变为可以理解的形式等。五是秘密搜查。在持有内政部的许可证之后，可以进行秘密搜查活动。六是采取秘密人力调查措施，包括要求或协助某些人员参与情报源的行为以及通过该情报源获取信息的行为。七是会同警察执法。安全局需要对相关人员进行逮捕、审问和起诉的，由苏格兰场（又名伦敦警察厅总部）执行，双方人员在需要时可以相互调用。

4. 加拿大皇家骑警和安全情报局。在反间谍工作中可行使以下权力：一是搜查。可截取任何通讯或获取任何情报、档案、文件或物品，并可为此目的进入任何地点或接近或取得任何物品；搜查、移动或归还、或检查、摘录或复制、或依任何方式记录有关情报、档案、文件或物品；安装、保存或移动任何物品。二是会同警察执法。安全情报局需要逮捕嫌疑人的，由皇家骑警逮捕。

5. 澳大利亚安全情报局。其在反间谍工作中可以监视国内反政府团体和各国驻澳人员，开展反间谍活动，对可能给国家带来危害的人进行签证审查等。

6. 新西兰安全情报局。其在反间谍工作中可行使以下权力：一是获取、传递、评估危及国家安全的情报，并将这些情报传送给必要的人员。二是当有关安全的问题涉及到某政府部门时，可向主管部长提出建议。三是新西兰国内外的政府机构和其他单位，凡能协助安全情报局职责的，都必须与之尽可能合作。四是对在新西兰境内可能发生的间谍、破坏和恐怖活动的地区，建立监听系统。

7. 德国联邦宪法保卫局。其在反间谍工作中可行使以下权力：一是要求有关部门协助。有权向任何部门要求提供有关具体人和事情的情况，并可查看各部门资料库而无须说明理由，有权使用现有人力情报。需要审讯和逮捕嫌疑人员的，通报警方处置。二是查阅调取数据信息。可以从信贷机构、金融服务机构以及金融企业、邮政服务、航空公司、电信通讯服务和电信服务处无偿获取信息；为查明为外国政府从事危及联邦或州安全的活动或谍报活动等情况，有权查阅国家机关记载的登记簿，如户口申报登记簿、证件登记簿、护照登记簿、驾驶证登记簿、武器持有证等。三是采取秘密人力调查措施。可以使用秘密力量监视目标对象，收集情报信息；在有根据的情况下，可以使用秘密力量获取个人敏感信息，也可以使用伪造的证件、履历或职业进行秘密调查。四是采取秘密技术调查措施。可以使用技术手段，对手机等电子设备进行定位，对住所等私密场所进行音视频秘密监听；秘密检查信件内容和寄递物品。五是要求邮件供应商、通讯服务供应商予以协助。委托邮件供应商搜集邮寄物品的相关信息；要求通讯服务供应商提供通讯内容，并要求通讯服务供应商配合开展相关监控。

8. 法国领土监护司。其在反间谍工作中可行使以下权力：对高科技企业和实验室及研究所进行秘密监护，对公司中担任高级职务的外国人进行必要调查，防止外国参观团窃取经济情报；运用高科技手段，对计算机网络及移动电话进行有效监控。

9. 韩国国家情报院。其在反间谍工作中可行使以下权力：一是协调指挥各单位开展反间谍工作。二是搜集、汇编以及分发国外情报和国内安保情报（包括反间谍、反恐怖主义等多种情报）。三是对韩国刑法规定的内乱罪、外患罪，军事刑法规定的叛乱罪、不正当使用密码罪，军事机密保护法规定的罪行以及国家保安法规定的罪行等进行调查。四是制定并调整情报和安保任务计划。此外，2021 年，韩国进一步明确了警察“执行反间谍作战”的任务，有权就国家重要设施区域实施交通管制，使用石弩、武器、特殊镇压车辆、多目标发射器等武器装备。

◆ **条文释义**

本条是关于国家安全机关依法行使反间谍调查处置职权的总领性条款。主要包括以下两个方面的内容：

第一，国家安全机关在反间谍工作中依法行使本法规定的职权。本法规定的职权主要是指本法第三章“调查处置”的相关职权，包括查验身份证明、问询有关情况、查看随带物品，查验电子设备、设施及有关程序、工具，查阅、调取有关的文件、数据、资料、物品，传唤违法行为人，检查人身、物品、场所，查询相关财产信息，查封、扣押、冻结相关场所、设施或者财物，对相关人员限制出境和入境，对网络信息内容或者网络攻击等风险依法进行处置，对相关人员采取技术侦察和身份保护措施，对间谍犯罪行为立案侦查等。

第二，国家安全机关在反间谍工作中依法行使有关法律规定的职权。有关法律规定的职权是指除本法规定的职权外，其他法律所规定的国家安全机关相应的职权。这些职权既包括行政性职权，也包括办理刑事案件的职权。行政性职权除了本法规定的以外，还包括国家安全机关在履行反间谍工作职责时根据军事设施保护法、人民警察法、邮政法、出境入境管理法、保守国家秘密法、人民武装警察法、护照法、数据安全法等规定依法行使相应的职权。国家安全机关依法办理刑事案件的职权主要指刑事诉讼法、国家安全法等规定的侦查、拘留、预审、执行逮捕等。如刑事诉讼法第四条规定：“国家安全机关依照法律规定，办理危害国家安全的刑事案件，行使与公安机关相同的职权。”刑事诉讼法中对公安机关的侦查、拘留、预审、执行逮捕的条件、程序、要求等都作了具体规定，国家安全机关行使侦查、拘留、预审和执行逮捕等职权必须严格依照刑事诉讼法等有关法律的规定，不得因承担任务的特殊性而违反法律规定的程序、超越法律规定的职权。国家安全机关在行使其他法律规定的职权时，也必须严格按照有关法律规定的职权范围、程序和要求办事。国家安全法第四十二条第一款规定，国家安全机关、公安机关依法搜集涉及国家安全的情报信息，在国家安全工作中依法行使侦查、拘留、预审和执行逮捕以及法律规定的其他职权。第七十五条规定，国家安全机关、公安机关、有关军事机关开展国家安全专门工作，可以依法采取必要手段和方式。

1. “侦查”，是指专门机关在办理刑事案件的过程中，依照刑事诉讼法规定的程序依法采取的一系列专门调查手段和强制性措施。侦查的目的在于收集、调取证据材料，以查清案件事实。立案是侦查的开始，也是侦查的前提。国家安全机关对于控告、检举、自首及调查的材料，经审查发现犯罪事实或者犯罪嫌疑人的，应当立案。对于已立案的案件要及时采取侦查措施，开展侦查活动。侦查活动主要包括：讯问犯罪嫌疑人，询问证人，勘验、检查，搜查，查封、扣押物证、书证，鉴定，技术侦查措施，采取必要的强制措施等。国家安全机关在反间谍工作中可以依照刑事诉讼法规定的强制措施的种类、条件和程序对犯罪嫌疑人采取强制措施，主要包括拘传、取保候审、监视居住、拘留和执行逮捕。

2. “拘留”，是指刑事拘留。刑事拘留是在紧急情况下，对现行犯或者重大嫌疑分子采取的依法剥夺其人身自由的强制性措施。拘留的目的是及时制止正在进行的犯罪，抓获现行犯罪分子和重大嫌疑分子；阻止犯罪危害延续，尽量消除犯罪后果；及时取得罪证，查明案情，保证侦查工作顺利进行。国家安全机关有依法对犯罪嫌疑人决定刑事拘留和执行拘留的权力。根据刑事诉讼法的规定，有下列情形之一的，可以先行拘留：（1）正在预备犯罪、实行犯罪或者在犯罪后即时被发觉的；（2）被害人或者在场亲眼看见的人指认他犯罪的；（3）在身边或者住处发现有犯罪证据的；（4）犯罪后企图自杀、逃跑或者在逃的；（5）有毁灭、伪造证据或者串供可能的；（6）不讲真实姓名、住址，身份不明的；（7）有流窜作案、多次作案、结伙作案重大嫌疑的。拘留人的时候，必须出示拘留证。拘留后，应当立即将被拘留人送看守所羁押，至迟不得超过二十四小时。对被拘留的人，应当在拘留后的二十四小时以内进行讯问。在发现不应当拘留的时候，必须立即释放，发给释放证明。对被拘留的人，认为需要逮捕的，应当在拘留后的三日以内，提请人民检察院审查批准。在特殊情况下，提请审查批准的时间可以延长一日至四日。对于流窜作案、多次作案、结伙作案的重大嫌疑分子，提请审查批准的时间可以延长至三十日。人民检察院应当自接到提请批准逮捕书后的七日以内，作出批准逮捕或者不批准逮捕的决定。人民检察院不批准逮捕的，国家安全机关应当在接到通知后立即释放，并且将执行情况及时通知人民检察院。对于需要继续侦查，并且符合取保候审、监视居住条件的，依法取保候审或者监视居住。

3. “预审”是侦查阶段的重要环节，对核实证据、澄清事实，准确认定犯罪，惩罚犯罪，保证诉讼活动的正常进行具有重要意义。预审的任务是对侦查中收集、调取的各种证据材料予以核实，即进一步运用侦查手段复核证据，确定定案根据，认定案件事实，同时通过预审活动进一步发现犯罪线索，扩大侦查成果，为侦查终结、正确处理案件打下可靠基础。国家安全机关在反间谍工作中，对侦查获得的证据证明有犯罪事实，已查获犯罪嫌疑人且犯罪嫌疑人已被控制的，综合运用各种侦查措施进行预审，核实收集、调取的证据材料，有利于下一步正确处理案件，保证案件质量。

4. “执行逮捕”，这里是指经人民检察院批准逮捕或者人民法院决定逮捕，由国家安全机关对犯罪嫌疑人、被告人实施逮捕。逮捕由人民检察院批准或者人民法院决定，国家安全机关要求逮捕犯罪嫌疑人的时候，应当写出提请批准逮捕书，连同案卷材料、证据，一并移送人民检察院审查批准。根据刑事诉讼法的规定，对有证据证明有犯罪事实，可能判处徒刑以上刑罚的犯罪嫌疑人、被告人，采取取保候审尚不足以防止发生下列社会危险性的，应当予以逮捕：（1）可能实施新的犯罪的；（2）有危害国家安全、公共安全或者社会秩序的现实危险的；（3）可能毁灭、伪造证据，干扰证人作证或者串供的；（4）可能对被害人、举报人、控告人实施打击报复的；（5）企图自杀或者逃跑的。对有证据证明有犯罪事实，可能判处十年有期徒刑以上刑罚的，或者有证据证明有犯罪事实，可能判处徒刑以上刑罚，曾经故意犯罪或者身份不明的，应当予以逮捕。此外，被取保候审、监视居住的犯罪嫌疑人、被告人违反取保候审、监视居住规定，情节严重的，也可以予以逮捕。根据刑事诉讼法关于逮捕程序的规定，国家安全机关逮捕人的时候，必须出示逮捕证。逮捕后，应当立即将被逮捕人送看守所羁押。除无法通知的以外，应当在逮捕后二十四小时以内，通知被逮捕人的家属。国家安全机关必须在逮捕后的二十四小时以内对被逮捕的人进行讯问，在发现不应当逮捕的时候，必须立即释放，发给释放证明。

◆ **相关规定**

《全国人民代表大会常务委员会关于国家安全机关行使公安机关的侦查、拘留、预审和执行逮捕的职权的决定》；《中华人民共和国刑事诉讼法》第四条、第八十一条、第八十五条至第八十七条、第九十一条、第九十三条、第九十四条、第二编第二章；《中华人民共和国国家安全法》第四十二条；《中华人民共和国军事设施保护法》第五十二条；《中华人民共和国人民警察法》第二条；《中华人民共和国邮政法》第三条、第七条、第三十六条；《中华人民共和国出境入境管理法》第四十四条；《中华人民共和国保守国家秘密法》第二十八条；《中华人民共和国人民武装警察法》第十五条、第二十条、第二十一条；《中华人民共和国居民身份证法》第十五条；《中华人民共和国护照法》第十五条；《中华人民共和国枪支管理法》第五条；《中华人民共和国数据安全法》第三十五条

---

**第二十四条** 国家安全机关工作人员依法执行反间谍工作任务时，依照规定出示工作证件，可以查验中国公民或者境外人员的身份证明，向有关个人和组织问询有关情况，对身份不明、有间谍行为嫌疑的人员，可以查看其随带物品。

---

### ◆ 条文主旨

本条是关于国家安全机关工作人员依法查验身份证明、问询有关情况、查看随带物品的规定。

### ◆ 立法背景

本条是1993年国家安全法的规定，2014年制定反间谍法时作了修改，2023年修订反间谍法时又作了修改。

**（一）立法背景及修改情况**

1. 1993年国家安全法的规定。第七条规定："国家安全机关的工作人员依法执行国家安全工作任务时，经出示相应证件，有权查验中国公民或者境外人员的身份证明；向有关组织和人员调查、询问有关情况。"为了应对国内国际安全形势，进一步推动国家安全机关反间谍工作的制度化、规范化、法律化，保障国家安全机关依法执行国家安全工作任务，规范国家安全机关查验、调查、询问相应职权和程序，1993年国家安全法第七条对此进行了规定。

2. 2014年反间谍法的规定。第九条规定："国家安全机关的工作人员依法执行任务时，依照规定出示相应证件，有权查验中国公民或者境外人员的身份证明，向有关组织和人员调查、询问有关情况。"

国家安全机关是反间谍工作的主管机关，为了便于国家安全机关防范、制止、惩治间谍行为，有必要从法律上赋予国家安全机关及其执行职务的工作人员相应职权。该条规定的是查验有关人员身份证明和向有关组织、人员调查、询问的职权。该条对1993年国家安全法第七条作了两处修改：一是删去了"国家安全工作"的表述，突出了根据总体国家安全观的要求，将1993年国家安全法修订为反间谍法的立法目的；二是在"出示相应证件"前增加"依照规定"的程序要求。1993年国家安全法对国家安全机关行使该条规定的职权时的程序要求是"经出示相应证件"。将"经出示相应证件"改为"依照规定出示相应证件"，对国家安全机关行使职权的具体程序作出了更明确的规定。

3. 2023年修订后的反间谍法的规定。此次修订对2014年反间谍法第九条作了以下修改：一是将"依法执行任务时"修改为"依法执行反间谍工作任务时"，进一步明确了国家安全机关行使相关职权在依法执行反间谍工作任务时，符合反间谍法修订的精细化、体系化要求，是依法合理行使职权的直接体现。为进一步区分"调查处置"的轻重措施，本章部分条款使用"依法执行反间谍工作任务"的表述，如第二十四条、第二十五条、第二十六条对一般性初查、筛查的规定；部分条款使用"调查间谍行为"的表述，如第二十八条、第二十九条、第三十条规定了有针对性地开展调查工作等。二是将"出示相应证件"修改为"出示工作证件"，进一步明确了出示证件的范围。三是将“向有关组织和人员调查、询问有关情况”修改为“向有关个人和组织问询有关情况”，表述更精准。四是增加规定“对身份不明、有间谍行为嫌疑的人员，可以查看其随带物品”。为了加强执法的针对性、有效性，适应查处间谍行为的实际需要，有必要赋予国家安全机关对身份不明、有间谍行为嫌疑的人员的随带物品进行检查的权力，从而对一些特定的间谍行为高风险人员执行更为严格的筛查，进一步织密查处间谍违法犯罪行为的网。为此，反间谍法实施细则第十二条规定，国家安全机关工作人员依法执行反间谍工作任务时，对发现身份不明、有危害国家安全行为的嫌疑人员，可以检查其随带物品。此次修订反间谍法，将实践中行之有效的规定上升为法律。

### （二）公开征求意见的情况

关于国家安全机关工作人员依法查验身份证明、问询有关情况、查看随带物品，社会公众提出了一些意见建议：有的建议将“有权查验”修改为“可以查验”；有的建议将“依法执行任务”明确修改为“依法执行反间谍工作任务”；有的建议将“境外个人”修改为“境外人员”；有的建议将“相应证件”修改为“工作证件”。

有的提出，参考反间谍法实施细则第十二条，增加“有间谍行为嫌疑”的规定；有的建议在“身份证明”后增加“其他有关证件”；有的建议将“可以查看其随带物品”修改为“可依法进行盘问和检查”或“有权查看随带物品”；有的建议列明国家安全机关查验身份证明的具体情形。

### （三）有关国家和地区的规定

对于国家安全部门在反间谍工作中的职权，一些国家均规定诸如查验身份证明、问询有关情况、查看随带物品等相关职权。如美国联邦调查局可对相关人员进行盘查等。俄罗斯联邦安全局可采取盘查措施，包括查验公民的身份证件、检查随带物品、搜查嫌疑人人身和车辆、带回审查等。德国联邦宪法保卫局有权向任何部门要求提供有关具体人和事情的情况，有权查阅户口申报登记簿、证件登记簿、护照登记簿、驾驶证登记簿、武器持有证等。

## ◆ 条文释义

本条规定主要包含以下几个方面的内容：

第一，本条规定的“依法执行反间谍工作任务”是行使本条规定职权的前提条件。这一条件包括两层意思：一是要依法。依照的法律是广义的，既包括依照本法的规定，也包括依照宪法、刑法、刑事诉讼法、《全国人民代表大会常务委员会关于国家安全机关行使公安机关的侦查、拘留、预审和执行逮捕的职权的决定》、居民身份证法、保守国家秘密法以及其他法律中有关国家安全的规定。二是必须执行反间谍工作任务时才能行使这些职权，如为监视和掌握间谍的活动情况而进行的调查工作，为防范、制止、惩治间谍行为而开展的各项具体工作等。

第二，国家安全机关行使本条规定的职权时，需要依照规定出示工作证件。这里的依照规定，是指依照法律、行政法规以及国家安全部有关证件的管理、使用的规定。“工作证件”，这里是指国家安全机关工作人员根据其工作任务的不同，按照规定使用的有关证件，包括工作证、侦察证等。考虑到国家安全机关工作人员在执行不同任务时所需要出示的证件可能有所不同，为便于实践中执行，明确规定必须出示工作证件。

第三，国家安全机关依法行使查验职权。在反间谍工作的实践中，查验身份证明是国家安全机关做好反间谍工作的实际需要，因此，本条规定国家安全机关工作人员可以查验中国公民或者境外人员的身份证明，从而在法律上对国家安全机关的这项职权予以确认。应当注意的是，本条规定的是国家安全机关工作人员可以“查验”身份证明，而不是扣留身份证明。身份证明包括居民身份证、军官证、士官证、士兵证、护照、有效签证、港澳居民往来内地通行证等可以证明身份的证件。

第四，国家安全机关依法行使问询的职权。本条规定的国家安全机关的另一项职权是向有关个人和组织问询有关情况。问询不同于治安管理处罚法、刑事诉讼法等中的询问，相比询问，问询的对象范围更广，包括的不特定对象更多；问询程序更为简化，没有询问的适用场景正式，执法过程更为随机，国家安全机关工作人员在执行反间谍工作任务时需出示工作证件才可以问询。国家安全机关向有关个人和组织问询有关情况，既包括一般性地了解情况，也包含国家安全机关根据刑事诉讼法的规定调查间谍犯罪时的专门性初查、线索筛查等工作。本条进一步明确了向有关个人和组织问询有关情况需要履行依照规定出示工作证件的程序，进一步严明了国家安全机关行使职权的要求，规范了国家安全机关工作人员的行为，防止权力滥用。

第五，国家安全机关依法行使查看随带物品的职权。此项职权是此次反间谍法修订时新增加的内容，符合查处间谍行为的实际需要，对身份不明、有间谍行为嫌疑的人员的随带物品进行检查，有利于加强国家安全机关执法的针对性和有效性。“身份不明”，是指国家安全机关在查验个人身份证明、问询有关情况时，其无法提供或有意隐瞒其真实姓名、住址信息等，导致国家安全机关对其身份信息无法确定。“有间谍行为嫌疑的人员”，是指可能存在间谍行为违法犯罪事实或者有线索表明间谍行为与之相关，国家安全机关需进一步初查核实的相关行为人员。身份不明、有间谍行为嫌疑的人员属于实施间谍行为的高风险人员，这些人员不同于普通公民，因而需要进一步检查核实以排除间谍行为的嫌疑。不同于间谍犯罪案件中的调查、搜查，国家安全机关所查看的物品，仅限于该特定人员本身随带的物品，如需进一步调查和搜查，国家安全机关应履行相应的审批手续。

第六，对国家安全机关依法行使职权，个人和组织有依法配合的义务。反间谍法第七条第一款规定：“中华人民共和国公民有维护国家的安全、荣誉和利益的义务，不得有危害国家的安全、荣誉和利益的行为。”第七条第二款规定：“一切国家机关和武装力量、各政党和各人民团体、企业事业组织和其他社会组织，都有防范、制止间谍行为，维护国家安全的义务。”第八条规定：“任何公民和组织都应当依法支持、协助反间谍工作，保守所知悉的国家秘密和反间谍工作秘密。”第三十二条规定：“在国家安全机关调查了解有关间谍行为的情况、收集有关证据时，有关个人和组织应当如实提供，不得拒绝。”根据上述规定，任何个人和组织在国家安全机关查验身份证明、问询有关情况、查看随带物品时，都有义务积极配合，不得推诿拒绝。

第七，对国家安全机关非依法行使职权，个人和组织有检举、控告的权利。反间谍法第五十二条规定：“任何个人和组织对国家安全机关及其工作人员超越职权、滥用职权和其他违法行为，都有权向上级国家安全机关或者监察机关、人民检察院等有关部门检举、控告。受理检举、控告的国家安全机关或者监察机关、人民检察院等有关部门应当及时查清事实，依法处理，并将处理结果及时告知检举人、控告人。对支持、协助国家安全机关工作或者依法检举、控告的个人和组织，任何个人和组织不得压制和打击报复。”个人和组织如发现国家安全机关工作人员在查验身份证明、问询有关情况、查看随带物品时非依法进行，可依法进行检举、控告以保障自己的合法权益。

### ◆ 实践中需要注意的问题

在本条的理解适用中，需要注意以下两个方面的问题：

第一，对于国家安全机关而言，该条既是赋权性条款，同时也是限权性条款，需要国家安全机关在执法中准确把握。一方面，本法规定了国家安全机关依法查验身份证明、问询有关情况、查看随带物品的职权，保证了反间谍工作的实际需求，对于增强反间谍工作能力具有积极意义。另一方面，本条明确了国家安全机关依法行使职权所必须具备的条件，将前提限定在“依法执行反间谍工作任务时”，执法前需“出示工作证件”，对中国公民或者境外人员可以查验身份证明，依照规定对身份不明、有间谍行为嫌疑的人员可以查看其随带物品。可以说，该条既是国家安全机关的相关执法依据，又是防止其滥用执法权、保障执法规范化的依据。

第二，国家安全机关在依法执法过程中应注意问询与询问的异同。（1）二者在对象范围上不同，问询面对不特定个人和组织，询问则指相关行为人、被侵害人、受害人、相关证人等案件特定人员。（2）二者实施的时间节点不同，问询属于一般性的随机执法，不需要有案件发生或以立案为前提条件，询问则是有目的的调查、侦查行为，在案件发生后或立案后进行。（3）二者执法所需的相关程序不同，问询需要依法出示工作证件后进行，执法程序相对简单，询问则程序要求的条件更多，如需送达制式文书，需两人出示工作证件后进行，需制作相关笔录、当事人签章等。（4）二者产生的法律后果不同，问询的结果一般是了解情况，不直接作为证据使用，询问则是就案件相关问题的陈述，一般是直接作为证据使用的。

◆ **相关规定**

《中华人民共和国反恐怖主义法》第五十一条；《中华人民共和国反有组织犯罪法》第二十六条；《中华人民共和国反间谍法实施细则》第十一条、第十二条、第十四条第二款

---

**第二十五条** 国家安全机关工作人员依法执行反间谍工作任务时，经设区的市级以上国家安全机关负责人批准，出示工作证件，可以查验有关个人和组织的电子设备、设施及有关程序、工具。查验中发现存在危害国家安全情形的，国家安全机关应当责令其采取措施立即整改。拒绝整改或者整改后仍存在危害国家安全隐患的，可以予以查封、扣押。

对依照前款规定查封、扣押的电子设备、设施及有关程序、工具，在危害国家安全的情形消除后，国家安全机关应当及时解除查封、扣押。

---

◆ **条文主旨**

本条是关于国家安全机关依法对有关个人和组织的电子设备、设施及有关程序、工具查验及查封、扣押的规定。

◆ **立法背景**

本条是1993年国家安全法的规定，2014年制定反间谍法时作了修改，2023年修订反间谍法时又作了修改。

**（一）立法背景及修改情况**

1. 1993年国家安全法的规定。第十一条规定："国家安全机关为维护国家安全的需要，可以查验组织和个人的电子通信工具、器材等设备、设施。"

随着现代科学技术的发展和网络时代的到来，各种信息储存、传输工具和传递手段层出不穷，电子产品所承载的信息、秘密也越来越多，而境外间谍机构和敌对势力在窃取、刺探我国政治、军事、科技、经济等方面情报的活动一天也没有放松

过，最新的技术往往也最先被运用到情报活动中，传统的通过人员的窃密等活动已经越来越多地被电子窃听、窃照，侵入、破坏计算机系统等信息技术所取代。为了适应信息技术的快速发展和反间谍斗争的工作需要，1993 年国家安全法第十一条规定了国家安全机关可以查验组织和个人的电子通信工具、器材等设备、设施的职权。

2. 2014 年反间谍法的规定。第十三条规定："国家安全机关因反间谍工作需要，可以依照规定查验有关组织和个人的电子通信工具、器材等设备、设施。查验中发现存在危害国家安全情形的，国家安全机关应当责令其整改；拒绝整改或者整改后仍不符合要求的，可以予以查封、扣押。对依照前款规定查封、扣押的设备、设施，在危害国家安全的情形消除后，国家安全机关应当及时解除查封、扣押。"

2014 年反间谍法第十三条对 1993 年国家安全法第十一条作了以下修改：一是将"为维护国家安全的需要"修改为"因反间谍工作需要"。二是将"可以查验组织和个人的电子通信工具、器材等设备、设施"修改为"可以依照规定查验有关组织和个人的电子通信工具、器材等设备、设施"，使表述更为严谨、规范，进一步明确国家安全机关执法应有法可依，必须严格依法执法。三是增加规定"查验中发现存在危害国家安全情形的，国家安全机关应当责令其整改；拒绝整改或者整改后仍不符合要求的，可以予以查封、扣押"。国家安全机关查验有关组织和个人的电子通信工具、器材等设备、设施，目的是防范间谍行为的发生。实践中还存在由于有关组织和个人反间谍知识或反间谍意识的不足，在不知情的情况下给反间谍工作埋下隐患的情形，由国家安全机关进行检查，查明这些电子设备、设施是否具有防止泄密、窃密等方面的功能，有利于防止类似情况的发生。对检查后发现存在危害国家安全情形的，可以责令整改，拒绝整改或整改后仍不符合要求的，可以予以查封、扣押。四是增加规定"对依照前款规定查封、扣押的设备、设施，在危害国家安全的情形消除后，国家安全机关应当及时解除查封、扣押"，为国家安全机关依法合理履行该项职责提供了法律依据，防止该项权力过度行使造成的不利影响，也为组织和个人维护合法权利提供了救济依据。

3. 2023 年修订后的反间谍法的规定。此次修订对 2014 年反间谍法第十三条作了以下修改：一是将"国家安全机关"修改为"国家安全机关工作人员"。二是将"因反间谍工作需要"修改为"依法执行反间谍工作任务时"。三是增加程序性规定，明确必须"经设区的市级以上国家安全机关负责人批准，出示工作证件"。随着电子信息技术的智能化发展，手机、电脑及其他电子设备、设施及有关程序、工具等功能日益强大，储存和计算能力越来越强，公民日常生活和公司企业办公等已严重依赖这些电子设备、设施。考虑查验个人和组织的电子设备、设施及有关程序、工具，可能涉及公民的个人隐私和组织的商业秘密等，国家安全机关执行反间谍工作任务时，需要查验相关设备、设施等，应严格履行相应的程序，在保障反间谍工作需要的同时，注重保护个人和组织的合法权益，防止因滥用执法权导致个人和组织的利益受损。四是将“查验有关组织和个人的电子通信工具、器材等设备、设施”修改为“查验有关个人和组织的电子设备、设施及有关程序、工具”，同时第二款也相应增加了“有关程序、工具”的内容。网络信息技术的集成式、链条化发展，决定了现代的电子设备、设施等已不单是过去传统意义的储存、通信工具，还包含了具有高度智能化的应用程序、处理工具等。在反间谍工作中，对电子设备、设施进行查验也应更为深入和细致。实践中发现一些间谍程序和特殊电子工具就隐藏在一些电子设备、设施中，不易被发现，给反间谍工作带来了一些障碍。因此，本条规定将查验的设备、设施拓展至有关程序、工具，对反间谍斗争具有实践意义。五是将“拒绝整改或者整改后仍不符合要求的”修改为“拒绝整改或者整改后仍存在危害国家安全隐患的”。在常委会审议时，有的常委委员提出，“不符合要求”，表述过于模糊，不宜把握，建议修改为“仍然存在危害国家安全隐患”。

**（二）公开征求意见的情况**

关于国家安全机关依法对有关个人和组织的电子设备、设施及有关程序、工具查验及查封、扣押的相关规定，社会公众提出了一些意见建议：有的提出，电子程序、电子工具无法查封、扣押，建议删去“程序、工具”；有的建议将“予以查封、扣押”修改为“停止使用”；有的建议明确“查封、扣押”期限不得超过二个月，情况复杂的，经上一级国家安全机关负责人批准可以延长一个月；有的提出，查验电子设备等涉及公民隐私，建议增加补充程序规定；有的建议相关执法在第三方（非政府组织）的现场见证下执行。设区的市级以上国家安全机关负责人批准时应当同时出具许可证明。在紧急情况下，设区的市级以上国家安全机关负责人可以口头批准，但在紧急情况解除时，应当补发许可证明并向个人和组织出示。负责人口头批准后应当补充情况说明并进行备案。

**（三）有关国家和地区的规定**

关于对有关个人和组织的电子设备、设施及有关程序、工具查验及查封、扣押，一些国家和地区规定了国家安全部门在反间谍工作中可行使相应的权力。俄罗斯联邦安全局可进行公开调查，包括询问和查询、调取信息、访问数据库、获取生物识别信息等，还可对无线电电子设备等进行登记和集中管理等。英国安全局可以在未获许可令的情况下，依法获取需要的某些资料；可以要求强制信息披露，对受密码保护的电子资料等，强制特定人员披露相关信息，包括被授权使用期掌握的接触该信息的解答密码或将其转化为可理解的内容，将信息转变为可以理解的形式等。加拿大皇家骑警和安全情报局可以截取任何通讯或获取任何情报、档案、文件或物品，并可为此目的进入任何地点或接近、取得任何物品；搜查，移动或归还，检查，摘录或复制，或依任何方式记录有关情报、档案、文件或物品；安装、保存或移动任何物品。德国联邦宪法保卫局可以查阅调取数据信息，如从信贷机构、金融服务机构以及金融企业、邮政服务、航空公司、电信通讯服务和电信服务处无偿获取信息等。

◆ **条文释义**

本条共分两款。第一款是关于国家安全机关依法对有关个人和组织的电子设备、设施及有关程序、工具查验及查封、扣押的规定。

本款主要包含以下几个方面的内容：

第一，关于国家安全机关查验的对象及范围。国家安全机关查验主要针对有关个人和组织的电子设备、设施及有关程序、工具。本款所说的“有关个人和组织”是广义的，“个人”包括中国公民和在中国境内的外国人、无国籍人等；“组织”既包括国内的机构、组织，也包括外国和境外地区在我国领域内设立的机构、组织，如中外合资企业、外资企业等。“电子设备、设施及有关程序、工具”是指由集成电路、电子管、晶体管等电子元件组成，应用电子技术、软件等发挥作用的设备、设施，其中包含应用的程序、软件工具等。这里的电子设备、设施主要指具有通信联络、信息传递代拟稿等功能的电子设备、设施，例如复印机、打印机、传真机、计算机、固定或者移动电话机、智能手环等，也包括其他普通的电子设备、设施。

第二，关于国家安全机关行使职权的限定性要求。对电子设备、设施进行检查，不可避免地会涉及组织和个人的合法权利，为保障组织、个人的合法权益，本条对国家安全机关行使这一职权作了限制性规定，包括：一是必须是“依法执行反间谍工作任务时”。这一时间阶段的限定具体是指国家安全机关工作人员依法正在进行反间谍调查、侦查或其他反间谍工作相关任务时。二是规定了国家安全机关工作人员行使该项职权需“经设区的市级以上国家安全机关负责人批准”的审批程序，未经批准或随机执法过程中不能行使此项职权，进一步严格规范了国家安全机关的执法行为，防止执法权被滥用和执法随意化。三是国家安全机关工作人员在执法过程中还应严格依照规定出示工作证件，最大程度地保障个人和组织的合法权益。

第三，对电子设备、设施及有关程序、工具的临时处置权。对查验中发现存在危害国家安全情形的，本法赋予了国家安全机关责令整改以及查封、扣押的权力。实践中有些组织和个人由于对反间谍工作不了解，对电子设备、设施及有关程序、工具本身存在隐患或者不适当地使用存在隐患并不知情，经国家安全机关提醒会积极整改，使之消除隐患符合要求，但也存在有些组织和个人不配合国家安全机关工作，经责令整改后仍拒绝整改或整改后仍存在危害国家安全隐患的情况。为此，本条规定为了保障国家安全，国家安全机关可以将有关的电子设备、设施及有关程序、工具进行查封、扣押，以消除隐患，防范间谍行为的发生。

第二款是关于国家安全机关对查封、扣押的电子设备、设施及有关程序、工具，在危害国家安全的情形消除后及时解除查封、扣押的规定。

查封、扣押相关设备、设施及有关程序、工具的目的是制止危害国家安全情形的发生，进而防范间谍行为。但查封、扣押有关设备、设施及有关程序、工具不可避免地会对组织的正常运转、个人的正常通信带来不便，法律的规定既要有利于专门机关行使职权，也要注意规范权力运行，因此本款规定，当危害国家安全的情形消除后，要及时地解除查封、扣押。这样，在保障公权力行使的同时也能最大限度地维护组织和个人的合法权利，也有利于争取社会方面理解和支持反间谍工作。

◆ **实践中需要注意的问题**

在本条的理解适用中，需要注意以下两个方面的问题：

第一，本条中的查封、扣押是具有防范性的临时约束性措施。国家安全机关行使该项职权的原因是：个人和组织对其存在危害国家安全情形的电子设备、设施及有关程序、工具拒绝进行整改或整改后仍存在危害国家安全隐患。该处的查封、扣押性质不同于诉讼程序中对涉案财物所采取的查封、扣押强制措施。这是国家安全机关为了填补可能危害国家安全的漏洞，在不得已情况下所采取的临时约束性措施，具有即时性和作为最后手段的意义。因此，本条第二款对应及时解除该查封、扣押作了明确的规定。

第二，查验的对象包括电子设备、设施及有关程序、工具。

国家安全机关执法过程中，既可以查验电子设备、设施等硬件本身所储存的内容等，也可以查验这些电子设备、设施中的程序信息、软件工具等相关内容，包括这些软件在互联网云盘等中间媒介储存、传递的信息等。这体现出筛查国家安全隐患无死角，也符合信息技术发展的新形式、新样态。

◆ **相关规定**

《中华人民共和国刑法》第二百八十五条第三款；《中华人民共和国行政强制法》第二十三条；《中华人民共和国反有组织犯罪法》第三十九条第一款

---

**第二十六条**　国家安全机关工作人员依法执行反间谍工作任务时，根据国家有关规定，经设区的市级以上国家安全机关负责人批准，可以查阅、调取有关的文件、数据、资料、物品，有关个人和组织应当予以配合。查阅、调取不得超出执行反间谍工作任务所需的范围和限度。

---

◆ **条文主旨**

本条是关于国家安全机关工作人员依法执行反间谍工作任务时，可以查阅、调取有关的文件、数据、资料、物品的规定。

◆ **立法背景**

本条是1993年国家安全法的规定，2014年制定反间谍法时作了修改，2023年修订反间谍法时又作了修改。

**（一）立法背景及修改情况**

1. 1993年国家安全法的规定。第八条规定："国家安全机关的工作人员依法执行国家安全工作任务时，经出示相应证件，可以进入有关场所；根据国家有关规定，经过批准，出示相应证件，可以进入限制进入的有关地区、场所、单位；查看或者调阅有关的档案、资料、物品。"

国家安全机关工作人员执行国家安全工作任务时，查清案件事实是重要工作内容，调查取证是查清事实的重要步骤。国家安全机关工作人员在调取证据时，应当尽可能全面调取能够证明案件真实情况的事实材料，全面调取犯罪嫌疑人有罪、无罪、罪轻、罪重的证据材料。只有这样才能更加清楚地查明案件事实，也是确保正确处理案件的前提。同时，调查取证过程中应坚持合法取证规则，即要求取证主体合法、程序合法、方法得当。该条即对合法取证等规范执法过程作出具体规定。

2. 2014年反间谍法的规定。第十条规定："国家安全机关的工作人员依法执行任务时，依照规定出示相应证件，可以进入有关场所、单位；根据国家有关规定，经过批准，出示相应证件，可以进入限制进入的有关地区、场所、单位，查阅或者调取有关的档案、资料、物品。"

该条对1993年国家安全法第八条作了五处修改：一是删去了"国家安全工作"。二是将"经出示相应证件"改为"依照规定出示相应证件"。1993年国家安全法对国家安全机关行使该条规定的职权时的程序要求是"经出示相应证件"。在全国人大常委会审议反间谍法草案的过程中，有的提出，应对"经出示相应证件"的具体程序作出更明确的规定，为此，建议将"经出示相应证件"改为"依照规定出示相应证件"。实践中，执法人员应当严格按照相关规定出示相应证件。三是在"可以进入有关场所"后增加"单位"，这是因为"场所"不能涵盖所有执行任务需要进入的地方，增加"单位"使本条的规定更加准确和严密。四是将"可以进入限制进入的有关地区、场所、单位"后的分号改为逗号，进一步明确了查阅或者调取有关的档案、资料、物品，也需要根据国家有关规定，经过批准才能进行。五是将"查看或者调阅"修改为"查阅或者调取"，进一步明确国家安全机关在依法执行任务时，对有关的档案、资料、物品，既可以查阅，也可以根据工作需要调取，以便国家安全机关依法开展工作。

3. 2023年修订后的反间谍法的规定。此次修订对2014年反间谍法第十条作了以下修改：一是增加“反间谍工作”规定，进一步明确为国家安全机关工作人员依法执行反间谍工作任务时，行使上述职权。二是将“经过批准”修改为“经设区的市级以上国家安全机关负责人批准”，进一步严格了批准层级，明确查阅、调取有关的文件、数据、资料、物品职权行使的审批层级，即由设区的市级以上国家安全机关负责人批准。三是删去了“出示相应证件”的规定，这主要是考虑根据国家有关规定，已经涵盖出示相关证件的内容，没有必要再重复规定。四是进一步细化了查阅、调取的范围，将“档案、资料、物品”修改为“文件、数据、资料、物品”。进入计算机时代，工作和生活都离不开计算机系统，文件、资料等多以数据形式存储。作为可以查明案件事实的重要组成部分，本条规定“数据”内容，满足实际办案需要。五是增加“有关个人和组织应当予以配合”的义务规定。国家安全机关依职权进行调查的行为，个人和组织应当予以配合。本条增加上述规定，再次强调了有关个人和组织的配合义务。六是增加“查阅、调取不得超出执行反间谍工作任务所需的范围和限度”的限制性规定。个人信息保护法第三十四条规定：“国家机关为履行法定职责处理个人信息，应当依照法律、行政法规规定的权限、程序进行，不得超出履行法定职责所必需的范围和限度。”数据安全法第三十八条规定，国家机关为履行法定职责的需要收集、使用数据，应当在其履行法定职责的范围内依照法律、行政法规规定的条件和程序进行。根据上述规定和有关方面的意见建议，本条增加规定，强调国家安全机关查阅、调取文件、数据、资料、物品的范围和限度不能超出执行反间谍工作任务的需要，国家安全机关依法履行职权，不能超越执行任务需要调取与所执行任务无关的文件、数据、资料和物品。

**（二）公开征求意见的情况**

关于经设区的市级以上国家安全机关负责人批准，有的提出，在紧急情况下，设区的市级以上国家安全机关负责人可以口头批准，但在紧急情况解除时应当补发许可证明并向个人和组织出示。负责人口头批准后应当补充情况说明并进行备案。有的提出，有的口岸城市只有县，没有设区的市，建议进一步研究。有的建议，再斟酌本条和第三十条的授权级别问题，做到审批级别一致。

## ◆ 条文释义

本条规定了以下四个方面的内容：

第一，明确国家安全机关行使查阅、调取职权的条件。这里的“依法执行反间谍工作任务”是行使本条规定职权的前提条件，包括两个方面的内容：一是要依法。依照的法律是广义的，既包括依照本法的规定，也包括依照宪法、刑法、刑事诉讼法、《全国人民代表大会常务委员会关于国家安全机关行使公安机关的侦查、拘留、预审和执行逮捕的职权的决定》、居民身份证法、保守国家秘密法以及其他法律中有关国家安全的规定，还包括反间谍法实施细则及《反间谍安全防范工作规定》等行政法规、规章中关于国家安全的相关规定。二是必须在执行反间谍工作任务时才能行使这些职权。如果不是执行反间谍工作任务，国家安全机关就不能行使查阅、调取权力。

第二，在程序上，查阅、调取应当根据国家有关规定，经设区的市级以上国家安全机关负责人批准。这里所说的“根据国家有关规定”，是指法律、行政法规和规章，包括全国人民代表大会及其常务委员会制定的法律和决定，国务院制定的行政法规、规定的行政措施、发布的决定和命令，以及国务院所属的各部、各委员会根据法律和行政法规制定的规章，也包括国家安全机关依照反间谍法、刑事诉讼法、行政处罚法等法律、行政法规和国家安全机关制定的规章中关于查阅、调取有关的文件、数据、资料、物品的规定。相关的文件、数据、资料、物品，会涉及公民个人信息和公司、企业的经营状况、商业秘密等信息，查阅、调取应当经过办案机关批准。按照国家有关规定，履行相应的审批手续，规范办案程序。考虑国家安全机关的机构设置和办理案件需要，查阅、调取应当经设区的市级以上国家安全机关负责人批准。

第三，国家安全机关有依法行使查阅、调取有关的文件、数据、资料、物品的权力，但不得超出执行任务所需的范围和限度。行政机关应坚持法无授权不可为，对公民权利和自由限制的权力，更应该有明确规定。本条规定了国家安全机关依法享有查阅、调取与执行任务有关的文件、数据、资料、物品的权力。国家安全机关依法享有上述权力，有利于查明有关个人和组织的行为性质，以准确认定行为是否属于间谍行为，正确处理反间谍案件。国家安全机关在依法执行反间谍工作任务时，对有关的文件、数据、资料、物品，不仅可以查阅，还可以根据反间谍工作需要进行调取，作进一步分析，收集线索，固定证据。

国家安全机关办理反间谍案件，需要行使查阅、调取职权时，应当从准确查清案件事实的工作需要出发，在所需的范围和限度内查阅、调取与案件事实相关的文件、数据、资料、物品，不能任意扩大查阅、调取的范围，不能查阅、调取与案件无关的文件、数据、资料、物品，真正做到依法开展反间谍工作，维护国家安全，这也是依法行政、建设法治国家的重要一环。

第四，查阅、调取有关的文件、数据、资料、物品时，有关个人和组织应当予以配合。这里的配合是指应当为国家安全机关调查有关情况、收集有关证据提供便利条件等，不能无故拒绝、故意阻碍国家安全机关依法查阅、调取。国家安全法第七十七条规定，公民和组织应当履行下列维护国家安全的义务：为国家安全工作提供便利条件或者其他协助；向国家安全机关、公安机关和有关军事机关提供必要的支持和协助。反间谍法第八条规定，任何公民和组织都应当依法支持、协助反间谍工作。根据本法和国家安全法的规定，配合国家安全机关工作人员依法查阅、调取有关的文件、数据、资料、物品是有关个人和组织的义务。国家安全机关开展反间谍工作，必须依靠广大人民群众，需要查阅、调取有关的文件、数据、资料、物品时，应当积极主动与有关部门、单位和人员沟通协调，取得相关个人和组织的支持、配合，才能顺利完成任务。有关个人和组织也应当积极支持国家安全机关的工作，配合做好相关工作。对于不履行配合义务的个人和组织，一般情况，国家安全机关可以予以批评教育，应当予以处罚的，反间谍法第六十条和刑法明确规定了应当承担的法律责任。反间谍法第六十条规定，违反本法规定，有下列行为之一，构成犯罪的，依法追究刑事责任；尚不构成犯罪的，由国家安全机关予以警告或者处十日以下行政拘留，可以并处三万元以下罚款：明知他人有间谍犯罪行为，在国家安全机关向其调查有关情况、收集有关证据时，拒绝提供；故意阻碍国家安全机关依法执行任务。刑法第二百七十七条第一款规定，以暴力、威胁方法阻碍国家机关工作人员依法执行职务的，处三年以下有期徒刑、拘役、管制或者罚金。第四款规定，故意阻碍国家安全机关、公安机关依法执行国家安全工作任务，未使用暴力、威胁方法，造成严重后果的，依照第一款的规定处罚。第五款规定，暴力袭击正在依法执行职务的人民警察的，处三年以下有期徒刑、拘役或者管制；使用枪支、管制刀具，或者以驾驶机动车撞击等手段，严重危及其人身安全的，处三年以上七年以下有期徒刑。国家安全机关在执行反间谍有关工作时，应当按照要求查阅、调取有关的文件、数据、资料、物品，对于拒不配合的，需要予以处罚的，可以依照上述规定追究其法律责任，加强执法的权威性。

### ◆ 实践中需要注意的问题

在本条的理解适用中，需要注意以下几个方面的问题：

第一，拒不提供数据的法律责任，以数据安全法为处罚依据。数据是证据的重要组成部分。对拒不配合数据调取的，2023 年修订后的反间谍法规定了单独的法律责任。反间谍法第五十九条规定，违反本法规定，拒不配合数据调取的，由国家安全机关依照数据安全法的有关规定予以处罚。数据安全法第三十五条规定了有关组织、个人的配合义务。公安机关、国家安全机关因依法维护国家安全或者侦查犯罪的需要调取数据，应当按照国家有关规定，经过严格的批准手续，依法进行，有关组织、个人应当予以配合。数据安全法第四十八条第一款规定，违反本法第三十五条规定，拒不配合数据调取的，由有关主管部门责令改正，给予警告，并处五万元以上五十万元以下罚款，对直接负责的主管人员和其他直接责任人员处一万元以上十万元以下罚款。对于拒不配合调取数据的行为，国家安全机关可以依照上述规定作出处罚。

第二，细化查阅、调取的具体办法。本条在赋予国家安全机关查阅、调取有关的文件、数据、资料、物品职权的同时，对行使这些职权也作了相应规范。这样规定，为国家安全机关及其工作人员执行工作任务提供了必要的便利条件和法律保障，有利于反间谍工作的进行。本条规定了国家安全机关查阅、调取有关的文件、数据、资料和物品的权力，但对于批准的程序、形式、人员见证、保管办法、违法责任等查阅、调取的具体办法，需要国家安全机关进一步作出细化规定。

第三，注意查阅、调取的范围。执法过程中，既要查阅、调取能够证明有危害国家安全行为的文件、数据、资料、物品，也要查阅、调取能够证明没有危害国家安全行为的文件、数据、资料、物品，以保证证据的完整性、客观性。

第四，注重保护个人和组织的合法权益。本条在赋予国家安全机关职权的同时，也设置了禁止性规范，防止个别人滥用职权。国家安全机关工作人员在行使职权时要严格依照法律规定的条件和要求，尽量减少对有关单位、个人正常工作、生活的影响，保护个人和组织的合法权益。同时，国家安全机关等执法机关向网络服务提供者调取数据已成为侦查方式新常态，也要特别注意保护有关个人隐私和信息安全，保护有关组织的商业秘密等权利。

◆ **相关规定**

《中华人民共和国刑法》第二百七十七条；《中华人民共和国个人信息保护法》第三十四条；《中华人民共和国数据安全法》第三十五条、第三十八条、第四十八条第一款；《中华人民共和国反间谍法实施细则》第二十一条、第二十二条

---

**第二十七条** 需要传唤违反本法的人员接受调查的，经国家安全机关办案部门负责人批准，使用传唤证传唤。对现场发现的违反本法的人员，国家安全机关工作人员依照规定出示工作证件，可以口头传唤，但应当在询问笔录中注明。传唤的原因和依据应当告知被传唤人。对无正当理由拒不接受传唤或者逃避传唤的人，可以强制传唤。

国家安全机关应当在被传唤人所在市、县内的指定地点或者其住所进行询问。

国家安全机关对被传唤人应当及时询问查证。询问查证的时间不得超过八小时；情况复杂，可能适用行政拘留或者涉嫌犯罪的，询问查证的时

间不得超过二十四小时。国家安全机关应当为被传唤人提供必要的饮食和休息时间。严禁连续传唤。

除无法通知或者可能妨碍调查的情形以外，国家安全机关应当及时将传唤的原因通知被传唤人家属。在上述情形消失后，应当立即通知被传唤人家属。

---

## ◆ 条文主旨

本条是关于传唤违反本法人员的规定。

## ◆ 立法背景

本条是2023年修订反间谍法时增加的规定。根据反间谍工作的实践需要，增加传唤措施，并对传唤的条件、程序、时间和通知家属作了规定。

### （一）立法背景及修改情况

国家安全机关在调查涉嫌间谍行为的案件时，需要向当事人询问和查证，有时需要当面核实案件的具体情况。为了准确及时地了解案件情况、收集证据，国家安全机关工作人员现场发现违反本法的人员，如果不及时进行询问，就可能丧失最佳的取证时机。对此，本条规定可以口头传唤。在有些情况下，不能或者不便在现场进行询问查证，就需要通知违法行为人在规定的时间内到指定地点或者住所进行询问。这种询问查证方式，就是传唤。对无正当理由拒不接受传唤或者逃避传唤的人，可以强制传唤。同时，为保障被传唤人的合法权益，本条还规定了传唤的时间及为被传唤人提供必要的饮食和休息时间，并明确严禁连续传唤。这样规定，既保证了国家安全机关办理案件的需要，同时也限制了办案人员随意延长传唤时间，以规范传唤、强制传唤措施的适用。

### （二）公开征求意见的情况

关于第一款，有的建议将“违反本法的人员”修改为“嫌疑人员”；有的建议，提高审批层级，将“经国家安全机关办案部门负责人批准”修改为“经设区的市级以上国家安全机关负责人批准”，与反间谍法第二十五条、第二十六条、第二十八条的规定相一致；有的建议参照刑事诉讼法第一百一十九条的规定，传唤时需要出具国家安全机关签发的证明文件，国家安全机关内部如何批准签发，可不作规定。

关于第三款，有的建议修改为“询问查证持续的时间不得超过十二小时；案情特别重大、复杂，需要采取拘留、逮捕强制措施的，传唤、拘传持续的时间不得超过二十四小时”，适当延长询问查证时间，保障办案效果；有的建议将“严禁连续传唤”修改为“严禁违法连续传唤”；有的建议增加规定“国家安全机关在询问查证时，可以对询问过程进行录音或者录像；对可能适用行政拘留或涉嫌构成犯罪的，应当对询问全过程进行录音或者录像，留存备查，询问应当个别进行”。

关于第四款，有的建议明确对被传唤人家属不在国内、无法联系、无亲属情况下向谁通知的问题。

◆ **条文释义**

本条共分四款。第一款是关于传唤、强制传唤违反本法的人员的规定。

本款规定包含以下四个方面的内容：

第一，传唤的条件。根据本款规定，需要传唤违反本法的人员接受调查的，经国家安全机关办案部门负责人批准，使用传唤证传唤。一是，需要传唤违反本法的人员接受调查。这里是指办理反间谍案件的国家安全机关，为了执行反间谍任务需要，将有间谍行为嫌疑的人员或者其他违反本法人员传唤到国家安全机关或者被传唤人住所等地点接受国家安全机关调查。二是，必须经国家安全机关办案部门负责人批准。由于传唤涉及对公民人身自由的限制，因此，必须在适用程序上加以严格规定。也就是说，只有国家安全机关办案部门确实需要将危害国家安全的行为人传唤到指定地点或者其住所进行传唤，不能凡是需要询问查证的都使用传唤的形式。这里所说的“国家安全机关办案部门负责人”，是在国家安全机关中具体负责办理违反本法案件的部门的负责人。只有经过该负责人的批准，才能对违反本法的行为人进行传唤。在具体执行中，国家安全机关一般都规定有完备的审批制度，以防止传唤被滥用。三是，必须“使用传唤证”进行传唤。这里所说的“传唤证”就是国家安全机关向被传唤人出示的正式书面传唤通知。这样规定，是为了防止传唤的随意性。

第二，口头传唤的要求。根据本款规定，对现场发现的违反本法的人员，国家安全机关工作人员依照规定出示工作证件，可以口头传唤，但应当在询问笔录中注明。一是，现场发现的违反本法的人员。针对实际情况，有时在现场发现违反本法的人员，再办理传唤证不符合办理案件的实际需要，口头传唤是为了在现场及时获取相关的证据，防止证据流失。因此，本款规定，对现场发现的违反本法的人员，可以口头传唤。二是，应当依照规定出示工作证件。这里所说的“依照规定出示工作证件”是指依照反间谍法实施细则第十四条规定，国家安全机关工作人员依法执行反间谍工作任务时，应当出示国家安全部侦察证或者其他相应证件。出示工作证件，表明国家机关工作人员身份，依法享有执法权限，同时可要求有关的单位和个人予以配合，对违反本法的人员进行口头传唤。口头传唤的目的是把握获取相关证据的最佳时机，但办案人员也必须依照规定出示工作证件，才能进行口头传唤。三是，口头传唤的，应当在询问笔录中注明。这里的注明，是指国家安全机关工作人员在询问笔录中就对违反本法的人员进行口头传唤的情况进行书面说明，并写明相关情况。这是操作规范，防止现场口头传唤的随意性，也使口头传唤的询问笔录具有与使用传唤证传唤同等的法律效力，使口头传唤笔录正规化。

第三，传唤的原因和依据应当告知被传唤人。国家安全机关根据本款规定，需要传唤违反本法的行为人接受调查的，经国家安全机关办案部门负责人批准，并持有传唤证对违反本法的行为人进行调查的，应当向被传唤人说明被传唤的原因和依据，这样既有利于被传唤人了解实际情况，如实回答国家安全机关的询问，也有利于国家安全机关查明案件情况。

第四，强制传唤的条件。根据本款规定，对无正当理由拒不接受传唤或者逃避传唤的人，可以强制传唤。国家安全机关工作人员在传唤违反本法的行为人时，如果被传唤人为了逃避责任，不愿接受国家安全机关的调查，在没有正当理由不接受传唤或者企图逃避传唤的情况下，国家安全机关可以采取强制传唤的方法将其带至国家安全机关。所谓“强制传唤”，是指国家安全机关对被传唤人使用强制的方法，包括依照有关规定使用械具等强制方法将被传唤人带至国家安全机关或者有关地点接受国家安全机关的调查和询问。被传唤人逃避传唤，不接受国家安全机关调查的行为，是对执法秩序的破坏，是一种妨害执法的行为，在必要的时候对其采取强制传唤的方式，是为了保证法律得以贯彻执行。

第二款是关于询问地点的规定。

询问被传唤人，可以在国家安全机关进行，但为了方便人民群众，有利于工作的顺利进行，办案人员也可以将被传唤人传唤到其所在市、县内的指定地点或者其住所进行询问。所在市、县内的指定地点，主要是指在被传唤人所在市、县的基层组织或者所在单位等；住所，是指被传唤人在被询问时所居住的地方。这些地点的选择，以便于进行询问工作、方便人民群众为原则。需要注意的是，考虑对被传唤人的影响，不宜在被传唤人所在单位进行传唤。一是，进行传唤的目的是更好地了解案件情况，以正确认定行为性质和作出与其违法行为危害性相当的处罚。在最终对行为认定之前，不宜过于扩大知悉范围，应尽量降低对其所在单位和对其工作、生活的影响，避免给被传唤人造成不必要的影响。二是，单位要进行正常生产、经营，到被传唤人所在单位进行询问，一定程度上会影响单位的正常运营，所以应当避免在被传唤人所在单位进行传唤的情况。

第三款是关于传唤询问查证时间的规定。

为了及时查证案件事实，做出正确的处理，国家安全机关可以传唤违法行为人并对其进行询问。但是，传唤作为一种查证措施，要求被传唤人到指定的地点接受询问，并且在询问过程中不能离开这一处所，实质上是对公民人身自由的限制，如果不对传唤权力加以限制，必然导致对其公民自由权利的侵犯。本款规定，对情况复杂，可能适用行政拘留或者涉嫌犯罪的，询问查证的时间不得超过二十四小时。

在执法实践中，国家安全机关应当做到规范执法，杜绝执法随意性，避免出现传唤后不及时询问被传唤人、询问完毕后不让被传唤人及时离开或者连续传唤、变相拘禁等现象。本款规定包含以下几个方面的内容：

第一，传唤后要及时询问查证。传唤的目的是询问被传唤人，及时查明案件事实。因此，在被传唤人到达指定地点或者在其住所，国家安全机关应当及时询问查证。在传唤之前，国家安全机关应当确定需要通过询问查证的内容，准备需要询问的问题，查找相关的材料，安排好询问人员，做好询问的准备，对被传唤人进行询问后，应当做好笔录。国家安全机关工作人员不能在被询问人到达指定地点后或者在其住所让被传唤人长时间等待，也不能在其到达后不予理睬或者拖延询问。将被传唤人传唤到指定地点或者在其住所及时询问不仅可以提高工作效率，也可以体现国家安全机关严谨的工作作风，树立国家安全机关的办案权威。

第二，询问查证的时间。具体包括两种情形：一是，询问查证的时间不得超过八小时。国家安全机关应当尽可能在现场查证清楚。只有在必要的情况下，才使用传唤措施。本款规定参照了刑事诉讼法关于传唤时间的规定。刑事诉讼法第一百一十九条第二款规定，传唤、拘传持续的时间不得超过十二小时；案情特别重大、复杂，需要采取拘留、逮捕措施的，传唤、拘传持续的时间不得超过二十四小时。一般来说，八小时是法律规定的公民每天的工作时间，传唤持续八个小时，既保持了与刑事诉讼法的衔接和适当比例，又可以满足国家安全机关传唤被传唤人的需要，且不会影响被传唤人的正常生活。

二是，情况复杂，可能适用行政拘留或者涉嫌犯罪的，询问查证的时间不得超过二十四小时。这一规定对限制国家安全机关通过传唤任意限制公民的人身自由，保障公民的权利，发挥了积极作用。适用这一规定应当符合以下几项要求：（1）情况复杂。一般是指由于案件情况较为复杂，如违法行为人数量较多，涉及面较广，取证较为困难，或者一些特殊原因，导致国家安全机关在八小时之内无法结束询问的情况。（2）可能适用行政拘留或者涉嫌犯罪的。也就是说，被传唤人可能实施间谍行为，或者其他违反本法的行为，根据本法的有关规定，可能需要作出行政拘留处罚决定，或者根据行为性质、危害程度等，被传唤人可能涉嫌犯罪的，才能延长传唤持续的时间。（3）询问查证的时间不得超过二十四小时。根据本款规定，在被传唤人到达指定地点后或者在其住所询问，询问查证时间最长可以持续到二十四小时，也就是说，不能超过二十四小时，而不是在询问八小时之后，再延长二十四个小时。如果在询问八个小时之后，发现需要延长的情况，国家安全机关最多可以再继续询问十六个小时。需要注意的是，国家安全机关对于情况复杂，存在需要延长询问查证时间的，也应当根据案件的具体情况，延长必要的询问查证时间，如有的可能只需要延长几个小时即可，而不是每次都延长至二十四小时。

第三，为被传唤人提供必要的饮食和休息时间。实践中，有时会出现国家安全机关及其办案人员，由于传唤时间紧，往往在询问时采取连续方式，甚至不能保证被传唤人必要的饮食、休息和日常生活需求的现象，比如不允许被传唤人吃饭，不让被传唤人上厕所等，这样做严重侵犯了被传唤人的合法权益，因此增加了本款规定。在传唤持续的时间里，国家安全机关要保证被传唤人必要的饮食和休息时间。刑事诉讼法第一百一十九条第三款规定："不得以连续传唤、拘传的形式变相拘禁犯罪嫌疑人。传唤、拘传犯罪嫌疑人，应当保证犯罪嫌疑人的饮食和必要的休息时间。"

第四，严禁连续传唤。不能以连续传唤的方式限制行为人的人身自由。对于情况复杂，在二十四小时内仍不能询问清楚的，应当严格依照法律规定结束询问查证，以后可以再到违法行为人的住所进行询问，或再次依法对其进行传唤询问，但不能以连续传唤的方式长时间限制行为人的人身自由。传唤时间超过二十四个小时或者采用多次传唤等方法变相延长询问时间都是违法行为。

第四款是关于通知被传唤人家属的规定。本款规定包括以下几层意思：

第一，将传唤的原因通知被传唤人家属。传唤在一定时间内限制了被传唤人的人身自由，应当让其家属知道被传唤人的具体情况。在一些特殊情况下，比如其年幼孩子或者家属因患有疾病无人照料，或者其与家属在同一时间另有重要事务安排的情况下，如果不及时通知其家属，可能还会引发其他事件。因此，国家安全机关在传唤后应当及时将传唤的原因通知被传唤人家属。这里的家属，不局限于其近亲属。通知其家属，可以是在向其送达传唤书时当场通知，也可以是在被传唤人到达指定地点后马上通知。传达的方式，可以采用书面形式，也可以通过电话形式。通知应当采用合理的、及时的方式，使其家属能尽快知道情况。由于传唤的时间较短，一般不宜通过邮寄方式或者委托他人通知的方式。

第二，不能通知家属的情形。将传唤的原因通知违法行为人的家属是原则规定，要尽可能做到通知到位。本款规定了两种例外情形：一是无法通知，实践中可能存在不能知晓违法行为人的家属和其本人并无家属等特殊情况；二是可能妨碍调查的情形，涉及间谍行为的案件可能涉及国家秘密等特殊事项，通知家属后可能存在转移、销毁证据材料，引起同案人逃跑、自杀，导致无法查清案件事实或者相关信息泄露等情况，妨碍调查工作的顺利进行。存在上述两种情形的，国家安全机关可以根据询问查证的实际需要，不通知被传唤人家属。

第三，上述情形消失后，应当立即通知被传唤人家属。对于本款规定的例外情形消失后，国家安全机关应当将传唤的原因立即通知被传唤人家属，以便让被传唤人家属了解违法行为人被传唤的相关情况。我国治安管理处罚法也有相同规定，其第八十三条第二款规定，公安机关应当及时将传唤的原因和处所通知被传唤人家属。

### ◆ 实践中需要注意的问题

在本条的理解适用中，需要注意以下几个方面的问题：

第一，传唤时间的计算。被传唤人到达指定地点后，国家安全机关应当在传唤证上记载其到达的时间，并在这一刻开始计算传唤持续的时间。在询问过程中，国家安全机关也可以为被传唤人留出适当的时间，为其提供必要的饮食和休息时间，满足其基本的生活需求，不应采用限制这些生活需求的方式对被传唤人进行变相拘禁。

第二，发现犯罪行为的，应当转入刑事诉讼程序。国家安全机关在传唤过程中，发现行为人可能涉嫌犯罪的，应当依法转入刑事诉讼程序，如提请批准逮捕等，以保证程序的合法性、正当性。

第三，及时将传唤的原因通知违法行为人的家属是原则规定。只有在本条第四款规定的例外消失下，国家安全机关才能根据工作需要和实际情况进行通知。在保障行为人的权利的同时，将查办案件对社会秩序造成的影响降低至最低程度。

### ◆ 相关规定

《中华人民共和国刑事诉讼法》第一百一十九条；《中华人民共和国治安管理处罚法》第八十二条、第八十三条

---

**第二十八条** 国家安全机关调查间谍行为，经设区的市级以上国家安全机关负责人批准，可以依法对涉嫌间谍行为的人身、物品、场所进行检查。

检查女性身体的，应当由女性工作人员进行。

---

### ◆ 条文主旨

本条是关于国家安全机关可以对涉嫌间谍行为的人身、物品、场所进行检查的规定。

### ◆ 立法背景

本条是1993年国家安全法的规定，2014年制定反间谍法时作了修改，2023年修订反间谍法时又作了修改。

**（一）立法背景及修改情况**

1. 1993年国家安全法的规定。第二十九条第一款规定：“对非法持有属于国家秘密的文件、资料和其他物品的，以及非法持有、使用专用间谍器材的，国家安全机关可以依法对其人身、物品、住处和其他有关的地方进行搜查；对其非法持有的属于

国家秘密的文件、资料和其他物品，以及非法持有、使用的专用间谍器材予以没收。”

2. 2014年反间谍法的规定。第三十二条规定：“对非法持有属于国家秘密的文件、资料和其他物品的，以及非法持有、使用专用间谍器材的，国家安全机关可以依法对其人身、物品、住处和其他有关的地方进行搜查；对其非法持有的属于国家秘密的文件、资料和其他物品，以及非法持有、使用的专用间谍器材予以没收。非法持有属于国家秘密的文件、资料和其他物品，构成犯罪的，依法追究刑事责任；尚不构成犯罪的，由国家安全机关予以警告或者处十五日以下行政拘留。”

2014年反间谍法对1993年国家安全法第二十九条作了以下修改：一是，1993年国家安全法规定，非法持有属于国家秘密的文件、资料和其他物品，构成泄露国家秘密罪的，依法追究刑事责任。2014年反间谍法将该规定简化为“构成犯罪的，依法追究刑事责任”。这样修改的主要考虑是，1993年国家安全法公布施行时，当时施行的1979年刑法尚未规定专门的非法持有国家秘密的犯罪。此后，1997年修订的刑法第二百八十二条第二款对非法持有属于国家绝密、机密的文件、资料、物品的行为作了专门规定。因此，对非法持有属于国家绝密、机密的文件、资料或者其他物品的，已有独立罪名，不再适用泄露国家秘密罪追究刑事责任。此外，1997年刑法对有关侵犯国家秘密的犯罪在多处作了规定，如第一百一十一条规定了为境外窃取、刺探、收买、非法提供国家秘密、情报的犯罪；第二百八十二条第一款规定了以窃取、刺探、收买方法非法获取国家秘密的犯罪；第三百九十八条规定了故意或者过失泄露国家秘密的犯罪。第二百八十二条第二款规定的非法持有国家绝密、机密文件、资料、物品罪，是指非法持有属于国家绝密、机密的文件、资料或者其他物品，拒不说明来源与用途的犯罪。根据上述规定，对实践中发现非法持有属于国家秘密的文件、资料、物品的，需要依法查明其来源、用途，如果属于非法窃取、刺探、收买所得，或者打算向境外机构、组织、个人提供的，依法应当适用现行刑法第一百一十一条或者第二百八十二条第一款的规定追究刑事责任，只有拒不说明来源与用途，也无法查清属于上述情况的，才可以适用刑法第二百八十二条第二款的规定。因此，为了更好地与刑法相关规定衔接，2014年反间谍法第三十二条不再规定应当适用的刑法的具体罪名，而是原则性规定构成犯罪的，依法追究刑事责任。二是，根据实际情况和需要，增加了非法持有国家秘密的文件、资料和其他物品，尚不构成犯罪的，由国家安全机关予以警告或者处十五日以下行政拘留的规定。此外，本条还对1993年国家安全法第二十九条作了文字修改，将原来规定的两款合并为一款。这样修改的目的，是明确由国家安全机关予以行政处罚的，是国家安全机关在工作中发现的非法持有国家秘密的行为，而不是所有的非法持有国家秘密尚不构成犯罪的行为，都由国家安全机关处罚。对于国家保密行政管理部门等有关机关在工作中发现的，违反保守国家秘密法规定持有国家秘密的行为，需要作出行政处理的，应当由保密行政管理部门等有关机关依法处理。

3. 2023年修订后的反间谍法的规定。此次修订对2014年反间谍法第三十二条作了以下修改：一是，将“国家安全机关可以依法对其人身、物品、住处和其他有关的地方进行搜查”修改为国家安全机关“可以依法对涉嫌间谍行为的人身、物品、场所进行检查”。这样修改主要是考虑到“场所”涵盖了“住处和其他有关的地方”，且表述更加简化和准确；将“搜查”修改为“检查”也是考虑到搜查是进入刑事诉讼后采取的措施，而检查属于行政措施，在未进入刑事诉讼阶段，使用检查较为合适。二是，扩大了检查的范围。2014年反间谍法规定的搜查对象主要是非法持有属于国家秘密的文件、资料和其他物品以及非法持有、使用专用间谍器材的行为。此次修订反间谍法将检查的对象扩大为“涉嫌间谍行为”，主要是考虑到对于涉嫌间谍行为的，有必要对其人身、物品、场所进行检查，才能进一步采取相关措施。三是，进一步明确审批程序，国家安全机关采取检查措施，必须“经设区的市级以上国家安全机关负责人批准”，避免检查措施的随意性。四是，将“对非法持有的属于国家秘密的文件、资料和其他物品，以及非法持有、使用的专用间谍器材予以没收”的规定移至修订后的反间谍法第六十三条；将非法持有属于国家秘密的文件、资料和其他物品，尚不构成犯罪的，由国家安全机关予以警告或者处十五日以下行政拘留的处罚移至修订后的反间谍法第六十一条。五是，增加规定“检查女性身体的，应当由女性工作人员进行”，对女性进行人身检查作出特殊规定，保障其合法权益。

**（二）公开征求意见的情况**

在立法过程中，有的提出，增加规定“嫌疑人员或者组织如果拒绝检查，国家安全机关工作人员认为必要的时候，可以强制检查”。

**◆ 条文释义**

本条共分两款。第一款是关于依法对涉嫌间谍行为的人身、物品、场所进行检查的规定。

国家安全机关对涉嫌间谍行为的人身、物品、场所进行检查，是发现案件线索，获得原始证据，顺利、及时、准确查明违法事实，查获违法行为人，作出正确处罚决定的重要保障。根据本款规定，国家安全机关调查间谍行为，可以依法对涉嫌间谍行为的人身、物品、场所进行检查。为了保证检查的顺利进行，应当做好必要的准备工作，比如现场保护、证据保存、取样、人员通知、技术准备等。本款对检查的范围、批准程序等作出了规定，具体包括以下几个方面的内容：

第一，检查的具体范围。根据本款规定，国家安全机关可以依法对涉嫌间谍行为的人身、物品、场所进行检查。这里所说的“涉嫌间谍行为”，主要是指行为人存在实施本法第四条规定的间谍行为。涉嫌间谍行为的“人身”，包括涉嫌间谍行为的行为人的身体，对其进行规定是为了确定行为人的某些身体特征，也是为了查找能够证明行为人违法或者不违法的证据、材料等。“物品”，是指涉嫌实施间谍行为的工具及现场遗留物，包括行为人所拥有的照相器材、用于绘制地图的纸笔等或者其他涉嫌实施间谍行为所留下的痕迹。“场所”，是指涉嫌间谍行为发生的现场及其可能留有相关痕迹、物品等证据的地方。检查不能突破必要的范围，对与涉嫌间谍行为无关的人身、物品和场所不能进行检查。因此，在进行检查之前，为了保证检查工作的顺利进行，检查人员应当熟悉已有的案件材料，明确检查的人身、物品、场所范围，严格按照法律的规定进行检查。

第二，进行检查是国家安全机关的职权。可以进行检查，是指国家安全机关根据行为人涉嫌实施间谍行为的情况和调查处理的需要，认为进行检查对查明案件情况和行为人有关行为，正确处理案件有必要的，有权决定进行检查。违法行为人以及与检查有关的人员有义务配合国家安全机关的检查。对于拒绝检查的人员，国家安全机关可以根据本法规定处罚；情节严重的，根据刑法的相关规定定罪处罚。

第三，在程序上，进行检查应当经设区的市级以上国家安全机关负责人批准。人身、物品和场所往往涉及公民基本的权利，比如，财产权、隐私权、名誉权等，国家安全机关在检查时应当遵循相应的程序，防止对公民的这些合法权益造成非法侵害，履行相应的审批手续，规范办案程序。考虑到国家安全机关的机构设置和办理案件需要，本款规定，对涉嫌间谍行为的人身、物品、场所进行检查，应当经设区的市级以上国家安全机关负责人批准。

第二款是对女性身体进行检查的特殊规定。

根据本款规定，检查女性身体的，应当由女性工作人员进行。女性工作人员，是指女性国家安全机关工作人员以及其他可以接受国家安全机关委托或者指定进行检查的女性工作人员，比如女医师等。另外，有见证人的情况下，见证人也应当是女性，男性以及与检查无关的人员不得在场。这一规定体现了对妇女权益的特殊保护。其意义主要有两点：一是有利于防止在检查过程中出现人身侮辱的违法行为，保护违法行为人的人身权利和人格尊严；二是有利于防止在检查过程中出现的不必要的误解，防止被检查人诬告陷害检查人员，以保障检查的顺利进行和反间谍工作的顺利开展。

### ◆ 实践中需要注意的问题

实践中需要注意的是，在本条规定了国家安全机关可以依法对涉嫌间谍行为的人身、物品、场所进行检查的权力前提下，对检查人身、物品、场所的在场人员要求、出具相关证明文件要求和特殊情况下进行检查的处理等还需要进一步作出细化规定，符合行政处罚法的规定，以规范国家安全机关的执法活动，保障公民的合法权益，尽量不妨碍被检查人员正常的学习、工作和生活。

◆ **相关规定**

《中华人民共和国刑事诉讼法》第一百三十二条

---

**第二十九条** 国家安全机关调查间谍行为，经设区的市级以上国家安全机关负责人批准，可以查询涉嫌间谍行为人员的相关财产信息。

---

◆ **条文主旨**

本条是关于国家安全机关可以查询涉嫌间谍行为嫌疑人员相关财产信息的规定。

◆ **立法背景**

本条是2023年修订反间谍法时增加的规定。

此次修订反间谍法增加国家安全机关在调查间谍行为时有权查询涉嫌间谍行为人员的相关财产信息的规定，主要是考虑到：第一，查询涉嫌间谍行为人员的财产信息是国家安全机关线索核查的基础性调查措施，需要有明确的法律授权。第二，查询涉嫌间谍行为人员的相关财产信息是查明违法犯罪事实及相关核查工作的需要，也是知悉其有无获得资金支持的需要。同时，通过查询涉嫌间谍行为人员的相关财产信息可以发现新的犯罪线索。第三，有利于防止违法犯罪行为人转移赃款和证据，避免相关证据流失或被销毁。第四，为保障查询涉嫌间谍行为人员的相关财产信息的必要性，避免查询的随意性，本条还规定了查询相关财产信息的审批层级，防止发生权力滥用，侵犯当事人合法权益。刑事诉讼法第一百四十四条也明确规定，根据侦查犯罪的需要，可以依照规定查询犯罪嫌疑人的存款、汇款、债券、股票、基金份额等财产。根据调查间谍行为的实践需要和刑事诉讼法的有关规定，增加了本条规定。

◆ **条文释义**

本条规定了三个方面的内容：

第一，查询相关财产信息的适用条件必须是国家安全机关调查间谍行为。此次修改反间谍法，增加了行政调查程序，并对行政调查程序作了区分，对一般性初查，如第二十四条、第二十五条、第二十六条等明确适用条件为“执行反间谍工作任务”；对立案后开展的有针对性的调查工作，如本法第二十八条、第二十九条、第三十条等明确适用条件为“调查间谍行为”，既体现了文字上的统一性，也进一步明确了相关措施适用的条件。这里所说的“调查间谍行为”是指国家安全机关通过行使调查职权，查明涉嫌间谍行为人员是否有本法第四条规定的间谍行为，也就是是否有参加间谍组织或者接受间谍组织及其代理人的任务，或者投靠间谍组织及其代理人等间谍行为。本法第二十八条、第二十九条、第三十条等规定了调查的具体措施。对于通过调查，发现间谍行为涉嫌犯罪的，按照本法第三十九条规定，应当依照刑事诉讼法的规定立案侦查。

第二，在程序上，明确查询涉嫌间谍行为人员的相关财产信息，应当经设区的市级以上国家安全机关负责人批准。财产信息，涉及公民个人信息和公司、企业的经营状况、商业秘密等。查询涉嫌间谍行为人员的相关财产信息，应当经过办案机关批准，根据国家有关规定，要履行相应的审批手续，规范办案程序。考虑到国家安全机关的机构设置和办理案件需要，查询财产信息应当经设区的市级以上国家安全机关负责人批准。本条与本法第二十五条、第二十六条、第三十条规定的审批层级是一致的，都要经过设区的市级以上国家安全机关负责人批准，要求相关权力的行使能够在一定层级审批，以保障执法规范性，防止权力被滥用。实践中，具有审批权限的人员应当及时作出相关决定，保障案件的调查处置能够及时有效地进行，做到高效执法。

第三，国家安全机关查询的对象是涉嫌间谍行为人员的相关财产信息。这里包含两层意思：

一是查询的对象必须是涉嫌间谍行为人员。本条规定的“涉嫌间谍行为人员”，是指国家安全机关在线索核查阶段所确定的怀疑对象，不同于立案后的犯罪嫌疑人。

二是查询的必须是相关财产信息。国家安全机关享有查询涉嫌间谍行为人员的相关财产信息的权力。查询财产信息是国家安全机关核查犯罪线索，全面掌握嫌疑人员的财产信息的调查方法。查询是线索核查基本的调查方法，其性质上不同于查封、扣押、冻结等财产处置措施，也不得划转、转账或者以其他方式变相扣押。实践中，国家安全机关查询的涉嫌间谍行为人员的相关财产信息主要包括：（1）金融资产。国家安全机关工作人员可以利用人民银行和资金查控平台等查清涉案人员在各大商业银行的资金及关联的理财账户情况，支付宝、微信等电子支付账户及关联的理财账户情况，以及股票、债券、保单、票据、基金份额等有价证券账户及对应资金账户情况。（2）房屋等不动产。结合涉嫌间谍行为人员的居住地、主要活动地、单位所在地等信息，通过不动产登记和交易中心进行查询，查清涉嫌间谍行为人员名下或虽登记在他人名下但可能属于涉嫌间谍行为人员实际拥有、实际控制、出资购买的土地、住宅、商铺、工业厂房等不同类型不动产的情况。（3）车辆等特殊动产。通过查询车辆登记、车辆卡口信息、保单记录、维修记录、违章处理等信息，结合外围调查，查清涉案人员名下或虽登记在他人名下但可能属于涉案人员实际拥有、实际控制、出资购买的汽车、船舶、航空器等高价值特殊动产情况。（4）股份期权。通过调阅工商登记、股东决议、纳税记录、交易流水、合同等信息，查明涉案人员在公司、企业、厂矿等经济实体中持股情况，或虽登记在他人名下但可能属于重点对象实际拥有的股份情况。上述四类资产是主要的查询内容，但不限于上述资产，国家安全机关工作人员应根据调查间谍行为的需要进行查询。查询的主要目的是调查清楚涉嫌间谍行为人员的财产状况，调查了解清楚其是否接受资金支持及其资金来源和流向，以便对涉嫌间谍行为人员是否存在间谍行为进行综合判定。国家安全机关工作人员通过分析涉嫌间谍行为人员的资金来源、资金流向、登记时间、实际使用等因素，综合判断资产性质和用途，可以为下一步采取查封、扣押和冻结等强制措施提供条件。

关于查询的具体程序和办法，2014 年《中国银监会、最高人民检察院、公安部、国家安全部关于印发银行业金融机构协助人民检察院公安机关国家安全机关查询冻结工作规定的通知》对银行业金融机构、非银行金融机构协助查询、冻结财产的配合义务和国家安全机关查询、冻结财产的规范执法作出了具体规定。实践中，相关部门应当严格按照上述规定执行。如该通知第八条规定了国家安全机关执法应当出示工作证和相关的法律文书。国家安全机关要求银行业金融机构协助查询时，应当由两名以上办案人员持有效的本人工作证或人民警察证和加盖县级以上国家安全机关公章的协助查询财产法律文书，到银行业金融机构现场办理。无法现场办理完毕的，可以由提出协助要求的国家安全机关指派至少一名办案人员持有效的本人工作证或人民警察证和单位介绍信到银行业金融机构取回反馈结果。第十四条规定了协助查询、冻结财产的范围。银行业金融机构协助国家安全机关查询的信息仅限于涉案财产信息，包括：被查询单位或者个人开户销户信息，存款余额、交易日期、交易金额、交易方式、交易对手账户及身份等信息，电子银行信息，网银登录日志等信息，POS 机商户、自动机具相关信息等。第十五条规定了银行业金融机构及时办理协助查询的义务。银行业金融机构接到国家安全机关协助查询需求后，应当及时办理。能够现场办理完毕的，应当现场办理并反馈。如无法现场办理完毕，对于查询单位或者个人开户销户信息、存款余额信息的，原则上应当在三个工作日以内反馈；对于查询单位或者个人交易日期、交易方式、交易对手账户及身份等信息、电子银行信息、网银登录日志等信息、POS 机商户、自动机具相关信息的，原则上应当在十个工作日以内反馈。对涉案账户较多，国家安全机关办理集中查询的，银行业金融机构总部或有关省、自治区、直辖市、计划单列市分行应当在上述规定的时限内反馈。因技术条件、不可抗力等客观原因，银行业金融机构无法在规定时限内反馈的，应当向国家安全机关说明原因，并采取有效措施尽快反馈。

◆ **实践中需要注意的问题**

在本条的理解适用中，需要注意以下两个方面的问题：

一是，查询财产信息包括合法财产和非法财产，应当全面查询涉嫌间谍行为人的财产信息，收集可以证明涉嫌间谍行为人有罪、无罪、罪轻、罪重的财产信息。查询的嫌疑人员必须是涉嫌间谍行为人，与间谍行为无关人员的相关财产信息不得查询。

二是，本条规定了查询相关财产信息的权力，与查封、扣押、冻结等对财产的保全措施不同。实践中，应当正确运用查询权力，不得超越范围进行查询，也不得超越调查处置权限，查封、扣押、冻结涉嫌间谍行为人员的相关财产。如果经过调查，确认行为人有间谍行为，需要查封、扣押、冻结涉嫌间谍行为人员相关财产的，可以依据本法第三十条及时对行为人的财产采取相关的强制措施；对涉嫌间谍犯罪的，应当依照刑事诉讼法的规定立案侦查。

◆ **相关规定**

《中华人民共和国反间谍法》第二十六条、第二十八条、第三十条；《中国银监会、最高人民检察院、公安部、国家安全部关于印发银行业金融机构协助人民检察院公安机关国家安全机关查询冻结工作规定的通知》第三条、第八条、第十一条、第十四条、第十五条、第二十四条

---

**第三十条**　国家安全机关调查间谍行为，经设区的市级以上国家安全机关负责人批准，可以对涉嫌用于间谍行为的场所、设施或者财物依法查封、扣押、冻结；不得查封、扣押、冻结与被调查的间谍行为无关的场所、设施或者财物。

---

◆ **条文主旨**

本条是关于国家安全机关可以对涉嫌用于间谍行为的场所、设施或者财物依法查封、扣押、冻结的规定。

◆ **立法背景**

本条是2014年制定反间谍法时增加的规定，2023年修订反间谍法时作了修改。

**（一）立法背景及修改情况**

1. 2014年反间谍法的规定。第十五条规定："国家安全机关对用于间谍行为的工具和其他财物，以及用于资助间谍行为的资金、场所、物资，经设区的市级以上国家安全机关负责人批准，可以依法查封、扣押、冻结。"

第十五条是2014年反间谍法的新增条文，1993年国家安全法对此未作规定。1994年国家安全法实施细则（已失效）规定了国家安全机关可以实施查封、扣押、冻结等措施。国家安全法实施细则第二十一条第一款规定，实施危害国家安全行为所使用的工具和其他财物，或者本细则第六条所列的经费、场所和物资，国家安全机关可以予以查封、扣押、冻结；所查封、扣押、冻结的财物，根据不同情况，由国家安全机关予以没收或者移送司法机关依法处理。第六条规定，国家安全法第四条所称“资助”实施危害国家安全的行为，是指境外机构、组织、个人的下列行为：（1）向有危害国家安全行为的境内组织、个人提供经费、场所和物资的；（2）向境内组织、个人提供用于进行危害国家安全活动的经费、场所和物资的。2012年行政强制法施行后，按照该法关于冻结存款、汇款等强制措施应当由法律设定的要求，国家安全机关依法停止实施上述措施。

2. 2014年反间谍法立法过程中，考虑到防范、制止和惩治间谍行为，维护国家安全，不但需要对实施间谍行为人员依法采取强制措施、追究法律责任，也需要对与间谍行为有关的场所、设施或者财物进行处理：一是，防止这些设施和财物被转移、隐匿，继续用于间谍行为；二是，这些财物可以作为证明行为人实施间谍行为的证据，以便追究其法律责任。因此，赋予国家安全机关查封、扣押、冻结职权是必要的。鉴于这些措施对公民、组织权益的影响较大，为进一步规范查封、扣押、冻结涉案财物的司法程序，避免权力滥用，反间谍法第十五条同时规定需要经设区的市级以上国家安全机关负责人批准，并不得查封、扣押、冻结与被调查的间谍行为无关的场所、设施或者财物。根据有关方面的建议，总结实践经验，为确保国家安全机关正常行使查封、扣押、冻结职权，将上述细则的规定上升为法律。

3. 2023年修订后的反间谍法的规定。此次修订对2014年反间谍法第十五条作了以下修改：一是，明确查封、扣押、冻结适用的条件是国家安全机关调查间谍行为；二是，将查封、扣押、冻结的对象由“用于间谍行为的工具和其他财物，以及用于资助间谍行为的资金、场所、物资”调整完善为“涉嫌用于间谍行为的场所、设施或者财物”，表述更加简化、精确；三是，增加“不得查封、扣押、冻结与被调查的间谍行为无关的场所、设施或者财物”，规范执法行为。

**（二）公开征求意见的情况**

在审议和征求意见过程中，有的建议对涉嫌用于间谍行为的场所、设施等，增加“暂停营业”的规定；有的建议将“依法采取查封、扣押、冻结”修改为“依法采取查封、扣押、冻结措施”或“依法予以查封、扣押、冻结”或“依法查封、扣押、冻结”；有的建议在“设施”后增加“文件”；有的建议增加规定“查封、扣押、冻结的场所、设施、财物、文件经查明与案件无关的，应当在查明后三日内解除查封、扣押和冻结，予以退还”。

## ◈ 条文释义

本条规定了以下五个方面的内容：

第一，查封、扣押、冻结的适用条件必须是国家安全机关调查间谍行为。这里所说的“调查间谍行为”是指国家安全机关通过行使调查职权，查明涉间谍行为人员是否有本法第四条规定的间谍行为，也就是是否有参加间谍组织或者接受间谍组织及其代理人的任务，或者投靠间谍组织及其代理人等间谍行为，本法第二十八条、第二十九条、第三十条等规定了调查的具体措施。对于通过调查，发现间谍行为涉嫌犯罪的，按照本法第三十九条规定，应当依照刑事诉讼法的规定立案侦查。

第二，在程序上，需要经设区的市级以上国家安全机关负责人批准。经设区的市级以上国家安全机关负责人批准是对国家安全机关实施查封、扣押、冻结措施的程序要求。查封、扣押、冻结措施对个人和组织的财产权益影响较大，需要慎重采取。国家安全机关在实施查封、扣押、冻结前，需要获得设区的市级以上国家安全机关负责人的批准。由设区的市级以上国家安全机关负责人批准，可以兼顾工作的便利性与审批的慎重性，平衡反间谍工作职权和保护个人、组织合法权益的关系。

第三，国家安全机关查封、扣押、冻结的对象是涉嫌用于间谍行为的场所、设施或者财物。这里所说的“涉嫌用于间谍行为的场所、设施或者财物”，主要是指行为人具有将场所、设施或者财物直接用于实施间谍行为的嫌疑，如使用窃听、窃照专用间谍器材实施窃取、刺探、收买国家秘密、情报等。用于间谍行为的“场所”，主要是指实施间谍行为所使用的场地，如办公地点、住宅等。用于间谍行为的“设施”，主要是指实施间谍行为所使用的设施，如窃听、窃照专用间谍器材、计算机、手机等电子设施。用于间谍行为的“财物”，主要是指实施间谍行为所使用的财产和物品，如汽车、资金等。本条所说的“场所、设施或者财物”，既包括本人直接用于间谍行为的场所、设施或者财物，也包括虽非本人直接用于间谍行为，但被其用于为间谍行为提供支持、帮助的场所、设施或者财物，如为实施间谍行为人提供房屋、交通工具、通信器材、资金等。实践中，一些境外机构、组织、个人为窃取、刺探、收买我国国家秘密和情报，与境内机构、组织、个人相勾结，并为其提供资金、场所和物资，从事间谍行为，严重威胁我国国家安全。场所、设施、财物是实施间谍行为的物质基础，对涉嫌用于间谍行为的场所、设施或者财物依法予以查封、扣押、冻结，有利于查处和制止间谍行为。

此外，实施间谍行为人员违法所得的财物、违禁品等也属于涉嫌用于间谍行为的场所、设施或者财物。违法所得的财物，是指通过实施间谍行为所得的财产和物品，包括动产和不动产，如房屋、汽车、资金等，实践中大多是实施间谍行为所获得的报酬。违禁品，是指依照国家规定，公民不得私自留存、使用的物品，例如国家禁止非法持有、经营、流通的物品，包括枪支弹药、易燃易爆物品、专用间谍器材等。

第四，国家安全机关应当依法采取查封、扣押、冻结措施。这里所说的“查封”，是指国家安全机关对涉嫌用于间谍行为的财物或场所就地封存的强制措施；“扣押”，是指国家安全机关为防止实施间谍行为人员处分、转移财产而对涉案财产采取的扣留、保管的强制措施；“冻结”，是指国家安全机关为防止实施间谍行为人员转移资金、抽逃资金而对涉案财产采取的限制其流动的一种强制措施。查封、扣押、冻结措施严重影响个人和组织的财产权益，必须依法进行。行政强制法第九条对行政强制措施的种类作了规定，其中包括查封场所、设施或者财物；扣押财物；冻结存款、汇款。国家安全机关采取查封、扣押、冻结措施时，反间谍法有规定的，依照反间谍法的规定执行；反间谍法没有规定的，应当依照行政强制法的规定执行。如行政强制法第二十五条、第三十二条规定，查封、扣押、冻结的期限不得超过三十日；情况复杂的，经行政机关负责人批准，可以延长，但是延长期限不得超过三十日。延长查封、扣押的决定应当及时书面告知当事人，并说明理由。第二十六条规定，对查封、扣押的场所、设施或者财物，行政机关应当妥善保管，不得使用或者损毁；造成损失的，应当承担赔偿责任。对查封的场所、设施或者财物，行政机关可以委托第三人保管，第三人不得损毁或者擅自转移、处置。因第三人的原因造成的损失，行政机关先行赔付后，有权向第三人追偿。因查封、扣押发生的保管费用由行政机关承担。第二十八条、第三十三条规定，有下列情形之一的，行政机关应当及时作出解除查封、扣押、冻结决定：（一）当事人没有违法行为；（二）查封、扣押的场所、设施或者财物，冻结的存款、汇款，与违法行为无关；（三）行政机关对违法行为已经作出处理决定，不再需要查封、扣押、冻结；（四）查封、扣押、冻结期限已经届满；（五）其他不再需要采取查封、扣押、冻结措施的情形。解除查封、扣押应当立即退还财物；已将鲜活物品或者其他不易保管的财物拍卖或者变卖的，退还拍卖或者变卖所得款项。变卖价格明显低于市场价格，给当事人造成损失的，应当给予补偿。行政机关作出解除冻结决定的，应当及时通知金融机构和当事人。金融机构接到通知后，应当立即解除冻结。第二十九条第二款规定，冻结存款、汇款的数额应当与违法行为涉及的金额相当；已被其他国家机关依法冻结的，不得重复冻结。

此外，有关方面对查封、扣押、冻结的具体执行程序进一步作了规定，如2014年《中国银监会、最高人民检察院、公安部、国家安全部关于印发银行业金融机构协助人民检察院公安机关国家安全机关查询冻结工作规定的通知》对银行业金融机构、非银行金融机构协助冻结财产的配合义务和国家安全机关查询、冻结财产的规范执法作出具体规定。如该通知第四条规定了协助冻结应当遵循的原则。

协助查询、冻结工作应当遵循依法合规、保护存款人和其他客户合法权益的原则。第十八条规定了冻结存款、汇款的期限。冻结涉案存款、汇款等财产的期限不得超过六个月。有特殊原因需要延长的，作出原冻结决定的国家安全机关应当在冻结期限届满前按照本规定第八条办理续冻手续。每次续冻期限不得超过六个月，续冻没有次数限制。对于重大、复杂案件，经设区的市一级以上国家安全机关负责人批准，冻结涉案存款、汇款等财产的期限可以为一年。需要延长期限的，应当按照原批准权限和程序，在冻结期限届满前办理续冻手续，每次续冻期限最长不得超过一年。冻结期限届满，未办理续冻手续的，冻结自动解除。第十九条规定了被冻结财产的解冻程序。被冻结的存款、汇款等财产在冻结期限内如需解冻，应当由作出原冻结决定的国家安全机关出具协助解除冻结财产法律文书，由两名以上办案人员持有效的本人工作证或人民警察证和协助解除冻结财产法律文书到银行业金融机构现场办理，但符合本规定第二十六条情形除外。在冻结期限内银行业金融机构不得自行解除冻结。第二十条规定了不得重复冻结。对已被冻结的涉案存款、汇款等财产，国家安全机关不得重复冻结，但可以轮候冻结。冻结解除的，登记在先的轮候冻结自动生效。冻结期限届满前办理续冻的，优先于轮候冻结。两个以上国家安全机关要求对同一单位或个人的同一账户采取冻结措施时，银行业金融机构应当协助最先送达协助冻结财产法律文书且手续完备的国家安全机关办理冻结手续。第二十一条规定了不得冻结的财产和账户的范围。下列财产和账户不得冻结：（一）金融机构存款准备金和备付金；（二）特定非金融机构备付金；（三）封闭贷款专用账户（在封闭贷款未结清期间）；（四）商业汇票保证金；（五）证券投资者保障基金、保险保障基金、存款保险基金、信托业保障基金；（六）党、团费账户和工会经费集中户；（七）社会保险基金；（八）国有企业下岗职工基本生活保障资金；（九）住房公积金和职工集资建房账户资金等。

第五，不得查封、扣押、冻结与被调查的间谍行为无关的场所、设施或者财物。查封、扣押、冻结措施涉及个人、组织的财产权益，国家安全机关在调查间谍行为时，发现可以用来证明案件事实及涉嫌间谍行为人员的场所、设施、财物，可以采取查封、扣押、冻结措施。实践中，应当正确运用查封、扣押、冻结措施，谨慎采取相关措施，不得超越职权，随意扩大查封、扣押、冻结的范围。与案件无关的场所、设施、财物，既不能作为证据使用，又影响个人、组织对其财产权利的行使，因此，不得查封、扣押、冻结与被调查的间谍行为无关的场所、设施或者财物。

### ◆ 实践中需要注意的问题

在本条的理解适用中，需要注意以下两个方面的问题：

第一，行政强制法和刑事诉讼法都有关于查封、扣押、冻结的规定。国家安全机关在反间谍工作中，除应遵守本条的规定外，还要根据案件的不同阶段，严格遵守行政强制法和刑事诉讼法关于查封、扣押、冻结的程序性规定。调查间谍行为时，需要按照行政强制法的有关规定，采取查封、扣押、冻结措施。经调查，发现间谍行为涉嫌犯罪的，应当按照刑事诉讼法的有关规定采取查封、扣押、冻结措施。查封、扣押、冻结、处置涉案财物，是办理涉嫌间谍犯罪案件的重要环节之一，必须严格依法进行。刑事诉讼法第一百四十一条规定，在侦查活动中发现的可用以证明犯罪嫌疑人有罪或者无罪的各种财物、文件，应当查封、扣押；与案件无关的财物、文件，不得查封、扣押。对查封、扣押的财物、文件，要妥善保管或者封存，不得使用、调换或者损毁。第一百四十二条规定，对查封、扣押的财物、文件，应当会同在场见证人和被查封、扣押财物、文件持有人查点清楚，当场开列清单一式二份，由侦查人员、见证人和持有人签名或者盖章，一份交给持有人，另一份附卷备查。第一百四十四条规定，根据侦查犯罪的需要，可以依照规定查询、冻结犯罪嫌疑人的存款、汇款、债券、股票、基金份额等财产。有关单位和个人应当配合。犯罪嫌疑人的存款、汇款、债券、股票、基金份额等财产已被冻结的，不得重复冻结。国家安全机关在执法过程中，也应当严格依照上述规定执行。

第二，国家安全机关在查封、扣押、冻结涉案财物时，要严格依照本法和有关法律规定的程序，开具清单要具体、完整、规范，列明被查封、扣押、冻结涉案财物的情况，只能查封、扣押、冻结涉嫌用于间谍行为的场所、设施或者财物，对与被调查的间谍行为无关的场所、设施或者财物，不得查封、扣押、冻结。如果查明已经查封、扣押、冻结的财产与案件无关的，应当按照相关规定，及时解除查封、扣押、冻结，予以退还。同时，根据本法第六十二条的规定，国家安全机关对依照本法查封、扣押、冻结的财物，应当妥善保管，并按照下列情形分别处理：（1）涉嫌犯罪的，依照刑事诉讼法等有关法律的规定处理；（2）尚不构成犯罪，有违法事实的，对依法应当没收的予以没收，依法应当销毁的予以销毁；（3）没有违法事实的，或者与案件无关的，应当解除查封、扣押、冻结，并及时返还相关财物；造成损失的，应当依法予以赔偿。

◆ **相关规定**

《中华人民共和国反间谍法》第六十二条；《中华人民共和国刑事诉讼法》第一百四十一条、第一百四十二条、第一百四十四条、第一百四十五条；《中华人民共和国行政强制法》第九条、第二十二条至第三十三条；《中国银监会、最高人民检察院、公安部、国家安全部关于印发银行业金融机构协助人民检察院公安机关国家安全机关查询冻结工作规定的通知》第四条、第五条、第七条、第九条至第十一条、第十四条、第十五条、第十八条至第二十五条、第二十八条

**第三十一条** 国家安全机关工作人员在反间谍工作中采取查阅、调取、传唤、检查、查询、查封、扣押、冻结等措施，应当由二人以上进行，依照有关规定出示工作证件及相关法律文书，并由相关人员在有关笔录等书面材料上签名、盖章。

国家安全机关工作人员进行检查、查封、扣押等重要取证工作，应当对全过程进行录音录像，留存备查。

## ◆ 条文主旨

本条是关于采取查阅、调取、传唤、检查、查询、查封、扣押、冻结等措施时执法程序的规定。

## ◆ 立法背景

本条是2023年修订反间谍法时增加的规定。

**（一）立法背景及修改情况**

本法增加了国家安全机关执法规范的内容，第二十六条至第三十条规定了国家安全机关在调查间谍行为时的查阅、调取、传唤、检查、查询、查封、扣押、冻结的权力。本条是对采取相关措施总的执法规范要求，既有对执法人数的要求，同时也有程序性规范要求，如出示证件和文书、相关人员签章。对于其中重要的取证工作，还应当对全过程进行录音录像，留存备查。这样规定主要考虑到：一是，国家安全机关规范执法是顺应社会主义法治建设快速发展的必然要求。国家安全机关作为维护国家安全的重要力量，在依法开展反间谍工作中承担着重要职责，必须不断提高执法能力和水平，更好地在工作中贯彻社会主义法治要求。二是，提高国家安全机关自身履职能力的必然要求。本条规定执法应当由二人以上进行，依照有关规定出示工作证件及相关法律文书，并由相关人员在有关笔录等书面材料上签名、盖章。国家安全机关工作人员在进行检查、查封、扣押等重要取证工作时，应当对全过程进行录音录像，留存备查。对执法过程作出具体规定，有利于指导办案实践，增强可操作性，同时要求录像留痕，有助于加强执法监督，在产生执法纠纷时，明晰各方责任。三是，加强执法规范，明确采取强制措施应当由二人以上进行。一方面，两人以上配合，便于开展工作；另一方面，执法人员相互监督制约，也是对执法人员的一种保护性规定。

**（二）公开征求意见的情况**

在审议和征求意见过程中，有的建议增加规定“对查封、扣押的财物、文件，要妥善保管或者封存，不得使用、调换或者损毁”。有的建议在“相关法律文书”后增加“告知当事人相关权利义务”；将“签名、盖章”修改为“签名”；增加规定“对查封、扣押的财物，应当会同被查封、扣押财物持有人查点清楚，当场开列清单一式二份，一份交给持有人，另一份留存备查”；增加“法律另有规定的除外”以及“国家安全机关工作人员进行检查、查封、扣押等重要取证工作，应当对全过程进行录音录像，留存备查”作为第二款规定。

有的建议将“依照有关规定出示工作证件及相关法律文书”修改为“依法向相对人交付工作证件及相关法律文书，并为相对人预留 30 分钟的查验时间”。有的建议在“传唤”后增加“询问”，或者在“查阅调取”前增加“问询、查验”；将“查封扣押冻结等措施”修改为“查封、扣押、冻结等措施”。有的建议，对于扣押的物品，要列出清单，并经当事人或者其亲属签字确认。

◆ **条文释义**

本条共分两款。第一款是关于采取措施时应当由二人以上进行，出示工作证和法律文书，并由相关人员在书面材料上签名、盖章的规定。本款规定了以下几个方面的内容：

第一，采取措施应当由二人以上进行。这是行政合法性的要求，行政机关在调查或者进行检查时，执法人员不得少于两人，并应当向当事人或者有关人员出示证件。当事人或者有关人员应当如实回答询问，并协助调查或者检查，不得阻挠。询问或者检查应当制作笔录。

第二，依照有关规定出示工作证件及相关法律文书。出示工作证件，一是表明国家安全机关工作人员身份，便于执法以及要求有关单位和个人予以配合；二是执法过程接受人民群众监督，依法规范文明执法。法律文书在国家安全机关执法实践工作中作用很大，它以文字的形式，全面、准确、如实地记载和保留案件材料和证据，使国家安全机关及法律组织与涉嫌间谍行为人员及时沟通、互相交流，从而保证案件处理的公正、公平，维护法律的尊严，严惩违法犯罪分子。法律文书还是做好司法档案工作的重要工具，是衡量执法公正和公平的重要依据。这里的“依照有关规定”，是指法律、行政法规和规章等关于国家安全机关工作人员在反间谍工作中采取查阅、调取、传唤、检查、查询、查封、扣押、冻结等措施时的执法的相关规定，如国家安全法、网络安全法等维护国家安全的法律中关于规范执法的规定。

第三，由相关人员在有关笔录等书面材料上签名、盖章。这里的“相关人员”，不仅包括办案人员，还包括被调查处置的对象。对于查封、扣押和冻结等措施，有见证人在场的，见证人也应当在相关手续上签名、盖章。

第二款是关于重要取证工作，要进行全过程录音录像的规定。本款规定包含两个方面的内容：

第一，录音录像的前提条件是国家安全机关工作人员进行检查、查封、扣押等重要取证工作。录音录像对于推进司法公正，保证个人和组织合法权利，保证行政程序的合法化，具有重要意义。实践中，录音录像不仅可以规范国家安全机关进行检查、查封、扣押等重要取证工作，保障涉嫌间谍行为人员的合法权利，也有利于固定和保存证据，防止办案人员被诬告，对办案人员自身也是一种保护。

第二，必须对全过程进行录音录像，留存备查。本款明确对进行检查、查封、扣押等重要取证工作全过程音像记录，对于保证执法过程公正透明具有非常重要的意义：一方面，全过程录音录像，有助于促使国家安全机关更加规范执法，避免录音录像的随意性和不完整性。另一方面，存档的记录，在关键时刻可以澄清事实。如果出现行政诉讼，这些执法过程的录音录像将成为重要的证据。

根据本款规定，录音录像必须符合以下两个要求：一是必须是全过程进行。全过程录音录像是为了保持录音录像的完整性，如果不能保证全过程录音录像，录制设备的开启和关闭时间完全由办案人员自由掌握，录音录像就不能发挥证明作用。这里所说的“全过程进行”一般是指国家安全机关工作人员在进行检查、查封、扣押等重要取证工作时，从进入相关场所开始到取证结束离开相关场所的整个过程。也就是说，必须保持录音录像在整个过程中完整、不间断地记录整个检查、查封、扣押等取证过程，不可作剪接、删改。二是必须留存备查。实践中，国家安全机关应当根据实践工作对重要取证工作进行全程录音录像，这样做，一个很重要的目的就是留存备查，起到监督调查过程、保护被调查人权益的作用，对使用措施的合法性进行核查监督，看调查人员的言行是否规范、该履行的程序是否都已履行。查阅记录要全程留痕，保证录音录像资料的安全，而且所有因案件需要接触、查阅录音录像的人员，必须对录音录像内容严格保密。

有关工作规定可以包括以下内容：一是，明确录音录像适用的范围。二是，要求配备执法记录设备的条件，如规定配备执法记录仪等现场执法记录设备和现场执法视音频资料自动传输、存储、管理等设备。三是，明确全过程不间断录音录像，如开展现场执法视音频记录时，应当对执法过程进行全程不间断记录，自到达现场开展执法活动时开始，至执法活动结束时停止。四是，明确录音录像资料的管理，如明确执法办案部门应当指定专门人员作为管理员，负责管理设备、资料。设备统一存放、分类管理，并对电量、存储空间、日期时间设定等情况进行检查；发现设备故障、损坏的，应当及时报告管理员，对现场执法记录设备应当妥善保管、定期维护，并明确保存期限。五是，明确不规范使用录音录像资料的情形，如剪接、删改、损毁、丢失现场执法视音频资料，或者擅自对外提供或者公开发布现场执法视音频资料等，并明确追究相关单位和人员的责任的要求。

◆ **实践中需要注意的问题**

在本条的理解适用中，需要注意的是，录音录像要保证录制质量，符合取证标准。全过程的录音录像资料是重要的证据资料，在调查过程中发挥着重要作用。评判录音录像是否高质量，一个很重要的标准就是录制的声音和图像必须清晰可辨，能作为扎实的证据，符合关于取证的标准和要求。以图像为例，录制的图像应当显示调查人员、被调查人及场景等情况，被调查人应在图像中全程显示，并准确显示同步录像时间，保证和笔录上时间一致，保障同步录音录像的合法性、规范性。

◆ **相关规定**

《中华人民共和国刑事诉讼法》第一百二十三条；《公安机关现场执法视音频记录工作规定》第三条、第六条、第七条、第九条、第十条、第十三条、第十五条、第十九条

---

**第三十二条** 在国家安全机关调查了解有关间谍行为的情况、收集有关证据时，有关个人和组织应当如实提供，不得拒绝。

---

◆ **条文主旨**

本条是关于国家安全机关调查了解间谍行为的情况、收集有关证据时，有关个人和组织配合调查工作的规定。

◆ **立法背景**

本条是1993年国家安全法的规定，2014年制定反间谍法时作了修改，2023年修订反间谍法时又作了修改完善。

**（一）立法背景及修改情况**

1. 1993年国家安全法的规定。第十八条规定：“在国家安全机关调查了解有关危害国家安全的情况、收集有关证据时，公民和有关组织应当如实提供，不得拒绝。”

这一规定符合我国刑事诉讼法第六十二条关于“凡是知道案件情况的人，都有作证的义务”的规定精神，也是刑事诉讼法上述规定的重申和具体化，是对个人和组织在国家安全机关侦查有关间谍活动中如何履行作证义务的要求。这样规定对提高每个人的法律意识，增强与间谍行为作斗争的责任感，保证国家安全机关的反间谍工作顺利进行，具有重要意义。

2. 2014年反间谍法的规定。第二十二条规定：“在国家安全机关调查了解有关间谍行为的情况、收集有关证据时，有关组织和个人应当如实提供，不得拒绝。”

本条对1993年国家安全法第十八条规定作了两处修改：一是将有关“危害国家安全”的情况修改为有关“间谍行为”的情况。本法是以规范和加强反间谍工作以及如何同间谍违法犯罪行为作斗争为主要内容的，所以将这里的“危害国家安全”相应修改为“间谍行为”。二是将“公民和有关组织”的表述修改为“有关组织和个人”。将“公民”修改为“个人”，将提供证据的对象的范围扩大了。在中华人民共和国领域内的任何个人和组织，在国家安全机关收集间谍行为证据时，都应当如实提供。当然，依法享有豁免权的除外。间谍行为严重危害国家安全和人民利益，为了维护国家的安全和利益，本条规定，在国家安全机关调查了解有关间谍行为的情况、收集有关证据时，有关组织和个人应当如实提供，不得拒绝。

3. 2023年修订后的反间谍法的规定。2023年反间谍法对2014年反间谍法第二十二条规定作了一处修改，为统一表述，将“有关组织和个人”修改为“有关个人和组织”。

**（二）公开征求意见的情况**

在审议和征求意见过程中，有的建议将本条修改为“国家安全机关调查间谍行为、收集证据时，有关个人和组织应当如实提供，不得拒绝和妨碍”。有的建议简化表述，将本条修改为“在国家安全机关调查间谍行为、收集有关证据时，有关个人和组织应当如实提供，不得拒绝”。

**◆ 条文释义**

本条规定包含以下两个方面的内容：

第一，有关个人和组织配合调查的条件，即在国家安全机关调查了解有关间谍行为的情况、收集有关证据的时候。本条所说的“调查了解有关间谍行为的情况”，主要是指调查了解本法第四条规定的间谍行为及其有关情况。这种调查既包括立案前的一般调查，也包括立案后的调查询问。调查的方式和地点由国家安全机关根据实际情况确定，但必须注意保守秘密，调查了解有关间谍行为的情况。

“收集有关证据”，是指国家安全机关工作人员根据本法有关规定调查间谍活动，如调查、了解有关间谍行为的情况，有关涉嫌间谍活动人员的情况，以及收取与间谍行为有关的证据等，收集证据是调查活动的核心。“有关证据”，是指能够证明实施间谍行为的各种证据，既包括涉嫌间谍行为的证据，也包括证明不具有间谍行为的证据。调查了解情况和收集有关证据，是相互联系、不可分割的。调查了解情况是收集有关证据必要的方法和前提条件，收集有关证据是调查了解情况的目的和结果。只有认真调查研究，摸清情况，才能准确地收集证据，查明案件事实，有效地打击间谍违法犯罪活动，保证反间谍工作的顺利进行，以保证国家的安全和人民的利益安全。

第二，明确有关个人和组织应当如实提供，不得拒绝。本条所说的“有关个人和组织”，主要是指了解间谍行为的有关情况或与间谍行为有关联的个人和组织，如间谍行为嫌疑人的同事和所在的单位等。

“如实提供”，是对个人和组织为国家安全机关提供有关间谍行为的情况和证据时的法定要求，主要是指在国家安全机关调查了解有关间谍行为的情况和收集有关证据时，有关个人和组织应当把所知悉和掌握的有关事实、材料，实事求是、毫不保留地提供给国家安全机关。如实提供，既包括如实提供证人证言，也包括如实提供物证、书证、视听资料等证据。

“不得拒绝”，是对个人和其他组织作证义务的具体要求。主要包含以下两层意思：一是个人和有关组织应当积极、主动、自觉地向国家安全机关反映有关间谍行为的情况和提供有关证据。二是国家安全机关在了解有关间谍行为的情况、收集有关证据时，了解情况的个人和有关组织应当如实提供，不得拒绝。首先是必须提供，其次是必须依照事实的本来面貌提供。规定“不得拒绝”，是从与间谍违法犯罪作斗争的实际情况出发的。虽然我国刑事诉讼法已明确规定，凡知道案件情况的人，都有作证的义务，但实践中由于各方面的原因，一些案件的知情人不愿作证、不敢作证、拒不作证的现象时有发生，严重地影响了反间谍工作的顺利进行。为了保证国家安全机关对间谍行为的调查活动顺利进行，及时、准确、有力地打击间谍违法犯罪行为，法律明确规定在国家安全机关调查了解有关间谍的情况、收集有关证据时，有关个人和组织不得拒绝是十分必要的，这不仅为国家安全机关调查取证提供了法律保障，也为教育知情者积极同间谍违法犯罪行为作斗争，认真履行作证义务，提供了法律依据。

对于拒绝作证的，会出现两种法律后果：一是行政处罚；二是刑事处罚。根据本法第六十条的规定，明知他人有间谍犯罪行为，在国家安全机关向其调查有关情况、收集有关证据时，拒绝提供，构成犯罪的，依法追究刑事责任；尚不构成犯罪的，由国家安全机关予以警告或者处十日以下行政拘留，可以并处三万元以下罚款。这里所说的“构成犯罪的，依法追究刑事责任”是指根据刑法第三百一十一条拒绝提供间谍犯罪、恐怖主义犯罪、极端主义犯罪证据罪的规定，明知他人有间谍犯罪行为，在国家安全机关向其调查有关情况、收集有关证据时，拒绝提供，情节严重的，处三年以下有期徒刑、拘役或者管制。根据刑法第三百零五条关于伪证罪的规定，在刑事诉讼中，证人、鉴定人、记录人、翻译人对与案件有重要关系的情节，故意作虚假证明、鉴定、记录、翻译，意图陷害他人或者隐匿罪证的，处三年以下有期徒刑或者拘役；情节严重的，处三年以上七年以下有期徒刑。根据刑法第三百一十条关于窝藏、包庇罪的规定，明知是犯罪的人而为其提供隐藏处所、财物，帮助其逃匿或者作假证明包庇的，处三年以下有期徒刑、拘役或者管制；情节严重的，处三年以上十年以下有期徒刑。对与间谍行为有重要关系的情节，知情者不如实提供，故意作虚假证明，意图陷害他人或者隐匿罪证的，或者作假证明包庇间谍犯罪分子的，应当依照刑法的上述规定追究刑事责任。

◆ **实践中需要注意的问题**

在本条的理解适用中，需要注意的是，我国相关法律明确了知情者有提供自己所了解的间谍行为的情况和证据的义务，也规定了不履行义务的法律责任。间谍行为关系国家的安全和利益，每个了解情况的人和有关组织在国家安全机关向其调查取证时都必须提供所知悉的情况和证据，不得以各种借口拒绝，更不得提供伪证，否则，可能会被追究相应的法律责任，严重者，可能会被追究刑事责任。有关个人和组织应当如实提供有关证据，不得拒绝，这也是履行维护国家安全和利益义务的体现。

◆ **相关规定**

《中华人民共和国刑法》第三百零五条、第三百一十条、第三百一十一条；《中华人民共和国刑事诉讼法》第六十二条；《中华人民共和国反间谍法》第六十条；《中华人民共和国反间谍法实施细则》第二十二条

---

**第三十三条** 对出境后可能对国家安全造成危害，或者对国家利益造成重大损失的中国公民，国务院国家安全主管部门可以决定其在一定期限内不准出境，并通知移民管理机构。

对涉嫌间谍行为人员，省级以上国家安全机关可以通知移民管理机构不准其出境。

---

◆ **条文主旨**

本条是关于特定中国公民以及涉嫌间谍行为人员不准出境的规定。

◆ **立法背景**

本条是2023年修订反间谍法时增加的规定。

**（一）立法背景及修改情况**

当今世界各国之间人员往来越来越多，在出境入境管理工作中，需要做到管理与服务并重，着力为中国公民和外国人合法的出境入境活动，以及外国人在中国境内的合法停留、居留活动提供便利，一方面方便中国公民走出国门，从事经商、学习、旅游等活动；另一方面也会吸引外国人来华进行旅游、商务活动、学习等，这不仅有利于加快我国的经济发展，也有利于适应我国引资引智的战略需要，吸引高

层次的海外专门人才和投资者来华，从而促进我国与其他国家在经济、文化等各个领域的交往与合作。

出境是公民的一项权利，《世界人权宣言》《公民权利和政治权利国际公约》将出境自由作为公民的一项基本权利，但同时也规定，此项权利可以在出于维护国家安全、公共秩序、公共卫生或道德或他人权利与自由的需要时，由法律进行限制。公民限制出境的核心问题是处理好出入境管理中国家利益和公民权利的关系。在出境管理中，必须体现维护国家主权、安全和社会秩序的原则，这是加强出境管理所要达到的一个最重要的目的。无论是中国公民出境，还是外国人出境，都有可能会对国家主权、安全、利益和社会秩序产生影响。出于对国家主权、安全、利益和社会秩序的考虑，国家在维护公民出境权利的同时，有必要依法对有关人员的出境作出一定限制。世界上诸多国家和地区都制定了相关制度，在特定情况下限制本国或本地区人员出境。

为了维护国家安全和利益，衔接出境入境管理法及其他相关法律规定，2023年修订后的反间谍法对特定中国公民以及涉嫌间谍行为人员不准出境的规定作了明确。

**（二）公开征求意见的情况**

在反间谍法修订草案向社会公开征求意见时，有的建议将“通知移民管理机构”修改为“通知移民管理机构、通关口岸和被限制的公民”。

**（三）有关国家和地区的规定**

1.《公民权利和政治权利国际公约》第十二条中规定了“人人有自由离开任何国家，包括其本国在内”的内容，并规定“除法律所规定并为保护国家安全、公共秩序、公共卫生或道德、或他人的权利和自由所必需且与本公约所承认的其他权利不抵触……”。

2. 美国法典中关于出入境证照的内容规定，“个人使用护照或以其他方式跨越国际边界实施潜在犯罪”的，有关部门应吊销其美国护照。

3.《新西兰护照法》第27GA款规定，以国家或国际安全为由拒绝签发、取消或保留新西兰旅行证件的情形：如部长有合理理由相信某个人，此人对新西兰的安全或新西兰以外的国家安全构成威胁，或打算从事或协助恐怖行为，或大规模杀伤性武器的扩散，或任何其他为获取商业或经济利益而设计可能对新西兰造成严重经济损害的非法活动，若该人在新西兰，部长可以采取以下任一措施：（1）拒绝签发新西兰护照；（2）收回已有的新西兰护照；（3）收回由新西兰政府或其代表签发的个人身份证明；（4）收回该人的紧急旅行证件、发出的特别旅行证件；（5）拒绝向该人签发新西兰难民旅行证件；撤回该人的新西兰难民证。若该人不在新西兰，部长可以采取除（5）以外的任一措施。同时，《新西兰护照法》第32A条规定了法院作出决定禁止签发护照的情形。某人因违反《新西兰护照法》而被判刑，法院可以作出在不超过十年的特定期限内，不得向该人签发新西兰护照以及将签发给该人的新西兰护照予以注销的决定来保护护照的安全和完整性，如果该人所犯之罪与恐怖主义有关，法院作出的决定的期限最长可延长至不超过十五年。

4. 新加坡《护照法》规定，总监可以以书面的方式在以下情况通知任何新加坡公民拒发或撤销新加坡护照的决定，从而达到阻止该公民出境的目的：如果在发给某人新加坡护照或旅行证件后，该人可能从事危害新加坡或任何其他国家的安全，危及其他人的健康或人身安全，可能构成违反成文法律所规定的任何可扣押的罪行的；或犯下了可被扣押的罪行并且是被通缉目标的人；或申请者基于作为假释或提前释放的条件或为了遵守某法律或法院的指示这些原因而不允许作国际旅行；在申办护照之前的十年内，该公民曾经在任何可被扣押的罪行下被定过罪。

5. 韩国《出入境管理法》第四条规定了禁止出境的情形：法务部长官可禁止符合下列各项中的任意一项的国民出境。（1）为调查犯罪案情，认为不适合出境的人；（2）正接受刑事裁判的人；（3）劳役或监禁刑期未满的人；（4）未交法务部令规定金额以上的罚款或费用的人；（5）在没有正当原因的情况下，未在交款期限内缴纳法务部令规定金额以上的国税、关税或地方税的人；（6）其他符合前五项规定的人，法务部令中规定有可能危害大韩民国利益、公共安全或经济秩序的、不适合出境的人。

◆ **条文释义**

本条共分两款。第一款是关于对出境后可能对国家安全造成危害，或者对国家利益造成重大损失的中国公民，国务院国家安全主管部门可以决定其在一定期限内不准出境，并通知移民管理机构的规定。

加强出境管理，既是保护国家秘密、反间谍的需要，也是保护符合条件的特定公民自身安全的需要。我国一直以来依法保护中国公民出境的合法权益，出境入境管理法第三条第一款明确规定，“国家保护中国公民出境入境合法权益”。同时，我国现行相关法律也规定了不准出境的情形，如出境入境管理法第十二条规定：“中国公民有下列情形之一的，不准出境：（一）未持有效出境入境证件或者拒绝、逃避接受边防检查的；（二）被判处刑罚尚未执行完毕或者属于刑事案件被告人、犯罪嫌疑人的；（三）有未了结的民事案件，人民法院决定不准出境的；（四）因妨害国（边）境管理受到刑事处罚或者因非法出境、非法居留、非法就业被其他国家或者地区遣返，未满不准出境规定年限的；（五）可能危害国家安全和利益，国务院有关主管部门决定不准出境的；（六）法律、行政法规规定不准出境的其他情形。”保守国家秘密法第三十七条规定：“涉密人员出境应当经有关部门批准，有关机关认为涉密人员出境将对国家安全造成危害或者对国家利益造成重大损失的，不得批准出境。”反恐怖主义法第三十九条规定：“出入境证件签发机关、出入境边防检查机关对恐怖活动人员和恐怖活动嫌疑人员，有权决定不准其出境入境、不予签发出境入境证件或者宣布其出境入境证件作废。”

对本款可以从以下几个方面理解：

第一，本款规定的不准出境的主体是出境后可能对国家安全造成危害，或者对国家利益造成重大损失的中国公民。这里的“出境后可能对国家安全造成危害，或者对国家利益造成重大损失的中国公民”，主要是指掌握重要国家秘密、信息等的中国公民。人是反间谍斗争的核心要素之一，是防范间谍窃密活动的重点所在，也是任何反间谍防范措施最终的执行者。因此，在反间谍工作中，对人的管理极为关键。部分中国公民在日常的职务工作中会接触大量的国家秘密、信息等，一旦泄露，其后果比一般人泄密要严重得多，因而国家对其施加的义务也要比一般人多，对其出境有较为严格的限制和要求。国务院国家安全主管部门认为符合条件的特定公民出境将对国家安全造成危害或者对国家利益造成重大损失的，可以依法限制其出境。

第二，根据本款规定，有权决定符合条件的特定公民在一定期限内不准出境的机构是国务院国家安全主管部门。根据本法规定，国家安全机关是反间谍工作的主管机关，国务院国家安全主管部门在日常监管工作中能够及时发现线索，及时采取相应措施，防止发生符合条件的特定人员违规出境。同时，法律通过适当提高不准出境决定的层级对限制出境从严掌握，防止不当扩大限制出境人员的范围，影响个人权利，加强对公民出境权利的保障。

第三，国务院国家安全主管部门决定的内容是符合条件的特定公民在一定期限内不准出境。由于实践中的情况较为复杂，符合条件的特定公民不得出境的期限难以在法律中作出具体规定，因此法律对此仅作出原则性规定，由国务院国家安全主管部门根据情况决定具体不准出境的期限。

第四，国务院国家安全主管部门作出不准出境决定，应当通知移民管理机构，保证决定及时落地，防范被限制出境的人员出境。移民管理机构是指国家和地方移民管理部门。2018 年 3 月，中共中央印发《深化党和国家机构改革方案》。方案中提出：“组建国家移民管理局。随着我国综合国力进一步提升，来华工作生活的外国人不断增加，对做好移民管理服务提出新要求。为加强对移民及出入境管理的统筹协调，更好形成移民管理工作合力，将公安部的出入境管理、边防检查职责整合，建立健全签证管理协调机制，组建国家移民管理局，加挂中华人民共和国出入境管理局牌子，由公安部管理。主要职责是，协调拟订移民政策并组织实施，负责出入境管理、口岸证件查验和边民往来管理，负责外国人停留居留和永久居留管理、难民管理、国籍管理，牵头协调非法入境、非法居留、非法就业外国人治理和非法移民遣返，负责中国公民因私出入国（境）服务管理，承担移民领域国际合作等。”移民管理机构执行的具体程序和操作办法按照有关规定和要求进行。

第二款是关于对涉嫌间谍行为人员，省级以上国家安全机关可以通知移民管理机构不准其出境的规定。

实践中一些嫌疑间谍行为人员会采取出境的方式逃避法律制裁，一旦出境就会给后续法律程序造成严重障碍，难以有效惩治。限制出境措施是依法惩治一些严重犯罪或者涉外犯罪的有效控制性手段。防止涉嫌间谍行为人员外逃是实现追究法律责任的重要环节。如果不能有效防范其出境，后续通过国际刑事司法协助、引渡等将耗费巨大司法成本，也难以有效及时追究其法律责任。本款明确省级以上国家安全机关在办理间谍案件过程中，有权依法采取限制出境措施，防范涉嫌间谍行为人员出境以逃避法律责任。相关法律、法规对有关情形不得出境作了规定。如反间谍法实施细则第二十四条规定，对涉嫌间谍行为的人员，国家安全机关可以决定其在一定期限内不得出境。出境入境管理法第二十八条规定：“外国人有下列情形之一的，不准出境：（一）被判处刑罚尚未执行完毕或者属于刑事案件被告人、犯罪嫌疑人的，但是按照中国与外国签订的有关协议，移管被判刑人的除外；（二）有未了结的民事案件，人民法院决定不准出境的；（三）拖欠劳动者的劳动报酬，经国务院有关部门或者省、自治区、直辖市人民政府决定不准出境的；（四）法律、行政法规规定不准出境的其他情形。”监察法第三十条规定：“监察机关为防止被调查人及相关人员逃匿境外，经省级以上监察机关批准，可以对被调查人及相关人员采取限制出境措施，由公安机关依法执行。对于不需要继续采取限制出境措施的，应当及时解除。”民事诉讼法对不履行裁判文书的限制出境作了规定：“被执行人不履行法律文书确定的义务的，人民法院可以对其采取或者通知有关单位协助采取限制出境，在征信系统记录、通过媒体公布不履行义务信息以及法律规定的其他措施”。参考相关法律的规定，总结反间谍斗争实践经验，本款对限制涉嫌间谍行为人员出境作出明确规定。

对本款规定可以从以下三个方面理解：

一是涉嫌间谍行为人员主要是指属于刑事案件被告人、犯罪嫌疑人，或者是涉嫌间谍违法行为的人员，既可以是中国公民，也可以是境外人员。

二是对涉嫌间谍行为人员采取限制出境措施，应当由省级以上国家安全机关通知移民管理机构执行，保证决定及时落地，防范被限制出境的涉嫌间谍行为人员出境。通知和执行的具体程序和操作办法按照有关部门相应规定和要求进行。

三是本条对限制出境措施的期限没有规定，实践中，国家安全机关在决定限制出境措施后，应当及时查办案件，对于经查证不属于涉嫌间谍行为人员，或者不需要采取限制出境措施的，或者超过限制出境措施期限未继续申请延长的，应当及时解除限制出境措施。

此外，要准确理解“出境”，本条中的“境”指的是“国境”和“边境”。现实生活中，包括大陆居民往返于港、澳、台地区，以及香港同胞、澳门同胞往返于内地和台湾同胞往返于大陆之间，都是按照出入境进行管理。因此，本条中的“出境”，包括由中国内地前往其他国家或地区；由中国内地前往香港特别行政区、澳门特别行政区；由中国大陆前往台湾地区。

### ◆ 实践中需要注意的问题

在本条的理解适用中，需要注意以下两个方面的问题：

第一，根据本条第一款的规定，国务院国家安全主管部门对特定中国公民采取限制出境措施时，要严格掌握，不能随意扩大不准出境的人员范围，不能随意延长不准出境的期限。对于限制出境的中国公民，有关部门应当建立相应机制，对于超出不准出境期限，不需要继续采取限制出境措施的，应当及时解除限制出境措施。特定中国公民被采取限制出境措施，当事人不服的，可以依法申请行政复议，对复议决定不服的可以提起行政诉讼。根据本法第六十八条规定，当事人对依照本法作出的行政处罚决定、行政强制措施决定、行政许可决定不服的，可以自收到决定书之日起六十日内，依法申请复议；对复议决定不服的，可以自收到复议决定书之日起十五日内，依法向人民法院提起诉讼。这样，一方面当事人有权申请复议和提起诉讼，如果发生因认定事实不清或者适用法律不当，使当事人被限制出境时，可以得到及时的纠正，维护当事人的合法权益；另一方面也体现了限制出境决定的严肃性和权威性，督促有关部门能够依法履行职责，对决定机关也是一种监督和制约。

第二，对涉嫌间谍行为人员，本条第二款仅对国家安全机关依法采取限制出境措施作了衔接性规定，对人民法院、人民检察院等其他办案机关采取限制措施未作规定。这主要是考虑到在办理间谍案件过程中，国家安全机关往往属于第一道程序，需要及时采取限制出境措施。对于国家安全机关未采取限制出境措施，在审查起诉、审判阶段，人民法院、人民检察院可依照出境入境管理法第十二条、第二十八条的规定决定限制出境。是否有必要采取具体的限制出境措施，可由有关机关根据出境入境管理法的规定具体决定。

### ◆ 相关规定

《中华人民共和国保守国家秘密法》第三十七条；《中华人民共和国出境入境管理法》第三条、第十二条、第二十八条；《中华人民共和国反恐怖主义法》第三十九条；《中华人民共和国反有组织犯罪法》第二十一条；《中华人民共和国反间谍法实施细则》第二十四条；《中华人民共和国监察法》第三十条

**第三十四条**　对入境后可能进行危害中华人民共和国国家安全活动的境外人员，国务院国家安全主管部门可以通知移民管理机构不准其入境。

### ◈ 条文主旨

本条是关于特定境外人员不准入境的规定。

### ◈ 立法背景

本条是2023年修订反间谍法时增加的规定。

**（一）立法背景及修改情况**

随着我国经济社会的快速发展，境外人员入境数量持续较快增长，境外人员入境目的日益多样。在入境管理中，必须体现维护国家主权、安全和社会秩序的原则，这是加强入境管理所要达到的一个最重要的目的。实践中，一些境外间谍机构及其代理人向我国境内渗透的情况增多，可能会对中华人民共和国的国家主权、安全、利益和社会秩序产生影响，因此有必要依法对有关境外人员的入境作出一定限制。为了维护国家安全和利益，避免间谍组织及其代理人等对我实施间谍窃密行为，衔接其他相关法律规定，反间谍法对境外人员不准入境的规定作了明确，一方面警示具有间谍目的的境外人员，另一方面赋予国务院国家安全主管部门、移民管理部门采取相应入境禁止措施的权限。

**（二）公开征求意见的情况**

在反间谍法修订草案向社会公开征求意见时，有的建议将"移民管理机构"修改为"移民管理机构和通关口岸"。

### ◈ 条文释义

对外开放是我国的必由之路，也是我国的一项基本国策，贯彻执行好对外开放，有利于促进中外人民友好交流。在出境入境管理工作中，需要做到管理与服务并重，着力为中国公民和外国人合法的出境入境活动，以及外国人在中国境内的合法停留、居留活动提供便利。本条包含以下几个方面的内容：

第一，限制入境的对象是入境后可能进行危害中华人民共和国国家安全活动的境外人员。依照本国法律对外国人入境实施管理，是维护国家主权、安全和利益的核心内容之一。一个国家有权允许或者不允许境外人员入境以及在什么条件下入境，有权对在其境内的外国人行使管理权，有权阻止或者限制在其境内的外国人出境，或者强制违反本国法律的外国人出境，这些均体现了维护国家主权、安全和利益的原则。

限制入境后可能进行危害中华人民共和国国家安全活动的境外人员入境，主要是为了维护国家安全，防范间谍窃密行为，“御敌于国门之外”。为了对境外人员入境行为进行规范，我国有关法律对外国人不得入境的情形作了规定，如出境入境管理法第二十一条规定：“外国人有下列情形之一的，不予签发签证：（一）被处驱逐出境或者被决定遣送出境，未满不准入境规定年限的；（二）患有严重精神障碍、传染性肺结核病或者有可能对公共卫生造成重大危害的其他传染病的；（三）可能危害中国国家安全和利益、破坏社会公共秩序或者从事其他违法犯罪活动的；（四）在申请签证过程中弄虚作假或者不能保障在中国境内期间所需费用的；（五）不能提交签证机关要求提交的相关材料的；（六）签证机关认为不宜签发签证的其他情形。对不予签发签证的，签证机关可以不说明理由。”第二十五条规定：“外国人有下列情形之一的，不准入境：（一）未持有效出境入境证件或者拒绝、逃避接受边防检查的；（二）具有本法第二十一条第一款第一项至第四项规定情形的；（三）入境后可能从事与签证种类不符的活动的；（四）法律、行政法规规定不准入境的其他情形。对不准入境的，出入境边防检查机关可以不说明理由。”反恐怖主义法第三十九条规定：“出入境证件签发机关、出入境边防检查机关对恐怖活动人员和恐怖活动嫌疑人员，有权决定不准其出境入境、不予签发出境入境证件或者宣布其出境入境证件作废。”反有组织犯罪法第二十一条规定：“移民管理、海关、海警等部门应当会同公安机关严密防范境外的黑社会组织入境渗透、发展、实施违法犯罪活动。出入境证件签发机关、移民管理机构对境外的黑社会组织的人员，有权决定不准其入境、不予签发入境证件或者宣布其入境证件作废。移民管理、海关、海警等部门发现境外的黑社会组织的人员入境的，应当及时通知公安机关。发现相关人员涉嫌违反我国法律或者发现涉嫌有组织犯罪物品的，应当依法扣留并及时处理。”反间谍法实施细则第九条规定：“境外个人被认为入境后可能进行危害中华人民共和国国家安全活动的，国务院国家安全主管部门可以决定其在一定时期内不得入境。”反间谍法本条的规定与相关法律规定的精神是一致的。

第二，有权限制境外人员入境的部门是国务院国家安全主管部门。根据本法规定，国家安全机关是反间谍工作的主管机关，国务院国家安全主管部门在日常监管工作中能够及时发现线索，识别一些入境后可能从事间谍等危害中华人民共和国国家安全的活动的境外人员，不准其入境。同时，为了避免限制入境措施被滥用，本条通过适当提高不准入境决定层级对限制入境从严掌握，防止不当扩大限制入境人员的范围，影响个人权利。

第三，通知移民管理机构不准其入境。为了防范被限制入境的人员入境，国务院国家安全主管部门应当及时通知移民管理机构执行。移民管理机构是指国家和地方移民管理部门，通知和执行的具体程序和操作办法按照有关部门相应规定和要求进行。

◆ **实践中需要注意的问题**

在本条的理解适用中，需要注意以下几个方面的问题：

第一，本条是对特定境外人员入境的管控措施。出境入境管理法对入境管控措施有更为全面的规定，实践中具体适用时，应根据实际情况，做好相应衔接。同时需要指出，本条是针对特定境外人员入境的管控措施，因此除了由移民管理机构依照本条不准其入境外，不排除依法对相关人员采取其他措施。

第二，对依法采取出入境管控措施的境外人员，如果国务院国家安全主管部门经过调查等，已排除具体境外人员进行危害中华人民共和国国家安全活动的可能的，应当及时取消对相关人员的出入境限制。

◆ **相关规定**

《中华人民共和国反恐怖主义法》第三十九条；《中华人民共和国反有组织犯罪法》第二十一条；《中华人民共和国出境入境管理法》第二十一条、第二十五条；《中华人民共和国反间谍法实施细则》第九条

---

**第三十五条**　对国家安全机关通知不准出境或者不准入境的人员，移民管理机构应当按照国家有关规定执行；不准出境、入境情形消失的，国家安全机关应当及时撤销不准出境、入境决定，并通知移民管理机构。

---

◆ **条文主旨**

本条是关于不准出境或者不准入境的执行、撤销的规定。

◆ **立法背景**

本条是2023年修订反间谍法时增加的规定。

当今世界各国之间人员往来越来越多，贯彻执行好对外开放，有利于促进中外人民友好交流。在出境入境管理工作中，需要做到管理与服务并重，着力为中国公民和外国人合法的出境入境活动，以及外国人在中国境内的合法停留、居留活动提供便利，吸引境外人才和投资者来华，促进我国与其他国家在经济、文化等各个领域的交往与合作。

在出境入境管理中，必须体现维护国家主权、安全和社会秩序的原则，这是加强出境管理所要达到的一个最重要的目的。无论是中国公民出境，还是外国人出境，都有可能会对中华人民共和国的主权、安全、利益和社会秩序产生影响。出于对国家主权、安全、利益和社会秩序的考虑，世界上诸多国家和地区都制定了相关制度，在特定情况下限制本国或本地区人员出境，限制相关境外人员入境。限制公

民出境、限制相关境外人员入境的核心问题是处理好出境入境管理中国家利益和个人权利的关系。

修订后的反间谍法对特定中国公民以及涉嫌间谍行为人员不准出境、特定境外人员不准入境作了规定。本法第三十三条规定，国务院国家安全主管部门作出不准出境决定的，应当通知移民管理机构。第三十四条规定，对入境后可能进行危害中华人民共和国国家安全活动的境外人员，国务院国家安全主管部门可以通知移民管理机构不准其入境。为了做好与上述条文的衔接，保证决定及时落地，防范被限制出境的人员出境、被限制入境的人员入境，本条规定对国家安全机关通知不准出境或者不准入境的人员，移民管理机构应当按照国家有关规定执行。同时，考虑到不准出境或者不准入境都属于限制个人权利的临时性措施，因此有必要对“不准出境、入境情形消失的，国家安全机关应当及时撤销不准出境、入境决定，并通知移民管理机构”也作出规定，以利于实践中操作。

◆ **条文释义**

反间谍法总结实践中的经验，衔接本法其他条文的规定，对不准出境或者不准入境的执行、撤销作了明确规定。本条包含以下几个方面的内容：

第一，为了有效贯彻执行针对特定人员的不准出境、不准入境，防止发生间谍窃密等危害国家安全的行为，对国家安全机关通知不准出境或者不准入境的人员，移民管理机构应当按照国家有关规定执行。为了使移民管理机构能够及时知晓哪些人员属于不准出境、入境的人员，国家安全机关有必要按照规定将人员名单及时通知移民管理机构，以利于其做好边控工作，防止由于信息传递不及时造成不准入境的人员入境，不准出境的人员出境。

我国现行相关法律和规定已经对决定机关及时通知移民管理机构作了规定，如出境入境管理法第六十五条规定：“对依法决定不准出境或者不准入境的人员，决定机关应当按照规定及时通知出入境边防检查机关；不准出境、入境情形消失的，决定机关应当及时撤销不准出境、入境决定，并通知出入境边防检查机关。”1987年《最高人民法院、最高人民检察院、公安部、国家安全部关于依法限制外国人和中国公民出境问题的若干规定》规定，国家安全机关认定的犯罪嫌疑人或有其他违反法律的行为尚未处理并需要追究法律责任的，其限制出境的决定需经省、自治区、直辖市公安厅、局或国家安全厅、局批准。国家安全机关等对某些不准出境的外国人和中国公民，需在边防检查站阻止出境的，应填写《口岸阻止人员出境通知书》。在本省、自治区、直辖市口岸阻止出境的，应向本省、自治区、直辖市公安厅、局交控。在紧急情况下，如确有必要，也可先向边防检查站交控，然后补办交控手续。国家安全机关在限制外国人和中国公民出境时，可以分别采取以下办法：（1）向当事人口头通知或书面通知，在其案件（或问题）了结之前，不得离境；（2）根据案件性质及当事人的具体情况，分别采取监视居住或取保候审的办法，或令其提供财产担保或交付一定数量保证金后准予出境；（3）扣留当事人护照或其他有效出入境证件。但应在执照或其他出入境证件有效期内处理了结，同时发给本人扣留证件的证明。2023 年修订后的反间谍法对出境入境管理法的规定作了衔接性规定。

第二，不准出境、入境情形消失的，国家安全机关应当及时撤销不准出境、入境决定，并通知移民管理机构。

不准出境、入境主要是出于维护国家安全、公共秩序等的需要，但是不准出境、入境毕竟会对个人的权利造成一定影响，不利于开展对外交流。在出境入境管理工作中，需要做到管理与服务并重，着力为中国公民和外国人合法的出境入境活动，以及外国人在中国境内的合法停留、居留活动提供便利。因此，对于不准出境、入境情形消失的，不需要继续采取出境入境限制措施的，国家安全机关应当及时撤销不准出境、入境决定。

“不准出境、入境情形消失”，主要是指中国公民已经不属于本法第三十三条规定的“出境后可能对国家安全造成危害，或者对国家利益造成重大损失的中国公民”的范围，或者不准出境期限届满没有继续延长的，或者根据本法第三十四条的规定，对依法被采取出入境管控措施的境外人员，如果国务院国家安全主管部门经过调查等，已排除具体境外人员进行危害中华人民共和国国家安全活动的可能的，应当及时撤销不准出境、入境决定，并通知移民管理机构，以保障其出境、入境权益。

### ◈ 实践中需要注意的问题

实践中需要注意的是，根据 1987 年《最高人民法院、最高人民检察院、公安部、国家安全部关于依法限制外国人和中国公民出境问题的若干规定》，需要限制已入境的外国人出境或者限制中国公民出境的，必须严格依照法律规定执行。在执行中应当注意，凡能尽早处理的，不要等到外国人或中国公民临出境时处理；凡可以通过其他方式处理的，不要采取扣留证件的办法限制出境；凡能在内地处理的，不要到出境口岸处理，要把确需在口岸阻止出境的人员控制在极少数。

### ◈ 相关规定

《中华人民共和国出境入境管理法》第六十五条；《最高人民法院、最高人民检察院、公安部、国家安全部关于依法限制外国人和中国公民出境问题的若干规定》

**第三十六条** 国家安全机关发现涉及间谍行为的网络信息内容或者网络攻击等风险，应当依照《中华人民共和国网络安全法》规定的职责分工，及时通报有关部门，由其依法处置或者责令电信业务经营者、互联网服务提供者及时采取修复漏洞、加固网络防护、停止传输、消除程序和内容、暂停相关服务、下架相关应用、关闭相关网站等措施，保存相关记录。情况紧急，不立即采取措施将对国家安全造成严重危害的，由国家安全机关责令有关单位修复漏洞、停止相关传输、暂停相关服务，并通报有关部门。

经采取相关措施，上述信息内容或者风险已经消除的，国家安全机关和有关部门应当及时作出恢复相关传输和服务的决定。

### ◆ 条文主旨

本条是关于涉及间谍行为的网络信息内容或者网络攻击等风险的处置方法，以及有关情形消除后及时恢复相关传输和服务的规定。

### ◆ 立法背景

本条是2023年修订反间谍法时增加的规定。

**（一）立法背景及修改情况**

互联网的飞速发展，在为人民群众的生活带来更多便利，促进社会进步的同时，也容易被间谍行为人所利用。当前，网络成为间谍窃密活动的新空间和主战场之一，境外间谍组织等实施的网络攻击、破坏活动日渐增多，“成本小、收益大”“无差别、全天候”的特点，使网络成为境外间谍组织及其代理人获取我国秘密、情报的重要途径。境外间谍组织及其代理人对我关键信息基础设施、大数据、通讯、生物、能源、交通、卫生、环保、资源、军工等领域不断进行网络攻击、侵入和破坏，信息和数据泄露事件多发频发，对我国家主权、安全和发展利益造成严重威胁。实践中，通过互联网实施的间谍窃密活动隐蔽性强、科技含量高、防控难度大。维护网络安全，必须采取措施监测、防御并处置各类涉及间谍行为的网络信息内容或者网络攻击等风险，防止网络间谍行为对国家安全造成损害。

防范网络间谍行为，严防涉及间谍行为的网络信息内容或者网络攻击等风险是当前我们面临的新的挑战和任务。强化网络反间谍的制度措施，既是维护国家安全、社会稳定、和平发展和人民群众正常生活的重要保障，也是加强反间谍斗争的现实需要。党的二十大报告提出进一步推进国家安全体系和能力现代化，加强重点领域安全能力建设，严厉打击敌对势力渗透、破坏、颠覆、分裂活动；加强重点领域、新兴领域、涉外领域立法，统筹推进国内法治和涉外法治，以良法促进发展、保障善治。在总体国家安全观的统领下，现行网络安全法、数据安全法已经对网络和数据的保护作了较为全面、基础的规定。考虑到不同法律的立法目的各有侧重，利用互联网技术实施的间谍行为不只侵害了一般意义上的网络安全和数据安全，更主要是涉及敌对势力的渗透、颠覆、破坏、窃密活动，严重危害国家安全。反间谍法要为适应社会信息化、智能化发展和隐蔽敌情变化提供支撑。在立法上持续加强对涉及间谍行为的网络信息内容或者网络攻击等风险的处置，有利于专门机关直接适用反间谍法的措施，及时惩治网络间谍行为，丰富反间谍斗争的法律武器库，以更好地贯彻落实习近平总书记的重要指示和党的二十大精神。

为了防范、治理涉及间谍行为的网络信息内容或者网络攻击等风险，许多国家和地区也都加强了对互联网内容的管理，一方面，针对网络空间的特点，进一步强化有关制度措施，赋予执法部门必要的权力；另一方面，也明确电信业务经营者、互联网服务提供者防范间谍的社会责任和义务。为贯彻落实党的二十大精神，根据实践需要，参考相关国家的立法经验，2023 年修订的反间谍法，与网络安全法等相关法律相衔接，进一步明确了涉及间谍行为的网络信息内容或者网络攻击等风险的处置以及有关情形消除后及时恢复传输和相关服务的规定。

**（二）公开征求意见的情况**

在反间谍法修订草案向社会公开征求意见时，有的建议应进一步理顺主管部门的职责和国家安全机关的职责。有的建议删去“停止传输”的规定。

### ◆ 条文释义

本条共分两款。第一款规定了国家安全机关发现涉及间谍行为的网络信息内容或者网络攻击等风险的处置程序。

本款规定可以区分一般情况下的处理和情况紧急时的处理两种情况：

第一，对于一般情况下的处理程序。根据本款规定，国家安全机关应当及时通报有关部门，由其依法处置或者责令电信业务经营者、互联网服务提供者及时采取修复漏洞、加固网络防护、停止传输、消除程序和内容、暂停相关服务、下架相关应用、关闭相关网站等措施，保存相关记录。

对于一般情况下的处理程序，可以从以下几个方面理解：

1. 国家安全机关发现涉及间谍行为的网络信息内容或者网络攻击等风险，应当依照网络安全法规定的职责分工，及时通报有关部门。

国家安全机关虽然是反间谍工作的主管机关，但反间谍工作不能仅依靠国家安全机关一家开展，还需要其他相关部门的配合和支持。及时通报涉及间谍行为的网络信息内容，有利于阻断传播，防止失窃密行为的发生；对网络安全风险进行通报，有利于有关方面及时采取必要措施，有针对地进行防范。

这里的“涉及间谍行为的网络信息内容”，主要是指涉及本法第四条规定的间谍行为，通过网络传播的信息内容，包括涉及国家秘密、情报以及其他关系国家安全和利益的文件、数据、资料、物品等的信息；间谍组织及其代理人发布的招收间谍分子的信息等。这里的“网络攻击等风险”，主要是指境外间谍情报机构、敌对势力等，实施针对我国家机关、涉密单位或者关键信息基础设施等的网络攻击、侵入、干扰、控制、破坏等风险。

这里规定的“有关部门”，主要是网信、电信等相关部门。网络安全法第八条第一款规定：“国家网信部门负责统筹协调网络安全工作和相关监督管理工作。国务院电信主管部门、公安部门和其他有关机关依照本法和有关法律、行政法规的规定，在各自职责范围内负责网络安全保护和监督管理工作。”目前，在国家层面，网信主管部门指的是国家互联网信息办公室。2011 年 5 月，国务院设立国家互联网信息办公室。党的十八届三中全会决定提出，加快完善互联网管理领导体制，目的是整合相关机构职能，形成从技术到内容、从日常安全到打击犯罪的互联网管理合力，确保网络正确运行和安全。2014 年 8 月，国务院发布《国务院关于授权国家互联网信息办公室负责互联网信息内容管理工作的通知》，授权重新组建的国家互联网信息办公室负责全国互联网信息内容的管理工作，并负责监督管理执法。电信主管部门指的是工业和信息化部，各省地市设有相应的主管部门。根据国务院确定的职责，工业和信息化部作为电信行业主管部门，主要承担互联网行业管理、信息通信领域网络与信息安全保障体系建设以及网络安全防护、应急管理和处置等职责。国家安全机关发现涉及间谍行为的网络信息内容或者网络攻击等风险，应当依照网络安全法规定的职责分工，及时通报网信、电信等部门。

2. 对于国家安全机关通报的涉及间谍行为的网络信息内容或者网络攻击等风险，网信、电信等有关部门应当依法处置或者责令电信业务经营者、互联网服务提供者及时采取修复漏洞、加固网络防护、停止传输、消除程序和内容、暂停相关服务、下架相关应用、关闭相关网站等措施，保存相关记录。

网信、电信部门以及电信业务经营者、互联网服务提供者有义务积极配合国家安全机关，采取相应措施，防范和制止涉及网络的间谍行为。对于网信、电信等有关部门以及电信业务经营者、互联网服务提供者履行网络安全管理的义务，相关法律已经有了相关规定，反间谍法在本款中对此作了衔接性规定。如网络安全法第四十七条规定：“网络运营者应当加强对其用户发布的信息的管理，发现法律、行政法规禁止发布或者传输的信息的，应当立即停止传输该信息，采取消除等处置措施，防止信息扩散，保存有关记录，并向有关主管部门报告。”第五十条规定：“国家网信部门和有关部门依法履行网络信息安全监督管理职责，发现法律、行政法规禁止发布或者传输的信息的，应当要求网络运营者停止传输，采取消除等处置措施，保存有关记录；对来源于中华人民共和国境外的上述信息，应当通知有关机构采取技术措施和其他必要措施阻断传播。”电信条例第五十六条规定：“任何组织或者个人不得利用电信网络制作、复制、发布、传播含有下列内容的信息：（一）反对宪法所确定的基本原则的；（二）危害国家安全，泄露国家秘密，颠覆国家政权，破坏国家统一的；（三）损害国家荣誉和利益的；（四）煽动民族仇恨、民族歧视，破坏民族团结的；（五）破坏国家宗教政策，宣扬邪教和封建迷信的；（六）散布谣言，扰乱社会秩序，破坏社会稳定的；（七）散布淫秽、色情、赌博、暴力、凶杀、恐怖或者教唆犯罪的；（八）侮辱或者诽谤他人，侵害他人合法权益的；（九）含有法律、行政法规禁止的其他内容的。”第五十七条规定：“任何组织或者个人不得有下列危害电信网络安全和信息安全的行为：（一）对电信网的功能或者存储、处理、传输的数据和应用程序进行删除或者修改；（二）利用电信网从事窃取或者破坏他人信息、损害他人合法权益的活动；（三）故意制作、复制、传播计算机病毒或者以其他方式攻击他人电信网络等电信设施；（四）危害电信网络安全和信息安全的其他行为。”第六十一条规定：“在公共信息服务中，电信业务经营者发现电信网络中传输的信息明显属于本条例第五十六条所列内容的，应当立即停止传输，保存有关记录，并向国家有关机关报告。”此外，《全国人民代表大会常务委员会关于加强网络信息保护的决定》《互联网信息服务管理办法》《计算机信息网络国际联网安全保护管理办法》等也对网信、电信等有关部门以及电信业务经营者、互联网服务提供者履行网络安全管理的义务作了规定。

根据本款规定，对于网信、电信等有关部门可以直接依法处置的，应当依法作出相应的处置措施；对于无权直接采取处置措施的，可以责令电信业务经营者、互联网服务提供者及时采取修复漏洞、加固网络防护、停止传输、消除程序和内容、暂停相关服务、下架相关应用、关闭相关网站等措施。电信业务经营者、互联网服务提供者对有关部门依照本条规定采取的处置措施，应当予以配合，按照要求采取相应的处置措施，不得拒绝、阻碍；应当及时采取相应措施，及时查明影响范围，分析、确定事件原因，采取本法要求的相关措施，防止网络间谍行为危害的扩大、蔓延，努力将造成的损失降至最低。为了做好针对网络间谍行为的应对处置工作，电信业务经营者、互联网服务提供者应当按照网络安全等级保护制度的要求，采取安全技术防范措施，制定内部安全管理制度和操作规程，确定网络安全负责人，落实网络安全保护责任。

这里规定的“电信业务经营者、互联网服务提供者”，有时统称为网络服务提供者。其中，“电信业务经营者”，是指网络运营商（NO，Network Operator）和接入服务商（AP，Access Provider）。网络运营商是指基础电信运营商，即电信基础设施的运营者，如中国移动、中国联通、中国电信等运营商；接入服务商是指向网络用户提供从用户终端到网络接入服务的主体，如各宽带业务经营者，包括网络接入、域名注册解析等信息网络接入、计算、存储、传输服务。“互联网服务提供者”，是指互联网内容提供者（ISP，Internet Service Provider），其向用户提供新闻、信息、资料、音视频、建立通讯群组的平台等内容服务，如腾讯、新浪、搜狐、百度、字节跳动等互联网知名企业就是典型的互联网服务提供者。按照服务对象和提供信息的不同，还可以进一步分为网上媒体运营商、数据库运营商、信息咨询商和信息发布代理商等，具体可以包括两类，一类是信息发布、搜索引擎、即时通讯、网络支付、网络预约、网络购物、网络游戏、网络直播、网站建设、安全防护、广告推广、应用商店等信息网络应用服务；另一类是利用信息网络提供的电子政务、通信、能源、交通、水利、金融、教育、医疗等公共服务。

第二，对于情况紧急时的处理程序。根据本款规定，情况紧急，不立即采取措施将对国家安全造成严重危害的，由国家安全机关责令有关单位修复漏洞、停止相关传输、暂停相关服务，并通报有关部门。

对于情况紧急的涉及间谍行为的网络信息内容或者网络攻击等风险，如果由国家安全机关通报有关部门处置，可能会导致错失战机，对国家安全造成严重危害。因此，法律授权国家安全机关在紧急情况下可以直接责令有关单位修复漏洞、停止相关传输、暂停相关服务。这里的“情况紧急”，是指通过本款中的一般处置程序无法应对涉及间谍行为的网络信息内容或者网络攻击等风险，不立即采取措施将对国家安全造成严重危害的情形。针对紧急情况，由国家安全机关直接责令有关单位修复漏洞、停止相关传输、暂停相关服务，尽管可以实现快速处置的效果，但是也面临着一定的风险，如果处置不当，很有可能会影响企业等正常的经营活动，影响正常的社会秩序，对此法律对国家安全机关可以直接责令采取的措施作了限制，仅限于修复漏洞、停止相关传输、暂停相关服务，这里的停止传输、暂停服务的范围务必要精准、尽量缩小措施的适用范围，尽可能减少对企业正常经营、正常社会秩序的影响。同时，为了使网信、电信等相关部门知晓掌握情况，法律要求国家安全机关在紧急处置时，应当通报有关部门。

第二款规定了涉及间谍行为的网络信息内容或者网络攻击等风险消除后的恢复服务措施。

本条第一款规定的停止传输、暂停相关服务等措施属于临时性措施，主要为了防止涉及间谍行为的网络信息内容传播、扩散，防范网络攻击等风险。这些措施不可避免地会对企业、个人的正常业务、活动造成一定的影响，为了尽可能减少影响，经采取相关措施，涉及间谍行为的网络信息内容或者网络攻击等风险已经消除的，国家安全机关和有关部门应当及时作出恢复相关传输和服务的决定。这里的“相关措施”，主要是指本条第一款规定的修复漏洞、加固网络防护、停止传输、消除程序和内容、暂停相关服务、下架相关应用、关闭相关网站等措施。之所以规定由国家安全机关和有关部门作出恢复相关传输和服务的决定，主要是考虑到实践中的情况比较复杂，如果不对具体情况进行具体分析，既不利于防范间谍行为，也不利丁对当事人权利的保护。因此，法律对此仅作出原则性规定，对于网络信息内容或者网络攻击等风险已经消除的具体判断，需要由国家安全机关和有关部门根据具体情况作出判断，并及时作出决定，此项规定体现了法律的严肃性和灵活性。被采取相关措施的企业等，可以向国家安全机关和有关部门提出恢复相关传输和服务的申请。

### ◆ 实践中需要注意的问题

在本条的理解适用中，需要注意以下几个方面的问题：

第一，针对涉及间谍行为的网络信息内容或者网络攻击等风险的处置措施应当尽可能精准适用，严格控制停止传输、消除程序和内容、暂停相关服务、下架相关应用、关闭相关网站等措施适用的范围，不能超出反间谍工作需要的限度，影响正常的社会经济生活，影响企业的正常经营活动。

第二，网信、电信部门以及电信业务经营者、互联网服务提供者应当积极配合国家安全机关的反间谍工作。为使本条的规定得到落实，本法在法律责任一章中规定了不履行本条规定义务应当承担的法律责任。根据本法第五十六的规定，国家机关、人民团体、企业事业组织和其他社会组织未按照本法规定履行反间谍安全防范义务的，国家安全机关可以责令改正；未按照要求改正的，国家安全机关可以约谈相关负责人，必要时可以将约谈情况通报该单位上级主管部门；产生危害后果或者不良影响的，国家安全机关可以予以警告、通报批评；情节严重的，对负有责任的领导人员和直接责任人员，由有关部门依法予以处分。此外，其他相关法律也有关于电信业务经营者、互联网服务提供者不履行法律规定义务的处罚规定，如网络安全法第六十九条规定："网络运营者违反本法规定，有下列行为之一的，由有关主管部门责令改正；拒不改正或者情节严重的，处五万元以上五十万元以下罚款，对直接负责的主管人员和其他直接责任人员，处一万元以上十万元以下罚款：（一）不按照有关部门的要求对法律、行政法规禁止发布或者传输的信息，采取停止传输、消除等处置措施的；……（三）拒不向公安机关、国家安全机关提供技术支持和协助的。"我国刑法对电信业务经营者、互联网服务提供者不履行法律规定的义务，构成犯罪的规定了刑事责任。刑法第二百八十六条之一规定："网络服务提供者不履行法律、行政法规规定的信息网络安全管理义务，经监管部门责令采取改正措施而拒不改正，有下列情形之一的，处三年以下有期徒刑、拘役或者管制，并处或者单处罚金：（一）致使违法信息大量传播的；……单位犯前款罪的，对单位判处罚金，并对其直接负责的主管人员和其他直接责任人员，依照前款的规定处罚。有前两款行为，同时构成其他犯罪的，依照处罚较重的规定定罪处罚。”

第三，适用本条规定的处置措施应当注意保存相关记录。一方面可以为应对涉及间谍行为的网络信息内容或者网络攻击等风险积累经验，另一方面也可以为侦查网络间谍违法犯罪行为保全证据和线索。相关法律对电信业务经营者、互联网服务提供者应当保存相关记录的义务作了规定。如，网络安全法第二十一条规定，网络运营者应当按照网络安全等级保护制度的要求，采取监测、记录网络运行状态、网络安全事件的技术措施，并按照规定留存相关的网络日志不少于六个月。第四十八条规定，任何个人和组织发送的电子信息、提供的应用软件，不得设置恶意程序，不得含有法律、行政法规禁止发布或者传输的信息。电子信息发送服务提供者和应用软件下载服务提供者，应当履行安全管理义务，知道其用户有前款规定行为的，应当停止提供服务，采取消除等处置措施，保存有关记录，并向有关主管部门报告。根据电信条例、《互联网信息服务管理办法》等规定，互联网信息服务提供者应当向上网用户提供良好的服务，并保证所提供的信息内容合法。任何单位和个人不得利用互联网制作、复制、查阅和传播违法信息，网络服务提供者发现上述信息，应当立即停止传输该信息，采取删除网络中含有上述内容的地址、目录或者关闭服务器等处置措施，同时保留有关原始记录。

◆ **相关规定**

《中华人民共和国网络安全法》第八条、第二十一条、第四十七条、第五十条、第六十九条；《反间谍安全防范工作规定》第二十三条；《中华人民共和国电信条例》第五十六条、第五十七条、第六十一条；《互联网信息服务管理办法》第十四条至第十六条、第二十条

---

**第三十七条**　国家安全机关因反间谍工作需要，根据国家有关规定，经过严格的批准手续，可以采取技术侦察措施和身份保护措施。

---

◆ **条文主旨**

本条是关于国家安全机关因反间谍工作需要，采取技术侦察措施和身份保护措施的规定。

◆ **立法背景**

本条是 1993 年国家安全法的规定，2014 年制定反间谍法时作了修改，2023 年修订反间谍法时又作了修改。

**（一）立法背景及修改情况**

1. 1993 年国家安全法的规定。第十条规定："国家安全机关因侦察危害国家安全行为的需要，根据国家有关规定，经过严格的批准手续，可以采取技术侦察措施。"

随着改革开放以来我国综合国力不断加强，国际地位日益提高，外国间谍情报机关和境外敌对势力对我国进行的间谍破坏活动越来越猖獗，严重威胁危害着我国的国家安全。新技术的不断发展使得窃取、刺探情报，信息传送等手段也日益先进，使得国家安全机关发现、侦察、制止间谍活动，获取有关证据变得更为困难。面对这种严峻形势，国家安全机关必须有针对性地开展工作，及时地揭露、制止、惩治危害我国国家安全的间谍活动，准确地掌握间谍活动情况，收集罪证，以有效地保障国家安全。这就需要国家安全机关采取多种侦察措施开展工作，既包括针对一般刑事犯罪的侦查措施，又要有应对这类犯罪所必不可少的特殊的技术侦察措施，因此，本条赋予了国家安全机关在反间谍工作中采用技术侦察措施的权力。从国外的情况来看，世界各国无论其政治制度如何，为了维护本国的国家安全和利益，在反间谍工作中也都十分注重技术侦察措施的运用。鉴于采取技术侦察措施涉及对公民基本权利的侵犯，应当慎重。为保障公民合法权利，本条专门对可以采取技术侦察措施的条件作了严格限制，规定了"根据国家有关规定，经过严格的批准手续"的限定条件。

2. 2014 年反间谍法的规定。第十二条规定："国家安全机关因侦察间谍行为的需要，根据国家有关规定，经过严格的批准手续，可以采取技术侦察措施。"

本条对 1993 年国家安全法作了以下修改：将"因侦察危害国家安全行为的需要"修改为"因侦察间谍行为的需要"，这主要是因为 2014 年将 1993 年国家安全法调整修订为反间谍法，1993 年国家安全法同时废止，反间谍法所调整规范的行为类型发生了变化，由危害国家安全行为调整为间谍行为。

3. 2023 年修订后的反间谍法的规定。本条对 2014 年反间谍法的规定作了以下修改：一是将"因侦察间谍行为的需要"修改为"因反间谍工作需要"，这主要是为了与本法第二十三条至第二十六条等条文的相关表述保持一致，进一步明确适用情形；二是增加了"身份保护措施"规定，这主要是考虑反间谍工作具有一定的秘密性，开展反间谍工作需要采取必要的身份保护措施。世界上很多国家也都对反间谍工作人员的身份保护措施作了规定。

**（二）公开征求意见的情况**

在向社会公开征求意见的过程中，有的提出，技术侦察措施的批准及实施，需要一定的规章制度，以及一定的可以审查核查的制度，既可以确保正常的反间谍工作，又可以防止技术侦察措施的滥用。有的建议将"经过严格的批准手续"修改为“经过法定批准手续”或者“经联席会议同意”。

**（三）有关国家和地区的规定**

各国大都赋予反间谍机构广泛的权力，包括公开调查权、秘密调查权以及相关强制性权力，并注重其他部门与反间谍机构的协作配合，提升反间谍工作的权威和成效。其中，各国普遍对技术侦察措施作了规定。具体如：美国相关法律规定，联邦调查局在反间谍工作中可以采取秘密技术调查措施，包括秘密检查信件，对通信设备、电脑和通讯内容实时监控，秘密录像、窃听、跟踪、定位等，还可以采取秘密人力调查措施，包括派遣卧底或秘密力量。俄罗斯联邦安全局承担着该国反间谍侦察、打击恐怖主义和颠覆破坏活动等工作职责，既是警察机构，也是军事机构，在反间谍工作中，可采取秘密调查措施，包括实施渗透获取情报、发展秘密力量、秘密邮件检查、电话监听和电子通信设备监控等。英国相关法律规定，安全局（又称军情五处）反间谍工作的职责包括保卫国家安全，防范、制止谍报、恐怖及破坏活动以及国外间谍机构人员带来的威胁，可以在持有内政部的许可证之后，进行秘密搜查活动。德国相关法律规定，联邦宪法保卫局开展反间谍工作，在搜集和分析各类危及国家安全的情报时可以采取秘密技术调查措施，包括使用技术手段，对手机等电子设备进行定位，对住所等私密场所进行音视频秘密监听，秘密检查信件内容和寄递物品。法国相关法律规定，领土监护司隶属于内政部的国家警察总署，负责国内的反间谍、反颠覆和反恐怖工作，工作职责包括反信息犯罪，运用高科技手段，对计算机网络及移动电话进行有效监控。新西兰相关法律规定，安全情报局的职责是使新西兰免遭间谍渗入、破坏和恐怖活动，可以对在新西兰境内可能发生的间谍渗入、破坏和恐怖活动的地区，建立监听系统。

同时，很多国家和地区都规定了对反间谍工作人员的身份保护措施。如：美国相关法律规定，反间谍工作人员可以采取隐蔽方式参加美国境内的组织机构，国家对反间谍工作人员及秘密力量的身份信息予以保护，对泄露者予以罚款和监禁。德国相关法律规定，联邦宪法保卫局可以采取秘密人力调查措施，包括可以使用秘密力量监视目标对象，收集情报信息；在有根据的情况下，可以使用秘密力量获取个人敏感信息，也可以使用伪造的证件、履历或职业进行秘密调查。俄罗斯相关法律规定，联邦安全局及其工作人员、秘密力量的信息属于国家秘密，受法律保护，俄罗斯联邦安全局可以使用其他机关单位、企事业单位、社会团体组织的相关手续和证明文件进行身份掩护，并在俄罗斯政府信息系统、财政预算系统等数据库中加密存储，对于渗透进入间谍组织开展侦察的人员身份与获取的材料，可以不提交给法庭使用。

◆ **条文释义**

本条赋予了国家安全机关经过严格的批准手续后采取技术侦察措施和身份保护

措施的权力。

本条包含以下几个方面的内容：

第一，关于技术侦察措施。为了提高开展反间谍工作的能力，法律赋予了国家安全机关采取技术侦察措施的职权。同时，考虑到技术侦察措施在执行过程中可能涉及侵犯公民个人隐私和公共利益，必须在法律中予以明确的规范，加以必要的限制，因此，本条规定了“根据国家有关规定，经过严格的批准手续”的条件。技术侦察措施通常包括电子侦听、电子监听、电子监控、秘密拍照或者秘密录音录像、秘密获取某些物证、电子通讯定位、邮件检查等专门技术手段。针对不同的对象和其他不同的情况，国家安全机关可以采取不同的技术侦察手段。随着科学技术的发展，技术侦察手段也不断地发展变化，因此，本条采用了原则性的表述，未具体列举技术侦察措施的种类和名称。

采用技术侦察措施的对象必须是针对本法规定的间谍行为。间谍行为特指本法第四条第一款规定的六种行为，包括：（1）间谍组织及其代理人实施或者指使、资助他人实施，或者境内外机构、组织、个人与其相勾结实施的危害中华人民共和国国家安全的活动；（2）参加间谍组织或者接受间谍组织及其代理人的任务，或者投靠间谍组织及其代理人；（3）间谍组织及其代理人以外的其他境外机构、组织、个人实施或者指使、资助他人实施，或者境内机构、组织、个人与其相勾结实施的窃取、刺探、收买、非法提供国家秘密、情报以及其他关系国家安全和利益的文件、数据、资料、物品，或者策动、引诱、胁迫、收买国家工作人员叛变的活动；（4）间谍组织及其代理人实施或者指使、资助他人实施，或者境内外机构、组织、个人与其相勾结实施针对国家机关、涉密单位或者关键信息基础设施等的网络攻击、侵入、干扰、控制、破坏等活动；（5）为敌人指示攻击目标；（6）进行其他间谍活动。同时，第二款还规定，间谍组织及其代理人在中华人民共和国领域内，或者利用中华人民共和国的公民、组织或者其他条件，从事针对第三国的间谍活动，危害中华人民共和国国家安全的，适用本法。只有针对这些间谍行为才能采取技术侦察措施。此外，技术侦察措施必须是在反间谍工作需要时才能使用，范围仅针对间谍行为，包括与间谍行为有关的人、活动的场所、使用的通讯、交通工具以及间谍行为发生地等，对与间谍行为无关的人、场所、通信、交通工具等不能使用这一措施。

本条规定的技术侦察措施的程序要求是“根据国家有关规定，经过严格的批准手续”，其中，“国家有关规定”是指宪法、刑事诉讼法、本法和其他法律，行政法规以及其他有关国家规定。“经过严格的批准手续”包括两层含义：一是国家安全机关制定的审批程序应该严格。由于实际情况较为复杂，每种技术侦察措施针对的对象不同，采取的手段和所要经过的批准程序也不尽相同，所以法律上采取了目前原则性表述的方法。国家对于各种技术侦察手段在什么情况下、什么范围内、经过什么样的程序批准才能使用有严格和明确的规定，使国家安全机关及其工作人员在工作中有章可循，以防止这一措施的滥用。世界上许多国家也有类似的规定，以监听这一使用最频繁的技术侦察手段为例，英国相关法律规定，截获通讯必须基于维护国家安全、防止和侦查重大犯罪、维系联合王国经济之稳定等目的，批准监听的司法令状必须指明截获的对象，载明被截获对象的名称、依据及电话号码，并对期限作出严格规定。德国相关法律规定，对电讯往来的监听只能针对具体的一些犯罪类别，而是否监听、录制，只允许由法官决定，在延误就有危险时也可以由检察院决定，后由法官确认，对期限也有严格规定。二是指批准采取技术侦察措施时应该严格要求。有权批准使用这一措施的人，在行使批准权力时一定要严格掌握，在接到要求采取技术侦察措施的申请报告后，要认真审查，严格把关。首先要审查是否属于本条规定的可以采取技术侦察措施的案件范围，其次也是更为重要的，要审查采取技术侦察措施对这一案件是否是必需的。采用技术侦察措施，不可避免地涉及侵犯公民和组织的基本权利，一般来说要在使用常规的手段无法达到目的时才能采取技术侦察措施。我国宪法第三十五条规定，中华人民共和国公民有言论、出版、集会、结社、游行、示威的自由。第三十九条规定，中华人民共和国公民的住宅不受侵犯；禁止非法搜查或者非法侵入公民的住宅。第四十条规定，中华人民共和国公民的通信自由和通信秘密受到法律的保护。除因国家安全或者追查刑事犯罪的需要，由公安机关或者检察机关依照法律规定的程序对通信进行检查外，任何组织或者个人不得以任何理由侵犯公民的通信自由和通信秘密。在执行本条规定时应特别慎重，要平衡好惩处犯罪与保护权利的关系，避免技术侦察措施的滥用。正是基于此目的，本条对技术侦察措施的适用条件和程序要求作了较为严格的规定，只有在确有必要的情况下才能使用。

第二，关于身份保护措施。反间谍工作坚持公开工作与秘密工作相结合的原则，间谍机构和间谍人员要窃取、刺探情报，进行策反和破坏活动，一般都是采取隐秘的手段进行。对于隐秘手段，我们通过一般的斗争手段很难发现，必须根据间谍活动的特点和规律，相应采取隐蔽方法开展斗争。因此，很多反间谍工作都是通过秘密形式进行的。为做好反间谍工作，一方面，我们要不断破解敌人的秘密工作渠道、技能和方法，另一方面，也要不断建立自己的秘密渠道，提高自己的隐蔽战线斗争技能和方法，这样才能真正战胜敌人。

身份保护措施在反间谍工作中必不可少，但特别是在当前信息社会和大数据时代，对工作人员进行身份保护面临很多困难，需要国家统筹解决。本条明确规定国家安全机关可以采取身份保护措施，是为了为有关部门开展工作提供明确的法律依据。此外，除本法外，国家情报法第十五条规定："国家情报工作机构根据工作需要，按照国家有关规定，经过严格的批准手续，可以采取技术侦察措施和身份保护措施。”国家情报法规定采取身份保护措施，也是为了保障情报工作的顺利开展。

**◆ 实践中需要注意的问题**

在本条的理解适用中，需要注意以下几个方面的问题：

第一，从词义上来讲，“侦察”是指为获取敌方与军事斗争有关的情况而采取的行动，主要手段包括搜集文件资料、观察、窃听、刺探、谍报侦察、雷达侦察等。我国刑事诉讼法也规定了“技术侦查措施”，是指公安机关、人民检察院在办理案件过程中，依照法律进行的专门调查工作和有关的强制性措施。侦查活动一般从立案开始，主要在侦查阶段进行，在起诉和审判阶段，也可以依法进行补充侦查。采取技术侦察措施时需要特别慎重，注意平衡好维护国家安全与保护公民基本权利之间的关系。除本法外，我国人民警察法、国家情报法、反恐怖主义法等都有类似规定。人民警察法第十六条规定，公安机关因侦查犯罪的需要，根据国家有关规定，经过严格的批准手续，可以采取技术侦察措施。国家情报法第十五条规定，国家情报工作机构根据工作需要，按照国家有关规定，经过严格的批准手续，可以采取技术侦察措施和身份保护措施。反恐怖主义法第四十五条第一款规定，公安机关、国家安全机关、军事机关在其职责范围内，因反恐怖主义情报信息工作的需要，根据国家有关规定，经过严格的批准手续，可以采取技术侦察措施。这些规定无一例外地对采取技术侦察措施的主体、程序和具体的事项作出了特别的要求和规定，目的就是尽可能少采取技术侦察措施，争取最大限度地保护公民和组织的合法权利。国家安全机关在行使有关权力时，应当严格依照法定条件和程序进行，切实保障公民的基本权利。

第二，刑事诉讼法规定，公安机关在立案后，针对危害国家安全犯罪等严重危害社会的犯罪案件，根据侦查犯罪的需要，经过严格的批准手续，可以采取技术侦查措施。根据国家安全工作的需要，我国 1983 年成立了国家安全部，同年《全国人民代表大会常务委员会关于国家安全机关行使公安机关的侦查、拘留、预审和执行逮捕的职权的决定》出台，规定由国家安全机关承担原由公安机关主管的间谍、特务案件的侦查工作。之后的 1996 年刑事诉讼法也明确规定，国家安全机关依照法律规定，办理危害国家安全的刑事案件，行使与公安机关相同的职权。本条规定由国家安全机关根据反间谍工作需要，采取技术侦察措施，是对国家安全机关的相关职权的确认。

**◆ 相关规定**

《中华人民共和国宪法》第三十五条、第三十九条、第四十条；《中华人民共和国刑事诉讼法》第一百五十条至第一百五十四条；《中华人民共和国人民警察法》第十六条；《中华人民共和国反有组织犯罪法》第三十一条；《中华人民共和国反恐怖主义法》第四十五条；《中华人民共和国国家情报法》第十五条

---

**第三十八条** 对违反本法规定，涉嫌犯罪，需要对有关事项是否属于国家秘密或者情报进行鉴定以及需要对危害后果进行评估的，由国家保密部门或者省、自治区、直辖市保密部门按照程序在一定期限内进行鉴定和组织评估。

---

### ◆ 条文主旨

本条是关于对有关事项是否属于国家秘密或者情报的鉴定，以及对危害后果进行评估的规定。

### ◆ 立法背景

本条是 2023 年修订反间谍法时增加的规定。

**（一）立法背景及修改情况**

我国刑法第一百一十条间谍罪规定，危害国家安全的，处十年以上有期徒刑或者无期徒刑，情节较轻的，处三年以上十年以下有期徒刑。第一百一十一条为境外窃取、刺探、收买、非法提供国家秘密、情报罪规定，为境外的机构、组织、人员窃取、刺探、收买、非法提供国家秘密或者情报的，处五年以上十年以下有期徒刑，对情节特别严重和情节较轻的，又另外分别规定了刑事处罚幅度。司法实践中，有关事项是否属于国家秘密或者情报、属于何种密级，是影响定罪量刑的核心因素，需要由有关主管部门予以鉴定；为境外窃取、刺探、收买、非法提供国家秘密、情报带来的危害后果，是认定犯罪情节，准确定罪量刑的重要依据，需要由主管部门组织评估，提出意见。关于国家秘密的鉴定问题，国家保密法、国家秘密鉴定工作规定中已经有明确规定。本条规定将这些内容在法律中固定下来。关于危害后果的评估问题，在本法通过之前尚无强制性规定。在征求意见过程中，有的意见提出，实践中存在有关部门不配合出具危害评估的情形，给司法办案带来了负面影响，有必要在法律中对危害后果的评估问题作出明确规定，提出明确要求。为此，本条明确规定了国家秘密或者情报鉴定，以及危害后果评估的有关内容。

**（二）公开征求意见的情况**

反间谍法修订草案在向社会公开征求意见过程中，有的建议增加军事秘密由军队鉴定和评估的规定；有的建议删去“由国家保密部门或者省、自治区、直辖市保密部门”鉴定和评估的内容，使国家秘密、情报的鉴定和危害后果的评估主体更加多元。

◈ **条文释义**

本条明确了对有关事项是否属于国家秘密或者情报进行鉴定，以及对危害后果组织评估的具体要求。

本条包含以下几个方面的内容：

第一，适用本条的前提是违反本法规定，涉嫌犯罪，需要对有关事项是否属于国家秘密或者情报进行鉴定以及对危害后果进行评估。

这里的“涉嫌犯罪”，主要是指涉嫌刑法第一百一十条规定的间谍罪，第一百一十一条规定的为境外窃取、刺探、收买、非法提供国家秘密、情报罪，以及刑法第三百九十八条规定的故意泄露国家秘密罪和过失泄露国家秘密罪。刑法第一百一十条间谍罪规定，危害国家安全的，处十年以上有期徒刑或者无期徒刑；情节较轻的，处三年以上十年以下有期徒刑。第一百一十一条为境外窃取、刺探、收买、非法提供国家秘密、情报罪规定，为境外的机构、组织、人员窃取、刺探、收买、非法提供国家秘密或者情报的，处五年以上十年以下有期徒刑；情节特别严重的，处十年以上有期徒刑或者无期徒刑；情节较轻的，处五年以下有期徒刑、拘役、管制或者剥夺政治权利。第三百九十八条规定：“国家机关工作人员违反保守国家秘密法的规定，故意或者过失泄露国家秘密，情节严重的，处三年以下有期徒刑或者拘役；情节特别严重的，处三年以上七年以下有期徒刑。非国家机关工作人员犯前款罪的，依照前款的规定酌情处罚。”

这里的“国家秘密”是指我国保守国家秘密法第二条和第九条规定的国家秘密。根据保守国家秘密法第二条，国家秘密是关系国家安全和利益，依照法定程序确定，在一定时间内只限一定范围的人员知悉的事项。根据保守国家秘密法第九条，下列涉及国家安全和利益的事项，泄露后可能损害国家在政治、经济、国防、外交等领域的安全和利益的，应当确定为国家秘密：（一）国家事务重大决策中的秘密事项；（二）国防建设和武装力量活动中的秘密事项；（三）外交和外事活动中的秘密事项以及对外承担保密义务的秘密事项；（四）国民经济和社会发展中的秘密事项；（五）科学技术中的秘密事项；（六）维护国家安全活动和追查刑事犯罪中的秘密事项；（七）经国家保密行政管理部门确定的其他秘密事项。此外，政党的秘密事项中符合前款规定的，属于国家秘密。根据保守国家秘密法第十条，国家秘密的密级分为绝密、机密、秘密三级。绝密级国家秘密是最重要的国家秘密，泄露会使国家安全和利益遭受特别严重的损害；机密级国家秘密是重要的国家秘密，泄露会使国家安全和利益遭受严重的损害；秘密级国家秘密是一般的国家秘密，泄露会使国家安全和利益遭受损害。

这里的“情报”是指关系国家安全和利益、尚未公开或者依照有关规定不应公开的事项。对为境外的机构、组织、人员窃取、刺探、收买、非法提供国家秘密之外的情报的行为，以为境外窃取、刺探、收买、非法提供情报罪定罪处罚。

关于定密的标准、范围、主体和层级，世界各国的保密法律都有一些规定，以规范保密有关的事项。如一些国家和地区通过在保密法律中规定定密标准和国家秘密的概念，来揭示国家秘密的本质特征：一是，某类事项或者信息有保密的必要性，或者某类事项或者信息未经授权许可公开会有对国家安全和利益造成损害的可能性；二是，国家秘密受法律保护，具有不可侵害性。各国还会通过对定密范围再作具体规定，以规范定密行为。此外，定密主体范围的大小直接决定定密质量和定密数量，如美国实行定密官制度，通过规定定密主体的层级，来限定定密主体的范围，防止定密过滥。

为准确运用法律，最高人民法院 2001 年出台了《关于审理为境外窃取、刺探、收买、非法提供国家秘密、情报案件具体应用法律若干问题的解释》，对“国家秘密”、“情报”“情节特别严重”“情节较轻”的认定作了明确规定，有关事项是否能认定为国家秘密、情报，认定为何种密级，以及窃取、刺探、收买、非法提供的行为造成了多大的危害后果，将直接影响案件的定性和量刑处理。最高人民检察院 2006 年出台了《关于渎职侵权犯罪案件立案标准的规定》，对故意泄露国家秘密罪和过失泄露国家秘密罪的立案标准，“情节严重”的认定情形作了明确规定。

《关于审理为境外窃取、刺探、收买、非法提供国家秘密、情报案件具体应用法律若干问题的解释》第二条规定：“为境外窃取、刺探、收买、非法提供国家秘密或者情报，具有下列情形之一的，属于‘情节特别严重’，处十年以上有期徒刑、无期徒刑，可以并处没收财产：（一）为境外窃取、刺探、收买、非法提供绝密级国家秘密的；（二）为境外窃取、刺探、收买、非法提供三项以上机密级国家秘密的；（三）为境外窃取、刺探、收买、非法提供国家秘密或者情报，对国家安全和利益造成其他特别严重损害的。实施前款行为，对国家和人民危害特别严重、情节特别恶劣的，可以判处死刑，并处没收财产。”第三条规定：“为境外窃取、刺探、收买、非法提供国家秘密或者情报，具有下列情形之一的，处五年以上十年以下有期徒刑，可以并处没收财产：（一）为境外窃取、刺探、收买、非法提供机密级国家秘密的；（二）为境外窃取、刺探、收买、非法提供三项以上秘密级国家秘密的；（三）为境外窃取、刺探、收买、非法提供国家秘密或者情报，对国家安全和利益造成其他严重损害的。”此外，第四条规定：“为境外窃取、刺探、收买、非法提供秘密级国家秘密或者情报，属于‘情节较轻’，处五年以下有期徒刑、拘役、管制或者剥夺政治权利，可以并处没收财产。”

根据最高人民检察院 2006 年出台的《关于渎职侵权犯罪案件立案标准的规定》关于故意泄露国家秘密罪和过失泄露国家秘密罪的立案标准的规定，故意泄露国家秘密，涉嫌下列情形之一的，应予立案：（1）泄露绝密级国家秘密 1 项（件）以上的；（2）泄露机密级国家秘密 2 项（件）以上的；（3）泄露秘密级国家秘密 3 项（件）以上的；（4）向非境外机构、组织、人员泄露国家秘密，造成或者可能造成危害社会稳定、经济发展、国防安全或者其他严重危害后果的；（5）通过口头、书面或者网络等方式向公众散布、传播国家秘密的；（6）利用职权指使或者强迫他人违反国家保守秘密法的规定泄露国家秘密的；（7）以牟取私利为目的泄露国家秘密的；（8）其他情节严重的情形。过失泄露国家秘密，涉嫌下列情形之一的，应予立案：（1）泄露绝密级国家秘密 1 项（件）以上的；（2）泄露机密级国家秘密 3 项（件）以上的；（3）泄露秘密级国家秘密 4 项（件）以上的；（4）违反保密规定，将涉及国家秘密的计算机或者计算机信息系统与互联网相连接，泄露国家秘密的；（5）泄露国家秘密或者遗失国家秘密载体，隐瞒不报、不如实提供有关情况或者不采取补救措施的；（6）其他情节严重的情形。

从这些规定可以看出，有关事项是否属于国家秘密或者情报，为境外窃取、刺探、收买、非法提供国家秘密的密级、件数，泄露国家秘密的密级、件数，以及造成的损害后果，会直接影响案件的定罪和量刑。国家秘密和情报事项涉及方方面面，具有很强的专业性，司法机关为了准确适用法律，做到罪罚相当，需要由行政管理部门根据其工作经验和专业能力对有关事项是否属于国家秘密或者情报进行鉴定，并对其危害后果组织评估。

第二，明确了国家秘密或者情报的鉴定和对危害后果组织评估的主体、程序和期限等具体要求。

首先，进行鉴定和组织评估的主体是国家保密部门或者省、自治区、直辖市保密部门。关于对国家秘密和情报的鉴定，以及对危害后果组织评估的主体，我国法律、有关司法解释和部门规章之前已有规定。我国保守国家秘密法第二十条规定，机关、单位对是否属于国家秘密或者属于何种密级不明确或者有争议的，由国家保密行政管理部门或者省、自治区、直辖市保密行政管理部门确定；第四十六条规定，办理涉嫌泄露国家秘密案件的机关，需要对有关事项是否属于国家秘密以及属于何种密级进行鉴定的，由国家保密行政管理部门或者省、自治区、直辖市保密行政管理部门鉴定。2001 年最高人民法院、国家保密局《关于执行〈关于审理为境外窃取、刺探、收买、非法提供国家秘密、情报案件具体应用法律若干问题的解释〉有关问题的通知》规定，人民法院审理为境外窃取、刺探、收买、非法提供情报案件，需要对有关事项是否属于情报进行鉴定的，由国家保密工作部门或者省、自治区、直辖市保密工作部门鉴定。2020 年最高人民法院、国家保密局《人民法院、保密行政管理部门办理侵犯国家秘密案件若干问题的规定》第三条规定，人民法院审理侵犯国家秘密案件，需要对有关事项是否属于国家秘密以及属于何种密级或者是否属于情报进行鉴定的，应当由有关机关依据《密级鉴定工作规定》向国家保密行政管理部门或者省、自治区、直辖市保密行政管理部门提起。

本条的规定是对有关规定和实践做法的进一步确认。国家秘密事项涉及方方面面，对于有关事项是否属于国家秘密或者情报，以及危害后果的评估，具有一定的专业性，靠某个行业或者某个领域的业务主管部门来解决是有难度的。国家保密部门主管全国的保密工作，负有会同其他中央有关机关制定保密事项具体范围的职责，对哪些属于国家秘密事项，具有最高的权威性，省级保密部门在其管辖的区域范围内也有类似的权威性，因此，本条规定，由国家保密部门或者省、自治区、直辖市保密部门进行鉴定和组织评估。

其次，本条规定，国家或省一级保密部门按照程序应当在一定期限内进行鉴定和组织评估。2021 年国家保密局出台了《国家秘密鉴定工作规定》，该规定第十九条规定，对拟鉴定为国家秘密的事项，保密行政管理部门可以根据工作需要，组织有关机关、单位或者专家对其泄露后已经或者可能造成的危害进行评估。第二十三条第一款规定，保密行政管理部门应当在受理国家秘密鉴定申请后三十日内作出鉴定结论并出具国家秘密鉴定书。因鉴定事项疑难、复杂等不能按期出具国家秘密鉴定书的，经保密行政管理部门负责人批准，可以适当延长工作时限，延长时限最长不超过三十日。有关主管部门在进行鉴定和组织评估时，应当按照程序和要求在规定的期限内进行。“在一定期限内”的时间限制，是为了防止鉴定和评估工作久拖不决，影响案件的办理。

### ◆ 实践中需要注意的问题

在本条的理解适用中，需要注意以下几个方面的问题：

第一，对有关事项的鉴定和危害后果评估存在异议的，应当由哪个部门最终确定呢？对此，可以参照保守国家秘密法实施条例的有关规定执行。根据保守国家秘密法实施条例第十九条和第二十条的规定，对不明确事项的定密或者对已定密事项有异议的，确定为绝密级的事项和中央国家机关确定的机密级、秘密级的事项，报国家保密行政管理部门确定；其他机关、单位确定的机密级、秘密级的事项，报省、自治区、直辖市保密行政管理部门确定；对省、自治区、直辖市保密行政管理部门作出的决定有异议的，可以报国家保密行政管理部门确定。

第二，本条只针对涉嫌犯罪情形下的国家秘密、情报鉴定以及危害后果评估，对于涉嫌行政违法，需要对有关事项是否属于国家秘密或者情报进行鉴定的，本条没有作出明确规定，可以根据保守国家秘密法第二十条的规定处理。

第三，关于涉军事国家秘密的鉴定，根据规定，应当由军队军级以上单位保密工作机构进行鉴定或者提出鉴定意见。根据国家保密局《国家秘密鉴定工作规定》

第三十七条的规定，鉴定事项产生单位属于军队或者鉴定事项涉嫌属于军事秘密的，由军队相关军级以上单位保密工作机构进行国家秘密鉴定或者协助提出鉴定意见。

◆ **相关规定**

《中华人民共和国刑法》第一百一十条、第一百一十一条、第三百九十八条；《中华人民共和国保守国家秘密法》第二条、第九条、第十条、第二十条；《中华人民共和国保守国家秘密法实施条例》第十九条、第二十条；《国家秘密鉴定工作规定》第十九条、第二十三条、第三十七条；《最高人民法院关于审理为境外窃取、刺探、收买、非法提供国家秘密、情报案件具体应用法律若干问题的解释》；《最高人民法院、国家保密局关于执行〈关于审理为境外窃取、刺探、收买、非法提供国家秘密、情报案件具体应用法律若干问题的解释〉有关问题的通知》；《人民法院、保密行政管理部门办理侵犯国家秘密案件若干问题的规定》第三条

---

**第三十九条**　国家安全机关经调查，发现间谍行为涉嫌犯罪的，应当依照《中华人民共和国刑事诉讼法》的规定立案侦查。

---

◆ **条文主旨**

本条是关于国家安全机关经调查，发现间谍行为涉嫌犯罪的，应当依法立案侦查的规定。

◆ **立法背景**

本条是 2023 年修订反间谍法时增加的规定。

为惩治间谍行为，根据反间谍工作的实际需要，本法赋予了国家安全机关在反间谍工作，特别是调查间谍行为时的一些必要的职权，如查封、扣押、冻结涉嫌用于间谍行为的场所、设施或者财物，采取技术侦察措施和身份保护措施等。为进一步规范国家安全机关的执法行为，同时也为与刑事诉讼法等法律做好衔接，及时有效惩治间谍犯罪行为，本条对国家安全机关经调查，发现间谍行为涉嫌犯罪的，应当如何处理作出了明确规定。根据本条规定，国家安全机关经调查，发现间谍行为涉嫌犯罪的，依法该立案的应当立案，立案后由国家安全机关根据刑事诉讼法的规定进一步开展有关侦查工作。

◆ **条文释义**

国家安全机关经调查，发现间谍行为涉嫌犯罪的，应当依照刑事诉讼法的规定立案侦查，这是关于行刑衔接的规定。

第一，国家安全机关是间谍行为的行政调查和刑事侦查机关，具有调查行政违

法行为和侦查刑事犯罪的双重属性和职能。首先，国家安全机关作为反间谍工作的主管机关，依法执行反间谍工作任务，在对有关个人和组织进行调查的过程中，发现间谍违法行为，尚不构成犯罪的，可依法进行行政处罚。本法第五章法律责任对有关间谍违法行为的行政责任作出了规定，如第五十四条规定，个人实施间谍行为，尚不构成犯罪的，由国家安全机关予以相应处罚。第六十一条规定，非法获取、持有属于国家秘密的文件、数据、资料、物品，以及非法生产、销售、持有、使用专用间谍器材，尚不构成犯罪的，由国家安全机关予以警告或者处十日以下行政拘留。

其次，国家安全机关是间谍行为的刑事侦查机关。根据刑事诉讼法有关机关管辖分工的规定，在刑事诉讼活动中，公安机关是主要的侦查主体，人民检察院是司法工作人员利用职权实施的非法拘禁、刑讯逼供、非法搜查等侵犯公民权利、损害司法公正的犯罪的侦查主体，军队保卫部门、中国海警局、监狱也可以在一定范围内对刑事案件行使侦查权。此外，刑事诉讼法第四条专门规定，国家安全机关依照法律规定，办理危害国家安全的刑事案件，行使与公安机关相同的职权。国家安全机关在刑事立案后，有权行使法律赋予公安机关在侦查刑事案件中的职权，如拘留、执行逮捕、讯问犯罪嫌疑人、搜查、扣押与犯罪有关的物品、鉴定、勘验、检查等。案件侦查终结后，犯罪事实清楚，证据确实、充分，需要追究刑事责任的，国家安全机关应当将案件移送人民检察院审查决定；在侦查过程中，发现不应对犯罪嫌疑人追究刑事责任的，国家安全机关应当撤销案件。

第二，根据本法规定，在对间谍行为进行刑事立案前，国家安全机关可以按照国家有关规定开展调查。这里的“调查”指的是本法第三章规定的调查处置。如第二十七条规定，需要传唤违反本法的人员接受调查的，经国家安全机关办案部门负责人批准，使用传唤证传唤。第二十八条规定，经设区的市级以上国家安全机关负责人批准，可以依法对涉嫌间谍行为的人身、物品、场所进行检查。第三十条规定，经设区的市级以上国家安全机关负责人批准，可以对涉嫌用于间谍行为的场所、设施或者财物依法查封、扣押、冻结。通过这些调查措施，查明一部分案件事实，可以及时对间谍违法行为进行处罚，有利于发现犯罪事实或者犯罪嫌疑人，并依法立案。

需要注意的是，国家安全机关采取有关调查措施，应当根据调查的进展情况及时作出相应处理。对于需要追究刑事责任的，应当及时依法立案侦查，需要进行行政处罚的，应当及时依法作出处罚，对于没有发现间谍行政违法行为、排除犯罪嫌疑的，应当及时解除有关措施。

第三，国家安全机关经调查，发现间谍行为涉嫌犯罪的，应当依照法律规定立案调查。首先，立案应当根据法定条件进行。根据刑事诉讼法第一百零九条规定，发现犯罪事实或者犯罪嫌疑人的，应当立案侦查。据此，应当立案的情形包括两种，发现犯罪事实，或者发现犯罪嫌疑人，符合情形之一的，就应当立案侦查，并不要求两者都具备。一般情况下，只有依法立案后才能进一步采取有关侦查措施，因此，对于发现间谍行为涉嫌犯罪，符合刑事诉讼法规定的立案侦查条件的，应当及时依法立案。其次，国家安全机关肩负防范、制止和惩治间谍行为的职责，发现间谍行为涉嫌犯罪的，必须根据刑事诉讼法的规定立案侦查，不得推诿、拖延。立案是刑事诉讼活动开始的标志，只有侦查机关积极开展立案工作，才能快速采取必要的侦查措施，发现和收集证据，从而保证准确、及时地揭露、证实、惩治犯罪分子，进而保证需要追究刑事责任的间谍犯罪行为受到追究。如果该立案而不立案或者立案不及时，就可能贻误侦查时机，放纵犯罪，甚至可能因犯罪人继续实施新的间谍行为给国家造成新的危害。

第四，关于间谍行为构成的犯罪及其立案标准。间谍行为严重危害国家安全，构成犯罪的，应当严格根据刑法有关规定追究刑事责任。我国刑法第一百一十条规定的间谍罪、第一百一十一条规定的为境外窃取、刺探、收买、非法提供国家秘密、情报罪，以及刑法第三百九十八条规定的故意泄露国家秘密罪和过失泄露国家秘密罪，都是涉间谍行为的有关罪名。为准确适用法律，有关司法解释对犯罪行为的立案标准、案件的量刑作出了规定。如：最高人民法院 2001 年出台的《关于审理为境外窃取、刺探、收买、非法提供国家秘密、情报案件具体应用法律若干问题的解释》对为境外窃取、刺探、收买、非法提供国家秘密、情报刑事案件的量刑标准作出了规定。根据规定，为境外窃取、刺探、收买、非法提供国家秘密或者情报，具有下列情形之一的，处五年以上十年以下有期徒刑，可以并处没收财产：（一）为境外窃取、刺探、收买、非法提供机密级国家秘密的；（二）为境外窃取、刺探、收买、非法提供三项以上秘密级国家秘密的；（三）为境外窃取、刺探、收买、非法提供国家秘密或者情报，对国家安全和利益造成其他严重损害的。具有下列情形之一的，属于“情节特别严重”，处十年以上有期徒刑、无期徒刑，可以并处没收财产：（一）为境外窃取、刺探、收买、非法提供绝密级国家秘密的；（二）为境外窃取、刺探、收买、非法提供三项以上机密级国家秘密的；（三）为境外窃取、刺探、收买、非法提供国家秘密或者情报，对国家安全和利益造成其他特别严重损害的。实施前款行为，对国家和人民危害特别严重、情节特别恶劣的，可以判处死刑，并处没收财产。此外，为境外窃取、刺探、收买、非法提供秘密级国家秘密或者情报，属于“情节较轻”，处五年以下有期徒刑、拘役、管制或者剥夺政治权利，可以并处没收财产。

又如：最高人民检察院 2006 年出台的《关于渎职侵权犯罪案件立案标准的规定》，对故意泄露国家秘密罪和过失泄露国家秘密罪的立案标准作了明确规定。

根据规定，故意泄露国家秘密，涉嫌下列情形之一的，应予立案：（一）泄露绝密级国家秘密1项（件）以上的；（二）泄露机密级国家秘密2项（件）以上的；（三）泄露秘密级国家秘密3项（件）以上的；（四）向非境外机构、组织、人员泄露国家秘密，造成或者可能造成危害社会稳定、经济发展、国防安全或者其他严重危害后果的；（五）通过口头、书面或者网络等方式向公众散布、传播国家秘密的；（六）利用职权指使或者强迫他人违反国家保守秘密法的规定泄露国家秘密的；（七）以牟取私利为目的泄露国家秘密的；（八）其他情节严重的情形。过失泄露国家秘密，涉嫌下列情形之一的，应予立案：（一）泄露绝密级国家秘密1项（件）以上的；（二）泄露机密级国家秘密3项（件）以上的；（三）泄露秘密级国家秘密4项（件）以上的；（四）违反保密规定，将涉及国家秘密的计算机或者计算机信息系统与互联网相连接，泄露国家秘密的；（五）泄露国家秘密或者遗失国家秘密载体，隐瞒不报、不如实提供有关情况或者不采取补救措施的；（六）其他情节严重的情形。

国家安全机关经调查，在判断间谍行为是一般违法行为，还是涉嫌犯罪时，可以根据司法解释作出判断。对于涉嫌犯罪，符合立案条件的案件，应当依法予以立案侦查。

**◆ 实践中需要注意的问题**

在本条的理解适用中，需要注意以下几个方面的问题：

第一，对间谍行为立案侦查应当符合法律规定的条件，如果经调查没有犯罪事实，或者犯罪事实显著轻微不需要追究刑事责任，或者具有其他依法不应追究刑事责任情形的，不予立案。在立案侦查后，经侦查发现存在不应追究刑事责任情形的，应当及时撤销案件。案件侦查终结后，犯罪事实清楚，证据确实、充分，需要追究刑事责任的，应当移送人民检察院审查决定。

第二，对于国家安全机关依法查封、扣押、冻结的财物的处理。根据本法第六十二条的规定，应当按照下列情形分别处理：一是涉嫌犯罪的，依照刑事诉讼法等有关法律的规定处理；二是尚不构成犯罪，有违法事实的，对依法应当没收的予以没收，依法应当销毁的予以销毁；三是没有违法事实的，或者与案件无关的，应当解除查封、扣押、冻结，并及时返还相关财物；造成损失的，应当依法予以赔偿。

第三，国家安全机关的立案活动应接受人民检察院的监督。我国刑事诉讼法第一百零九条规定，公安机关或者人民检察院发现犯罪事实或者犯罪嫌疑人，应当按照管辖范围，立案侦查。第一百一十三条规定，人民检察院认为公安机关对应当立案侦查的案件而不立案侦查，人民检察院应当要求公安机关说明不立案的理由。人民检察院认为公安机关不立案理由不能成立的，应当通知公安机关立案，公安机关接到通知后应当立案。国家安全机关依照法律规定，办理危害国家安全的刑事案件，行使与公安机关相同的职权，同时与公安机关一样，受到人民检察院的监督。人民检察院审查国家安全机关不立案的理由是否成立，根据已掌握的案件材料和法律规定的立案标准作出判断。对于国家安全机关不依法立案，存在本法第六十九条规定的情形时，对有关工作人员依法予以处分，构成犯罪的，依法追究刑事责任。

◆ **相关规定**

《中华人民共和国刑法》第一百一十条、第一百一十一条、第三百九十八条；《中华人民共和国刑事诉讼法》第四条、第一百零九条、第一百一十三条；《中华人民共和国反恐怖主义法》第五十四条；《中华人民共和国反有组织犯罪法》第二十八条

# 第四章　保障与监督

**第四十条**　国家安全机关工作人员依法履行职责，受法律保护。

## ◆ 条文主旨

本条是关于国家安全机关工作人员依法履行职责受法律保护的规定。

## ◆ 立法背景

本条是1993年国家安全法的规定，2014年制定反间谍法时未作修改，2023年修订反间谍法时作了文字修改。

**（一）立法背景及修改情况**

1. 1993年国家安全法的规定。第十四条规定：“国家安全机关工作人员依法执行职务受法律保护。”

国家安全机关工作人员依法履行职责，是为了维护国家的安全和利益。国家安全机关工作人员按照自己的职责权限依法开展公务活动，不是代表个人，也不是代表某一集团，而是代表机关，其依法履行职责，合法权益必然受到法律的保护。如果国家安全机关工作人员依法履行职责的活动，不能得到法律的支持和保护，法律的权威性就无从树立，法律也无法得以贯彻执行。随着我国国际地位不断提升，面对我国所取得的重大成就，境外一些敌对势力，出于种种原因和目的，加紧了针对我国的间谍等破坏活动。近年来，针对我国的间谍等破坏活动的案件数量逐年上升，维护我国国家安全利益工作形势日趋严峻。因此，为了加大我国反间谍工作的力度，保障国家安全机关工作人员在反间谍等破坏活动第一线勇敢地、有效地开展工作，本条关于国家安全机关工作人员依法履行职责受法律保护的规定，具有重要的现实意义。

2. 2014年反间谍法的规定。第十八条规定：“国家安全机关工作人员依法执行职务受法律保护。”2014年制定反间谍法时，考虑到国家安全机关工作人员在反间谍工作中同样需要受到法律的保护，因此，保留了原有规定，未作修改。

3. 2023年修订后的反间谍法的规定。本条对2014年反间谍法作了一处修改，将“执行职务”修改为“履行职责”，这样表述更准确。

### （二）公开征求意见的情况

2022年12月30日至2023年1月28日，反间谍法修订草案二次审议稿在中国人大网公布，向社会公开征求意见。征求意见过程中，有的建议增加协助执行反间谍任务的人员也应当受法律保护的规定。

### ◆ 条文释义

本条明确国家安全机关工作人员依法履行职责，受法律保护。法律保护国家安全机关工作人员依法履行职责，这里的履行职责是指根据法律规定承担有关反间谍工作的法定职责。国家安全机关是反间谍工作的主管机关，工作人员应当依法履行相应的职权，承担相应的责任。为保障工作人员能切实履行职责，法律赋予了国家安全机关工作人员一些职权，如本法第三章调查处置中规定的查验有关个人和组织的电子设备、设施及有关程序、工具，查阅、调取有关文件、数据、资料、物品，传唤，对涉嫌间谍行为的人身、物品、场所进行检查等，国家安全机关依法行使这些职权受到法律保护。同时，国家安全机关工作人员也要承担相应的责任，如第二章安全防范中规定的依法协调、监督检查反间谍安全防范工作，指导有关单位开展反间谍宣传教育活动，受理并及时处理举报信息，制定反间谍技术防范标准等，国家安全机关工作人员在法定职责范围内开展工作，同样也受到法律保护。

本条规定的“国家安全机关工作人员依法履行职责，受法律保护”，包含三层意思：

第一，国家安全机关工作人员依法履行国家安全工作职责时，不受任何法律追究。国家安全机关工作人员在履行职责时，只要是严格执行法律，无论何时，也无论情况发生什么变化，都不应当受到法律追究。对于应当追究责任的情形，公务员法、公职人员政务处分法都作了明确规定，可以按照法律的规定具体执行。不能因为被侦查的犯罪嫌疑人，经侦查没有查明犯罪事实或者查明没有犯罪事实，而追究侦查人员的责任。由于国家安全机关工作人员处于维护国家安全的前沿，战斗在同间谍破坏行为的隐蔽战线的第一线，工作性质特殊。在很多情况下，特别是在某些紧急状态下，需要利用特殊的侦查方法和手段来对间谍等破坏活动进行针锋相对的斗争。为了便于他们积极有效地开展工作，必须排除他们依法履行职责的后顾之忧，在法律上对他们给予必要的保障，是非常重要的。否则，就会束缚国家安全机关工作人员的手脚，妨碍他们同间谍等危害国家安全的活动进行及时有效的斗争。从他国的法律规定来看，各国针对间谍破坏活动进行斗争，都对本国有关国家安全机关工作人员的相应保障作出了规定，就是为了加大针对间谍等破坏活动的斗争力度，以更有效地防范间谍等破坏活动。间谍分子通过秘密活动，利用先进的科学手段，打探、窃取或者通过非法途径获得他国的政治、经济等方面的重要情报和相关信息，会给有关国家甚至国际社会带来重大的危害和损失。因此，认真做好反间谍工作成为各国在维护国家安全利益方面的一项重要任务。

第二，国家安全机关工作人员依法履行职责，其人身安全受到法律保护。对抗拒、阻挠国家安全机关工作人员依法履行职责，或者对依法履行职责的国家安全机关工作人员进行阻碍、威胁和打击报复的，应当依法追究相应的法律责任。为了保障国家安全工作的顺利进行，保障国家安全机关工作人员依法执行国家安全工作任务，就必须从法律上排除和制止各种阻碍国家安全机关工作人员执行公务的因素。国家安全工作是一项事关国家的安全利益与荣誉，事关社会的稳定与安宁，保障国家政治和经济建设顺利开展的重要工作。反间谍工作具有复杂性、艰巨性，甚至有一定程度的危险性。国家安全机关工作人员及其家属往往是间谍敌对势力、间谍组织的威胁、恐吓、打击报复对象，相关人员的人身安全经常处于危险境地，因此，国家安全机关工作人员的人身安全必须要受到法律保护。

除本条关于国家安全机关工作人员依法履职受法律保护的规定外，本法对国家安全机关工作人员也规定了保护、营救措施，第四十六条规定，国家安全机关工作人员因执行任务，或者个人因协助执行反间谍工作任务，本人或者其近亲属的人身安全受到威胁时，国家安全机关应当会同有关部门依法采取必要措施，予以保护、营救。同时，本法还对国家安全机关工作人员规定了安置和抚恤优待措施，第四十七条规定，对为反间谍工作做出贡献并需要安置的人员，国家给予妥善安置；第四十八条规定，对因开展反间谍工作导致伤残或者牺牲、死亡的人员，根据国家有关规定给予相应的抚恤优待。

支持和配合国家机关依法开展反间谍工作，维护国家安全是公民的义务。在实践中，如果出现公民个人或者其他组织，在国家安全机关工作人员依法履行职责过程时，出于种种原因和目的，使用暴力、威胁方法或者非暴力、威胁的方法抗拒或阻碍国家安全机关的工作人员依法履行职责的，或者打击报复国家安全机关的工作人员的，都可能会给反间谍工作及国家的安全和利益造成重大损失。对这种阻碍国家安全机关工作人员依法履行职责的行为，应当依法处理。对于行政违法行为，应当给予行政处罚；构成犯罪的，应当定罪判刑。这样，才能使国家安全机关工作人员依法履行职责时，得到有力的法律保障。本法第六十条规定，故意阻碍国家安全机关依法执行任务的，予以警告或者处十日以下行政拘留，可以并处三万元以下罚款。我国刑法第二百七十七条妨害公务罪规定，以暴力、威胁方法阻碍国家机关工作人员依法执行职务的，处三年以下有期徒刑、拘役、管制或者罚金。故意阻碍国家安全机关、公安机关依法执行国家安全工作任务，未使用暴力、威胁方法，造成严重后果的，依照上述规定处罚。

第三，国家安全机关工作人员必须根据所担任的职务在职责范围内开展活动。

法律保护的是国家安全机关的工作人员依法履行职责的情况。“依法履行职责”是指依照本法、刑事诉讼法以及其他法律的有关规定履行职责。本法第二章安全防范、第三章调查处置、第四章保障与监督规定了国家安全机关工作人员的具体职责和职权，国家安全机关应当在法律规定的职责范围内开展活动。刑事诉讼法第四条规定，国家安全机关依照法律规定，办理危害国家安全的刑事案件，行使与公安机关相同的职权。此外，“依法履行职责”是指全部与履行反间谍职责任务相关的行为和活动，不能仅理解为是工作八小时内开展的活动。

**◆ 实践中需要注意的问题**

在本条的理解适用中，需要注意以下几个方面的问题：

第一，国家安全机关工作人员在职责范围内开展活动，必须严格按照国家的法律规定和政策办事，不能自行其是；如果不是在履行职责，就不能适用本条规定。如果在履行职责时，违反宪法、法律的有关规定，超越职权，甚至滥用职权，以权谋私，不仅不应当受到法律保护，对在履行职责中有违法犯罪行为的，还应当依照法律规定追究其相应的责任。根据本法第六十九条的规定，国家安全机关工作人员滥用职权、玩忽职守、徇私舞弊，或者有非法拘禁、刑讯逼供、暴力取证、违反规定泄露国家秘密、工作秘密、商业秘密和个人隐私、个人信息等行为，依法予以处分，构成犯罪的，依法追究刑事责任。国家安全机关工作人员履行职责，应接受内部和社会各方面的监督，以督促其在反间谍工作中依法办事，不违反程序行使职权，不侵犯组织和个人的合法权益。关于内部监督，这次反间谍法修订增加了对国家安全机关工作人员的监督和安全审查制度，本法第五十一条规定，国家安全机关应当严格执行内部监督和安全审查制度，对其工作人员遵守法律和纪律等情况进行监督，并依法采取必要措施，定期或者不定期进行安全审查。关于社会各方面的监督，本法第五十二条规定，任何个人和组织对国家安全机关及其工作人员超越职权、滥用职权和其他违法行为，都有权向上级国家安全机关或者监察机关、人民检察院等有关部门检举、控告。受理检举、控告的有关部门应当及时查清事实，依法处理，并将处理结果及时告知检举人、控告人。对依法检举、控告的个人和组织，任何个人和组织不得压制和打击报复。

第二，协助国家安全机关工作人员依法履行职务的个人和组织，也受到法律保护。在向社会公开征求意见的过程中，有的建议增加协助执行反间谍任务的人员也应当受法律保护的规定。对此，本法第九条已有明确规定，国家对支持、协助反间谍工作的个人和组织给予保护，对举报间谍行为或者在反间谍工作中做出重大贡献的个人和组织，依照国家有关规定给予表彰和奖励。反间谍工作不仅关乎国家命运，也影响人民群众的福祉，人民为了祖国和自身的利益，自觉地、积极地支持、协助国家安全机关同间谍行为作斗争，是做好反间谍工作的基础和保证。间谍分子在进行间谍破坏活动时，必然会留下蛛丝马迹，那些知悉他们行踪或者有关信息的人，往往会成为破获间谍行为的重要渠道和突破口。同时，协助反间谍工作的组织和个人很有可能受到敌对势力的威胁、报复，保护这些组织和个人的人身财产安全，使他们免受侵害，既是做好反间谍工作的需要，也是反间谍工作的重要组成部分。通过保护这些组织和个人的人身财产安全，也能进一步取得人民群众的信任，鼓励人民群众同间谍行为作斗争，更好地维护国家安全。为此，本法第四十六条规定，个人因支持、协助反间谍工作，本人或者其近亲属的人身安全面临危险的，可以向国家安全机关请求予以保护。国家安全机关应当会同有关部门依法采取保护措施。个人和组织因支持、协助反间谍工作导致财产损失的，根据国家有关规定给予补偿。本法第六十条规定，对依法支持、协助国家安全机关工作的个人和组织进行打击报复的，由国家安全机关予以警告或者处十日以下行政拘留，可以并处三万元以下罚款；构成犯罪的，依法追究刑事责任。

第三，国家安全机关工作人员依法履行职责，需要有关组织和个人配合协作的，有关组织和个人应当提供支持和协助。一是，国家安全机关工作人员在日常工作开展中需要有关组织和个人提供支持和协助。反间谍工作实行专门工作与群众路线相结合的原则，国家安全机关要做好对外情报、反间防谍和涉外安全保卫等各项工作，离不开人民群众的支持。间谍活动会渗透到我们社会生活的各个方面，对人民群众的生活造成影响，也容易引起人民群众的察觉，因此，国家安全机关在具体案件的调查、侦查等活动中，需要与案件有关或者了解案情的公民客观、充分地提供有关证据。二是，国家安全机关在依法执行反间谍工作任务，行使有关职权过程中，需要相应的组织和个人提供协助。本法第三章调查处置、第四章保障与监督赋予国家安全机关的职权的行使，如查验有关个人和组织的电子设备、设施及有关程序、工具，查阅、调取有关文件、数据、资料、物品，对涉嫌间谍行为的人身、物品、场所进行检查，享有优先乘坐公共交通工具、优先通行等通行便利，进入限制进入的有关地区、场所、单位等，都需要有关个人和组织的配合。特别是在执行紧急任务时，刻不容缓，一旦延误时机，可能会干扰甚至严重影响反间谍工作，给国家安全和利益造成不可弥补的损失。这就更加需要有关组织和个人积极配合和给予支持。国家安全机关履行职权的活动符合法律规定的条件和程序的，有关组织和个人应当依法提供协助和支持。

第四，保障国家安全机关工作人员依法履行职责，应当依法为其提供不断提升职业能力的机会和条件，如必要的工作条件、培训机会等。本法第五十条规定，国家安全机关应当加强反间谍专业力量人才队伍建设和专业训练，提升反间谍工作能力。对国家安全机关工作人员应当有计划地进行政治、理论和业务培训。培训应当坚持理论联系实际、按需施教、讲求实效，提高专业能力。第四十九条规定，国家鼓励反间谍领域科技创新，发挥科技在反间谍工作中的作用。

◆ **相关规定**

《中华人民共和国宪法》第五十四条；《中华人民共和国刑法》第二百七十七条；《中华人民共和国人民警察法》第五条；《中华人民共和国公务员法》第十条；《中华人民共和国国家情报法》第二十条

---

**第四十一条**　国家安全机关依法调查间谍行为，邮政、快递等物流运营单位和电信业务经营者、互联网服务提供者应当提供必要的支持和协助。

---

◆ **条文主旨**

本条是关于邮政、快递等物流运营单位和电信业务经营者、互联网服务提供者应当为国家安全机关依法调查间谍行为提供必要的支持和协助的规定。

◆ **立法背景**

本条是2023年修订反间谍法时增加的规定。

**（一）立法背景及修改情况**

本法第八条规定，任何公民和组织都应当依法支持、协助反间谍工作。反间谍工作实行专门工作与群众路线相结合的原则，国家安全机关要做好对外情报、反间防谍和涉外安全保卫等各项工作，离不开公民和组织的支持。当代社会，邮政、快递等物流企业和电信、互联网企业，大大提高了社会经济流转的效率，方便了人们的生产生活。与此同时，一些间谍犯罪分子利用物流渠道、电信网络渠道开展间谍活动。当前，我国物流和电信、互联网行业实行实名制管理和物品信息登记制度，相关运营企业也掌握着基础信息数据，在国家安全机关对间谍行为开展调查的过程中，向邮政、快递等物流运营单位和电信、互联网企业寻求帮助时，有关单位和企业应当提供必要的支持和协助。

**（二）公开征求意见的情况**

草案二次审议稿第二十二条规定："邮政、快递等物流运营单位和电信业务经营者、互联网服务提供者应当依法为反间谍工作提供技术支持和协助。发现涉及间谍行为信息线索的，应当立即向国家安全机关报告，并按照国家安全机关的要求采取相应措施。"2022年12月30日至2023年1月28日，反间谍法修订草案二次审议稿在中国人大网公布，向社会公开征求意见。征求意见过程中，有的建议将

“提供技术支持和协助”修改为“提供技术支持等协助”；有的建议删去“并按照国家安全机关的要求采取相应措施”。

**（三）有关国家和地区的规定**

世界上很多国家和地区都对邮政、通讯行业应当对有关主管部门开展反间谍工作提供支持和协助作了规定。具体如：德国相关法律规定，隶属于德国内政部的联邦宪法保卫局，可以要求邮件供应商、通讯服务供应商予以协助，如委托邮件供应商搜集邮寄物品的相关信息；要求通讯服务供应商提供通讯内容，并要求通讯服务供应商配合开展相关监控。邮件和通讯服务商及其工作人员，应当按照联邦宪法保卫局的要求提供相关便利和协助。联邦边防按照联邦宪法保卫局的要求，完成有关无线电技术以及无线电通讯使用领域的任务。

英国相关法律规定，英国安全局在反间谍工作中，出于国家安全考虑、防止和威慑犯罪以及防止动乱、维护国家经济利益、公共安全利益、公共健康、协助政府评估税收等目的时，可以获得任何通讯数据。同时，英国还规定，在安全局获得截取公共邮政服务系统、共同电讯系统等信息的合法授权后，任何人应为执行许可证内容提供协助。

俄罗斯相关法律规定，俄罗斯联邦安全局工作人员执行公务时，有权获得便利和协助，邮电联络、电子和加密通信、卫星通讯等机构、组织，应当为俄罗斯联邦安全局提供技术支持。

## ◆ 条文释义

本条是关于邮政、快递等物流运营单位和电信业务经营者、互联网服务提供者应当为国家安全机关依法调查间谍行为提供必要的支持和协助的规定。

本条包含以下几个方面的内容：

第一，邮政、快递等物流运营单位应当为国家安全机关依法调查间谍行为提供必要的支持和协助。我国邮政、快递等物流运营单位和电信、互联网行业都实行实名制管理和物品信息登记制度。对此，我国反恐怖主义法第二十条和第二十一条作了明确规定。反恐怖主义法第二十条规定，铁路、公路、水上、航空的货运和邮政、快递等物流运营单位应当实行安全查验制度，对客户身份进行查验，依照规定对运输、寄递物品进行安全检查或者开封验视。对禁止运输、寄递，存在重大安全隐患，或者客户拒绝安全查验的物品，不得运输、寄递。前款规定的物流运营单位，应当实行运输、寄递客户身份、物品信息登记制度。第二十一条规定，电信、互联网等业务经营者、服务提供者，应当对客户身份进行查验。对身份不明或者拒绝身份查验的，不得提供服务。据此，实践中，物流运营等有关单位掌握邮件、快递信息，也掌握相关的基础信息数据。国家安全机关依法调查间谍行为，可能需要依法调取相关数据，或者请求其优先寄递、运输有关文件物品，邮政、快递、运输等物流运营单位应当提供支持和协助。

我国邮政法对邮政、快递行业作出了规范。其中，邮政法第三十六条规定，因国家安全或者追查刑事犯罪的需要，公安机关、国家安全机关或者检察机关可以依法检查、扣留有关邮件，并可以要求邮政企业提供相关用户使用邮政服务的信息。邮政企业和有关单位应当配合，并对有关情况予以保密。这条规定，主要是对有关机关依法检查、扣留有关邮件，要求邮政企业提供用户使用邮政服务的信息的权力作了明确。

本条与邮政法的上述规定是衔接的。国家安全机关依法对间谍行为开展调查处置工作，需要邮政、快递等物流运营单位提供支持和协助，在需要依法检查、扣留有关邮件时，依照邮政法的有关规定处理即可。

此外，需要注意的是，宪法第四十条规定，中华人民共和国公民的通信自由和通信秘密受法律的保护。除因国家安全或者追查刑事犯罪的需要，由公安机关或者检察机关依照法律规定的程序对通信进行检查外，任何组织或者个人不得以任何理由侵犯公民的通信自由和通信秘密。邮政法第三条也作了同样规定，同时，还规定，除法律另有规定外，任何组织或者个人不得检查、扣留邮件、汇款。国家安全机关在调查间谍行为的过程中，不可避免地会接触到客户的个人信息和隐私，对此，应当依法予以保密，保障个人和组织的合法权益。

第二，电信业务经营者、互联网服务提供者应当为国家安全机关依法调查间谍行为提供必要的支持和协助。这里的电信业务经营者、互联网服务提供者，有时统称为通信服务提供者。其中，电信业务经营者指的是网络运营商（NO，即 Network Operator）和接入服务商（AP，即 Access Provider）。网络运营商是指基础电信运营商，即电信基础设施的运营者，如中国移动、中国联通、中国电信等运营商；接入服务商是指向网络用户提供的从用户终端到网络接入服务的主体，如各宽带业务经营者。互联网服务提供者是指向用户提供新闻、信息、资料、音视频、建立通讯群组的平台等内容服务的互联网内容提供者，如腾讯、新浪、抖音、小红书等互联网知名企业就是典型的互联网服务提供者。此外，按照服务对象和提供信息的不同，还可以进一步分为网上媒体运营商、数据库运营商、信息咨询商和信息发布代理商。

根据规定，电信业务经营者、互联网服务提供者的义务，是在国家安全机关调查间谍行为时，根据其要求，提供必要的支持和协助，从而帮助国家安全机关顺利开展调查间谍行为的工作。通过立法确立电信网络运营者为有关执法机关维护国家安全和侦查犯罪的活动提供支持和协助的义务，是维护国家安全和惩治犯罪所必需的。我国网络安全法、反恐怖主义法也有类似规定。网络安全法第二十八条规定，网络运营者应当为公安机关、国家安全机关依法维护国家安全和侦查犯罪的活动提供技术支持和协助。反恐怖主义法第十八条规定，电信业务经营者、互联网服务提供者应当为公安机关、国家安全机关依法进行防范、调查恐怖活动提供技术接口和解密等技术支持和协助。反间谍法规定的电信业务经营者、互联网服务提供者为国家安全机关调查间谍行为提供支持和协助的义务，与我国有关国家安全的其他法律和刑事诉讼法有关规定是相衔接的。

此外，本法第三十六条还专门规定，国家安全机关发现涉及间谍行为的网络信息内容或者网络攻击等风险，应当及时通报有关部门，由其依法处置或者责令电信业务经营者、互联网服务提供者及时采取修复漏洞、加固网络防护、停止传输、消除程序和内容、暂停相关服务、下架相关应用、关闭相关网站等措施，保存相关记录。情况紧急，不立即采取措施将对国家安全造成严重危害的，由国家安全机关责令有关单位修复漏洞、停止相关传输、暂停相关服务，并通报有关部门。这一条对特定情形下电信业务经营者、互联网服务提供者应当如何配合国家安全机关的工作作出了明确规定。

第三，邮政、快递等物流运营单位和电信业务经营者、互联网服务提供者提供支持和协助是有条件限制的，前提是国家安全机关调查间谍行为是依法进行的，且提供的支持和协助是“必要的”。

首先，本条规定的邮政、快递等物流运营单位和电信业务经营者、互联网服务提供者提供支持和协助的前提是国家安全机关依法调查间谍行为。本法第三章对国家安全机关的调查处置作了全面的规定。根据刑事诉讼法的规定，立案侦查需要达到法律规定的一定条件和标准，而对前期发现的间谍行为可疑线索，需要赋予国家安全机关一定的权力开展调查，以进一步核实有关情况。本法第三章规定的国家安全机关调查间谍行为的职权范围包括查验有关个人和组织的电子设备、设施及有关程序、工具；查阅、调取有关文件、数据、资料、物品；传唤；对涉嫌间谍行为的人身、物品、场所进行检查；查封、扣押、冻结涉嫌用于间谍行为的场所、设施或者财物；采取技术侦察措施等。国家安全机关根据法律赋予的职权依法调查间谍行为时，邮政、快递等物流运营单位和电信业务经营者、互联网服务提供者应当提供必要的支持和协助。若国家安全机关开展的工作没有法律依据，或者没有遵守法律规定的权限和程序，有关单位可以拒绝提供支持和协助。

其次，邮政、快递等物流运营单位和电信业务经营者、互联网服务提供者为国家安全机关调查间谍行为提供的支持和协助是必要的。国家安全机关调查间谍活动，应当注重保障个人和组织的合法权益，要求有关单位提供支持和协助的，应当遵循必要性的原则。在依靠自身的专门工作就能获取信息，自己解决问题的情况下，就没有必要要求邮政、快递等物流运营单位和电信业务经营者、互联网服务提供者提供支持和协助。物流运营单位和电信业务经营者、互联网服务提供者是市场运营主体，虽然他们有依法支持、协助反间谍工作的义务，但过多地要求企业提供支持和协助，势必会提高企业的运营成本，对企业的正常经营带来一定的负面影响。因此，在确有必要需要有关单位提供支持和协助时，才提出要求，更为妥当。

### ◆ 实践中需要注意的问题

在本条的理解适用中，需要注意以下几个方面的问题：

第一，反间谍工作应当依法进行，尊重和保障人权，保障个人和组织的合法权益。国家安全机关要求邮政、快递等物流运营单位和电信业务经营者、互联网服务提供者提供支持和协助时，应当严格依法办事，不得超越职权、滥用职权，不得侵犯个人和组织的合法权益。在有关单位提供支持和协助的过程中，国家安全机关不可避免地会接触企业的商业秘密，客户的个人隐私和个人信息等。为保护组织和个人的合法权益，避免发生侵权行为，本法第十一条规定，国家安全机关及其工作人员依法履行反间谍工作职责获取的个人和组织的信息，只能用于反间谍工作，对于属于商业秘密、个人隐私、个人信息的，应当予以保密。

第二，国家安全机关对间谍犯罪行为开展侦查活动时，邮政、快递等物流运营单位和电信业务经营者、互联网服务提供者也应当提供必要的支持和协助。我国刑事诉讼法对侦查机关的职权作了明确规定，包括讯问犯罪嫌疑人，询问证人，勘验检查，搜查，查封、扣押书证、物证，鉴定，采取技术侦查措施等。国家安全机关在对涉嫌犯罪的间谍行为立案侦查后，采取相应的侦查措施时，需要邮政、快递等物流运营单位和电信业务经营者、互联网服务提供者提供支持和协助的，有关单位应当提供支持。尤其是采取技术侦查措施包括电子监听、电子监控、电子通讯定位等，有时离不开电信业务经营者、互联网服务提供者的支持和协助。

需要说明的是，通过立法确立电信网络运营者为有关执法机关侦查犯罪的活动提供支持和协助的义务，是各个国家和地区的通行做法。《网络犯罪公约》也规定，互联网服务提供者应基于其现有的技术能力，配合、协助主管机关收集或复制境内即时通信数据以及涉及严重犯罪的相关内容数据。美国《通信协助执法法》要求电信运营商根据法院命令或者其他的合法授权，采取必要措施对某类通讯进行隔离，并保证有关执法机关能够对其实施监听即获取可用的呼叫识别信息，监听到的通信。欧盟 1995 年《合法拦截电信通信决议》规定，执法机关可以要求互联网企业提供技术接口，确保被拦截的信息可传输至执法监控设备。德国《电信法》规定，提供电信服务的电信系统运营主体应当提供法律规定的技术设施来执行通信协助监控措施。新西兰《电信（监控能力）法》要求，公共电信网络或者电信服务运营商应当具备协助执法机关依法对电信或者服务进行监控的能力，能够以执法机关可以使用的格式发送监控到的有关呼叫数据及电信内容。日本《犯罪调查通信监听法》规定，检察官或者司法警察可以要求通信运营商为其实施窃听，提供连接窃听有关设备等必要协助。我国的现有规定，与国际上及有关国家的法律规定是一致的。

第三，间谍行为是危害国家安全、荣誉和利益的行为，且间谍活动具有极强的隐蔽性，因此，对于反间谍工作中属于国家秘密的事项必须严格保密。邮政、快递等物流运营单位和电信业务经营者、互联网服务提供者在为国家安全机关提供支持和协助的过程中，接触到反间谍工作秘密和国家秘密的，应当注意保密，不得向他人透露。本法第八条对此作出了规定，任何公民和组织都应当保守所知悉的国家秘密和反间谍工作秘密。对于泄露有关反间谍工作和国家秘密的，本法第六十条规定，尚不构成犯罪的，由国家安全机关予以警告或者处十日以下行政拘留，可以并处三万元以下罚款；构成犯罪的，依法追究刑事责任。根据刑法第三百九十八条的规定，国家机关工作人员违反保守国家秘密法的规定，故意或者过失泄露国家秘密，情节严重的，处三年以下有期徒刑或者拘役；情节特别严重的，处三年以上七年以下有期徒刑。非国家机关工作人员犯前款罪的，依照前款的规定酌情处罚。

需要说明的是，世界许多国家都对因配合有关机关开展反间谍活动而被知悉的特定信息和国家秘密的保密问题作了规定。如美国相关法律规定，对因配合反间谍调查所知悉的特定信息，不得对任何个人进行披露；有关机构、组织、个人应当及时报告窃泄密事件并配合调查，为执法提供便利和支持并保守秘密。英国相关法律规定，禁止披露与截取通讯中和特定执法活动有关的信息。出于维护国家安全、防止影响侦查严重犯罪或者国家经济利益的考虑，可以在相关报告中删除这些信息。

第四，为使本条的规定落到实处，本法在法律责任一章中规定了不履行本条义务需要承担的法律责任。根据本法第五十八条的规定，违反本法第四十一条规定，国家安全机关依法调查间谍行为，邮政、快递等物流运营单位和电信业务经营者、互联网服务提供者未按照规定提供必要的支持和协助的，由国家安全机关责令改正，予以警告或者通报批评；拒不改正或者情节严重的，由有关主管部门依照相关法律法规予以处罚。

◆ **相关规定**

《中华人民共和国宪法》第四十条；《中华人民共和国刑法》第三百九十八条；《中华人民共和国刑事诉讼法》第二章；《中华人民共和国反恐怖主义法》第十八条至第二十条；《中华人民共和国反有组织犯罪法》第十六条；《中华人民共和国邮政法》第三条、第三十六条；《中华人民共和国网络安全法》第二十八条、第四十七条；《中华人民共和国电信条例》第六十条；《反间谍安全防范工作规定》第十条

**第四十二条** 国家安全机关工作人员因执行紧急任务需要，经出示工作证件，享有优先乘坐公共交通工具、优先通行等通行便利。

## ◆ 条文主旨

本条是关于国家安全机关工作人员因执行紧急任务需要，享有优先乘坐公共交通工具、优先通行等通行便利的规定。

## ◆ 立法背景

本条是1993年国家安全法的规定，2014年制定反间谍法时未作修改，2023年修订反间谍法时作了文字修改。

### （一）立法背景及修改情况

1. 1993年国家安全法的规定。第九条第一款规定："国家安全机关的工作人员在依法执行紧急任务的情况下，经出示相应证件，可以优先乘坐公共交通工具，遇交通阻碍时，优先通行。"

国家安全机关担负着防范、制止、惩治间谍活动，维护国家安全和利益的重要任务，在执行这一任务时，往往会遇到一些紧急情况，贻误战机就会造成不可估量的损失。因此，在国家安全机关执行紧急任务时，需要赋予其一定的优先权，为其开展工作提供便利。如国家安全机关在执行任务时，紧急情况下，会需要借助于公共交通，为便利于国家安全机关工作的开展，本条赋予了其在符合法定条件的情形下，可以优先乘坐公共交通工具、优先通行的权利。

2. 2014年反间谍法的规定。第十一条第一款规定："国家安全机关的工作人员在依法执行紧急任务的情况下，经出示相应证件，可以优先乘坐公共交通工具，遇交通阻碍时，优先通行。"

2014年制定反间谍法时，考虑到国家安全机关工作人员在反间谍工作中执行紧急任务时，在符合法定条件的情形下，可以赋予其一定的优先权，优先乘坐公共交通工具、优先通行。因此，保留了原有规定，未作修改。

3. 2023年修订后的反间谍法的规定。本条对2014年反间谍法主要作了几处文字修改，一是，将"在依法执行紧急任务的情况下"修改为"因执行紧急任务需要"；二是，将"出示相应证件"修改为"出示工作证件"；三是，将"可以优先乘坐公共交通工具，遇交通阻碍时，优先通行"修改为"享有优先乘坐公共交通工具、优先通行等通行便利"。

### （二）公开征求意见的情况

反间谍法修订草案二次审议稿在向社会公开征求意见过程中，有的建议增加为相对人预留三十分钟查验时间的规定。

### （三）有关国家和地区的规定

反间谍工作具有高对抗、高风险等特点，有关国家和地区均注重对反间谍机构及其工作人员采取特殊的保障措施，如赋予反间谍机构优先使用、优先乘坐等优先权。例如，俄罗斯反间谍机构可以优先使用、征用、免费乘坐交通工具；使用国有企业、机关和组织的通讯设备；情况紧急时征用企事业单位、社会组织或者公民的通讯工具、交通工具；无偿使用国有或者私有的船只和飞行器、水域、领空、机场、停机坪、码头；免费乘坐火车、河海轮船和飞机。

### ◆ 条文释义

本条规定的“执行紧急任务”是行使优先权的前提条件。这里所说的“紧急任务”是指时间特别紧急，按照正常的方式、途径、程序有可能贻误反间谍工作的情况，如紧急赶赴现场，传递紧急重要情报，追捕、跟踪嫌疑人等。是否紧急，应根据任务的具体情况进行判定。

国家安全机关行使本条规定的职权时，需要出示工作证件。这里的“工作证件”是指国家安全机关工作人员根据其工作任务的不同，按照规定使用的有关证件，主要是指人民警察证、侦查证等。考虑到国家安全机关的工作人员在执行不同任务时所需出示的证件可能有所不同，因此，本条仅规定出示工作证件，而没有明确出示工作证件的具体类型。至于在执行任务时，具体应使用何种证件，应符合有关法律、行政法规和国家安全机关的规定。如 2017 年反间谍法实施细则第十四条第二款规定，国家安全机关工作人员依法执行反间谍工作任务时，应当出示国家安全部侦察证或者其他相应证件。

“优先乘坐公共交通工具”包括优先购票或者不购票出示证件即可优先乘坐的情况。其中，公共交通工具主要是指从事旅客运输的公共汽车、出租车、地铁、火车、船只、飞机等各种公共交通工具。优先乘坐并非免费乘坐，事后仍应按照有关规定予以补票或者予以相应的补偿。“优先通行”是指碰到公路上发生交通事故造成交通中断，或者车辆拥挤导致交通堵塞，或者按照交通规则的规定不能通行，如遇到红灯，或者由于某项事件或活动而禁止通行等情况发生时，国家安全机关工作人员经出示工作证件，有关人员应允许其优先通过。这种优先通行在相关法律中也有规定，如我国道路交通安全法第五十三条规定，警车等特种车辆在执行紧急任务时，在确保安全的前提下，不受行驶路线、行驶方向、行驶速度和信号灯的限制，其他车辆和行人应当让行。

需要强调的是，国家安全机关工作人员在行使本条规定的优先乘坐公共交通工具、优先通行的权力时，必须遵守法律、行政法规及部门规章的相关规定，严格依照本条规定的条件、程序行使，出示侦察证或其他相关证件，或者经必要的审批程序后行使，避免权力的滥用。本条中的“经出示工作证件”就是这一精神的体现。同时，国家安全机关行使权力时也要特别注意保护好其他个人和组织的合法权利，尽量避免影响个人和组织正常的工作、生活及运转。在工作任务完成后要及时归还财物或者恢复原状，并依照规定支付费用，造成损失的，应当予以补偿。国家安全机关工作人员遵守这一规定，保护个人和组织的私有财产权利，也有利于争取个人和组织对国家安全机关的工作给予最大的支持和协助。

◆ **实践中需要注意的问题**

在本条的理解适用中，需要注意以下几个方面的问题：

第一，工作证件是工作身份的证明，国家安全机关工作人员依法执行任务，经出示工作证件，才能享有优先乘坐公共交通工具、优先通行等通行便利。国家安全机关工作人员对工作证件应当规范出示和管理，以避免侵犯个人和组织权利事件的发生。实践中，有的地方如湖北、新疆、河南、海南、湖南、黑龙江等都出台了使用侦察证和车辆特别通行标志办法，对侦察证和车辆特别通行标志的使用作出了规范，国家安全机关工作人员应当按照有关规定执行。如 1999 年《湖北省国家安全机关工作人员使用侦察证和车辆特别通行标志办法》第二条规定，国家安全机关工作人员在本省行政区域内执行国家安全工作任务，应按照本办法的规定使用国家安全部统一制发的《中华人民共和国国家安全部侦察证》和车辆特别通行标志。第六条规定，国家安全机关工作人员执行国家安全工作紧急任务时，经出示侦察证，依法享有下列权力：优先购买飞机票、火车票、汽车票、船票或者先乘坐后补票；必要时，优先使用机关、团体、企业事业单位和个人的交通工具、通信工具、场地和建筑物，完成任务后应当及时归还，并支付适当费用；造成损失，应当赔偿。第八条规定，执行国家安全工作紧急任务并配有特别通行标志的车辆，在确保道路交通安全原则下，可以不受行驶速度、行驶路线、行驶方向和交通信号的限制，遇交通阻碍时，可以优先通行；可以在指定或非指定地点停靠，并免缴停车费；可以免费通过桥梁、渡口、公路（含高速公路）、隧道；免受关卡检查。第十一条规定，国家安全机关工作人员应当严格按照本办法使用侦察证和车辆特别通行标志，不得超越职权，不得侵犯公民、法人和其他组织合法权益。

又如 1998 年《新疆维吾尔自治区国家安全机关工作人员使用侦察证和车辆特别通行标志办法》第三条规定，国家安全机关工作人员在执行国家安全工作任务时，凭国家制发的《侦察证》，依法行使有关职责，包括：依法执行紧急任务时，可以优先购买飞机票、火车票、长途客车票，优先选择班（航）次，特殊情况下，可以先乘坐后补票证，可以选择座位；根据执行国家安全工作任务的需要，可以优先使用机关、团体、企业、事业组织和个人的交通工具、通信工具、场地和建筑物等，用后应当及时归还，并支付适当费用；造成损失的，应当依法赔偿。第四条规定，车辆“特别通行”标志仅限于国家安全机关直接执行国家安全工作紧急任务的指挥车、执行侦察和保卫任务的车辆以及囚车。使用“特别通行”标志时，必须携带国家安全部配发的“特别通行”标志使用证。凡配有“特别通行”标志的国家安全机关执行紧急任务的车辆，可以不受行驶速度、行驶路线、行驶方向和交通信号的限制；可以在交通管制或者戒严地区通行；可以在非指定地点停靠；遇交通阻碍时，可以优先通行；免受关卡检查。第五条规定，国家安全机关工作人员应当严格按照本办法和国家有关规定使用《侦察证》和车辆“特别通行”标志，不得超越、滥用职权，不得侵犯公民、法人或者其他组织的合法权益。

第二，国家安全机关工作人员只有在执行紧急任务需要时，才享有优先乘坐公共交通工具、优先通行等通行便利。“执行紧急任务”是行使优先权的前提条件，是否紧急应根据任务的具体情况进行判定。实践中，应当予以严格掌握，避免权力滥用，侵犯个人和组织的合法权益。

第三，除本条外，本法第四十三条和第四十四条还规定了国家安全机关工作人员在特定情况下进入特定场所、单位，优先使用或者依法征用交通工具、通信工具、场地和建筑物等权力。开展这些工作，需要依靠有关方面的协助与支持。由于会给个人和组织的合法权益带来一定影响，实践中应当从严掌握，严格根据国家的有关规定执行。

### ◆ 相关规定

《中华人民共和国道路交通安全法》第五十三条；《中华人民共和国反间谍法实施细则》第十四条

---

**第四十三条** 国家安全机关工作人员依法执行任务时，依照规定出示工作证件，可以进入有关场所、单位；根据国家有关规定，经过批准，出示工作证件，可以进入限制进入的有关地区、场所、单位。

---

### ◆ 条文主旨

本条是关于国家安全机关的工作人员执行任务时，依法进入有关场所、单位，经过批准，出示工作证件，可以进入限制进入的有关地区、场所、单位的规定。

### ◆ 立法背景

本条是 1993 年国家安全法的规定，2014 年制定反间谍法时作了修改，2023 年修订反间谍法时又作了修改。

**（一）立法背景及修改情况**

1. 1993 年国家安全法的规定。第八条规定："国家安全机关的工作人员依法执行国家安全工作任务时，经出示相应证件，可以进入有关场所；根据国家有关规定，经过批准，出示相应证件，可以进入限制进入的有关地区、场所、单位；查看或者调阅有关的档案、资料、物品。"

2. 2014 年反间谍法的规定。第十条规定："国家安全机关的工作人员依法执行任务时，依照规定出示相应证件，可以进入有关场所、单位；根据国家有关规定，经过批准，出示相应证件，可以进入限制进入的有关地区、场所、单位，查阅或者调取有关的档案、资料、物品。"该条对 1993 年国家安全法第八条作了五处修改：一是删去了"国家安全工作"，这突出了根据总体国家安全观的要求，将 1993 年国家安全法修订为反间谍法的立法目的。二是将"经出示相应证件"改为"依照规定出示相应证件"，增加了"依照规定"的程序要求。1993 年国家安全法对国家安全机关行使本条规定权力的程序要求是"经出示相应证件"。在全国人大常委会审议反间谍法草案的过程中，有意见提出，应对"经出示相应证件"的具体程序作出更明确的规定。为此，将"经出示相应证件"修改为"依照规定出示相应证件"。三是在"可以进入有关场所"后增加"单位"，这是因为"场所"不能涵盖所有执行任务需要进入的地方，增加"单位"使本条的规定更加准确和严密。四是将"可以进入限制进入的有关地区、场所、单位"后的分号改为逗号，进一步明确了查阅或者调取有关的档案、资料、物品，也需要根据国家有关规定，经过批准才能进行。五是将"查看或者调阅"修改为"查阅或者调取"，进一步明确国家安全机关在依法执行任务时，对有关的档案、资料、物品，既可以查阅，也可以根据反间谍工作需要调取，以便于国家安全机关依法开展工作。

3. 2023 年修订后的反间谍法的规定。本条对 2014 年反间谍法主要作了以下修改：一是将"出示相应证件"修改为"出示工作证件"；二是删去了原有条文"查阅或者调取有关的档案、资料、物品"的规定，这部分内容调整到本法第二十六条中作了规定。本法第二十六条规定，国家安全机关工作人员依法执行反间谍工作任务时，根据国家有关规定，经设区的市级以上国家安全机关负责人批准，可以查阅、调取有关的文件、数据、资料、物品，有关个人和组织应当予以配合。查阅、调取不得超出执行反间谍工作任务所需的范围和限度。

**（二）公开征求意见的情况**

2022 年 12 月 30 日至 2023 年 1 月 28 日，反间谍法修订草案二次审议稿在中国人大网公布，向社会公开征求意见。征求意见过程中，有的建议，增加为相对人预留三十分钟查验时间的规定。

### ◆ 条文释义

本条包含以下几个方面的内容：

第一，本条规定，国家安全机关工作人员进入有关场所、单位的条件是在依法执行任务时，依照规定出示工作证件。“依法执行任务”是行使本条规定职权的前提条件。这一条件包括两部分的内容：一是要依法。依照的法律是广义的，既包括依照本法的规定，也包括依照宪法、刑法、刑事诉讼法、《全国人民代表大会常务委员会关于国家安全机关行使公安机关的侦查、拘留、预审和执行逮捕的职权的决定》、保守国家秘密法，以及其他法律中有关国家安全的规定。二是只有在执行任务时才能行使这些职权，如为监视和掌握间谍的活动情况而进行的调查工作，为防范、制止和惩治间谍行为而开展的各项具体工作等。

本条规定的国家安全机关工作人员的职权共有两项。一是进入有关场所、单位。间谍人员进行间谍活动，如接头、联络、交换情报、藏匿等需要在一定的场所或单位中进行。国家安全机关在进行反间谍工作时，不仅需要到有关场所、单位调查取证，有时还会因跟踪、监视犯罪嫌疑人而需要进入有关场所、单位。普通的公共场所，如宾馆、餐厅、电影院、游乐场等，国家安全机关的工作人员以普通消费者的身份也是可以进入的，但在需要进入的场所不对普通公众开放，或处于非营业时间等情况下，就需要有关场所、单位的管理人员配合和支持。因此，本条赋予国家安全机关的工作人员按照规定出示相应证件后，可以进入有关场所、单位的职权，为国家安全机关执行反间谍任务提供了保障。二是进入限制进入的有关地区、场所、单位。出于维护国家安全和工作秩序的需要，有一些地区、场所、单位不得随意进入，需要经过一定的批准程序才能进入，如：边境管理区、边境禁区、海防工作区、海上禁区等边防区域；军事禁区、军事基地、军工企业等与国防有关的军事设施和军事单位；重要的科研机构、金融机构、造币企业、核电站、金库、弹药库、麻醉药品库、油库等与国计民生和社会稳定、国家利益和公共安全关系重大的单位；国家档案管理机构、机场隔离区、港口出入境检查通道等其他依照国家有关部门的规定限制进入的场所、单位。这些地区、场所、单位是限制进入的，但是国家安全机关工作人员执行反间谍任务有可能需要进入。本条赋予国家安全机关工作人员根据国家有关规定，在经过批准的情况下进入的职权，以便国家安全机关更好地开展工作，与间谍行为作斗争。与此相似的是，国家情报法第十六条规定，国家情报工作机构工作人员依法执行任务时，按照国家有关规定，经过批准，出示相应证件，可以进入限制进入的有关区域、场所，这也是为了便于国家情报工作机构更好地开展工作。

### ◆ 实践中需要注意的问题

在本条的理解适用中，需要注意以下几个方面的问题：

第一，工作证件是身份的证明，国家安全机关工作人员依法执行任务，经出示工作证件，可以进入特定的场所和单位。国家安全机关的工作证件应当规范出示和管理，以避免侵犯个人和组织权利的行为发生。

第二，除本条外，本法第四十二条和第四十四条还规定了国家安全机关工作人员在特定情况下享有优先乘坐公共交通工具、优先通行等通行便利，优先使用或者依法征用交通工具、通信工具、场地和建筑物等权力。开展这些工作，需要依靠有关方面的协助与支持，都会给个人和组织的合法权益带来一定影响，实践中也应当从严掌握，严格根据国家的有关规定执行，避免权力滥用，侵犯个人和组织的合法权益。

◆ **相关规定**

《中华人民共和国国家情报法》第十六条；《中华人民共和国反间谍法实施细则》第十四条

---

**第四十四条** 国家安全机关因反间谍工作需要，根据国家有关规定，可以优先使用或者依法征用国家机关、人民团体、企业事业组织和其他社会组织以及个人的交通工具、通信工具、场地和建筑物等，必要时可以设置相关工作场所和设施设备，任务完成后应当及时归还或者恢复原状，并依照规定支付相应费用；造成损失的，应当给予补偿。

---

◆ **条文主旨**

本条是关于国家安全机关因反间谍工作的需要，可以优先使用或者依法征用单位、组织和个人的财产，并应当支付相应费用以及造成损失应当给予补偿的规定。

◆ **立法背景**

本条是1993年国家安全法的规定，2014年制定反间谍法时作了修改，2023年修订反间谍法时又作了修改。

**（一）立法背景及修改情况**

1. 1993年国家安全法的规定。第九条第二款规定：“国家安全机关为维护国家安全的需要，必要时，按照国家有关规定，可以优先使用机关、团体、企业事业组织和个人的交通工具、通信工具、场地和建筑物，用后应当及时归还，并支付适当费用；造成损失的，应当赔偿。”

2. 2014年反间谍法的规定。第十一条第二款规定“国家安全机关因反间谍工作需要，按照国家有关规定，可以优先使用或者依法征用机关、团体、企业事业组织和个人的交通工具、通信工具、场地和建筑物，必要时，可以设置相关工作场所和设备、设施，任务完成后应当及时归还或者恢复原状，并依照规定支付相应费用；造成损失的，应当补偿。”

2014年反间谍法对1993年国家安全法作了以下修改：一是将1993年国家安全法第九条第二款规定的“为维护国家安全”修改为“因反间谍工作”，这是为了适应我国国家安全面临的新形势、新任务，进一步规范和加强反间谍工作，突出反间谍法的特点以适应法律的定位而作出的调整。二是在1993年国家安全法第九条第二款的基础上增加了“或者依法征用”的表述，进一步明晰了在国家安全机关执行反间谍任务时，可以对交通工具、通信工具、场地和建筑物采取依法征用的方式。三是在1993年国家安全法第九条第二款的基础上增加了“必要时，可以设置相关工作场所和设备、设施，任务完成后应当及时归还或者恢复原状”的规定，强调国家安全机关在任务完成后，要及时对设置的相关工作场所和设备、设施予以归还或恢复，避免造成过度影响。四是将1993年国家安全法第九条第二款规定的“赔偿”修改为“补偿”，我国宪法第十三条第三款规定“国家为了公共利益的需要，可以依照法律规定对公民的私有财产实行征收或者征用并给予补偿”。这一修改与宪法的规定保持一致。五是将1993年国家安全法第九条第二款规定的“并支付适当费用”修改为“并依照规定支付相应费用”，进一步明确支付补偿费用要严格按照规定执行。六是对本条还作了部分文字修改。

3. 2023年修订后的反间谍法的规定。本条对2014年反间谍法作了以下修改：一是将“按照”修改为“根据”；二是将“机关”修改为“国家机关”；三是将“团体”修改为“人民团体”；四是增加了“其他社会组织”的内容，与第四条、第七条、第十二条和第五十六条规定保持一致；五是将“应当补偿”修改为“应当给予补偿”。

**（二）公开征求意见的情况**

有的建议“机关”和“国家机关”与本法其他条文表述一致。有的建议将“必要时”修改为“经联席会议同意”。

### ◆ 条文释义

反间谍法赋予了国家安全机关相应的反间谍职责，国家安全机关在履行反间谍工作职责过程中，往往需要依法采取行动，如在办理反间谍案件时，如出现应急处置工作，可能需要抓捕嫌疑人员、营救受伤人员等。由于在执行反间谍任务的时候存在一定的时效性和紧迫性，尤其是在应对处置反间谍案件中，打击、控制、救援、救助等现场应对处置工作需要争分夺秒，刻不容缓。国家安全机关现场处置力量在开展这些工作过程中，由于装备条件限制、装备未能到位或者根据现场情况，可能需要优先使用或者征用国家机关、人民团体、企业事业组织和其他社会组织以及个人的交通工具用于疏散、撤离人员，优先使用或者征用国家机关、人民团体、企业事业组织和其他社会组织以及个人的破拆、起重、通风、发电等设备设施用于营救、救治受伤人员，优先使用或者依法征用国家机关、人民团体、企业事业组织和其他社会组织以及个人的房屋、场所用于安置、疏散、撤离人员等。为此，需要在法律中明确规定国家安全机关在履行反间谍职责过程中，在有需要的情况下，有权根据国家有关规定，优先征用国家机关、人民团体、企业事业组织和其他社会组织以及个人的财产。在法律上对国家安全机关优先使用或者依法征用的权限作出明确规定，既有利于保障反间谍工作的顺利开展，也有利于取得当事组织、公民对国家安全机关开展反间谍工作的理解和支持。

本条包含以下几个方面的内容：

第一，本条规定的“优先使用”是指相关国家机关、人民团体、企业事业组织和其他社会组织以及个人，在国家安全机关因反间谍工作需要提出要求时，应当优先保障其使用相关交通工具、通信工具、场地和建筑物等。

第二，本条规定的“依法征用”是指国家安全机关为了反间谍工作的需要，依法征调使用国家机关、人民团体、企业事业组织和其他社会组织以及个人的财产，用后归还或恢复原状并给予补偿的制度。依法征用具有强制性，无需财产所有人、管理人的同意。当然，征用是为了维护国家利益，开展反间谍工作。因此，对财产被使用或者征用的国家机关、人民团体、企业事业组织和其他社会组织以及个人，国家安全机关应该依照规定支付费用，若私人财产受到损失，还应根据规定给予补偿。征用制度在相关法律中也有规定，我国宪法第十三条第三款规定，国家为了公共利益的需要，可以依照法律规定对公民的私有财产实行征收或者征用并给予补偿。民法典第二百四十五条规定，因抢险救灾、疫情防控等紧急需要，依照法律规定的权限和程序可以征用组织、个人的不动产或者动产。被征用的不动产或者动产使用后，应当返还被征用人。组织、个人的不动产或者动产被征用或者征用后毁损、灭失的，应当给予补偿。由上述法律规定可知，征用的实质是国家强制使用国家机关、人民团体、企业事业组织和其他社会组织以及个人的财产。一般来说，公民个人、法人或者其他组织的合法财产均受法律保护，任何单位和个人不得侵犯。但在实际生活中，常存在国家为了公共利益，在紧急情况下，不得已需要使用国家机关、人民团体、企业事业组织和其他社会组织以及个人财产的情况。在这种情况下，如果不允许国家优先使用或者征用的行为，则公共利益可能受到更大损失。如果允许，虽然财产被强制使用，国家机关、人民团体、企业事业组织和其他社会组织以及个人财产使用权的行使受到了一定妨碍，但社会公共利益得以保全。因此，优先使用、征用制度实际上体现了法律对国家机关、人民团体、企业事业组织和其他社会组织以及个人“私权利”的保护与政府保障社会公共利益“公权力”的有机统一。

第三，本条规定的“必要时可以设置相关工作场所和设备设施”是指为了反间谍工作的需要，在征用的场地或者建筑物设置工作所需的相应场所、设备和设施，从而保障反间谍相关工作的有效进行。

第四，本条规定的“任务完成后应当及时归还或者恢复原状，并依照规定支付相应费用；造成损失的，应当给予补偿”是指国家安全机关依法使用或者依法征用国家机关、人民团体、企业事业组织和其他社会组织以及个人财产，在任务完成后，应当及时归还或者恢复原状，并依照规定支付相应费用；造成损失的，应当给予补偿。一方面，法律赋予了国家安全机关优先使用或者依法征用的权力，是为了反间谍工作的需要。另一方面，相关国家机关、人民团体、企业事业组织和其他社会组织以及个人将自己的财产供国家安全机关使用，也是以实际行动支持反间谍工作的体现。为了反间谍工作的顺利开展，法律赋予了国家安全机关采取相应的依法使用或者征用的处置措施的权力，如国家安全机关赶赴现场处理紧急情况，可优先使用或者征用单位或个人的设备、物品，处理完毕后，应当向有关单位或个人支付费用。国家安全机关采取相关依法使用或者征用处置措施，有时难免会对有关国家机关、人民团体、企业事业组织和其他社会组织以及个人的合法权益造成损害。如国家安全机关工作人员在执行反间谍任务时依法使用或征用车辆，或者采取其他行动，可能会造成财产损毁的情况。如果出现这种情况，国家安全机关应当依法给予合法权益被损害的单位和个人相应的补偿。同时，合法权益被损害的单位和个人，也享有相应的请求有关方面给予补偿的请求权。

◆ **实践中需要注意的问题**

在本条的理解适用中，需要注意以下几个方面的问题：

第一，国家安全机关优先使用或依法征用单位、组织和个人的财产的条件。一是因履行反间谍工作职责。如果不是“正在”履行职责或者不是履行“反间谍”工作职责，则不能根据本法规定采取优先使用或者征用措施。当然，如果国家安全机关正在履行其他职责，而其他法律有关于征用的规定的，可以依据其他法律采取征用措施。二是“根据国家有关规定”。这里的“根据国家有关规定”主要包括以下法律规定：我国宪法第十三条第三款规定，国家为了公共利益的需要，可以依照法律规定对公民的私有财产实行征收或者征用并给予补偿。民法典第二百四十五条规定，因抢险救灾、疫情防控等紧急需要，依照法律规定的权限和程序可以征用组织、个人的不动产或者动产。被征用的不动产或者动产使用后，应当返还被征用人。组织、个人的不动产或者动产被征用或者征用后毁损、灭失的，应当给予补偿。三是确需使用或者征用单位、组织和个人的财产。同时，对于国家安全机关履行工作职责可以优先使用或者征用单位、组织和个人的财产，其他法律中也有类似规定：我国海警法第五十四条规定，海警机构因海上维权执法紧急需要，可以依照法律、法规、规章的规定优先使用或者征用组织和个人的交通工具、通信工具、场地，用后应当及时归还，并支付适当费用；造成损失的，按照国家有关规定给予补偿。人民武装警察法第二十五条规定，人民武装警察因执行任务的需要，在紧急情况下，经现场指挥员出示人民武装警察证件，可以优先使用或者依法征用个人和组织的设备、设施、场地、建筑物、交通工具以及其他物资、器材，任务完成后应当及时归还或者恢复原状，并按照国家有关规定支付费用；造成损失的，按照国家有关规定给予补偿。反恐怖主义法第七十八条第一款规定，公安机关、国家安全机关、中国人民解放军、中国人民武装警察部队因履行反恐怖主义职责的紧急需要，根据国家有关规定，可以征用单位和个人的财产。任务完成后应当及时归还或者恢复原状，并依照规定支付相应费用；造成损失的，应当补偿。

第二，国家安全机关依法优先使用或者依法征用国家机关、人民团体、企业事业组织和其他社会组织以及个人财产，在任务完成后应当及时归还或者恢复原状，并依照规定支付相应费用；造成损失的，应当补偿。依法使用或者征用行为毕竟会对使用权人和被征用人的合法权益造成不利影响，因此，有关方面在完成反间谍工作任务后，应当将使用或者征用的财产及时返还给相关国家机关、人民团体、企业事业组织和其他社会组织以及个人，以尽可能减轻对权利人的不利影响。根据被征用财产的性状，有的还可能在使用中存在损耗、损坏的情况，如汽车的燃油消耗，房屋、场所污损等。对此，采取征用措施的有关方面应当为权利人补齐损耗，修理完好。同时，使用有关国家机关、人民团体、企业事业组织和其他社会组织以及个人的财产，还需要按照规定支付相应的费用。如征用单位和个人的营运车辆，需要按照规定支付相应的运输费用。因为使用或者征用主要是为了工作需要，并不当然意味着无偿使用。将自己的财产供有关方面使用，本身就是对反间谍工作的支持，而使用或者征用毕竟是为了公共利益，如果按照规定产生相应费用，由国家承担该费用更为公平合理。同理，如果被使用或者征用的财产在使用中发生毁损、灭失的情况，还应当对财产被使用或者征用的国家机关、人民团体、企业事业组织和其他社会组织以及个人给予相应的经济补偿。

第三，国家安全机关开展反间谍工作过程中，使用或者征用国家机关、人民团体、企业事业组织和其他社会组织以及个人财产，应当注意严格遵守法律法规和相关规定，严格依照规定的权限、条件、审批程序等行使职权，防止违法行使职权和滥用职权的情况发生。在行使职权过程中，要特别注意保护好公民和组织的合法权利和利益，尽可能避免和减少给单位、组织和个人造成不必要的负担。如果给国家机关、人民团体、企业事业组织和其他社会组织以及个人造成损失的，应当及时依法给予补偿。只有这样，才能取得广大人民群众和社会各方面对反间谍工作的理解和支持，也才能真正将本法总则中规定的“坚持专门工作与群众路线相结合”的原则，和应当“依法进行，尊重和保障人权，保障个人和组织的合法权益”的要求落到实处，并为最终赢得反间谍斗争的胜利打下坚实的基础。

◆ **相关规定**

《中华人民共和国宪法》第十三条；《中华人民共和国民法典》第二百四十五条；《中华人民共和国国家情报法》第十七条；《中华人民共和国海警法》第五十四条；《中华人民共和国国防法》第五十一条；《中华人民共和国人民武装警察法》第二十五条；《中华人民共和国反恐怖主义法》第七十八条；《中华人民共和国邮政法》第三条、第七条、第十一条

---

**第四十五条**　国家安全机关因反间谍工作需要，根据国家有关规定，可以提请海关、移民管理等检查机关对有关人员提供通关便利，对有关资料、器材等予以免检。有关检查机关应当依法予以协助。

---

◆ **条文主旨**

本条是关于国家安全机关因反间谍工作的需要，可以提请海关、移民管理等检查机关提供相关协助的规定。

◆ **立法背景**

本条是1993年国家安全法的规定，2014年制定反间谍法时作了修改，2023年修订反间谍法时又作了修改。

1. 1993年国家安全法的规定。第十二条规定：“国家安全机关因国家安全工作的需要，根据国家有关规定，可以提请海关、边防等检查机关对有关人员和资料、器材免检。有关检查机关应当予以协助。”

2. 2014年反间谍法的规定。第十四条规定：“国家安全机关因反间谍工作需要，根据国家有关规定，可以提请海关、边防等检查机关对有关人员和资料、器材免检。有关检查机关应当予以协助。”

2014年反间谍法对1993年国家安全法第十二条作了一处修改：将“国家安全工作”修改为“反间谍工作”，这是为了适应我国国家安全面临的新形势、新任务，进一步规范和加强反间谍工作，突出反间谍法特点，以适应法律的定位而做出的调整。

3. 2023年修订后的反间谍法，对2014年反间谍法第十四条作了以下修改：一

是，将“边防”修改为“移民管理”。边防检查原指中国人民武装警察边防部队承担的国家授权地段的边防武装警卫、边境管理、出入境检查、安全检查等任务。在沿边、沿海地区设立边防总队、支队、公安边防派出所、公安边防检查站，在海防重点地区设立边防检查站，在地方口岸设立边防工作站，执行边防保卫任务。2018年3月中共中央印发的《深化党和国家机构改革方案》，明确提出了公安边防部队改制。公安边防部队不再列武警部队序列，全部退出现役。公安边防部队转到地方后，成建制划归公安机关，并结合新组建国家移民管理局进行适当调整整合。3月17日，十三届全国人大一次会议表决通过了《关于国务院机构改革方案的决定》，组建国家移民管理局。本条修改是为了更好地规范名称。二是，将“对有关人员和资料、器材免检”修改为“对有关人员提供通关便利，对有关资料、器材等予以免检”。我国海关法第六条规定，海关可以行使下列权力：（一）检查进出境运输工具，查验进出境货物、物品；对违反本法或者其他有关法律、行政法规的，可以扣留。（二）查阅进出境人员的证件；查问违反本法或者其他有关法律、行政法规的嫌疑人，调查其违法行为。（三）查阅、复制与进出境运输工具、货物、物品有关的合同、发票、帐册、单据、记录、文件、业务函电、录音录像制品和其他资料；对其中与违反本法或者其他有关法律、行政法规的进出境运输工具、货物、物品有牵连的，可以扣留。（四）在海关监管区和海关附近沿海沿边规定地区，检查有走私嫌疑的运输工具和有藏匿走私货物、物品嫌疑的场所，检查走私嫌疑人的身体；对有走私嫌疑的运输工具、货物、物品和走私犯罪嫌疑人，经直属海关关长或者其授权的隶属海关关长批准，可以扣留；对走私犯罪嫌疑人，扣留时间不超过二十四小时，在特殊情况下可以延长至四十八小时。国家移民管理局边防检查的主要职责是：（一）对出境、入境的人员及其携带的行李物品、交通运输工具及其载运的货物实施边防检查；（二）按照国家有关规定对出境、入境的交通运输工具进行监护；（三）对口岸的限定区域进行警戒，维护出境、入境秩序；（四）执行主管机关赋予的和其他法律、行政法规规定的任务。根据反间谍工作实际的情况，结合海关、移民管理等检查机关的职责范围，本法为了进一步规范表达，将检查机关对有关人员提供通关便利，对有关资料、器材等予以免检进行归纳概述。

### ◆ 条文释义

国家安全机关在反间谍工作中，不可避免地要涉及有关人员、资料、器材出入国边境、限制进入的地区、场所以及通过其他法律、法规规定的需要例行检查的关卡。由于反间谍工作绝大多数是在隐蔽战线上开展的，有许多情况不允许、不方便向执行检查任务的机关具体说明，更不宜接受例行的检查，如此可能会妨碍反间谍工作的顺利进行，情况严重的可能造成泄密、失密。为此，法律赋予国家安全机关提请有关检查机关对有关人员提供通关便利和对有关资料、器材等予以免检的权利，同时规定有关检查机关配合国家安全机关的义务。

本条包含以下几个方面的内容：

第一，本条规定的“海关、移民管理等检查机关”中，“海关”是指依法在海关监管区和海关附近沿海、沿边地区，对进出境的运输工具、货物、行李物品、邮递物品和其他物品进行海关检查、征收关税和其他税费，对有走私嫌疑的运输工具和有藏匿走私货物、物品嫌疑的场所，走私嫌疑人的身体进行检查的海关检查站及其上级机关。“移民管理检查机关”是指国家公安机关依法履行对出入边境管理区的人员及其所持证件、运输工具及物资进行检验和查证设置的移民管理检查站及其上级机关。我国出境入境管理法第六条规定，国家在对外开放的口岸设立出入境边防检查机关。中国公民、外国人以及交通运输工具应当从对外开放的口岸出境入境，特殊情况下，可以从国务院或者国务院授权的部门批准的地点出境入境。出境入境人员和交通运输工具应当接受出境入境边防检查。出入境边防检查机关负责对口岸限定区域实施管理。根据维护国家安全和出境入境管理秩序的需要，出入境边防检查机关可以对出境入境人员携带的物品实施边防检查。必要时，出入境边防检查机关可以对出境入境交通运输工具载运的货物实施边防检查，但是应当通知海关。应当注意的是，本条规定的检查机关是广义的，既包括海关、移民管理检查机关，也包括其他依法设置的检查机关。例如，在军事禁区设置的检查机关，在海上由海事管理机构设置的检查机关，在机场由民用航空主管部门设置的检查机关，在一些要害部位设置的检查机关等。由于国家安全工作涉及的境外人员较多，本条只列举了移民管理、海关等检查机关，对其他机关未一一列举。实践中确有国家安全机关工作人员执行反间谍工作时，涉及相关的人员需要提供通关便利和相关资料、器材等需要予以免检时，国家安全机关可以依照本条规定向有关检查机关提出。

第二，本条规定的“对有关人员提供通关便利，对有关资料、器材等予以免检”是指对因反间谍工作需要，国家安全机关为了保障反间谍工作的顺利进行，提请有关检查机关对人员提供通关便利和对资料、器材等予以免检。提供通关便利、免检包括：一是对护照证件的免检。国家安全机关因反间谍工作需要，根据国家有关规定，可以提请海关、移民管理等检查机关对国家安全机关中执行反间谍任务的相关人员、协助国家安全机关工作的有必要免检的人员以及有间谍行为嫌疑但因工作需要暂不宜对其进行检查的人员等的护照、签证等出入境证件提供通关便利。二是行李物品的免检。国家安全机关因反间谍工作需要，根据国家有关规定，可以提请海关、移民管理等检查机关对出入境人员携带的物品提供免检。提供免检便利的对象可以是各种形式的与反间谍工作有关的资料，既包括文字资料、图片资料、声像资料、数字统计资料和实物资料等，也包括执行反间谍工作任务所需要的不宜公开检查的各种工具、材料，如专用照相机、录像机、录音机、电台、窃听、监听装置、伪装装置，以及与之有关的零件、元器件、辅助材料等。对于与反间谍工作无关的或者虽然与反间谍工作有关，但不是必须实行免检的物品，例如，非专用的普通汽车、普通家用电器等，不能要求免检。为了保证国家安全机关对有关人员提供通关便利和对资料、器材等予以免检的要求得以实现，本条还同时对各检查机关提出了相应的要求。

第三，本条规定的“有关检查机关应当予以协助”。如前所述，这里的有关“检查机关”是广义的，不仅指海关、移民管理检查机关，还包括其他依法设立的检查机关。“应当予以协助”是对有关检查机关的一个基本要求。应当注意的是，本条在这里使用的是“应当”而不是“可以”，也就是说，有关检查机关在接到国家安全机关提出的对有关人员提供通关便利和对资料、器材等予以免检的请求后，对确属反间谍工作需要，且符合国家有关规定的请求，都应尽力在职权范围内予以协助，不得利用职权进行阻碍或刁难。当然，有关检查机关如发现国家安全机关及其工作人员确属未按国家有关规定提请对有关人员提供通关便利和对资料、器材等予以免检的，可以向国家安全机关提出，不予协助。至于有关检查机关在什么情况下应提供什么样的具体协助，可以由国家安全机关及有关进行检查的国家主管机关协商规定，也可以由具体提出请求的安全机关和具体执行机关协商确定。

### ◆ 实践中需要注意的问题

在本条的理解适用中，需要注意以下几个方面的问题：

在满足以下条件的前提下，国家安全机关可以依法行使提请有关检查机关对有关人员提供通关便利和对资料、器材等予以免检的权力：一是必须是因反间谍工作需要；二是符合国家有关规定。

第一，“国家安全机关因反间谍工作需要”是国家安全机关提请海关、移民管理等检查机关对有关人员提供通关便利和对资料、器材等予以免检的前提条件。这一条件包括两个方面的含义：一是，要求通关便利、免检是反间谍工作需要。如果提请有关检查机关提供对有关人员提供通关便利和对资料、器材等予以免检的要求与反间谍工作无关，则不能适用这一规定。更不能以反间谍工作为名，要求对无关的人员提供通关便利和对资料、器材免检，以谋取个人或者机关自身的利益。二是，要求提请有关检查机关提供对有关人员提供通关便利和对资料、器材等予以免检必须是反间谍工作所必需的。要求海关、移民管理等有关检查机关免检，是国家安全机关仅在特殊情况下才能行使的职权。因此，国家安全机关行使这一职权时要特别慎重，只有在执行反间谍任务中，且必需的情况下，才可以要求提请有关检查机关提供对有关人员提供通关便利和对资料、器材等予以免检，对于即使通过例行检查程序也不会影响国家安全机关工作的事项，还是应当履行正常的检查手续，以保证免检的严肃性和防止滥用这项权力。为了保证国家安全机关提请有关检查机关提供对人员和资料、器材免检或者提请检查机关提供出入境检查、检验简化程序等便利这一职权的正常行使和便于操作，防止这一权力被滥用，本条除了对要求通关便利、免检的条件作了原则性规定外，还在程序上作了限制性规定。类似的规定在我国密码法第十九规定，密码管理部门因工作需要，按照国家有关规定，可以提请公安、交通运输、海关等部门对核心密码、普通密码有关物品和人员提供免检等便利，有关部门应当予以协助。国家情报法第十八条规定，国家情报工作机构根据工作需要，按照国家有关规定，可以提请海关、出入境边防检查等机关提供免检等便利。

第二，由于在实际工作中，国家安全机关提请对有关人员提供通关便利和对资料、器具等予以免检的形式可能是多种多样的，通关便利、免检的理由也各不相同，对不同情况的通关便利、免检由谁提出也不一样，这些具体的程序方面的问题，法律中不可能详细规定，因此，本条从两个方面作了原则性规定。一是，提请有关检查机关对有关人员提供通关便利和对资料、器材等予以免检要根据国家有关规定。这里“国家有关规定”指的是国家的法律、行政法规中关于通关便利、免检的规定，以及国家安全机关与国家有关部门关于提请有关检查机关对有关人员提供通关便利和对资料、器材等予以免检的具体条件、提请的程序、通关便利和免检的具体范围等方面的规定。二是，通关便利、免检必须由国家安全机关向有关部门提出。这里规定的“提请”是一个必经的程序，国家安全机关在提请有关检查机关提供对有关人员提供通关便利和对资料、器材等予以免检时，在一般情况下应事先向有关检查机关提出予以协助的请求。当然，在一些特别紧急来不及事先提出请求的情况下，国家安全机关应向有关检查机关说明情况，取得支持，不能不经说明径行闯关。

第三，可以提请有关检查机关提供对有关人员提供通关便利和对资料、器材等予以免检，并不意味着对涉及反间谍工作的所有人员都能提供通关便利、所有的物品和资料都要海关、移民管理等检查机关予以免检。国家安全机关应当根据实际反间谍工作的需要，根据执行的反间谍任务具体判定是否需要申请海关、移民管理等检查机关提供通关、免检等便利。这里需要注意：一是，国家安全机关要严格把控向海关、移民管理等检查机关提请对有关人员提供通关便利和对资料、器材等予以免检的范围。对于有关人员、资料和物品，如不申请海关、移民管理等检查机关提供通关、免检等便利，可能造成犯罪嫌疑人逃脱的，或者可能使有关人员置身于危险境地等危害后果。二是，国家安全机关要严格规范提请海关、移民管理等检查机关提供通关便利、免检等的程序。国家安全机关要完善制度建设，规范提请有关检查机关对有关人员提供通关便利和对资料、器材等予以免检的审批流程，防止权力滥用。海关、移民管理等检查机关也应当按照相关法律规定，根据职责分工，积极配合国家安全机关，切实保障反间谍工作的顺利开展。

◈ **相关规定**

《中华人民共和国国家情报法》第十八条；《中华人民共和国出境入境管理法》第六条、第十一条；《中华人民共和国密码法》第十九条

---

**第四十六条** 国家安全机关工作人员因执行任务，或者个人因协助执行反间谍工作任务，本人或者其近亲属的人身安全受到威胁时，国家安全机关应当会同有关部门依法采取必要措施，予以保护、营救。

个人因支持、协助反间谍工作，本人或者其近亲属的人身安全面临危险的，可以向国家安全机关请求予以保护。国家安全机关应当会同有关部门依法采取保护措施。

个人和组织因支持、协助反间谍工作导致财产损失的，根据国家有关规定给予补偿。

---

◈ **条文主旨**

本条是关于对协助反间谍工作的有关人员予以保护以及对个人和组织因支持、协助反间谍工作导致财产损失的应给予补偿的规定。

◈ **立法背景**

本条是 1993 年国家安全法的规定，2014 年制定反间谍法时作了修改，2023 年修订反间谍法时又作了修改。

1. 1993 年国家安全法的规定。第十六条规定："公民和组织应当为国家安全工作提供便利条件或者其他协助。"

2. 2014 年反间谍法的规定。第二十条规定："公民和组织应当为反间谍工作提供便利条件或者其他协助。因协助反间谍工作，本人或者其近亲属的人身安全面临危险的，可以向国家安全机关请求予以保护。国家安全机关应当会同有关部门依法采取保护措施。"

对 1993 年国家安全法第十六条作了以下修改：一是，将第一款规定的"国家安全工作"修改为"反间谍工作"。二是，增加一款规定"因协助反间谍工作，本人或者其近亲属的人身安全面临危险的，可以向国家安全机关请求予以保护。国家安全机关应当会同有关部门依法采取保护措施。"

3. 2023 年修订后的反间谍法的规定。本条对 2014 年反间谍法作了以下修改：一是，将第一款的内容移至本法第八条规定。二是，增加了一款规定“国家安全机关工作人员因执行任务，或者个人因协助执行反间谍工作任务，本人或者其近亲属的人身安全受到威胁时，国家安全机关应当会同有关部门依法采取必要措施，予以保护、营救”。这样规定是考虑到反间谍工作的复杂性，目的是更好地保护国家安全机关工作人员或协助执行反间谍工作任务的人员及其近亲属的人身安全。三是，将第二款“因协助反间谍工作”修改为“个人因支持、协助反间谍工作”，明确了支持、协助反间谍工作的个人主体，同时增加了因支持反间谍工作，本人或其近亲属人身安全面临危险的，也应当由国家安全机关会同有关部门采取保护措施。四是，增加一款规定“个人和组织因支持、协助反间谍工作导致财产损失的，根据国家有关规定给予补偿”。这样规定旨在将本法总则中“坚持专门工作与群众路线相结合”的原则及应当“依法进行，尊重和保障人员，保障个人和组织的合法权益”的要求落到实处。

◆ **条文释义**

本条共分三款。第一款是关于对执行反间谍任务或者协助执行反间谍工作任务的有关人员予以保护的规定。

这一规定的内容主要是国家安全机关工作人员因执行任务，或者个人因协助执行反间谍工作任务，本人或者近亲属的人身安全面临危险时，国家安全机关应会同有关部门依法采取相应的保护措施。本款包含以下几个方面的内容：

第一，适用范围和对象。本款规定的保护措施适用于国家安全机关工作人员因执行任务，或者个人因协助执行反间谍工作任务，本人或者其近亲属的人身安全受到威胁的情形。这里的对象主要是指国家安全机关工作人员或者协助执行反间谍任务的人及其近亲属。

第二，适用条件。即因执行任务或者因协助执行反间谍工作任务，国家安全机关工作人员或者个人本人及其近亲属面临人身安全危险。实践中，执行任务、协助执行反间谍工作任务的人，本人及其近亲属遭受打击报复的风险较高，面临着很大的人身安全威胁。因此，对以上人员中人身安全确实面临危险的，有必要采取相应措施予以保护。这里的“面临危险”，是指本人及其近亲属的人身安全可能面临比较迫切的现实危险的情形，而不是想象的威胁。是否属于“面临危险”，需要结合不同人员的具体情况等综合考虑。实践中比较典型的危险是可能遭受打击报复的情况。可能构成对国家安全机关工作人员、公民个人及其近亲属实施打击报复的情形有：(1) 扬言或者准备、策划对国家安全机关工作人员、个人及其近亲属实施打击报复的；(2) 曾经对国家安全机关工作人员、个人及其近亲属实施打击、要挟、迫害等行为的；（3）采取其他方式滋扰国家安全机关工作人员、个人及其近亲属的正常生活、工作的；（4）其他可能对国家安全机关工作人员、个人及其近亲属实施打击报复的情形。

第三，适用程序及执行主体。国家安全机关可以会同有关部门主动决定采取保护措施，也可以应上述人员提出的请求采取保护措施。采取保护措施的执行主体为国家安全机关及有关部门，包括公安机关、人民检察院、人民法院等。执行中需要结合被保护人的具体情况和需要采取的具体保护措施确定执行主体。

第四，具体的保护措施包括下列一项或者多项：

（1）不公开真实姓名、住所和工作单位等个人信息。这是对被保护人的个人身份不予公开的保护措施。《反间谍安全防范工作规定》第十九条第一款规定，国家安全机关应当严格为举报人保密，保护举报人的人身财产安全。未经举报人同意，不得以任何方式公开或者泄露其个人信息。同样在刑事诉讼中，人民法院、人民检察院和公安机关对于依法决定不公开证人等人员的真实姓名、住址和工作单位等个人信息的，可以在判决书、裁定书、起诉书、询问笔录等法律文书、证据材料中使用化名等代替证人等人员的个人信息。但是，应当书面说明使用化名的情况并标明密级，单独成卷。辩护律师经法庭许可，查阅对证人等人员使用化名情况的，应当签署保密承诺书。证人保护密卷不得提供给人民法院、人民检察院和公安机关的承办人员以外的人员查阅，法律另有规定的除外。对上述证人询问过程制作了同步录音录像的，应当对视音频资料进行处理，避免暴露证人外貌、声音等。在公安机关以外的场所询问证人时，应当对询问场所进行清理、控制，无关人员不得在场，并避免与犯罪嫌疑人接触。

（2）采取不露外貌、真实声音等出庭作证措施。是指人民法院在有关人员为支持反间谍工作出庭参与诉讼时，采取技术措施不使其外貌、声音等暴露给被告人、旁听人员等，但应当保证控辩双方质证的顺利进行。

（3）禁止特定的人接触被保护人员。这是禁止可能实施打击报复的特定人员在一定期间内接触被保护人的措施。根据《公安机关办理刑事案件证人保护工作规定》，采取禁止特定人员接触被保护人措施的，公安机关应当制作禁止令，书面告知特定人员，禁止其在一定期限内接触被保护人。特定人员违反禁止令，接触被保护人，公安机关应当依法进行调查处理，对犯罪嫌疑人视情采取或者变更强制措施，其他人员构成违反治安管理行为的，依法给予治安管理处罚；涉嫌犯罪的，依法追究刑事责任。

（4）对人身和住宅采取专门性保护措施。该措施包括派警力保护相关人员人身和住宅的安全。第三类、第四类措施要付出更大的人力、物力成本，对面临比较迫切的重大危险的人，可以考虑采取此类措施。国家安全机关会同有关部门在保护因支持、协助反间谍工作人员及其近亲属人身安全时，参照《公安机关办理刑事案件证人保护工作规定》，被保护人面临重大人身安全危险的，经被保护人同意，公安机关可以在被保护人的人身或者住宅安装定位、报警、视频监控等装置。必要时，可以指派专门人员对被保护人的住宅进行巡逻、守护，或者在一定期限内开展贴身保护，防止侵害发生。证人保护部门对人身和住宅采取专门性保护措施，需要由被保护人居住地辖区公安派出所或者公安机关其他部门协助落实的，应当及时将协助函送交有关派出所或者部门。有关派出所或部门应当及时安排人员协助证人保护部门落实证人保护工作。有条件的地方，可以聘请社会安保力量承担具体保护工作。

（5）变更被保护人员的身份或姓名，重新安排住所和工作单位。反恐怖主义法、反有组织犯罪法中也有类似措施。反恐怖主义法第七十六条中规定了“变更被保护人员的姓名，重新安排住所和工作单位”。反有组织犯罪法第六十一条中规定了“变更被保护人员的身份，重新安排住所和工作单位”。

（6）其他必要的保护措施。“其他必要的保护措施”是兜底性的条款，可以理解为因案情特殊，对因举报、控告和制止间谍活动，协助反间谍工作，本人或者其近亲属确实面临非常重大的危险，可能因作证遭受打击报复时，国家安全机关等有关部门机关可以采取本款前五项之外的其他有利于保护其人身安全的必要保护措施。

我国法律制度对于证人的保护处于不断完善的过程：

宪法第四十一条第二款规定：“对于公民的申诉、控告或者检举，有关国家机关必须查清事实，负责处理。任何人不得压制和打击报复。”包含了对证人保护的要求。

刑事诉讼法第六十三条规定：“人民法院、人民检察院和公安机关应当保障证人及其近亲属的安全。对证人及其近亲属进行威胁、侮辱、殴打或者打击报复，构成犯罪的，依法追究刑事责任；尚不够刑事处罚的，依法给予治安管理处罚。”

《公安机关办理刑事案件程序规定》第七十四条规定：“公安机关应当保障证人及其近亲属的安全。对证人及其近亲属进行威胁、侮辱、殴打或者打击报复，构成犯罪的，依法追究刑事责任；尚不够刑事处罚的，依法给予治安管理处罚。”

2010 年 6 月，最高人民法院、最高人民检察院、公安部等印发的《关于办理死刑案件审查判断证据若干问题的规定》第十六条规定：“证人作证，涉及国家秘密或者个人隐私的，应当保守秘密；证人出庭作证，必要时，人民法院可以采取限制公开证人信息、限制询问、遮蔽容貌、改变声音等保护性措施。”

2018 年修改的刑事诉讼法在证人保护方面进行了进一步完善。增加规定了对特定案件的证人采取特别的保护措施。同时，特定案件的鉴定人、被害人因为参与诉讼，也可能面临打击报复的危险，也需要纳入保护的范围。对于一些特定类型的犯罪案件，由于案件关系国家安全、公共安全，或者犯罪性质恶劣、组织性强，证人遭到打击报复的可能性大，后果也可能更严重，甚至是有生命危险。对于这些案件，有必要在对打击报复证人的行为追究责任之外，再有针对性地加大对证人的保护力度，以预防打击报复证人的事件发生，鼓励公民履行作证义务，保障诉讼活动的顺利进行，同时通过切实保护公民的人身安全，支持和鼓励人民群众积极同犯罪行为作斗争，更好地实现刑事诉讼法“打击犯罪，保护人民”的立法目的。其第六十四条规定：“对于危害国家安全犯罪、恐怖活动犯罪、黑社会性质的组织犯罪、毒品犯罪等案件，证人、鉴定人、被害人因在诉讼中作证，本人或者其近亲属的人身安全面临危险的，人民法院、人民检察院和公安机关应当采取以下一项或者多项保护措施：（一）不公开真实姓名、住址和工作单位等个人信息；（二）采取不暴露外貌、真实声音等出庭作证措施；（三）禁止特定的人员接触证人、鉴定人、被害人及其近亲属；（四）对人身和住宅采取专门性保护措施；（五）其他必要的保护措施。证人、鉴定人、被害人认为因在诉讼中作证，本人或者其近亲属的人身安全面临危险的，可以向人民法院、人民检察院、公安机关请求予以保护。人民法院、人民检察院、公安机关依法采取保护措施，有关单位和个人应当配合。”

《公安机关办理刑事案件程序规定》第七十五条第一款和第二款规定：“对危害国家安全犯罪、恐怖活动犯罪、黑社会性质的组织犯罪、毒品犯罪等案件，证人、鉴定人、被害人因在侦查过程中作证，本人或者其近亲属的人身安全面临危险的，公安机关应当采取以下一项或者多项保护措施：（一）不公开真实姓名、住址、通讯方式和工作单位等个人信息；（二）禁止特定的人员接触被保护人；（三）对被保护人的人身和住宅采取专门性保护措施；（四）将被保护人带到安全场所保护；（五）变更被保护人的住所和姓名；（六）其他必要的保护措施。证人、鉴定人、被害人认为因在侦查过程中作证，本人或者其近亲属的人身安全面临危险，向公安机关请求予以保护，公安机关经审查认为符合前款规定的条件，确有必要采取保护措施的，应当采取上述一项或者多项保护措施。”

对于间谍组织妨害作证以及威胁、打击报复证人的行为，刑法规定了妨害作证罪、打击报复证人罪，刑法第三百零七条第一款规定，以暴力、威胁、贿买等方法阻止证人作证或者指使他人作伪证的，处三年以下有期徒刑或者拘役；情节严重的，处三年以上七年以下有期徒刑。第三百零八条规定，对证人进行打击报复的，处三年以下有期徒刑或者拘役；情节严重的，处三年以上七年以下有期徒刑。这一规定明确了对威胁、打击报复证人构成犯罪的，应当依法追究刑事责任。

上述法律法规基本构建了当前我国证人保护措施的框架，从程序法到实体法的规范体系基本定型，从原则性地规定国家保障证人安全的义务，到规定明确具体的保护措施及相关机制，都对保障证人履行作证义务，查明案件真相，保证刑事诉讼的顺利进行，具有积极意义。

第二款是关于对因支持、协助反间谍工作的有关人员予以保护的规定。

这一规定的内容主要是因支持、协助反间谍工作，公民本人或者近亲属的人身安全面临危险时，可以主动向国家安全机关申请保护，国家安全机关应当会同有关部门依法采取相应的保护措施。本款规定包含以下几个方面内容：

本款所适用的对象主要是因支持、协助反间谍工作，本人或者其近亲属的人身安全面临危险的人。两类人员均是在主动采取措施，及时消除涉及国家安全的重大风险隐患或者现实危害，防范、制止危害国家安全等间谍行为。根据本法第四条第一款的规定，本法所称间谍行为，是指下列行为：（1）间谍组织及其代理人实施或者指使、资助他人实施，或者境内外机构、组织、个人与其相勾结实施的危害中华人民共和国国家安全的活动；（2）参加间谍组织或者接受间谍组织及其代理人的任务，或者投靠间谍组织及其代理人；（3）间谍组织及其代理人以外的其他境外机构、组织、个人实施或者指使、资助他人实施，或者境内机构、组织、个人与其相勾结实施的窃取、刺探、收买、非法提供国家秘密、情报以及其他关系国家安全和利益的文件、数据、资料、物品，或者策动、引诱、胁迫、收买国家工作人员叛变的活动；（4）间谍组织及其代理人实施或者指使、资助他人实施，或者境内外机构、组织、个人与其相勾结实施针对国家机关、涉密单位或者关键信息基础设施等的网络攻击、侵入、干扰、控制、破坏等活动；（5）为敌人指示攻击目标；（6）进行其他间谍活动。因为执行任务、协助执行反间谍工作任务和支持、协助反间谍工作，本人或者其近亲属的人身安全面临危险的人，可以申请采取相应的保护措施。关于“近亲属”的范围，根据刑事诉讼法第一百零八条的规定，主要是指夫、妻、父、母、子、女、同胞兄弟姊妹。

第三款是关于个人和组织因支持、协助反间谍工作导致财产损失的，根据国家有关规定给予补偿的规定。

本条款规定的“个人和组织因支持、协助反间谍工作导致财产损失的”是指个人和组织在支持、协助国家安全机关进行反间谍工作过程中，造成个人和组织财产损失的，应当对个人和组织给予补偿。个人和组织将其财产供有关方面使用，是以实际行动支持反间谍工作的体现，但在执行任务过程中，难免会对个人和组织的合法财产造成损失。如为了协助国家机关工作人员，在其执行反间谍任务时向其提供车辆，或者采取其他行动，可能会造成自身财产损毁的情况。如果出现这种情况，有关方面应当依法给予合法权益被损害的个人和组织相应的补偿。同时，合法权益被损害的个人和组织，也享有相应的请求有关方面给予补偿的请求权。

### ◆ 实践中需要注意的问题

在本条的理解适用中，需要注意以下几个方面的问题：

第一，国家安全机关在进行反间谍工作时，要通过相关知情的公民个人了解情况或者取证。间谍组织在进行间谍行为等破坏活动时，必然要留下蛛丝马迹，那些知悉他们行踪或者有关信息的人，往往成为破获间谍犯罪行为的重要渠道和突破口，甚至成为追究犯罪分子的证人；同时，协助反间谍工作的人员及其家属也往往成为间谍敌对势力、间谍组织威胁、恐吓、打击报复对象，致使相关人员的人身安全也处于危险境地。实践中，一方面是国家安全机关工作人员在进行反间谍工作中，必须注意保护相关人员的安全，在对相关人员的情况保守秘密的同时，还要及时采取一些保护措施，以防间谍组织为了毁灭证据和报复而杀害协助人及其家属。另一方面是相关人员一旦发觉间谍组织对自己及家人的人身安全构成威胁时，除了采取紧急的避险防范措施外，还应当及时向国家安全机关报告，并可提出给予保护的请求。按照本款规定，国家安全机关应当会同有关部门依法及时采取保护措施。及时提供保护措施具有重要意义。一方面，这些相关人员为反间谍工作提供了协助，理应受到国家的保护；另一方面，这些相关人员由于掌握间谍组织的有关情况和信息，是很重要的证人，不能让间谍组织杀人灭口、毁灭证据的阴谋得逞。

第二，在反间谍案件中，由于执行、支持、协助反间谍工作遭到打击报复的可能性大，后果也可能更严重，甚至是有生命危险。对于这些案件，有必要在对打击报复国家安全机关工作人员、证人及相关人员的行为追究责任之外，更有针对性地加强对执行、支持、协助反间谍工作的人及其近亲属保护力度，以预防打击、报复执行、支持、协助反间谍工作的人的事件发生，保证公民履行维护国家安全的义务，保障反间谍工作的顺利进行。

**◆ 相关规定**

《中华人民共和国国家安全法》第八十条；《中华人民共和国国家情报法》第二十三条、第二十五条；《中华人民共和国海警法》第五十四条；《中华人民共和国国防法》第五十一条；《中华人民共和国人民武装警察法》第二十五条；《中华人民共和国反恐怖主义法》第七十八条；《中华人民共和国刑事诉讼法》第六十三条、第六十四条；《反间谍安全防范工作规定》第十九条

---

**第四十七条**　对为反间谍工作做出贡献并需要安置的人员，国家给予妥善安置。

公安、民政、财政、卫生健康、教育、人力资源和社会保障、退役军人事务、医疗保障、移民管理等有关部门以及国有企业事业单位应当协助国家安全机关做好安置工作。

---

## ◆ 条文主旨

本条是关于对为国家反间谍工作做出贡献并需要安置的人员的安置问题以及有关部门及国有企业事业单位协助做好安置工作的规定。

## ◆ 立法背景

本条是2023年修订反间谍法时增加的规定。

### （一）立法背景

本条规定对为反间谍工作做出贡献并需要安置的人员，由公安、民政、财政、卫生健康、教育、人力资源和社会保障、退役军人事务、医疗保障、移民管理等有关部门配合国家安全部门做好安置工作。目的是保障个人权益，对在反间谍工作中做出贡献的人员，做好安置工作。

### （二）公开征求意见的情况

有的建议增加为反间谍工作做出贡献的具体细则，以及后续的申请流程的相关规定。有的建议安置进国家机构的人员不得超过所在单位人员的10%。

## ◆ 条文释义

本条共分两款。第一款是关于对为国家反间谍工作做出贡献并需要安置的人员进行安置的规定。这一规定的内容主要是在国家反间谍工作过程中，个人做出贡献，对反间谍工作产生了积极影响，如需要安置并符合规定的，要进行妥善安置。

本款主要包含以下方面的内容：

本款规定的“为反间谍工作做出贡献”是指在反间谍工作中，具有以下情况的：（1）提供重要情况或者线索，为国家安全机关发现、破获间谍案件或者其他危害国家安全案件，或者为有关单位防范、消除涉及国家安全的重大风险隐患或者现实危害发挥重要作用的；（2）密切配合国家安全机关执行任务，表现突出的；（3）防范、制止间谍行为或者其他危害国家安全行为，表现突出的；（4）主动采取措施，及时消除本单位涉及国家安全的重大风险隐患或者现实危害，挽回重大损失的；（5）在反间谍工作中，有重大创新或者成效特别显著的；（6）在反间谍工作中做出其他重大贡献的。事实上，公民和组织在协助反间谍方面可以做很多事情：一是发现间谍行为，及时向国家安全机关报告；二是机关、团体和其他组织对本单位的人员进行维护国家安全的教育，动员、组织本单位人员防范、制止间谍行为；三是积极为反间谍工作提供便利或者其他协助；四是在国家安全机关调查了解有关间谍行为的情况、收集有关证据时如实提供；五是保守所知悉的有关反间谍工作的国家秘密等。

第二款是关于有关部门以及国有企业事业单位协助国家安全机关做好安置工作的规定。这一规定的内容主要是公安、民政、财政、卫生健康、教育、人力资源和社会保障、退役军人事务、医疗保障、移民管理等有关部门有责任协助国家安全机关做好对反间谍工作中有贡献人员的安置工作。

本款主要包含以下几个方面的内容：

第一，本款规定的“有关部门”是指公安机关、民政部门、财政部门、卫生健康部门、教育部门、人力资源和社会保障部门、退役军人事务管理部门、医疗保障部门、移民管理部门等机构和国有企业事业单位。有关部门和国有企业事业单位应当配合国家安全部门开展好安置工作，不得推诿塞责。安置工作仅仅依靠国家安全机关一个部门是完成不了的。安置涉及相关人员的多个方面，包括家庭、就业、医疗等，这就需要公安机关、民政部门、财政部门、卫生健康部门、教育部门、人力资源和社会保障部门、退役军人事务管理部门、医疗保障部门、移民管理部门等机构和国有企业事业单位相互配合，共同完成安置工作。

第二，本款规定的“安置”是指公安、民政、财政、卫生健康、教育、人力资源和社会保障、退役军人事务、医疗保障、移民管理等有关部门以及国有企业事业单位，协助国家安全机关做好安置工作，接收安置人员。这里的安置有别于反恐怖主义法第三十条和反有组织犯罪法第十八条规定中的“安置教育”“安置帮教”，反恐怖主义法中的安置教育是对被判处徒刑以上刑罚，刑满释放后仍然具有社会危险性的恐怖活动罪犯和极端主义罪犯去极端化教育，主要有评估、决定、执行、解除四个程序。反有组织犯罪法中的“安置帮教”是指在各级人民政府领导下，依照有关部门和社会力量对刑满释放、解除社区矫正的有组织犯罪的罪犯进行的一种非强制性的引导、扶助、教育和管理活动，主要是为了帮助他们化解消极心态。而本法规定的安置工作，主要是为了帮助在反间谍工作中做出贡献的人员，给相关人员提供便利。与本款中“安置”相类似的规定还有国家安全法第七十四条第二款，该条规定根据维护国家安全工作的需要，国家依法保护有关机关专门从事国家安全工作人员的身份和合法权益，加大人身保护和安置保障力度。国家情报法第二十四条规定，对为国家情报工作作出贡献并需要安置的人员，国家给予妥善安置。公安、民政、财政、卫生、教育、人力资源社会保障、退役军人事务、医疗保障等有关部门以及国有企业事业单位应当协助国家情报工作机构做好安置工作。预备役人员法第四十条规定，国家解除国防动员后，由预备役人员转服现役的军人需要退出现役的，按照军人退出现役的有关规定由各级人民政府妥善安置。被征召的预备役人员未转服现役的，部队应当安排其返回，并通知其预备役登记地县、自治县、不设区的市、市辖区人民政府兵役机关和所在单位。兵役法第四十六条规定，战争结束后，需要复员的军人，根据国务院和中央军事委员会的复员命令，分期分批地退出现役，由各级人民政府妥善安置。这些条文中的安置，主要是对于在具体工作中做出了贡献的相关人员，由国家机关、社会团体和企事业单位提供帮助，妥善解决相关人员的生活。

对于对反间谍工作做出贡献并需要安置的人员是退役士兵的，按照退役士兵安置条例保障其合法权益。根据退役士兵安置条例第四条的规定，全社会应当尊重、优待退役士兵，支持退役士兵安置工作。国家机关、社会团体、企业事业单位，都有接收安置退役士兵的义务，在招收录用工作人员或者聘用职工时，同等条件下应当优先招收录用退役士兵。退役士兵报考公务员、应聘事业单位职位的，在军队服现役经历视为基层工作经历。接收安置退役士兵的单位，按照国家规定享受优惠政策。明确了全社会应当支持退役士兵安置工作。第十八条至第二十八条规定了支持退役士兵自主就业的相关条款，第二十九条至第四十条规定了安排退役士兵工作的相关条款，第四十一条至第四十三条规定了退役士兵退休与供养的相关条款，第四十四条至第四十八条规定了退役士兵保险关系接续的相关规定。

对于反间谍工作做出贡献并需要安置的人员系非退役士兵的，在就业安置方面，参照《就业服务与就业管理规定》第四十二条的规定，该条规定公共就业服务机构应当建立就业困难人员帮扶制度，通过落实各项就业扶持政策、提供就业岗位信息、组织技能培训等有针对性的就业服务和公益性岗位援助，对就业困难人员实施优先扶持和重点帮助。在公益性岗位上安置的就业困难人员，按照国家规定给予岗位补贴。在养老方面，参照《养老机构管理办法》第三十五条第二款的规定，老年人需要安置的，养老机构应当根据服务协议约定与老年人或者其代理人协商确定安置事宜。民政部门应当为养老机构妥善安置老年人提供帮助。

### ◆ 实践中需要注意的问题

在本条的理解适用中，需要注意以下问题：相关部门要相互配合，妥善做好安置工作。本条规定只对安置工作进行了原则性规定，具体进行安置工作时应按照各部门的规章制度执行。同时，公安机关、民政部门、财政部门、卫生健康部门、教育部门、人力资源和社会保障部门、退役军人事务管理部门、医疗保障部门、移民管理部门等机构和国有企业事业单位要积极配合国家安全机关对需要安置的人员在生活、就业、医疗等方面提供必要的保障，妥善处置相关情况。

### ◆ 相关规定

《中华人民共和国国家安全法》第七十四条；《中华人民共和国国家情报法》第二十四条；《退役士兵安置条例》第四条

---

**第四十八条** 对因开展反间谍工作或者支持、协助反间谍工作导致伤残或者牺牲、死亡的人员，根据国家有关规定给予相应的抚恤优待。

---

### ◆ 条文主旨

本条是关于对因开展反间谍工作或者支持、协助反间谍工作导致伤残或者牺牲、死亡的人员给予相应的抚恤优待的规定。

### ◆ 立法背景

本条是2023年修订反间谍法时增加的规定。

为表彰、抚恤因履行反间谍工作职责或者协助、配合有关部门开展反间谍工作为国家、社会作出牺牲的相关人员，体现国家对这些人员的关心和爱护，解除他们的后顾之忧，弘扬为维护国家安全、人民生命财产安全无私奉献的精神，本条明确规定对这些人员应给予抚恤优待。

### ◆ 条文释义

本条包含以下几个方面的内容：

第一，本条规定的“根据国家有关规定”。我国相关法律法规中对于各类人员因公导致伤残、死亡的，详细规定了相应的待遇，本条对因履行反间谍工作职责或者协助、配合有关部门开展反间谍工作导致伤残或者死亡的人员享受的待遇作了衔接性规定，即按照国家有关规定给予相应的抚恤优待。我国人民警察法第三十四条第二款规定，公民和组织因协助人民警察执行职务，造成人身伤亡或者财产损失的，应当按照国家有关规定给予抚恤或者补偿。人民武装警察法第三十八条规定，人民武装警察因执行任务牺牲、伤残的，按照国家有关军人抚恤优待的规定给予抚恤优待。国家情报法第二十五条第一款规定，对因开展国家情报工作或者支持、协助和配合国家情报工作导致伤残或者牺牲、死亡的人员，按照国家有关规定给予相应的抚恤优待。国家安全法第八十一条规定，公民和组织因支持、协助国家安全工作导致财产损失的，按照国家有关规定给予补偿；造成人身伤害或者死亡的，按照国家有关规定给予抚恤优待。

第二，本条规定的“抚恤优待”。抚恤是指国家、有关组织和社会对为相关反间谍工作作出特殊贡献的人员（主要包括因公伤残人员、因公牺牲及病故人员的家属等）进行抚慰和褒奖，并给予一定标准的经济补偿或补助；优待是指国家、有关组织和社会从政治和物质上对为相关反间谍工作作出特殊贡献的人员或职业群体给予特殊待遇。抚恤优待是国家、有关组织和社会对反间谍工作中的国家安全工作人员和协助、配合有关部门开展反间谍工作的相关人员给予的一种待遇和保障，是解决国家安全工作人员和协助、配合有关部门开展反间谍工作相关人员的后顾之忧，保障反间谍工作顺利开展，有效打击间谍行为的必要举措。

第三，本条规定的“给予相应的抚恤优待”的人员，包括两类人员。一是履行反间谍工作职责的人员，指在反间谍工作中承担一定职责的单位和部门的人员；

二是协助、配合有关部门开展反间谍工作的相关人员，指本身并没有反间谍工作职责，而积极为反间谍工作提供帮助的人员。不论是履行反间谍工作职责的人员，还是协助、配合反间谍工作的人员，都可能因开展反间谍工作而导致伤残或者死亡，国家对这些人员应当给予相应的待遇和保障。

◆ **实践中需要注意的问题**

在本条的理解适用中，需要注意以下几个方面的问题：

第一，因履行反间谍工作职责或者协助、配合有关部门开展反间谍工作导致死亡并依法被评定为烈士的人员，应当依照烈士褒扬条例的规定对其本人予以褒扬，对其遗属给予抚恤优待。根据烈士褒扬条例，公民在依法查处违法犯罪行为、执行国家安全工作任务、执行反恐怖任务和处置突发事件中牺牲的，评定为烈士。因履行反间谍工作职责或者协助、配合有关部门开展反间谍工作导致死亡的人员，属于依法查处违法犯罪行为的情形。

第二，国家机关工作人员因战因公致伤残的，按照《伤残抚恤管理办法》的有关规定予以评残和抚恤。其评残条件、伤残性质的认定、伤残等级评定的标准、伤残抚恤金的标准等参照军人抚恤优待条例、《军人残疾等级评定标准》等有关规定办理。国家机关工作人员死亡的，其一次性抚恤金标准、发放办法按照《民政部、财政部关于调整一次性抚恤金发放办法的通知》（民发〔2001〕317 号）、《民政部、人事部、财政部关于国家机关工作人员及离退休人员死亡一次性抚恤金发放办法的通知》（民发〔2007〕64 号）和《民政部、人力资源和社会保障部、财政部关于国家机关工作人员及离退休人员死亡一次性抚恤金发放有关问题的通知》（民发〔2011〕192 号）等有关规定执行。

第三，我国现行公安民警抚恤优待按照人民警察法第四十一条、公安机关组织管理条例第三十七条、《人民警察抚恤优待办法》、《人民警察优抚对象及其子女教育优待暂行办法》、《全国公安民警英烈抚恤补助基金暂行管理规定》、《关于发给公安机关做出特殊贡献的牺牲病故人民警察家属特别抚恤金的通知》等规定执行。

我国公安民警死亡抚恤方面，《人民警察抚恤优待办法》对死亡后被评定为烈士、被确认为因公牺牲或病故的公安民警的各项抚恤待遇作出了全面的规定。具体包括：评定为烈士、确认为因公牺牲或病故的条件；证书的发放和管理；烈士褒扬金和一次性抚恤金的标准、增发一次性抚恤金的比例和条件、定期抚恤金、生活困难补助费、一次性特别抚恤金等。我国公安民警伤残抚恤方面，根据《人民警察抚恤优待办法》第二十四条的规定，人民警察伤残，按致残性质分为因战致残和因公致残两种。《人民警察抚恤优待办法》第三章伤残抚恤和优待部分对我国公安民警的伤残抚恤作出了全面的规定。具体包括：因战致残和因公致残的认定条件，伤残等级的标准和评定程序，申请时限，伤残抚恤金的标准和发放主体，证书的发放和管理，符合条件的伤残公安民警的护理费、伙食补助费、交通食宿费等。

我国公安民警优待方面，《人民警察抚恤优待办法》第三十五条、第三十六条分别对我国公安民警的交通优待和教育优待作出了规定，其中第三十六条规定的教育优待按照《人民警察优抚对象及其子女教育优待暂行办法》的规定执行。因此，在优待内容上，符合条件的公安民警享受一定的交通优待和教育优待。在优待对象方面，根据规定，我国公安民警享受交通优待的对象是伤残公安民警；教育优待的对象是伤残公安民警、烈士子女、因公牺牲公安民警子女和一级至四级伤残公安民警子女。

第四，我国军人抚恤优待按照宪法第四十五条第二款、国防法第六十二条第一款和第六十三条、兵役法第五十三条至第五十六条、军人抚恤优待条例、《优抚对象住房优待办法》、《优抚对象及其子女教育优待暂行办法》、《优抚对象医疗保障办法》、《优抚对象医疗补助资金使用管理办法》、《优抚医院管理办法》、《优抚对象抚恤补助资金使用管理办法》等规定执行。根据军人抚恤优待条例第四章的规定，我国军人抚恤优待制度覆盖的优待对象具体包括：现役军人、残疾军人、复员军人、带病回乡退伍军人；烈士家属、因公牺牲军人遗属、病故军人遗属、随军家属；特殊地区现役军官、文职干部、士官及现役军人的子女；孤老和生活不能自理的优待对象；义务兵和初级士官等。关于我国军人的医疗优待，军人抚恤优待条例第三十四条、《优抚对象医疗保障办法》、《优抚对象医疗补助资金使用管理办法》、《优抚医院管理办法》等作出了全面的规定。

关于我国军人的交通优待，军人抚恤优待条例第三十六条作出了较为明确的规定。现役军人凭有效证件优先购票乘坐境内运行的公共交通工具，乘坐市内公共交通工具享受有关城市人民政府的优待政策；残疾军人凭《中华人民共和国残疾军人证》优先购票乘坐境内运行的公共交通工具，免费乘坐市内公共交通工具。

关于我国军人的住房优待，规定在军人抚恤优待条例第四十条和《优抚对象住房优待办法》中。残疾军人、复员军人、带病回乡退伍军人、因公牺牲和病故军人遗属、居住农村且住房确有困难的优抚对象分别享受不同程度的住房优待。另外，军人抚恤优待条例第三十七条规定，由县级以上地方人民政府具体规定现役军人和残疾军人参观游览公园、博物馆、名胜古迹的优待政策。军人抚恤优待条例第三十八条规定，因公牺牲军人、病故军人的子女和兄弟姐妹在自愿且符合条件的情况下优先批准服现役。军人抚恤优待条例第四十五条规定，我国兴办的优抚医院、光荣院治疗或集中供养孤老和生活不能自理的优抚对象，各类社会福利机构优先接收优抚对象。

第五，根据工伤保险条例的规定，在抢险救灾等维护国家利益、公共利益活动中受到伤害的，视同工伤，按照工伤保险条例的有关规定享受工伤保险待遇。因此，依法参加工伤保险的人员因协助、配合有关部门开展反间谍工作导致伤残或者死亡，属于视同工伤情形的，依法享受工伤保险待遇。

第六，有关部门也对给予因公伤亡人员优待作出了一些规定。比如，民政部、教育部、公安部、财政部、人力资源社会保障部、住房城乡建设部、卫生部联合制定了《关于加强见义勇为人员权益保护的意见》，对于符合条件的协助、配合有关部门开展反间谍工作导致伤残或者死亡的人员，可以按照上述意见的规定享受相应的待遇。

实践中需要注意的是，做好因从事反间谍相关工作导致伤残或者死亡的人员的伤亡抚恤，是激励反间谍工作的一项重要内容。掌握有关伤亡抚恤工作的政策、规定及审批程序，积极配合当地民政部门，共同做好相关人员的伤亡抚恤工作至关重要。

◆ **相关规定**

《中华人民共和国人民警察法》第三十四条；《中华人民共和国人民武装警察法》第三十八条；《中华人民共和国国家情报法》第二十五条；《中华人民共和国国家安全法》第八十一条；《中华人民共和国军人保险法》第七条、第八条；《军人抚恤优待条例》第二条、第十三条、第十六条、第十八条、第二十三条、第二十七条、第三十四条、第三十八条至第四十条；《烈士褒扬条例》第十一条至第二十二条；《工伤保险条例》第十五条；《关于加强见义勇为人员权益保护的意见》

---

**第四十九条**　国家鼓励反间谍领域科技创新，发挥科技在反间谍工作中的作用。

---

◆ **条文主旨**

本条是关于国家鼓励反间谍领域科技创新，发挥科技在反间谍工作中的作用的规定。

◆ **立法背景**

本条是2023年修订反间谍法时增加的规定。

当今世界科技发展日新月异，充分利用现代科技进步的成果，不断提升反间谍工作能力，是加强反间谍工作的必由之路。一方面，科技进步为提升反间谍能力提供坚实的技术、装备等方面的支持。另一方面，在现代技术条件下，间谍组织及其成员也在利用现代技术成果提高其组织实施间谍行为、逃避打击的能力。这也使得国家只有不断提高反间谍科学技术，才能有效防范和打击间谍活动。

◆ **条文释义**

反间谍斗争是维护国家安全利益、维护社会政治稳定的重要工作。大量事实表明，随着我国综合国力的不断增强和国际战略格局的深刻变化，境外间谍情报机关从各自国家战略利益出发，不断加大对我国间谍情报活动的力度。国家安全机关侦破的大量间谍案件充分说明，境外间谍情报机关运用不断更新的科学创新技术，刺探、窃取、收买国家秘密，开展各种渗透破坏活动，对我国国家安全利益造成了严重危害。本条主要强调国家鼓励反间谍领域科技创新，发挥科技在反间谍工作中的作用，更好地维护国家安全。

本条所规定的“反间谍领域科技创新”，是指研发先进的反间谍技术和防范机制，以更好地预防和打击间谍行为。反间谍斗争本质上是反渗透、反颠覆斗争，事关党和国家长治久安，事关人民幸福安康。一段时间以来，各种危害国家安全的新主体新行为新挑战不断冒头、日益多元，反间谍斗争形势更为严峻复杂，保障国家安全、打击间谍行为、发挥科技的战略支撑作用显得非常重要。在当前形势下，间谍行为已经不局限于情报刺探、渗透破坏等活动，科学技术的创新赋予了间谍行为更多的选择空间。间谍窃密的范围，从原来主要的军事与政治情报等领域，逐步扩展到现在的经济、科技、医疗卫生、生物基因、能源等各个方面。传统的间谍手段也逐渐转移到网络上来，呈现出隐蔽性强、破坏性大、技术性强的特点，应对手段日益更新的间谍活动，需要采取新的策略、新的手段、新的方法，不断提升反间谍领域的科技创新，以应对新的国家安全形势。

一方面，科技使得间谍活动更具有隐蔽性。一是主体隐蔽，间谍行为的发起组织者通过借助先进的科技手段可隐蔽身份、伪装身份，使得一时间难以甄别身份，可能造成外交被动。二是技术隐蔽，例如网络间谍会尽量使用未公布的漏洞、自研制工具。棱镜门事件披露，美国情报人员使用专门开发的工具，在发起网络攻击时，会进行攻击源隐藏，采用多层跳板、跳转多国实施攻击，攻击完成后也会抹除痕迹。三是过程隐蔽，除了常规性的间谍行为外，情报机构常买通边界对象国人员进行窃取或者攻击，或在与本国互联网企业等开展跨国商务活动时，在对象国网络或者系统内植入木马、后门，在当地窃取重要数据后将其传送。

另一方面，科技使得间谍活动方式更具多样性。一是盗取和篡改敏感信息或情报。如网络间谍人员最主要的目的就是获取重要情报、重要敏感信息或数据，一般需要使用涉密网络、专用网络、互联网进行传输。网络间谍活动主体会穷尽各种方法和途径进行攻击和渗透以便获得具有重要价值的信息情报。二是监听、搜集信息并加以分析利用。如使用大数据、人工智能方式分析可公开的文献、资料、互联网流量等信息，是来源可靠、成本低廉的搜集情报方式。间谍也通过非公开渠道来源获得信息，例如通过购买地下黑产、社工等数据，或者通过对本国的跨国互联网公司、网络设备商、汽车商等进行非法采集、监听的方式获得信息。三是攻击和破坏重要系统、网络、关键信息基础设施。政府、军工、航天等敏感行业成为被网络攻击的重点对象，电网、核设施、水务等工业控制系统等基础设施被网络间谍攻击的事件也屡见不鲜。由于关键信息基础设施存在硬件老化、系统版本过低、用户认证不严、操作人员安全意识不足、系统易被攻击等多种防御弱点，甚至很多工业控制设备都是国外厂商生产，本身带有后门或有隐藏权限，一旦被成功控制，将严重影响社会秩序和民生安全。考虑其对国家安全、民生安全的重要性，关键信息基础设施等层面的安全漏洞已经成为网络间谍重点研究的对象。四是煽动舆论以制造对立并激化社会矛盾。西方国家媒体和间谍组织通过宣传所谓的自由、民主、人权等价值观，操纵舆论或进行道德绑架，或引发民众对立，或扰乱政治局势。例如，西方媒体和网络间谍针对我国各种社会热点事件进行歪曲、夸大，散布谣言和虚假信息，挑起争端对立，制造社会矛盾，破坏党和政府的公信力和声誉，从而达到影响社会稳定、破坏民族团结、延滞社会发展的目的。

本条所规定的“发挥科技在反间谍工作中的作用”，是指运用先进的科学技术和设备提高反间谍工作能力，从而更好地打击间谍行为，保障国家安全。主要体现在以下几个方面：

第一，加强和提升反间谍安全防范能力和水平，有效预防间谍活动发生。针对间谍组织及其代理人实施或者指使、资助他人实施的，或者境内外机构、组织、个人与其相勾结实施的针对国家机关、涉密单位或者关键信息基础设施等的网络攻击、侵入、干扰、控制、破坏等活动，利用先进的技防技术，对重要岗位和关键人员配备信息预警系统，安装配备先进的安检设备，及时发现潜在的风险隐患。

第二，加强和提升反间谍情报收集和分析研判能力。反间谍工作，情报先行。现代的侦察、监视、识别等技术的发展，有效提升了对间谍活动组织及其代理人相关活动信息的发现、收集以及对间谍活动嫌疑人员进行管控的能力。信息技术的发展和大数据技术的应用，大幅提升了相关部门处理海量数据的能力和分析研判的精确度。利用各种技术侦察手段可锁定嫌疑人的位置，对其进行全程监控并在适当的时机采取行动。因此，充分利用先进技术手段，提高反间谍情报收集、分析能力，是做好反间谍安全防范、预警、应对处置等工作，实现先发制敌、保持主动的关键。

第三，加强和提升反间谍应对处置的能力。在反间谍应对处置工作中运用先进技术手段和设备设施，能够有效提升反间谍处置力量高效指挥、快速反应、协调行动、应急处置等方面的能力，尽最大可能减少间谍活动造成的人员伤亡和财产损失。为此，本条规定国家鼓励、支持反间谍领域科学研究和技术创新，开发和推广使用先进的反间谍领域技术、设备。国家鼓励、支持反间谍领域科学研究和技术创新，是指国家通过表彰奖励等方向引导，财政、金融等优惠政策，鼓励和支持有关方面开展与反间谍工作相关的科学研究和技术创新活动，不断开发新的更为先进的反间谍领域技术、设备，运用到反间谍工作中。

◆ **实践中需要注意的问题**

在本条的理解适用中，需要注意以下几个方面的问题：

为切实有效针对新形势下科学技术带来的间谍活动，国家大力鼓励、支持在反间谍领域进行科技创新，以应对新形势下反间谍工作的需要。

第一，注重加强重点行业领域安全威慑，提升科技防护和反制建设能力。间谍活动的主要目的是攻击和破坏政府、军工以及各重要命脉行业的网络和系统，窃取重要数据和情报信息。因此，反间谍工作最重要的是要针对攻击进行科技防护。数据安全法第十八条规定，国家促进数据安全检测评估、认证等服务的发展，支持数据安全检测评估、认证等专业机构依法开展服务活动。国家支持有关部门、行业组织、企业、教育和科研机构、有关专业机构等在数据安全风险评估、防范、处置等方面开展协作。按照关键信息基础设施安全保护条例第六条的规定，运营者应依照本条例和有关法律、行政法规的规定以及国家标准的强制性要求，在网络安全等级保护的基础上，采取技术保护措施和其他必要措施，应对网络安全事件，防范网络攻击和违法犯罪活动，保障关键信息基础设施安全稳定运行，维护数据的完整性、保密性和可用性。第二十五条规定，保护工作部门应当按照国家网络安全事件应急预案的要求，建立健全本行业、本领域的网络安全事件应急预案，定期组织应急演练；指导运营者做好网络安全事件应对处置，并根据需要组织提供技术支持与协助。《网络产品安全漏洞管理规定》第七条规定："网络产品提供者应当履行下列网络产品安全漏洞管理义务，确保其产品安全漏洞得到及时修补和合理发布，并指导支持产品用户采取防范措施：（一）发现或者获知所提供网络产品存在安全漏洞后，应当立即采取措施并组织对安全漏洞进行验证，评估安全漏洞的危害程度和影响范围；对属于其上游产品或者组件存在的安全漏洞，应当立即通知相关产品提供者。（二）应当在2日内向工业和信息化部网络安全威胁和漏洞信息共享平台报送相关漏洞信息。报送内容应当包括存在网络产品安全漏洞的产品名称、型号、版本以及漏洞的技术特点、危害和影响范围等。（三）应当及时组织对网络产品安全漏洞进行修补，对于需要产品用户（含下游厂商）采取软件、固件升级等措施的，应当及时将网络产品安全漏洞风险及修补方式告知可能受影响的产品用户，并提供必要的技术支持。工业和信息化部网络安全威胁和漏洞信息共享平台同步向国家网络与信息安全信息通报中心、国家计算机网络应急技术处理协调中心通报相关漏洞信息。鼓励网络产品提供者建立所提供网络产品安全漏洞奖励机制，对发现并通报所提供网络产品安全漏洞的组织或者个人给予奖励。”应加强信息系统、重要网络、基础设施、互联网络空间的安全建设、整改、等级保护，执行日常安全测评与监督检查，进行动态化的红蓝对抗和攻防演练，建立行业内部情报共享和预警机制，国家相关监管单位也应加强网络安全领域的联防联控，包括在截获网络攻击之后进行阻断、警示、威胁、反制等。

第二，注重加强科技对关键信息基础设施的重点保护。根据《反间谍安全防范工作规定》第十条第一款第（三）项的规定，关键信息基础设施运营者应采取反间谍技术安全防范措施，防范、制止境外网络攻击、网络入侵、网络窃密等间谍行为，保障网络和信息核心技术、关键基础设施和重要领域信息系统及数据的安全。该规定要求以关键信息基础设施为重心，加强对涉及民生安全与基础工业安全的系统和网络的重点防护，为工业控制系统提供专门保护，解决物联网系统和嵌入式设备的网络安全威胁，最大限度降低基础设施层面面临的风险。关键信息基础设施的防护方向也从防止军事破坏延伸到防止网络间谍的网络攻击、破坏领域，应加强科技对关键信息基础设施的安全基线配置、强访问认证和控制、自主可控改造。

第三，注重强化科技对信息数据管理安全。在非战争状态下，间谍活动的主要内容是窃取情报信息。为防止敏感数据被窃取，内部数据要进行分类分级和标识，必要时使用强制查阅、访问控制。如网络边界要严格加强科技安全防护，数据传输、存储要加密，数据出域、出网、出境要审批，数据流转要有审计和监控。数据的防护链条应当覆盖全生命周期，在内容覆盖上也应与时俱进，将更多敏感信息纳入保护范围，如数据智能算法、生物基因信息、地理测绘等。

第四，注重加强对国外厂商的安全审查，提升科技自主研发水平，推进国产化与自主可控。大量国外的网络设备、系统软件、工业控制系统、手机设备、车联网系统、应用软件等都被发现存在后门或非法搜集上传数据等情况，国际根域名服务器等大量 IT 基础设施资源都掌握在欧美国家手中，西方国家也拥有系统底层源代码。如果西方国家利用其垄断地位优势开展间谍活动或者进行肆意破坏，简直易如反掌。在涉及国家安全、民生基础设施的关键领域，必须加强芯片、电子元器件、操作系统、数据库、工业软件、基础应用、终端控制设备等的国外服务商的安全审查、认证与准入，加强自主研发，攻克科研难关，防止卡脖子和技术封锁造成被动局面，同步推进国产化和自主可控，这样才能在国家安全和情报对抗中进退自如。

第五，注重充分运用科技开展新型网络间谍活动预研应对和反制。随着云计算、大数据、物联网、移动互联网、人工智能等新技术的发展，间谍活动一直在动态发展和变化。部分国家已经使用大数据、人工智能等技术进行军事、机要人员性格画像和特征分析。人工智能机器人将来也能用于进行自动化的诱导欺骗、社工攻击，撒网式获取敏感信息，甚至可以通过真假难辨的语音模拟，越过声纹为主的生物特征方式认证，冒充上级领导、同事等索要敏感资料。如何应对此种技术条件下的网络间谍活动，研发先进技术手段对其进行防范、破解、反制，也是将来需要面对的重大难题。

第六，注重运用科技升级网络舆情监控，提升治理能力。由于历史原因，西方媒体长期占据舆论宣传高地，掌控话语权，长期利用关于民主、自由、人权的宣教，利用热点事件放大矛盾，制造分化和对立，打击人民群众对中国特色社会主义道路、理论、制度、文化的自信。公开报道的事件证明，不少受西方政府资助的幕后基金参与其中。对此，要加强科技手段对网络空间的舆情治理与引导，加强对舆情大数据的监控分析，出现热点事件时及时降温和正向引导，组织形式多样、活泼生动的正能量、正面典型的宣传报道，弘扬英雄主义、爱国主义，监控与查处恶意控评团队、非法网络水军，切断海外非法资金资助链条。在针对网络间谍活动通过公开网络渠道搜集情报信息方面，应加强对公共网络空间的敏感信息控制、审查与应急响应能力，对公众大数据出境、非法利用、共享转让要进行严格管控和审批，对在网络论坛、聊天室、即时通信组群、短视频网站等进行涉及军事、航天、经济、科技等敏感话题讨论和疑似泄密行为，应能通过敏感信息监控与情报分析等系统、平台，快速核查可疑行为，及时响应处置。

◆ **相关规定**

《中华人民共和国国家安全法》第七十一条、第七十三条；《中华人民共和国国家情报法》第二十一条；《中华人民共和国反恐怖主义法》第四条；《关键信息基础设施安全保护条例》第六条、第二十五条；《网络产品安全漏洞管理规定》第七条；《反间谍安全防范工作规定》第十条

---

**第五十条**　国家安全机关应当加强反间谍专业力量人才队伍建设和专业训练，提升反间谍工作能力。

对国家安全机关工作人员应当有计划地进行政治、理论和业务培训。培训应当坚持理论联系实际、按需施教、讲求实效，提高专业能力。

---

◆ **条文主旨**

本条是关于加强反间谍专业力量人才队伍建设以及培训的规定。

◆ **立法背景**

本条是2023年修订反间谍法时增加的规定。建立健全反间谍专业力量，加强

人才队伍建设和专业训练，有计划地进行政治、理论和业务培训，严厉惩治间谍组织，有效打击间谍行为，最重要的是要建立一支强大、高效的反间谍队伍。本法总则第二条至第十一条对反间谍的工作原则、工作要求等作出了规定，对反间谍的能力建设问题和坚持专门工作与群众路线相结合问题作了规定。本条是对总则上述规定的落实，对国家安全机关、军队等有关部门应当依照职责，建立健全反间谍专业力量，加强人才队伍建设和专业训练，有计划地进行政治、理论和业务培训，以保障法律赋予的各项职责有效履行，反间谍工作取得实效。

◈ **条文释义**

本条共分两款。第一款是关于加强反间谍专业力量人才队伍建设的规定。

本条款规定的“反间谍专业力量”是防范、打击和惩治反有组织犯罪的主要力量，是有关部门和单位反间谍职责的具体实施者，在反间谍工作中发现线索、收集证据、侦查逮捕等方面发挥着重要作用。人才是保障反间谍工作高质量发展、打造世界一流反间谍队伍、赢得国际竞争的第一资源。国家安全机关应当高度重视人才队伍建设，坚持人才引领发展战略，积极创新完善人才发展机制，有力激发队伍活力，提升队伍战斗力。在开启全面建设社会主义现代化国家、向第二个百年奋斗目标进军的新征程中，反间谍工作日益成为维护国家安全的重要工作，迫切需要建设符合时代要求、适应事业创新发展需求的高素质专业化人才队伍。为深入贯彻中央人才工作会议精神，加快推进新时代反间谍专业人才队伍建设，根据《中共中央关于深化人才发展体制机制改革的意见》《国家“十四五”期间人才发展规划》等文件精神，结合反间谍工作和队伍建设实际，制定本条。

反间谍人才队伍建设的重要性和紧迫性不言而喻。一是，外部形势变化需要建立一支反间谍专业人才队伍。反间谍工作是维护国家安全的一项重要工作，新形势下，反间谍工作任务艰巨繁重，面临着深层次、宽领域、全方位的新要求，为应对新形势下的反间谍工作，更应当重视人才专业化建设，培养一批政治坚定、理论扎实、业务熟练的反间谍专业人才。近几年，随着我国综合国力不断增强，外部势力针对我国经济、科技、医疗卫生、生物医药、能源等各个领域，刺探、窃取、收买国家秘密，开展各种渗透破坏活动，对我国家安全利益造成了严重危害，各个领域面临着被窃密、高科技人才被收买、策反等诸多风险隐患，反间谍工作的形势更加严峻复杂。唯有主动适应新时代新要求，从整体上提高反间谍干部队伍的思想素质和业务水平，积极应对反间谍工作的复杂形势和信息化带来的多重挑战，才能实现国家反间谍工作高质量的发展。二是，国内实力发展需要建立一支反间谍专业人才队伍。近年来，国家在科技、航天、生物医药等领域不断实现技术创新和突破，科学技术、生物技术、航天技术等国家秘密和敏感信息，正面临着前所未有的挑战。

一些重点单位、核心岗位、关键人员均成为外部间谍组织的重点关注对象，反间谍工作压力骤增。随着信息化的快速发展，反间谍工作的对象、内容、任务、范围也发生着深刻变化，经历着从人防为主发展到人防、物防、技防并举。面对间谍行为技术不断发展的浪潮，国家安全机关亟须一支讲政治、懂技术、善钻研、敢创新的反间谍专业人才队伍来匹配反间谍工作的新要求。

第二款是关于开展国家安全工作人员政治、理论和业务培训的规定。

本条款规定的“政治、理论和业务培训”是指国家安全机关工作人员要紧紧围绕全面贯彻落实总体国家安全观，进行多方面的培训，努力开创新时代国家安全工作新局面，强化基本政治素质、扎实理论研究、精通业务能力，培养造就一支覆盖全面、数量充足、素质过硬、结构合理、充满活力的新时代反间谍人才队伍。一是提高政治理论素质。反间谍工作具有很强的政治性，这就要求国家安全机关工作人员要将政治标准作为第一标准，国家安全机关工作人员的培训首先是政治培训，通过扎实国家安全机关工作人员的政治水平来提升政治意识，坚定政治立场，以达到提高新时代国家安全机关干部的政治觉悟。思想统一、政治团结、行动一致是国家安全机关工作人员的内在要求，也是维护国家安全的根本保证。新时代的国家安全机关人员教育培训过程中，培训必须时刻同党中央保持高度一致，坚决拥护“两个确立”，做到“两个维护”，这是方向性问题，不得出现偏差。二是扎实理论学习。正确的理论能为实践提供正确指导，国家安全机关工作人员要在理论学习上下真功夫、细功夫、要全面把握理论的实质和精髓，不断提高理论素养。要扎实理论学习，以思想为先导，没有扎实的理论功底，就难以对现实中复杂的形势形成客观的分析、全面的把握，就会出现方向性错误。要对反间谍工作的相关法律法规深钻细研，以理论指导实践的开展，以理论增进工作的思维，在理论学习和实践总结的交替进行中做到融会贯通，让理论学习转化成工作成效实绩。三是提升业务水平。根据《反间谍安全防范工作规定》第二十四条的规定，国家安全机关可以采取下列方式开展反间谍技术防范检查检测：（一）进入有关单位、场所，进行现场技术检查；（二）使用专用设备，对有关部位、场所、链路、网络进行技术检测；（三）对有关设备设施、网络、系统进行远程技术检测。国家安全机关工作人员的一项工作职责是开展反间谍技术防范检查检测，指导相关部门做好反间谍工作，这就要求国家安全机关工作人员一定要熟悉设备设施、网络、系统，熟练掌握现场检查技术，熟练使用专用设备，这样才能全面地、有针对性地进行反间谍技术防范检查、指导工作。

◆ **实践中需要注意的问题**

在该条的理解适用中，需要注意以下几个方面的问题：

第一，在队伍建设方面。一是要重视优选专业人才。随着间谍行为的不断复杂化，越来越需要专业性的人才来从事反间谍工作，优选、储备、培养反间谍人才，设置专业门槛，从政治素养、理论知识和综合能力等多方面组建全面的专业性人才队伍，以应对复杂多变的反间谍形势。

二是要注意磨砺队伍。面对日益严峻复杂的反间谍工作形势，要注重加强国家安全机关工作人员斗争精神和斗争本领。国家安全机关工作人员要经受严格的思想淬炼、政治历练、实践锻炼，在复杂严峻的斗争中经风雨、见世面、壮筋骨，真正锻造成为烈火真金。要学懂弄通做实反间谍工作的创新理论，夯实敢于斗争、善于斗争的思想根基，理论上清醒，政治上才能坚定，斗争起来才有底气、才有力量。要坚持在重大反间谍工作斗争中磨砺，越是困难大、矛盾多的地方，越是形势严峻、情况复杂的时候，越能练胆魄、磨意志、长才干。国家安全机关工作人员要主动投身到各种斗争中去，在大是大非面前敢于亮剑，在矛盾冲突面前敢于迎难而上，在危机困难面前敢于挺身而出，在歪风邪气面前敢于坚决斗争。加强实践锻炼、专业训练，注重在重大斗争中磨砺干部，增强国家安全机关工作人员推动高质量发展本领、发动群众本领、防范化解间谍风险本领。加强国家安全机关工作人员斗争精神和斗争本领，着力增强防风险、迎挑战、抗打压能力，带头担当作为，做到平常时候看得出来、关键时刻站得出来、危难关头豁得出去。

三是要注重反间谍队伍考核。要深化国家安全机关工作人员考核，完善管思想、管工作、管作风、管纪律的从严管理机制。要建立健全国家安全机关工作人员担当作为的激励和保护机制，切实为勇于负责的国家安全机关工作人员负责、为勇于担当的国家安全机关工作人员担当、为敢抓敢管的国家安全机关工作人员撑腰。完善国家安全机关工作人员考核评价体系，引导国家安全机关工作人员树立和践行正确政绩观，推动国家安全机关工作人员能上能下、能进能出，形成能者上、优者奖、庸者下、劣者汰的良好局面。

第二，在队伍培养方面。加强反间谍专业力量人才队伍建设，深化国家安全工作人员政治、理论、业务培养作为反间谍工作发展的根本出发点和最终落脚点。一是注重政策法规研究人才培养。加强对国家政治安全、反间谍重大政策法规研究、应对风险挑战、服务国家安全发展战略等重点任务、关键课题，发现引进一批政策法规研究人才，特别是围绕推进反间谍工作法治建设，重点引进培养一批精通法学理论、法律起草、调研论证人才，强力推动法律法规完善立法工作。加强对中央和国家机关政策研究、国家安全相关法学理论学习，提高综合研究能力水平。

二是注重加强专业能力素质培养。围绕加强反间谍工作能力建设，增强专业能力培养的系统性、针对性，以人才的专业化推动工作实效。与公安类院校、地方高校、科研院所、知名企业等加强人才培养战略合作，学习深造和教学交流，引导国家安全机关工作人员立足岗位成长成才，不断提升专业技能。

三是注重信息科技人才培养。加大信息科技人才引进培养力度，加大对大数据、人工智能、统计学等专业性人才培养，加强与工信部门、公安机关科信、网安等部门和重点通信技术企业交流合作，提高反间谍工作在通信网络、应用系统、政务信息化等方面的能力。

实践中需要注意的是，建立健全反间谍专业力量的主体是国家安全机关和有关部门。国家安全机关既可以建立健全本系统反间谍专业力量，也可以与有关部门合作，加强专业力量建设，如加强对基层司法行政机关等从事反间谍工作人员的指导。

◆ **相关规定**

《中华人民共和国反有组织犯罪法》第五十九条；《中华人民共和国反恐怖主义法》第四条

---

**第五十一条** 国家安全机关应当严格执行内部监督和安全审查制度，对其工作人员遵守法律和纪律等情况进行监督，并依法采取必要措施，定期或者不定期进行安全审查。

---

◆ **条文主旨**

本条是关于国家安全机关内部监督和安全审查制度的规定。

◆ **立法背景**

本条是2023年修订反间谍法时增加的规定。

**（一）立法背景及修改情况**

“安而不忘危，存而不忘亡，治而不忘乱。”习近平总书记强调，国家安全是国家发展的最重要基石、人民福祉的最根本保障。近些年来，随着经济社会发展和我国国际地位的提高，我国的国家安全面临新的形势和挑战。我国国家安全的内涵和外延比历史上任何时候都要丰富，时空领域比历史上任何时候都要宽广，内外因素比历史上任何时候都要复杂。现在的国家安全，既包括传统安全，也包括非传统安全。当前，境外间谍情报机关和其他各种敌对势力除了在传统国家安全领域进行间谍和破坏活动外，还不断加大在非传统国家安全领域的间谍和破坏活动。在这种总体形势下，我们必须构建新的总体国家安全观，既重视发展问题，又重视安全问题；既重视自身安全，又重视共同安全，要构建集政治安全、国土安全、军事安全、经济安全、文化安全、社会安全、科技安全、信息安全、生态安全、资源安全、核安全等于一体的国家安全体系。本法增加规定内部监督和安全审查制度，对国家安全机关工作人员遵守法律和纪律等情况进行监督和定期或者不定期的安全审查，提高有关人员执法规范化水平，也是完善反间谍工作的重要保障之一。

**（二）有关国家和地区的规定**

反间谍工作具有高对抗、高风险等特点，有关国家和地区均注重对反间谍机构及其工作人员采取安全审查措施。

1. 美国涉密安全审查。美国涉密人员，新入职人员和在职人员的审查程序及审查内容相同。一般接触绝密信息的人员每隔 5 年需要重新接受调查；接触机密和秘密信息的人员再审查的时间间隔则较长，分别间隔 10 年和 15 年。无论是入职申请还是在职重新调查，获得涉密人员资格至少要通过 3 个重要阶段：申请阶段、调查阶段和裁定阶段。2011 年 12 月，作为职能协调部门的美国国家情报总监办公室发布了首份《涉密人员安全审查报告》（2010 年），系统介绍了美国涉密人员的数量、分布及年度增长情况。根据美国联邦人事管理局 2009 年的统计数据，人事管理局的安全调查包括：新入职涉密人员调查、在职绝密级人员涉密期满的重新调查、公益信托调查、适合性调查及其他。2005 年 12 月 29 日，根据总统行政办公室及管理与预算办公室的备忘录，信息安全监督局发布了修订后的《接触定密信息资格裁决指南》并适用至今。具体规定如下：安全审查的裁决是基于一个人在足够长时间内的信息，对其安全风险作出肯定性的裁决。裁决官必须仔细权衡各种因素，综合现在、过去、有利因素和不利因素，对个人行为作出评估。裁决官评估时要充分考虑以下几个方面的因素：（1）行为的性质、程度和严重性；（2）行为发生的情景；（3）行为的频度和最近时间；（4）个人的年龄和行为发生时的成熟性；（5）个人自愿参与该行为的程度；（6）是否存在康复或其他永久性的行为变化；（7）行为的动机；（8）是否存在潜在的压迫、强制、利用或胁迫；（9）是否有继续或再度发生的可能性。

2. 新西兰政府高度重视国家安全，并制定了严格的涉密人员安全审查分类、流程与标准。新西兰政府将国家安全信息分为四类：受限信息、秘密信息、机密信息和绝密信息。其中，访问秘密、机密和绝密信息的人员必须接受国家安全审查。新西兰涉密人员安全审查包括秘密级审查、机密级审查、绝密级审查及绝密级特别审查四种类型。其中，绝密级特别审查仅针对新西兰情报界、首相和内阁部门、海关总署、外交贸易部、国防军队的部分人员，以及基于“需要知道”原则经常接触绝密级信息的部分机构负责人。此外，涉密人员安全审查的定期再审查年限均为 5 年。所有涉密人员的安全审查均需申请者提供双重国籍情况、公民身份、出生国籍、签证、护照、受教育情况等基本个人信息。此外，申请者的海外经历也必须如实提供，如申请者在海外居住超过3个月时，必须出具含出境原因、海外具体住址等在内的详细报告。秘密级审查、机密级审查、绝密级审查及绝密级特别审查分别需要申请者提供5年、10年、10年及15年的个人信息。绝密级特别审查要求申请者提供相关财务信息，包括收入、支出、资产、负债等详细内容。

◆ **条文释义**

为加强对反间谍工作的监督，本条明确了国家安全机关执法规范要求，强调严格审批程序，加强国家安全机关工作人员执法规范化，建立健全内部监督和安全审查制度。本条包含以下几个方面的内容：

第一，关于反间谍工作中实施内部监督和安全审查的主体。本条明确，国家安全机关是反间谍工作中实施内部监督和安全审查的主体，负责对其工作人员遵守法律和纪律等情况进行监督，并依法采取必要措施，定期或者不定期的安全审查。在反间谍工作的安全系统中，人的因素是最活跃、最难把握的因素之一。根据国安委每年“国家安全日”通报的警示案例及典型案件，近年来，相关工作人员因过失或主动泄密的案件呈逐年上升趋势，影响了国家安全机关工作、破坏了国家形象，给国家安全造成无法挽回的损失。为了维护国家安全，在反间谍工作中需要预防泄密行为的发生、减少泄密的风险，进行事前的预警和防范，加强对国家安全机关工作人员遵守法律和纪律等情况的监督。

第二，内部监督和安全审查的内容。近年来，国家安全机关坚决落实全面从严管党治警政治责任，积极构建符合隐蔽秘密工作特点的监督体系，监督检查工作取得了明显成效。《反间谍安全防范工作规定》第三十条规定，国家安全机关及其工作人员在反间谍安全防范指导和检查工作中，滥用职权、玩忽职守、徇私舞弊的，对负有责任的领导人员和直接责任人员依规依纪依法予以处理；构成犯罪的，依法追究刑事责任。在反间谍工作中，对国家安全机关工作人员要进行内部监督和安全审查，如在对党忠诚上做到不泄密；确保工作权力行使不越界、不任性、不怠惰；遵守党内法规等确保廉洁自律；干净干事，践行正心明道等。这里的“监督”“审查”，主要包括督促、检查、调查、考核及评估等方式。针对当前反间谍工作的新情况、新问题，特别是机关、单位内部纪律的现状，要不断加大工作力度，进一步加强对机关、工作人员的安全审查指导和监督。这里的“内部监督和安全审查”，主要是指国家安全机关依据相关规定和程序，对其工作人员的政治素质、任职条件、岗位责任、“八小时以外”活动等进行监督和审查。政治素质方面，应当政治立场坚定，坚决执行党的路线、方针、政策，认真落实各项规章制度；品行方面，应当忠诚可靠，作风正派，责任心强；工作能力方面，应当掌握业务知识、技能和基本法律知识。对于党员领导干部，应对其持有普通护照和因私出国情况，配偶、子女及其配偶从业情况，被留置或者被追究刑事责任情况，国（境）内外房产情况等个人事项予以监督。国家安全机关设立内部监督部门定期进行检查和通报，并通过内部技术手段、制度建立和相关程序等，保障对其工作人员的内部监督和安全审查。此外，还可以通过国家安全机关监督举报平台，通过外部线索落实安全审查制度。

◆ **相关规定**

《中华人民共和国国家情报法》第二十六条

---

**第五十二条** 任何个人和组织对国家安全机关及其工作人员超越职权、滥用职权和其他违法行为，都有权向上级国家安全机关或者监察机关、人民检察院等有关部门检举、控告。受理检举、控告的国家安全机关或者监察机关、人民检察院等有关部门应当及时查清事实，依法处理，并将处理结果及时告知检举人、控告人。

对支持、协助国家安全机关工作或者依法检举、控告的个人和组织，任何个人和组织不得压制和打击报复。

---

◆ **条文主旨**

本条是关于公民和组织对国家安全机关及其工作人员超越职权、滥用职权和其他违法行为的检举、控告权，国家安全机关对检举、控告如何处理，以及对协助国家安全机关工作或者依法检举、控告的公民和组织，不得压制和打击报复的规定。

◆ **立法背景**

本条是1993年国家安全法的规定，2014年制定反间谍法时作了修改，2023年修订反间谍法时又作了修改。

**（一）立法背景及修改情况**

1. 1993年国家安全法的规定。第二十二条规定："任何公民和组织对国家安全机关及其工作人员超越职权、滥用职权和其他违法行为，都有权向上级国家安全机关或者有关部门检举、控告。上级国家安全机关或者有关部门应当及时查清事实，负责处理。对协助国家安全机关工作或者依法检举、控告的公民和组织，任何人不得压制和打击报复。"

我国宪法第四十一条规定："中华人民共和国公民对于任何国家机关和国家工作人员，有提出批评和建议的权利；对于任何国家机关和国家工作人员的违法失职行为，有向有关国家机关提出申诉、控告或者检举的权利，但是不得捏造或者歪曲事实进行诬告陷害。对于公民的申诉、控告或者检举，有关国家机关必须查清事实，负责处理。任何人不得压制和打击报复。”本条规定与宪法上述规定的精神是一致的，是宪法规定在反间谍工作中的具体体现。

2. 2014 年反间谍法的规定。第二十六条规定：“任何个人和组织对国家安全机关及其工作人员超越职权、滥用职权和其他违法行为，都有权向上级国家安全机关或者有关部门检举、控告。受理检举、控告的国家安全机关或者有关部门应当及时查清事实，负责处理，并将处理结果及时告知检举人、控告人。对协助国家安全机关工作或者依法检举、控告的个人和组织，任何个人和组织不得压制和打击报复。”

本条对 1993 年国家安全法第二十二条作了五处修改：一是将“任何公民和组织”修改为“任何个人和组织”，检举、控告权的主体将不限于具有我国国籍的公民，任何个人对于国家安全机关及其工作人员超越职权、滥用职权和其他违法行为，都有权向上级国家安全机关或者有关部门检举、控告；二是将“上级国家安全机关或者有关部门应当及时查清事实，负责处理”修改为“受理检举、控告的国家安全机关或者有关部门应当及时查清事实，负责处理”，进一步明确处理检举、控告事项的责任主体；三是增加规定应将检举、控告事项的处理结果及时告知检举人、控告人，保障检举人、控告人对事项处理结果的知情权；四是将“对协助国家安全机关工作或者依法检举、控告的公民和组织”中的“公民”修改为“个人”，进一步扩大保护范围，不得压制和打击报复的对象不限于公民，还包括外国人、无国籍人等；五是将“任何人不得压制和打击报复”中的“任何人”修改为“任何个人和组织”，进一步明确组织不得压制、打击报复检举人、举报人的义务，也使本条在用语上前后一致和连贯。

3. 2023 年修订后的反间谍法的规定。本条对 2014 年反间谍法第二十六条作了三处修改：一是将“都有权向上级国家安全机关或者有关部门检举、控告”修改为“都有权向上级国家安全机关或者监察机关、人民检察院等有关部门检举、控告”，增加了受理检举、控告的主体；二是将“受理检举、控告的国家安全机关或者有关部门”修改为“受理检举、控告的国家安全机关或者监察机关、人民检察院等有关部门”；三是将“对协助国家安全机关工作”修改为“对支持、协助国家安全机关工作”，与本法有关条款做好衔接。四是将“负责处理，并将处理结果及时告知检举人、控告人”修改为“依法处理，并将处理结果及时告知检举人、控告人”。修订本条的目的，一是为了在国家安全工作中，加强群众对国家安全机关及其工作人员的监督，保障个人、组织的检举、控告权利不受侵犯；二是保证国家安全机关在反间谍工作中依法办事，不得超越职权、滥用职权，不得违反程序行使职权，不得侵犯组织和个人的合法权益。

### （二）公开征求意见的情况

有的建议将“应当”修改为“必须”，将“对支持、协助国家安全机关工作”修改为“对支持、协助国家安全机关工作查证属实的”。

### ◆ 条文释义

本条共分两款。第一款是关于个人和组织对国家安全机关及其工作人员超越职权、滥用职权和其他违法行为的检举、控告权以及国家安全机关对检举、控告如何处理的规定。

本款规定的“任何个人和组织”包括一切中国、外国的公民，无国籍人和组织，既包括守法的个人和组织，也包括因违法受到追查的当事人。“超越职权”，是指行使法律、法规没有赋予的职权。“滥用职权”主要是指在行使法律规定的职权时，不正确行使或不按照规定的程序、要求行使，如将反间谍工作中的职权用于他处，包括以权谋私或进行其他违法犯罪活动。“其他违法行为”是指国家安全机关及其工作人员在反间谍工作中的其他违反法律规定，侵害公民、组织利益的行为，如刑讯逼供、采取不正当的强制措施、在执行任务中不出示国家安全机关证件或者其他相应证件等。“上级国家安全机关”主要是指有超越职权、滥用职权和其他违法行为的国家安全机关及其工作人员的上一级国家安全机关，如有必要，当事人也可以向更高一级的国家安全机关检举、控告。本条扩大了受理检举控告的有关部门的类型，主要包括监察机关和人民检察院等，对于国家安全机关及其工作人员的违法行为，个人或组织有权向监察机关和人民检察院提出检举、控告，监察机关和人民检察院对国家安全机关工作人员的违法违纪行为，有权提出处理意见或者进行处理。对于有超越职权、滥用职权和其他违法行为，构成犯罪的，个人或者组织有权向监察机关和人民检察院检举、控告，要求依法追究刑事责任。“检举”是指个人和组织对于自己发现或知悉的国家安全机关及其工作人员的违法行为向上级国家安全机关或者其他有关部门揭发、报告。“控告”是指个人和组织将国家安全机关及其工作人员违反法律，侵犯自己合法权利的行为向上级国家安全机关、有关部门进行告发。本款对国家安全机关或者有关部门对个人、组织的检举、控告的处理程序及结果作出了明确规定。宪法第四十一条第二款规定：“对于公民的申诉、控告或者检举，有关国家机关必须查清事实，负责处理。任何人不得压制和打击报复。”本款是在宪法规定的基础上，针对反间谍工作中检举、控告工作的实际情况，对检举、控告处理程序进一步作出的明确规定。受理检举、控告的国家安全机关或者监察机关和人民检察院等有关部门对个人和组织针对国家安全机关及其工作人员在反间谍工作中的违法行为进行的检举、举报，在及时查清事实的基础上，应当及时将处理结果告知检举人、控告人。具体而言，包括以下三个方面的内容：一是在处理时限上，要及时查清事实，依法处理，不得久拖不办，不得推诿、不受理或者受而不理。对检举、控告的事件要进行必要的调查，查清事实。二是在责任主体上，明确为“受理检举、控告的国家安全机关或者监察机关和人民检察院等有关部门”。1993 年国家安全法规定的责任主体是“上级国家安全机关或者有关部门”，2014 年反间谍法规定的是“受理检举、控告的国家安全机关或者有关部门”。由于上级国家安全机关或者有关部门有多个，可能造成责任主体不明确，推诿扯皮，这次的修改进一步明确了处理责任的主体，将主体明确限定为“受理检举、控告的国家安全机关或者监察机关和人民检察院等有关部门”，由他们负责处理检举、控告事项，并告知结果。三是在结果要求上，有关处理结果应当及时告知检举人、控告人。主要考虑是为了更好地保障个人和组织的检举权、控告权，防止国家安全机关或者有关部门对检举、控告事项受而不办，督促其对检举、控告事项的切实处理，同时，也是确保个人和组织对检举、控告事项处理结果知情权的需要。

第二款是关于对支持、协助国家安全机关工作或者依法检举、控告的个人和组织不得压制和打击报复的规定。

本款规定主要包括两个方面的内容：

第一，对支持、协助国家安全机关工作的个人或组织，任何个人和组织不得压制和打击报复。“支持”国家安全机关工作是反间谍法新增加的规定，扩大了实践中不得压制和打击报复的行为范围，鼓励个人和组织支持、协助反间谍工作，同时，也与本法第八条相衔接。本法第八条规定，任何公民和组织都应当依法支持、协助反间谍工作。本法第十六条规定，任何公民和组织发现间谍行为，应当及时向国家安全机关举报；向公安机关等其他国家机关、组织举报的，相关国家机关、组织应当立即移送国家安全机关处理。对于依照该条规定为反间谍工作提供协助的公民和组织，任何个人和组织不得压制和打击报复。2023 年修改反间谍法时，将本款中的“公民”修改为“个人”，对于我国公民之外的外国人、无国籍人，对其“支持、协助国家安全机关工作或者依法检举、控告的个人和组织”，也不得压制和打击报复。“支持、协助国家安全机关工作”主要是指个人和组织为国家安全工作提供的各种便利和协助，根据本法第二十六条等相关规定，主要有以下内容：（1）当国家安全机关的工作人员依法向有关组织和人员调查、询问有关情况时，这些组织和人员应当积极提供客观情况；（2）当国家安全机关的工作人员依法执行国家安全工作任务，需要进入限制进入的有关地区、场所、单位时，这些地区、场所、单位应当给予方便；（3）当国家安全机关的工作人员依法执行反间谍工作任务，需要查阅或者调取有关的文件、数据、资料、物品时，持有文件、数据、资料、物品的有关个人和组织积极予以提供；（4）国家安全机关工作人员依法执行紧急任务时，有关部门优先安排乘坐公共交通工具，遇交通阻碍时，优先予以放行；（5）当国家安全机关因反间谍工作需要，按照国家有关规定，优先使用或者依法征用机关、团体、企事业组织和个人的交通工具、通信工具、场地和建筑物，这些组织和个人应当积极提供；（6）当国家安全机关因侦察间谍行为的需要，根据国家有关规定，经过严格的批准手续，采取技术侦察措施，需要有关单位、组织和个人提供帮助时，这些单位、组织和个人应当积极配合；（7）当国家安全机关因反间谍工作需要，依照规定查验有关组织和个人的电子通信工具、器材等设备、设施时，这些组织和个人应当提供便利；（8）国家安全机关因反间谍工作需要，根据国家有关规定，提请海关、边防等检查机关对有关人员和资料、器材免检的，有关检查机关应当予以协助；（9）公民和组织发现间谍行为，及时向国家安全机关、公安机关等其他国家机关、组织报告的，这些机关和组织应当提供便利；（10）在国家安全机关调查了解有关间谍行为的情况、收集有关证据时，有关组织和个人应当如实提供；（11）邮政、快递等物流运营单位和电信业务经营者、互联网服务提供者应当依法为防范、调查间谍行为提供技术支持和协助。

第二，对依照第一款规定依法检举、控告的个人和组织，任何个人和组织不得压制和打击报复。“压制”是指采取各种方式不让个人、组织检举、控告。“打击报复”是指在个人、组织检举、控告后，采取暴力、侮辱、诽谤、开除、经济处分、剥夺经济权利和利益等各种方式打击报复检举人、控告人。

**◆ 实践中需要注意的问题**

实践中需要注意的是，检举权、控告权是宪法赋予的权利，为了保障这一基本权利的行使，我国刑法第二百五十四条规定，国家机关工作人员滥用职权、假公济私，对控告人、申诉人、批评人、举报人实行报复陷害的，处二年以下有期徒刑或者拘役；情节严重的，处二年以上七年以下有期徒刑。违反上述刑法规定，对检举人、控告人实行打击报复的国家机关工作人员，构成犯罪的，应当依法追究刑事责任。刑事诉讼法第十九条第二款规定，人民检察院在对诉讼活动实行法律监督中发现的司法工作人员利用职权实施的非法拘禁、刑讯逼供、非法搜查等侵犯公民权利、损害司法公正的犯罪，可以由人民检察院立案侦查。对于公安机关管辖的国家机关工作人员利用职权实施的重大犯罪案件，需要由人民检察院直接受理的时候，经省级以上人民检察院决定，可以由人民检察院立案侦查。

**◆ 相关规定**

《中华人民共和国宪法》第四十一条；《中华人民共和国刑法》第二百五十四条；《中华人民共和国刑事诉讼法》第十九条；《中华人民共和国国家情报法》第二十七条

# 第五章 法律责任

**第五十三条** 实施间谍行为，构成犯罪的，依法追究刑事责任。

## ◆ 条文主旨

本条是关于实施间谍行为构成犯罪，应当依法追究刑事责任的规定。

## ◆ 立法背景

本条是1993年国家安全法的规定，2014年制定反间谍法时作了修改，2023年修订反间谍法时又作了修改。

### （一）立法背景及修改情况

1. 1993年国家安全法的规定。第二十三条规定："境外机构、组织、个人实施或者指使、资助他人实施，或者境内组织、个人与境外机构、组织、个人相勾结实施危害中华人民共和国国家安全的行为，构成犯罪的，依法追究刑事责任。"第二十四条规定："犯间谍罪自首或者有立功表现的，可以从轻、减轻或者免除处罚；有重大立功表现的，给予奖励。"

2. 2014年反间谍法的规定。第二十七条规定："境外机构、组织、个人实施或者指使、资助他人实施，或者境内机构、组织、个人与境外机构、组织、个人相勾结实施间谍行为，构成犯罪的，依法追究刑事责任。实施间谍行为，有自首或者立功表现的，可以从轻、减轻或者免除处罚；有重大立功表现的，给予奖励。"以上规定将1993年国家安全法第二十三条、第二十四条合并规定为一条，主要考虑这两条都是关于实施间谍行为，如何追究刑事责任的规定，内容上相衔接，规定在一起更加连贯。

与1993年国家安全法第二十三条、第二十四条相比，2014年反间谍法第二十七条有三处修改：一是，将"境内组织、个人"与境外机构、组织、个人相勾结修改为"境内机构、组织、个人"与境外机构、组织、个人相勾结，与境外机构、组织、个人相一致。二是，将"危害中华人民共和国国家安全的行为"修改为"间谍行为"，这是将国家安全法修改为反间谍法时作出的相应调整，也与反间谍法的立法目的相协调。三是，将"犯间谍罪"改为"实施间谍行为"。这一修改是为了进一步明确从宽处罚的范围，避免将从宽处罚的规定理解为限于刑法规定的间谍罪。

3. 2023年修订后的反间谍法的规定。为适应新形势下总体国家安全观的要求，凡实施间谍行为，构成犯罪的，应依法追究刑事责任，同时，也与本法第四条关于间谍行为的具体规定相衔接。本条与2014年反间谍法相比，删去了“境外机构、组织、个人实施或者指使、资助他人实施，或者境内机构、组织、个人与境外机构、组织、个人相勾结”的表述。

**（二）公开征求意见的情况**

有的建议从严惩治间谍行为。有的建议增加一款作为第二款，“胁迫、教唆、引诱、欺骗等利用未成年人从事间谍活动的，从重处罚。”有的建议将本条修改为“实施间谍行为，构成犯罪的，依照《中华人民共和国刑法》追究刑事责任。”

**（三）有关国家和地区的规定**

1. 美国1917年制定的《反间谍法》中规定间谍罪。该罪是指故意收集、传递或者丢失国防情报，行为人知道或者有理由相信该情报会被用来损害美国或者有利于任何外国。1921年，《反间谍法》被编入美国法典。1996年，美国制定《经济间谍法》，这是全球首部经济间谍法。该法标志着美国从单纯保护企业商业秘密向注重保护国家安全转变，从民事追责向刑事打击转变，凸显美国视经济安全为国家安全的一部分，是国家安全的基石的战略考量。该法后来被编入美国法典。美国商业间谍罪，是指任何单位或个人，为了使外国政府、外国政府的机构、外国政府的代理人受益，企图或者故意实施窃取、隐藏、运输、非法获取商业秘密，或者擅自复印、记录、拍摄、上传、运送、根据记忆制作商业秘密，或者在知道商业秘密是非法获取的情况下仍然接受、占有该商业秘密的行为。

2. 1911年，英国制定《官方保密法》，一段时期内承担了打击间谍犯罪活动的责任。2022年上半年，英国下议院一审《国家安全法案》。对取得或者披露受保护的资讯，即与英国安全和利益相关的资讯，一旦定罪，可判处终身监禁，单处或并处罚金，这实际上是将官方秘密法中的有关规定统一到国家安全法案之中，量刑幅度与以前的规定相同，最高可判处十四年监禁，可以单处或者并处罚金。

3.《法国刑法典》中涉及间谍犯罪的条款共有十二条，其中有九条规定了三类间谍犯罪行为：第一类是行为犯，一是将法国军事力量所属部队、全部或部分法国领土交予外国国家、外国组织或受外国控制之组织、外国工作人员的；二是将用于国防的物质、建筑、设备、设施或者仪器交予外国国家、企业、组织或受外国控制之企业或组织、外国工作人员的；三是与外国国家、企业、组织或者受外国控制之企业或组织、外国工作人员通谋，意图挑起敌视或侵犯本国之行动的。第二类是危险犯，只要求实施某种间谍行为“足以危害国家基本利益的”，即构成间谍罪既遂。第三类是结果犯，意图为外国国家、外国企业、组织或受外国控制之企业或组织服务，向法国民事或军事机关提供能够诱使其出错并危害到国家基本利益的假情报的。

4.《德国刑法典》第九十四条规定，向下列人员泄露国家机密，因而使德意志联邦共和国外部安全遭受重大不利的危险的，处一年以上有期徒刑：（1）向外国或者其中间人；（2）向无权获得国家机密的人公开或者将其公布于众，意图危害德意志联邦共和国或者有利于外国的。情节特别严重的，处无期徒刑或者五年以上有期徒刑。

5.《瑞士联邦刑法典》第二百七十二条规定：有下列行为之一的，处三年以下有期徒刑：（1）为外国或外国的政党或外国的其他组织之利益，经营有害于瑞士或其州、居民或组织的政治谍报机构，或者建立此等政治谍报机构的；（2）为此等政治谍报机构招募人员或予以支持的；（3）情节严重的，处二十年以下有期徒刑。《瑞士联邦军事刑法》第八十六条规定：（1）故意将为国防利益而需保密、泄露之后可能危及军事任务履行的事实、防御措施、程序和物品，告知外国、外国间谍或使其获得此等秘密的，处重惩役。（2）在部队招募现役时实施第一款行为的，处三年以上二十年以下有期徒刑。行为人因其行为干扰或危害了瑞士军队的作战行动的，可判处无期徒刑。（3）行为人过失为上述行为的，处三年以下有期徒刑。

◆ **条文释义**

本条是关于实施间谍行为构成犯罪，应当依法追究刑事责任的规定。

本条包含以下几个方面的内容：

第一，关于实施间谍行为。本法第四条对间谍行为的含义作了明确规定。根据该条规定，间谍行为是指下列行为：（1）间谍组织及其代理人实施或者指使、资助他人实施，或者境内外机构、组织、个人与其相勾结实施的危害中华人民共和国国家安全的活动；（2）参加间谍组织或者接受间谍组织及其代理人的任务，或者投靠间谍组织及其代理人；（3）间谍组织及其代理人以外的其他境外机构、组织、个人实施或者指使、资助他人实施，或者境内机构、组织、个人与其相勾结实施的窃取、刺探、收买、非法提供国家秘密、情报以及其他关系国家安全和利益的文件、数据、资料、物品，或者策动、引诱、胁迫、收买国家工作人员叛变的活动；（4）间谍组织及其代理人实施或者指使、资助他人实施，或者境内外机构、组织、个人与其相勾结实施针对国家机关、涉密单位或者关键信息基础设施等的网络攻击、侵入、干扰、控制、破坏等活动；（5）为敌人指示攻击目标；（6）进行其他间谍活动。关于间谍行为的具体解释，前文关于第四条的解读中已有详细阐释，这里不再赘述。但在司法实践中，随着间谍活动的范围不断扩大，方式也更加多样化，对于部分情节显著轻微，尚不构成犯罪的，不追究刑事责任。为此，反间谍法对涉及实施间谍行为，但不构成刑事犯罪的行为设置了行政处罚，给予行为人必要的惩戒和教育。

第二，根据本法对于间谍行为的定义和实践情况，实施间谍行为可能构成的犯罪主要包括：（1）间谍罪。刑法第一百一十条规定“有下列间谍行为之一，危害国家安全的，处十年以上有期徒刑或者无期徒刑；情节较轻的，处三年以上十年以下有期徒刑：（一）参加间谍组织或者接受间谍组织及其代理人的任务的；（二）为敌人指示轰击目标的。”对于参加间谍组织或者接受间谍组织及其代理人的任务，以及为敌人指示攻击目标的间谍行为应当依照该条规定的间谍罪追究刑事责任。（2）为境外窃取、刺探、收买、非法提供国家秘密、情报罪。刑法第一百一十一条规定：“为境外的机构、组织、人员窃取、刺探、收买、非法提供国家秘密或者情报的，处五年以上十年以下有期徒刑；情节特别严重的，处十年以上有期徒刑或者无期徒刑；情节较轻的，处五年以下有期徒刑、拘役、管制或者剥夺政治权利。”对于为境外窃取、刺探、收买或者非法提供国家秘密或者情报的间谍行为，应当依照该条规定追究刑事责任。（3）武装叛乱、暴乱罪。刑法第一百零四条规定：“组织、策划、实施武装叛乱或者武装暴乱的，对首要分子或者罪行重大的，处无期徒刑或者十年以上有期徒刑；对积极参加的，处三年以上十年以下有期徒刑；对其他参加的，处三年以下有期徒刑、拘役、管制或者剥夺政治权利。策动、胁迫、勾引、收买国家机关工作人员、武装部队人员、人民警察、民兵进行武装叛乱或者武装暴乱的，依照前款的规定从重处罚。”对于策动、引诱、收买国家工作人员武装叛乱、暴乱的，应当以第一百零四条规定定罪处罚。（4）投敌叛变罪。刑法第一百零八条规定：“投敌叛变的，处三年以上十年以下有期徒刑；情节严重或者带领武装部队人员、人民警察、民兵投敌叛变的，处十年以上有期徒刑或者无期徒刑。”（5）叛逃罪。刑法第一百零九条规定：“国家机关工作人员在履行公务期间，擅离岗位，叛逃境外或者在境外叛逃的，处五年以下有期徒刑、拘役、管制或者剥夺政治权利；情节严重的，处五年以上十年以下有期徒刑。掌握国家秘密的国家工作人员叛逃境外或者在境外叛逃的，依照前款的规定从重处罚。”（6）为境外窃取、刺探、收买、非法提供商业秘密罪。刑法第二百一十九条之一规定：“为境外的机构、组织、人员窃取、刺探、收买、非法提供商业秘密的，处五年以下有期徒刑，并处或者单处罚金；情节严重的，处五年以上有期徒刑，并处罚金。”（7）故意泄露军事秘密罪、过失泄露军事秘密罪。刑法第四百三十二条规定：“违反保守国家秘密法规，故意或者过失泄露军事秘密，情节严重的，处五年以下有期徒刑或者拘役；情节特别严重的，处五年以上十年以下有期徒刑。战时犯前款罪的，处五年以上十年以下有期徒刑；情节特别严重的，处十年以上有期徒刑或者无期徒刑。”此外，还有分裂国家罪、煽动分裂国家罪、颠覆国家政权罪、煽动颠覆国家政权罪等。对于间谍组织及其代理人实施或者指使、资助他人实施，或者境内外机构、组织、个人与其相勾结实施的危害中华人民共和国国家安全活动的间谍行为，还涉嫌刑法分则规定的其他一些罪名，例如刑法第一百零三条规定的分裂国家罪、煽动分裂国家罪，刑法第一百零五条规定的颠覆国家政权罪、煽动颠覆国家政权罪等。

◆ **实践中需要注意的问题**

在本条的理解适用中，需要注意以下几个方面的问题：

第一，对在实施间谍行为时，构成其他相关犯罪的，在适用的过程中，应当注意充分运用刑法总则关于共同犯罪和数罪并罚的有关规定，注意贯彻宽严相济刑事政策。对于组织者、领导者或者犯罪集团的首要分子，应当严格掌握取保候审，严格掌握不起诉，严格掌握缓刑、减刑、假释，严格掌握保外就医适用条件，充分利用资格刑、财产刑等法律手段从严惩处。对于符合刑法第三十七条之一规定的，可以依法禁止其从事相关职业。同时，对于在共同犯罪中罪责相对较小、人身危险性、主观恶性相对不大的，具有自首、立功、坦白、初犯等法定或酌定从宽处罚情节，可以依法从轻、减轻或免除处罚。对于认罪认罚或者仅参与实施少量的犯罪活动且只起次要、辅助作用的罪犯，符合缓刑条件的，可以适用缓刑。

第二，根据刑法第一百零六条的规定，与境外机构、组织、个人相勾结，实施本章第一百零三条、第一百零四条、第一百零五条规定之罪的，依照各该条的规定从重处罚。

第三，根据刑法第一百一十三条的规定，实施间谍行为，构成除煽动分裂国家罪、颠覆国家政权罪、煽动颠覆国家政权罪、资助危害国家安全犯罪活动罪、叛逃罪外，对国家和人民危害特别严重，情节特别恶劣的，可以判处死刑，还可依法并处没收财产。

◆ **相关规定**

《中华人民共和国刑法》第一百零三条至第一百零五条、第一百零八条至第一百一十一条、第二百一十九条之一、第四百三十二条；《中华人民共和国反恐怖主义法》第七十九条；《中华人民共和国反有组织犯罪法》第六十六条；《中华人民共和国反间谍法实施细则》第十九条

---

**第五十四条** 个人实施间谍行为，尚不构成犯罪的，由国家安全机关予以警告或者处十五日以下行政拘留，单处或者并处五万元以下罚款，违法所得在五万元以上的，单处或者并处违法所得一倍以上五倍以下罚款，并可以由有关部门依法予以处分。

明知他人实施间谍行为，为其提供信息、资金、物资、劳务、技术、场所等支持、协助，或者窝藏、包庇，尚不构成犯罪的，依照前款的规定处罚。

单位有前两款行为的，由国家安全机关予以警告，单处或者并处五十万元以下罚款，违法所得在五十万元以上的，单处或者并处违法所得一倍以上五倍以下罚款，并对直接负责的主管人员和其他直接责任人员，依照第一款的规定处罚。

国家安全机关根据相关单位、人员违法情节和后果，可以建议有关主管部门依法责令停止从事相关业务、提供相关服务或者责令停产停业、吊销有关证照、撤销登记。有关主管部门应当将作出行政处理的情况及时反馈国家安全机关。

---

### ◆ 条文主旨

本条是关于个人、单位实施间谍行为和帮助间谍行为行政处罚的规定。

### ◆ 立法背景

本条是2023年修订反间谍法时增加的规定。

**（一）立法背景及修改情况**

1993年国家安全法、2014年反间谍法都没有本规定，本条是2023年修订后的反间谍法新增的规定。本条增加了个人、单位实施间谍行为和帮助间谍行为行政处罚的规定，主要考虑当今我国国家安全面临的新形势、新任务，需要根据总体国家安全观的要求，将防范、制止和惩治间谍行为，维护国家安全的关口前移。2014年反间谍法规定的行政处罚种类少。实践中，对实施危害国家安全违法行为，只处以警告、没收违法所得和非法财物，违法成本低，缺乏警示惩戒作用，一定程度上造成违法嫌疑人明知故犯或有恃无恐。反间谍法实施细则第十九条规定，实施危害国家安全的行为，由有关部门依法予以处分，国家安全机关也可以予以警告；构成犯罪的，依法追究刑事责任。对于间谍犯罪活动的参与者，也应当充分贯彻宽严相济刑事政策要求，对于情节轻微，尚不构成犯罪的，不追究刑事责任。同时，考虑到间谍行为的严重性，如果完全放任不管，将不能体现有罪必惩，有违法行为必然受到追究的精神。本条突出反间谍工作的特点，将实践中检验有效且反间谍工作确需的措施上升为法律规定，确保国家安全机关正常行使职权。同时，也与刑法、刑事诉讼法、行政处罚法等法律协调一致。本条对个人、单位实施间谍行为和帮助间谍行为尚不构成犯罪的，规定了警告、罚款、暂扣或者吊销许可证件等处罚措施，完善了行政处罚的适用情形，丰富了行政处理手段，给行为人必要的惩戒和教育，有利于反间谍工作的顺利开展。

**（二）公开征求意见的情况**

二次审议稿第五十四条规定：实施间谍行为，尚不构成犯罪的，由国家安全机关予以警告或者处十五日以下行政拘留，单处或者并处十万元以下罚款，违法所得在十万元以上的，单处或者并处违法所得一倍以上十倍以下罚款，并可以由有关部门依法予以处分。明知他人实施间谍行为，为其提供信息、资金、物资、劳务、技术、场所等支持、协助，尚不构成犯罪的，依照前款的规定处罚。单位有前两款行为的，由国家安全机关予以警告，单处或者并处十万元以上一百万元以下罚款，违法所得在一百万元以上的，单处或者并处违法所得一倍以上十倍以下罚款，并对直接负责的主管人员和其他直接责任人员，依照第一款的规定处罚。国家安全机关根据相关单位、人员违法情节和后果，可以建议有关主管部门依法责令停止从事相关业务、提供相关服务、责令停产停业、吊销有关证照或者撤销登记。有关主管部门应当将作出行政处理的情况及时反馈国家安全机关。

有的提出，间谍罪是行为犯，实施间谍行为不该存在行政处罚，不存在不构成犯罪的情形。有的建议进一步加大对违法行为处以行政拘留的力度，避免行政拘留十五日与间谍犯罪起刑点三年有期徒刑之间出现空档，但是应当对超过十五天的拘留处罚设置司法程序，由法院决定，并可以上诉。对实施间谍行为的单位，宜适用关停等处罚，不宜设置高额罚款。有的建议增加帮助实施间谍行为者登记在册的规定。三审稿采纳了二审期间提出的主要意见：将罚款最高额“十万”修改为“五万”，对违法所得的倍比罚款，由最大比例“十倍”修改为“五倍”。对单位的罚款最高额修改为“五十万”，对违法所得的倍比罚款，最大比例“十倍”修改为“五倍”。根据社会公众等各方面意见，对罚款数额做适当调整，体现过罚相当。既限制罚款的最高数额，使国家安全机关不要成为高额罚款的执法部门，产生“以罚代刑”的误解，又适度降低可以适用倍比罚款的条件，一定程度上加大了处罚力度。

**◆ 条文释义**

本条是关于个人、单位实施间谍行为和帮助行为行政处罚的规定。根据本法第五十三条规定，实施间谍行为，构成犯罪的，依法追究刑事责任。实践中，认定是否属于“尚不构成犯罪的”，应当结合行为的社会危害性、行为人的人身危险性，行为人上述活动中发挥的作用以及事后的表现等综合判断。本法第四条对间谍行为的含义作了明确规定。在司法实践中，随着间谍活动的范围不断扩大，方式也更加多样化，对于部分情节显著轻微，尚不构成犯罪的，不追究刑事责任。为此，本条对涉及实施间谍行为，但不构成刑事犯罪的行为设置了行政处罚，给予行为人必要的惩戒和教育。

本条共分四款。第一款是关于个人实施间谍行为，尚不构成犯罪的行政处罚规定。如泄露有关反间谍工作的国家秘密的，情节较轻，不构成犯罪的情形。

本款明确由国家安全机关予以行政处罚，国家安全机关属于行政机关，本法明确国家安全机关作为行政机关具有行政罚款权。考虑到间谍行为并不都构成犯罪，根据刑法第十三条规定，情节显著轻微危害不大的不认为是犯罪，其中有的有必要予以行政处罚，保留国家安全机关一定的罚款权限，也使本条行政处罚档次的设置更加科学。

根据本款规定，对个人实施警告或者处十五日以下行政拘留，单处或者并处五万元以下罚款，违法所得在五万元以上的，单处或者并处违法所得一倍以上五倍以下罚款，并可以由有关部门依法予以处分。对于尚不构成犯罪的间谍行为，具体是予以警告的处罚，还是处十五日以下行政拘留的处罚，单处或者并处五万元以下罚款，以及行政拘留处罚的具体日数，需要由国家安全机关根据具体案件的情况和违法程度，按照错罚相当的原则确定。这里的“警告”属于名誉罚，由国家安全机关对有违反本法规定的个人或者单位发出警诫，申明其有违法行为，通过名誉、信誉、荣誉等施加市场影响和社会影响，促使其不再违法。具体而言，本款的警告，是指国家安全机关对有违反本法规定的个人提出告诫，使其认识自身存在违法行为并进行改正的一种处罚。警告属于行政处罚中最轻的一种处罚，适合较为轻微的违法行为，可以当场作出。本款的罚款，是将财产罚作为申诫罚和人身罚的衔接过渡的处罚形式，丰富了国家安全机关行政处罚的种类。通过行政罚款使行为人在经济利益上受到损害，起到警示和威慑的作用。违法所得在五万元以上的，除单处或者并处罚款之外，可以由有关部门依法予以处分。这里所说的“依法予以处分”，主要指纪律处分，如果行为人不是国家机关工作人员，对其处分包括单位内部规定的处分和党内纪律处分。如果违反本条规定的单位的直接负责的主管人员和其他直接责任人员是中共党员的，除了给予内部工作纪律处分之外，还要根据《中国共产党纪律处分条例》的规定，由党组织给予党内纪律处分，包括警告、严重警告、撤销党内职务、留党察看、开除党籍五种。此外，如果行为人是公职人员的，还需要依照公职人员政务处分法等有关法律法规给予政务处分。

第二款是关于个人明知他人实施间谍行为为其提供帮助，尚不构成犯罪的行政处罚规定。

构成本款情形应当符合以下条件：（1）行为人明知他人在实施间谍行为。如果行为人对此不明知而提供了支持、协助的，不能认定为本款规定的情形。（2）行为人为间谍犯罪活动提供了信息、资金、物资、劳务、技术、场所等支持、协助，或者窝藏、包庇。如向他人提供犯罪活动的资金支持，提供他人的账号、身份证明文件，提供互联网影音视频的接收、下载、加密技术，提供活动场所、训练基地等。

第三款是关于单位有前两款行为，由国家安全机关予以处罚的规定。

根据本款规定，对单位予以警告，单处或者并处五十万元以下罚款，违法所得在五十万元以上的，单处或者并处违法所得一倍以上五倍以下罚款，并对直接负责的主管人员和其他直接责任人员，依照第一款的规定处罚。行政处罚的方式可详见第一款释义的内容。

第四款是关于相关单位、人员违反本法规定，对其经营资格等进行限制或者剥夺的处罚和处理规定。

国家安全机关根据情况，可以建议有关主管部门对其依法采取行政处理，这里的“行政处理”是指撤销登记。这里的“责令停止从事相关业务、提供相关服务”，是指停止开展生产服务活动的一种行政处罚。国家安全机关根据违法情节和后果，可以建议有关主管部门依法责令行为人在一定业务范围、一定地域停止相关业务或服务，如停止参加政府采购、参与招标活动等。“责令停产停业”，是指要求行为人停止全部或者部分生产经营活动的行政处罚，属于十分严厉的行政处罚。“吊销有关证照”，是指有关行政机关依法对违反反间谍法律法规的行为人取消其取得的行政许可证件、营业资质、执业权利的行政处罚。本款增加了“撤销登记”的行政处理方式。根据本款规定，有关主管部门作出行政处理的情况应及时反馈给国家安全机关。

◆ **实践中需要注意的问题**

在本条的理解适用中，需要注意以下几个方面的问题：

第一，本条规定的警告、行政拘留、行政罚款既可以单独适用，也可以按照“警告和行政罚款”“行政拘留和行政罚款”等方式同时适用。如果同一行为触犯不同立法目的的法律，涉及罚款以外的不同种行政处罚的，比如名誉罚、资格罚等，因设置的处罚立法目的不同，行政机关可以叠加适用。国家安全机关应根据行政处罚法等法律法规，依法妥善行使行政处罚权，防止出现执法不严、滥用权力、以权谋私的现象。

第二，关于罚款。根据行政处罚法第二十九条规定：“对当事人的同一个违法行为，不得给予两次以上罚款的行政处罚。同一个违法行为违反多个法律规范应当给予罚款处罚的，按照罚款数额高的规定处罚。”

第三，有关单位和个人对依照本法作出的行政处罚决定不服的，可以依法申请行政复议或者提请行政诉讼。本法第三条规定：“反间谍工作应当依法进行，尊重和保障人权，保障个人和组织的合法权益。”国家安全机关和有关主管部门在依照本法进行反间谍工作时，既要严密防范、严厉打击间谍行为，又要严格遵守法定程序和规范，尊重和维护个人、组织的合法权益。在开展反间谍工作中，一方面，需要赋予有关部门必要的强制性手段，对于违反法律规定的行为依法予以处罚；另一方面，也需要强化执法规范，保障相对人的救济权利，防止侵害个人和组织的合法权益。当事人可以依法申请行政复议或者提起行政诉讼，但复议和诉讼期间，除行政复议法、行政诉讼法规定的例外情况外，处罚等决定一般不停止执行。这样一方面当事人有权申请复议和提起诉讼，便于当事人行使自己的权利，如果发生因有关部门认定事实不清或者适用法律不当，使当事人受到不应有的处罚或者行政强制时可以得到及时的纠正和补救，有效地保护当事人的合法权益不受侵犯，同时对包括公安机关、国家安全机关等相关部门也是一种监督和制约，另一方面又体现了有关部门处罚决定和行政强制决定的严肃性和权威性，保证有关部门能够依法履行职责，及时追究违法者的法律责任。

此外，根据行政诉讼法的规定，对属于人民法院受案范围的行政案件，公民、法人或者其他组织可以先向行政机关申请复议，对复议决定不服的，再向人民法院提起诉讼，也可以直接向人民法院提起诉讼。但有关单位和个人不能就同一事实同时提出行政复议和行政诉讼。

### ◆ 相关规定

《中华人民共和国刑法》第一百一十条；《中华人民共和国行政处罚法》第九条；《中华人民共和国反恐怖主义法》第八十条、第九十三条；《中华人民共和国反有组织犯罪法》第六十九条；《中华人民共和国反间谍法实施细则》第十九条

---

**第五十五条**　实施间谍行为，有自首或者立功表现的，可以从轻、减轻或者免除处罚；有重大立功表现的，给予奖励。

在境外受胁迫或者受诱骗参加间谍组织、敌对组织，从事危害中华人民共和国国家安全的活动，及时向中华人民共和国驻外机构如实说明情况，或者入境后直接或者通过所在单位及时向国家安全机关如实说明情况，并有悔改表现的，可以不予追究。

---

### ◆ 条文主旨

本条是关于实施间谍行为构成犯罪以及在境外受胁迫或诱骗参加敌对组织、间谍组织，可以给予宽大处理的规定。

### ◆ 立法背景

本条是1993年国家安全法的规定，2014年制定反间谍法时作了修改，2023年修订反间谍法时又作了修改。

**（一）立法背景及修改情况**

1. 1993 年国家安全法的规定。第二十四条规定：“犯间谍罪自首或者有立功表现的，可以从轻、减轻或者免除处罚；有重大立功表现的，给予奖励。”第二十五条规定：“在境外受胁迫或者受诱骗参加敌对组织，从事危害中华人民共和国国家安全的活动，及时向中华人民共和国驻外机构如实说明情况的，或者入境后直接或者通过所在组织及时向国家安全机关或者公安机关如实说明情况的，不予追究。”

2. 2014 年反间谍法的规定。第二十七条第二款规定：“实施间谍行为，有自首或者立功表现的，可以从轻、减轻或者免除处罚；有重大立功表现的，给予奖励。”第二十八条规定：“在境外受胁迫或者受诱骗参加敌对组织、间谍组织，从事危害中华人民共和国国家安全的活动，及时向中华人民共和国驻外机构如实说明情况，或者入境后直接或者通过所在单位及时向国家安全机关、公安机关如实说明情况，并有悔改表现的，可以不予追究。”

2014 年反间谍法第二十七条第二款对 1993 年国家安全法第二十四条作了一处修改，将“犯间谍罪”修改为“实施间谍行为”。这一修改是为了进一步明确从宽处罚的范围，避免将从宽处罚的规定理解为限于刑法规定的间谍罪。

2014 年反间谍法第二十八条对 1993 年国家安全法第二十五条作了两处修改：一是，将原来规定的“不予追究”，修改为“可以不予追究”；二是，在“不予追究”的条件中，增加了“并有悔改表现”的要求。这一修改，符合当时情况的变化和反间谍工作的特殊需要。

3. 2023 年修订后的反间谍法的规定。修订后的反间谍法第五十五条对 2014 年反间谍法第二十八条作了两处修改：一是将“参加敌对组织、间谍组织”调整为“参加间谍组织、敌对组织”；二是将“通过所在单位及时向国家安全机关、公安机关如实说明情况”修改为“通过所在单位及时向国家安全机关如实说明情况”。主要考虑，实践中在境外受胁迫或者受诱骗参加间谍组织、敌对组织，从事危害中华人民共和国国家安全的活动的行为人，向公安机关坦白可能并不能实际获得不予追究的情形，为此统一规定由国家安全机关掌握。

**（二）公开征求意见的情况**

有的建议删去“免除处罚”的规定。有的建议扩宽宽大政策的渠道，可以更有利于反间防谍斗争。二审稿采纳了一审期间提出的主要意见：一是，删去第一款“按照国家有关规定”，恢复现行法的规定。二是，删去第二款中“外交”机构的限制。

**◆ 条文释义**

本条共分两款。第一款是关于实施间谍行为有自首、立功表现可以从宽处罚、给予奖励的规定。

间谍犯罪行为对国家安全危害严重，且这种犯罪隐蔽性强，侦破难度较大。犯罪分子自首或者立功对于防范和制止间谍犯罪以及其他危害国家安全的犯罪是具有重要意义的。针对这一特点，为了鼓励间谍犯罪分子认罪悔过、坦白自首，消除、减轻间谍行为的危害，化消极因素为积极因素，本款规定："实施间谍行为，有自首或者立功表现的，可以从轻、减轻或者免除处罚；有重大立功表现的，给予奖励。"这不仅是同间谍犯罪分子作斗争的实际需要，更与我国一贯坚持的惩办与宽大相结合的刑事政策相一致。本款规定的自首与刑法第六十七条规定的自首在认定上是一致的，即犯罪后自动投案，如实供述自己的罪行。自动投案，是指犯罪分子犯罪以后，犯罪事实未被司法机关发现以前；或者犯罪事实虽被发现，但不知是何人所为；或者犯罪事实和犯罪分子均被发现，但是尚未受到司法机关的传唤、讯问或者尚未采取强制措施之前，主动、直接到司法机关或者所在单位、基层组织等投案，接受审查和追诉的。如实供述自己的罪行，是指犯罪嫌疑人自动投案后，如实交代自己的主要犯罪事实，共同犯罪案件中的犯罪嫌疑人，除如实供述自己的罪行，还应当供述所知的同案犯，主犯则应当供述所知其他同案犯的共同犯罪事实，才能认定为自首。立功表现的含义与刑法第六十八条规定的立功也是一致的，指犯罪分子有揭发他人犯罪行为，查证属实的，或者提供重要线索，从而得以侦破其他案件等立功表现的。1994 年国家安全法实施细则（已失效）第二十三条对这里的立功表现认定作了具体规定，包括：（1）揭发、检举危害国家安全的其他犯罪分子，情况属实的；（2）提供重要线索、证据，使危害国家安全的行为得以发现和制止的；（3）协助国家安全机关、司法机关捕获其他危害国家安全的犯罪分子的；（4）对协助国家安全机关维护国家安全有重要作用的其他行为。反间谍法实施细则第二十条规定：下列情形属于反间谍法第二十七条所称"立功表现"：（一）揭发、检举危害国家安全的其他犯罪分子，情况属实的；（二）提供重要线索、证据，使危害国家安全的行为得以发现和制止的；（三）协助国家安全机关、司法机关捕获其他危害国家安全的犯罪分子的；（四）对协助国家安全机关维护国家安全有重要作用的其他行为。"重大立功表现"，是指在前款所列立功表现的范围内对国家安全工作有特别重要作用的。

根据本款规定，对于有上述自首或者立功表现的，可以从轻、减轻或者免除处罚。至于到底是从轻、减轻还是免除处罚，需要结合犯罪情况以及自首、立功的具体情节予以确定。对于极少数间谍犯罪行为严重，需要严厉处罚的，也可以不从宽处罚。本款还规定"有重大立功表现的，给予奖励"，这是针对间谍工作的特殊性所作出的专门规定。为了反间谍工作的需要，鼓励间谍犯罪分子弃暗投明，改恶从善，为我所用，积极进行重大立功，本条中规定对于重大立功表现的，在可以从轻、减轻或者免除处罚的同时，还要对立功者给予精神或者物质上的奖励。

第二款是关于在境外受胁迫或诱骗参加间谍组织、敌对组织，从事危害我国国家安全的活动，及时说明情况，并有悔改表现，可以不予追究的规定。

在反间谍法审议过程中，有的提出，1993 年国家安全法针对特定情况作出上述从宽处理的规定，有利于鼓励相关人员悔过自新，最大限度化消极因素为积极因素。从实际情况看，境外敌对组织的情况确实比较复杂，有关人员在境外因受胁迫、诱骗参加危害我国国家安全活动的情况也是多种多样。境外敌对组织、间谍组织为获取我国的国家秘密，或者从事其他危害国家安全活动，往往将我国驻外国家工作人员、中资企业人员以及在境外从事经商、求学、旅游等活动的公民作为策反的目标，千方百计地拉拢、引诱，甚至设圈套迫其就范，策反成功后让其从事窃密、刺探情报等危害国家安全活动或者潜伏待命，伺机危害国家安全。对这些被胁迫、诱骗参加敌对组织、间谍组织的人员，本着教育挽救的原则，规定只要及时说明情况，即可予以从宽处理，有效防止其在错误的道路上越陷越深，避免进一步实施更严重的危害国家安全行为。因此，上述规定在总体上是必要的，也是恰当的，应当予以保留。为了突出反间谍工作的需要，将原来规定的在境外受胁迫或者诱骗“参加敌对组织、间谍组织”修改为“参加间谍组织、敌对组织”，做了文字性修改。

根据本款规定，对在境外受胁迫或者诱骗参加间谍组织、敌对组织，从事危害中华人民共和国国家安全的活动，同时符合以下条件的，可以不予追究：

第一，行为人在境外参加间谍组织、敌对组织，实施危害我国国家安全活动，是因为受到敌对势力或有关人员的胁迫或者诱骗。如行为人受到境外敌对组织或者间谍组织直接的暴力威胁；或者被以揭露隐私、加害亲友等手段施以精神强制，使其不敢不从；或者被金钱、美色等引诱，落入圈套后受其控制；或者受到歪曲事实的蛊惑宣传等。这里的“间谍组织”，是指对我国实施间谍活动的境外间谍机关，以及其他间谍组织。“敌对组织”，是指各种敌视中华人民共和国人民民主专政的政权和社会主义制度，危害我国国家安全的组织。关于“间谍组织”“敌对组织”的范围，根据有关规定，由国家安全部或者公安部依据有关规定确认。需要特别说明的是，这里的“危害中华人民共和国国家安全的活动”，既包括本法规定的“间谍行为”，也包括间谍行为以外的其他危害国家安全的活动。

第二，行为人实施危害我国国家安全的行为后，及时向中华人民共和国驻外机构如实说明情况，或者入境后直接或者通过所在单位及时向国家安全机关如实说明情况。这里强调行为人要“及时”且“如实”说明情况，“及时”是指行为人参加间谍组织、敌对组织，从事危害中华人民共和国国家安全的活动，尚未被发觉，或者虽然被发觉，但尚未受到讯问或者采取强制措施。“如实说明情况”是指说明的情况应当全面、真实，不得刻意隐瞒、歪曲，或者提供虚假信息。内容上应包括在境外参加间谍组织、敌对组织的情况；所从事的危害中华人民共和国国家安全活动的情况；与他人共同实施的，还需要说明知悉的同案犯的情况。从本条规定来看，行为人说明情况有两条途径：其一，在境外向我驻外机构说明情况；其二，入境后直接或者通过所在单位及时向国家安全机关如实说明情况。本次修改，将“通过所在单位及时向国家安全机关、公安机关如实说明情况”修改为“通过所在单位及时向国家安全机关如实说明情况”。主要考虑是，实践中在境外受胁迫或者受诱骗参加间谍组织、敌对组织，从事危害中华人民共和国国家安全的活动的行为人，向公安机关坦白往往并不能实际获得不予追究的情形，故统一由国家安全机关掌握。

本款规定向我国驻外机构说明情况，主要是便于在境外的行为人及时与有关部门取得联系，及时采取措施，避免更为严重的危害后果发生，并获得有关部门的帮助、救助。行为人入境后，只要符合本条规定向国家安全机关及时、如实说明情况，并有悔改表现的，都同样可以不予追究。行为人说明情况后，国家安全机关负责妥善处理。此外，规定行为人可以通过所在单位及时向国家安全机关说明情况，主要是考虑实践中有的行为人在入境后及时主动先向所在单位说明了相关情况；有的行为人出于各种原因，希望所在单位陪同向国家安全机关说明情况。对这种通过所在单位向国家安全机关说明情况的，也应当予以鼓励。

第三，行为人除及时、如实向有关机关说明情况外，还应有悔改表现。所谓悔改表现，包括行为人对自己实施的行为真诚悔悟的态度，也包括以积极的行动，消除、减轻自己行为造成的危害和不良影响。如配合国家安全机关或者其他有关机关进行调查取证、开展工作等。根据本条规定，行为人同时具备上述三个条件的，才可以不予追究。

### ◆ 实践中需要注意的问题

在本条的理解适用中，需要注意以下几个方面的问题：

第一，本条第一款中的“给予奖励”是应当给予奖励，而不是可以给予奖励，也可以不给予奖励。至于由哪一级国家机关予以奖励，如何奖励，法律没有具体规定，可由国家安全工作的主管机关根据本条规定和立功的具体情节和实际情况确定。此外，实践中，有的被告人自首后，对自己行为的性质进行辩解，这种情况不影响自首的成立。

第二，本条第二款在实践中具体是否追究，需要结合个案的情况，如行为人参加间谍组织、敌对组织的具体原因与情况，行为人所实施的危害国家安全行为的实际危害情况，行为人的悔改表现等具体情况综合考虑。

### ◆ 相关规定

《中华人民共和国刑法》第六十八条、第一百零二条至第一百一十三条；《全

国人民代表大会常务委员会关于〈中华人民共和国刑法〉第三十条的解释》；《中华人民共和国反间谍法实施细则》第五条、第二十条

**第五十六条**　国家机关、人民团体、企业事业组织和其他社会组织未按照本法规定履行反间谍安全防范义务的，国家安全机关可以责令改正；未按照要求改正的，国家安全机关可以约谈相关负责人，必要时可以将约谈情况通报该单位上级主管部门；产生危害后果或者不良影响的，国家安全机关可以予以警告、通报批评；情节严重的，对负有责任的领导人员和直接责任人员，由有关部门依法予以处分。

### ◆ 条文主旨

本条是关于国家机关、人民团体、企业事业组织和其他社会组织违反安全防范主体责任的处罚的规定。

### ◆ 立法背景

本条是2023年修订反间谍法时增加的规定。

#### （一）立法背景及修改情况

1993年国家安全法、2014年反间谍法都没有规定，本条是2023年修订后的反间谍法增加的规定。随着我国综合国力不断加强，国际地位日益提高，外国间谍情报机关和境外敌对势力对我国进行的间谍破坏活动越来越猖獗，严重危害着我国国家安全。新技术的不断发展使得窃取、刺探情报，信息传送等手段也日益先进，使得国家安全机关发现、侦察、制止间谍活动，获取有关证据变得更为困难。面对这样一种严峻形势，国家安全机关必须有针对性地进行工作，及时地揭露、制止、惩处危害我国国家安全的间谍活动，准确地掌握间谍活动情况，收集罪证，有效地保障国家安全。2021年3月12日，国家安全部审议通过《反间谍安全防范工作规定》，规定了机关、团体、企业事业组织和其他社会组织在国家安全机关的协调和指导下开展反间谍安全防范工作。本法在第二章安全防范一章中增加了对于安全防范的有关规定，坚持专门工作与群众工作相结合全面细致地开展反间谍安全防范工作。增加本条规定，主要是考虑到反间谍安全防范工作具有一定的特殊性，有必要针对不同单位不同领域建立的反间谍安全防范管理制度落实到位。

#### （二）公开征求意见的情况

有的提出“正确履行”在实践中较难把握，建议作出修改。有的建议删去该条中的“可以”。有的提出，反间谍安全防范工作具有一定的涉密性，没有必要所有的约谈情况都通报上级主管部门。有的建议增加规定，禁止其再次出境和拨打国

际电话。有的社会公众意见提出，对于国家安全机关约谈负责人的情况，不必所有都向上级报告。

◆ **条文释义**

本条是关于国家机关、人民团体、企业事业组织和其他社会组织违反安全防范主体责任的处罚的规定。本条包含以下几个方面的内容：

第一，关于本条规定履行反间谍安全防范义务的主体为国家机关、人民团体、企业事业组织和其他社会组织。本条规定的“国家机关”包括各级国家机关，主要指国家权力机关、监察机关、行政机关、审判机关、检察机关和国家军事机关等。“人民团体”是承担反间谍安全防范工作的重要组成部分，具有政治性、群众性、非营利性的特点，是在中国共产党的指导下建立起来的，是党和政府联系广大人民群众的“桥梁和纽带”，各人民团体的成员基本涵盖了各种主要的统战对象，如工人、青年、妇女、科技工作者、工商业者、华侨等，具有广泛的群众代表性。“其他社会组织”主要指除各级国家机关、人民团体、企业事业组织以外的组织，包括城市街道居民委员会、农村的村民委员会等。

第二，关于履行反间谍安全防范义务，本法第二章中第十二条、第十三条、第十七条、第十八条、第十九条和第二十条中具体规定了安全防范的主体责任、宣传教育义务、重点单位管理制度和职责、重点单位物理防范和重点单位技术防范的内容。第十二条规定：“国家机关、人民团体、企业事业组织和其他社会组织承担本单位反间谍安全防范工作的主体责任，落实反间谍安全防范措施，对本单位的人员进行维护国家安全的教育，动员、组织本单位的人员防范、制止间谍行为。地方各级人民政府、相关行业主管部门按照职责分工，管理本行政区域、本行业有关反间谍安全防范工作。国家安全机关依法协调指导、监督检查反间谍安全防范工作。”第十三条规定：“各级人民政府和有关部门应当组织开展反间谍安全防范宣传教育，将反间谍安全防范知识纳入教育、培训、普法宣传内容，增强全民反间谍安全防范意识和国家安全素养。新闻、广播、电视、文化、互联网信息服务等单位，应当面向社会有针对性地开展反间谍宣传教育。国家安全机关应当根据反间谍安全防范形势，指导有关单位开展反间谍宣传教育活动，提高防范意识和能力。”第十七条规定：“国家建立反间谍安全防范重点单位管理制度。反间谍安全防范重点单位应当建立反间谍安全防范工作制度，履行反间谍安全防范工作要求，明确内设职能部门和人员承担反间谍安全防范职责。”第十八条规定：“反间谍安全防范重点单位应当加强对工作人员反间谍安全防范的教育和管理，对离岗离职人员脱密期内履行反间谍安全防范义务的情况进行监督检查。”第十九条规定：“反间谍安全防范重点单位应当加强对涉密事项、场所、载体等的日常安全防范管理，采取隔离加固、封闭管理、设置警戒等反间谍物理防范措施。”第二十条规定：“反间谍安全防范重点单位应当按照反间谍技术防范的要求和标准，采取相应的技术措施和其他必要措施，加强对要害部门部位、网络设施、信息系统的反间谍技术防范。”

此外，《反间谍安全防范工作规定》第七条规定：“行业主管部门应当履行下列反间谍安全防范监督管理责任：（一）根据主管行业特点，明确本行业反间谍安全防范工作要求；（二）配合国家安全机关制定主管行业反间谍安全防范重点单位名录、开展反间谍安全防范工作；（三）指导、督促主管行业所属重点单位履行反间谍安全防范义务；（四）其他应当履行的反间谍安全防范行业管理责任。有关行业主管部门应当与国家安全机关建立健全反间谍安全防范协作机制，加强信息互通、情况会商、协同指导、联合督查，共同做好反间谍安全防范工作。”第八条规定：“机关、团体、企业事业组织和其他社会组织应当落实反间谍安全防范主体责任，履行下列义务：（一）开展反间谍安全防范教育、培训，提高本单位人员的安全防范意识和应对能力；（二）加强本单位反间谍安全防范管理，落实有关安全防范措施；（三）及时向国家安全机关报告涉及间谍行为和其他危害国家安全行为的可疑情况；（四）为国家安全机关依法执行任务提供便利或者其他协助；（五）妥善应对和处置涉及本单位和本单位人员的反间谍安全防范突发情况；（六）其他应当履行的反间谍安全防范义务。”有关行业主管部门应当与国家安全机关建立健全反间谍安全防范协作机制，加强信息互通、情况会商、协同指导、联合督查，共同落实好反间谍安全防范工作。

第三，本条规定的国家机关、人民团体、企业事业组织和其他社会组织未按照本法规定履行反间谍安全防范义务的，对其惩处分四个层次。一是责令改正；二是未按照要求改正的，可以约谈相关负责人，必要时可以将约谈情况通报该单位上级主管部门；三是产生危害后果或者不良影响的，国家安全机关可以予以警告、通报批评；四是情节严重的，对负有责任的领导人员和直接责任人员予以处分。“责令改正”，即对未严格按照本法规定履行反间谍安全防范义务，未对工作人员加强反间谍安全防范的教育和管理，未按照相应要求和标准采取相应的技术措施和其他必要措施等情况由国家安全机关责令其采取有效措施纠正错误做法。责令的方式和程序，都要有法律、行政法规的依据，符合依法行政的要求。“警告”，是指国家安全机关对有违反本法规定的单位提出告诫，使其认识自身存在违法行为并进行改正的一种处罚，警告可以当场作出。“通报批评”，这里是指国家安全机关对有违反本法规定的个人或者单位在一定范围内通过书面批评加以谴责和告诫，指出其违法行为，避免其再犯。通报批评是面向一定范围内作出的，既可以在反间谍安全防范重点单位内作出，使其违法行为在行业内部受到谴责，给以警示，也可以面向社会公开谴责，这将具有更大的社会影响。“通报批评”相比“警告”，对有关单位具有更大的社会压力和警示力度。这里的“依法予以处分”，主要是一种纪律处分，如果行为人不是国家机关工作人员，对其处分包括单位内部规定的处分和党内纪律处分。如果违反本条规定的单位的直接负责的主管人员和其他直接责任人员是中共党员的，除了给予内部工作纪律处分之外，还要根据《中国共产党纪律处分条例》的规定，由党组织给予党内纪律处分，包括警告、严重警告、撤销党内职务、留党察看、开除党籍五种。此外，如果行为人是公职人员的，还需要依照公职人员政务处分法等有关法律法规给予政务处分。

### ◆ 实践中需要注意的问题

在本条的理解适用中，需要注意以下几个方面的问题：

第一，国家安全机关应根据行政处罚法等法律法规，依法妥善行使行政处罚权，防止出现执法不严、滥用权力、以权谋私的现象。行政处罚公开原则要求对违法行为给予行政处罚的规定必须公布，未经公布的，不得作为行政处罚的依据，同时处罚程序也必须公开。

第二，反间谍法实施细则第十五条第二款规定：“机关、团体和其他组织不履行《反间谍法》和本细则规定的安全防范义务，未按照要求整改或者未达到整改要求的，国家安全机关可以约谈相关负责人，将约谈情况通报该单位上级主管部门，推动落实防范间谍行为和其他危害国家安全行为的责任。”对于国家机关、人民团体、企业事业组织和其他社会组织未按照本法规定履行反间谍安全防范义务的，经责令改正后未按照要求改正的，国家安全机关可以约谈相关负责人，对其约谈情况是否需要向该单位上级主管部门进行通报，可以根据实际情况妥善处理。

### ◆ 相关规定

《中华人民共和国反有组织犯罪法》第七十三条；《中华人民共和国公职人员政务处分法》第十条、第十七条；《中华人民共和国监察法实施条例》第二百零四条；《反间谍安全防范工作规定》第七条、第八条、第二十八条、第二十九条；《中华人民共和国反间谍法实施细则》第十五条

---

**第五十七条**　违反本法第二十一条规定新建、改建、扩建建设项目的，由国家安全机关责令改正，予以警告；拒不改正或者情节严重的，责令停止建设或者使用、暂扣或者吊销许可证件，或者建议有关主管部门依法予以处理。

---

◆ **条文主旨**

本条是违反本法第二十一条规定新建、改建、扩建建设项目的处罚的规定。

◆ **立法背景**

本条在1993年国家安全法、2014年反间谍法都没有规定。本条是2023年修订反间谍法时增加的规定。

**（一）立法背景及修改情况**

长期以来，境外情报机构和各种敌对势力对我进行窃密、干扰、破坏的主要目标是我国的重要国家机关、国防军工单位和其他重要涉密单位以及重要军事设施。这些重要目标周边的相邻建筑物、建筑工程或者建设项目成为实施间谍行为的组织和个人的前沿阵地，不仅便于开展观察、窃密等间谍活动，实现危害我国家安全的目的，而且便于长期掩饰和潜伏，掩盖危害我国家安全的事实和证据。通过不断总结反间谍斗争的经验和教训，必须制度性开展重点目标周围的建设项目的国家安全审查，以降低间谍活动的风险。国家安全法第五十九条规定，国家建立国家安全审查和监管的制度和机制，对影响或者可能影响国家安全的外商投资、特定物项和关键技术、网络信息技术产品和服务、涉及国家安全事项的建设项目，以及其他重大事项和活动，进行国家安全审查，有效预防和化解国家安全风险。这是在法律层面首次对涉及国家安全事项的建设项目的国家安全审查作出规定。通过设定和实施涉及国家安全事项的建设项目行政许可事项，可以有效预防和化解在项目建设及其使用过程中危害国家安全的风险隐患，有力维护国家利益和发展。2023年国务院办公厅新颁布的《法律、行政法规、国务院决定设定的行政许可事项清单（2023年版）》第一百一十三项“涉及国家安全事项的建设项目审批”规定，该项行政许可事项的中央管理部门是国家安全部，具体的实施机关是设区的市级国家安全机关。考虑到国家安全机关依法开展建设项目的国家安全审查，主要是为了预防和制止间谍行为，防止出现严重的危害国家安全的案件。因此，2023年修订的反间谍法在总结实践经验的基础上，参考类似立法，对国家安全法中规定的涉及国家安全事项的建设项目的国家安全审查制度作了进一步明确，在第二十一条中对涉及国家安全事项的建设项目许可及配套规范作出规定。相应地，在本法第五十七条中对于违反本法第二十一条有关规定的法律责任作出明确，更好地完善和落实国家安全审查制度，维护国家安全。

本次修订过程中，二审稿对一审稿作了个别修改。一审稿对于“拒不改正或者情节严重的，责令停止建设或者使用、暂扣或者吊销许可证件”，是由国家安全机关会同有关主管部门依法予以处理。一审中，有部门提出城乡规划法、建筑法等法律对国家安全机关之外的其他部门实施行政处罚作出明确规定，由其他主管部门作出处罚更为妥当。二审稿采纳上述意见，将“并会同有关主管部门依法予以处理”修改为“或者建议有关主管部门依法予以处理”。

**（二）有关国家和地区的规定**

美国、日本等国家相继制定出台专门法案，加强建设项目的安全审查。美国2020年《房地产交易规则》重点围绕美国国防军事设施、政府设施财产等保卫目标实施审查，根据保卫目标性质不同，按照一般保护目标周边1英里、陆军作战训练中心等周边1英里至100英里之间、核导弹发射场所在郡县行政区域等不同距离划定控制区域。《房地产交易规则》明确了以下重点关注的建设项目：一是临近与国家安全有关的敏感目标的建设项目；二是具有向外国人提供、收集有关情报的能力的建设项目；三是将国家安全活动暴露在外国检视风险下的建设项目。《房地产交易规则》设置了较重的法律责任，如果当事方出现提交材料有重大错误遗漏或者进行虚假证明等行为的，每次处以25万美元以下罚款或者等于其交易价值罚款；如当事方未主动向美国监管部门申报，美国政府可在合同交易完成后要求撤销相关交易。

日本《土地和建筑物调查和管理法案》总则中明确规定，该法旨在防止土地的使用妨碍重要设施的设施功能及边防海岛的海岛功能，并防范间谍情报机关在保卫目标周边“安营扎寨”开展观察窃密行为。该法案规定，对自卫队、海上保卫厅设施周边1公里范围内区域、重要边防海岛所在区域划定为“关注区域”，实施审查，相关区域具体划设时要综合考虑设施性质和该地区的地理特征。《土地和建筑物调查和管理法案》设置了较重的法律责任，如果当事方无正当理由不采取劝告要求的措施（即不落实防范措施），处二年以下有期徒刑或者200万日元以下罚金，或处有期徒刑同时并处罚金；未经审查即签订土地买卖合同或者虚假申请的，处六个月以下有期徒刑或者100万日元以下罚金。

**◆ 条文释义**

本条是对于违反本法第二十一条规定新建、改建、扩建建设项目的，区分不同情形，由不同部门予以处罚的规定，可以从以下两个方面理解：

第一，本条处罚的是“违反本法第二十一条规定新建、改建、扩建建设项目的”的行为。反间谍法第二十一条规定，在重要国家机关、国防军工单位和其他重要涉密单位以及重要军事设施的周边安全控制区域内新建、改建、扩建建设项目的，由国家安全机关实施涉及国家安全事项的建设项目许可。首先，第二十一条对建筑项目的位置作出限定，需要“在重要国家机关、国防军工单位和其他重要涉密单位以及重要军事设施的周边安全控制区域内”，因此，不是所有的国家机关、国防军工单位和涉密单位以及军事设施的周边建筑项目都需要进行国家安全事项的建设项目许可。对于不需要行政许可的，不属于违反本法第二十一条规定。其次，

“新建、改建、扩建”涵盖了一般建筑物的建设性质和状态，既包含从无到有的新建项目，也包括不超过现有建筑框架基础的翻新改建，还包括对现有建筑作扩大、扩张性建设的扩建。如果该建筑项目先于安全控制区域的划定，已经在本款规定的安全控制区域内，并且没有开展“新建、改建、扩建”工程的，无需额外进行涉及国家安全事项的建设项目许可。同时，如果该建筑项目是进行其他施工，不是为了新建、改建、扩建，例如是为了拆除现有建筑物而进行施工，不再开展任何新建、改建、扩建工程的，也无需进行涉及国家安全事项的建设项目许可。最后，违反本法第二十一条规定新建、改建、扩建建设项目的，包括没有根据法律规定申请办理涉及国家安全事项的建设项目许可进行新建、改建、扩建的，申请材料不齐备等情形，或者经审核后认为存在危害国家安全隐患等情形的。

第二，具体处罚。关于处罚主体和内容。本条规定“由国家安全机关责令改正，予以警告；拒不改正或者情节严重的，责令停止建设或者使用、暂扣或者吊销许可证件，或者建议有关主管部门依法予以处理”。本条中具有处罚权的主体既包括国家安全机关，也包括有关主管部门。本条规定中的“国家安全机关”没有设置实施主体的层级，需要根据具体文件要求和实践需要确定。例如2023年国务院办公厅新颁布的《法律、行政法规、国务院决定设定的行政许可事项清单（2023年版）》第一百一十三项“涉及国家安全事项的建设项目审批”规定，该项行政许可事项的中央管理部门是国家安全部，具体的实施机关是设区的市级国家安全机关。所以具体实施机关就是设区的市级国家安全机关。需要注意的是，在处罚权限上，国家安全机关只能对于其作出的与行政许可相关的行为要求责令改正、予以警告或者作出其他行政处罚。在处罚内容上包括责令改正、予以警告、责令停止建设或者使用、暂扣或者吊销许可证件，以及其他有关主管部门可以采取的措施等，对于实施何种惩罚，还要结合具体情况确定。例如，责令改正或者予以警告，可以包括对“涉及国家安全事项的建设项目许可”应当提出申请而没有提交申请材料或者申请材料不合格的，告知补正材料；对于存在安全隐患，但经采取国家安全防范措施可以消除的，国家安全机关提出整改要求；对已经提出改正要求但整改不到位的，如果是因时间、审批时限等客观情况可以适当给予宽限。对于拒不改正或者情节严重的，才责令停止建设或者使用、暂扣或者吊销许可证件等。

对于不属于国家安全机关权限的，法律规定国家安全机关建议有关主管部门依据相应的法律规定作出处罚。例如，城乡规划法第六十四条规定，未取得建设工程规划许可证或者未按照建设工程规划许可证的规定进行建设的，由县级以上地方人民政府城乡规划主管部门责令停止建设；尚可采取改正措施消除对规划实施的影响的，限期改正，处建设工程造价百分之五以上百分之十以下的罚款；无法采取改正措施消除影响的，限期拆除，不能拆除的，没收实物或者违法收入，可以并处建设工程造价百分之十以下的罚款。第六十五条规定，在乡、村庄规划区内未依法取得乡村建设规划许可证或者未按照乡村建设规划许可证的规定进行建设的，由乡、镇人民政府责令停止建设、限期改正；逾期不改正的，可以拆除。第六十六条规定，建设单位或者个人有下列行为之一的，由所在地城市、县人民政府城乡规划主管部门责令限期拆除，可以并处临时建设工程造价一倍以下的罚款：（一）未经批准进行临时建设的；（二）未按照批准内容进行临时建设的；（三）临时建筑物、构筑物超过批准期限不拆除的。建筑法第六十四条规定，违反本法规定，未取得施工许可证或者开工报告未经批准擅自施工的，责令改正，对不符合开工条件的责令停止施工，可以处以罚款。

"拒不改正或者情节严重的"要结合具体情况判断。实践中，新建、改建、扩建的项目往往工程量大、周期长，整改需要一定时间、人力和设备等，如对于因客观整改不彻底的不能认为是拒不改正，但如果故意拖延不整改，以小部分整改敷衍应付，或者严重危害国家安全、造成重大损失等，则可以认定为"拒不改正或者情节严重的"。

**◆ 实践中需要注意的问题**

在本条的理解适用中，需要注意以下几个方面的问题：

第一，要统筹发展和安全，充分考虑国家安全因素和划定的安全控制区域。一方面要依据本法第二十一条的规定，对建设项目许可的范围进行严格限定，不得随意扩大。建设项目只有位于被保护对象周边划定的安全控制区域内的，才涉及建设项目的国家安全审查。被保护对象周边安全控制区域以外的建设项目，一般认为危险性不大，不需要向国家安全机关申请涉及国家安全事项的建设项目许可。另一方面，要从实际情况出发，对于能改正的优先进行改正，避免"推倒重来"浪费资源。

第二，根据反间谍法第二十一条的规定，只有在被保护对象的周边安全控制区域内新建、改建、扩建的建设项目，才由国家安全机关实施涉及国家安全事项的建设项目许可。对于安全控制区域内房屋、建筑物的租赁、转让、销售涉及国家安全审查的问题，不属于对建设项目的国家安全审查采取的行政许可制度，因此也不属于本条处罚的范围。对于房屋、建筑物的租赁、转让、销售涉及国家安全审查问题的，可以通过外商投资法第三十五条规定的外商投资安全审查制度等予以解决。在本法施行后，一些地方开展的涉及房屋、建筑物的涉外租赁、转让、销售的国家安全审查纳入国家安全机关建设项目审批许可的，不应当适用外商投资法第三十五条规定继续以国家安全事项的建设项目进行许可，需要对其继续开展国家安全审查的法律依据作相应调整。

第三，根据行政处罚法第六十三条的规定，对拟作出吊销许可证件行政处罚决定的，应当告知当事人有要求听证的权利，当事人要求听证的，行政机关应当组织听证。实践中，吊销许可证件是较为严重的一种行政处罚方式，在根据本条规定，拟作出吊销许可证件的处罚时，要根据行政处罚法的有关规定组织听证，保障当事人的合法权益。

第四，对于"在重要国家机关、国防军工单位和其他重要涉密单位以及重要军事设施的周边安全控制区域内新建、改建、扩建建设项目的"，或者在建设项目许可过程中同时发现有玩忽职守，收受、索取不正当利益的情况，可以移送司法、纪检监察等部门进行处理。

◆ **相关规定**

《中华人民共和国国家安全法》第五十九条；《中华人民共和国城乡规划法》第六十四条至第六十六条；《中华人民共和国建筑法》第六十四条、第八十四条；《中华人民共和国行政许可法》第七条；《中华人民共和国行政处罚法》第六十三条；《国务院办公厅法律、行政法规、国务院决定设定的行政许可事项清单（2023年版）》第一百一十三项

---

**第五十八条** 违反本法第四十一条规定的，由国家安全机关责令改正，予以警告或者通报批评；拒不改正或者情节严重的，由有关主管部门依照相关法律法规予以处罚。

---

◆ **条文主旨**

本条是关于物流运营单位、电信业务经营者、互联网服务提供者违反本法要求的处罚的规定。

◆ **立法背景**

1993年国家安全法、2014年反间谍法没有作出相关规定，2023年修订后的反间谍法增加了本条规定。

间谍行为在实施过程中，通常伴随间谍物品、专用器材的运输、邮寄及通过电信、互联网实现数据、资料传送等。国家安全机关在调查间谍行为时，通常需要相关邮政、快递等物流运营单位和电信业务经营者、互联网服务提供者提供支持和帮助。国家安全法、网络安全法、反有组织犯罪法、邮政法等对此都有相关规定。本法第四十一条规定，国家安全机关依法调查间谍行为，邮政、快递等物流运营单位和电信业务经营者、互联网服务提供者应当提供必要的支持和协助。本条对于违反

第四十一条规定的法律责任作出明确。

本条的内容在一审和二审过程中作了部分修改。一审稿规定："违反本法第二十一条规定的，由国家安全机关会同有关主管部门责令改正，予以警告、通报批评；拒不改正或者情节严重的，依照相关法律法规予以处罚。"二审稿对一审稿作了部分修改，规定"违反本法第二十二条规定的，由国家安全机关责令改正，予以警告或者通报批评；拒不改正或者情节严重的，由有关主管部门依照相关法律法规予以处罚。"主要修改是将一审稿中责令改正及警告、通报批评的处罚主体由"国家安全机关会同有关主管部门"修改为"国家安全机关"，删除了"会同有关主管部门"。主要考虑是，"有关主管部门"的表述较为概括，实践中容易导致部门职权交叉，为体现权责明确，使处罚主体更清晰，同时从权利救济角度，也便于当事人救济，因此删去"会同有关主管部门"，将处罚权赋予国家安全机关。此外，三审过程中由于原第二十二条移至第四章"保障与监督"中作为第四十一条，本条表述中对应的条文序号作相应调整。

◆ **条文释义**

本条理解中应注意以下几个方面的问题：

第一，本条处罚违反本法第四十一条规定的行为。第四十一条规定国家安全机关依法调查间谍行为，邮政、快递等物流运营单位和电信业务经营者、互联网服务提供者应当提供必要的支持和协助。

一是这里的提供支持和协助的主体主要包括：（1）邮政、快递等物流运营单位。物流运营单位是概括的类概念，包括邮政企业、快递公司等。邮政法第八十四条，邮政企业是指中国邮政集团公司及其提供邮政服务的全资企业、控股企业。（2）电信业务经营者、互联网服务提供者。关于电信业务经营，电信条例第二条规定，在中华人民共和国境内从事电信活动或者与电信有关的活动，必须遵守本条例。本条例所称电信，是指利用有线、无线的电磁系统或者光电系统，传送、发射或者接收语音、文字、数据、图像以及其他任何形式信息的活动。第七条第三款规定，未取得电信业务经营许可证，任何组织或者个人不得从事电信业务经营活动。因此，"电信业务经营者"是指取得相关经营许可证、在中华人民共和国境内从事利用有线、无线的电磁系统或者光电系统，传送、发射或者接收语音、文字、数据、图像以及其他任何形式信息的活动，或者从事与前述活动有关的活动的主体。电信条例第八条第一款、第二款的规定，电信业务分为基础电信业务和增值电信业务。基础电信业务是指，提供公共网络基础设施、公共数据传送和基本话音通信服务的业务。增值电信业务，是指利用公共网络基础设施提供的电信与信息服务的业务。电信业务经营者，主要包括基础电信企业和移动通信转售企业。目前我国五大电信运营商分别是中国电信、中国移动、中国联通、中国广电和中信网络，主要是提供固定电话、移动电话和互联网接入的通信服务。移动通信转售企业，主要是指从拥有移动网络的基础电信业务经营者购买移动通信服务，重新包装成自有品牌并销售给最终用户的移动通信服务。关于互联网服务提供者，根据《互联网信息服务管理办法》第二条规定，在中华人民共和国境内从事互联网信息服务活动，必须遵守本办法。本办法所称互联网信息服务，是指通过互联网向上网用户提供信息的服务活动。第三条规定，互联网信息服务分为经营性和非经营性两类。经营性互联网信息服务，是指通过互联网向上网用户有偿提供信息或者网页制作等服务活动。非经营性互联网信息服务，是指通过互联网向上网用户无偿提供具有公开性、共享性信息的服务活动。因此，"互联网服务提供者"是指取得许可或者履行备案手续、在中华人民共和国境内从事通过互联网向上网用户有偿提供信息或者网页制作，或者通过互联网向上网用户无偿提供具有公开性、共享性信息等服务活动的主体。另外，《最高人民法院、最高人民检察院关于办理非法利用信息网络、帮助信息网络犯罪活动等刑事案件适用法律若干问题的解释》第一条对如何认定网络服务提供者作了规定，"提供下列服务的单位和个人，应当认定为刑法第二百八十六条之一第一款规定的'网络服务提供者'：（一）网络接入、域名注册解析等信息网络接入、计算、存储、传输服务；（二）信息发布、搜索引擎、即时通讯、网络支付、网络预约、网络购物、网络游戏、网络直播、网站建设、安全防护、广告推广、应用商店等信息网络应用服务；（三）利用信息网络提供的电子政务、通信、能源、交通、水利、金融、教育、医疗等公共服务。"

二是，违反本法第四十一条规定的行为主要是指未根据本法第四十一条的规定提供必要的支持和协助的行为。关于"必要的支持和协助"参见前文内容。此外，关于"提供必要的支持和协助"的理解。国家安全机关调查反间谍行为，要求物流运营单位对特定客户身份进行查验而没有予以履行时，可以结合具体情况认为没有提供必要的支持和协助。

第二，对"违反本法第四十一条规定的，由国家安全机关责令改正"的理解。对于违反第四十一条规定的，情节轻微的，多数情况先由国家安全机关责令改正，予以警告或者通报批评。

第三，对"拒不改正或者情节严重的，由有关主管部门依照相关法律法规予以处罚"的理解。首先关于"拒不改正或者情节严重"可以是责令改正后故意拖延，提供虚假的信息、数据，给国家安全机关调查间谍行为人为制造假象、困难，增加调查难度，明确提出不予支持或者因不改正或不及时改正延误案件侦查或者破坏国家安全等。

其次，关于"由有关主管部门依照相关法律法规予以处罚"，根据处罚对象的不同，有关主管部门和具体适用的法律也有所区别。对于电信业务经营者、互联网服务提供者，适用的法律主要是：（1）网络安全法第六十九条规定，网络运营者违反本法规定，有下列行为之一的，由有关主管部门责令改正；拒不改正或者情节严重的，处五万元以上五十万元以下罚款，对直接负责的主管人员和其他直接责任人员，处一万元以上十万元以下罚款：（一）不按照有关部门的要求对法律、行政法规禁止发布或者传输的信息，采取停止传输、消除等处置措施的；（二）拒绝、阻碍有关部门依法实施的监督检查的；（三）拒不向公安机关、国家安全机关提供技术支持和协助的。（2）如果间谍违法犯罪活动涉嫌恐怖活动的，可以适用反恐怖主义法。反恐怖主义法第十八条规定，电信业务经营者、互联网服务提供者应当为公安机关、国家安全机关依法进行防范、调查恐怖活动提供技术接口和解密等技术支持和协助。根据第八十四条对法律责任作出的规定，电信业务经营者、互联网服务提供者未依照规定为公安机关、国家安全机关依法进行防范、调查恐怖活动提供技术接口和解密等技术支持和协助的，由主管部门处二十万元以上五十万元以下罚款，并对其直接负责的主管人员和其他直接责任人员处十万元以下罚款；情节严重的，处五十万元以上罚款，并对其直接负责的主管人员和其他直接责任人员，处十万元以上五十万元以下罚款，可以由公安机关对其直接负责的主管人员和其他直接责任人员，处五日以上十五日以下拘留。

对于邮政、快递等物流运营单位。邮政法第三十六条规定，因国家安全或者追查刑事犯罪的需要，公安机关、国家安全机关或者检察机关可以依法检查、扣留有关邮件，并可以要求邮政企业提供相关用户使用邮政服务的信息。邮政企业和有关单位应当配合，并对有关情况予以保密。第七十五条规定，邮政企业、快递企业不建立或者不执行收件验视制度，或者违反法律、行政法规以及国务院和国务院有关部门关于禁止寄递或者限制寄递物品的规定收寄邮件、快件的，对邮政企业直接负责的主管人员和其他直接责任人员给予处分；对快递企业，邮政管理部门可以责令停业整顿直至吊销其快递业务经营许可证。用户在邮件、快件中夹带禁止寄递或者限制寄递的物品，尚不构成犯罪的，依法给予治安管理处罚。有前两款规定的违法行为，造成人身伤害或者财产损失的，依法承担赔偿责任。第七十八条规定了法律责任，邮政企业及其从业人员、快递企业及其从业人员在经营活动中有危害国家安全行为的，依法追究法律责任；对快递企业，并由邮政管理部门吊销其快递业务经营许可证。快递暂行条例第三十八条第二款规定，国家安全机关、公安机关为维护国家安全和侦查犯罪活动的需要依法开展执法活动，经营快递业务的企业应当提供技术支持和协助。第四十五条规定，经营快递业务的企业及其从业人员在经营活动中有危害国家安全行为的，依法追究法律责任；对经营快递业务的企业，由邮政管理部门吊销其快递业务经营许可证。

◆ **实践中需要注意的问题**

在本条的理解适用中，需要注意以下几个方面的问题：

第一，本法第四十一条中的“支持和协助”内容上应当包括：国家安全机关在调查间谍行为过程中，为了防止信息扩散、减小损失、维护国家安全等，要求物流运营单位和电信业务经营者、互联网服务提供者采取必要的措施，如停止快递物流运输、拆包检查、停止相关传输、关闭相关网站、暂停相关服务等，物流运营单位和电信业务经营者、互联网服务提供者要及时采取必要的措施。网络安全法第四十七条规定，网络运营者应当加强对其用户发布的信息的管理，发现法律、行政法规禁止发布或者传输的信息的，应当立即停止传输该信息，采取消除等处置措施，防止信息扩散，保存有关记录，并向有关主管部门报告。第六十八条规定，网络运营者违反本法第四十七条规定，对法律、行政法规禁止发布或者传输的信息未停止传输、采取消除等处置措施、保存有关记录的，由有关主管部门责令改正，给予警告，没收违法所得；拒不改正或者情节严重的，处十万元以上五十万元以下罚款，并可以责令暂停相关业务、停业整顿、关闭网站、吊销相关业务许可证或者吊销营业执照，对直接负责的主管人员和其他直接责任人员处一万元以上十万元以下罚款。电子信息发送服务提供者、应用软件下载服务提供者，不履行本法第四十八条第二款规定的安全管理义务的，依照前款规定处罚。

第二，根据本法第四十一条的规定，对于物流运营单位和电信业务经营者、互联网服务提供者应当提供必要的支持和协助。实践中，国家安全机关在调查间谍行为时，要求相关企业提供支持和帮助要综合考虑调查需要、企业的实际情况、协助能力、信息保护等，严格遵守调查程序，不能将超范围调查时企业的合理抗辩认为是不予支持配合。

◆ **相关规定**

《中华人民共和国反恐怖主义法》第十八条、第二十条、第八十四条、第八十五条；《中华人民共和国反有组织犯罪法》第七十二条；《中华人民共和国邮政法》第三十六条、第七十五条、第七十八条、第八十四条；《中华人民共和国电信条例》第二条、第七条、第八条；《中华人民共和国快递暂行条例》第三十八条；《中华人民共和国网络安全法》第四十七条、第四十八条、第六十八条、第六十九条；《互联网信息服务管理办法》第二条、第三条；《最高人民法院、最高人民检察院关于办理非法利用信息网络、帮助信息网络犯罪活动等刑事案件适用法律若干问题的解释》第一条

**第五十九条** 违反本法规定，拒不配合数据调取的，由国家安全机关依照《中华人民共和国数据安全法》的有关规定予以处罚。

### ◆ 条文主旨

本条是关于违反本法规定，拒不配合数据调取的处罚规定。

### ◆ 立法背景

1993 年国家安全法、2014 年反间谍法没有作出相关规定，2023 年修订后的反间谍法增加了本条规定。

**（一）立法背景及修改情况**

随着互联网、大数据、人工智能为代表的现代信息技术的广泛应用，当今社会正在加速进入信息化、数字化时代。在信息化时代背景下，数据已经成为一种重要的国家基础性战略资源。数据安全成为国家安全的重要组成部分，信息化时代没有数据安全就没有国家安全。习近平总书记指出：要切实保障国家数据安全。要加强关键信息基础设施安全保护，强化国家关键数据资源保护能力，增强数据安全预警和溯源能力。2021 年 6 月 10 日，第十三届全国人大常委会第二十九次会议通过了数据安全法，对国家机关调取数据的职权和拒不配合数据调取的法律责任作出规定。在反间谍工作中，一方面利用网络攻击、侵入、干扰、控制、破坏等方式实施危害国家安全的间谍行为日益普遍；另一方面由于间谍行为利用高科技手段而越来越难以被发现，需要通过调取相关数据作为侦查的线索和方式，因此，数据查询、调取等成为反间谍工作的重要一环。本法第二十六条规定，国家安全机关工作人员依法执行反间谍工作任务时，根据国家有关规定，经设区的市级以上国家安全机关负责人批准，可以查阅、调取有关的文件、数据、资料、物品，有关个人和组织应当予以配合。查阅、调取不得超出执行反间谍工作任务所需的范围和限度。上述规定，明确了有关个人和组织协助配合提供数据的义务。为与数据安全法的有关规定做好衔接，进一步突出数据查询和调取在反间谍工作中的重要意义，修订后的反间谍法在法律责任一章中规定了不配合数据调取的法律责任。

**（二）公开征求意见的情况**

在审议和征求意见过程中，有的提出，建议本条表述与数据安全法相一致，将“国家安全机关”修改为“有关主管部门”。也有的提出，数据安全法规定的“有关主管部门”，既包括公安机关也包括国家安全机关，本法主要是明确国家安全机关的职责，如果表述为“有关主管部门”会令国家安全机关的职责不明晰，也与其他部门的职责难以区分，建议不作修改，继续使用“国家安全机关”的表述。对此，没有作出修改，仍保留“国家安全机关”的表述。

◆ **条文释义**

本条规定包含以下几个方面的内容：

第一，关于对“数据”的理解。根据数据安全法第三条的规定，数据是指任何以电子或者其他方式对信息的记录。即将“数据”界定为“信息”的表现形式。实践中，对“数据”和“信息”的概念区分上，存在一定争议：一种观点认为，“数据”属于“信息”的子概念，仅表示在电子通信环境下信息的表现形式。一种观点认为，“信息”属于“数据”的子概念，“信息”是从采集的数据中提取的有用内容。还有一种观点认为，“信息”和“数据”相互混用，概念区分没有实质意义。从现实生活来看，“信息”的内涵范围要更宽泛，除了电子数据是信息外，其他的文字表现形式的内容也是信息，如日常的对话、标语横幅等。对于本法中的信息，既要结合数据安全法中对信息的界定理解，也要结合反间谍工作的实践情况判断。

第二，“违反本法规定”主要是违反本法第二十六条的规定，第二十六条对于有关个人和组织具有协助配合国家安全机关查阅、调取有关数据的义务作出规定。查阅、调取有关的文件、数据、资料、物品时，有关个人和组织应当予以配合。这里的配合是指应当为国家安全机关调查有关情况、收集有关证据提供便利条件等，不能无故拒绝、故意阻碍国家安全机关依法查阅、调取。国家安全法第七十七条规定，公民和组织应当履行下列维护国家安全的义务：……（四）为国家安全工作提供便利条件或者其他协助；（五）向国家安全机关、公安机关和有关军事机关提供必要的支持和协助；……本法第八条规定，任何公民和组织都应当依法支持、协助反间谍工作。根据本法和国家安全法的规定，配合国家安全机关工作人员依法查阅、调取有关文件、数据、资料、物品是有关个人和组织的义务。国家安全机关开展反间谍工作，必须依靠广大的人民群众，需要查阅、调取有关文件、数据、资料、物品时，应当积极主动与有关部门、单位和人员沟通协调，取得相关个人和组织的支持、配合，才能顺利完成任务。有关个人和组织也应当积极支持国家安全机关的工作，配合做好相关工作。除此之外，本法第十四条规定，任何个人和组织都不得非法获取、持有属于国家秘密的文件、数据、资料、物品的禁止性规定。本法第三章专门规定调查处置条款。如侦办非法获取、持有属于国家秘密的数据的案件或者在调查处置阶段需要依法调取数据的，对于拒不配合调取的，依照数据安全法的规定予以处罚。

第三，关于本条的处罚。数据安全法第三十五条对国家机关依法调取数据需经过严格的批准手续作出规定。第四十八条第一款对拒不配合数据调取的法律责任作出规定，即违反数据安全法第三十五条规定，拒不配合数据调取的，由有关主管部门责令改正，给予警告，并处五万元以上五十万元以下罚款，对直接负责的主管人员和其他直接责任人员处一万元以上十万元以下罚款。对于违反反间谍法规定，拒不配合数据调取的，适用数据安全法的上述规定予以处罚；具有处罚权的主体，本条明确为国家安全机关。

◆ **实践中需要注意的问题**

在本条的理解适用中，需要注意以下几个方面的问题：

第一，“拒不配合”主要是指有义务并且有能力提供相关数据而不提供的情况。在表现形式上可以是不予提供，或者是给数据调取制造技术或者人为障碍等。实践中要注意将“拒不提供”与客观上无法提供的情况相区分。社会生产和生活中，数据的类型、来源等非常广泛，对于数据的全面收集是一种较为理想的状态。当前数据调取措施主要针对网络信息业者，在调取数据的过程中除协助义务的前提下，还要切实考虑网络信息业者的协助能力、管理规范程度等。如有些企业因数据留存管理不规范，没有留存有关数据，或者因技术等原因无法调取数据等情况，不宜简单认为是“拒不配合”数据调取。

第二，要做好数据调取和信息保护的平衡。从我国公安机关使用数据库查询、比对、分析各种记录的发展状况看，自 1998 年公安部启动“金盾工程”开始，各类数据库建设与应用就逐步成为重要的侦查手段，数据调取则成为重要的手段。生产、生活，乃至社会的正常运转每天会产生大量的数据，数据调取会直接涉及公民个人隐私、基本权利，商业秘密甚至国家秘密，因此本法对于调取数据规定了严格的程序，同时规定国家安全机关及其工作人员依法履行反间谍工作职责获取的个人和组织的信息，只能用于反间谍工作。在数据调取过程中，也要将调取数据的范围作出严格限制，不能对超出必要调取数据范围的合理拒绝认为是“拒不配合”。

◆ **相关规定**

《中华人民共和国数据安全法》第三条、第三十五条、第四十八条

---

**第六十条** 违反本法规定，有下列行为之一，构成犯罪的，依法追究刑事责任；尚不构成犯罪的，由国家安全机关予以警告或者处十日以下行政拘留，可以并处三万元以下罚款：

（一）泄露有关反间谍工作的国家秘密；

（二）明知他人有间谍犯罪行为，在国家安全机关向其调查有关情况、收集有关证据时，拒绝提供；

（三）故意阻碍国家安全机关依法执行任务；

（四）隐藏、转移、变卖、损毁国家安全机关依法查封、扣押、冻结的财物；

（五）明知是间谍行为的涉案财物而窝藏、转移、收购、代为销售或者以其他方法掩饰、隐瞒；

（六）对依法支持、协助国家安全机关工作的个人和组织进行打击报复。

---

## ◆ 条文主旨

本条是关于妨碍执法情形的处罚规定。

## ◆ 立法背景

本条在 1993 年国家安全法中分三条作了规定。2014 年反间谍法对这三条作了修改，并增加了一条规定，共为四条规定。2023 年修订反间谍法时将上述四条合并为一条规定。

**立法背景及修改情况**

1. 1993 年国家安全法的规定。第二十八条规定："故意或者过失泄露有关国家安全工作的国家秘密的，由国家安全机关处十五日以下拘留；构成犯罪的，依法追究刑事责任。"第二十六条规定："明知他人有间谍犯罪行为，在国家安全机关向其调查有关情况、收集有关证据时，拒绝提供的，由其所在单位或者上级主管部门予以行政处分，或者由国家安全机关处十五日以下拘留；情节严重的，比照刑法第一百六十二条的规定处罚。"第二十七条规定："以暴力、威胁方法阻碍国家安全机关依法执行国家安全工作任务的，依照刑法第一百五十七条的规定处罚。故意阻碍国家安全机关依法执行国家安全工作任务，未使用暴力、威胁方法，造成严重后果的，比照刑法第一百五十七条的规定处罚；情节较轻的，由国家安全机关处十五日以下拘留。"（2009 年 8 月 27 日《关于修改部分法律的决定》将第二十六条、第二十七条中的"依照刑法第×条的规定""比照刑法第×条的规定"修改为"依照刑法有关规定"。）

2. 2014 年反间谍法的规定。第三十一条规定："泄露有关反间谍工作的国家秘密的，由国家安全机关处十五日以下行政拘留；构成犯罪的，依法追究刑事责任。"第二十九条规定："明知他人有间谍犯罪行为，在国家安全机关向其调查有关情况、收集有关证据时，拒绝提供的，由其所在单位或者上级主管部门予以处分，或者由国家安全机关处十五日以下行政拘留；构成犯罪的，依法追究刑事责任。"第三十条规定："以暴力、威胁方法阻碍国家安全机关依法执行任务的，依法追究刑事责任。故意阻碍国家安全机关依法执行任务，未使用暴力、威胁方法，造成严重后果的，依法追究刑事责任；情节较轻的，由国家安全机关处十五日以下行政拘留。”第三十三条规定：“隐藏、转移、变卖、损毁国家安全机关依法查封、扣押、冻结的财物的，或者明知是间谍活动的涉案财物而窝藏、转移、收购、代为销售或者以其他方法掩饰、隐瞒的，由国家安全机关追回。构成犯罪的，依法追究刑事责任。”

反间谍工作关系国家安全，依法防范、制止间谍行为，不仅是国家安全机关的职责，也是公民的义务。对此，宪法第五十四条和2014年反间谍法第四条都规定，中华人民共和国公民有维护国家的安全、荣誉和利益的义务，不得有危害国家的安全、荣誉和利益的行为。

3. 2023年修订后的反间谍法规定。第八条规定“任何公民和组织都应当依法支持、协助反间谍工作，保守所知悉的国家秘密和反间谍工作秘密。”为了保证这一规定的执行，保障反间谍工作的顺利进行，规定了法律责任。为了保障国家安全机关及其工作人员顺利开展反间谍工作，本法第八条规定，公民和组织应当依法支持、协助反间谍工作；第九条规定，国家对支持、协助反间谍工作的个人和组织给予保护。总体来看，在国家安全机关依法执行任务时，绝大多数公民和组织都能自觉为其提供便利条件，帮助国家安全机关工作人员查明案情，制止犯罪，收集相关证据，抓获犯罪嫌疑人。但是，实践中也有个别人员对国家安全机关执行任务不予配合，设置障碍，甚至采取暴力、威胁方法阻碍国家安全机关执行任务，干扰国家安全机关工作任务的完成，甚至导致犯罪分子逃避法律追究等严重后果，危及国家安全，具有严重的社会危害性。有的案件当事人或者其他有关人员，隐藏、转移、变卖、损毁国家安全机关依法查封、扣押、冻结的财物，不仅严重妨碍国家安全机关的调查、侦查活动，还可能导致国家安全和利益受到进一步的危害。此外，明知相关财物是间谍行为的涉案财物，仍然窝藏、转移、收购、代为销售或者以其他方法掩饰、隐瞒的，或者故意阻碍国家安全机关依法执行任务的，妨碍了国家安全机关对间谍行为的调查和处理，也应当依法予以追究责任。对各类妨碍执法的行为进行处罚的同时，也要对依法支持、协助国家安全机关工作的个人和组织给予保护，新修订的反间谍法增加了相关的规定。本次修订的反间谍法对1993年国家安全法、2014年反间谍法相关规定进行整合并进一步修改，条文内容与刑法作了衔接，规定“构成犯罪的，依法追究刑事责任”；对于尚不构成犯罪的，由国家安全机关予以警告或者处十日以下行政拘留，可以并处三万元以下罚款。

与1993年国家安全法、2014年反间谍法的规定相比，对于不构成犯罪的情形，2023年修订后的反间谍法在拘留的基础上，增加警告和并处罚款的规定。对于并处罚款的数额，一审和二审稿规定“可以并处五万元以下罚款”。二审中有的部门提出，二审稿第五十四条将对间谍行为罚款最高数额由十万元调整为五万元，而本条规定的违法行为比间谍行为轻，而罚款数额与间谍行为一样，建议作出调整。三审稿采纳这一意见，将“五万元”修改为“三万元”。在拘留的时限上，由原来的十五日以下行政拘留减为十日以下行政拘留，一方面从处罚力度上与个人实施间谍行为尚不构成犯罪的情况作出区分，另一方面与治安管理处罚法的有关规定相衔接。

关于具体情形规定的修改：

（1）第一项规定的内容，2014 年反间谍法在 2009 年国家安全法第二十八条的基础上作了文字修改：一是，将原规定的“故意或者过失泄露有关国家安全工作的国家秘密”中的“故意或者过失”删去。主要是在反间谍法审议和征求意见过程中，有意见提出，泄露本身即包含了故意和过失两种情形，在法律责任上也未对这两种情形分别作规定，没有必要特别强调。该意见被采纳。二是，将“国家安全工作的国家秘密”改为“反间谍工作的国家秘密”，以突出反间谍工作的特点。本次修订反间谍法在全国人大常委会审议中有意见提出，第一项在保守国家秘密法中已经有相关法律责任，建议不作出规定，考虑到反间谍工作的特殊性和法律责任规定的系统性，保留了该项规定。

（2）第二项规定的内容，2014 年反间谍法在 2009 年 8 月 27 日修改后国家安全法第二十六条的基础上进行了修改：一是，作了两处文字修改，即将原规定的由其所在单位或者上级主管部门“予以行政处分”改为“予以处分”；将原规定的“拘留”改为“行政拘留”。这样修改，主要是与现行有关法律，如行政处罚法、公务员法等在表述上相衔接，用语更加规范。二是，将“依照刑法有关规定处罚”修改为“依法追究刑事责任”，以与其他法律中的类似表述一致。本次反间谍法修订对国家安全法第二十六条涉及的刑事责任的衔接部分在本条中作了总的规定，将行政拘留由十五日以下修改为十日以下。此外，删除了“由其所在单位或者上级主管部门予以处分”的规定，规定由国家安全机关进行处罚。

（3）第三项规定的内容，2014 年反间谍法在 2009 年国家安全法第二十七条的基础上进行了修改：一是，将原规定的故意阻碍国家安全机关依法执行“国家安全工作任务”修改为“任务”，以突出反间谍工作特点。二是，将 2009 年 8 月 27 日的“依照刑法有关规定处罚”修改为“依法追究刑事责任”，以与其他法律中的类似表述一致。国家安全机关是反间谍工作主管机关，依法承担防范、制止、惩治间谍活动的职责。第三项内容是在 2014 年反间谍法第三十条基础上作出的修改，不再具体表述构成犯罪的具体情形，与刑法规定相衔接。

（4）第四项、第五项规定的内容，是根据反间谍工作需要和实践情况，在 2014 年反间谍法中增加的规定。本次修订二审稿中，第四项还包括“或者窝藏、包庇”的情形，二审过程中有意见提出，二审稿第五十四条对单位实施、支持、协助间谍行为的罚款标准与本条对窝藏、包庇间谍等行为的罚款标准相差过于悬殊，建议适当平衡。三审稿吸收上述意见，将“窝藏、包庇”移至第五十四条中，规定窝藏、包庇间谍行为与帮助间谍行为的法律责任一样重。

（5）第六项规定的内容是2023年反间谍法修订新增加的规定。三审期间有意见提出，将第六项规定的支持、协助“反间谍工作的个人和组织”修改为支持、协助“国家安全机关工作的个人和组织”，以扩大保护对象的范围。考虑到设置的法律责任应当发挥预防和震慑违法行为的效果，鼓励更多的个人和组织支持、协助国家安全机关工作，并使其免于受到打击报复，采纳这一意见，将“反间谍工作”修改为“国家安全机关工作”。

◆ **条文释义**

本条是关于妨碍国家安全机关反间谍执法情形的处罚规定，包括六个方面：

第一，本条第一项是对“泄露有关反间谍工作的国家秘密”的规定。根据该规定，任何知悉有关反间谍工作国家秘密的人，泄露有关反间谍工作的国家秘密的，都应依法追究责任。从实际情况看，知悉有关反间谍工作的国家秘密的人员，有的是国家安全机关及其工作人员依法执行反间谍任务时，向其调查了解过有关情况，要求其提供过协助，有的是因其工作性质了解到相关情况。如根据本法规定，国家安全机关依法行使侦查、拘留、预审和执行逮捕以及法律规定的其他职权，可以查验有关人员的身份证明；进入有关场所、单位，查阅、调取有关的文件、数据、资料、物品；优先使用或者依法征用单位或者个人的交通工具、通信工具、场地、建筑物，必要时，可以设置相关工作场所和设施设备；查验有关组织和个人的电子设备、设施及有关程序、工具等。相关人员因配合国家安全机关工作而知悉有关反间谍工作国家秘密的，都应当按照国家安全机关的要求，严格保密，以免因泄露给国家安全机关开展反间谍工作造成损失。此外，也有一些人员可能是因为其他原因了解到国家安全机关开展反间谍工作的情况，如在现场目击等。无论行为人因何种原因了解到有关反间谍工作的国家秘密，都必须遵守执行反间谍任务的国家安全机关工作人员应当严格保守秘密，不得泄露的要求。根据本条规定，泄露有关反间谍工作的国家秘密，无论故意或者过失，都应追究法律责任。所谓“泄露”，是指行为人违反保密规定，使自己所知悉的有关反间谍工作的国家秘密被不应知悉该国家秘密的人所知悉的行为。

关于泄露有关反间谍工作的国家秘密的法律责任，需要区分情节轻重，分别追究刑事责任，或者予以行政处罚。关于追究刑事责任，刑法第三百九十八条规定了泄露国家秘密罪，根据该规定，故意或者过失泄露国家秘密，情节严重的，处三年以下有期徒刑或者拘役；情节特别严重的，处三年以上七年以下有期徒刑。因此，对泄露有关反间谍工作的国家秘密的，是追究刑事责任还是予以行政拘留处罚，应当根据具体案件情节严重程度决定。其中，情节较轻，不构成犯罪的，由国家安全机关处十日以下行政拘留；情节严重的，应当依法追究其刑事责任。实践中对情节严重程度的掌握，主要应从行为人所泄露的有关反间谍工作的国家秘密事项的重要程度，因泄露该国家秘密给国家安全机关反间谍工作带来的实际危害考虑。此外，还应当考虑行为人泄露该国家秘密在主观上是出于故意还是过失。

第二，本条第二项是对拒绝提供间谍犯罪情况、证据的法律责任的规定，具体为明知他人有间谍犯罪行为，在国家安全机关向其调查有关情况、收集有关证据时，拒绝提供。构成本项行为，需要符合以下条件：一是，行为人在主观上要“明知他人有间谍犯罪行为”。“明知”是指行为人主观上明确地知道，既包括知道他人实施间谍犯罪行为的全部情况，也包括知道部分情况。二是，明知的内容是他人实施“间谍犯罪行为”的情况。根据反间谍法第四条的规定，间谍行为包括下列行为：（1）间谍组织及其代理人实施或者指使、资助他人实施，或者境内外机构、组织、个人与其相勾结实施的危害中华人民共和国国家安全的活动；（2）参加间谍组织或者接受间谍组织及其代理人的任务，或者投靠间谍组织及其代理人；（3）间谍组织及其代理人以外的其他境外机构、组织、个人实施或者指使、资助他人实施，或者境内机构、组织、个人与其相勾结实施的窃取、刺探、收买、非法提供国家秘密、情报以及其他关系国家安全和利益的文件、数据、资料、物品，或者策动、引诱、胁迫、收买国家工作人员叛变的活动；（4）间谍组织及其代理人实施或者指使、资助他人实施，或者境内外机构、组织、个人与其相勾结实施针对国家机关、涉密单位或者关键信息基础设施等的网络攻击、侵入、干扰、控制、破坏等活动；（5）为敌人指示攻击目标；（6）进行其他间谍活动。行为人如果知悉他人实施上述间谍行为，在国家安全机关向其了解情况时，应当配合国家安全机关依法开展工作，如实提供自己了解的有关情况和所掌握的证据。

对于具有第二项规定情形构成犯罪的，可能适用刑法第二百七十七条妨害公务罪，对于以暴力、威胁方法阻碍国家机关工作人员依法执行职务的，处三年以下有期徒刑、拘役、管制或者罚金；对于故意阻碍国家安全机关、公安机关依法执行国家安全工作任务，未使用暴力、威胁方法，造成严重后果的，依照前述规定处罚。如果涉及间谍犯罪，可以适用刑法第三百一十一条拒绝提供间谍犯罪、恐怖主义犯罪、极端主义犯罪证据罪的规定，处三年以下有期徒刑、拘役或者管制。

第三，本条第三项是对“故意阻碍国家安全机关依法执行任务”的规定。本项只对“故意阻碍”作出规定。2014 年反间谍法对以暴力、威胁方法阻碍国家安全机关依法执行任务的和未使用暴力、威胁方法，造成严重后果的，依照刑法追究刑事责任作出规定。符合上述两种情形的，直接根据刑法相关规定予以处罚。“故意阻碍”要求行为人明知国家安全机关依法执行任务，而实施各种致使任务无法顺利进行的行为，不要求行为人主观上对具体任务的内容等有明确的认知，是否最终起到阻碍的作用并不影响对行为人的处罚。

对于符合第三项情形构成犯罪的，可能适用刑法第二百七十七条妨害公务罪，对于以暴力、威胁方法阻碍国家机关工作人员依法执行职务的，处三年以下有期徒刑、拘役、管制或者罚金；对于故意阻碍国家安全机关、公安机关依法执行国家安全工作任务，未使用暴力、威胁方法，造成严重后果的，依照前述规定处罚。

第四，本条第四项是对“隐藏、转移、变卖、损毁国家安全机关依法查封、扣押、冻结的财物”的规定。“隐藏”是指将财物私自隐匿，躲避国家安全机关的查处。“转移”主要是指将已被查封、扣押的物品转移到他处，或者将已被冻结的资金私自取出或转账到其他账户，脱离国家安全机关的实际控制。“变卖”是指擅自将财物作价出卖。“损毁”是指使用破坏性手段使财物毁损或者灭失。

对于符合第四项情形构成犯罪的，可能适用刑法第三百一十条窝藏、包庇罪，处三年以下有期徒刑、拘役或者管制；情节严重的，处三年以上十年以下有期徒刑。也可能适用刑法第三百一十二条掩饰、隐瞒犯罪所得、犯罪所得收益罪，处三年以下有期徒刑、拘役或者管制，并处或者单处罚金；情节严重的，处三年以上七年以下有期徒刑，并处罚金。还可能适用刑法第三百一十四条，构成非法处置查封、扣押、冻结的财产罪，情节严重的，处三年以下有期徒刑、拘役或者罚金。

第五，本条第五项是对“明知是间谍行为的涉案财物而窝藏、转移、收购、代为销售或者以其他方法掩饰、隐瞒”的规定。“明知”不仅包括明确知道，还包括推定为应当知道的情况。对于“明知”，应当结合被告人的认知能力，接触他人犯罪所得及其收益的情况，以及被告人的供述等主、客观因素进行认定。行为的对象是间谍行为的涉案财物，包括用于间谍行为的工具和其他财物，以及用于资助间谍行为的资金、物资等。“窝藏”是指使用各种方法将财物隐藏起来，或者替违法犯罪行为人保存财物，不让国家安全机关发现。“转移”是指将财物移至他处，使国家安全机关不能查获。“收购”是指收买财物。“代为销售”是指代违法犯罪行为人将财物出卖。“其他方法”是指窝藏、转移、收购、代为销售以外的其他掩饰、隐瞒的方法。明知是间谍行为的涉案财物而窝藏、转移、收购、代为销售或者以其他方法掩饰、隐瞒的行为，可能构成刑法第三百一十二条规定的掩饰、隐瞒犯罪所得、犯罪所得收益罪。

对于符合第五项情形构成犯罪的，可能适用刑法第三百一十条窝藏、包庇罪，处三年以下有期徒刑、拘役或者管制；情节严重的，处三年以上十年以下有期徒刑。也可能适用刑法第三百一十二条掩饰、隐瞒犯罪所得、犯罪所得收益罪，择一重罪处断，处三年以下有期徒刑、拘役或者管制，并处或者单处罚金；情节严重的，处三年以上七年以下有期徒刑，并处罚金。

第六，本条第六项是对“对依法支持、协助国家安全机关工作的个人和组织进行打击报复”的规定。反间谍法第九条第一款规定，国家对支持、协助反间谍工作的个人和组织给予保护。本条对此作出明确规定。这里支持、协助国家安全机关工作包括主动提供线索、协助查找证据等。这里的“组织”是与个人相对的广义概念，包括但不限于社团组织、基层自治组织等。

对于符合第六项情形构成犯罪的，可能适用刑法第三百零八条打击报复证人罪，处三年以下有期徒刑或者拘役；情节严重的，处三年以上七年以下有期徒刑。也可能适用刑法第二百三十四条故意伤害罪，处三年以下有期徒刑、拘役或者管制；致人重伤的，处三年以上十年以下有期徒刑；致人死亡或者以特别残忍手段致人重伤造成严重残疾的，处十年以上有期徒刑、无期徒刑或者死刑。

◆ **实践中需要注意的问题**

在本条的理解适用中，需要注意以下几个方面的问题：

第一，本条第一项规定的泄露有关反间谍工作的国家秘密，是指行为人违反保密规定，使得该国家秘密被不应知悉的人知悉的行为。如为了吹嘘、炫耀或者因疏忽大意而走漏消息等。如果行为人是出于特定目的实施相关行为的，可能触犯刑法其他罪名，应当适用刑法相关规定追究责任。如行为人故意为境外机构、组织、人员提供国家秘密的，应按照刑法第一百一十一条的规定追究刑事责任。

第二，针对本条第二项规定，实践中，追究拒绝提供间谍犯罪情况、证据行为人刑事责任，需要注意与刑法第三百一十条规定的窝藏、包庇罪相区别。拒绝提供间谍犯罪证据罪，其客观行为表现是一种消极的不作为，即行为人明知他人有间谍犯罪行为，但在国家安全机关向其调查情况、收集证据时，拒绝提供。而窝藏、包庇罪，其客观行为表现是一种积极的作为，即行为人明知道他人是犯罪的人，还为其提供隐藏处所、财物，帮助其逃匿，或者帮助其作假证明逃避追究。虽然上述两种行为在实际后果上都可能导致犯罪人逃避追究的情况，但行为人的行为方式是完全不同的，前者是消极地不配合国家安全机关工作，相当于“知情不举”；后者则是积极地干扰工作，情节更为恶劣。因此，刑法对两种行为设定的刑罚也是不同的，刑法第三百一十条规定的窝藏、包庇罪的法定最高刑为十年有期徒刑；而第三百一十一条规定的拒绝提供间谍犯罪证据罪的法定最高刑为三年有期徒刑。

第三，根据本条第五项规定，违法行为人对其所窝藏、转移、收购、代为销售或者以其他方法掩饰、隐瞒的财物，主观上是明确知道其属于间谍行为涉案财物的。如果行为人确实属于被欺骗或者因为疏忽而不知道财物性质的，不适用本条规定。

◆ **相关规定**

《中华人民共和国宪法》第五十四条；《中华人民共和国刑法》第一百一十一

条、第二百三十四条、第二百七十七条、第三百一十条至第三百一十二条、第三百一十四条、第三百九十八条；《中华人民共和国治安管理处罚法》第四十二条、第六十条；《中华人民共和国反恐怖主义法》第八十二条、第九十二条；《中华人民共和国国家情报法》第二十八条至第三十条；《中华人民共和国反有组织犯罪法》第七十三条；《中华人民共和国反间谍法实施细则》第二十一条至第二十三条

---

**第六十一条** 非法获取、持有属于国家秘密的文件、数据、资料、物品，以及非法生产、销售、持有、使用专用间谍器材，尚不构成犯罪的，由国家安全机关予以警告或者处十日以下行政拘留。

---

### ◆ 条文主旨

本条是关于非法获取、持有属于国家秘密的文件、数据、资料、物品，以及非法生产、销售、持有、使用专用间谍器材的处罚规定。

### ◆ 立法背景

本条是1993年国家安全法的规定。2014年反间谍法对本条作了修改。2023年修订反间谍法时又作了修改。

**（一）立法背景及修改情况**

1. 1993年国家安全法的规定。第二十九条规定："对非法持有属于国家秘密的文件、资料和其他物品的，以及非法持有、使用专用间谍器材的，国家安全机关可以依法对其人身、物品、住处和其他有关的地方进行搜查；对其非法持有的属于国家秘密的文件、资料和其他物品，以及非法持有、使用的专用间谍器材予以没收。非法持有属于国家秘密的文件、资料和其他物品，构成泄露国家秘密罪的，依法追究刑事责任。"

2. 2014年反间谍法的规定。第三十二条规定："对非法持有属于国家秘密的文件、资料和其他物品的，以及非法持有、使用专用间谍器材的，国家安全机关可以依法对其人身、物品、住处和其他有关的地方进行搜查；对其非法持有的属于国家秘密的文件、资料和其他物品，以及非法持有、使用的专用间谍器材予以没收。非法持有属于国家秘密的文件、资料和其他物品，构成犯罪的，依法追究刑事责任；尚不构成犯罪的，由国家安全机关予以警告或者处十五日以下行政拘留。"

2014年反间谍法第三十二条对1993年国家安全法第二十九条作了以下修改：一是，1993年国家安全法规定，非法持有属于国家秘密的文件、资料和其他物品，构成泄露国家秘密罪的，依法追究刑事责任。本次修改，将该规定简化为"非法持有属于国家秘密的文件、资料和其他物品，构成犯罪的，依法追究刑事责任"。

这样修改的主要考虑是，1993 年国家安全法公布施行时，当时施行的 1979 年刑法尚未规定专门的非法持有国家秘密的犯罪。此后于 1997 年修订的刑法，在第二百八十二条第二款对非法持有属于国家绝密、机密的文件、资料、物品的行为作了专门规定。因此，对非法持有属于国家秘密的文件、资料和其他物品的，不宜再适用泄露国家秘密罪追究。此外，1997 年刑法对有关侵犯国家秘密的犯罪在多处作了规定，如刑法第一百一十一条规定了为境外窃取、刺探、收买、非法提供国家秘密、情报的犯罪，第二百八十二条第一款规定了以窃取、刺探、收买等方法非法获取国家秘密的犯罪，第三百九十八条规定了故意或者过失泄露国家秘密的犯罪。而刑法第二百八十二条第二款规定的非法持有国家绝密、机密文件、资料、物品罪，是指非法持有属于国家绝密、机密的文件、资料或者其他物品，拒不说明来源与用途的犯罪。根据上述规定，对实践中发现的非法持有属于国家秘密的文件、资料、物品的，需要依法查明其来源、用途，如果属于非法窃取、刺探、收买所得，或者打算向境外机构、组织、个人提供的，依法应当适用刑法第一百一十一条或者第二百八十二条第一款的规定追究刑事责任，只有非法持有属于国家绝密、机密的文件、资料或者其他物品拒不说明来源与用途，也无法查清属于上述情况的，才可以适用刑法第二百八十二条第二款的规定。因此，为了更好地与刑法相关规定衔接，2014 年制定反间谍法，在条文中不再规定应当适用的刑法的具体罪名，而是原则规定构成犯罪的，依法追究刑事责任。二是，1993 年国家安全法第二十九条规定，构成犯罪的，依法追究刑事责任，2014 年反间谍法根据实际情况和需要，增加了非法持有国家秘密尚不构成犯罪的，由国家安全机关予以警告或者处十五日以下行政拘留的规定。三是，对 1993 年国家安全法第二十九条作了文字修改，即将原来规定的两款合并为一款，这样修改的目的是，明确由国家安全机关予以行政处罚的是国家安全机关在工作中发现的非法持有国家秘密的行为，而不是所有非法持有国家秘密尚不构成犯罪的行为都由国家安全机关处罚。对于国家保密行政管理部门等有关机关在工作中发现的，违反保守国家秘密法规定持有国家秘密的行为，需要作出行政处理的，应当由保密行政管理部门等有关机关依法处理。

3. 2023 年修订后的反间谍法的规定。2023 年修订的反间谍法第十四条规定，任何个人和组织都不得非法获取、持有属于国家秘密的文件、数据、资料、物品。第十五条规定，任何个人和组织都不得非法生产、销售、持有、使用间谍活动特殊需要的专用间谍器材。专用间谍器材由国务院国家安全主管部门依照国家有关规定确认。本条是对本法第十四条、第十五条对应的法律责任作出的进一步明确。为了保证个人和组织切实履行义务，本法在法律责任中对此作出规定；对于构成犯罪的，作出与刑法的衔接性规定。本条的规定为国家安全机关处理有关违法行为提供了法律依据。

本条对2014年反间谍法第三十二条主要作了以下修改：一是，删去了原条文中关于国家安全机关对非法持有属于国家秘密的文件、资料和其他物品，以及非法持有、使用专用间谍器材的行为进行相关搜查的规定。对于这部分内容，新修订的反间谍法在第三章调查处置中统一作出规定。第二十八条规定，国家安全机关调查间谍行为，经设区的市级以上国家安全机关负责人批准，可以依法对涉嫌间谍行为的人身、物品、场所进行检查。检查女性身体的，应当由女性工作人员进行。二是，将“非法持有”修改为“非法获取、持有”。三是，将“国家秘密的文件、资料和其他物品”修改为“国家秘密的文件、数据、资料、物品”。主要考虑，随着互联网时代的到来，越来越多的信息传播突破传统实物载体模式，以数据形式存在，因此增加了“数据”。一审中有意见提出，将一审稿中“其他物品”修改为“物品”，与其他几项表述一致，二审稿采纳了该意见，作出修改。四是，在本条中增加规定，增加非法生产、销售间谍活动特殊需要的专用间谍器材的法律责任。五是，将原条文规定的“十五日以下行政拘留”修改为“十日以下行政拘留”。

**（二）公开征求意见的情况**

在公开征求意见过程中，有的建议将“非法生产、销售、持有、使用专用间谍器材”修改为“非法生产、销售、持有、使用专用间谍器材或者其他危害国家安全活动的专用工具、器材”。2014年反间谍法对1993年国家安全法相关规定作出修改，对“专用间谍器材”作出明确。反间谍法实施细则第十八条规定，“专用间谍器材”是指进行间谍活动特殊需要的下列器材：（1）暗藏式窃听、窃照器材；（2）突发式收发报机、一次性密码本、密写工具；（3）用于获取情报的电子监听、截收器材；（4）其他专用间谍器材。专用间谍器材由国务院国家安全主管部门依照有关规定确认，具体由国家安全部负责。国家安全部认定专用间谍器材，应当依照国家有关规定进行。未经国家安全部依法确认，任何器材的持有、使用行为都不得依照本法进行处罚。“其他危害国家安全活动的专用工具、器材”这一表述在范围上更宽泛，但在实践中难以作出界定，依目前情况看，“专用间谍器材”能够满足实践的需要，对此没有作出修改。

**◆ 条文释义**

本条包括两类行为的处罚规定，即非法获取、持有属于国家秘密的文件、数据、资料、物品，以及非法生产、销售、持有、使用专用间谍器材。

第一，非法获取、持有属于国家秘密的文件、数据、资料、物品。包含以下几层意思：

一是，关于本条中“国家秘密”的理解。根据保守国家秘密法第二条、第九条、第十条和第十一条规定，“国家秘密”是指关系国家安全和利益，依照法定程序确定，在一定时间内只限一定范围的人员知悉的事项。内容上具体包括：（1）国家事务重大决策中的秘密事项；（2）国防建设和武装力量活动中的秘密事项；（3）外交和外事活动中的秘密事项以及对外承担保密义务的秘密事项；（4）国民经济和社会发展中的秘密事项；（5）科学技术中的秘密事项；（6）维护国家安全活动和追查刑事犯罪中的秘密事项；（7）经国家保密行政管理部门确定的其他秘密事项。政党的秘密事项中符合前述规定的，属于国家秘密。从保密程度上划分，国家秘密的密级分为绝密、机密、秘密三级。其中，绝密级国家秘密是最重要的国家秘密，泄露会使国家安全和利益遭受特别严重的损害；机密级国家秘密是重要的国家秘密，泄露会使国家安全和利益遭受严重的损害；秘密级国家秘密是一般的国家秘密，泄露会使国家安全和利益遭受损害。国家秘密及其密级的具体范围，由国家保密行政管理部门分别会同外交、公安、国家安全和其他中央有关机关规定。军事方面的国家秘密及其密级的具体范围，由中央军事委员会规定。

二是，本条中，属于国家秘密的“文件”是指经过法定程序，被列为国家秘密并规定了密级的文件，这类文件的下发都标有一定的范围。属于国家秘密的“数据”是指经过法定程序认定，国家秘密的数字化形式以及能够承载国家秘密事项的任何以电子或者其他方式对信息的记录。属于国家秘密的“资料”是指经过法定程序被确定为国家秘密的情况统计、档案材料、研究结论等以及与经过法定程序被确定为国家秘密事项的有关资料，这些资料是已被确定为国家秘密事项的文字载体。需要注意的是，文件、资料既包括传统的纸质载体，也包括光介质、电磁介质等载体；“数据”既包括载于介质的数据，也包括在云空间等存储的数据。属于国家秘密的“物品”主要是指文件、数据、资料外，被列入国家秘密的实物，如属于国家秘密的科研设备、产品或者军事武器等。

关于“非法获取”是指以窃取、刺探、收买等方法获取国家秘密。如盗窃国家秘密的文件、资料、物品原件，偷拍、偷照、窃听、窃录、电子侦听或者非法侵入网络系统窃取国家秘密文件、资料等；通过交友、闲聊等方式打听、套取国家秘密，以采访、参观、学习、考察等名目搜集国家秘密，在军事禁区、国家保密单位附近观察、搜集信息等；用金钱、股票、文物、房产等拉拢保密人员获取国家秘密，或者用美色、帮助安排工作等引诱相关人员获取国家秘密。

关于“非法持有”，根据反间谍法实施细则第十七条的规定，“非法持有属于国家秘密的文件、资料和其他物品”包括两种情况：一是，不应知悉某项国家秘密的人员携带、存放属于该项国家秘密的文件、资料和其他物品的。根据保守国家秘密法第十六条的规定，国家秘密的知悉范围，应当根据工作需要限定在最小范围。国家秘密的知悉范围能够限定到具体人员的，限定到具体人员；不能限定到具体人员的，限定到机关、单位，由机关、单位限定到具体人员。国家秘密的知悉范围以外的人员，因工作需要知悉国家秘密的，应当经过机关、单位负责人批准。上述规定人员以外的人员不应知悉国家秘密，擅自携带、存放国家秘密的，属于非法持有。二是，可以知悉某项国家秘密的人员，未经办理手续，私自携带、留存属于该项国家秘密的文件、资料和其他物品的。这种情况指具有某项国家秘密知悉权限的人员，违反保密规定，擅自携带，私自复制、留存属于国家秘密的文件、资料和其他物品。

第二，非法生产、销售、持有、使用专用间谍器材。这里所说的“非法生产、销售”是指未经有关主管部门批准、许可，擅自生产、销售专用间谍器材，或者虽经有关主管部门批准、许可生产、销售，但是在实际生产、销售过程中违反有关主管部门关于数量、规格、范围等的要求，非法生产、销售。“非法持有”主要是指非法保存、留藏专用间谍器材，即除依法从事反间谍、收缴专用间谍器材等工作的部门可以保存留有这些器材外，其他人保留这些器材都属于“非法持有”。“非法使用”包括两个方面的内容：一是依法不得使用这些器材的人使用这些器材，既包括非法持有人使用，也包括向他人借来使用；二是依法可以使用这些器材的人，违反法律和有关规定，在不该使用的场合、时间或者对不该使用的对象使用。

根据本条规定，上述两种行为，尚不构成犯罪的，由国家安全机关予以警告或者处十日以下行政拘留。行为人实施上述行为，构成犯罪的，可以依照刑法第二百八十二条非法获取国家秘密罪、非法持有国家绝密、机密文件、资料、物品罪以及刑法第二百八十三条非法生产、销售专用间谍器材、窃听、窃照专用器材罪追究刑事责任。

### ◆ 实践中需要注意的问题

实践中需要注意的是，根据刑法第二百八十二条第二款的规定，非法持有属于国家绝密、机密的文件、资料或者其他物品，拒不说明来源与用途的，处三年以下有期徒刑、拘役或者管制。因此，本条规定的非法持有行为并非都可以构成犯罪。一是，密级的范围上，要达到国家绝密、机密级才可能构成犯罪。二是，持有同时还要拒不说明来源与用途。“拒不说明来源与用途”，是指在有关机关责令其说明非法持有的属于国家绝密、机密的文件、资料和其他物品的来源和用途时，行为人拒绝回答或者作虚假回答。对于符合上述规定的行为，国家安全机关应当按照刑事诉讼法的规定立案侦查，侦查终结后依法移送人民检察院审查起诉。实践中，在认定非法持有属于国家绝密、机密的文件、资料或者其他物品犯罪，行为人拒不说明国家绝密、机密的文件、资料或者其他物品来源时，司法机关应当认真调查其来源与用途，行为人如果具有间谍身份，或者为境外机构、组织、人员非法提供国家秘密，或者以窃取、刺探、收买方法非法获取国家秘密等犯罪行为的，应当依各该罪定罪处罚，从而防止由于行为人拒不说明来源与用途而放纵罪犯。同时，司法机关在处理此类犯罪时也应当慎重，需要认真听取行为人的说明和辩解，对于确实不知情的，不能以该罪论处。

◆ **相关规定**

《中华人民共和国刑法》第二百八十二条至第二百八十四条；《中华人民共和国保守国家秘密法》第二条、第九条至第十一条；《中华人民共和国反间谍法实施细则》第十七条、第十八条

---

**第六十二条** 国家安全机关对依照本法查封、扣押、冻结的财物，应当妥善保管，并按照下列情形分别处理：

（一）涉嫌犯罪的，依照《中华人民共和国刑事诉讼法》等有关法律的规定处理；

（二）尚不构成犯罪，有违法事实的，对依法应当没收的予以没收，依法应当销毁的予以销毁；

（三）没有违法事实的，或者与案件无关的，应当解除查封、扣押、冻结，并及时返还相关财物；造成损失的，应当依法予以赔偿。

---

◆ **条文主旨**

本条是关于查封、扣押、冻结财物的处理的规定。

◆ **立法背景**

本条1993年国家安全法没有规定，2014年反间谍法增加了本条规定。2023年修订反间谍法时对该条文作出修改。

**（一）立法背景及修改情况**

1. 2014年反间谍法的规定。第三十六条第一款规定："国家安全机关对依照本法查封、扣押、冻结的财物，应当妥善保管，并按照下列情形分别处理：（一）涉嫌犯罪的，依照刑事诉讼法的规定处理；（二）尚不构成犯罪，有违法事实的，对依法应当没收的予以没收，依法应当销毁的予以销毁；（三）没有违法事实的，或者与案件无关的，应当解除查封、扣押、冻结，并及时返还相关财物；造成损失的，应当依法赔偿。"

本条是2014年反间谍法增加的规定。1993年国家安全法对查封、扣押、冻结的财物的返还、移送、没收等后续处理措施没有作出具体规定。在2014年反间谍法制定前，国家安全机关对这些财物处理的依据主要是刑事诉讼法、行政强制法等相关法律，以及国家安全法实施细则。国家安全法实施细则第二十一条规定，国家

安全机关对所查封、扣押、冻结的财物，根据不同情况，予以没收或者移送司法机关依法处理。2014 年反间谍法制定过程中，一些常委委员、部门、地方和专家提出，对查封、扣押、冻结的财物如何处理，关系公民、组织财产权利，应当将其作为一个重要问题在法律中作出明确、具体、可操作性的规定，以保证国家安全机关及其工作人员严格依法办事，防止出现违法甚至腐败问题。从实际情况看，有关法律的规定比较分散，也不够具体，国家安全法实施细则的规定也比较笼统，不够明确，不利于规范对查封、扣押、冻结财物的处理，也不利于保护当事人合法权益。因此，建议将国家安全法实施细则的规定进一步修改完善后，在反间谍法中作出明确、具体的规定。根据这一意见，2014 年反间谍法对国家安全机关办理反间谍案件中，如何处理查封、扣押、冻结的财物作出规定。

2. 2023 年修订后的反间谍法规定。本条对 2014 年反间谍法第三十六条第一款规定作了以下修改：一是，将第一项中的“依照《刑事诉讼法》的规定处理”修改为“依照《中华人民共和国刑事诉讼法》等有关法律的规定处理”，表述更为严谨。二是，将第三项中的“依法赔偿”修改为“依法予以赔偿”，审议过程中有意见提出，为了与第二项保持行文一致，建议将第三项“依法赔偿”修改为“依法予以赔偿”，三审稿吸收了该意见。

**（二）公开征求意见的情况**

有地方提出，建议将第二项中“对依法应当没收的予以没收，依法应当销毁的予以销毁”修改为“依法予以没收或销毁”。考虑到本条文为反间谍法中的原有条文表述，长期实践已经形成使用习惯，两者表述的含义相同，暂未作修改。

**◆ 条文释义**

本条分为三项。根据第一项的规定，在办理间谍犯罪案件中，对因涉嫌犯罪而查封、扣押、冻结的财物，依照刑事诉讼法等有关法律的规定处理。一方面，对于查封、扣押、冻结要严格依照法定的程序等作出规定。刑事诉讼法对如何处理查封、扣押、冻结的犯罪嫌疑人、被告人的财物作了具体规定：第一百四十一条规定，在侦查活动中发现的可用以证明犯罪嫌疑人有罪或者无罪的各种财物、文件，应当查封、扣押。第三百条规定，人民法院经审理，对经查证属于违法所得及其他涉案财产，除依法返还被害人的以外，应当裁定予以没收。此外，行政强制法第二十一条规定，违法行为涉嫌犯罪应当移送司法机关的，行政机关应当将查封、扣押、冻结的财物一并移送，并书面告知当事人。

另一方面，对于采取查封、扣押、冻结措施作出必要限制规定：不能随意扩大查封、扣押、冻结的财物的范围，侵犯公民基本权利，对于符合解除条件的要及时解除。刑事诉讼法第三百条规定，对不属于应当追缴的财产的，应当裁定驳回申请，解除查封、扣押、冻结措施。行政强制法第二十三条规定，查封、扣押限于涉案的场所、设施或者财物，不得查封、扣押与违法行为无关的场所、设施或者财物；不得查封、扣押公民个人及其所扶养家属的生活必需品。当事人的场所、设施或者财物已被其他国家机关依法查封的，不得重复查封。行政强制法第二十八条规定，有下列情形之一的，行政机关应当及时作出解除查封、扣押决定：（1）当事人没有违法行为；（2）查封、扣押的场所、设施或者财物与违法行为无关；（3）行政机关对违法行为已经作出处理决定，不再需要查封、扣押；（4）查封、扣押期限已经届满；（5）其他不再需要采取查封、扣押措施的情形。解除查封、扣押应当立即退还财物；已将鲜活物品或者其他不易保管的财物拍卖或者变卖的，退还拍卖或者变卖所得款项。变卖价格明显低于市场价格，给当事人造成损失的，应当给予补偿。第三十三条规定，有下列情形之一的，行政机关应当及时作出解除冻结决定：（1）当事人没有违法行为；（2）冻结的存款、汇款与违法行为无关；（3）行政机关对违法行为已经作出处理决定，不再需要冻结；（4）冻结期限已经届满；（5）其他不再需要采取冻结措施的情形。行政机关作出解除冻结决定的，应当及时通知金融机构和当事人。金融机构接到通知后，应当立即解除冻结。行政机关逾期未作出处理决定或者解除冻结决定的，金融机构应当自冻结期满之日起解除冻结。

第二项是国家安全机关在依法履行职责过程中，采取查封、扣押、冻结财物的行政强制措施后，如何处理涉案财物的规定。根据本项规定，国家安全机关对依行政强制措施查封、扣押、冻结的财物，应当依照本法以及行政强制法和有关规定，对应当没收的予以没收，应当销毁的予以销毁，对不属于涉案财物的不能予以没收。行政强制法第二十七条规定：“行政机关采取查封、扣押措施后，应当及时查清事实，在本法第二十五条规定的期限内作出处理决定。对违法事实清楚，依法应当没收的非法财物予以没收；法律、行政法规规定应当销毁的，依法销毁；应当解除查封、扣押的，作出解除查封、扣押的决定。”

第三项是关于国家安全机关采取查封、扣押、冻结措施后，发现财物与案件无关的，对相关财物的处理以及对因此造成的损失应当赔偿的规定。反间谍法赋予国家安全机关依法采取查封、扣押、冻结措施的职权，目的是保障其履行防范、制止和惩治间谍行为的职责，维护国家安全和利益。同时，也要切实保障公民和组织的合法权益，规范执法部门的行为，防止执法部门在执法中出现偏差或者权力滥用。刑事诉讼法第一百四十一条规定，在侦查活动中发现的可用以证明犯罪嫌疑人有罪或者无罪的各种财物、文件，应当查封、扣押；与案件无关的财物、文件，不得查封、扣押。对查封、扣押的财物、文件，要妥善保管或者封存，不得使用、调换或者损毁。本项明确规定，没有违法事实的，或者与案件无关的，应当解除查封、扣押、冻结，并及时返还相关财物；造成损失的，应当依法予以赔偿。这里所说的“没有违法事实”是指相对人没有实施间谍行为以及本法中所列的其他违法行为。这里所说的“与案件无关”是指对案件事实和对查封、扣押、冻结的财物进行调查，认定该查封、扣押、冻结的财物并非违法所得，也不属于应当作为证据使用的情况，或者与违法犯罪行为无任何牵连。这里所说的“及时返还”是指将查封、扣押、冻结的财物交还包括行为人、犯罪嫌疑人在内的财物所有人、管理人。此外，刑事诉讼法第一百四十五条规定，对查封、扣押的财物、文件、邮件、电报或者冻结的存款、汇款、债券、股票、基金份额等财产，经查明确实与案件无关的，应当在三日以内解除查封、扣押、冻结，予以退还。退还扣押的邮件、电报的，应当将邮件、电报退还原邮电企业，由原邮电企业按照邮件投寄要求办理。行政强制法第二十六条规定，对查封、扣押的场所、设施或者财物，行政机关应当妥善保管，不得使用或者损毁；造成损失的，应当承担赔偿责任。对查封的场所、设施或者财物，行政机关可以委托第三人保管，第三人不得损毁或者擅自转移、处置。因第三人的原因造成的损失，行政机关先行赔付后，有权向第三人追偿。因查封、扣押发生的保管费用由行政机关承担。本项规定，执法部门对不应采取查封、扣押、冻结措施的财物采取了措施，并因此造成损失的，应当依法予以赔偿。

**◆ 实践中需要注意的问题**

在本条的理解适用中，需要注意以下几个方面的问题：

第一，对查封、扣押、冻结的犯罪嫌疑人的财物，任何单位和个人不得挪用或者自行处理。对查封、扣押、冻结的财物及其孳息，既不能挪作公用，如使用扣押的汽车办案等，也不能挪作私用，更不能自行处理。

第二，除依法及时解除查封、扣押、冻结的财产外，对被害人的合法财产，应当及时返还。对于查封、扣押、冻结的财物及其孳息，如果有证据证明是被害人的合法财产，并且不是必须在法庭上作为证据出示的，应当及时返还被害人，以保证被害人的生产、生活需要。

第三，对违禁品或者不宜长期保存的物品，应当依照国家有关规定办理。对于国家禁止持有、经营、流通的违禁品，如枪支弹药、易燃易爆物品、毒品、淫秽物品等，应当依照国家有关规定予以销毁或做相应处理；对于易腐烂变质及其他不宜长期保存的物品，应当依照国家有关规定予以变卖处理。

第四，对作为证据使用的实物应当随案移送，对不宜移送，应当将其清单、照片或者其他证明文件随案移送。查封、扣押、冻结的财物及其孳息中，与案件定罪量刑有直接关系的，应当作为证据在法庭上使用的实物，主要是指物证、书证等。这些物品原则上应当随案移送。同时，考虑到有些实物由于其性质、体积、重量等原因不宜移送，如珍贵文物、秘密文件等，应当由查封、扣押、冻结的机关查点清楚，对原物进行拍照，开列清单，并将清单、照片或者其他证明文件随案移送。

第五，查封、扣押、冻结财产过程中，权利受到侵害可以采取救济措施，刑事诉讼法对此也作出相应规定。刑事诉讼法第一百一十七条规定，当事人和辩护人、诉讼代理人、利害关系人对于司法机关及其工作人员有下列行为之一的，有权向该机关申诉或者控告：(1）采取强制措施法定期限届满，不予以释放、解除或者变更的；(2）应当退还取保候审保证金不退还的；（3）对与案件无关的财物采取查封、扣押、冻结措施的；（4）应当解除查封、扣押、冻结不解除的；（5）贪污、挪用、私分、调换、违反规定使用查封、扣押、冻结的财物的。受理申诉或者控告的机关应当及时处理。对处理不服的，可以向同级人民检察院申诉；人民检察院直接受理的案件，可以向上一级人民检察院申诉。人民检察院对申诉应当及时进行审查，情况属实的，通知有关机关予以纠正。刑事诉讼法第三百条规定，人民法院经审理，对经查证属于违法所得及其他涉案财产，除依法返还被害人的以外，应当裁定予以没收；对不属于应当追缴的财产的，应当裁定驳回申请，解除查封、扣押、冻结措施。对于人民法院依照前款规定作出的裁定，犯罪嫌疑人、被告人的近亲属和其他利害关系人或者人民检察院可以提出上诉、抗诉。对于符合上述情形的，法律赋予不同的救济方式。

◆ **相关规定**

《中华人民共和国刑事诉讼法》第一百四十一条、第一百四十三条、第三百条；《中华人民共和国行政强制法》第二十一条、第二十三条、第二十六条至第二十八条、第三十三条

---

**第六十三条**　涉案财物符合下列情形之一的，应当依法予以追缴、没收，或者采取措施消除隐患：

（一）违法所得的财物及其孳息、收益，供实施间谍行为所用的本人财物；

（二）非法获取、持有的属于国家秘密的文件、数据、资料、物品；

（三）非法生产、销售、持有、使用的专用间谍器材。

---

◆ **条文主旨**

本条是关于涉案财物处置的规定。

◆ **立法背景**

本条是1993年国家安全法的规定，2014年制定反间谍法时作了修改，2023年

修订反间谍法时又作了修改。

**（一）立法背景及修改情况**

1. 1993 年国家安全法的规定。第二十九条规定："对非法持有属于国家秘密的文件、资料和其他物品的，以及非法持有、使用专用间谍器材的，国家安全机关可以依法对其人身、物品、住处和其他有关的地方进行搜查；对其非法持有的属于国家秘密的文件、资料和其他物品，以及非法持有、使用的专用间谍器材予以没收。非法持有属于国家秘密的文件、资料和其他物品，构成泄露国家秘密罪的，依法追究刑事责任。"

本条的规定，为国家安全机关处理有关违法行为提供了法律依据。

2. 2014 年反间谍法的规定。第三十二条规定："对非法持有属于国家秘密的文件、资料和其他物品的，以及非法持有、使用专用间谍器材的，国家安全机关可以依法对其人身、物品、住处和其他有关的地方进行搜查；对其非法持有的属于国家秘密的文件、资料和其他物品，以及非法持有、使用的专用间谍器材予以没收。非法持有属于国家秘密的文件、资料和其他物品，构成犯罪的，依法追究刑事责任；尚不构成犯罪的，由国家安全机关予以警告或者处十五日以下行政拘留。"

2014 年反间谍法第三十二条在 1993 年国家安全法第二十九条的基础上进行了修改。一是，1993 年国家安全法规定，非法持有属于国家秘密的文件、资料和其他物品，构成泄露国家秘密罪的，依法追究刑事责任。2014 年将该规定简化为"非法持有属于国家秘密的文件、资料和其他物品，构成犯罪的，依法追究刑事责任"。这样修改的主要考虑是，1993 年国家安全法公布施行时，当时施行的 1979 年刑法尚未规定专门的非法持有国家秘密的犯罪。此后于 1997 年修订的刑法，在第二百八十二条第二款对非法持有属于国家绝密、机密的文件、资料、物品的行为作了专门规定。此外，1997 年刑法对有关侵犯国家秘密的犯罪在多处作了规定，如刑法第一百一十一条规定了为境外窃取、刺探、收买、非法提供国家秘密、情报的犯罪，第二百八十二条第一款规定了以窃取、刺探、收买等方法非法获取国家秘密的犯罪，第三百九十八条规定了故意或者过失泄露国家秘密的犯罪。而刑法第二百八十二条第二款规定的非法持有国家绝密、机密文件、资料、物品罪，是指非法持有属于国家绝密、机密的文件、资料或者其他物品，拒不说明来源与用途的犯罪。根据上述规定，对实践中发现非法持有属于国家绝密、机密的文件、资料、物品的，需要依法查明其来源、用途，属于非法窃取、刺探、收买所得，或者打算向境外机构、组织、个人提供的，依法应当依据刑法第一百一十一条或者第二百八十二条第一款的规定追究刑事责任，只有拒不说明来源与用途，也无法查清属于上述情况的，才可以适用刑法第二百八十二条第二款的规定。因此，为了更好地与刑法相关规定衔接，2014 年反间谍法立法，在条文中不再规定应当适用的刑法的具体罪名，而是原则规定构成犯罪的，依法追究刑事责任。二是，1993 年国家安全法第二十九条规定，构成犯罪的，依法追究刑事责任，2014 年反间谍法根据实际情况和需要，增加了非法持有国家秘密尚不构成犯罪的，由国家安全机关予以警告或者处十五日以下行政拘留的规定。三是，本条还对 1993 年国家安全法第二十九条作了文字修改，即将原来规定的两款合并为一款，这样修改的目的是，明确由国家安全机关予以行政处罚的是国家安全机关在工作中发现的非法持有国家秘密的行为，而不是所有的非法持有国家秘密尚不构成犯罪的行为都由国家安全机关处罚。对于国家保密行政管理部门等有关机关在工作中发现的，违反保守国家秘密法规定持有国家秘密的行为，需要作出行政处理的，应当由保密行政管理部门等有关机关依法处理。

3. 2023 年修订后的反间谍法的规定。2014 年反间谍法第三十二条对国家安全机关调查和处理非法持有属于国家秘密的文件、资料和其他物品，以及非法持有、使用专用间谍器材的行为作了规定。本条在 2014 年反间谍法第三十二条的基础上进行了修改。一是，根据实际情况，增加了处置的涉案财物种类，包括“违法所得的财物及其孳息、收益，供实施间谍行为所用的本人财物”，非法“获取”的属于国家秘密的文件、数据、资料、物品，非法“生产、销售”的专用间谍器材。二是，根据涉案财物的情况，处置的手段增加“追缴”和“采取措施消除隐患”。三是，将“属于国家秘密的文件、资料和其他物品”修改为“属于国家秘密的文件、数据、资料、物品”，突出了信息时代“数据”在保守国家秘密及反间谍工作中的重要性。四是，删除了“对非法持有属于国家秘密的文件、资料和其他物品的，以及非法持有、使用专用间谍器材的，国家安全机关可以依法对其人身、物品、住处和其他有关的地方进行搜查”和“非法持有属于国家秘密的文件、资料和其他物品，构成犯罪的，依法追究刑事责任；尚不构成犯罪的，由国家安全机关予以警告或者处十五日以下行政拘留”。上述内容在本法第二十九条、第六十一条中作了规定，本条不再规定。

**（二）公开征求意见的情况**

反间谍法修订草案二次审议稿公开向社会征求意见，有的建议对消除隐患的情形单独写一款，其不适合与追缴、没收并列规定。关于第三项，有的建议删去“非法生产、销售”，有的建议修改为“非法生产、销售、持有、使用专用间谍器材或者其他危害国家安全活动的专用工具、器材。”

**◈ 条文释义**

本法第十四条规定：“任何个人和组织都不得非法获取、持有属于国家秘密的文件、数据、资料、物品。”第十五条规定：“任何个人和组织都不得非法生产、销售、持有、使用间谍活动特殊需要的专用间谍器材。专用间谍器材由国务院国家安全主管部门依照国家有关规定确认。”行为人实施违反上述规定的行为以及其他违反本法规定的行为涉及的财物，应当按照本条规定予以处置。本条包含以下几个方面的内容：

第一，本条规定的涉案财物的范围，包括“违法所得的财物及其孳息、收益，供实施间谍行为所用的本人财物”“非法获取、持有的属于国家秘密的文件、数据、资料、物品”“非法生产、销售、持有、使用的专用间谍器材”三类。

1. 违法所得的财物及其孳息、收益，供实施间谍行为所用的本人财物。所谓“违法所得的财物”，是指行为人因实施违反本法规定的行为而取得的全部财物，包括金钱、物品等。实践中违法所得的计算有多种方式，比如“从事违法行为的全部实际收入”“违法生产、销售商品或者提供服务所获得的全部收入扣除当事人直接用于经营活动的适当的合理支出”等。行政处罚法第二十八条第二款规定：“……违法所得是指实施违法行为所取得的款项。法律、行政法规、部门规章对违法所得的计算另有规定的，从其规定。”因此，一般情况下，违法所得即指实施违法行为所取得的款项，对确应扣除成本的，应由法律、行政法规、部门规章作出规定。“孳息”，是指财物所产生的收益，包括天然孳息和法定孳息。天然孳息是指依物的自然属性所产生的物。天然孳息的范围非常广，主要来源于种植业和养殖业，如耕作土地获得粮食和其他出产物，种植果树产生果实，养殖牲畜获得各种仔畜和奶产品等。法定孳息是指依一定的法律关系由原物所生的物，是原物的所有权人进行租赁、投资等特定的民事活动而应当获得的合法收益，如房屋出租所得的租金，依股本金所得的股息等。这里的“孳息”主要是法定孳息。“收益”，包括但不限于以下情形：（1）财产直接产生的收益，如使用涉案财产购买彩票中奖所得收益等；（2）财产用于违法犯罪活动产生的收益，如使用涉案财产赌博赢利所得收益、非法放贷所得收益、购买并贩卖毒品所得收益等；（3）财产投资、置业形成的财产及其收益；（4）财产和其他合法财产共同投资或者置业形成的财产中，与涉案财产对应的份额及其收益；（5）应当认定为收益的其他情形。“供实施间谍行为所用的本人财物”，是指供行为人实施间谍行为而使用的属于该行为人本人所有的钱款和物品，如用于实施间谍行为的通讯工具等。

2. 非法获取、持有的属于国家秘密的文件、数据、资料、物品。“国家秘密”是指关系国家安全和利益，依照法定程序确定，在一定时间内只限一定范围的人员知悉的事项。属于国家秘密的“文件”是指经过法定程序，被列为国家秘密并规定了密级的文件。属于国家秘密的“资料”是指经过法定程序被确定为国家秘密的情况统计、档案材料、研究结论等以及与经法定程序被确定为国家秘密的事项有关的资料，这些资料是已被确定为国家秘密事项的文字载体。文件、资料既包括传统的纸质载体，也包括光介质、电磁介质等载体。属于国家秘密的“数据”既包括载于介质的数据也包括在云空间等存储的数据。属于国家秘密的“物品”主要是指文件、资料、数据外，被列入国家秘密的实物。

3. 非法生产、销售、持有、使用的专用间谍器材。“非法生产、销售”是指未经有关主管部门批准、许可，擅自生产、销售专用间谍器材，或者虽经有关主管部门批准、许可生产、销售，但是在实际生产、销售过程中违反有关主管部门关于数量、规格、范围等的要求，非法生产、销售。“专用间谍器材”是指进行间谍活动特殊需要的暗藏式窃听、窃照器材等。“非法持有”主要是指非法保存、留藏专用间谍器材，即除依法从事反间谍、收缴专用间谍器材等工作的部门可以保存留有这些器材外，其他人保留这些器材都属于“非法持有”。“非法使用”既包括依法不得使用这些器材的人使用这些器材，也包括依法可以使用这些器材的人违反法律和有关规定在不该使用的场合、时间或者对不该使用的对象使用。

第二，本条规定的对涉案财物的处置方式包括追缴、没收、采取措施消除隐患三种，实际采取哪种方式应当根据涉案财物的具体情况确定。所谓“追缴”，是指将违法所得强制收缴。如在刑事诉讼过程中，对违法所得进行追缴、收缴；对在办案过程中发现的已转移、隐藏的赃物追查下落，予以追缴。对于非法获取、持有的属于国家秘密的文件、数据、资料、物品，非法生产、销售、持有、使用的专用间谍器材，以及供实施间谍行为所用的本人财物，应当没收。“采取措施消除隐患”主要是针对属于国家秘密的“数据”而言，应当根据实际情况采取相应技术措施消除隐患，避免国家秘密泄露。

关于涉案财物的处置，其他法律也有相关规定。如刑法第六十四条规定：“犯罪分子违法所得的一切财物，应当予以追缴或者责令退赔；对被害人的合法财产，应当及时返还；违禁品和供犯罪所用的本人财物，应当予以没收。没收的财物和罚金，一律上缴国库，不得挪用和自行处理。”行政处罚法第二十八条第二款规定：“当事人有违法所得，除依法应当退赔的外，应当予以没收……”本条专门就反间谍领域涉案财物的处置进行规定，与刑法、行政处罚法等关于涉案财物处置规定的精神是一致的，属于对涉案财物处置的一般性规定条款。之所以没有规定“退赔”，主要考虑是间谍行为属于危害国家安全的违法犯罪行为，通常不涉及被害人的财产。

### ◆ 实践中需要注意的问题

在本条的理解适用中，需要注意以下几个方面的问题：

第一，本条是关于涉案财物一般处理的规定，应注意与刑法第六十四条等规定相衔接配合运用。其中对违法所得的财物及其孳息、收益的处理，实践中应首先确定违法所得，在此基础上对其产生的孳息、收益进行处理，而不能在违法所得不确定的情况下，对其孳息、收益进行处理。

第二，涉案财物如果不是行为人本人的，而是借用或者擅自使用的他人财物，财物所有人事前不知是供实施间谍行为使用的，应当予以返还。但是，对司法机关作为证据扣押的，需要等到案件审理结束后再发还给财物所有人。如果通过照片、录像资料能够使原物充分发挥证据作用的，也可以将原物发还财物所有人，只保存照片、录像资料。

◆ **相关规定**

《中华人民共和国保守国家秘密法》第二条、第十七条；《中华人民共和国刑法》第六十四条；《中华人民共和国行政处罚法》第二十八条；《中华人民共和国反间谍法实施细则》第十八条

---

**第六十四条** 行为人及其近亲属或者其他相关人员，因行为人实施间谍行为从间谍组织及其代理人获取的所有利益，由国家安全机关依法采取追缴、没收等措施。

---

◆ **条文主旨**

本条是关于对从间谍组织及其代理人获取的所有利益应当依法采取追缴、没收等措施的规定。

◆ **立法背景**

本条是2023年修订反间谍法时增加的规定。

**立法背景及修改情况**

实践中，间谍违法犯罪活动多数涉及利益问题，随着间谍违法犯罪活动及其手段日益隐蔽、复杂，间谍行为人一方面通过间谍组织及其代理人的支持、资助实施违法犯罪活动，另一方面又通过利益诱惑方式对目标实施腐蚀、拉拢，对我国国家安全形成严重威胁。同时，间谍违法犯罪行为人经常利用各种方式隐匿、转移、掩饰、隐瞒间谍违法犯罪所得，许多案件中涉案利益的类型和流转情况相当复杂；此外，还有部分违法犯罪所得被间谍行为人消耗和挥霍，司法裁判中的财产性判项得不到落实，影响司法的效果和权威。褫夺间谍违法犯罪活动所获得的所有利益，充分发挥追缴、没收措施的作用，震慑间谍违法犯罪分子，剥夺其继续实施间谍违法犯罪行为的财产基础，成为预防和惩治间谍违法犯罪活动必须要解决的问题。间谍违法犯罪活动行为人从间谍组织及其代理人获取的利益，既包括因行为人实施间谍违法犯罪活动从间谍组织及其代理人获得的直接“酬劳”、供实施间谍行为所用的财物等，

也包括间谍组织及其代理人出于培植势力、拉拢人心等目的提供的其他资助、利益等。间谍违法犯罪危害国家安全，在处置间谍违法犯罪的过程中，既要没收行为人从间谍组织及其代理人处获取的“明财”，也要没收、处理行为人从间谍组织及其代理人处获取的其他所有利益，加大间谍案件各类财产的追缴、没收等处置力度。

对于追缴、没收犯罪分子违法所得财物，我国相关法律已经有相关规定。如刑法第六十四条规定：犯罪分子违法所得的一切财物，应当予以追缴或者责令退赔；……违禁品和供犯罪所用的本人财物，应当予以没收……第五十三条第一款规定：“罚金在判决指定的期限内一次或者分期缴纳。期满不缴纳的，强制缴纳。对于不能全部缴纳罚金的，人民法院在任何时候发现被执行人有可以执行的财产，应当随时追缴。”反有组织犯罪法第四十五条规定：“有组织犯罪组织及其成员违法所得的一切财物及其孳息、收益，违禁品和供犯罪所用的本人财物，应当依法予以追缴、没收或者责令退赔。依法应当追缴、没收的涉案财产无法找到、灭失或者与其他合法财产混合且不可分割的，可以追缴、没收其他等值财产或者混合财产中的等值部分。被告人实施黑社会性质组织犯罪的定罪量刑事实已经查清，有证据证明其在犯罪期间获得的财产高度可能属于黑社会性质组织犯罪的违法所得及其孳息、收益，被告人不能说明财产合法来源的，应当依法予以追缴、没收。”第四十六条规定：“涉案财产符合下列情形之一的，应当依法予以追缴、没收：（一）为支持或者资助有组织犯罪活动而提供给有组织犯罪组织及其成员的财产；（二）有组织犯罪组织成员的家庭财产中实际用于支持有组织犯罪活动的部分；（三）利用有组织犯罪组织及其成员的违法犯罪活动获得的财产及其孳息、收益。”

本条总结反间谍实践经验，参考刑法等的规定，进一步明确对因行为人实施间谍行为从间谍组织及其代理人获取的所有利益，由国家安全机关依法采取追缴、没收等措施。

### ◆ 条文释义

本条包含以下几个方面的内容：

1. 对行为人及其近亲属或者其他相关人员，因行为人实施间谍行为从间谍组织及其代理人获取的所有利益，应当依法采取追缴、没收等措施。

这里的行为人是指实施间谍违法犯罪行为的人，“近亲属”一般是指行为人的配偶、父母、子女、同胞兄弟姊妹等。“其他相关人员”是指其他与行为人关系密切的人员。“所有利益”是指间谍违法犯罪分子因实施间谍违法犯罪活动而获得的全部利益，既包括因间谍违法犯罪行为人所得利益，也包括其近亲属或者其他相关人员因为行为人实施间谍行为而获得的利益；既包括间谍违法犯罪活动直接所得利益，也包括间接所得利益，如间谍组织及其代理人提供的所谓“补偿款”“慰问金”等；既包括物质性利益及其孳息、收益，也包括非物质性利益，如间谍组织及其代理人提供的留学机会、旅游服务、荣誉名誉等；既包括已经实际所得的利益，也包括尚未获得的远期利益。只要是行为人及其近亲属或者其他相关人员因行为人实施间谍行为从间谍组织及其代理人获取的利益，就属于本条规定的应当依法予以追缴、没收等进行处置的范围。

根据本条规定，行为人及其近亲属或者其他相关人员，因行为人实施间谍行为从间谍组织及其代理人获取的所有利益，应当依法采取追缴、没收等措施。采取追缴、没收等措施应当符合以下条件：（1）行为人实施了间谍违法犯罪活动，并且其本人及其近亲属或者其他相关人员因此获得了利益。虽然间谍行为人的近亲属或者其他相关人员获取的利益不是直接参与间谍违法犯罪活动所得，但获得的这些利益确与间谍违法犯罪活动存在相应的因果关联，因此应依法追缴没收。值得注意的是，这里的“因行为人实施间谍行为”，强调的是获利与实施间谍行为之间的因果关系。（2）行为人获得的利益来自于间谍组织及其代理人。间谍组织及其代理人为支持他人实施间谍行为，往往采用提供财物、给予利益或者许诺给予利益等形式来利诱间谍行为人。间谍组织及其代理人的范围应当依照本法第四条的规定认定，参考反间谍法实施细则第四条，“间谍组织代理人”是指受间谍组织或者其成员的指使、委托、资助，进行或者授意、指使他人进行危害中华人民共和国国家安全活动的人；间谍组织和间谍组织代理人由国务院国家安全主管部门确认。该细则第六条规定，资助实施危害中华人民共和国国家安全的间谍行为，是指境内外机构、组织、个人的下列行为：（1）向实施间谍行为的组织、个人提供经费、场所和物资的；（2）向组织、个人提供用于实施间谍行为的经费、场所和物资的。

2. 行为人及其近亲属或者其他相关人员，因行为人实施间谍行为从间谍组织及其代理人获取的所有利益，由国家安全机关依法采取追缴、没收等措施。

根据本法第六条规定，国家安全机关是反间谍工作的主管机关，也是本条规定的追缴、没收措施的实施主体。“追缴”，是指对于因实施间谍行为获取的利益，已经转移、隐藏的，由国家安全机关追查下落、强制收缴。“没收”，是指将行为人及其近亲属或者其他相关人员，因行为人实施间谍行为从间谍组织及其代理人获取的利益强制收归国有。另外，根据本法第六十五条的规定，没收的财物一律上缴国库。

需要指出的是，本法第六十二条、第六十三条分别对涉案财产的处理作了规定，本条规定是对本法第六十二条、第六十三条财产处置规定的补充和扩展。本法第六十二条规定：“国家安全机关对依照本法查封、扣押、冻结的财物，应当妥善保管，并按照下列情形分别处理：（一）涉嫌犯罪的，依照《中华人民共和国刑事诉讼法》等有关法律的规定处理；（二）尚不构成犯罪，有违法事实的，对依法应当没收的予以没收，依法应当销毁的予以销毁；（三）没有违法事实的，或者与案件无关的，应当解除查封、扣押、冻结，并及时返还相关财物；造成损失的，应当依法予以赔偿。”第六十三条规定：“涉案财物符合下列情形之一的，应当依法予以追缴、没收，或者采取措施消除隐患：（一）违法所得的财物及其孳息、收益，供实施间谍行为所用的本人财物；（二）非法获取、持有的属于国家秘密的文件、数据、资料、物品；（三）非法生产、销售、持有、使用的专用间谍器材。”对于涉案财物，首先应当依照本法第六十二条、第六十三条的规定处置，对判决时尚未发现的非法利益或者已经发现但是没有全部得到执行的非法利益，在发现时或者可以执行时，应当由国家安全机关予以追缴、没收。这样规定，就使得国家安全机关可以随时追缴、没收那些采用各种手段逃避承担责任的间谍违法犯罪分子转移、隐匿的非法利益，增强了法律对于间谍行为人的威慑力。同时，本法第六十二条、第六十三条适用的对象为间谍违法犯罪活动的涉案财产，本条适用的对象则是行为人因实施间谍行为从间谍组织及其代理人获取的所有利益，除财产性利益外，还包括非财产性利益。此外，本条还规定了“等措施”，考虑到实践中间谍组织及其代理人利诱、许诺并予以承兑的方式多种多样，为切实斩断违法犯罪行为人的幻想，法律规定可以通过追缴、没收等措施，更有针对性地处置各种非法利益。

### ◆ 实践中需要注意的问题

在本条的理解适用中，需要注意以下问题：

对于本条中应当依法予以追缴、没收的利益，实际认定时应依法严格界定利益范围，在实际适用过程中应严格查明本条规定的利益与间谍违法犯罪活动的关联关系。追缴、没收的范围应当限于行为人及其近亲属或者其他相关人员因行为人实施间谍行为从间谍组织及其代理人获取的利益。实践中要客观认定获取利益与实施间谍行为之间的因果关系，对于属于因实施间谍行为而获取的所有利益，要依法追缴、没收。当无法确定二者间的关联，无法认定属于本条规定的利益范围时，则不应依照本条的规定予以追缴、没收，以保护个人、组织的合法财产权益。

### ◆ 相关规定

《中华人民共和国刑法》第五十三条、第六十四条；《中华人民共和国反有组织犯罪法》第四十六条；《中华人民共和国反间谍法实施细则》第四条、第六条

---

**第六十五条** 国家安全机关依法收缴的罚款以及没收的财物，一律上缴国库。

---

### ◆ 条文主旨

本条是关于国家安全机关罚没财物一律上缴国库的规定。

◆ **立法背景**

本条是2014年制定反间谍法时增加的规定，2023年修订反间谍法时作了修改。

1. 2014年反间谍法的规定。第三十六条第二款规定："国家安全机关没收的财物，一律上缴国库。"

本款是2014年反间谍法增加的规定。1993年国家安全法对查封、扣押、冻结的财物的返还、移送、没收等后续处理措施没有作出具体规定。实践中，国家安全机关处理这些财物的依据主要是刑事诉讼法、行政强制法等相关法律，以及国家安全法实施细则。国家安全法实施细则（已废止）第二十一条规定，国家安全机关对所查封、扣押、冻结的财物，根据不同情况，予以没收或者移送司法机关依法处理。在反间谍法审议过程中，一些常委委员、部门、地方和专家提出，对查封、扣押、冻结的财物如何处理，关系公民、组织财产权利，应当将其作为一个重要问题在法律中作出明确、具体、可操作性的规定，以保证国家安全机关及其工作人员严格依法办事，防止出现违法甚至腐败问题。从实际情况看，有关法律的规定比较分散，也不够具体，国家安全法实施细则的规定也比较笼统，不够明确，不利于规范对查封、扣押、冻结财物的处理，也不利于保护当事人合法权益。因此，建议将国家安全法实施细则的规定进一步修改完善后，在反间谍法中作出明确、具体的规定。2014年反间谍法第三十六条根据这一意见，对国家安全机关办理反间谍案件中，如何处理查封、扣押、冻结的财物作了规定，其中第一款是关于国家安全机关对查封、扣押、冻结的财物如何处理的规定，第二款是对国家安全机关依法没收的财物应当一律上缴国库的规定。

2. 2023年修订后的反间谍法的规定。本条在2014年反间谍法第三十六条第二款的基础上作了修改，根据实践情况，增加了"依法收缴的罚款"也要上缴国库的规定。

◆ **条文释义**

本法第五十四条规定，对个人或者单位实施间谍行为，或者明知他人实施间谍行为，为其提供信息、资金、物资、劳务、技术、场所等支持、协助，或者窝藏、包庇，尚不构成犯罪的，给予罚款处罚。第六十条规定，对有泄露有关反间谍工作的国家秘密等违反本法规定的行为，尚不构成犯罪的，可以给予罚款处罚。第六十二条规定，国家安全机关对依照本法查封、扣押、冻结的财物，尚不构成犯罪，有违法事实的，对依法应当没收的予以没收。第六十三条规定，供实施间谍行为所用的本人财物等涉案财物应当依法予以没收。第六十四条规定，行为人及其近亲属或者其他相关人员，因行为人实施间谍行为从间谍组织及其代理人获取的所有利益，由国家安全机关依法采取追缴、没收等措施。对于国家安全机关依法收缴的罚款以及没收的财物，根据本条规定，应当一律上缴国库，严禁私自处理、留作自用、挪作他用等。本条包含以下几个方面的内容：

第一，上缴国库的包括国家安全机关依法收缴的罚款和没收的财物两类。“罚款”是指行政机关对实施行政违法行为的当事人作出的一种经济性制裁，通过使当事人财产受到损失的方法达到惩戒的目的。罚款属于财产罚，财产罚是指行政机关剥夺违法者因违法行为所获经济利益及其部分财产，通过经济制裁手段实现惩戒目的的行政处罚。罚款是最为常用、最普遍的行政处罚，大量法律、行政法规、部门规章、地方性法规、地方政府规章规定了罚款的行政处罚。

同“罚款”一样，“没收”也属于财产罚。行政处罚法规定了没收违法所得和没收非法财物。没收违法所得是指行政机关依法将当事人因从事违法行为而获得的金钱收入等强制无偿收归国有的一种行政处罚。大量法律、行政法规、部门规章、地方性法规、地方政府规章规定了没收违法所得、没收非法财物的行政处罚。根据行政处罚法规定，违法所得是指实施违法行为所取得的款项，原则上不扣除成本。没收非法财物是指行政机关依法将当事人从事违法行为过程中的违禁物品、违法财物和违法工具强制无偿收归国有的一种行政处罚。

第二，收缴的罚款和没收的财物应当一律上缴国库，即上缴国家财政，严禁私自处理、留作自用、挪作他用等，如不能用于单位盖办公楼，不得私自低价变卖或者分给单位职工。国库是国家金库的简称，是负责办理国家预算资金收纳、支出的机关，国家的一切预算收入必须全部缴入国库，任何单位不得截留、坐支或者自行保管；国家的一切预算支出，由国库统一办理拨付。国库是国家预算执行的重要组成部分。国库工作的稳健、高效运行，对保障国家预算执行，促进经济社会发展，维护社会稳定，加强财政政策与货币政策的协调配合具有十分重要的作用。根据预算法的规定，政府的全部收入应当上缴国家金库，任何部门、单位和个人不得截留、占用、挪用或者拖欠。县级以上各级预算必须设立国库；具备条件的乡、民族乡、镇也应当设立国库。各级国库应当按照国家有关规定，及时准确地办理预算收入的收纳、划分、留解、退付和预算支出的拨付。国家实行国库集中收缴和集中支付制度，对政府全部收入和支出实行国库集中收付管理。本条对罚没款物一律上缴国库作出明确规定，主要是为了防止实践中有的办案机关对于罚没财物不全部上缴国库，而是予以截留、挪用或者自行处理。这不仅影响到涉案财物依法妥善处理，甚至可能出现办案机关受利益驱动以罚代管、以罚代刑等情况，导致办案机关之间互相争夺执法权或者扯皮等。

对于罚没财物的处置，其他法律法规也有类似规定。如行政处罚法第六十七条第三款规定：“当事人应当自收到行政处罚决定书之日起十五日内，到指定的银行或者通过电子支付系统缴纳罚款。银行应当收受罚款，并将罚款直接上缴国库。”刑法第六十四条规定：“犯罪分子违法所得的一切财物，应当予以追缴或者责令退赔；对被害人的合法财产，应当及时返还；违禁品和供犯罪所用的本人财物，应当予以没收。没收的财物和罚金，一律上缴国库，不得挪用和自行处理。”刑事诉讼法第二百四十五条第四款规定：“人民法院作出的判决生效以后，有关机关应当根据判决对查封、扣押、冻结的财物及其孳息进行处理。对查封、扣押、冻结的赃款赃物及其孳息，除依法返还被害人的以外，一律上缴国库。”财政部《罚没财物管理办法》规定，罚款、罚金等现金收入，罚没财物处置收入及其孳息等罚没收入属于政府非税收入，应当按照国库集中收缴管理有关规定，全额上缴国库，纳入一般公共预算管理。

◆ **实践中需要注意的问题**

实践中需要注意的是，将罚没财物上缴国库是总体要求，具体如何上缴应当严格按照国家规定的方式和程序进行。罚没财物的情况非常复杂，既有现金，也有容易损毁、灭失、变质、保管困难或者保管费用过高等不宜长期保存的物品，还有属于国家规定的专卖商品等限制流通的物品等。对于不同类型的罚没财物如何上缴国库，国家有相应的规定，国家安全机关应当根据涉案财物的不同情况严格按照规定的方式和程序办理。如国家安全机关依法取得的罚没物品，除法律、行政法规禁止买卖的物品或者财产权利、按国家规定另行处置外，应当按照国家规定进行公开拍卖；属于国家规定的专卖商品等限制流通的罚没物品，应当交由归口管理单位统一变卖，或者变卖给按规定可以接受该物品的单位。

◆ **相关规定**

《中华人民共和国行政处罚法》第九条、第二十八条、第六十七条；《中华人民共和国预算法》第五十六条、第五十九条、第六十一条；《中华人民共和国刑法》第六十四条；《中华人民共和国刑事诉讼法》第二百四十五条；《罚没财物管理办法》第十六条至第十八条

---

**第六十六条**　境外人员违反本法的，国务院国家安全主管部门可以决定限期出境，并决定其不准入境的期限。未在规定期限内离境的，可以遣送出境。

对违反本法的境外人员，国务院国家安全主管部门决定驱逐出境的，自被驱逐出境之日起十年内不准入境，国务院国家安全主管部门的处罚决定为最终决定。

---

### ◆ 条文主旨

本条是关于违反本法的境外人员限期出境、驱逐出境的规定。

### ◆ 立法背景

本条是1993年国家安全法的规定，2014年制定反间谍法时未作修改，2023年修订反间谍法时作了修改。

**（一）立法背景及修改情况**

1. 1993年国家安全法的规定。第三十条规定："境外人员违反本法的，可以限期离境或者驱逐出境。"

我国宪法第三十二条第一款明确规定："中华人民共和国保护在中国境内的外国人的合法权利和利益，在中国境内的外国人必须遵守中华人民共和国的法律。"在中国境内的外国人必须遵守中国法律，不得危害中华人民共和国国家安全、损害社会公共利益、破坏社会公共秩序，不得从事有损中国国家主权和威胁中国国家安全的活动。根据宪法和相关法律的规定，1993年国家安全法规定，境外人员违反本法的，可以要求其限期离境，或者将其依法驱逐出境。

2. 2014年反间谍法的规定。第三十四条规定："境外人员违反本法的，可以限期离境或者驱逐出境。"2014年制定反间谍法时对1993年国家安全法的规定未作修改。

反间谍法实施细则第二十四条规定："对涉嫌间谍行为的人员，国家安全机关可以决定其在一定期限内不得出境。对违反《反间谍法》的境外个人，国务院国家安全主管部门可以决定限期离境或者驱逐出境，并决定其不得入境的期限。被驱逐出境的境外个人，自被驱逐出境之日起10年内不得入境。"该条规定对2014年反间谍法的规定作了细化。

3. 2023年修订后的反间谍法的规定。2023年修订后的反间谍法第六十六条规定，境外人员违反本法的，国务院国家安全主管部门可以决定限期出境，并决定其不准入境的期限。未在规定期限内离境的，可以遣送出境。对违反本法的境外人员，国务院国家安全主管部门决定驱逐出境的，自被驱逐出境之日起十年内不准入境，国务院国家安全主管部门的处罚决定为最终决定。

2023年修订后的反间谍法对本条作了以下修改：一是，将原条文拆作两款，对限期出境、驱逐出境分别规定。二是，在第一款中增加规定，国务院国家安全主管部门是限期出境措施的决定机关，增加规定"未在规定期限内离境的，可以遣送出境"。三是，增加一款作为第二款，规定国务院国家安全主管部门是驱逐出境措施的决定机关，规定"自被驱逐出境之日起十年内不准入境，国务院国家安全主管部门的处罚决定为最终决定"。

2023年修订的反间谍法，主要是总结实践经验，衔接出境入境管理法的规定，参考反间谍法实施细则，对本条作了修改完善。反间谍法对违反本法的境外人员适用限期出境、驱逐出境作出明确规定，有利于实践执行。

**（二）公开征求意见的情况**

在反间谍法修订草案向社会公开征求意见时，有的建议增加“明知他人有间谍犯罪行为，在国家安全机关调查时，为他人逃避调查提供便利的”的情形。

**◆ 条文释义**

本条共分两款。第一款是关于境外人员违反本法可以决定限期出境的规定。包括以下几层意思：

一是，对于境外人员违反本法的，国务院国家安全主管部门可以决定限期出境，并决定其不准入境的期限。本条所说的“境外人员”，是指主要居住在我国国（边）境外的人，包括外国人、无国籍人，以及其他境外人员。实践中，长期居住在我国国（边）境内，但是不具有中华人民共和国国籍的人，也属于这里的境外人员。本条所说的“限期出境”，是指强制违法的境外人员在一定时间内离开我国国（边）境的行政处罚。本条中的“境”指的是“国境”和“边境”。实践中大陆居民往返于台、港、澳地区，以及香港同胞、澳门同胞往返于内地，台湾同胞往返于大陆，都是按照出入境进行管理。本条中的“出境”，是指由中国内地前往其他国家或地区、由中国内地前往香港特别行政区、澳门特别行政区，由中国大陆前往台湾地区。

本条规定的限期出境的决定主体是国务院国家安全主管部门。限期出境对境外人员权益有较大影响，法律规定由国务院国家安全主管部门决定，有利于实践中严格执行。反间谍法规定限期出境措施，主要是衔接出境入境管理法等的规定，对间谍行为人员作出的有针对性的规定。出境入境管理法第八十一条第一款规定，外国人从事与停留居留事由不相符的活动，或者有其他违反中国法律、法规规定，不适宜在中国境内继续停留居留情形的，可以处限期出境。关于限期出境的具体程序，可以参考2013年外国人入境出境管理条例。该条例第三十三条规定：“外国人被决定限期出境的，作出决定的机关应当在注销或者收缴其原出境入境证件后，为其补办停留手续并限定出境的期限。限定出境期限最长不得超过15日。”同时，考虑到限期出境对象的特殊性，为维护我国出入境管理正常秩序和国家安全，本法规定国务院国家安全主管部门可以决定适用限期出境措施的境外人员不准入境的期限。

二是，境外人员未在规定期限内离境的，可以遣送出境。遣送出境是指对非法入境、非法居留、非法就业等境外人员采用必要手段使其离开国境的措施。出境入境管理法第六十二条第一款、第二款规定：“外国人有下列情形之一的，可以遣送出境：（一）被处限期出境，未在规定期限内离境的；（二）有不准入境情形的；（三）非法居留、非法就业的；（四）违反本法或者其他法律、行政法规需要遣送出境的。其他境外人员有前款所列情形之一的，可以依法遣送出境。”反间谍法在本款中对此作了衔接性规定，根据本款规定，境外人员未在规定期限内离境的，可以遣返出境。

实践中，遣送出境一般是派人监护，将被遣送对象送到目的地交通工具上。本法没有对遣送出境的具体程序作出规定，可以参考出境入境管理法和 1992 年《最高人民法院、最高人民检察院、公安部、外交部、司法部、财政部关于强制外国人出境的执行办法的规定》。该规定对遣送出境的具体执行程序作了规定：（1）被决定遣送出境的外国人，由执行机关凭决定书执行。（2）执行期限原则上为立即执行，负责具体执行的机关，应当按照交付机关确定的期限立即执行。（3）对被遣送出境的外国人，其出境的口岸，应事先确定，就近安排。如果被强制出境的外国人前往与我国接壤的国家，也可以安排从边境口岸出境。执行机关应当事先与出境口岸公安机关和边防检查站联系，通报被强制出境人员的情况，抵达口岸时间、交通工具班次，出境乘用的航班号、车次、时间，以及其他与协助执行有关的事项。（4）对遣返出境的外国人，需要押送的，由执行机关派外事民警押送；不需要押送的，可以在离境时派出外事民警，临场监督。同时，参考 2020 年《公安机关办理行政案件程序规定》第二百四十七条的规定，“被遣送出境的外国人可以被遣送至下列国家或者地区：（一）国籍国；（二）入境前的居住国或者地区；（三）出生地国或者地区；（四）入境前的出境口岸的所属国或者地区；（五）其他允许被遣送出境的外国人入境的国家或者地区”。

第二款是关于对违反本法的境外人员驱逐出境的规定。包含以下三层意思：

一是，对违反本法的境外人员，国务院国家安全主管部门可以决定驱逐出境。“驱逐出境”，是指对违法犯罪的境外人员，在限定的期限内，采用强制手段强行将其押解出境的处罚。我国法律规定的“驱逐出境”包括两种情况。一种是作为行政处罚措施的驱逐出境。出境入境管理法第八十一条第二款规定，外国人违反该法规定，情节严重，尚不构成犯罪的，公安部可以处驱逐出境。另一种是作为刑事处置措施的驱逐出境。刑法第三十五条规定，对于犯罪的外国人，可以独立适用或者附加适用驱逐出境。根据上述法律及本法规定，对于违反反间谍法的境外人员，尚不构成犯罪的，可以由国务院国家安全主管部门给予限期出境或者驱逐出境的行政处罚；构成犯罪的，人民法院可以独立适用驱逐出境，也可以判处刑罚并附加适用驱逐出境。本条中的驱逐出境，是对出境入境管理法的衔接和补充，属于行政法律责任中的驱逐出境，而不是刑事责任中的驱逐出境。

本条规定的驱逐出境的决定主体是国务院国家安全主管部门，驱逐出境对境外人员权益有较大影响，法律后果比较严重，处理起来应非常谨慎，本法规定由国务院国家安全主管部门决定是适宜的，有利于实践中严格执行。

二是，被驱逐出境的境外人员，自被驱逐出境之日起十年内不准入境。根据本法的规定，被驱逐出境的境外人员，一般都严重违反了反间谍法的要求，不同程度地实施了违反反间谍法的行为。同时本法与出境入境管理法第八十一条第三款的规定相衔接，规定自被驱逐出境之日起十年内不准入境。

三是，国务院国家安全主管部门的驱逐出境处罚决定是最终决定，被驱逐出境的境外人员不得对该决定申请行政复议或提起行政诉讼。

### ◆ 实践中需要注意的问题

在本条的理解适用中，需要注意以下几个方面的问题：

第一，遣送出境不同于限期出境和驱逐出境，限期出境和驱逐出境是对当事人依法取得入境权的剥夺，属于行政处罚，而遣送出境针对当事人未依法取得入境权或者入境权已经被剥夺的情形，谈不上对当事人权利的剥夺，不属于行政处罚。遣送出境是对当事人人身自由的暂时性限制，而不是对入境权利的剥夺。遣送出境过程中，只要当事人不对抗，一般不实施强制性手段，但是遣送出境是强制实施的，有强制手段作保障。

第二，本条规定对违反本法的境外人员，“可以”限期出境或者驱逐出境，而不是“应当”限期出境或者驱逐出境。在执行中有以下几种情况：一是对违反本法的境外人员，国务院国家安全主管部门可以单独处以限期出境或者驱逐出境的处罚；二是对违反本法的境外人员，构成犯罪，人民法院在追究其刑事责任的同时没有附加适用或者独立适用驱逐出境的，国家安全机关还可以根据本条的规定决定限期出境或者驱逐出境；三是对境外人员违反本法规定，已经受到刑事处罚或者行政处罚，没有必要再处以强制出境处罚的，也可以不限期出境或者驱逐出境。

第三，鉴于出境入境管理专业性强、时效要求高、与国家主权安全和利益紧密相连等特点，在综合考虑行政决定统一性与当事人权利保护时，各国通行做法是在维护行政决定统一性、尊重行政机关决定的同时，除法律有特别规定外，通过严格的行政程序和必要的外部救济来保护当事人的合法权利。本法第六十八条规定“当事人对行政处罚决定、行政强制措施决定、行政许可决定不服的，可以自收到决定书之日起六十日内，依法申请复议；对复议决定不服的，可以自收到复议决定书之日起十五日内，依法向人民法院提起诉讼”。对于本条规定的限期出境、遣送出境，可以依照本法和出境入境管理法的规定依法予以救济。

### ◆ 相关规定

《中华人民共和国宪法》第三十二条；《中华人民共和国刑法》第三十五条；

《中华人民共和国出境入境管理法》第六十二条、第六十四条、第八十一条；《中华人民共和国反间谍法实施细则》第二十四条；《中华人民共和国外国人入境出境管理条例》第三十三条

---

**第六十七条**　国家安全机关作出行政处罚决定之前，应当告知当事人拟作出的行政处罚内容及事实、理由、依据，以及当事人依法享有的陈述、申辩、要求听证等权利，并依照《中华人民共和国行政处罚法》的有关规定实施。

---

### ◆ 条文主旨

本条是关于国家安全机关作出行政处罚决定之前，应当告知当事人法定事项的规定。

### ◆ 立法背景

本条是2023年修订反间谍法时增加的规定。

2014年《中共中央关于全面推进依法治国若干重大问题的决定》要求，坚持严格规范公正文明执法，完善执法程序，重点规范行政许可、行政处罚、行政强制、行政征收、行政收费、行政检查等执法行为。《法治政府建设实施纲要（2015—2020年）》提出，健全行政执法调查取证、告知、罚没收入管理等制度。《国务院办公厅关于全面推行行政执法公示制度执法全过程记录制度重大执法决定法制审核制度的指导意见》提出，要出具行政执法文书，主动告知当事人执法事由、执法依据、权利义务等内容。根据上述规定，在行政处罚实施过程中告知当事人相关事项，是践行公正文明执法、完善执法程序的重要内容。

这次修订反间谍法，根据行政处罚法的有关规定，增加了本条规定。行政处罚是国家法律责任体系的重要组成部分，是行政机关依法对违反行政管理秩序的行为给予惩戒的一种行政措施。与其他行政措施相比，行政处罚在行政管理中具有特殊的功能和作用，可以直接限制或者剥夺违法行为人的人身自由、市场准入、生产经营、财产等权利。对违反行政管理秩序的行为实施行政处罚，既要有效制裁违法行为，也要注意保护公民、法人或者其他组织的合法权益，防止乱处罚。本条规定，在行政处罚实施过程中，国家安全机关及其执法人员应当告知当事人的事项主要有拟作出的行政处罚内容和拟作出行政处罚的事实、理由、依据，同时要告知当事人依法享有的陈述、申辩、要求听证等权利，这是从程序上保障当事人合法权益的重要体现。

◆ **条文释义**

对于当事人实施的违反本法规定的行为，本法规定国家安全机关可以根据违法行为的具体情况依法给予当事人警告、通报批评、罚款、没收、责令停止建设或者使用、暂扣或者吊销许可证件、行政拘留、驱逐出境等行政处罚。为更好保护当事人的合法权益，避免国家安全机关基于片面甚至错误的事实给予当事人行政处罚，不当侵害当事人合法权益，本条与行政处罚法相衔接，对国家安全机关作出行政处罚决定之前应当告知当事人的事项作了规定，并规定告知事项及其后续处理依照行政处罚法的有关规定实施。本条包含以下四个方面的内容：

第一，国家安全机关是告知的主体。国家安全机关是反间谍工作的主管机关，依据本法规定享有广泛的行政处罚权，在作出行政处罚决定之前，应当根据本条规定告知当事人有关事项。

首先，告知是一项重要程序制度。告知程序是行政处罚的必经程序，对国家安全机关而言，是一项法定义务，必须履行；对当事人而言，是对其知情权的保护。

其次，告知程序是行政处罚公开、公正原则的具体体现。行政处罚遵循公开、公正的原则。公开原则要求，行政处罚的设定和实施都要公开，告知程序是公开原则的应有之义。公正原则要求，行政处罚应当平等和公正地适用法律，其基本特征是：当事人必须获悉处罚的内容和性质；当事人有陈述案情的机会；行政机关的处罚决定必须公正。公正原则有两项基本标准：其一是本人不能决断与自己有关的案件；其二是必须听取各方当事人的意见。告知当事人拟作出行政处罚的有关情况和其享有陈述、申辩、听证等权利，是公正原则的基本要求。

最后，告知程序已经广为接受并不断完善。多年来，随着行政处罚法的实施和行政执法体制改革的深入，对于告知程序，行政相对人普遍欢迎，行政机关也逐渐接受并正确实施。同时，告知的内容和方式也在不断完善，告知程序也更加规范。

第二，国家安全机关应当在作出行政处罚决定之前告知。国家安全机关履行告知义务，必须在作出行政处罚决定之前，否则就无法保障当事人的知情权和陈述权、申辩权，不利于实现告知程序的价值。实施行政处罚，即使是简易程序，也应当依法履行告知程序。根据行政处罚法第六十二条的规定，行政机关及其执法人员在作出行政处罚决定之前，未向当事人告知拟作出的行政处罚内容及事实、理由、依据的，或者拒绝听取当事人的陈述、申辩，不得作出行政处罚决定。

第三，告知的内容包括拟作出的行政处罚内容及事实、理由、依据和当事人依法享有的陈述、申辩、要求听证等权利。国家安全机关履行告知义务，告知的内容包括两个方面：

一是告知当事人拟作出的行政处罚内容及事实、理由、依据。这是指国家安全机关应当告诉当事人拟作出行政处罚的种类、具体数额或数量，具体的违法事实，对违法行为作出处罚决定的原因，违反的法律、法规、规章的具体规定。在2021年行政处罚法修改过程中，对于告知的内容是否包括行政处罚的具体内容，是有争议的。经过慎重研究认为，行政处罚的内容，也就是处罚的种类、具体数额或数量，比如罚款的数额、拘留的时长等，直接关系当事人切身利益，是当事人迫切想要知道的，也是当事人保护自身权利的前提，应当告知。一般来说，告知的内容越全面就越有利于当事人陈述和申辩，也越有利于行政机关作出客观公正的决定。告知当事人处罚的内容及事实、理由、依据，首先，可以帮助当事人意识到自己行为的违法性和社会危害性，起到教育违法、预防违法的目的；其次，可以充分保障当事人的知情权，对行政处罚实施过程予以公开，便于当事人保护自身权利；最后，便于人民群众对行政执法情况进行监督，对行政主体加以约束，防止权力滥用。

二是告知当事人依法享有陈述、申辩和要求听证等权利。这是当事人行使相应权利的前提。反间谍工作具有较强的专业性、技术性和隐蔽性，有的当事人缺乏法律和专业知识，不能很好地了解自己享有的权利，如果国家安全机关不予告知，当事人可能错过权利救济的机会。当事人及时获知自己享有的权利，就可以依法保护自己的合法权益，防止国家安全机关滥用行政处罚权。

陈述，主要是陈述事实和理由，提出自己的主张和证据；申辩，主要是解释、辩解，反驳对自己不利的意见和证据。通过陈述、申辩，当事人可以表达意见，有效避免国家安全机关作出不当判断。陈述权和申辩权是当事人的重要权利，受法律保护。陈述权、申辩权具有重要作用。首先，在行政处罚实施过程中，当事人处于相对被动的地位，陈述权、申辩权可以适度提升当事人的地位，保护自身合法权益。其次，国家安全机关及其执法人员在听取陈述和申辩后，可以更加完整地了解情况，尤其是当事人提出国家安全机关尚不掌握的事实和证据时，国家安全机关可以作出更加全面、准确的决定。最后，陈述和申辩是认定当事人是否具有主观过错的重要基础，行政处罚法第三十三条第二款规定："当事人有证据足以证明没有主观过错的，不予行政处罚。法律、行政法规另有规定的，从其规定。"在法律、行政法规没有例外规定的情况下，当事人没有主观过错即不予处罚，而举证责任归属于当事人，对于当事人来说，通过行使陈述权和申辩权而进行的举证就十分重要。

听证制度是各国行政程序法的一项核心制度，要求国家安全机关在作出行政处罚决定之前听取当事人的意见，赋予了当事人为自己申辩和质证的权利，是一项很重要的程序制度。我国1996年的行政处罚法将听证制度作为行政处罚程序的一项重要制度加以规定，这是我国法律第一次明确规定听证制度，对于规范行政处罚实施，保护当事人合法权益很有意义。

第四，国家安全机关告知有关事项及后续处置，应当依照行政处罚法的有关规定实施。行政处罚法对当事人的陈述、申辩、要求听证等权利及其保障作出了具体规定，国家安全机关在告知当事人时和告知当事人后，应当按照行政处罚法的要求采取相应的措施。如行政处罚法第四十五条规定，当事人有权进行陈述和申辩。行政机关必须充分听取当事人的意见，对当事人提出的事实、理由和证据，应当进行复核；当事人提出的事实、理由或者证据成立的，行政机关应当采纳。行政机关不得因当事人陈述、申辩而给予更重的处罚。行政处罚法还专设一节对听证程序作出规范，以确保当事人要求听证的权利落地落实。

◆ **实践中需要注意的问题**

在本条的理解适用中，需要注意以下几个方面的问题：

第一，不论国家安全机关作出何种程度、形式的行政处罚，在作出决定之前都应当告知当事人拟作出的行政处罚内容及事实、理由、依据，当事人对于国家安全机关所给予的任何行政处罚都享有陈述权、申辩权。

第二，对于要求听证的权利，行政处罚法进一步明确了举行听证的案件范围。行政行为既要追求公正，也要讲究效率。行政处罚法规定举行听证的范围为拟给予较重的行政处罚的案件，而不是所有行政处罚案件都应当进行听证。这样规定较好地平衡了公正与效率的关系，既通过听证程序查清事实、合法合理给予处罚，保障当事人的合法权益，又兼顾行政机关处理行政处罚案件的效率，减少不必要的行政资源耗费。行政处罚法还规定，当事人要求听证的，行政机关应当组织听证。属于听证范围的案件，当事人对案件的事实、证据、处罚等没有异议，不要求听证的，可以不组织听证。

行政处罚法列举的纳入听证范围的案件都是拟给予较重的行政处罚的案件，有的对当事人的经济、财产影响较大，如较大数额罚款，没收较大数额违法所得，没收较大价值非法财物；有的对当事人的资质能力和经营活动影响较大，如降低资质等级，吊销许可证件，责令停产停业，责令关闭，限制从业。行政处罚法是行政处罚领域的一般性法律，考虑到各地、各部门的特殊性，在听证的适用范围方面作了一些开放性规定：一是较大数额罚款、较大数额违法所得、较大价值非法财物，可以由单行法律、法规或者规章来确定。比如治安管理处罚法规定公安机关作出处2000元以上罚款的治安管理处罚决定前，应当告知违反治安管理行为人有权要求举行听证。《交通运输行政执法程序规定》规定，较大数额罚款，地方执法部门按照省级人大常委会或者人民政府规定或者其授权部门规定的标准执行；海事执法部门按照对自然人处1万元以上、对法人或者其他组织处10万元以上执行。《市场监督管理行政处罚听证办法》规定，听证案件的范围包括对自然人处以1万元以上、对法人或者其他组织处以10万元以上罚款，对自然人、法人或者其他组织作出没收违法所得和非法财物价值达到前述数额的行政处罚。《商务部行政处罚实施办法》规定，对自然人处以 1 万元以上、对法人或者其他组织处以 10 万元以上罚款，对自然人、法人或者其他组织作出没收违法所得或非法财物价值总额达到前述数额的行政处罚，应当在行政处罚告知书中告知当事人有要求举行听证的权利。《上海市行政处罚听证程序规定》明确较大数额对个人是指 5000 元以上（或者等值物品价值），对法人或者其他组织是指 5 万元以上（或者等值物品价值）。如果没有明确的规范性文件依据的，行政机关可以酌情确定。二是其他较重的行政处罚，可由单行法律、法规、规章根据实际情况予以具体规定，也可在执法实践中根据个案予以认定。三是法律、法规、规章规定的其他情形，不限于行政处罚法第六十三条规定的第一项至第五项情形。

◆ **相关规定**

《中华人民共和国行政处罚法》第七条、第四十四条、第四十五条、第六十三条至第六十五条；《中华人民共和国治安管理处罚法》第九十八条；《交通运输行政执法程序规定》第八十条；《市场监督管理行政处罚听证办法》第五条；《商务部行政处罚实施办法》第十七条；《上海市行政处罚听证程序规定》第四条

---

**第六十八条**　当事人对行政处罚决定、行政强制措施决定、行政许可决定不服的，可以自收到决定书之日起六十日内，依法申请复议；对复议决定不服的，可以自收到复议决定书之日起十五日内，依法向人民法院提起诉讼。

---

◆ **条文主旨**

本条是关于当事人不服国家安全机关的行政处罚决定、行政强制措施决定、行政许可决定的，依法申请行政复议、提起行政诉讼的规定。

◆ **立法背景**

本条是 1993 年国家安全法的规定，2014 年制定反间谍法时作了修改，2023 年修订反间谍法时又作了修改。

1. 1993 年国家安全法的规定。第三十一条规定：“当事人对拘留决定不服的，可以自接到处罚决定书之日起十五日内，向作出处罚决定的上一级机关申请复议；对复议决定不服的，可以自接到复议决定书之日起十五日内向人民法院提起诉讼。”

本条规定于 1999 年行政复议法出台之前。根据本条规定，复议权和诉讼权是

当事人在收到行政拘留处罚决定之后所依法享有的救济权利。

2. 2014 年反间谍法的规定。第三十五条规定："当事人对行政处罚决定、行政强制措施决定不服的，可以自接到决定书之日起六十日内，向作出决定的上一级机关申请复议；对复议决定不服的，可以自接到复议决定书之日起十五日内向人民法院提起诉讼。"

本条在 1993 年国家安全法第三十一条的基础上进行了修改补充。1993 年国家安全法第三十一条对当事人不服国家安全机关的行政拘留决定的，可以申请复议和向人民法院提起行政诉讼作了规定。1999 年，我国制定行政复议法，对行政复议作出全面系统规定。在 2014 年反间谍法审议过程中，一些常委委员、部门、地方和专家提出，根据行政复议法、行政诉讼法的规定，除对行政拘留决定外，当事人对国家安全机关的其他行政处罚以及行政强制措施也有权申请复议、提起行政诉讼，建议在反间谍法中补充这方面规定，进一步明确行政相对人的权利。本条根据这一意见作了相应修改，规定"对行政处罚决定、行政强制措施决定不服的"，可以申请复议和提起行政诉讼，进一步明确了当事人维护权益的法律依据，有利于对公民人身、财产等合法权益的保护，也有利于规范和加强国家安全机关依法履行职责，保证反间谍法正确实施，从而更好地开展反间谍工作，更好地维护国家安全。此外，本条根据行政复议法的规定，将申请行政复议的期限由自接到决定书之日起"十五日内"修改为"六十日内"。

3. 2023 年修订后的反间谍法的规定。本条在 2014 年反间谍法第三十五条的基础上进行了修改。一是，根据实际情况和需要，在"行政处罚决定、行政强制措施决定"后增加规定"行政许可决定"。二是，将"向作出决定的上一级机关申请复议"修改为"依法申请复议"。主要考虑是：根据本法的规定，国务院国家安全主管部门可能作出有关决定，对这部分决定不服的，应当依照行政复议法的规定向作出该具体行政行为的国务院部门申请行政复议，而不是向上一级机关申请行政复议。三是，将"向人民法院提起诉讼"修改为"依法向人民法院提起诉讼"。主要考虑是：根据出境入境管理法的规定，对遣送出境措施不服的，可以依法申请行政复议，该行政复议决定为最终决定，不能向法院提起行政诉讼。四是，将"接到"修改为"收到"，表述更加准确，也与其他法律保持一致。

### ◆ 条文释义

根据本法规定，国家安全机关在履行反间谍工作职责中享有广泛的职权，可以依法实施行政处罚、行政强制措施、行政许可。上述具体行政行为直接涉及公民、法人和其他组织的权利义务，赋予当事人申请行政复议和提起行政诉讼的权利，对于防止和纠正违法或者不当的具体行政行为，保护公民、法人和其他组织的合法权益，保障和监督国家安全机关依法行使职权具有重要意义。本条包含以下五个方面的内容：

第一，当事人对行政处罚决定、行政强制措施决定、行政许可决定不服的应当先申请行政复议。当事人先申请行政复议的具体行政行为包括行政处罚、行政强制措施、行政许可三类。这里的“当事人”，主要是指行政处罚决定、行政强制措施决定、行政许可决定的相对人。行政处罚，是指行政机关依法对违反行政管理秩序的公民、法人或者其他组织，以减损权益或者增加义务的方式予以惩戒的行为。行政强制措施，是指行政机关在行政管理过程中，为制止违法行为、防止证据损毁、避免危害发生、控制危险扩大等情形，依法对公民的人身自由实施暂时性限制，或者对公民、法人或者其他组织的财物实施暂时性控制的行为。行政许可，是指行政机关根据公民、法人或者其他组织的申请，经依法审查，准予其从事特定活动的行为。行政处罚、行政强制措施和行政许可是实践中常见的具体行政行为，会对当事人的人身权、财产权等产生较大的影响，当事人认为有关决定与事实不符或者适用法律不当的，有权并且应当先依法申请行政复议，即实行行政复议前置。

本法规定的行政处罚决定、行政强制措施决定、行政许可决定，包括给予违法行为人警告、罚款、行政拘留、暂扣或者吊销许可证件等行政处罚，对涉嫌用于间谍行为的场所、设施或者财物依法查封、扣押、冻结等行政强制措施，由国家安全机关实施的涉及国家安全事项的建设项目许可等行政许可。

根据我国行政复议法的规定，行政复议是指公民、法人或者其他组织认为行政行为侵犯其合法权益，向行政机关提出复议申请，行政机关依法受理，进行重新审查，并依法作出复议决定的活动。复议是在行政体系内为行政行为的当事人提供的救济措施，具有高效、便捷，对当事人不收取任何费用的优点。当事人提起行政复议的，复议机关应对被申请复议的行政行为的合法性和适当性进行审查，对行政行为明显不当的，可以变更。行政复议机关履行行政复议职责，应当遵循合法、公正、公开、及时、便民的原则，坚持有错必纠，保障法律、法规的正确实施。

行政复议前置是行政程序法的特殊规定。行政诉讼法第四十四条第二款规定：“法律、法规规定应当先向行政机关申请复议，对复议决定不服再向人民法院提起诉讼的，依照法律、法规的规定。”本条规定就属于这种情况。之所以作出行政复议前置的特殊规定，主要考虑是：反间谍工作具有高度政治性和敏感性，专业性也比较强，为防范处置危害国家安全行为过程中的风险外溢，确保国家秘密安全等，将实践中使用较多、对当事人影响较大的行政处罚、行政强制措施和行政许可纳入行政复议前置的范围。这样规定，也有利于加强上级国家安全机关对下级国家安全机关工作上的检查、指导和监督，及时纠正下级国家安全机关的错误决定，及时维护当事人合法权益，减轻人民法院的负担。

第二，当事人可以自收到决定书之日起六十日内申请复议。这是关于行政复议申请期限的规定。所谓行政复议申请期限，是指行政复议申请人依法向行政复议机关提出行政复议申请的起止时间。申请人超过法律规定的期限申请行政复议的，行政复议机关将依法不予受理。行政复议作为一项行政救济制度，与民事诉讼等其他救济制度一样，在时间上是有限制性要求的，并不是可以无期限地提出行政复议的申请。在法律上设定行政复议的申请期限，有利于申请人及时申请行政复议，有利于及时结束行政争议，有利于稳定行政管理秩序，有利于信赖利益的保护。

行政复议实行“不告不理”原则，即行政复议程序的启动，由行政相对人决定，没有行政相对人的申请，行政复议程序既不会自动启动，也不能由行政复议机关去主动启动。行政相对人启动行政复议程序，始于其提出行政复议的申请。但行政相对人提出行政复议申请，并非没有任何条件限制。行政复议的申请期限，既是赋予行政相对人在此期限内享有申请行政复议的权利，也是明确了行政相对人如果超出此期限申请行政复议将产生不予受理的法律后果。关于行政复议的申请期限，行政复议法第九条第一款规定：“公民、法人或者其他组织认为具体行政行为侵犯其合法权益的，可以自知道该具体行政行为之日起六十日内提出行政复议申请；但是法律规定的申请期限超过六十日的除外。”本条根据具体情况，将“自知道该具体行政行为之日起六十日内”明确为“自收到决定书之日起六十日内”。“六十日”的行政复议申请期限，相当于两个月的时间。这样一个期限，是比较适当的，有利于行政相对人依法申请行政复议。公民、法人或者其他组织对行政机关作出的具体行政行为，即使认为侵犯了其合法权益，也需要一个研究、了解相关法律、法规、规章规定情况的过程。在这个过程中，公民、法人或者其他组织除了自己熟悉相关规定外，往往还会咨询相关专业人士，然后才会决定维护自己的合法权益。如果申请期限过短，将不利于行政相对人必要的研究与思考、判断与选择，可能会产生因为时间太紧而丧失申请行政复议权利的情形。

关于行政复议申请期限的计算，根据本条规定，应当“自收到决定书之日起”计算，此即为行政复议申请期限的起算时间。根据行政复议法第四十条规定，行政复议期间的计算，依照民事诉讼法关于期间的规定执行。根据民事诉讼法第八十五条规定，期间开始的日，不计算在期间内。期间届满的最后一日是法定休假日的，以法定休假日后的第一日为期间届满的日期。期间不包括在途时间，诉讼文书在期满前交邮的，不算过期。也就是说，当事人“收到决定书”的当天，不计算在六十日之内，而应从第二日开始计算。按照行政复议法实施条例第十五条、第十六条的规定，行政复议申请期限的计算，依照下列规定办理：1. 行政机关作出具体行政行为的。在行政机关依法作出具体行政行为的情形下，行政复议申请期限的计算是：（1）当场作出具体行政行为的，自具体行政行为作出之日起计算。（2）载明具体行政行为的法律文书直接送达的，自受送达人签收之日起计算。（3）载明具体行政行为的法律文书邮寄送达的，自受送达人在邮件签收单上签收之日起计算；没有邮件签收单的，自受送达人在送达回执上签名之日起计算。（4）具体行政行为依法通过公告形式告知受送达人的，自公告规定的期限届满之日起计算。（5）行政机关作出具体行政行为时未告知公民、法人或者其他组织，事后补充告知的，自该公民、法人或者其他组织收到行政机关补充告知的通知之日起计算。（6）被申请人能够证明公民、法人或者其他组织知道具体行政行为的，自证据材料证明其知道具体行政行为之日起计算。2. 行政机关未履行法定职责的。公民、法人或者其他组织依照行政复议法第六条第八项、第九项、第十项的规定申请行政机关履行法定职责，行政机关未履行的，行政复议申请期限依照下列规定计算：（1）有履行期限规定的，自履行期限届满之日起计算；（2）没有履行期限规定的，自行政机关收到申请满六十日起计算。公民、法人或者其他组织在紧急情况下请求行政机关履行保护人身权、财产权的法定职责，行政机关不履行的，行政复议申请期限不受前述（1）（2）规定的限制。

第三，应当依法申请复议，即申请行政复议应当依法进行。当事人申请行政复议，应当按照行政复议法规定的形式，向有权机关提出申请。关于申请复议的形式，行政复议法第十一条规定：“申请人申请行政复议，可以书面申请，也可以口头申请；口头申请的，行政复议机关应当当场记录申请人的基本情况、行政复议请求、申请行政复议的主要事实、理由和时间。”关于行政复议机关，行政复议法第十二条第二款规定：“对海关、金融、国税、外汇管理等实行垂直领导的行政机关和国家安全机关的具体行政行为不服的，向上一级主管部门申请行政复议。”第十四条规定，“对国务院部门或者省、自治区、直辖市人民政府的具体行政行为不服的，向作出该具体行政行为的国务院部门或者省、自治区、直辖市人民政府申请行政复议”。据此，对省级及以下国家安全机关作出的行政处罚决定、行政强制措施决定、行政许可决定不服的，只能向上一级国家安全机关申请行政复议，不能向本级人民政府申请复议；对国家安全部的有关决定不服的，只能向国家安全部申请行政复议。此外，申请行政复议，还应当遵守有关法律的规定。如根据本法第六十六条规定，国务院国家安全主管部门的驱逐出境处罚决定为最终决定，因此，对于国家安全部所作的驱逐出境处罚，当事人不能申请行政复议。

第四，当事人对复议决定不服的，可以自收到复议决定书之日起十五日内，向人民法院提起诉讼。这里的“诉讼”，指的是“行政诉讼”。行政诉讼是公民、法人或者其他组织认为行政机关和行政机关工作人员作出的行政行为侵犯其合法权益而向人民法院提起的诉讼。行政复议决定属于一种行政行为，行政复议决定书一经送达即发生法律效力，对当事人的权利义务产生影响，因此，当事人不服行政复议决定的，可以提起行政诉讼。同时，行政复议具有权利救济的性质，经过复议后，继续提起行政诉讼进行再救济，需要兼顾行政法律关系的稳定性。因此，不服行政复议决定的起诉期限与一般起诉期限有所区别，为“自收到复议决定书之日起十五日内”。

行政复议决定是行政复议机关受理行政复议申请后，经审查作出的处理决定。依照行政复议法第二十八条第一款规定，“行政复议机关负责法制工作的机构应当对被申请人作出的具体行政行为进行审查，提出意见，经行政复议机关的负责人同意或者集体讨论通过后，按照下列规定作出行政复议决定：（一）具体行政行为认定事实清楚，证据确凿，适用依据正确，程序合法，内容适当的，决定维持；（二）被申请人不履行法定职责的，决定其在一定期限内履行；（三）具体行政行为有下列情形之一的，决定撤销、变更或者确认该具体行政行为违法；决定撤销或者确认该具体行政行为违法的，可以责令被申请人在一定期限内重新作出具体行政行为：1. 主要事实不清、证据不足的；2. 适用依据错误的；3. 违反法定程序的；4. 超越或者滥用职权的；5. 具体行政行为明显不当的。（四）被申请人不按照本法第二十三条的规定提出书面答复、提交当初作出具体行政行为的证据、依据和其他有关材料的，视为该具体行政行为没有证据、依据，决定撤销该具体行政行为”。行政复议法实施条例新增了驳回复议申请的复议决定形式，即第四十八条第一款规定，“有下列情形之一的，行政复议机关应当决定驳回行政复议申请：（一）申请人认为行政机关不履行法定职责申请行政复议，行政复议机关受理后发现该行政机关没有相应法定职责或者在受理前已经履行法定职责的；（二）受理行政复议申请后，发现该行政复议申请不符合行政复议法和本条例规定的受理条件的”。

实践中存在复议机关不受理复议申请或者受理后超过期限不作答复的情况。对此，行政复议法第十九条规定：“法律、法规规定应当先向行政复议机关申请行政复议、对行政复议决定不服再向人民法院提起行政诉讼的，行政复议机关决定不予受理或者受理后超过行政复议期限不作答复的，公民、法人或者其他组织可以自收到不予受理决定书之日起或者行政复议期满之日起十五日内，依法向人民法院提起行政诉讼。”关于行政复议期限，行政复议法第三十一条第一款规定：“行政复议机关应当自受理申请之日起六十日内作出行政复议决定；但是法律规定的行政复议期限少于六十日的除外。情况复杂，不能在规定期限内作出行政复议决定的，经行政复议机关的负责人批准，可以适当延长，并告知申请人和被申请人；但是延长期限最多不超过三十日。”

第五，当事人应当依法向人民法院提起诉讼，即提起行政诉讼应当依法进行。当事人提起行政诉讼，应当按照行政诉讼法规定的条件、形式、程序等进行。关于案件的管辖，行政诉讼法第十八条规定，行政案件由最初作出行政行为的行政机关所在地人民法院管辖。经复议的案件，也可以由复议机关所在地人民法院管辖。关于被告的确定，行政诉讼法第二十六条规定，经复议的案件，复议机关决定维持原行政行为的，作出原行政行为的行政机关和复议机关是共同被告；复议机关改变原行政行为的，复议机关是被告。复议机关在法定期限内未作出复议决定，公民、法人或者其他组织起诉原行政行为的，作出原行政行为的行政机关是被告；起诉复议机关不作为的，复议机关是被告。

一般来说，公民、法人或者其他组织对行政复议决定不服的，可以依照行政诉讼法的规定向人民法院提起行政诉讼，“但是法律规定行政复议决定为最终裁决的除外”，即不得对最终裁决的行政决定提起行政诉讼。如出境入境管理法第六十四条规定：“外国人对依照本法规定对其实施的继续盘问、拘留审查、限制活动范围、遣送出境措施不服的，可以依法申请行政复议，该行政复议决定为最终决定。其他境外人员对依照本法规定对其实施的遣送出境措施不服，申请行政复议的，适用前款规定。”所谓“最终裁决”，也称终局行政裁决行为，是指依照法律规定，行政机关拥有最终的行政裁决权，对其作出的行政决定或者行政复议决定，当事人不得提起行政诉讼。终局行政裁决行为具有以下特点：一是，终局行政裁决行为，体现着行政机关享有最终的行政裁决权。最终裁决的行政决定或者行政复议决定一经作出，便具有最终的法律效力。二是，终局行政裁决行为，不具有可诉性。行政相对人对最终裁决的行政决定或者行政复议决定不能提起行政诉讼。如果行政相对人不自觉履行终局行政裁决，有关机关将会依法予以强制执行。三是，终局行政裁决行为，须由法律明文规定。这里所说的法律，指的是全国人大及其常委会制定的法律，不包括行政法规和地方性法规，更不包括国务院部门和地方政府制定的规章。我国法律有关终局行政裁决行为的规定，分为两类：一类是规定了行政相对人具有选择行政救济途径与司法救济途径的权利，行政相对人一旦选择行政救济途径，如申请行政复议，就不得再寻求司法救济途径；另一类是规定了行政相对人只有行政救济途径，而没有司法救济途径，即只能申请行政复议。从我国的立法实践看，终局行政裁决行为的范围，不是在扩大，而是在缩小。

### ◈ 实践中需要注意的问题

在本条的理解适用中，需要注意以下几个方面的问题：

第一，对于行政处罚决定、行政强制措施决定、行政许可决定以外的其他具体行政行为，不实行行政复议前置。具体行政行为，是指行政机关对特定的行政相对人（包括公民、法人以及其他组织）作出的影响其权益的具体决定和措施的行为，包括行政征收、行政征用、行政许可、行政处罚、行政强制、行政确认、行政裁决等行政行为。本法涉及的行政行为种类多种多样，除行政处罚、行政强制措施、行政许可外，还有查阅调取、传唤、查询财产、检查、征用、补偿、安置、奖励等。根据本条规定，实行行政复议前置的行政行为只有行政处罚、行政强制措施、行政许可三种，对于其他具体行政行为，适用行政诉讼的一般规则，即可以先向行政机关申请复议，对复议决定不服的，再向人民法院提起诉讼，也可以直接向人民法院提起诉讼，具体由当事人自主选择，当事人既可以选择先申请复议再提起诉讼，也可以不经复议直接提起诉讼。

第二，申请复议期限和起诉期限存在中止和扣除、延长的情况。申请复议期限和起诉期限是一个不变期间，一般情况下，对于超过申请复议期限和起诉期限的案件，行政复议机关和法院不再受理。但实践中导致超过期限的原因非常多也比较复杂，有的是主观原因，有的是客观原因，有的是自身原因，有的是他人原因。为了更好地保障当事人获得救济的权利，有必要规定期限的中止和扣除、延长制度。行政复议法第九条第二款规定，因不可抗力或者其他正当理由耽误法定申请期限的，申请期限自障碍消除之日起继续计算。行政诉讼法第四十八条规定："公民、法人或者其他组织因不可抗力或者其他不属于其自身的原因耽误起诉期限的，被耽误的时间不计算在起诉期限内。公民、法人或者其他组织因前款规定以外的其他特殊情况耽误起诉期限的，在障碍消除后十日内，可以申请延长期限，是否准许由人民法院决定。"所谓"不可抗力"，是指不能预见、不能避免并不能克服的客观情况，如地震、水灾、战争等；所谓"其他正当理由"，是指包括申请人病重、代理人死亡或者丧失民事行为能力等在内的事由；所谓"其他不属于其自身的原因"，主要是不可抗力之外的其他客观原因，如病重而在一定时间内无法正确表达意志等；所谓"其他特殊情况"，由于实践情况千变万化，是否属于"其他特殊情况"最终交由法院在个案中加以认定，为方便法院认定，原告在提出申请时应当提供相应证据。虽然本条未对有关期限的中止和扣除、延长作出规定，但是当事人在依据本条申请复议和提起诉讼时，同样适用行政复议法和行政诉讼法的有关规定。

◆ **相关规定**

《中华人民共和国行政处罚法》第二条；《中华人民共和国行政强制法》第二条；《中华人民共和国行政许可法》第二条；《中华人民共和国行政复议法》第九条、第十一条、第十二条、第十四条、第十九条、第二十八条、第三十一条、第四十条；《中华人民共和国行政诉讼法》第十八条、第二十六条、第四十四条、第四十八条；《中华人民共和国民事诉讼法》第八十五条；《中华人民共和国出境入境管理法》第六十四条；《中华人民共和国行政复议法实施条例》第十五条、第十六条、第四十八条

**第六十九条**　国家安全机关工作人员滥用职权、玩忽职守、徇私舞弊，或者有非法拘禁、刑讯逼供、暴力取证、违反规定泄露国家秘密、工作秘密、商业秘密和个人隐私、个人信息等行为，依法予以处分，构成犯罪的，依法追究刑事责任。

### ◆ 条文主旨

本条是关于国家安全机关工作人员渎职的法律责任的规定。

### ◆ 立法背景

本条是1993年国家安全法的规定，2014年制定反间谍法时作了修改，2023年修订反间谍法时又作了修改。

1. 1993年国家安全法的规定。第三十二条规定："国家安全机关工作人员玩忽职守、徇私舞弊，构成犯罪的，分别依照刑法第一百八十七条、第一百八十八条的规定处罚；非法拘禁、刑讯逼供，构成犯罪的，分别依照刑法第一百四十三条、第一百三十六条的规定处罚。"（2009年8月27日《关于修改部分法律的决定》将第三十二条中的"依照刑法第×条的规定""比照刑法第×条的规定"修改为"依照刑法有关规定"。）

本条是对国家安全机关工作人员有关犯罪行为追究刑事责任作出衔接性规定，重申了刑法的有关规定，进一步强调了国家安全机关工作人员玩忽职守、徇私舞弊、非法拘禁、刑讯逼供，构成犯罪的，要依法追究刑事责任。这对保证国家安全机关及其工作人员依法办事，保障国家安全机关准确、及时惩治间谍行为，维护国家安全和公民的合法权益具有重要意义。

2. 2014年反间谍法的规定。第三十七条规定："国家安全机关工作人员滥用职权、玩忽职守、徇私舞弊，构成犯罪的，或者有非法拘禁、刑讯逼供、暴力取证、违反规定泄露国家秘密、商业秘密和个人隐私等行为，构成犯罪的，依法追究刑事责任。"

本条在1993年国家安全法第三十二条的基础上进行了修改补充。在2014年反间谍法审议过程中，有的常委委员、部门和专家提出，反间谍法对国家安全机关工作人员在反间谍工作中的职权作了更明确的规定，本条应把握这些规定进一步作出修改和补充，以突出体现对国家安全机关工作人员的严格要求。本条根据这一意见作了以下修改：一是增加滥用职权的行为。二是暴力取证、违反规定泄露国家秘密、商业秘密和个人隐私的行为。三是只原则规定依法追究刑事责任，不再引述刑法具体条文。

3. 2023年修订后的反间谍法的规定。本条在2014年反间谍法第三十七条的基础上作了修改补充。一是，在违反规定泄露的信息中增加"工作秘密"和"个人信息”，与本法第十一条规定保持一致。二是，增加规定“依法予以处分”。实践中，国家安全机关工作人员有渎职行为的，除依法追究刑事责任外，还应当根据有关规定给予处分，本条对此予以明确。三是，删除第一个“构成犯罪的”的规定，表述更加精炼。

◆ **条文释义**

本法第十一条规定，国家安全机关及其工作人员在工作中，应当严格依法办事，不得超越职权、滥用职权，不得侵犯个人和组织的合法权益。国家安全机关及其工作人员依法履行反间谍工作职责获取的个人和组织的信息，只能用于反间谍工作。对属于国家秘密、工作秘密、商业秘密和个人隐私、个人信息的，应当保密。国家安全机关工作人员不依法履职的，应当根据本条规定承担相应的法律责任。本条包含以下两个方面的内容：

第一，国家安全机关工作人员有有关违法行为的，依法予以处分。对公职人员，具有干部管理权限的机关、单位，有权对违法的公职人员给予处分。根据公务员法、公职人员政务处分法规定，处分包括警告、记过、记大过、降级、撤职、开除六类。通常认为，警告、记过、记大过、降级属于轻处分，撤职、开除属于重处分。警告，是对违法公职人员提出的告诫，以促使其认识和改正错误。警告是最轻的一种处分，属于警戒性的处分方式，适用于违法情节较轻但必须给予处分的公职人员。记过、记大过，是对违法行为的过错予以记载，也是警戒性的处分方式，实际上是严重警告的意思。记过、记大过在性质上属于重于警告的较轻的处分。降级，是一种降低公职人员级别的处分方式。降级处分不仅适用于公务员，也适用于参照公务员法管理的人员、国有企事业单位管理人员。因此，这里的级别并不仅指公务员级别，而是上述人员工资、薪酬待遇等级的概称，不同种类的公职人员设置不同。实践中，给予公职人员降级处分的，要根据公职人员工资、薪酬待遇的相关管理制度，相应降低级别工资或者薪酬待遇档次。撤职，是一种撤销公职人员所担任职务的处分方式。被撤职者如果没有同时受到辞退、调离等组织人事处理，仍然是原单位工作人员。撤职适用于违法情节严重、不适宜继续担任现任职务的公职人员。开除，是解除被处分人与原单位人事关系的一种处分，是最严厉的惩罚方式。公职人员被开除后，即不再具有公职人员身份，与原单位的人事关系也随之解除。开除适用于违法情节严重、不适宜继续留在有关机关、单位、组织工作的公职人员。

本条明确列举了一些国家安全机关工作人员典型的、有代表性的违法行为，包括：1. 滥用职权。是指国家安全机关工作人员超越职权，违法决定、处理其无权决定、无权处理的事项，或者违反规定处理公务。2. 玩忽职守。是指国家安全机关工作人员严重不负责任，不履行或者不认真履行职责义务。不履行职责义务，是指国家安全机关工作人员，对于自己应当履行的职责拒绝履行或者放弃职守。不认真履行职责，是指国家安全机关工作人员在履行职责义务中违背职责要求，不按有关法律、法规或者有关规定办事，严重不负责任。3. 徇私舞弊。是指国家安全机关工作人员在履行职责过程中，徇个人私利或者私情而违背职责的行为。4. 非法拘禁。是指国家安全机关工作人员违反法律规定，对不该关押的人施以拘禁或者其他强制方法剥夺其人身自由的行为。拘禁行为的方法多种多样，如捆绑、关押、扣留、隔离审查等。无论采用什么方法，只要违法强制剥夺他人的人身自由，都属于非法拘禁。我国法律对逮捕、拘留有严格的规定，国家安全机关必须依法办事。根据宪法和刑事诉讼法等法律的规定，公民的人身自由不受侵犯；任何公民非经人民检察院批准或者决定或者人民法院决定，并由公安机关执行，不受逮捕；拘留只能由公安机关、人民检察院决定，并由公安机关执行。根据本法、刑事诉讼法和全国人民代表大会常务委员会关于国家安全机关行使公安机关的侦查、拘留、预审和执行逮捕的职权的决定等法律法规的有关规定，国家安全机关行使法律规定的公安机关的侦查、拘留、预审和执行逮捕的职权。刑事诉讼法对拘留、逮捕的条件、程序和期限作了严格而明确的规定。本法第五十四条等对国家安全机关依法采取行政拘留的条件也作了规定。5. 刑讯逼供。是指在办理刑事案件过程中，为逼取口供，对犯罪嫌疑人使用肉刑或者变相肉刑，使其在肉体上或者精神上遭受剧烈疼痛或者痛苦而不得不供述的行为，如殴打、电击、饿、冻、烤等。6. 暴力取证。是指使用暴力逼取证人证言的行为。7. 违反规定泄露国家秘密、工作秘密、商业秘密和个人隐私、个人信息。“泄露”是指行为人把自己掌握或者知悉的国家秘密、工作秘密、商业秘密和个人隐私、个人信息让不应知悉者知悉的行为。泄露的方式是多种多样的：既可以是口头泄露，也可以是书面泄露；既可以是用交给实物的方式泄露，也可以是用发送电子信函的方式泄露等。国家秘密、工作秘密关系国家安全和利益，商业秘密关系权利人的经济利益，隐私权是个人的重要人身权利。保守国家秘密法、刑法、刑事诉讼法、公务员法、个人信息保护法、民法典等法律对国家秘密、工作秘密、商业秘密、个人隐私、个人信息的保护作了规定。国家安全机关及其工作人员对在反间谍工作中知悉的涉及国家秘密、工作秘密、商业秘密、个人隐私、个人信息的信息、材料，应当妥善保管，不得遗失、泄露。此外，这里的“等”应作“等外”理解，也就是说，除上述明确列举的违法行为外，对于国家安全机关工作人员实施其他违法行为，依法应当给予处分的，也应当予以处分。

国家安全机关工作人员有违法行为的，应当依照法定程序根据违法情节轻重给予相应处分。

第二，构成犯罪的，依法追究刑事责任。根据刑法的规定，犯罪必须是同时具备以下特征的行为：1. 具有社会危害性，即行为人通过作为或者不作为，对社会造成一定危害。没有危害社会的行为，不能认为是犯罪。根据刑法规定，具有社会危害性的行为包括：危害国家主权、领土完整和安全的行为；分裂国家、颠覆人民民主专政的政权和推翻社会主义制度的行为；破坏社会秩序和经济秩序的行为；侵犯国有财产或者劳动群众集体所有财产的行为；侵犯公民私人所有财产的行为；侵犯公民的人身权利、民主权利和其他权利的行为，以及其他危害社会的行为。2. 具有刑事违法性，即犯罪行为应当是刑法中禁止的行为。危害社会的行为多种多样，由于各种危害行为违反的社会规范不同，其社会危害程度也不同，不是所有危害社会的行为都是犯罪，刑法规定的危害行为都是比较严重的危害社会的行为。3. 具有应受刑罚惩罚性，即犯罪是依照刑法规定应当受到刑罚处罚的行为。违法行为，不一定都构成犯罪，只有依照刑法规定应当受刑事处罚的行为才是犯罪。危害行为应受刑罚处罚，是犯罪行为与其他违法行为的基本区别。以上三点是犯罪缺一不可的基本特征。

"刑事责任"是最严厉的法律责任，指犯罪行为人实施刑事法律禁止的行为所应当承担的法律后果。"刑事责任"和"刑罚"是两个不同的概念，二者既有联系又有区别。"刑事责任"是犯罪行为人因实施犯罪行为，而应当承担的刑法上的法律后果，是刑罚的前提条件，只有对负有刑事责任的人才能适用刑罚；而刑罚是承担刑事责任的一种形式和结果，是法院以国家的名义对犯罪人进行惩罚和改造的手段。负有刑事责任的人在某些情况下不一定受到刑罚处罚，比如具有法定可以免除处罚情节的，可以不处以刑罚，即免予刑事处罚也是承担刑事责任的一种方式；但受刑罚处罚的人，必须是负有刑事责任的人。根据我国刑法的规定，刑罚分为主刑和附加刑。所谓"主刑"是对犯罪分子进行惩罚的主要刑种，它只能独立适用，不能相互附加适用。对一个犯罪，只能判处一个主刑，不能同时适用两种及以上主刑。刑法规定的主刑有五种，分为两大类：自由刑和生命刑。自由刑包括管制、拘役、有期徒刑和无期徒刑；生命刑，即死刑，包括死刑立即执行和死刑缓期执行，后者即判处死刑的同时宣告缓期二年执行。"附加刑"是补充主刑惩罚罪犯的刑种，包括罚金、剥夺政治权利和没收财产，它既能附加主刑适用，又可以独立适用，可以同时适用两种以上的附加刑。

本条是对国家安全机关工作人员有关犯罪行为追究刑事责任的衔接性规定，实践中在认定是否构成犯罪时，要依照刑法的有关规定进行。根据刑法规定，国家安全机关工作人员实施本条明确列举的违法行为，可能构成以下犯罪：第二百一十九条侵犯商业秘密罪，第二百三十二条故意杀人罪，第二百三十四条故意伤害罪，第二百三十八条非法拘禁罪，第二百四十七条刑讯逼供罪、暴力取证罪，第二百五十三条之一侵犯公民个人信息罪，第三百九十七条滥用职权罪、玩忽职守罪，第三百九十八条故意泄露国家秘密罪、过失泄露国家秘密罪，第三百九十九条徇私枉法罪等。国家安全机关工作人员实施本条明确列举以外的其他行为，根据刑法规定构成犯罪的，同样应当追究刑事责任。需要说明的是，刑法对于一些行为构成犯罪有“情节严重”“致使公共财产、国家和人民利益遭受重大损失”等情节、后果等方面的要求，有关司法解释对情节、后果等作了进一步明确，因此，并不是只要行为人实施了相应行为就构成犯罪，是否构成犯罪，应当由司法机关依照刑法、司法解释有关规定和案件有关情况具体认定。

### ◆ 实践中需要注意的问题

实践中需要注意的是，处分和刑事责任属于不同类型的法律责任，在性质、内容等方面均不一样，二者不是二选一的关系。一般来说，追究刑事责任的门槛较高，国家安全机关工作人员实施本条规定的违法行为，既有可能构成有关犯罪，也有可能因为情节较轻或者没有造成刑法要求的后果等从而不构成犯罪，无论是否构成犯罪，都应当依法给予处分。

### ◆ 相关规定

《中华人民共和国刑法》第十三条、第三十二条至第三十四条、第二百一十九条、第二百三十二条、第二百三十四条、第二百三十八条、第二百四十七条、第二百五十三条之一、第三百九十七条至第三百九十九条；《中华人民共和国公务员法》第六十一条、第六十二条；《中华人民共和国公职人员政务处分法》第二条、第七条

# 第六章 附 则

**第七十条** 国家安全机关依照法律、行政法规和国家有关规定，履行防范、制止和惩治间谍行为以外的危害国家安全行为的职责，适用本法的有关规定。

公安机关在依法履行职责过程中发现、惩治危害国家安全的行为，适用本法的有关规定。

## ◆ 条文主旨

本条是关于国家安全机关、公安机关承担相关职责，适用本法有关规定的衔接性规定。

## ◆ 立法背景

本条是1993年国家安全法的规定，2014年制定反间谍法时作了修改，2023年修订反间谍法时又作了修改。

**（一）立法背景及修改情况**

1. 1993年国家安全法的规定。第三十三条规定："公安机关依照本法第二条第二款的规定，执行国家安全工作任务时，适用本法有关规定。"1993年国家安全法第二条第二款规定："国家安全机关和公安机关按照国家规定的职权划分，各司其职，密切配合，维护国家安全。"公安机关是最早承担维护国家安全职责的国家机关之一，后来根据国家安全领域的进一步细分，组建国家安全机关，与公安机关一并承担维护国家安全的职责。1983年9月第六届全国人民代表大会常务委员会第二次会议通过的《全国人民代表大会常务委员会关于国家安全机关行使公安机关的侦查、拘留、预审和执行逮捕的职权的决定》规定，第六届全国人民代表大会第一次会议决定设立的国家安全机关，承担原由公安机关主管的间谍、特务案件的侦查工作，是国家公安机关的性质，因而国家安全机关可以行使宪法和法律规定的公安机关的侦查、拘留、预审和执行逮捕的职权。在此背景下，国家安全机关具有不同于公安机关的特殊职责，同时公安机关仍然承担着内部保卫国家政治安全的职责，与国家安全机关有诸多交集，彼此密切配合。因此法律明确规定，公安机关执行国家安全工作任务时，也适用国家安全法的有关规定。

2. 2014年反间谍法的规定。第三十九条规定："国家安全机关、公安机关依照法律、行政法规和国家有关规定，履行防范、制止和惩治间谍行为以外的其他危害国家安全行为的职责，适用本法的有关规定。"根据1993年国家安全法的规定，传统的危害国家安全行为，是一个相对广义的概念，既包括间谍行为，也包括间谍行为以外的其他危害国家安全的行为。2014年制定的反间谍法主要是将1993年国家安全法修改为反间谍法，为下一步制定一部具有综合性、全面性、基础性的新国家安全法做好准备。因此，反间谍法除对反间谍工作作出专门规定外，还需要对依照1993年国家安全法规定的由国家安全机关和公安机关按照有关规定承担的，防范、制止、打击其他危害国家安全行为的工作，在法律中作出衔接性规定，以防止在1993年国家安全法修改为反间谍法后，相关工作出现法律真空，确保国家安全机关、公安机关的相关工作不缺失，执法有依据。

1993年国家安全法第三十三条规定："公安机关依照本法第二条第二款的规定，执行国家安全工作任务时，适用本法有关规定。"2014年反间谍法第三十九条对其作了以下修改：

一是，增加国家安全机关处理间谍行为以外的其他危害国家安全行为的职责，适用本法的规定，并将"执行国家安全工作任务"修改为"履行防范、制止和惩治间谍行为以外的其他危害国家安全行为的职责"。这是将1993年国家安全法改为反间谍法后所作的相应调整。

二是，将"依照本法的规定"改为"依照法律、行政法规和国家有关规定"，以与相关法律、法规、规定中有关国家安全机关、公安机关维护国家安全的职责规定相衔接。

第十二届全国人大常委会第十次会议《关于修订〈中华人民共和国国家安全法〉的说明》进一步作了具体说明，该修订草案第三十八条规定：国家安全机关、公安机关依照法律、行政法规和国家有关规定，履行防范、制止和打击其他危害国家安全行为的职责，适用本法的有关规定。主要考虑是，当时的国家安全法除规定国家安全机关履行反间谍工作职责外，还规定国家安全机关、公安机关有防范、制止和打击敌对势力、分裂势力等其他危害国家安全行为的职权。为了避免将当时的国家安全法修改为反间谍法后出现法律真空，确保国家安全机关、公安机关的工作职责不缺失、执法有依据，草案作了上述规定。

3. 2023年修订后的反间谍法的规定。2023年修订对反间谍法的整体作了较大幅度的修改，特别是增加了"安全防范"专章的规定，赋权国家安全机关对轻微的间谍违法行为可以予以行政处罚等。在此基础上，需要对本条规定作一定的调整，主要有以下两处修改。

一是，将国家安全机关与公安机关承担相关职责适用反间谍法的有关规定，按照两个部门的各自职责分款进行表述。先规定国家安全机关履行防范、制止和惩治间谍行为以外的危害国家安全行为的职责，适用本法的有关规定，再规定公安机关发现、惩治危害国家安全的行为，适用本法的有关规定。这样表述，主要是考虑国家安全机关、公安机关相应的职责分工是清楚的。国家安全机关承担反间谍职责以外的预防、制止和惩治其他危害国家安全行为的职责，没有发生变化，仍然需要相应的执法依据。同时，公安机关在保卫国家政治安全的过程中，必然需要处置危害国家安全的行为，依职责可以适用本法的有关规定。因此，通过总结实践中的经验，需要单独分款规定，公安机关适用本法有关规定可以处置各种危害国家安全的行为。本条关于国家安全机关处置间谍行为以外的危害国家安全行为适用反间谍法有关规定的内容，仍予以保留，单作一款进行规定。

二是，反间谍安全防范的协调指导和监督检查职责由国家安全机关开展，为避免法律适用过程中承担反间谍安全防范主体责任的单位、安全防范重点单位等就指导、监督检查安全防范工作的负责单位是国家安全机关还是公安机关，产生不必要的混淆，因此对公安机关处置危害国家安全的行为，规定为"在依法履行职责过程中发现、惩治危害国家安全的行为"，适用本法的有关规定，以区别国家安全机关履行特定安全防范职责的表述。

**（二）公开征求意见的情况**

有的建议将本条第一款和第二款规定的内容合并。有的提出，海警不同于公安机关，也需要履行海上打击危害国家安全的行为的职责，建议增加海警适用反间谍法有关规定的规定。

### ◆ 条文释义

本条共分两款。第一款是关于国家安全机关防范、制止、惩治间谍行为以外的危害国家安全行为，适用反间谍法有关规定的规定。本款有以下三层意思：

1. 国家安全机关依照法律、行政法规和国家有关规定履职。

本款规定的主体是国家安全机关。根据本法规定，国家安全机关是反间谍工作的主管机关，承担防范、制止和惩治间谍行为的职责。同时，根据刑法、刑事诉讼法、反间谍法、反间谍法实施细则以及国家有关规定，国家安全机关还承担对其他一些危害国家安全违法犯罪行为的调查、侦查等职能和其他职责。比如反间谍法实施细则第八条对"间谍行为以外的其他危害国家安全行为"作过细化，包括：一是，组织、策划、实施分裂国家、破坏国家统一、颠覆国家政权、推翻社会主义制度；二是，组织、策划、实施危害国家安全的恐怖活动；三是，捏造、歪曲事实，发表、散布危害国家安全的文字或者信息，或者制作、传播、出版危害国家安全的音像制品或者其他出版物；四是，利用设立社会团体或者企业事业组织，进行危害国家安全活动；五是，利用宗教进行危害国家安全活动；六是，组织、利用邪教进行危害国家安全活动；七是，制造民族纠纷，煽动民族分裂，危害国家安全；八是，境外个人违反有关规定，不听劝阻，擅自会见境内有危害国家安全行为或者有危害国家安全行为重大嫌疑的人员；等等。“法律、行政法规和国家有关规定”规定的国家安全机关处置间谍行为以外的危害国家安全行为的职责会根据实践中的情况予以调整。根据本款规定，只要是法律、行政法规和国家有关规定明确规定的危害国家安全的行为由国家安全机关负责防范、制止和惩治的，国家安全机关就可以适用反间谍法的有关规定开展工作。

2. 国家安全机关需要履行防范、制止和惩治间谍行为以外的危害国家安全行为的职责。

本法对国家安全机关防范、制止和惩治间谍行为作了全面系统的规定。同时，国家安全机关处置间谍行为以外的危害国家安全行为，也需要实现防范、制止和惩治的法律效果和目的。这里包括两层意思：一是，一些法律、行政法规和国家有关规定中规定了国家安全机关需要履行职责以防范、制止和惩治其他危害国家安全的行为。这些法律、行政法规和国家有关规定在明确国家安全机关职责的同时，可能针对特定的危害国家安全的行为设置了如何防范、制止和惩治的规定。例如，对不同类型的危害国家安全的违法犯罪行为采取的安全防范措施可能不尽相同。因此，如果这些规定涉及的措施、程序和法律责任等与反间谍法中相应的规定不一致，但是对于特定的危害国家安全的行为更具有针对性和专业性，更有利于国家安全机关履行防范、制止和惩治的职责，则应当优先适用反间谍法以外的这些规定和规范。

二是，反间谍法对防范、制止和惩治间谍行为设置了较为系统的措施、程序，并结合间谍行为的特点配置了法律责任。为了达到防范、制止和惩治其他的危害国家安全的行为的法律效果和目的，可以参照并有限度地适用反间谍法的有关规定。需要注意的是，为了防范、制止和惩治间谍行为进行的法律安排和制度设计，并不当然适用于间谍行为以外的危害国家安全行为，还需要根据具体行为的性质和特点，对可以适用的法律规定作进一步的细化和判断，在符合法律规定的情况下，准确适用。

3. 适用本法的有关规定。

本法是反间谍领域的专门立法，相关制度、政策、措施、程序、法律责任等主要是为了加强反间谍工作，高质量地防范、制止和惩治间谍行为。因此对于防范、制止和惩治间谍行为以外的危害国家安全的行为，不是所有的规定都可以适用的，而是适用本法的“有关规定”。具体而言，有些规定只能适用于反间谍工作，并不能适用于防范、制止和惩治其他危害国家安全的犯罪。例如本法第二十一条关于涉及国家安全事项的建设项目许可的规定，主要是为了防范和制止对我重点保护对象的观察、窃密等间谍活动，不适用于防范和制止其他利用建筑项目开展的危害国家安全的行为。再比如本法第五十五条第一款关于实施间谍行为可以从宽处理的规定，这是针对间谍行为等设置的特别从宽规定，不适用于其他危害国家安全的行为。

另一方面，当国家安全机关为了履行防范、制止和惩治间谍行为以外的危害国家安全行为的职责时，"适用本法的有关规定"，在享有相关职权的同时，又受本法有关该职权行使的规范的约束。比如根据本法规定，国家安全机关在履行防范、制止和惩治间谍行为以外的危害国家安全行为的职责时，可以行使的职权主要包括：依照规定出示相应证件，有权查验身份证明、问询有关情况；经批准，查验有关个人和组织的电子设备、设施及有关程序、工具；根据国家有关规定，查阅或者调取有关的文件、数据、资料、物品；对实施危害国家安全的人员进行传唤等。同时，国家安全机关及其工作人员在履行防范、制止和惩治间谍行为以外的危害国家安全行为的职责时，应当依法进行，尊重和保障人权，保障个人和组织的合法权益；不得超越职权、滥用职权，不得侵犯个人和组织的合法权益；对属于国家秘密、工作秘密、商业秘密和个人隐私、个人信息的内容、资料、材料，应当保密。任何个人和组织对国家安全机关及其工作人员超越职权、滥用职权和其他违法行为，都有权向上级国家安全机关或者监察机关、人民检察院等有关部门检举、控告；当事人对行政处罚决定、行政强制措施决定不服的，可以依法申请复议，对复议决定不服的，可以依法向人民法院提起诉讼。

总体上，为了更高水平地防范、制止和惩治间谍行为以外的危害国家安全的行为，需要对本法相关规定的立法背景作进一步了解，由国家安全部门统筹把关，在具体适用法律条文的过程中，确保相关措施、具体要求、法律责任等符合比例原则、合理性原则，以达到较好的政治效果、法律效果和社会效果。

本条第二款是关于公安机关在履职过程中发现、惩治危害国家安全的行为，适用反间谍法的有关规定。这里有两层意思。

1. 公安机关在依法履职过程中，发现、惩治危害国家安全的行为，有适用反间谍法有关规定的客观需要。

根据刑法、刑事诉讼法、人民警察法、治安管理处罚法、反恐怖主义法、境外非政府组织境内活动管理法、网络安全法、数据安全法、出境入境管理法等法律的规定，公安机关也承担着发现、惩治有关危害国家安全行为的职责。按照职责分工，公安机关在承担国家政治安全保卫职责时，发现相关危害国家安全的行为更适宜由国家安全机关管辖的，应当根据本法的有关规定，与国家安全机关做好联系沟通，将相关涉案证据、线索等移交国家安全机关继续办理。但是实践中，不排除根据案件发生的特殊地理位置、涉案情节、协调机制等因素，由公安机关办理更为合适的，公安机关需要适用反间谍法的有关规定，履行维护国家安全的职责。

2. 公安机关履职同样是“适用反间谍法的有关规定”。反间谍法是反间谍领域的专门立法，国家安全机关履行防范、制止和惩治间谍行为以外的危害国家安全的行为的职责，不能完全照搬适用于反间谍工作的法律规定，需要根据相关条文的立法目的，具体判断哪些规定是为了反间谍工作专门设置的，哪些是可以一般性适用于其他危害国家安全的行为的。本款规定公安机关履职也是“适用反间谍法的有关规定”。需要注意的是，公安机关在发现、惩治危害国家安全的行为时，对于适用反间谍法的规定的范围，应与国家安全机关处理相同行为时适用反间谍法规定的范围保持一致，以保证相同行为得到相同评价和处理。

◆ **实践中需要注意的问题**

一是，反间谍法施行后，对反间谍法作进一步细化规定时，需要对间谍行为以外的危害国家安全行为配置法律责任的，应当慎重研究、科学设置。本条作为特殊的转引性规定，有清晰的立法沿革和较为明确的立法目的。根据 2014 年反间谍法规定的防范、制止和惩治其他危害国家安全行为的目的，国务院颁布反间谍法实施细则，进一步明确了国家安全机关、公安机关可以适用反间谍法中规定的部分程序、措施和法律责任履行职责。实践中，相关违法行为通过转引性规定适用反间谍法的有关规定进行评价的，均充分体现了实体正义和程序正义，总体上是适当的。

此次修订的反间谍法，对法律责任部分做了较大幅度的补充和修改，并且仍然在本条中保留了国家安全机关履行“惩治”间谍行为以外的危害国家安全行为的职责、公安机关“惩治”危害国家安全的行为，适用反间谍法的有关规定。考虑到此次修订的反间谍法针对较为轻微的间谍行为设置了行政处罚，根据立法法、行政处罚法等相关法律规定的精神，本条在性质上与 2014 年反间谍法第三十九条的性质一样，对只能由法律设定的法律责任保留了“法律规定”的连接性。下一步，由国务院进一步修订反间谍法实施细则，对相关行为的法律责任作进一步细化，整体可行，但是仍然需要注意适用的行政处罚的种类、幅度等应当遵循过罚相当原则的问题。相关行为的法律责任应当与行为的危害性相匹配，不能简单套用为惩治间谍行为而设置的法律责任。比如现行反间谍法实施细则中规定的，“境外个人违反有关规定，不听劝阻，擅自会见境内有危害国家安全行为或者有危害国家安全行为重大嫌疑的人员”的行为属于“间谍行为以外的其他危害国家安全行为”，由国家安全机关予以制止和惩处。反间谍法修订后，对于该种行为有无必要根据转引性规定配置行政拘留的法律责任，就需要结合实践中的经验做法综合判断行政处罚措施的必要性和合理性。一般而言，对于该类违法人员，国家安全机关通过对其决定限期出境或者驱逐出境，可以达到制止和惩治违法行为的效果，更加符合过罚相当原则。对间谍行为以外的危害国家安全行为，需要国家安全机关认真做好社会危害性的评估和评价工作，以符合过罚相当、公正合理的惩治效果。

二是，本条第二款规定公安机关在依法履职过程中发现、惩治危害国家安全的行为，适用反间谍法的有关规定。这里并没有规定公安机关履行职责可以适用反间谍法中关于安全防范间谍行为的有关规定，即没有明确规定“预防”。公安机关需要对特定的危害国家安全行为开展防范性工作的，可以根据人民警察法、治安管理处罚法、反恐怖主义法、境外非政府组织境内活动管理法、网络安全法、数据安全法、出境入境管理法等法律中赋予公安机关开展防范性工作的法律依据进行工作。此外，公安机关惩治危害国家安全行为，适用反间谍法的有关规定的，也应当与国家安全机关评价同类行为所适用的行政处罚种类、幅度相当。

三是，关于海警在海上执法过程中预防、制止和惩治危害国家安全行为的职责，是否需要通过本条作出规定的问题。2018 年，根据党的十九大和十九届三中全会精神，按照《深化党和国家机构改革方案》和党中央、中央军委关于武警部队改革的决策部署，海警部队转隶武警部队，调整组建中国人民武装警察部队海警总队，统一履行海上维权执法职责，行使公安机关、有关行政机关的相应执法职权。2021 年第十三届全国人大常委会第二十五次会议通过海警法，对海警的职责、执行海上安全保卫、侦查犯罪等措施作了明确的规定，其中明确海警机构具有预防、制止、排除危害国家主权、安全和海洋利益的行为的职责，自然包括海上反间防谍任务。经研究，海警法对海警在海上执法作了系统、全面的赋权规定，符合海上执法的特殊性和需要，已经涵盖了反间防谍的职权和措施，不必再通过反间谍法的相关规定授权其开展反间防谍工作。此外，本法第六条已经规定，公安、保密等有关部门和军队有关部门按照职责分工，密切配合，加强协调，依法做好有关工作。转隶工作完成后，海警部队受中央军委集中统一领导，需要根据法律规定的精神，与国家安全机关等按照职责分工，密切配合，加强协调，共同依法做好反间谍相关工作。

**第七十一条**　本法自 2023 年 7 月 1 日起施行。

### ◆ 条文主旨

本条是关于本法的施行日期的规定。

### ◆ 立法背景

本条是 1993 年国家安全法的规定，2014 年制定反间谍法时作了修改，2023 年修订反间谍法时又作了修改。

1. 1993 年国家安全法的规定。第三十四条规定："本法自公布之日起施行。"

关于法律的实施时间，立法法有明确规定。立法法第六十一条规定："法律应当明确规定施行日期。"法律的施行时间及生效时间，是法律效力的起点。一部法律何时开始生效，一般是由该法律的具体性质和实际需要决定的，我国立法实践中通常有两种做法：一是，法律公布的时间与法律生效的时间是一致的，也就是说，法律自公布之日起施行。本条即采用这一做法。二是，法律公布的时间与法律生效的时间不一致，即法律公布后经过一段时间后才生效，其目的是给法律的实施以必要的准备时间。

2. 2014 年反间谍法的规定。第四十条规定："本法自公布之日起施行。1993 年 2 月 22 日第七届全国人民代表大会常务委员会第三十次会议通过的《中华人民共和国国家安全法》同时废止。"

本条之所以规定自公布之日起施行，主要是考虑到，本法是将 1993 年国家安全法改为反间谍法，主要是修改法律的名称，以 1993 年国家安全法为基础，突出反间谍工作特点，并在总结反间谍工作的经验的基础上，将实践检验有效且反间谍工作确需的措施在法律中加以规定，并增加了有关保障公民、组织合法权益的内容。总体看，自公布之日起施行，不会影响执法工作。本条除规定反间谍法的施行日期以外，还明确规定"1993 年 2 月 22 日第七届全国人民代表大会常务委员会第三十次会议通过的《中华人民共和国国家安全法》同时废止"。这一规定，一是为下一步制定一部具有综合性、全面性、基础性的国家安全方面的法律腾出空间，做好准备。二是按照立法工作规范，修订的法律如果法律名称变更的，需要明确规定原相关法律停止施行。从立法实践的情况看，对类似情况，绝大多数法律都采取了明示废止的方式。

3. 2023 年修订后的反间谍法的规定。本条在 2014 年反间谍法第四十条的基础上进行了修改。一是，将"自公布之日起施行"修改为"自 2023 年 7 月 1 日起施行"。主要考虑是：(1) 这次修订反间谍法，扩大了间谍行为的范围，将投靠间谍组织及其代理人作为间谍行为，窃密范围也扩大了，又增加了网络间谍等；增加安全防范一章，给公民、机关、企业事业单位、社会组织等增加了许多反间谍安全防范职责，规定了建设项目许可制度；处置措施也增加了许多新的规定，如传唤、查询财产、没收非法财物等；法律责任部分增加了对间谍行为的行政处罚以及对其他违法行为的行政处罚，涉及社会层面的内容较多，人民群众需要有一段时间的知悉和了解，需要做好宣传工作。(2) 这次修订增加了许多新规定，且法律规定较为原则，国务院需要制定实施细则细化法律的相关规定；法律规定的建设项目许可的实施办法需要由国家安全部会同有关部门制定规范性文件；国家安全机关也需要根据本法制定内部执法规范等，出台相关配套规定也需要一定的时间。(3) 针对法律的新规定，内部培训也需要一定的时间，执法规范化也要提出新要求，避免因执法问题与社会公众发生冲突，出现妨害执行公务等情况，使执法效果和法律的适用受到影响。同时，相关部门在法律文书等方面也需要一定的时间做好衔接，且需要向社会公开相关文书的格式等。（4）2023 年 4 月 26 日第十四届全国人民代表大会常务委员会第二次会议修订通过反间谍法，经过两个月宣传和准备较为合适，不会有时间过长的问题，能够保障有关部门及时适用法律，社会也有一定的普遍认知。经有关方面共同研究，综合考虑各方面因素，将修订后的反间谍法的施行时间确定为 2023 年 7 月 1 日。二是，删除了“1993 年 2 月 22 日第七届全国人民代表大会常务委员会第三十次会议通过的《中华人民共和国国家安全法》同时废止。”1993 年国家安全法是 2014 年废止的，这次修订没有必要再保留，因此删去了有关规定。

◆ **条文释义**

法律的施行日期，即法律的生效时间，是指法律何时开始生效，以及法律对于其生效前的事件或者行为是否具有溯及力的问题，是任何一部法律都要涉及的问题，是一部法律的重要组成部分。本条规定具体包含以下内容：

第一，法律的施行时间。目前，我国法律生效的时间一般都单独写一条，放在附则里作最后一条。没有附则的法律，施行时间放在法律的最后一条规定。法律施行的时间是根据某法律的具体性质和实际情况及需要决定的，实践中有以下几种表示方法：一是，法律公布后并不立即生效施行，经过一定时间后才开始施行，法律中明确规定生效施行的日期。我国的大多数法律采取该种方式。本法此次修订也是采取这种方式。二是，法律明确规定从其公布之日起生效施行，这种表示方法也有很多，如《全国人民代表大会议事规则》第六十六条规定：“本规则自公布之日起施行。”但法律何时公布，根据我国宪法和立法法关于法律由国家主席公布的规定，由国家主席发布主席令来确定。目前，国家主席一般都是于全国人大或者全国人大常委会通过法律的当天签署主席令公布法律。三是，法律的施行时间以另一法律的施行为条件，如 1986 年 12 月 2 日第六届全国人民代表大会常务委员会第十八次会议通过的企业破产法（试行）（已失效），该法第四十三条规定，“本法自全民所有制工业企业法实施满三个月之日起试行”。这样的法律施行日期，在十一届三中全会以后我国法制建设刚刚恢复时期多一些，在中国特色社会主义法律体系已经形成的今天，这样的情况就不多了。四是，比照其他法律以确定本法的生效时间。如 1982 年 2 月公布的外国企业所得税法施行细则（已失效）第五十条规定：“本细则以《中华人民共和国外国企业所得税法》的公布施行日期为施行日期。”外国企业所得税法（已失效）第十九条规定：“本法自一九八二年一月一日起施行。”也就是说，外国企业所得税法施行细则于 1982 年 2 月公布，但于 1982 年 1 月 1 日开始施行。五是，法律公布后先予以试行或者暂行，而后由立法部门加以补充修改，再通过为正式法律，公布施行，在试行期间也具有约束力。如1982年第五届全国人民代表大会常务委员会第二十五次会议通过的食品卫生法（试行）（已失效）规定，“本法自一九八三年七月一日起试行”，经过十二年的试行，在1995年第八届全国人民代表大会常务委员会第十六次会议上通过了正式的《中华人民共和国食品卫生法》（已失效）。此外，国外有的法律曾规定有自法律文件到达之日起生效。在通信、交通极其不便的情况下采取此种方式。法律文件到达之日并非指法律文件的实际到达日，而是法律所确定的一定日期。如1804年《法国民法典》规定，在首都，自公布的次日生效；外地则按距发布地的距离计算，每百公里增加一天。这种方式在现代社会已经很少见。有意见认为前两种表示的施行时间是确定的实施时间，立法应明确确定施行时间。为此，立法法规定，法律应当明确规定施行时间。只有明确了施行时间，才能做好准备，使法律进入实施状态，使其得到执行、适用和遵守。如果没有施行时间，法律就难以进入实施状态，难以发挥其应有的社会作用。

修改后法律的生效时间由修改法律的形式决定。目前，我国立法实践中修改法律的形式主要有以下两种：一是以修订的方式对法律条文进行全面修改，重新公布法律文本以替代原法律文本；二是以修正的方式对法律的部分条文予以修改，并以修改决定的形式公布，具体形式是修改决定之后附修正本，将原法律根据这一决定作相应的修改以重新公布，这是我国法律修改最基本、最重要的形式。采用修订形式修改的法律，由于修改的内容较多，涉及法律原则、制度的修改，一般是重新规定法律施行日期；以修正形式修改的法律，由于只涉及部分条文的修改，一般不改变法律的施行日期，只规定修改决定的施行日期，该施行日期仅对修改的部分适用，未修改的部分仍然适用原法规定的生效日期。例如，国家赔偿法的施行日期是1995年1月1日，2010年4月29日第十一届全国全国人民代表大会常务委员会第十四次会议审议通过的《全国人民代表大会常务委员会关于修改〈中华人民共和国国家赔偿法〉的决定》规定：“本决定自2010年12月1日起施行。”所以，该法未修改的条文从1995年1月1日起产生法律效力，经过修改的条文生效时间则为2010年12月1日。

此次反间谍法修改采取的是修订的方式，因此重新规定了法律的施行日期，将2014年反间谍法规定的“本法自公布之日起施行”修改为“本法自2023年7月1日起施行”。修订后的反间谍法于2023年4月26日通过，并于同日经中华人民共和国主席令予以公布，距离2023年7月1日生效有两个多月的时间。在这段时间内，有关部门、地方和单位，应当做好施行前的准备工作：一是本法规定的一些制度措施，需要进一步作出具体配套规定的，有关部门应当抓紧制定有关的配套规定；二是应做好本法的宣传工作，使社会公众增加对本法的了解；三是从事或者参与反间谍工作的部门、单位、人员应充分了解、学习、掌握法律的规定和精神，在工作中贯彻落实好法律的相关制度。

第二，法的溯及力。法的溯及力是关于法是否有溯及既往的效力的问题，即法对它生效前所发生的事件和行为是否适用的问题，如果适用，即为有溯及力，如果不适用，即为没有溯及力。法的溯及力是法的效力的一个重要方面。法作为社会的行为规范，它通过对违反者的惩戒来促使人们遵守执行，人们之所以对自己的违法行为承担不利后果，接受惩戒，就是因为事先已经知道或者应当知道哪些行为是法律允许的，哪些行为是法律不允许的，法律对人们的行为起指导和警示作用。不能要求人们遵守还没有制定出来的法律，法只对其生效后的人们的行为起规范作用。如果允许法具有溯及力，人们就无法知道自己的哪些行为将要受到惩罚，就没有安全感，也没有行为的自由。因此，“法不溯及既往”是一项基本的法治原则，也是世界上大多数国家通行的原则。在我国，“法无溯及力”适用于民事、刑事、行政等方面立法，包括本法。无论是法律、行政法规、地方性法规、自治条例和单行条例还是规章，不论其效力等级是高还是低，都没有溯及既往的效力。

但是，法不溯及既往原则存在例外。对于法不溯及既往原则来说，主要是从轻例外，即当新的法律规定减轻行为人的责任或增加公民的权利时，作为法律不溯及既往原则的一种例外，新法可以溯及既往。我国立法法第一百零四条规定：“法律、行政法规、地方性法规、自治条例和单行条例、规章不溯及既往，但为了更好地保护公民、法人和其他组织的权利和利益而作的特别规定除外。”这里的“公民、法人和其他组织”是指法律、法规、规章等在具体事件中所直接指向的个别公民、法人和其他组织，是法律、法规、规章等特定的调整对象，不是泛指，不是为了保护多数人的利益而使法律、法规、规章等具有溯及力。

从轻例外通常适用于公法领域，如在刑法的溯及力问题上，各国普遍采取从轻原则。刑法第十二条第一款规定了“从旧兼从轻”的原则：“中华人民共和国成立以后本法施行以前的行为，如果当时的法律不认为是犯罪的，适用当时的法律；如果当时的法律认为是犯罪的，依照本法总则第四章第八节的规定应当追诉的，按照当时的法律追究刑事责任，但是如果本法不认为是犯罪或者处刑较轻的，适用本法。”即对犯罪行为原则上应当适用行为时的法律规定，但适用新的法律规定对犯罪人更为有利、处罚更轻的，则应适用新的法律规定。这一原则体现了法律的公平，也符合罪刑法定原则的基本要求。

◆ **相关规定**

《中华人民共和国立法法》第六十一条、第一百零四条

## 附录一

# 中华人民共和国主席令

第四号

《中华人民共和国反间谍法》已由中华人民共和国第十四届全国人民代表大会常务委员会第二次会议于 2023 年 4 月 26 日修订通过，现予公布，自 2023 年 7 月 1 日起施行。

中华人民共和国主席　习近平

2023 年 4 月 26 日

# 中华人民共和国反间谍法

（2014年11月1日第十二届全国人民代表大会常务委员会第十一次会议通过 2023年4月26日第十四届全国人民代表大会常务委员会第二次会议修订）

目　录



## 第一章　总　　则

**第一条**　为了加强反间谍工作，防范、制止和惩治间谍行为，维护国家安全，保护人民利益，根据宪法，制定本法。

**第二条**　反间谍工作坚持党中央集中统一领导，坚持总体国家安全观，坚持公开工作与秘密工作相结合、专门工作与群众路线相结合，坚持积极防御、依法惩治、标本兼治，筑牢国家安全人民防线。

**第三条**　反间谍工作应当依法进行，尊重和保障人权，保障个人和组织的合法权益。

**第四条**　本法所称间谍行为，是指下列行为：

（一）间谍组织及其代理人实施或者指使、资助他人实施，或者境内外机构、组织、个人与其相勾结实施的危害中华人民共和国国家安全的活动；

（二）参加间谍组织或者接受间谍组织及其代理人的任务，或者投靠间谍组织及其代理人；

（三）间谍组织及其代理人以外的其他境外机构、组织、个人实施或者指使、资助他人实施，或者境内机构、组织、个人与其相勾结实施的窃取、刺探、收买、非法提供国家秘密、情报以及其他关系国家安全和利益的文件、数据、资料、物品，或者策动、引诱、胁迫、收买国家工作人员叛变的活动；

（四）间谍组织及其代理人实施或者指使、资助他人实施，或者境内外机构、组织、个人与其相勾结实施针对国家机关、涉密单位或者关键信息基础设施等的网络攻击、侵入、干扰、控制、破坏等活动；

（五）为敌人指示攻击目标；

（六）进行其他间谍活动。

间谍组织及其代理人在中华人民共和国领域内，或者利用中华人民共和国的公民、组织或者其他条件，从事针对第三国的间谍活动，危害中华人民共和国国家安全的，适用本法。

**第五条**　国家建立反间谍工作协调机制，统筹协调反间谍工作中的重大事项，研究、解决反间谍工作中的重大问题。

**第六条**　国家安全机关是反间谍工作的主管机关。

公安、保密等有关部门和军队有关部门按照职责分工，密切配合，加强协调，依法做好有关工作。

**第七条**　中华人民共和国公民有维护国家的安全、荣誉和利益的义务，不得有危害国家的安全、荣誉和利益的行为。

一切国家机关和武装力量、各政党和各人民团体、企业事业组织和其他社会组织，都有防范、制止间谍行为，维护国家安全的义务。

国家安全机关在反间谍工作中必须依靠人民的支持，动员、组织人民防范、制止间谍行为。

**第八条**　任何公民和组织都应当依法支持、协助反间谍工作，保守所知悉的国家秘密和反间谍工作秘密。

**第九条**　国家对支持、协助反间谍工作的个人和组织给予保护。

对举报间谍行为或者在反间谍工作中做出重大贡献的个人和组织，按照国家有关规定给予表彰和奖励。

**第十条**　境外机构、组织、个人实施或者指使、资助他人实施的，或者境内机构、组织、个人与境外机构、组织、个人相勾结实施的危害中华人民共和国国家安全的间谍行为，都必须受到法律追究。

**第十一条**　国家安全机关及其工作人员在工作中，应当严格依法办事，不得超越职权、滥用职权，不得侵犯个人和组织的合法权益。

国家安全机关及其工作人员依法履行反间谍工作职责获取的个人和组织的信息，只能用于反间谍工作。对属于国家秘密、工作秘密、商业秘密和个人隐私、个人信息的，应当保密。

## 第二章　安全防范

**第十二条**　国家机关、人民团体、企业事业组织和其他社会组织承担本单位反间谍安全防范工作的主体责任，落实反间谍安全防范措施，对本单位的人员进行维护国家安全的教育，动员、组织本单位的人员防范、制止间谍行为。

地方各级人民政府、相关行业主管部门按照职责分工，管理本行政区域、本行业有关反间谍安全防范工作。

国家安全机关依法协调指导、监督检查反间谍安全防范工作。

**第十三条**　各级人民政府和有关部门应当组织开展反间谍安全防范宣传教育，将反间谍安全防范知识纳入教育、培训、普法宣传内容，增强全民反间谍安全防范意识和国家安全素养。

新闻、广播、电视、文化、互联网信息服务等单位，应当面向社会有针对性地开展反间谍宣传教育。

国家安全机关应当根据反间谍安全防范形势，指导有关单位开展反间谍宣传教育活动，提高防范意识和能力。

**第十四条**　任何个人和组织都不得非法获取、持有属于国家秘密的文件、数据、资料、物品。

**第十五条**　任何个人和组织都不得非法生产、销售、持有、使用间谍活动特殊需要的专用间谍器材。专用间谍器材由国务院国家安全主管部门依照国家有关规定确认。

**第十六条**　任何公民和组织发现间谍行为，应当及时向国家安全机关举报；向公安机关等其他国家机关、组织举报的，相关国家机关、组织应当立即移送国家安全机关处理。

国家安全机关应当将受理举报的电话、信箱、网络平台等向社会公开，依法及时处理举报信息，并为举报人保密。

**第十七条**　国家建立反间谍安全防范重点单位管理制度。

反间谍安全防范重点单位应当建立反间谍安全防范工作制度，履行反间谍安全防范工作要求，明确内设职能部门和人员承担反间谍安全防范职责。

**第十八条**　反间谍安全防范重点单位应当加强对工作人员反间谍安全防范的教育和管理，对离岗离职人员脱密期内履行反间谍安全防范义务的情况进行监督检查。

**第十九条**　反间谍安全防范重点单位应当加强对涉密事项、场所、载体等的日常安全防范管理，采取隔离加固、封闭管理、设置警戒等反间谍物理防范措施。

**第二十条**　反间谍安全防范重点单位应当按照反间谍技术防范的要求和标准，

采取相应的技术措施和其他必要措施，加强对要害部门部位、网络设施、信息系统的反间谍技术防范。

**第二十一条** 在重要国家机关、国防军工单位和其他重要涉密单位以及重要军事设施的周边安全控制区域内新建、改建、扩建建设项目的，由国家安全机关实施涉及国家安全事项的建设项目许可。

县级以上地方各级人民政府编制国民经济和社会发展规划、国土空间规划等有关规划，应当充分考虑国家安全因素和划定的安全控制区域，征求国家安全机关的意见。

安全控制区域的划定应当统筹发展和安全，坚持科学合理、确有必要的原则，由国家安全机关会同发展改革、自然资源、住房城乡建设、保密、国防科技工业等部门以及军队有关部门共同划定，报省、自治区、直辖市人民政府批准并动态调整。

涉及国家安全事项的建设项目许可的具体实施办法，由国务院国家安全主管部门会同有关部门制定。

**第二十二条** 国家安全机关根据反间谍工作需要，可以会同有关部门制定反间谍技术防范标准，指导有关单位落实反间谍技术防范措施，对存在隐患的单位，经过严格的批准手续，可以进行反间谍技术防范检查和检测。

## 第三章 调查处置

**第二十三条** 国家安全机关在反间谍工作中依法行使本法和有关法律规定的职权。

**第二十四条** 国家安全机关工作人员依法执行反间谍工作任务时，依照规定出示工作证件，可以查验中国公民或者境外人员的身份证明，向有关个人和组织问询有关情况，对身份不明、有间谍行为嫌疑的人员，可以查看其随带物品。

**第二十五条** 国家安全机关工作人员依法执行反间谍工作任务时，经设区的市级以上国家安全机关负责人批准，出示工作证件，可以查验有关个人和组织的电子设备、设施及有关程序、工具。查验中发现存在危害国家安全情形的，国家安全机关应当责令其采取措施立即整改。拒绝整改或者整改后仍存在危害国家安全隐患的，可以予以查封、扣押。

对依照前款规定查封、扣押的电子设备、设施及有关程序、工具，在危害国家安全的情形消除后，国家安全机关应当及时解除查封、扣押。

**第二十六条** 国家安全机关工作人员依法执行反间谍工作任务时，根据国家有关规定，经设区的市级以上国家安全机关负责人批准，可以查阅、调取有关的文件、数据、资料、物品，有关个人和组织应当予以配合。查阅、调取不得超出执行反间谍工作任务所需的范围和限度。

**第二十七条** 需要传唤违反本法的人员接受调查的，经国家安全机关办案部门负责人批准，使用传唤证传唤。对现场发现的违反本法的人员，国家安全机关工作人员依照规定出示工作证件，可以口头传唤，但应当在询问笔录中注明。传唤的原因和依据应当告知被传唤人。对无正当理由拒不接受传唤或者逃避传唤的人，可以强制传唤。

国家安全机关应当在被传唤人所在市、县内的指定地点或者其住所进行询问。

国家安全机关对被传唤人应当及时询问查证。询问查证的时间不得超过八小时；情况复杂，可能适用行政拘留或者涉嫌犯罪的，询问查证的时间不得超过二十四小时。国家安全机关应当为被传唤人提供必要的饮食和休息时间。严禁连续传唤。

除无法通知或者可能妨碍调查的情形以外，国家安全机关应当及时将传唤的原因通知被传唤人家属。在上述情形消失后，应当立即通知被传唤人家属。

**第二十八条** 国家安全机关调查间谍行为，经设区的市级以上国家安全机关负责人批准，可以依法对涉嫌间谍行为的人身、物品、场所进行检查。

检查女性身体的，应当由女性工作人员进行。

**第二十九条** 国家安全机关调查间谍行为，经设区的市级以上国家安全机关负责人批准，可以查询涉嫌间谍行为人员的相关财产信息。

**第三十条** 国家安全机关调查间谍行为，经设区的市级以上国家安全机关负责人批准，可以对涉嫌用于间谍行为的场所、设施或者财物依法查封、扣押、冻结；不得查封、扣押、冻结与被调查的间谍行为无关的场所、设施或者财物。

**第三十一条** 国家安全机关工作人员在反间谍工作中采取查阅、调取、传唤、检查、查询、查封、扣押、冻结等措施，应当由二人以上进行，依照有关规定出示工作证件及相关法律文书，并由相关人员在有关笔录等书面材料上签名、盖章。

国家安全机关工作人员进行检查、查封、扣押等重要取证工作，应当对全过程进行录音录像，留存备查。

**第三十二条** 在国家安全机关调查了解有关间谍行为的情况、收集有关证据时，有关个人和组织应当如实提供，不得拒绝。

**第三十三条** 对出境后可能对国家安全造成危害，或者对国家利益造成重大损失的中国公民，国务院国家安全主管部门可以决定其在一定期限内不准出境，并通知移民管理机构。

对涉嫌间谍行为人员，省级以上国家安全机关可以通知移民管理机构不准其出境。

**第三十四条** 对入境后可能进行危害中华人民共和国国家安全活动的境外人

员，国务院国家安全主管部门可以通知移民管理机构不准其入境。

**第三十五条** 对国家安全机关通知不准出境或者不准入境的人员，移民管理机构应当按照国家有关规定执行；不准出境、入境情形消失的，国家安全机关应当及时撤销不准出境、入境决定，并通知移民管理机构。

**第三十六条** 国家安全机关发现涉及间谍行为的网络信息内容或者网络攻击等风险，应当依照《中华人民共和国网络安全法》规定的职责分工，及时通报有关部门，由其依法处置或者责令电信业务经营者、互联网服务提供者及时采取修复漏洞、加固网络防护、停止传输、消除程序和内容、暂停相关服务、下架相关应用、关闭相关网站等措施，保存相关记录。情况紧急，不立即采取措施将对国家安全造成严重危害的，由国家安全机关责令有关单位修复漏洞、停止相关传输、暂停相关服务，并通报有关部门。

经采取相关措施，上述信息内容或者风险已经消除的，国家安全机关和有关部门应当及时作出恢复相关传输和服务的决定。

**第三十七条** 国家安全机关因反间谍工作需要，根据国家有关规定，经过严格的批准手续，可以采取技术侦察措施和身份保护措施。

**第三十八条** 对违反本法规定，涉嫌犯罪，需要对有关事项是否属于国家秘密或者情报进行鉴定以及需要对危害后果进行评估的，由国家保密部门或者省、自治区、直辖市保密部门按照程序在一定期限内进行鉴定和组织评估。

**第三十九条** 国家安全机关经调查，发现间谍行为涉嫌犯罪的，应当依照《中华人民共和国刑事诉讼法》的规定立案侦查。

## 第四章 保障与监督

**第四十条** 国家安全机关工作人员依法履行职责，受法律保护。

**第四十一条** 国家安全机关依法调查间谍行为，邮政、快递等物流运营单位和电信业务经营者、互联网服务提供者应当提供必要的支持和协助。

**第四十二条** 国家安全机关工作人员因执行紧急任务需要，经出示工作证件，享有优先乘坐公共交通工具、优先通行等通行便利。

**第四十三条** 国家安全机关工作人员依法执行任务时，依照规定出示工作证件，可以进入有关场所、单位；根据国家有关规定，经过批准，出示工作证件，可以进入限制进入的有关地区、场所、单位。

**第四十四条** 国家安全机关因反间谍工作需要，根据国家有关规定，可以优先使用或者依法征用国家机关、人民团体、企业事业组织和其他社会组织以及个人的交通工具、通信工具、场地和建筑物等，必要时可以设置相关工作场所和设施设备，任务完成后应当及时归还或者恢复原状，并依照规定支付相应费用；造成损失的，应当给予补偿。

**第四十五条** 国家安全机关因反间谍工作需要，根据国家有关规定，可以提请海关、移民管理等检查机关对有关人员提供通关便利，对有关资料、器材等予以免检。有关检查机关应当依法予以协助。

**第四十六条** 国家安全机关工作人员因执行任务，或者个人因协助执行反间谍工作任务，本人或者其近亲属的人身安全受到威胁时，国家安全机关应当会同有关部门依法采取必要措施，予以保护、营救。

个人因支持、协助反间谍工作，本人或者其近亲属的人身安全面临危险的，可以向国家安全机关请求予以保护。国家安全机关应当会同有关部门依法采取保护措施。

个人和组织因支持、协助反间谍工作导致财产损失的，根据国家有关规定给予补偿。

**第四十七条** 对为反间谍工作做出贡献并需要安置的人员，国家给予妥善安置。

公安、民政、财政、卫生健康、教育、人力资源和社会保障、退役军人事务、医疗保障、移民管理等有关部门以及国有企业事业单位应当协助国家安全机关做好安置工作。

**第四十八条** 对因开展反间谍工作或者支持、协助反间谍工作导致伤残或者牺牲、死亡的人员，根据国家有关规定给予相应的抚恤优待。

**第四十九条** 国家鼓励反间谍领域科技创新，发挥科技在反间谍工作中的作用。

**第五十条** 国家安全机关应当加强反间谍专业力量人才队伍建设和专业训练，提升反间谍工作能力。

对国家安全机关工作人员应当有计划地进行政治、理论和业务培训。培训应当坚持理论联系实际、按需施教、讲求实效，提高专业能力。

**第五十一条** 国家安全机关应当严格执行内部监督和安全审查制度，对其工作人员遵守法律和纪律等情况进行监督，并依法采取必要措施，定期或者不定期进行安全审查。

**第五十二条** 任何个人和组织对国家安全机关及其工作人员超越职权、滥用职权和其他违法行为，都有权向上级国家安全机关或者监察机关、人民检察院等有关部门检举、控告。受理检举、控告的国家安全机关或者监察机关、人民检察院等有关部门应当及时查清事实，依法处理，并将处理结果及时告知检举人、控告人。

对支持、协助国家安全机关工作或者依法检举、控告的个人和组织，任何个人和组织不得压制和打击报复。

## 第五章　法律责任

**第五十三条**　实施间谍行为，构成犯罪的，依法追究刑事责任。

**第五十四条**　个人实施间谍行为，尚不构成犯罪的，由国家安全机关予以警告或者处十五日以下行政拘留，单处或者并处五万元以下罚款，违法所得在五万元以上的，单处或者并处违法所得一倍以上五倍以下罚款，并可以由有关部门依法予以处分。

明知他人实施间谍行为，为其提供信息、资金、物资、劳务、技术、场所等支持、协助，或者窝藏、包庇，尚不构成犯罪的，依照前款的规定处罚。

单位有前两款行为的，由国家安全机关予以警告，单处或者并处五十万元以下罚款，违法所得在五十万元以上的，单处或者并处违法所得一倍以上五倍以下罚款，并对直接负责的主管人员和其他直接责任人员，依照第一款的规定处罚。

国家安全机关根据相关单位、人员违法情节和后果，可以建议有关主管部门依法责令停止从事相关业务、提供相关服务或者责令停产停业、吊销有关证照、撤销登记。有关主管部门应当将作出行政处理的情况及时反馈国家安全机关。

**第五十五条**　实施间谍行为，有自首或者立功表现的，可以从轻、减轻或者免除处罚；有重大立功表现的，给予奖励。

在境外受胁迫或者受诱骗参加间谍组织、敌对组织，从事危害中华人民共和国国家安全的活动，及时向中华人民共和国驻外机构如实说明情况，或者入境后直接或者通过所在单位及时向国家安全机关如实说明情况，并有悔改表现的，可以不予追究。

**第五十六条**　国家机关、人民团体、企业事业组织和其他社会组织未按照本法规定履行反间谍安全防范义务的，国家安全机关可以责令改正；未按照要求改正的，国家安全机关可以约谈相关负责人，必要时可以将约谈情况通报该单位上级主管部门；产生危害后果或者不良影响的，国家安全机关可以予以警告、通报批评；情节严重的，对负有责任的领导人员和直接责任人员，由有关部门依法予以处分。

**第五十七条**　违反本法第二十一条规定新建、改建、扩建建设项目的，由国家安全机关责令改正，予以警告；拒不改正或者情节严重的，责令停止建设或者使用、暂扣或者吊销许可证件，或者建议有关主管部门依法予以处理。

**第五十八条**　违反本法第四十一条规定的，由国家安全机关责令改正，予以警告或者通报批评；拒不改正或者情节严重的，由有关主管部门依照相关法律法规予以处罚。

**第五十九条**　违反本法规定，拒不配合数据调取的，由国家安全机关依照《中华人民共和国数据安全法》的有关规定予以处罚。

**第六十条**　违反本法规定，有下列行为之一，构成犯罪的，依法追究刑事责任；尚不构成犯罪的，由国家安全机关予以警告或者处十日以下行政拘留，可以并处三万元以下罚款：

（一）泄露有关反间谍工作的国家秘密；

（二）明知他人有间谍犯罪行为，在国家安全机关向其调查有关情况、收集有关证据时，拒绝提供；

（三）故意阻碍国家安全机关依法执行任务；

（四）隐藏、转移、变卖、损毁国家安全机关依法查封、扣押、冻结的财物；

（五）明知是间谍行为的涉案财物而窝藏、转移、收购、代为销售或者以其他方法掩饰、隐瞒；

（六）对依法支持、协助国家安全机关工作的个人和组织进行打击报复。

**第六十一条**　非法获取、持有属于国家秘密的文件、数据、资料、物品，以及非法生产、销售、持有、使用专用间谍器材，尚不构成犯罪的，由国家安全机关予以警告或者处十日以下行政拘留。

**第六十二条**　国家安全机关对依照本法查封、扣押、冻结的财物，应当妥善保管，并按照下列情形分别处理：

（一）涉嫌犯罪的，依照《中华人民共和国刑事诉讼法》等有关法律的规定处理；

（二）尚不构成犯罪，有违法事实的，对依法应当没收的予以没收，依法应当销毁的予以销毁；

（三）没有违法事实的，或者与案件无关的，应当解除查封、扣押、冻结，并及时返还相关财物；造成损失的，应当依法予以赔偿。

**第六十三条**　涉案财物符合下列情形之一的，应当依法予以追缴、没收，或者采取措施消除隐患：

（一）违法所得的财物及其孳息、收益，供实施间谍行为所用的本人财物；

（二）非法获取、持有的属于国家秘密的文件、数据、资料、物品；

（三）非法生产、销售、持有、使用的专用间谍器材。

**第六十四条**　行为人及其近亲属或者其他相关人员，因行为人实施间谍行为从间谍组织及其代理人获取的所有利益，由国家安全机关依法采取追缴、没收等措施。

**第六十五条**　国家安全机关依法收缴的罚款以及没收的财物，一律上缴国库。

**第六十六条**　境外人员违反本法的，国务院国家安全主管部门可以决定限期出境，并决定其不准入境的期限。未在规定期限内离境的，可以遣送出境。

对违反本法的境外人员，国务院国家安全主管部门决定驱逐出境的，自被驱逐出境之日起十年内不准入境，国务院国家安全主管部门的处罚决定为最终决定。

**第六十七条** 国家安全机关作出行政处罚决定之前，应当告知当事人拟作出的行政处罚内容及事实、理由、依据，以及当事人依法享有的陈述、申辩、要求听证等权利，并依照《中华人民共和国行政处罚法》的有关规定实施。

**第六十八条** 当事人对行政处罚决定、行政强制措施决定、行政许可决定不服的，可以自收到决定书之日起六十日内，依法申请复议；对复议决定不服的，可以自收到复议决定书之日起十五日内，依法向人民法院提起诉讼。

**第六十九条** 国家安全机关工作人员滥用职权、玩忽职守、徇私舞弊，或者有非法拘禁、刑讯逼供、暴力取证、违反规定泄露国家秘密、工作秘密、商业秘密和个人隐私、个人信息等行为，依法予以处分，构成犯罪的，依法追究刑事责任。

## 第六章 附 则

**第七十条** 国家安全机关依照法律、行政法规和国家有关规定，履行防范、制止和惩治间谍行为以外的危害国家安全行为的职责，适用本法的有关规定。

公安机关在依法履行职责过程中发现、惩治危害国家安全的行为，适用本法的有关规定。

**第七十一条** 本法自 2023 年 7 月 1 日起施行。

# 关于《中华人民共和国反间谍法（修订草案）》的说明

——2022 年 8 月 30 日在第十三届全国人民代表大会常务委员会第三十六次会议上

全国人大监察和司法委员会主任委员　吴玉良

全国人民代表大会常务委员会：

我受全国人大监察和司法委员会委托，作关于《中华人民共和国反间谍法（修订草案）》的说明。

反间谍斗争本质上是反渗透、反颠覆斗争，事关国家安全。以习近平同志为核心的党中央高度重视反间谍工作，对进一步加强新时代反间谍斗争提出明确要求。

现行反间谍法制定于 2014 年，作为新中国第一部规范和保障反间谍斗争的专门法律，发挥了重要作用。但当前反间谍斗争形势较为严峻，各类间谍情报活动的主体更加复杂、领域更加广泛、目标更加多元、手法更加隐蔽。现行反间谍法已经不能适应新形势下落实总体国家安全观和反间谍斗争实践需要，亟需修改完善。

**一、草案起草过程和总体思路**

2021 年，全国人大监察和司法委员会就反间谍法实施情况开展专题调研，提出立法建议，推动将修改反间谍法列入全国人大常委会 2022 年度立法工作计划。2021 年 12 月至 2022 年 1 月，全国人大监察和司法委员会会同七部门组建工作专班负责起草工作，广泛听取部门、地方和专家学者的意见建议，形成了《中华人民共和国反间谍法（修订草案）》。

修改反间谍法遵循以下思路和原则：

一是全面贯彻习近平法治思想和总体国家安全观。以习近平新时代中国特色社会主义思想为指导，将党中央对反间谍工作的重大决策部署转化为国家意志，更好维护国家安全。

二是坚持问题导向。聚焦现行反间谍法实施中存在的“间谍行为”概念不清晰、安全防范制度不健全、行政执法赋权不足等重点、难点问题，完善相关法律规定。

三是兼顾赋权与限权，加强对行使公权力的监督制约。

四是注重系统观念。立足我国反间谍工作实践，借鉴国外立法经验，加强相关法律衔接，健全完善中国特色反间谍法律制度。

**二、修改的主要内容**

本次反间谍法修改，在现行法律 5 章 40 条的基础上，新增 28 条，修订或拆分 37 条，修订后为 6 章 68 条。主要修改内容包括：

（一）进一步强化党中央对反间谍工作的领导

草案明确规定党中央对反间谍工作的集中统一领导，新增“坚持总体国家安全观”的指导思想和“标本兼治”的基本原则；建立健全国家层面的反间谍工作协调机制；科学界定“间谍行为”；加强对国家安全机关工作人员的政治教育培训。

（二）完善反间谍安全防范规定

草案新增“安全防范”一章，明确了反间谍安全防范责任主体；各级人民政府和有关部门组织开展反间谍宣传教育的主体责任；重点单位、重点领域的安全防范责任和涉及国家安全事项的建设项目许可制度等。

（三）增加反间谍行政执法职权

草案完善反间谍调查措施，增加查阅调取数据、传唤、财产信息查询、检查、不准出入境等行政执法职权。

（四）加强反间谍工作保障

草案专设“工作保障”一章，增加与有关个人和组织建立合作关系，对相关人员予以保护、营救、补偿、安置、抚恤优待等规定，明确专业队伍建设相关要求。

（五）完善反间谍工作行政处罚种类和处理手段

草案规定通报批评、罚款、暂扣或者吊销许可证件等处罚种类，完善行政拘留适用情形。

（六）加强对反间谍工作的监督

草案明确国家安全机关执法规范要求，严格审批程序，建立健全内部监督和安全审查制度，完善当事人的救济权利。

此外，草案还对部分条款及文字作了调整修改。

《中华人民共和国反间谍法（修订草案）》和以上说明是否妥当，请审议。

# 全国人民代表大会宪法和法律委员会关于《中华人民共和国反间谍法（修订草案）》修改情况的汇报

——2022 年 12 月 27 日在第十三届全国人民代表大会常务委员会第三十八次会议上

全国人大宪法和法律委员会副主任委员　王　宁

全国人民代表大会常务委员会：

常委会第三十六次会议对反间谍法修订草案进行了初次审议。会后，法制工作委员会将修订草案印发部分省（区、市）人大常委会、中央有关部门等征求意见。宪法和法律委员会、法制工作委员会深入学习贯彻党的二十大精神，就一些重要问题与中央国安办和中央有关部门多次沟通研究，到北京等地调研，召开座谈会听取中央有关部门、反间谍工作一线单位和部分企业的意见。宪法和法律委员会于 11 月 30 日召开会议，根据常委会组成人员的审议意见和各方面的意见，对修订草案进行了逐条审议。全国人大监察司法委、国家安全部有关负责同志列席了会议。现将反间谍法修订草案主要问题修改情况汇报如下：

一、有的常委会组成人员、地方、部门建议加强反间谍宣传教育，提高全民反间谍意识，积极发挥国家安全人民防线的作用。宪法和法律委员会经研究，建议作出以下修改：一是在立法指导思想和基本原则中增加规定“筑牢国家安全人民防线”；二是增加规定新闻媒体等单位应当面向社会开展反间谍宣传教育，增强全民国家安全素养；三是明确重点单位应当加强对涉密人员的反间谍安全防范教育。

二、修订草案第四条规定了间谍行为的定义。有的常委委员、地方提出，帮助实施间谍行为具有一定的社会危害性，需要依法惩处，但性质应区别于直接实施间谍行为；有的常委委员、地方、部门提出，网络窃密、攻击、破坏是间谍行为新形态，建议增加有关网络间谍的规定。宪法和法律委员会经研究，建议作出以下修改：一是将帮助实施间谍行为在法律责任中明确予以处罚。二是将为间谍组织及其代理人提供针对关键信息基础设施的网络安全漏洞等信息的行为规定为间谍行为。

三、有的常委会组成人员、地方、部门建议进一步加大对反间谍工作的支持力度。宪法和法律委员会经研究，建议增加以下规定：一是对在反间谍工作中作出重大贡献的个人和组织按照国家有关规定给予表彰和奖励；二是重点单位应当加强对涉密事项、场所、载体等的反间谍物理防范措施；三是鼓励反间谍领域科技创新，发挥科技在反间谍工作中的作用；四是明确国家安全机关应当加强反间谍工作的人才队伍建设和专业训练。

**四、**有的常委委员、地方、部门建议处理好开展反间谍工作与保护个人、组织合法权益之间的关系，加强对国家安全机关反间谍工作的监督。宪法和法律委员会经研究，建议作出以下修改：一是将第四章章名修改为“保障与监督”；二是明确国家安全机关查阅调取、查封扣押冻结不能超出执行任务的范围和限度；三是明确国家安全机关对人身、物品、场所进行检查、决定不准出境等的批准层级。

**五、**有的地方、部门建议做好修订草案与出境入境管理法、刑事诉讼法等相关法律的衔接，增强法律的可操作性。宪法和法律委员会经研究，建议作出以下修改：一是增加规定国家安全机关对相关人员决定不准出入境和撤销决定应及时通知移民管理机构；二是增加行刑衔接的规定。

此外，还对修订草案作了一些文字修改。

修订草案二次审议稿已按上述意见作了修改，宪法和法律委员会建议提请本次常委会会议继续审议。

修订草案二次审议稿和以上汇报是否妥当，请审议。

# 全国人民代表大会宪法和法律委员会关于《中华人民共和国反间谍法（修订草案）》审议结果的报告

——2023 年 4 月 24 日在第十四届全国人民代表大会常务委员会第二次会议上

全国人大宪法和法律委员会副主任委员 王洪祥

全国人民代表大会常务委员会：

反间谍工作本质上是反渗透、反颠覆、反窃密斗争，是国家安全重要领域。以习近平同志为核心的党中央高度重视反间谍工作，对加强反间谍工作提出了明确要求。2014 年施行的反间谍法是我国贯彻落实总体国家安全观的第一部重要法律，也是规范和保障反间谍斗争的专门法律，为维护国家安全发挥了重要作用。当前反间谍斗争形势较为严峻，传统安全威胁与非传统安全威胁相互交织，各类间谍情报活动的主体更加复杂、领域更加广泛、目标更加多元、手法更加隐蔽。在总体国家安全观的指导下，需要修改完善反间谍法以适应新时代反间谍斗争需要。2022 年 8 月，反间谍法修订草案由全国人大监察和司法委员会提请第十三届全国人大常委会第三十六次会议初次审议；同年 12 月，第十三届全国人大常委会第三十八次会议对修订草案进行了二次审议。第十三届全国人大宪法和法律委员会、常委会法制工作委员会深入学习贯彻党的二十大精神，就一些重要问题与中央国安办和中央有关部门多次沟通研究，通过多种形式征求意见，将修订草案印发多个省（区、市）人大常委会、立法联系点及中央有关部门等征求意见；在中国人大网全文公布修订草案二次审议稿，公开征求社会公众意见；通过召开座谈会等方式，听取部分全国人大代表、反间谍工作基层执法部门、企业和相关专家学者等各方面的意见。

在修订草案审议和修改过程中，注重把握以下几点：一是全面贯彻习近平法治思想和总体国家安全观，将党中央对反间谍工作的重大决策部署转化为国家意志，更好地维护国家安全。二是坚持问题导向，聚焦现行反间谍法实施中存在的间谍行为范围较窄、安全防范制度不健全、行政执法赋权不足等重点难点问题，完善相关法律规定。三是妥善处理赋权与限权的关系，加强反间谍工作，同时注重对行使公权力的监督制约。四是坚持系统观念，立足我国反间谍工作实践，做好相关法律衔接，健全完善中国特色反间谍法律制度。

经过两次审议后的修订草案主要内容包括：一是贯彻落实党的二十大精神，进一步加强党中央对反间谍工作的集中统一领导，在总则部分增加“坚持总体国家安全观”的指导思想和“标本兼治，筑牢国家安全人民防线”的基本原则；建立健全国家层面的反间谍工作协调机制。二是完善间谍行为的定义，增加网络间谍、投靠间谍组织及其代理人、针对第三国的间谍行为；适度扩大相关主体窃密的对象范围。三是完善安全防范规定，明确国家机关、社会组织等反间谍安全防范的主体责任，有关方面开展反间谍宣传教育的职责；明确重点单位的安全防范责任和涉及国家安全事项的建设项目许可制度等。四是完善反间谍调查措施，增加查阅调取数据、传唤、财产信息查询、不准出入境等行政执法职权；明确国家安全机关执法规范要求，严格审批程序；增加对发现的网络安全风险等的处置措施；增加对国家秘密、情报的鉴定评估机制；增加行刑衔接的规定。五是加强对反间谍工作的保障与监督，增加对相关人员予以保护、营救、补偿、安置、抚恤优待、培训等规定；增加规定鼓励反间谍领域科技创新，发挥科技在反间谍工作中的作用；明确国家安全机关应当严格执行内部监督和安全审查制度。六是完善法律责任，扩大行政处罚的适用情形，对涉及间谍行为的轻微违法行为明确规定罚款、拘留等行政处罚；增加约谈、通报批评、暂扣或者吊销许可证件等处罚种类；做好与相关法律的衔接。

本届以来，全国人大宪法和法律委员会、常委会法制工作委员会就修订草案的有关问题多次召开座谈会，进行实地调研，进一步听取有关方面意见。宪法和法律委员会于4月13日召开会议，根据常委会组成人员审议意见和各方面的意见，对修订草案进行了逐条审议。中央国安办、全国人大监察司法委、国家安全部有关负责同志列席了会议。4月17日，宪法和法律委员会召开会议，再次进行了审议。宪法和法律委员会认为，修订草案经过两次审议修改，已经比较成熟。同时，提出以下主要修改意见：

一、修订草案二次审议稿第四条第一款第四项规定，为间谍组织及其代理人提供关键信息基础设施的网络安全漏洞等信息是间谍行为。有些常委会组成人员、地方、部门、专家学者和社会公众建议进一步完善关于网络间谍的规定，明确网络间谍的行为方式。宪法和法律委员会经研究，建议将该项修改为：间谍组织及其代理人实施或者指使、资助他人实施，或者境内外机构、组织、个人与其相勾结实施针对国家机关、涉密单位或者关键信息基础设施等的网络攻击、侵入、干扰、控制、破坏等活动。

二、有的常委会组成人员、地方、部门建议加强国家安全机关对反间谍宣传教育活动的协调指导。宪法和法律委员会经研究，建议增加规定国家安全机关应当根据反间谍安全防范形势，指导有关单位开展反间谍宣传教育活动，提高防范意识和能力。

**三、**有的常委委员、地方、全国人大代表建议进一步平衡反间谍工作与保障个人、组织合法权益之间的关系，完善反间谍调查措施的适用条件，加强执法规范化，明确执法程序。宪法和法律委员会经研究，建议作出以下修改：一是将第三章章名“调查处理”修改为“调查处置”；二是明确国家安全机关工作人员只能在依法执行反间谍工作任务时，才能适用查验、查阅、调取等措施，避免权力滥用；三是完善国家安全机关发现涉及间谍行为的网络信息内容或者网络攻击等风险的处置程序，增加规定经采取相关措施，涉及间谍行为的网络信息内容或者网络攻击等风险已经消除的，有关部门应当及时作出恢复相关传输和服务的决定。

**四、**有的地方、部门、专家学者和社会公众建议适当调整对于轻微间谍违法行为等的罚款数额。宪法和法律委员会经研究，建议采纳上述意见，体现过罚相当。

此外，还对修订草案二次审议稿作了一些文字修改。

4 月 10 日，法制工作委员会召开会议，邀请全国人大代表、反间谍工作基层执法部门、企业和相关专家学者等就修订草案主要制度规范的可行性、出台时机、实施的社会效果和可能出现的问题等进行评估。与会人员一致认为，修订草案贯彻落实党的二十大精神，体现总体国家安全观的要求，适应新时代反间谍斗争需要，坚持问题导向，内容全面、结构科学、措施有力、体系完备，具有较强的针对性、可操作性和前瞻性。修订草案充分吸收了各方面意见，已经比较成熟，建议尽快出台修订后的反间谍法。与会人员还对修订草案提出了一些具体修改意见，宪法和法律委员会进行了认真研究，对有的意见予以采纳。

修订草案三次审议稿已按上述意见作了修改，宪法和法律委员会建议提请本次常委会会议审议通过。

修订草案三次审议稿和以上报告是否妥当，请审议。

# 全国人民代表大会宪法和法律委员会关于《中华人民共和国反间谍法（修订草案三次审议稿）》修改意见的报告

——2023 年 4 月 25 日在第十四届全国人民代表大会常务委员会第二次会议上

全国人民代表大会常务委员会：

本次常委会会议于 4 月 24 日下午对反间谍法修订草案三次审议稿进行了分组审议。普遍认为，修订草案已经比较成熟，赞成进一步修改后，提请本次常委会会议表决通过。同时，有些常委会组成人员和列席人员还提出了一些修改意见和建议。宪法和法律委员会于 4 月 24 日晚召开会议，逐条研究了常委会组成人员和列席人员的审议意见，对修订草案进行了审议。中央国安办、全国人大监察司法委、国家安全部有关负责同志列席了会议。宪法和法律委员会认为，修订草案是可行的，同时，提出以下修改意见：

一、修订草案三次审议稿第二十条规定，反间谍安全防范重点单位应当按照国家安全机关的要求和相关标准，加强反间谍技术防范。有的常委委员建议进一步明确国家安全机关的技术防范标准，避免与国家保密部门的相关防范标准出现冲突或者重复。宪法和法律委员会经研究，建议将“国家安全机关要求和相关标准”修改为“反间谍技术防范的要求和标准”。

二、有些常委委员提出，修订草案三次审议稿第二十二条属于保障措施、第四十一条属于调查措施，建议作出调整。宪法和法律委员会经研究，建议将第二十二条调整至第四章“保障与监督”，第四十一条调整至第三章“调查处置”，同时对相关条文内容的表述作了完善，对条文顺序作了调整。

三、修订草案三次审议稿第四十五条规定，国家安全机关可以提请海关、移民管理等检查机关提供免检、简化程序等便利。有的列席人员建议对上述规定作进一步明确。宪法和法律委员会经研究，建议将检查机关“提供免检、简化程序等便利”修改为检查机关“对有关人员提供通关便利，对有关资料、器材等予以免检”。

四、修订草案三次审议稿第六十六条规定了限期出境、驱逐出境的措施。有的常委委员提出，限期出境与驱逐出境是不同措施，建议分别作出规定。宪法和法律委员会经研究，建议采纳上述意见，分款对限期出境、驱逐出境作出规定。

经与有关部门研究，建议将修订后的反间谍法的施行时间确定为2023年7月1日。

此外，根据常委会组成人员的审议意见，还对修订草案三次审议稿作了一些文字修改。

修订草案修改稿已按上述意见作了修改，宪法和法律委员会建议本次常委会会议审议通过。

修订草案修改稿和以上报告是否妥当，请审议。

# 附录二

# 中华人民共和国反间谍法

（2014年11月1日第十二届全国人民代表大会常务委员会第十一次会议通过　2014年11月1日中华人民共和国主席令第16号发布　自2014年11月1日施行）

## 目　　录



## 第一章　总　　则

**第一条**　为了防范、制止和惩治间谍行为，维护国家安全，根据宪法，制定本法。

**第二条**　反间谍工作坚持中央统一领导，坚持公开工作与秘密工作相结合、专门工作与群众路线相结合、积极防御、依法惩治的原则。

**第三条**　国家安全机关是反间谍工作的主管机关。

公安、保密行政管理等其他有关部门和军队有关部门按照职责分工，密切配合，加强协调，依法做好有关工作。

**第四条**　中华人民共和国公民有维护国家的安全、荣誉和利益的义务，不得有危害国家的安全、荣誉和利益的行为。

一切国家机关和武装力量、各政党和各社会团体及各企业事业组织，都有防范、制止间谍行为，维护国家安全的义务。

国家安全机关在反间谍工作中必须依靠人民的支持，动员、组织人民防范、制止危害国家安全的间谍行为。

**第五条**　反间谍工作应当依法进行，尊重和保障人权，保障公民和组织的合法权益。

**第六条**　境外机构、组织、个人实施或者指使、资助他人实施的，或者境内机构、组织、个人与境外机构、组织、个人相勾结实施的危害中华人民共和国国家安全的间谍行为，都必须受到法律追究。

**第七条** 国家对支持、协助反间谍工作的组织和个人给予保护，对有重大贡献的给予奖励。

## 第二章 国家安全机关在反间谍工作中的职权

**第八条** 国家安全机关在反间谍工作中依法行使侦查、拘留、预审和执行逮捕以及法律规定的其他职权。

**第九条** 国家安全机关的工作人员依法执行任务时，依照规定出示相应证件，有权查验中国公民或者境外人员的身份证明，向有关组织和人员调查、询问有关情况。

**第十条** 国家安全机关的工作人员依法执行任务时，依照规定出示相应证件，可以进入有关场所、单位；根据国家有关规定，经过批准，出示相应证件，可以进入限制进入的有关地区、场所、单位，查阅或者调取有关的档案、资料、物品。

**第十一条** 国家安全机关的工作人员在依法执行紧急任务的情况下，经出示相应证件，可以优先乘坐公共交通工具，遇交通阻碍时，优先通行。

国家安全机关因反间谍工作需要，按照国家有关规定，可以优先使用或者依法征用机关、团体、企业事业组织和个人的交通工具、通信工具、场地和建筑物，必要时，可以设置相关工作场所和设备、设施，任务完成后应当及时归还或者恢复原状，并依照规定支付相应费用；造成损失的，应当补偿。

**第十二条** 国家安全机关因侦察间谍行为的需要，根据国家有关规定，经过严格的批准手续，可以采取技术侦察措施。

**第十三条** 国家安全机关因反间谍工作需要，可以依照规定查验有关组织和个人的电子通信工具、器材等设备、设施。查验中发现存在危害国家安全情形的，国家安全机关应当责令其整改；拒绝整改或者整改后仍不符合要求的，可以予以查封、扣押。

对依照前款规定查封、扣押的设备、设施，在危害国家安全的情形消除后，国家安全机关应当及时解除查封、扣押。

**第十四条** 国家安全机关因反间谍工作需要，根据国家有关规定，可以提请海关、边防等检查机关对有关人员和资料、器材免检。有关检查机关应当予以协助。

**第十五条** 国家安全机关对用于间谍行为的工具和其他财物，以及用于资助间谍行为的资金、场所、物资，经设区的市级以上国家安全机关负责人批准，可以依法查封、扣押、冻结。

**第十六条** 国家安全机关根据反间谍工作需要，可以会同有关部门制定反间谍技术防范标准，指导有关部门落实反间谍技术防范措施，对存在隐患的部门，经过严格的批准手续，可以进行反间谍技术防范检查和检测。

**第十七条** 国家安全机关及其工作人员在工作中，应当严格依法办事，不得超越职权、滥用职权，不得侵犯组织和个人的合法权益。

国家安全机关及其工作人员依法履行反间谍工作职责获取的组织和个人的信息、材料，只能用于反间谍工作。对属于国家秘密、商业秘密和个人隐私的，应当保密。

**第十八条** 国家安全机关工作人员依法执行职务受法律保护。

## 第三章 公民和组织的义务和权利

**第十九条** 机关、团体和其他组织应当对本单位的人员进行维护国家安全的教育，动员、组织本单位的人员防范、制止间谍行为。

**第二十条** 公民和组织应当为反间谍工作提供便利或者其他协助。

因协助反间谍工作，本人或者其近亲属的人身安全面临危险的，可以向国家安全机关请求予以保护。国家安全机关应当会同有关部门依法采取保护措施。

**第二十一条** 公民和组织发现间谍行为，应当及时向国家安全机关报告；向公安机关等其他国家机关、组织报告的，相关国家机关、组织应当立即移送国家安全机关处理。

**第二十二条** 在国家安全机关调查了解有关间谍行为的情况、收集有关证据时，有关组织和个人应当如实提供，不得拒绝。

**第二十三条** 任何公民和组织都应当保守所知悉的有关反间谍工作的国家秘密。

**第二十四条** 任何个人和组织都不得非法持有属于国家秘密的文件、资料和其他物品。

**第二十五条** 任何个人和组织都不得非法持有、使用间谍活动特殊需要的专用间谍器材。专用间谍器材由国务院国家安全主管部门依照国家有关规定确认。

**第二十六条** 任何个人和组织对国家安全机关及其工作人员超越职权、滥用职权和其他违法行为，都有权向上级国家安全机关或者有关部门检举、控告。受理检举、控告的国家安全机关或者有关部门应当及时查清事实，负责处理，并将处理结果及时告知检举人、控告人。

对协助国家安全机关工作或者依法检举、控告的个人和组织，任何个人和组织不得压制和打击报复。

## 第四章 法律责任

**第二十七条** 境外机构、组织、个人实施或者指使、资助他人实施，或者境内机构、组织、个人与境外机构、组织、个人相勾结实施间谍行为，构成犯罪的，依法追究刑事责任。

实施间谍行为，有自首或者立功表现的，可以从轻、减轻或者免除处罚；有重大立功表现的，给予奖励。

**第二十八条** 在境外受胁迫或者受诱骗参加敌对组织、间谍组织，从事危害中华人民共和国国家安全的活动，及时向中华人民共和国驻外机构如实说明情况，或者入境后直接或者通过所在单位及时向国家安全机关、公安机关如实说明情况，并有悔改表现的，可以不予追究。

**第二十九条** 明知他人有间谍犯罪行为，在国家安全机关向其调查有关情况、收集有关证据时，拒绝提供的，由其所在单位或者上级主管部门予以处分，或者由国家安全机关处十五日以下行政拘留；构成犯罪的，依法追究刑事责任。

**第三十条** 以暴力、威胁方法阻碍国家安全机关依法执行任务的，依法追究刑事责任。

故意阻碍国家安全机关依法执行任务，未使用暴力、威胁方法，造成严重后果的，依法追究刑事责任；情节较轻的，由国家安全机关处十五日以下行政拘留。

**第三十一条** 泄露有关反间谍工作的国家秘密的，由国家安全机关处十五日以下行政拘留；构成犯罪的，依法追究刑事责任。

**第三十二条** 对非法持有属于国家秘密的文件、资料和其他物品的，以及非法持有、使用专用间谍器材的，国家安全机关可以依法对其人身、物品、住处和其他有关的地方进行搜查；对其非法持有的属于国家秘密的文件、资料和其他物品，以及非法持有、使用的专用间谍器材予以没收。非法持有属于国家秘密的文件、资料和其他物品，构成犯罪的，依法追究刑事责任；尚不构成犯罪的，由国家安全机关予以警告或者处十五日以下行政拘留。

**第三十三条** 隐藏、转移、变卖、损毁国家安全机关依法查封、扣押、冻结的财物的，或者明知是间谍活动的涉案财物而窝藏、转移、收购、代为销售或者以其他方法掩饰、隐瞒的，由国家安全机关追回。构成犯罪的，依法追究刑事责任。

**第三十四条** 境外人员违反本法的，可以限期离境或者驱逐出境。

**第三十五条** 当事人对行政处罚决定、行政强制措施决定不服的，可以自接到决定书之日起六十日内，向作出决定的上一级机关申请复议；对复议决定不服的，可以自接到复议决定书之日起十五日内向人民法院提起诉讼。

**第三十六条** 国家安全机关对依照本法查封、扣押、冻结的财物，应当妥善保管，并按照下列情形分别处理：

（一）涉嫌犯罪的，依照刑事诉讼法的规定处理；

（二）尚不构成犯罪，有违法事实的，对依法应当没收的予以没收，依法应当销毁的予以销毁；

（三）没有违法事实的，或者与案件无关的，应当解除查封、扣押、冻结，并及时返还相关财物；造成损失的，应当依法赔偿。

国家安全机关没收的财物，一律上缴国库。

**第三十七条** 国家安全机关工作人员滥用职权、玩忽职守、徇私舞弊，构成犯罪的，或者有非法拘禁、刑讯逼供、暴力取证、违反规定泄露国家秘密、商业秘密和个人隐私等行为，构成犯罪的，依法追究刑事责任。

## 第五章 附 则

**第三十八条** 本法所称间谍行为，是指下列行为：

（一）间谍组织及其代理人实施或者指使、资助他人实施，或者境内外机构、组织、个人与其相勾结实施的危害中华人民共和国国家安全的活动；

（二）参加间谍组织或者接受间谍组织及其代理人的任务的；

（三）间谍组织及其代理人以外的其他境外机构、组织、个人实施或者指使、资助他人实施，或者境内机构、组织、个人与其相勾结实施的窃取、刺探、收买或者非法提供国家秘密或者情报，或者策动、引诱、收买国家工作人员叛变的活动；

（四）为敌人指示攻击目标的；

（五）进行其他间谍活动的。

**第三十九条** 国家安全机关、公安机关依照法律、行政法规和国家有关规定，履行防范、制止和惩治间谍行为以外的其他危害国家安全行为的职责，适用本法的有关规定。

**第四十条** 本法自公布之日起施行。1993 年 2 月 22 日第七届全国人民代表大会常务委员会第三十次会议通过的《中华人民共和国国家安全法》同时废止。

# 关于修订《中华人民共和国国家安全法》的说明

——2014年8月25日在第十二届全国人民代表大会常务委员会第十次会议上

国家安全部部长　耿惠昌

全国人民代表大会常务委员会：

我受国务院委托，现对修订《中华人民共和国国家安全法》作说明。

**一、修订的必要性和总体考虑**

1993年公布施行的《中华人民共和国国家安全法》（以下称现行国家安全法）对维护国家安全，防范、制止和打击危害国家安全的行为发挥了重要作用。为了适应我国国家安全面临的新形势、新任务，需要根据总体国家安全观的要求，将现行国家安全法修订为反间谍法。

据此，国家安全部以现行国家安全法为基础，认真总结反间谍工作实践经验，起草了《中华人民共和国反间谍法（草案送审稿）》，于2014年6月27日报请国务院审批。收到此件后，法制办两次征求中央国安办、中央政法委、全国人大常委会法工委、网信办、军委法制局等部门意见，并召开会议重点听取有关部门的意见。在此基础上，形成了《中华人民共和国反间谍法（草案）》（以下简称草案）。草案已经2014年7月30日国务院第58次常务会议讨论通过。

修订现行国家安全法的总体考虑是：一是以现行国家安全法的内容为基础，突出反间谍工作特点；二是总结反间谍工作的经验，将实践检验有效、且反间谍工作确需的措施上升为法律规定；三是注意与刑法、刑事诉讼法、行政强制法、行政处罚法等法律协调一致。

**二、修订的主要内容**

一是将“国家安全法”的名称修改为“反间谍法”。

二是将我国反间谍工作多年来坚持并行之有效的经验和原则以法律形式加以确认，在草案中补充规定了反间谍工作坚持中国共产党的领导、公开工作与秘密工作相结合、专门机关与群众路线相结合、积极防御、依法惩治的原则。

三是考虑到反间谍工作的顺利开展除了依靠国家安全机关履行职责外，还需要多部门的协作配合，草案在明确国家安全机关是反间谍工作主管机关的基础上，规定公安、保密行政管理等其他有关部门和军队有关部门按照职责分工，密切配合，依法做好有关工作；同时，还增加规定了国家安全机关会同有关部门制定反间谍技术防范标准，对存在隐患的部门经严格批准进行反间谍技术防范检查和检测。

四是将国家安全法实施细则规定的，国家安全机关开展反间谍工作需要采取的措施，上升为法律规定。1994 年 6 月 4 日国务院令第 157 号发布施行的国家安全法实施细则规定了国家安全机关实施查封、扣押、冻结等措施，2012 年 1 月 1 日行政强制法施行后，按照其关于冻结存款、汇款等强制措施应当由法律设定的要求，国家安全机关停止实施了上述措施。为了确保国家安全机关正常行使上述职权，有利于反间谍工作的顺利开展，草案规定：查验中发现可能危害国家安全的，由国家安全机关责令其整改或者指导其整改，拒绝整改或者整改后仍不符合要求的，可以予以查封、扣押；对与间谍行为有关的工具、经费、场所、物资和其他财物，经设区的市级以上国家安全机关负责人批准，可以依法查封、扣押、冻结；隐藏、转移、变卖、损毁国家安全机关依法查封、扣押、冻结的财物或者明知是间谍活动的赃物而窝藏、转移、收购、代为销售的，由国家安全机关没收违法所得和非法财物；国家安全机关根据不同情况，对依法查封、扣押、冻结的财物，予以没收或者移送司法机关依法处理。

五是为了与刑法等有关法律衔接并有利于今后反间谍工作的开展，草案在现行国家安全法第四条的基础上规定：境外机构、组织、个人实施或者指使、资助他人实施的，或者境内组织、个人与境外机构、组织、个人相勾结实施的危害中华人民共和国国家安全的间谍行为，都必须受到法律追究。

六是保留了现行国家安全法中涉及反间谍工作的内容，将条文中关于国家安全机关履行“国家安全工作”职责的表述修改为“反间谍工作”，相关条款也一并作了文字调整。

七是草案对现行国家安全法中与刑法、刑事诉讼法、行政处罚法、行政强制法等 1993 年之后新修订、制定的法律有关表述不一致的部分，也作了必要的文字修改。

**三、需要说明的其他问题**

草案第三十八条规定：国家安全机关、公安机关依照法律、行政法规和国家有关规定，履行防范、制止和打击其他危害国家安全行为的职责，适用本法的有关规定。主要考虑是，现行国家安全法除了规定国家安全机关履行反间谍工作职责外，还包括国家安全机关、公安机关防范、制止和打击敌对势力、分裂势力等其他危害国家安全行为的职权，为了避免将现行国家安全法修改为反间谍法后出现法律真空，确保国家安全机关、公安机关的工作职责不缺失、执法有依据，草案作了上述规定。

《中华人民共和国反间谍法（草案）》和以上说明是否妥当，请审议。

# 全国人民代表大会法律委员会关于《中华人民共和国反间谍法（草案）》审议结果的报告

——2014 年 10 月 27 日在第十二届全国人民代表大会常务委员会第十一次会议上

全国人大法律委员会副主任委员　孙宝树

全国人民代表大会常务委员会：

常委会第十次会议对国务院关于提请审议修订《中华人民共和国国家安全法》的议案及提请审议的反间谍法（草案）进行了审议。会后，法制工作委员会将反间谍法草案印发各省（区、市）和中央有关部门、部分高等院校、法学研究机构等单位征求意见。中国人大网站全文公布草案向社会征求意见。法律委员会、内务司法委员会、法制工作委员会召开座谈会，听取一些全国人大代表、有关部门和专家学者的意见。法律委员会于 10 月 10 日召开会议，根据常委会组成人员的审议意见和各方面意见，对草案进行了逐条审议。国务院法制办公室、国家安全部的负责同志列席了会议。10 月 17 日，法律委员会召开会议，再次进行审议。法律委员会认为，为下一步制定一部具有综合性、全面性、基础性的国家安全方面的法律作好准备，将现行国家安全法修订为反间谍法是必要的。草案以现行国家安全法的内容为基础，突出反间谍工作特点，注意与相关法律的衔接，已经比较成熟。同时，提出以下主要修改意见：

一、一些常委委员、地方、部门、专家和社会公众提出，草案应当对间谍行为的定义作出规定，以便于准确理解和执行。法律委员会经研究，建议参照现行国家安全法对危害国家安全行为的表述和刑法有关规定，增加规定“本法所称间谍行为，是指境外机构、组织、个人实施或者指使、资助他人实施的，或者境内机构、组织、个人与境外机构、组织、个人相勾结实施的下列行为：（一）间谍组织及其代理人实施的危害中华人民共和国国家安全的活动；（二）参加间谍组织或者接受间谍组织及其代理人的任务的；（三）为间谍组织招募人员的；（四）窃取、刺探、收买或者非法提供国家秘密或者情报的；（五）为敌人指示攻击目标的；（六）进行其他间谍活动的。”

二、一些常委委员、地方、部门、专家和社会公众提出，反间谍法既要有利于专门机关行使职权，也要注意规范权力运行，建议充实草案中规范权力行使和保障公民、组织合法权益的规定。法律委员会经研究，建议对草案作如下补充：一是，在总则中增加一条“反间谍工作应当依法进行，尊重和保障人权，保障公民和组织的合法权益”。二是，在草案关于国家安全机关因反间谍工作需要，查验和查封、扣押相关设备、设施的程序中，增加规定“在危害国家安全的情形消除后，国家安全机关应当及时解除查封、扣押”。三是，在草案关于国家安全机关及其工作人员行使职权的要求中，增加规定“国家安全机关及其工作人员依法履行反间谍工作职责获取的组织和个人的信息、材料，只能用于反间谍工作。对属于国家秘密、商业秘密和个人隐私的，应当保密”。四是，在草案关于处理公民和组织检举、控告的规定中，增加规定有关部门应当“将处理结果及时告知检举人、控告人”。

**三**、草案第二十四条规定，任何个人和组织都不得非法持有、使用窃听、窃照等专用间谍器材；第三十二条规定，对非法持有、使用的专用间谍器材予以没收。有的常委委员、专家和地方提出，随着技术发展，智能手机等常见电子产品也能用于窃听、窃照，建议进一步界定“专用间谍器材”的范围，防止执法中的随意性。法律委员会经研究，建议将草案第二十四条修改为“任何个人和组织都不得非法持有、使用间谍活动特殊需要的专用间谍器材。专用间谍器材由国务院国家安全主管部门依照国家有关规定确认。”

**四**、草案第三十五条规定，当事人对行政拘留决定不服的，可以申请复议；对复议决定不服的，可以提起行政诉讼。有的常委委员、地方和部门提出，根据行政复议法、行政诉讼法的规定，除对行政拘留决定外，当事人对行政机关的其他行政处罚和行政强制措施，也有权申请复议、提起行政诉讼。法律委员会经研究，建议将上述规定中的“行政拘留决定”修改为“行政处罚决定、行政强制措施决定”。

**五**、草案第三十六条第一款规定，国家安全机关根据不同情况，对依法查封、扣押、冻结的涉案财物，予以没收或者移送司法机关依法处理。一些常委委员、地方、部门和专家提出，涉案财物的处理涉及公民、组织的财产权利，草案的规定过于原则，应当尽量明确具体。法律委员会经研究，建议将上述规定修改为“国家安全机关对依照本法查封、扣押、冻结的财物，应当妥善保管，并按照下列情形分别处理：（一）涉嫌犯罪的，依照刑事诉讼法的规定处理；（二）尚不构成犯罪，有违法事实的，对依法应当没收的予以没收，依法应当销毁的予以销毁；（三）没有违法事实的，或者与案件无关的，应当解除查封、扣押、冻结，并及时返还相关财物；造成损失的，应当依法赔偿。”

此外，根据有些常委会组成人员的意见，还对草案作了一些文字修改，并明确1993年2月22日全国人大常委会通过的《中华人民共和国国家安全法》同时废止。

草案二次审议稿已按上述意见作了修改，法律委员会建议提请本次常委会会议审议通过。

草案二次审议稿和以上报告是否妥当，请审议。

# 全国人民代表大会法律委员会关于《中华人民共和国反间谍法（草案二次审议稿）》修改意见的报告

——2014 年 10 月 31 日在第十二届全国人民代表大会常务委员会第十一次会议上

全国人民代表大会常务委员会：

本次常委会会议于 10 月 28 日下午对反间谍法（草案二次审议稿）进行了分组审议，普遍认为，草案已经比较成熟，建议进一步修改后，提请本次会议通过。同时，有些常委会组成人员和列席会议的同志还提出了一些修改意见。法律委员会、法制工作委员会于 10 月 28 日下午分组会后，根据常委会审议意见，就间谍行为的定义等问题，与中央政法委、中央国安办、国务院法制办、公安部、国家安全部同志共同进行研究。法律委员会于 10 月 29 日下午召开会议，认真研究了常委会组成人员的审议意见，对草案进行了审议。国务院法制办、国家安全部的负责同志列席了会议。法律委员会认为，草案是可行的，同时，提出以下修改意见：

一、有的常委委员提出，草案二次审议稿第一条中规定“保卫中华人民共和国人民民主专政的政权和社会主义制度，保障改革开放和社会主义现代化建设的顺利进行”，这些内容可在制定新国家安全法时统盘考虑，建议将本条修改为“为了防范、制止和惩治间谍行为，维护国家安全，根据宪法，制定本法。”法律委员会经研究，建议采纳这一意见。

二、草案二次审议稿第二条对反间谍工作的原则作了规定，根据一些常委委员的意见，法律委员会经研究，并同有关部门沟通，建议修改为“反间谍工作坚持中央统一领导，坚持公开工作与秘密工作相结合、专门工作与群众路线相结合、积极防御、依法惩治的原则”。

三、草案二次审议稿第四条第二款、第三款分别对各有关方面维护国家安全的义务作了规定。有些常委委员建议突出反间谍方面的要求，将其中“维护国家安全的义务”修改为“防范、制止间谍行为，维护国家安全的义务”，将“防范、制止危害国家安全的行为”修改为“防范、制止危害国家安全的间谍行为”。法律委员会经研究，建议采纳这一意见。

四、草案二次审议稿第十条规定，国家安全机关的工作人员依法执行任务时，可以进入有关场所，查看、调阅有关的档案、资料、物品。有的常委委员建议，在可以进入有关场所后增加“单位”，并将“查看”“调阅”修改为“查阅”“调取”。法律委员会经研究，建议采纳这一意见。

五、有的常委委员建议进一步充实有关保护公民权益的内容。法律委员会经研究，建议作以下修改：一是，增加规定，公民“因协助反间谍工作，本人或者其近亲属的人身安全面临危险的，可以向国家安全机关请求予以保护。国家安全机关应当会同有关部门依法采取保护措施”。二是，增加规定，国家安全机关工作人员“违反规定泄露国家秘密、商业秘密和个人隐私”构成犯罪的，依法追究刑事责任。

六、草案二次审议稿第三十八条规定了间谍行为的定义。有的常委委员提出，该规定的文字表述存在交叉、重合等问题，建议进一步完善。法制工作委员会专门就此问题同中央政法委、中央国安办、国务院法制办、公安部、国家安全部沟通，形成共识。法律委员会对这些意见进行了认真研究，建议修改为“本法所称间谍行为，是指下列行为：（一）间谍组织及其代理人实施或者指使、资助他人实施，或者境内外机构、组织、个人与其相勾结实施的危害中华人民共和国国家安全的活动；（二）参加间谍组织或者接受间谍组织及其代理人的任务的；（三）间谍组织及其代理人以外的其他境外机构、组织、个人实施或者指使、资助他人实施，或者境内机构、组织、个人与其相勾结实施的窃取、刺探、收买或者非法提供国家秘密或者情报，或者策动、引诱、收买国家工作人员叛变的活动；（四）为敌人指示攻击目标的；（五）进行其他间谍活动的。”

此外，根据常委会组成人员的审议意见，还对草案二次审议稿作了一些文字修改。

草案建议表决稿已按上述意见作了修改，法律委员会建议本次常委会会议通过。

草案建议表决稿和以上报告是否妥当，请审议。

# 附录三

## 中华人民共和国国家安全法[①]

（1993年2月22日第七届全国人民代表大会常务委员会第三十次会议通过 1993年2月22日中华人民共和国主席令第68号公布 自公布之日起施行）

### 目　　录



### 第一章　总　　则

**第一条**　为了维护国家安全，保卫中华人民共和国人民民主专政的政权和社会主义制度，保障改革开放和社会主义现代化建设的顺利进行，根据宪法，制定本法。

**第二条**　国家安全机关是本法规定的国家安全工作的主管机关。

国家安全机关和公安机关按照国家规定的职权划分，各司其职，密切配合，维护国家安全。

**第三条**　中华人民共和国公民有维护国家的安全、荣誉和利益的义务，不得有危害国家的安全、荣誉和利益的行为。

一切国家机关和武装力量、各政党和各社会团体及各企业事业组织，都有维护国家安全的义务。

国家安全机关在国家安全工作中必须依靠人民的支持，动员、组织人民防范、制止危害国家安全的行为。

---

① 此处收录的为1993年国家安全法。2009年8月27日《关于修改部分法律的决定》将该法第二十六条、第二十七条、第三十二条中的“依照刑法第×条的规定”“比照刑法第×条的规定”修改为“依照刑法有关规定”。

**第四条** 任何组织和个人进行危害中华人民共和国国家安全的行为都必须受到法律追究。

本法所称危害国家安全的行为，是指境外机构、组织、个人实施或者指使、资助他人实施的，或者境内组织、个人与境外机构、组织、个人相勾结实施的下列危害中华人民共和国国家安全的行为：

（一）阴谋颠覆政府，分裂国家，推翻社会主义制度的；

（二）参加间谍组织或者接受间谍组织及其代理人的任务的；

（三）窃取、刺探、收买、非法提供国家秘密的；

（四）策动、勾引、收买国家工作人员叛变的；

（五）进行危害国家安全的其他破坏活动的。

**第五条** 国家对支持、协助国家安全工作的组织和个人给予保护，对维护国家安全有重大贡献的给予奖励。

## 第二章 国家安全机关在国家安全工作中的职权

**第六条** 国家安全机关在国家安全工作中依法行使侦查、拘留、预审和执行逮捕以及法律规定的其他职权。

**第七条** 国家安全机关的工作人员依法执行国家安全工作任务时，经出示相应证件，有权查验中国公民或者境外人员的身份证明；向有关组织和人员调查、询问有关情况。

**第八条** 国家安全机关的工作人员依法执行国家安全工作任务时，经出示相应证件，可以进入有关场所；根据国家有关规定，经过批准，出示相应证件，可以进入限制进入的有关地区、场所、单位；查看或者调阅有关的档案、资料、物品。

**第九条** 国家安全机关的工作人员在依法执行紧急任务的情况下，经出示相应证件，可以优先乘坐公共交通工具，遇交通阻碍时，优先通行。

国家安全机关为维护国家安全的需要，必要时，按照国家有关规定，可以优先使用机关、团体、企业事业组织和个人的交通工具、通信工具、场地和建筑物，用后应当及时归还，并支付适当费用；造成损失的，应当赔偿。

**第十条** 国家安全机关因侦察危害国家安全行为的需要，根据国家有关规定，经过严格的批准手续，可以采取技术侦察措施。

**第十一条** 国家安全机关为维护国家安全的需要，可以查验组织和个人的电子通信工具、器材等设备、设施。

**第十二条** 国家安全机关因国家安全工作的需要，根据国家有关规定，可以提请海关、边防等检查机关对有关人员和资料、器材免检。有关检查机关应当予以协助。

**第十三条** 国家安全机关及其工作人员在国家安全工作中，应当严格依法办事，不得超越职权、滥用职权，不得侵犯组织和个人的合法权益。

**第十四条** 国家安全机关工作人员依法执行职务受法律保护。

## 第三章 公民和组织维护国家安全的义务和权利

**第十五条** 机关、团体和其他组织应当对本单位的人员进行维护国家安全的教育，动员、组织本单位的人员防范、制止危害国家安全的行为。

**第十六条** 公民和组织应当为国家安全工作提供便利条件或者其他协助。

**第十七条** 公民发现危害国家安全的行为，应当直接或者通过所在组织及时向国家安全机关或者公安机关报告。

**第十八条** 在国家安全机关调查了解有关危害国家安全的情况、收集有关证据时，公民和有关组织应当如实提供，不得拒绝。

**第十九条** 任何公民和组织都应当保守所知悉的国家安全工作的国家秘密。

**第二十条** 任何个人和组织都不得非法持有属于国家秘密的文件、资料和其他物品。

**第二十一条** 任何个人和组织都不得非法持有、使用窃听、窃照等专用间谍器材。

**第二十二条** 任何公民和组织对国家安全机关及其工作人员超越职权、滥用职权和其他违法行为，都有权向上级国家安全机关或者有关部门检举、控告。上级国家安全机关或者有关部门应当及时查清事实，负责处理。

对协助国家安全机关工作或者依法检举、控告的公民和组织，任何人不得压制和打击报复。

## 第四章 法律责任

**第二十三条** 境外机构、组织、个人实施或者指使、资助他人实施，或者境内组织、个人与境外机构、组织、个人相勾结实施危害中华人民共和国国家安全的行为，构成犯罪的，依法追究刑事责任。

**第二十四条** 犯间谍罪自首或者有立功表现的，可以从轻、减轻或者免除处罚；有重大立功表现的，给予奖励。

**第二十五条** 在境外受胁迫或者受诱骗参加敌对组织，从事危害中华人民共和国国家安全的活动，及时向中华人民共和国驻外机构如实说明情况的，或者入境后直接或者通过所在组织及时向国家安全机关或者公安机关如实说明情况的，不予追究。

**第二十六条** 明知他人有间谍犯罪行为，在国家安全机关向其调查有关情况、收集有关证据时，拒绝提供的，由其所在单位或者上级主管部门予以行政处分，或者由国家安全机关处十五日以下拘留；情节严重的，比照刑法第一百六十二条的规定处罚。

**第二十七条** 以暴力、威胁方法阻碍国家安全机关依法执行国家安全工作任务的，依照刑法第一百五十七条的规定处罚。

故意阻碍国家安全机关依法执行国家安全工作任务，未使用暴力、威胁方法，造成严重后果的，比照刑法第一百五十七条的规定处罚；情节较轻的，由国家安全机关处十五日以下拘留。

**第二十八条** 故意或者过失泄露有关国家安全工作的国家秘密的，由国家安全机关处十五日以下拘留；构成犯罪的，依法追究刑事责任。

**第二十九条** 对非法持有属于国家秘密的文件、资料和其他物品的，以及非法持有、使用专用间谍器材的，国家安全机关可以依法对其人身、物品、住处和其他有关的地方进行搜查；对其非法持有的属于国家秘密的文件、资料和其他物品，以及非法持有、使用的专用间谍器材予以没收。

非法持有属于国家秘密的文件、资料和其他物品，构成泄露国家秘密罪的，依法追究刑事责任。

**第三十条** 境外人员违反本法的，可以限期离境或者驱逐出境。

**第三十一条** 当事人对拘留决定不服的，可以自接到处罚决定书之日起十五日内，向作出处罚决定的上一级机关申请复议；对复议决定不服的，可以自接到复议决定书之日起十五日内向人民法院提起诉讼。

**第三十二条** 国家安全机关工作人员玩忽职守、徇私舞弊，构成犯罪的，分别依照刑法第一百八十七条、第一百八十八条的规定处罚；非法拘禁、刑讯逼供，构成犯罪的，分别依照刑法第一百四十三条、第一百三十六条的规定处罚。

## 第五章　附　　则

**第三十三条** 公安机关依照本法第二条第二款的规定，执行国家安全工作任务时，适用本法有关规定。

**第三十四条** 本法自公布之日起施行。

# 关于《中华人民共和国国家安全法（草案）》的说明

——1992 年 12 月 22 日在第七届全国人民代表大会常务委员会
第二十九次会议上

国家安全部部长　贾春旺

全国人民代表大会常务委员会：

我受国务院的委托，现就《中华人民共和国国家安全法（草案）》（以下简称《国家安全法》）作如下说明：

党的十一届三中全会决定把党和国家的工作重点转移到经济建设上来，实行改革开放政策，从此我国进入了一个新的历史时期。十多年来，我国经济的发展和人民生活水平的提高，举世瞩目。小平同志今年初视察南方重要谈话中又提出，更加快改革开放步伐，抓住当前有利时机，集中力量把经济建设搞上去。党的十四大对加快改革开放和现代化建设步伐的主要任务作了明确的部署。全党和全国人民正在努力贯彻落实小平同志谈话和十四大的精神，国民经济进入了一个高速增长的新时期，形势很好。国家安定、社会稳定是改革开放和经济建设顺利进行的保证。因此，有效地防止和惩治危害国家安全的违法犯罪行为，就成为我国顺利进行改革开放和经济建设的一个必要条件和重要保证。

建国以来，境外间谍情报机关和其他各种敌对势力危害我国国家安全的活动从未停止过。隐蔽战线的斗争一直是尖锐、复杂的。尤其是在进一步加快改革开放的新形势下，这方面的斗争又出现了一些新的突出情况和复杂问题，过去的某些做法和现有的法律规定已经不能完全适应形势发展的需要，亟需制定维护国家安全的专门的法律。

（一）制定《国家安全法》是维护国家安全和利益的需要。境外间谍情报机关和其他敌对势力对我国进行政治渗透、颠覆分裂、情报窃密、勾联策反、行政破坏活动的范围不断扩大，方式也更加多样化。国内极少数敌视社会主义的分子，也极力寻求境外间谍情报机关和其他敌对势力的支持；还有一些人出于个人私利，出卖国家利益，给境外间谍情报机关和其他敌对势力以可乘之机。这种复杂情况，要求对什么是危害国家安全的行为，如何予以制裁，需要作出新的明确规定。这样才能既防范、制止危害国家安全的行为，又保护公民及境外人员的合法权益、正当活动和中外正常交往，为加快改革开放和经济建设提供良好的法制环境。

（二）制定《国家安全法》是具体贯彻宪法规定的公民维护国家安全和利益的义务的需要。在我国长期处于和平环境和中外交往日益增多的情况下，有些单位、有些干部、群众国家安全意识淡薄了，警惕性有所松懈，有的甚至是非不分，一些有损于国家安全、妨碍国家安全工作进行的不正常现象时有发生。宪法规定，公民“有维护祖国的安全、荣誉和利益的义务，不得有危害祖国的安全、荣誉和利益的行为”。这一规定需要制定专门法律作出具体规定，才能贯彻落实。

（三）制定《国家安全法》是加强和保障国家安全机关顺利开展工作的需要。国家安全工作需要各方面的支持、协助和配合，构成综合防线。但由于各方面的原因，有时工作得不到应有的支持，使国家安全受到损害，急需要通过立法明确规定国家安全机关及有关部门的职责、义务，以保证国家安全工作顺利进行。

（四）制定《国家安全法》是健全社会主义法制的需要。党和国家高度重视法制建设，各项工作，各个环节都要作到有法可依。国家安全工作更需要较为完善的法律依据和保障。世界大多数国家都十分重视加强国家安全方面的立法，运用法律武器维护国家的安全和利益。我们要吸收借鉴外国有益的经验，健全我国国家安全法制。

总之，制定《国家安全法》，有利于保证改革开放和经济建设的顺利进行，推动国家安全工作更有效地服从于、服务于党的基本路线提供安全保障，在隐蔽战线上充分发挥人民民主专政职能的作用。

1983年国家安全部成立后，即组织力量着手研究国家安全工作的立法问题。1987年成立起草小组，在大量调查研究、反复论证、修改的基础上，并吸收借鉴了外国有益的经验，草案经过反复修改，于1990年4月将征求意见稿发送中央有关部委征求意见。普遍认为制定这样一部法律很有必要，并提出了很好的修改意见和建议。我们先后曾多次向全国人大内务司法委员会、人大常委法制工作委员会的领导汇报了起草情况，得到了他们的指导和帮助。在此期间，还征求了法律界一些专家的意见。根据各方面的意见，先后经过15次比较大的修改，于1990年12月将这个法律的送审稿正式上报国务院。之后，国务院法制局将该法草案发各省、自治区、直辖市和国务院各有关部委、军队以及民主党派，广泛征求意见，并多次召开座谈会，听取有关部门和一些专家的意见，又经过了反复修改和各方面的协调。草案从我国实际情况出发，集中了各方面的意见和建议，总结了长期积累的经验，同时也吸收借鉴了外国一些好的做法。于1992年12月8日提交国务院常务会议审议通过。

现将草案的主要内容和问题说明如下：

**一、关于国家安全工作的基本原则**

草案规定，国家安全工作实行专门机关与人民群众相结合的原则。这是我国多年来国家安全工作的基本经验，也是我国国家安全工作的主要特色。在对外开放的形势下，国家安全工作面临的情况更复杂，涉及的方面更广泛，在加强专门机关的工作的同时，更要充分发动和依靠人民群众，建立起群众性的防线，只有切实做到专门机关与人民群众相结合，才能形成铜墙铁壁，有效地防范和制止危害国家安全的行为，贯彻这一原则，又需要国家安全机关和其他国家机关、武装力量、社会团体、企业、事业组织紧密配合，共同维护国家安全。

**二、关于危害国家安全的行为**

危害国家安全的行为，在广义上，还包括外部军事入侵、国内敌对分子和敌对势力制造动乱、叛乱等。这些问题可以通过制定其他专门法律加以解决。因此，草案规定本法的适用范围限于：（1）境外的机构、组织、人员实施或者指使、资助他人实施危害中华人民共和国国家安全的行为；（2）境内的组织、个人与境外的机构、组织、人员相勾结或者受其指使、资助、实施危害中华人民共和国国家安全的行为。

草案对上述两类主体危害中华人民共和国国家安全的行为，作了具体规定。

**三、关于国家安全机关在国家安全工作中的职权**

草案重申了全国人大常委会关于国家安全机关可以行使宪法和法律规定的公安机关的侦查、拘留、预审和执行逮捕的职权的决定。同时，针对危害国家安全的间谍人员常常采用各种秘密方法包括使用现代科学技术手段进行犯罪活动的特点，草案规定，国家安全机关因维护国家安全的需要，按照国家有关规定，履行法定程序，经过严格的批准手续，可以采取技术侦察措施。世界各国在国家安全工作中，无例外地都采用技术侦察措施。我国国家安全机关在采用技术侦察措施时历来实行严格的控制，而且要履行严格的审查批准手续，以防止使用不当。

草案根据实际情况和工作需要并参考、借鉴外国的一些做法，规定国家安全机关的工作人员执行国家安全工作任务时，可以行使优先乘坐公共交通工具和在紧急需要时调用或者优先租用机关、团体、企业、事业和个人的交通、通信工具等职权。对国家安全机关的工作人员赋予这些职权，既是国家安全工作的特殊需要，也是做好国家安全工作的必要保证。世界各国大都如此。

草案规定，国家安全机关工作人员依法执行职务受法律保护。由于维护国家安全的斗争十分尖锐、复杂，有时甚至是很激烈的，作出这一规定，有利于保障国家安全机关工作人员积极大胆地履行职责。

为了防止国家安全机关及其工作人员滥用职权，草案规定，国家安全机关及其工作人员在国家安全工作中，应当保护公民和境外人员的合法权益，严格依法办事，不得超越职权、滥用职权。并对国家安全机关的渎职行为规定了处罚。这样，法律既赋予了国家安全机关及其工作人员执行职务时的权力和依法执行职务时受法律保护，同时规定了对国家安全机关及其工作人员必要的法律制约和监督。

**四、关于机关、团体和其他组织以及公民维护国家安全的义务和权利**

为了切实落实国家安全工作实行专门机关与人民群众相结合的原则，发挥机关、团体和其他组织以及公民在维护国家安全方面的重要作用，草案根据宪法第五十四条的规定，对机关、团体和其他组织以及公民维护国家安全方面应尽的义务作了具体规定。作出这些规定，是十分必要的。世界许多国家都有类似规定，作为社会主义国家的机关、团体和其他组织以及公民，履行维护国家安全的义务，更是责无旁贷。同时，草案又具体规定了，公民维护国家安全、协助国家安全机关工作，受法律保护，并有权对国家安全机关及其工作人员实行监督。

**五、关于法律责任**

1. 草案原则规定，有危害国家安全的行为，构成犯罪的，依法追究刑事责任。

2. 根据同危害国家安全的间谍行为开展斗争的特殊需要，草案作了政策性规定，也可以说是刑法有关规定的具体化。

3. 根据惩治危害国家安全的犯罪行为的需要，结合国家安全工作的实际情况，草案补充了刑法规定的包庇罪和妨害公务罪的适用范围。将那些置国家安全于不顾，支持、纵容犯罪活动，造成严重后果的行为，以包庇罪或者妨害公务罪论处，是维护国家安全的需要，也是广大人民群众的共同要求。

4. 有些危害国家安全的行为，情节轻微，危害不大，尚不构成犯罪。为了使刑罚的范围适度，不把这些行为定为犯罪或者免于刑事处罚，是符合实际的。同时，又有必要对这些违法行为给予适当的行政处罚，否则就不能惩前毖后，制止这些行为的发生。

我的说明完了，请审议。

# 全国人大法律委员会关于《中华人民共和国国家安全法（草案）》审议结果的报告

——1993年2月15日在第七届全国人民代表大会常务委员会第三十次会议上

全国人大法律委员会副主任委员 项淳一

全国人民代表大会常务委员会：

七届全国人大常委会第二十九次会议对国家安全法（草案）进行了初步审议。法律委员会、法制工作委员会将草案印发各省、自治区、直辖市和中央有关部门，并邀请中央、北京市有关部门和专家座谈，征求意见。法律委员会于2月2日、10日召开会议，根据全国人大常委会委员和内务司法委员会的审议意见和地方、部门、专家的意见，对草案进行了审议。法律委员会认为，为了维护国家安全，保卫人民民主专政的政权和社会主义制度，保障改革开放和社会主义现代化建设的顺利进行，制定国家安全法是十分必要的。草案基本上是可行的。同时，提出以下修改意见：

一、有些委员和部门提出，公安机关也承担着一部分防范、制止境内组织、人员与境外机构、组织、人员相勾结实施的危害我国国家安全的行为的国家安全工作，在国家安全工作中，国家安全机关和公安机关应当按照国家规定的职权划分，各司其职，相互配合。因此，建议在草案第二条中增加一款规定："国家安全机关和公安机关按照国家规定的职权划分，各司其职，密切配合，共同维护国家安全。"同时，在附则中增加规定："公安机关依照本法第二条第二款的规定，执行国家安全工作任务时，适用本法有关规定。"

二、草案第七条第一项规定："参加间谍组织或者接受间谍组织及其代理人的任务，进行旨在颠覆政府，分裂国家，推翻社会主义制度的活动。"有的委员提出，危害国家安全的行为主要是境外敌对势力与境内敌对分子相勾结进行颠覆分裂活动，草案应将境外敌对势力或者境内敌对分子与境外敌对势力相勾结进行颠覆分裂活动的犯罪行为，专门作出规定。因此，建议将这一项修改为："（一）阴谋颠覆政府，分裂国家，推翻社会主义制度的；（二）参加间谍组织或者接受间谍组织及其代理人的任务的"。

草案第七条第四项规定："危害国家安全的其他行为"。有的委员和地方提出，这样规定界限不很明确，在执法中难以掌握。因此，建议将这一项修改为："进行危害国家安全的其他破坏活动的"。

三、草案第十一条第四项规定：国家安全机关的工作人员依法执行国家安全工作任务，可以"在紧急需要时，调用或者优先租用机关、团体、企业事业组织和个人的交通工具、通信工具、场地和建筑物，用后应当及时归还；造成损失的，应当赔偿"。有些委员和地方、部门提出，国家安全机关行使职权时，必须注意保护组织和个人的合法权益，不好无偿调用组织和个人的合法财产。因此，建议将这一项修改为："国家安全机关为维护国家安全的需要，必要时，按照国家有关规定，可以优先使用机关、团体、企业事业组织和个人的交通工具、通信工具、场地和建筑物，用后应当及时归还，并支付适当费用；造成损失的，应当赔偿。"

四、草案第十一条第七项规定：国家安全机关的工作人员依法执行国家安全工作任务时，可以"请求人民武装力量、公安机关、海关及其他部门协助执行紧急的或者其他需要配合的任务。"有些委员和地方、部门提出，人民武装力量、公安机关都具有维护国家安全的职责，国家安全机关如果请求人民武装力量、公安机关等部门协助，其程序应按照国家已有的有关规定办理，本法可以不作规定。因此，建议删去这一项。

五、国家安全部提出，根据国家有关规定，国家安全机关的人员为执行一些特殊任务需要出境入境时，国家安全机关可以提请海关、边防等检查机关对有关人员免检放行。因此，建议增加规定："国家安全机关因国家安全工作的需要，根据国家有关规定，可以提请海关、边防等检查机关对有关人员和资料、器材免检。有关检查机关应当予以协助。"

六、草案第二十四条规定："犯间谍罪自首的，从轻、减轻或者免除处罚；有重大立功表现的，给予奖励。"有的地方和部门提出，对犯间谍罪有立功表现的，也可以从轻、减轻或者免除处罚。因此，建议将这一条修改为："犯间谍罪自首或者有立功表现的，可以从轻、减轻或者免除处罚；有重大立功表现的，给予奖励。"

七、草案第二十五条规定："在境外受胁迫或者诱骗参加间谍组织或者从事其他危害中华人民共和国安全的活动，对国家安全尚未造成重大损失，及时向中华人民共和国驻外机构如实说明情况的，或者入境后及时向国家安全机关或者所在单位如实说明情况的，不予追究。"有些委员和部门提出，对在境外受胁迫或者诱骗参加敌对组织或从事危害中华人民共和国安全的活动的，只要向我驻外机构或回国后如实说明情况，都以不追究为好。因此，建议将这一条修改为："在境外受胁迫或者诱骗参加敌对组织或者从事其他危害中华人民共和国国家安全的活动，及时向中华人民共和国驻外机构如实说明情况的，或者入境后直接或者通过所在组织及时向国家安全机关或者公安机关如实说明情况的，不予追究。”

八、草案第二十六条规定：“有下列行为之一，情节严重，使国家安全工作遭受重大损失的，以包庇罪论处：（一）明知是间谍犯罪行为而不向国家安全机关或者所在单位报告的；（二）在国家安全机关调查间谍犯罪行为的有关情况、收集有关证据时，拒绝提供的。”有的地方和部门提出，对间谍行为知情不举的情况比较复杂，应根据不同情况，分别处理，构成犯罪的条件应限于拒绝提供有关情况的。因此，建议将这一条修改为：“明知他人有间谍犯罪行为，在国家安全机关向其调查有关情况、收集有关证据时，拒绝提供的。由其所在单位或者上级主管部门予以行政处分，或者由国家安全机关处十五日以下拘留；情节严重的，比照刑法第一百六十二条的规定处罚。”

九、草案第二十七条规定：“有下列行为之一，情节严重的，以妨害公务罪论处：（一）故意阻碍国家安全机关依法执行任务，以致贻误国家安全工作的；（二）编造、谎报有关危害国家安全的情况，干扰、破坏国家安全工作的。”有些委员提出，“编造”、“谎报”与“错报”的界限容易混淆，不易搞清楚，以不作规定为好。因此，建议删去草案第二十七条第二项，将本条修改为：“以暴力、威胁方法阻碍国家安全机关依法执行国家安全工作任务的，依照刑法第一百五十七条的规定处罚。”“故意阻碍国家安全机关依法执行国家安全工作任务，未使用暴力、威胁方法，造成严重后果的，比照刑法第一百五十七条的规定处罚；情节较轻的，由国家安全机关处十五日以下拘留。”

十、草案第二十九条规定：“有本法第七条、第二十六条、第二十七条、第二十八条所列行为之一或者违反本法第十七条、第十八条、第十九条的规定，情节轻微，尚不构成犯罪的，处以警告或十五日以下拘留，或者按照国家有关规定实行劳动教养。”有些委员和部门提出，行政处罚应当根据不同情况分别作出规定。因此，建议除修改稿第二十六条、第二十七条规定的行政处罚外，对其他条文中有关行政处罚的规定，修改为：（1）故意或者过失泄露有关国家安全工作的国家秘密的，处十五日以下拘留；构成犯罪的，依照刑法第一百八十六条的规定处罚。（2）“对非法持有属于国家秘密的文件、资料和其他物品的，以及非法持有、使用专用间谍器材的，国家安全机关可以依法对其人身、物品、住处和其他有关的地方进行搜查；对其非法持有的属于国家秘密的文件、资料和其他物品，以及非法持有、使用的专用间谍器材予以没收。”“非法持有属于国家秘密的文件、资料和其他物品，构成泄露国家秘密罪的，依照刑法第一百八十六条的规定处罚。”

此外，还对草案作了一些文字修改。

草案修改稿已按上述意见作了修改，法律委员会建议全国人大常委会审议通过。

草案修改稿和以上意见是否妥当，请审议。

# 关于国家安全法（草案修改稿）、修改商标法的决定（草案）、关于惩治假冒注册商标犯罪的补充规定（草案）、产品质量法（草案修改稿）修改意见的汇报（节录）

——1993年2月22日在第七届全国人民代表大会常务委员会第三十次会议上

全国人大法律委员会副主任委员 宋汝棼

本次会议于2月15日、16日、17日对国家安全法（草案修改稿）、修改商标法的决定（草案）、关于惩治假冒注册商标犯罪的补充规定（草案）、产品质量法（草案修改稿）分组进行了审议。委员们认为，这四个法律草案吸收了常委会委员和地方、部门、专家的意见，已经比较成熟，建议本次常委会通过。同时也提出了一些修改意见。法律委员会于2月18日召开会议，逐条研究了委员们的意见，建议作如下修改：

**一、关于国家安全法（草案修改稿）**

（一）草案修改稿第二条第二款规定："国家安全机关和公安机关按照国家规定的职权划分，各司其职，密切配合，共同维护国家安全。"有的委员提出，可以将本款规定中的"共同"两字删去。因此，建议将这一款修改为："国家安全机关和公安机关按照国家规定的职权划分，各司其职，密切配合，维护国家安全。"

（二）草案修改稿第十条规定："国家安全机关因侦察危害国家安全行为的需要，根据国家有关规定，按照法定程序，经过严格的批准手续，可以采取技术侦察措施。"有些委员提出，这一条中已经规定了"根据国家有关规定"，可以不再规定"按照法定程序"。因此，建议将这一条中的"按照法定程序"删去。

（三）草案修改稿第二十五条规定："在境外受胁迫或者诱骗参加敌对组织或者从事其他危害中华人民共和国国家安全的活动，及时向中华人民共和国驻外机构如实说明情况的，或者入境后直接或者通过所在组织及时向国家安全机关或者公安机关如实说明情况的，不予追究。"根据有的委员和部门的意见，建议将这一条修改为：在境外受胁迫或者受诱骗参加敌对组织，从事危害中华人民共和国国家安全的活动，及时向中华人民共和国驻外机构如实说明情况的，或者入境后直接通过所在组织及时向国家安全机关或者公安机关如实说明情况的，不予追究。

……

以上意见，请审议。

## 附录四

# 1993 年国家安全法、2014 年反间谍法、2023 年修订后的反间谍法对照表

（黑体部分为增加或修改的内容，阴影部分为删除的内容）

| 国家安全法（1993 年）① | 反间谍法（2014 年） | 反间谍法（2023 年） |
| --- | --- | --- |
| 目　录<br>第一章　总　　则<br>第二章　国家安全机关在国家安全工作中的职权<br>第三章　公民和组织维护国家安全的义务和权利<br>第四章　法律责任<br>第五章　附　　则 | 目　录<br>第一章　总　　则<br>第二章　国家安全机关在反间谍工作中的职权<br>第三章　公民和组织的义务和权利<br>第四章　法律责任<br>第五章　附　　则 | 目　录<br>第一章　总　　则<br>第二章　安全**防范**<br>第三章　**调查处置**<br>第四章　**保障与监督**<br>第五章　法律责任<br>**第六章**　附　　则 |
| 第一章　总　　则 | 第一章　总　　则 | 第一章　总　　则 |
| **第一条**　为了维护国家安全，保卫中华人民共和国人民民主专政的政权和社会主义制度，保障改革开放和社会主义现代化建设的顺利进行，根据宪法，制定本法。 | **第一条**　为了**防范、制止和惩治间谍行为**，维护国家安全，根据宪法，制定本法。 | **第一条**　为了**加强反间谍工作**，防范、制止和惩治间谍行为，维护国家安全，**保护人民利益**，根据宪法，制定本法。 |
|  | **第二条　反间谍工作坚持中央统一领导，坚持公开工作与秘密工作相结合、专门工作与群众路线相结合、积极防御、依法惩治的原则。** | **第二条**　反间谍工作坚持**党**中央**集中**统一领导，**坚持总体国家安全观**，坚持公开工作与秘密工作相结合、专门工作与群众路线相结合，**坚持**积极防御、依法惩治、**标本兼治，筑牢国家安全人民防线**。 |
|  | **第五条　反间谍工作应当依法进行，尊重和保障人权，保障公民和组织的合法权益。** | **第三条**　反间谍工作应当依法进行，尊重和保障人权，保障**个人**和组织的合法权益。 |

① 本对照表中收录的为 1993 年国家安全法。2009 年 8 月 27 日《关于修改部分法律的决定》将该法第二十六条、第二十七条、第三十二条中的“依照刑法第×条的规定”“比照刑法第×条的规定”修改为“依照刑法有关规定”。

续表

| 国家安全法（1993 年）① | 反间谍法（2014 年） | 反间谍法（2023 年） |
| --- | --- | --- |
| 第四条第二款　本法所称危害国家安全的行为，是指境外机构、组织、个人实施或者指使、资助他人实施的，或者境内组织、个人与境外机构、组织、个人相勾结实施的下列危害中华人民共和国国家安全的行为：<br>（一）阴谋颠覆政府，分裂国家，推翻社会主义制度的；<br>（二）参加间谍组织或者接受间谍组织及其代理人的任务的；<br>（三）窃取、刺探、收买、非法提供国家秘密的；<br>（四）策动、勾引、收买国家工作人员叛变的；<br>（五）进行危害国家安全的其他破坏活动的。 | 第三十八条　本法所称间谍行为，是指下列行为：<br>（一）间谍组织及其代理人实施或者指使、资助他人实施，或者境内外机构、组织、个人与其相勾结实施的危害中华人民共和国国家安全的活动；<br>（二）参加间谍组织或者接受间谍组织及其代理人的任务的；<br>（三）间谍组织及其代理人以外的其他境外机构、组织、个人实施或者指使、资助他人实施，或者境内机构、组织、个人与其相勾结实施的窃取、刺探、收买或者非法提供国家秘密或者情报，或者策动、引诱、收买国家工作人员叛变的活动；<br>（四）为敌人指示攻击目标的；<br>（五）进行其他间谍活动的。 | 第四条　本法所称间谍行为，是指下列行为：<br>（一）间谍组织及其代理人实施或者指使、资助他人实施，或者境内外机构、组织、个人与其相勾结实施的危害中华人民共和国国家安全的活动；<br>（二）参加间谍组织或者接受间谍组织及其代理人的任务，或者投靠间谍组织及其代理人；<br>（三）间谍组织及其代理人以外的其他境外机构、组织、个人实施或者指使、资助他人实施，或者境内机构、组织、个人与其相勾结实施的窃取、刺探、收买、非法提供国家秘密、情报以及其他关系国家安全和利益的文件、数据、资料、物品，或者策动、引诱、胁迫、收买国家工作人员叛变的活动；<br>（四）间谍组织及其代理人实施或者指使、资助他人实施，或者境内外机构、组织、个人与其相勾结实施针对国家机关、涉密单位或者关键信息基础设施等的网络攻击、侵入、干扰、控制、破坏等活动；<br>（五）为敌人指示攻击目标； |

续表

| 国家安全法（1993年）① | 反间谍法（2014年） | 反间谍法（2023年） |
| --- | --- | --- |
| | | （六）进行其他间谍活动。<br>**间谍组织及其代理人在中华人民共和国领域内，或者利用中华人民共和国的公民、组织或者其他条件，从事针对第三国的间谍活动，危害中华人民共和国国家安全的，适用本法。** |
| | | **第五条　国家建立反间谍工作协调机制，统筹协调反间谍工作中的重大事项，研究、解决反间谍工作中的重大问题。** |
| **第二条**　国家安全机关是本法规定的国家安全工作的主管机关。<br>国家安全机关和公安机关按照国家规定的职权划分，各司其职，密切配合，维护国家安全。 | **第三条**　国家安全机关是**反间谍**工作的主管机关。<br>公安、**保密行政管理等其他有关部门和军队有关部门**按照**职责分工**，密切配合，**加强协调，依法做好有关工作**。 | **第六条**　国家安全机关是反间谍工作的主管机关。<br>公安、保密等有关部门和军队有关部门按照职责分工，密切配合，加强协调，依法做好有关工作。 |
| **第三条**　中华人民共和国公民有维护国家的安全、荣誉和利益的义务，不得有危害国家的安全、荣誉和利益的行为。<br>一切国家机关和武装力量、各政党和各社会团体及各企业事业组织，都有维护国家安全的义务。<br>国家安全机关在国家安全工作中必须依靠人民的支持，动员、组织人民防范、制止危害国家安全的行为。 | **第四条**　中华人民共和国公民有维护国家的安全、荣誉和利益的义务，不得有危害国家的安全、荣誉和利益的行为。<br>一切国家机关和武装力量、各政党和各社会团体及各企业事业组织，都有**防范、制止间谍行为，**维护国家安全的义务。<br>国家安全机关在**反间谍**工作中必须依靠人民的支持，动员、组织人民防范、制止危害国家安全的**间谍**行为。 | **第七条**　中华人民共和国公民有维护国家的安全、荣誉和利益的义务，不得有危害国家的安全、荣誉和利益的行为。<br>一切国家机关和武装力量、各政党和各**人民**团体、企业事业组织**和其他社会组织**，都有防范、制止间谍行为，维护国家安全的义务。<br>国家安全机关在反间谍工作中必须依靠人民的支持，动员、组织人民防范、制止间谍行为。 |

续表

| 国家安全法（1993 年）① | 反间谍法（2014 年） | 反间谍法（2023 年） |
| --- | --- | --- |
| **第十六条** 公民和组织应当为国家安全工作提供便利条件或者其他协助。<br>**第十九条** 任何公民和组织都应当保守所知悉的国家安全工作的国家秘密。 | **第二十条第一款** 公民和组织应当**为反间谍**工作**提供便利或者其他**协助。<br>**第二十三条** 任何公民和组织都应当保守所知悉的**有关反间谍工作的**国家秘密。 | **第八条** **任何**公民和组织**都**应当**依法支持、**协助反间谍工作，保守所知悉的国家秘密**和反间谍工作秘密**。 |
| **第五条** 国家对支持、协助国家安全工作的组织和个人给予保护，对维护国家安全有重大贡献的给予奖励。 | **第七条** 国家对支持、协助**反间谍**工作的组织和个人给予保护，对有重大贡献的给予奖励。 | **第九条** 国家对支持、协助反间谍工作的个人**和组织**给予保护。<br>对**举报间谍行为或者在反间谍工作中做出**重大贡献的**个人和组织，按照国家有关规定**给予**表彰和**奖励。 |
| **第四条第一款** 任何组织和个人进行危害中华人民共和国国家安全的行为都必须受到法律追究。 | **第六条** **境外机构**、组织、个人**实施或者指使、资助他人实施的，或者境内机构、组织、个人与境外机构、组织、个人相勾结实施的**危害中华人民共和国国家安全的**间谍**行为，**都**必须受到法律追究。 | **第十条** 境外机构、组织、个人实施或者指使、资助他人实施的，或者境内机构、组织、个人与境外机构、组织、个人相勾结实施的危害中华人民共和国国家安全的间谍行为，都必须受到法律追究。 |
| **第十三条** 国家安全机关及其工作人员在国家安全工作中，应当严格依法办事，不得超越职权、滥用职权，不得侵犯组织和个人的合法权益。 | **第十七条** 国家安全机关及其工作人员在工作中，应当严格依法办事，不得超越职权、滥用职权，不得侵犯组织和个人的合法权益。<br>**国家安全机关及其工作人员依法履行反间谍工作职责获取的组织和个人的信息、材料，只能用于反间谍工作。对属于国家秘密、商业秘密和个人隐私的，应当保密。** | **第十一条** 国家安全机关及其工作人员在工作中，应当严格依法办事，不得超越职权、滥用职权，不得侵犯个人**和组织**的合法权益。<br>国家安全机关及其工作人员依法履行反间谍工作职责获取的个人**和组织**的信息，只能用于反间谍工作。对属于国家秘密、**工作秘密**、商业秘密和个人隐私、**个人信息**的，应当保密。 |

续表

| 国家安全法（1993年）① | 反间谍法（2014年） | 反间谍法（2023年） |
| --- | --- | --- |
| 第二章　国家安全机关在国家安全工作中的职权 | 第二章　国家安全机关在反间谍工作中的职权 | 第二章　安全防范 |
| **第十五条**　机关、团体和其他组织应当对本单位的人员进行维护国家安全的教育，动员、组织本单位的人员防范、制止危害国家安全的行为。 | **第十九条**　机关、团体和其他组织应当对本单位的人员进行维护国家安全的教育，动员、组织本单位的人员防范、制止间谍行为。 | **第十二条**　国家机关、人民团体、企业事业组织和其他社会组织承担本单位反间谍安全防范工作的主体责任，落实反间谍安全防范措施，对本单位的人员进行维护国家安全的教育，动员、组织本单位的人员防范、制止间谍行为。<br>地方各级人民政府、相关行业主管部门按照职责分工，管理本行政区域、本行业有关反间谍安全防范工作。<br>国家安全机关依法协调指导、监督检查反间谍安全防范工作。 |
|  |  | **第十三条**　各级人民政府和有关部门应当组织开展反间谍安全防范宣传教育，将反间谍安全防范知识纳入教育、培训、普法宣传内容，增强全民反间谍安全防范意识和国家安全素养。<br>新闻、广播、电视、文化、互联网信息服务等单位，应当面向社会有针对性地开展反间谍宣传教育。<br>国家安全机关应当根据反间谍安全防范形势，指导有关单位开展反间谍宣传教育活动，提高防范意识和能力。 |

续表

| 国家安全法（1993 年）① | 反间谍法（2014 年） | 反间谍法（2023 年） |
| --- | --- | --- |
| **第二十条** 任何个人和组织都不得非法持有属于国家秘密的文件、资料和其他物品。 | **第二十四条** 任何个人和组织都不得非法持有属于国家秘密的文件、资料**和其**他物品。 | **第十四条** 任何个人和组织都不得非法**获取**、持有属于国家秘密的文件、**数据**、资料、物品。 |
| **第二十一条** 任何个人和组织都不得非法持有、使用**窃听、窃照等**专用间谍器材。 | **第二十五条** 任何个人和组织都不得非法持有、使用**间谍活动特殊需要的**专用间谍器材。**专用间谍器材由国务院国家安全主管部门依照国家有关规定确认。** | **第十五条** 任何个人和组织都不得非法**生产、销售**、持有、使用间谍活动特殊需要的专用间谍器材。专用间谍器材由国务院国家安全主管部门依照国家有关规定确认。 |
| **第十七条** 公民发现**危害国家安全的**行为，应当**直接或者通过所在组织**及时向国家安全机关**或者**公安机关报告。 | **第二十一条** 公民**和组织**发现**间谍**行为，应当及时向国家安全机关**报告；向**公安机关**等其他国家机关、组织报告的，相关国家机关、组织应当立即移送国家安全机关处理。** | **第十六条** **任何**公民和组织发现间谍行为，应当及时向国家安全机关**举报**；向公安机关等其他国家机关、组织**举报**的，相关国家机关、组织应当立即移送国家安全机关处理。<br>**国家安全机关应当将受理举报的电话、信箱、网络平台等向社会公开，依法及时处理举报信息，并为举报人保密。** |
|  |  | **第十七条** **国家建立反间谍安全防范重点单位管理制度。**<br>**反间谍安全防范重点单位应当建立反间谍安全防范工作制度，履行反间谍安全防范工作要求，明确内设职能部门和人员承担反间谍安全防范职责。** |

续表

| 国家安全法（1993 年）① | 反间谍法（2014 年） | 反间谍法（2023 年） |
|---|---|---|
| | | 第十八条　反间谍安全防范重点单位应当加强对工作人员反间谍安全防范的教育和管理，对离岗离职人员脱密期内履行反间谍安全防范义务的情况进行监督检查。 |
| | | 第十九条　反间谍安全防范重点单位应当加强对涉密事项、场所、载体等的日常安全防范管理，采取隔离加固、封闭管理、设置警戒等反间谍物理防范措施。 |
| | | 第二十条　反间谍安全防范重点单位应当按照反间谍技术防范的要求和标准，采取相应的技术措施和其他必要措施，加强对要害部门部位、网络设施、信息系统的反间谍技术防范。 |
| | | 第二十一条　在重要国家机关、国防军工单位和其他重要涉密单位以及重要军事设施的周边安全控制区域内新建、改建、扩建建设项目的，由国家安全机关实施涉及国家安全事项的建设项目许可。<br>县级以上地方各级人民政府编制国民经济和社会发展规划、国土空间规划等有关规划，应当充分考虑国家安全因素和划定的安全控制区域，征求国家安全机关的意见。 |

续表

| 国家安全法（1993 年）① | 反间谍法（2014 年） | 反间谍法（2023 年） |
|---|---|---|
| | | 安全控制区域的划定应当统筹发展和安全，坚持科学合理、确有必要的原则，由国家安全机关会同发展改革、自然资源、住房城乡建设、保密、国防科技工业等部门以及军队有关部门共同划定，报省、自治区、直辖市人民政府批准并动态调整。<br>涉及国家安全事项的建设项目许可的具体实施办法，由国务院国家安全主管部门会同有关部门制定。 |
| | **第十六条**　国家安全机关根据反间谍工作需要，可以会同有关部门制定反间谍技术防范标准，指导有关部门落实反间谍技术防范措施，对存在隐患的部门，经过严格的批准手续，可以进行反间谍技术防范检查和检测。 | **第二十二条**　国家安全机关根据反间谍工作需要，可以会同有关部门制定反间谍技术防范标准，指导有关**单位**落实反间谍技术防范措施，对存在隐患的**单位**，经过严格的批准手续，可以进行反间谍技术防范检查和检测。 |
| 第三章　公民和组织维护国家安全的义务和权利 | 第三章　公民和组织的义务和权利 | 第三章　**调查处置** |
| **第六条**　国家安全机关在国家安全工作中依法行使侦查、拘留、预审和执行逮捕以及法律规定的其他职权。 | **第八条**　国家安全机关在**反间谍**工作中依法行使侦查、拘留、预审和执行逮捕以及法律规定的其他职权。 | **第二十三条**　国家安全机关在反间谍工作中依法行使**本法和有关**法律规定的职权。 |
| **第七条**　国家安全机关的工作人员依法执行国家安全工作任务时，经出示相应证件，有权查验中国公民或者境外人员的身份证明；向有关组织和人员调查、询问有关情况。 | **第九条**　国家安全机关的工作人员依法执行任务时，**依照规定**出示相应证件，有权查验中国公民或者境外人员的身份证明，向有关组织和人员调查、询问有关情况。 | **第二十四条**　国家安全机关工作人员依法执行**反间谍工作**任务时，依照规定出示**工作**证件，**可以**查验中国公民或者境外人员的身份证明，向有关**个人和组织问询**有关情况，**对身份不明、有** |

续表

| 国家安全法（1993年）① | 反间谍法（2014年） | 反间谍法（2023年） |
| --- | --- | --- |
| | | 间谍行为嫌疑的人员，可以查看其随带物品。 |
| 第十一条　国家安全机关为维护国家安全的需要，可以查验组织和个人的电子通信工具、器材等设备、设施。 | 第十三条　国家安全机关因反间谍工作需要，可以依照规定查验有关组织和个人的电子通信工具、器材等设备、设施。查验中发现存在危害国家安全情形的，国家安全机关应当责令其整改；拒绝整改或者整改后仍不符合要求的，可以予以查封、扣押。<br>对依照前款规定查封、扣押的设备、设施，在危害国家安全的情形消除后，国家安全机关应当及时解除查封、扣押。 | 第二十五条　国家安全机关工作人员依法执行反间谍工作任务时，经设区的市级以上国家安全机关负责人批准，出示工作证件，可以查验有关个人和组织的电子设备、设施及有关程序、工具。查验中发现存在危害国家安全情形的，国家安全机关应当责令其采取措施立即整改。拒绝整改或者整改后仍存在危害国家安全隐患的，可以予以查封、扣押。<br>对依照前款规定查封、扣押的电子设备、设施及有关程序、工具，在危害国家安全的情形消除后，国家安全机关应当及时解除查封、扣押。 |
| 第八条　国家安全机关的工作人员依法执行国家安全工作任务时，经出示相应证件，可以进入有关场所；根据国家有关规定，经过批准，出示相应证件，可以进入限制进入的有关地区、场所、单位；查看或者调阅有关的档案、资料、物品。 | 第十条　国家安全机关的工作人员依法执行任务时，依照规定出示相应证件，可以进入有关场所、单位；根据国家有关规定，经过批准，出示相应证件，可以进入限制进入的有关地区、场所、单位，查阅或者调取有关的档案、资料、物品。 | 第二十六条　国家安全机关工作人员依法执行反间谍工作任务时，根据国家有关规定，经设区的市级以上国家安全机关负责人批准，可以查阅、调取有关的文件、数据、资料、物品，有关个人和组织应当予以配合。查阅、调取不得超出执行反间谍工作任务所需的范围和限度。 |

续表

| 国家安全法（1993 年）① | 反间谍法（2014 年） | 反间谍法（2023 年） |
| --- | --- | --- |
| | | 第二十七条 需要传唤违反本法的人员接受调查的，经国家安全机关办案部门负责人批准，使用传唤证传唤。对现场发现的违反本法的人员，国家安全机关工作人员依照规定出示工作证件，可以口头传唤，但应当在询问笔录中注明。传唤的原因和依据应当告知被传唤人。对无正当理由拒不接受传唤或者逃避传唤的人，可以强制传唤。<br>国家安全机关应当在被传唤人所在市、县内的指定地点或者其住所进行询问。<br>国家安全机关对被传唤人应当及时询问查证。询问查证的时间不得超过八小时；情况复杂，可能适用行政拘留或者涉嫌犯罪的，询问查证的时间不得超过二十四小时。国家安全机关应当为被传唤人提供必要的饮食和休息时间。严禁连续传唤。<br>除无法通知或者可能妨碍调查的情形以外，国家安全机关应当及时将传唤的原因通知被传唤人家属。在上述情形消失后，应当立即通知被传唤人家属。 |

续表

| 国家安全法（1993年）① | 反间谍法（2014年） | 反间谍法（2023年） |
| --- | --- | --- |
| **第二十九条**　对非法持有属于国家秘密的文件、资料和其他物品的，以及非法持有、使用专用间谍器材的，国家安全机关可以依法对其人身、物品、住处和其他有关的地方进行搜查；对其非法持有的属于国家秘密的文件、资料和其他物品，以及非法持有、使用的专用间谍器材予以没收。<br>非法持有属于国家秘密的文件、资料和其他物品，构成泄露国家秘密罪的，依法追究刑事责任。 | **第三十二条**　对非法持有属于国家秘密的文件、资料和其他物品的，以及非法持有、使用专用间谍器材的，国家安全机关可以依法对其人身、物品、住处和其他有关的地方进行搜查；对其非法持有的属于国家秘密的文件、资料和其他物品，以及非法持有、使用的专用间谍器材予以没收。非法持有属于国家秘密的文件、资料和其他物品，构成犯罪的，依法追究刑事责任；**尚不构成犯罪的，由国家安全机关予以警告或者处十五日以下行政拘留**。 | **第二十八条**　国家安全机关**调查间谍行为，经设区的市级以上国家安全机关负责人批准，**可以依法对**涉嫌间谍行为的**人身、物品、**场所**进行**检**查。<br>**检查女性身体的，应当由女性工作人员进行。** |
| | | **第二十九条　国家安全机关调查间谍行为，经设区的市级以上国家安全机关负责人批准，可以查询涉嫌间谍行为人员的相关财产信息。** |
| | **第十五条　国家安全机关对用于间谍行为的工具和其他财物，以及用于资助间谍行为的资金、场所、物资，经设区的市级以上国家安全机关负责人批准，可以依法查封、扣押、冻结。** | **第三十条**　国家安全机关**调查间谍行为，**经设区的市级以上国家安全机关负责人批准，可以对**涉嫌**用于间谍行为的场所、**设施或者**财物依法查封、扣押、冻结；**不得查封、扣押、冻结与被调查的间谍行为无关的场所、设施或者财物。** |

续表

| 国家安全法（1993年）① | 反间谍法（2014年） | 反间谍法（2023年） |
| --- | --- | --- |
| | | 第三十一条　国家安全机关工作人员在反间谍工作中采取查阅、调取、传唤、检查、查询、查封、扣押、冻结等措施，应当由二人以上进行，依照有关规定出示工作证件及相关法律文书，并由相关人员在有关笔录等书面材料上签名、盖章。<br>国家安全机关工作人员进行检查、查封、扣押等重要取证工作，应当对全过程进行录音录像，留存备查。 |
| 第十八条　在国家安全机关调查了解有关危害国家安全的情况、收集有关证据时，公民和有关组织应当如实提供，不得拒绝。 | 第二十二条　在国家安全机关调查了解有关间谍行为的情况、收集有关证据时，有关组织和个人应当如实提供，不得拒绝。 | 第三十二条　在国家安全机关调查了解有关间谍行为的情况、收集有关证据时，有关个人和组织应当如实提供，不得拒绝。 |
| | | 第三十三条　对出境后可能对国家安全造成危害，或者对国家利益造成重大损失的中国公民，国务院国家安全主管部门可以决定其在一定期限内不准出境，并通知移民管理机构。<br>对涉嫌间谍行为人员，省级以上国家安全机关可以通知移民管理机构不准其出境。 |
| | | 第三十四条　对入境后可能进行危害中华人民共和国国家安全活动的境外人员，国务院国家安全主管部门可以通知移民管理机构不准其入境。 |

续表

| 国家安全法（1993年）① | 反间谍法（2014年） | 反间谍法（2023年） |
|---|---|---|
| | | 第三十五条　对国家安全机关通知不准出境或者不准入境的人员，移民管理机构应当按照国家有关规定执行；不准出境、入境情形消失的，国家安全机关应当及时撤销不准出境、入境决定，并通知移民管理机构。 |
| | | 第三十六条　国家安全机关发现涉及间谍行为的网络信息内容或者网络攻击等风险，应当依照《中华人民共和国网络安全法》规定的职责分工，及时通报有关部门，由其依法处置或者责令电信业务经营者、互联网服务提供者及时采取修复漏洞、加固网络防护、停止传输、消除程序和内容、暂停相关服务、下架相关应用、关闭相关网站等措施，保存相关记录。情况紧急，不立即采取措施将对国家安全造成严重危害的，由国家安全机关责令有关单位修复漏洞、停止相关传输、暂停相关服务，并通报有关部门。<br>经采取相关措施，上述信息内容或者风险已经消除的，国家安全机关和有关部门应当及时作出恢复相关传输和服务的决定。 |

续表

| 国家安全法（1993年）① | 反间谍法（2014年） | 反间谍法（2023年） |
|---|---|---|
| **第十条**　国家安全机关因侦察**危害国家安全**行为的需要，根据国家有关规定，经过严格的批准手续，可以采取技术侦察措施。 | **第十二条**　国家安全机关因**侦察间谍行为的**需要，根据国家有关规定，经过严格的批准手续，可以采取技术侦察措施。 | **第三十七条**　国家安全机关因**反间谍工作**需要，根据国家有关规定，经过严格的批准手续，可以采取技术侦察措施**和身份保护措施**。 |
| | | **第三十八条　对违反本法规定，涉嫌犯罪，需要对有关事项是否属于国家秘密或者情报进行鉴定以及需要对危害后果进行评估的，由国家保密部门或者省、自治区、直辖市保密部门按照程序在一定期限内进行鉴定和组织评估。** |
| | | **第三十九条　国家安全机关经调查，发现间谍行为涉嫌犯罪的，应当依照《中华人民共和国刑事诉讼法》的规定立案侦查。** |
| | | **第四章　保障与监督** |
| **第十四条**　国家安全机关工作人员依法执行职务受法律保护。 | **第十八条**　国家安全机关工作人员依法**执行职务**受法律保护。 | **第四十条**　国家安全机关工作人员依法**履行职责，**受法律保护。 |
| | | **第四十一条　国家安全机关依法调查间谍行为，邮政、快递等物流运营单位和电信业务经营者、互联网服务提供者应当提供必要的支持和协助。** |
| **第九条第一款**　国家安全机关的工作人员在依法执行紧急任务的情况下，经出示相应证件，可以优先乘坐公共交通工具，遇交通阻碍时，优先通行。 | **第十一条第一款**　国家安全机关**的**工作人员**在依法**执行紧急任务**的情况下**，经出示**相应**证件，**可以**优先乘坐公共交通工具，**遇交通阻碍时**，优先通行。 | **第四十二条**　国家安全机关工作人员**因**执行紧急任务**需要**，经出示**工作**证件，**享有**优先乘坐公共交通工具、优先通行**等通行便利**。 |

续表

| 国家安全法（1993年）① | 反间谍法（2014年） | 反间谍法（2023年） |
|---|---|---|
| **第八条** 国家安全机关的工作人员依法执行国家安全工作任务时，经出示相应证件，可以进入有关场所；根据国家有关规定，经过批准，出示相应证件，可以进入限制进入的有关地区、场所、单位；查看或者调阅有关的档案、资料、物品。 | **第十条** 国家安全机关的工作人员依法执行任务时，**依照规定**出示相应证件，可以进入有关场所、**单位**；根据国家有关规定，经过批准，出示相应证件，可以进入限制进入的有关地区、场所、单位**，查阅**或者**调取**有关的档案、资料、物品。 | **第四十三条** 国家安全机关工作人员依法执行任务时，依照规定出示**工作**证件，可以进入有关场所、单位；根据国家有关规定，经过批准，出示**工作**证件，可以进入限制进入的有关地区、场所、单位。 |
| **第九条第二款** 国家安全机关为维护国家安全的需要，必要时，按照国家有关规定，可以优先使用机关、团体、企业事业组织和个人的交通工具、通信工具、场地和建筑物，用后应当及时归还，并支付适当费用；造成损失的，应当赔偿。 | **第十一条第二款** 国家安全机关**因反间谍工作**需要，按照国家有关规定，可以优先使用**或者依法征用**机关、团体、企业事业组织和个人的交通工具、通信工具、场地和建筑物，**必要时，可以设置相关工作场所和设备、设施，任务完成后应当及时归还或者恢复原状**，并**依照规定**支付**相应**费用；造成损失的，应当**补偿**。 | **第四十四条** 国家安全机关因反间谍工作需要，**根据**国家有关规定，可以优先使用或者依法征用**国家**机关、**人民**团体、企业事业组织和**其他社会组织以及**个人的交通工具、通信工具、场地和建筑物**等**，必要时可以设置相关工作场所和**设施设备**，任务完成后应当及时归还或者恢复原状，并依照规定支付相应费用；造成损失的，应当**给予**补偿。 |
| **第十二条** 国家安全机关因国家安全工作的需要，根据国家有关规定，可以提请海关、边防等检查机关对有关人员和资料、器材免检。有关检查机关应当予以协助。 | **第十四条** 国家安全机关因**反间谍**工作需要，根据国家有关规定，可以提请海关、边防等检查机关对有关人员和资料、器材免检。有关检查机关应当予以协助。 | **第四十五条** 国家安全机关因反间谍工作需要，根据国家有关规定，可以提请海关、**移民管理**等检查机关对有关人员**提供通关便利，对有关**资料、器材**等予以**免检。有关检查机关应当**依法**予以协助。 |

续表

| 国家安全法（1993 年）① | 反间谍法（2014 年） | 反间谍法（2023 年） |
| --- | --- | --- |
| 第十六条　公民和组织应当为国家安全工作提供便利条件或者其他协助。 | 第二十条　公民和组织应当为反间谍工作提供便利或者其他协助。<br>因协助反间谍工作，本人或者其近亲属的人身安全面临危险的，可以向国家安全机关请求予以保护。国家安全机关应当会同有关部门依法采取保护措施。 | 第四十六条　国家安全机关工作人员因执行任务，或者个人因协助执行反间谍工作任务，本人或者其近亲属的人身安全受到威胁时，国家安全机关应当会同有关部门依法采取必要措施，予以保护、营救。<br>个人因支持、协助反间谍工作，本人或者其近亲属的人身安全面临危险的，可以向国家安全机关请求予以保护。国家安全机关应当会同有关部门依法采取保护措施。<br>个人和组织因支持、协助反间谍工作导致财产损失的，根据国家有关规定给予补偿。 |
|  |  | 第四十七条　对为反间谍工作做出贡献并需要安置的人员，国家给予妥善安置。<br>公安、民政、财政、卫生健康、教育、人力资源和社会保障、退役军人事务、医疗保障、移民管理等有关部门以及国有企业事业单位应当协助国家安全机关做好安置工作。 |
|  |  | 第四十八条　对因开展反间谍工作或者支持、协助反间谍工作导致伤残或者牺牲、死亡的人员，根据国家有关规定给予相应的抚恤优待。 |

续表

| 国家安全法（1993年）① | 反间谍法（2014年） | 反间谍法（2023年） |
| --- | --- | --- |
| | | **第四十九条　国家鼓励反间谍领域科技创新，发挥科技在反间谍工作中的作用。** |
| | | **第五十条　国家安全机关应当加强反间谍专业力量人才队伍建设和专业训练，提升反间谍工作能力。**<br>**对国家安全机关工作人员应当有计划地进行政治、理论和业务培训。培训应当坚持理论联系实际、按需施教、讲求实效，提高专业能力。** |
| | | **第五十一条　国家安全机关应当严格执行内部监督和安全审查制度，对其工作人员遵守法律和纪律等情况进行监督，并依法采取必要措施，定期或者不定期进行安全审查。** |
| **第二十二条**　任何公民和组织对国家安全机关及其工作人员超越职权、滥用职权和其他违法行为，都有权向上级国家安全机关或者有关部门检举、控告。上级国家安全机关或者有关部门应当及时查清事实，负责处理。<br>对协助国家安全机关工作或者依法检举、控告的公民和组织，任何人不得压制和打击报复。 | **第二十六条**　任何**个人**和组织对国家安全机关及其工作人员超越职权、滥用职权和其他违法行为，都有权向上级国家安全机关或者有关部门检举、控告。**受理检举、控告的**国家安全机关或者有关部门应当及时查清事实，负责处理，**并将处理结果及时告知检举人、控告人。**<br>对协助国家安全机关工作或者依法检举、控告的**个人**和组织，任何**个人和组织**不得压制和打击报复。 | **第五十二条**　任何个人和组织对国家安全机关及其工作人员超越职权、滥用职权和其他违法行为，都有权向上级国家安全机关或者**监察机关、人民检察院等**有关部门检举、控告。受理检举、控告的国家安全机关或者**监察机关、人民检察院等**有关部门应当及时查清事实，**依法**处理，并将处理结果及时告知检举人、控告人。 |

续表

| 国家安全法（1993年）① | 反间谍法（2014年） | 反间谍法（2023年） |
| --- | --- | --- |
| | | 对支持、协助国家安全机关工作或者依法检举、控告的个人和组织，任何个人和组织不得压制和打击报复。 |
| 第四章 法律责任 | 第四章 法律责任 | 第五章 法律责任 |
| **第二十三条** 境外机构、组织、个人实施或者指使、资助他人实施，或者境内组织、个人与境外机构、组织、个人相勾结实施**危害中华人民共和国国家安全的**行为，构成犯罪的，依法追究刑事责任。 | **第二十七条第一款** 境外机构、组织、个人实施或者指使、资助他人实施，或者境内机构、组织、个人与境外机构、组织、个人相勾结实施**间谍**行为，构成犯罪的，依法追究刑事责任。 | **第五十三条** 实施间谍行为，构成犯罪的，依法追究刑事责任。 |
| | | **第五十四条 个人实施间谍行为，尚不构成犯罪的，由国家安全机关予以警告或者处十五日以下行政拘留，单处或者并处五万元以下罚款，违法所得在五万元以上的，单处或者并处违法所得一倍以上五倍以下罚款，并可以由有关部门依法予以处分。**<br>**明知他人实施间谍行为，为其提供信息、资金、物资、劳务、技术、场所等支持、协助，或者窝藏、包庇，尚不构成犯罪的，依照前款的规定处罚。** |

续表

| 国家安全法（1993 年）① | 反间谍法（2014 年） | 反间谍法（2023 年） |
| --- | --- | --- |
| | | **单位有前两款行为的，由国家安全机关予以警告，单处或者并处五十万元以下罚款，违法所得在五十万元以上的，单处或者并处违法所得一倍以上五倍以下罚款，并对直接负责的主管人员和其他直接责任人员，依照第一款的规定处罚。**<br>**国家安全机关根据相关单位、人员违法情节和后果，可以建议有关主管部门依法责令停止从事相关业务、提供相关服务或者责令停产停业、吊销有关证照、撤销登记。有关主管部门应当将作出行政处理的情况及时反馈国家安全机关。** |
| **第二十四条** 犯间谍罪自首或者有立功表现的，可以从轻、减轻或者免除处罚；有重大立功表现的，给予奖励。<br>**第二十五条** 在境外受胁迫或者受诱骗参加敌对组织，从事危害中华人民共和国国家安全的活动，及时向中华人民共和国驻外机构如实说明情况的，或者入境后直接或者通过所在组织及时向国家安全机关或者公安机关如实说明情况的，不予追究。 | **第二十七条第二款** 实施间谍行为，有自首或者立功表现的，可以从轻、减轻或者免除处罚；有重大立功表现的，给予奖励。<br>**第二十八条** 在境外受胁迫或者受诱骗参加**敌对组织、间谍组织**，从事危害中华人民共和国国家安全的活动，及时向中华人民共和国驻外机构如实说明情况，或者入境后直接或者通过所在**单位**及时向国家安全机关、公安机关如实说明情况，并有悔改表现的，**可以**不予追究。 | **第五十五条** 实施间谍行为，有自首或者立功表现的，可以从轻、减轻或者免除处罚；有重大立功表现的，给予奖励。<br>在境外受胁迫或者受诱骗参加间谍组织、**敌对组织**，从事危害中华人民共和国国家安全的活动，及时向中华人民共和国驻外机构如实说明情况，或者入境后直接或者通过所在单位及时向国家安全机关如实说明情况，并有悔改表现的，可以不予追究。 |

续表

| 国家安全法（1993年）① | 反间谍法（2014年） | 反间谍法（2023年） |
| --- | --- | --- |
| | | 第五十六条 国家机关、人民团体、企业事业组织和其他社会组织未按照本法规定履行反间谍安全防范义务的，国家安全机关可以责令改正；未按照要求改正的，国家安全机关可以约谈相关负责人，必要时可以将约谈情况通报该单位上级主管部门；产生危害后果或者不良影响的，国家安全机关可以予以警告、通报批评；情节严重的，对负有责任的领导人员和直接责任人员，由有关部门依法予以处分。 |
| | | 第五十七条 违反本法第二十一条规定新建、改建、扩建建设项目的，由国家安全机关责令改正，予以警告；拒不改正或者情节严重的，责令停止建设或者使用、暂扣或者吊销许可证件，或者建议有关主管部门依法予以处理。 |
| | | 第五十八条 违反本法第四十一条规定的，由国家安全机关责令改正，予以警告或者通报批评；拒不改正或者情节严重的，由有关主管部门依照相关法律法规予以处罚。 |
| | | 第五十九条 违反本法规定，拒不配合数据调取的，由国家安全机关依照《中华人民共和国数据安全法》的有关规定予以处罚。 |

续表

| 国家安全法（1993年）① | 反间谍法（2014年） | 反间谍法（2023年） |
|---|---|---|
| **第二十八条** 故意或者过失泄露有关国家安全工作的国家秘密的，由国家安全机关处十五日以下拘留；构成犯罪的，依法追究刑事责任。<br>**第二十六条** 明知他人有间谍犯罪行为，在国家安全机关向其调查有关情况、收集有关证据时，拒绝提供的，由其所在单位或者上级主管部门予以行政处分，或者由国家安全机关处十五日以下拘留；情节严重的，比照刑法第一百六十二条的规定处罚。<br>**第二十七条** 以暴力、威胁方法阻碍国家安全机关依法执行国家安全工作任务的，依照刑法第一百五十七条的规定处罚。<br>故意阻碍国家安全机关依法执行国家安全工作任务，未使用暴力、威胁方法，造成严重后果的，比照刑法第一百五十七条的规定处罚；情节较轻的，由国家安全机关处十五日以下拘留。 | **第三十一条** 泄露有关**反间谍**工作的国家秘密的，由国家安全机关处十五日以下**行政拘留**；构成犯罪的，依法追究刑事责任。<br>**第二十九条** 明知他人有间谍犯罪行为，在国家安全机关向其调查有关情况、收集有关证据时，拒绝提供的，由其所在单位或者上级主管部门予以处分，或者由国家安全机关处十五日以下**行政拘留**；**构成犯罪的，依法追究刑事责任**。<br>**第三十条** 以暴力、威胁方法阻碍国家安全机关依法执行任务的，**依法追究刑事责任**。<br>故意阻碍国家安全机关依法执行任务，未使用暴力、威胁方法，造成严重后果的，**依法追究刑事责任**；情节较轻的，由国家安全机关处十五日以下**行政拘留**。<br>**第三十三条** **隐藏、转移、变卖、损毁国家安全机关依法查封、扣押、冻结的财物的，或者**明知是间谍活动的涉案财物而窝藏、转移、收购、代为销售或者以其他方法掩饰、隐瞒的，**由国家安全机关追回。构成犯罪的，依法追究刑事责任。** | **第六十条 违反本法规定，有下列行为之一，构成犯罪的，依法追究刑事责任；尚不构成犯罪的，由国家安全机关予以警告或者处十日以下行政拘留，可以并处三万元以下罚款：**<br>（一）泄露有关反间谍工作的国家秘密；<br>（二）明知他人有间谍犯罪行为，在国家安全机关向其调查有关情况、收集有关证据时，拒绝提供；<br>（三）故意阻碍国家安全机关依法执行任务；<br>（四）隐藏、转移、变卖、损毁国家安全机关依法查封、扣押、冻结的财物；<br>（五）明知是间谍行为的涉案财物而窝藏、转移、收购、代为销售或者以其他方法掩饰、隐瞒；<br>**（六）对依法支持、协助国家安全机关工作的个人和组织进行打击报复。** |

续表

| 国家安全法（1993 年）① | 反间谍法（2014 年） | 反间谍法（2023 年） |
| --- | --- | --- |
| **第二十九条** 对非法持有属于国家秘密的文件、资料和其他物品的，以及非法持有、使用专用间谍器材的，国家安全机关可以依法对其人身、物品、住处和其他有关的地方进行搜查；对其非法持有的属于国家秘密的文件、资料和其他物品，以及非法持有、使用的专用间谍器材予以没收。<br>非法持有属于国家秘密的文件、资料和其他物品，构成泄露国家秘密罪的，依法追究刑事责任。 | **第三十二条** 对非法持有属于国家秘密的文件、资料和其他物品的，以及非法持有、使用专用间谍器材的，国家安全机关可以依法对其人身、物品、住处和其他有关的地方进行搜查；对其非法持有的属于国家秘密的文件、资料和其他物品，以及非法持有、使用的专用间谍器材予以没收。非法持有属于国家秘密的文件、资料和其他物品，构成犯罪的，依法追究刑事责任；**尚不构成犯罪的，由国家安全机关予以警告或者处十五日以下行政拘留。** | **第六十一条** 非法**获取**、持有属于国家秘密的文件、**数据**、资料、物品，以及非法**生产、销售**、持有、使用专用间谍器材，尚不构成犯罪的，由国家安全机关予以警告或者处十日以下行政拘留。 |
|  | **第三十六条第一款 国家安全机关对依照本法查封、扣押、冻结的财物，应当妥善保管，并按照下列情形分别处理：<br>（一）涉嫌犯罪的，依照刑事诉讼法的规定处理；<br>（二）尚不构成犯罪，有违法事实的，对依法应当没收的予以没收，依法应当销毁的予以销毁；<br>（三）没有违法事实的，或者与案件无关的，应当解除查封、扣押、冻结，并及时返还相关财物；造成损失的，应当依法赔偿。** | **第六十二条** 国家安全机关对依照本法查封、扣押、冻结的财物，应当妥善保管，并按照下列情形分别处理：<br>（一）涉嫌犯罪的，依照**《中华人民共和国**刑事诉讼法》**等有关法律**的规定处理；<br>（二）尚不构成犯罪，有违法事实的，对依法应当没收的予以没收，依法应当销毁的予以销毁；<br>（三）没有违法事实的，或者与案件无关的，应当解除查封、扣押、冻结，并及时返还相关财物；造成损失的，应当依法**予以**赔偿。 |

续表

| 国家安全法（1993 年）① | 反间谍法（2014 年） | 反间谍法（2023 年） |
|---|---|---|
| 第二十九条　对非法持有属于国家秘密的文件、资料和其他物品的，以及非法持有、使用专用间谍器材的，国家安全机关可以依法对其人身、物品、住处和其他有关的地方进行搜查；对其非法持有的属于国家秘密的文件、资料和其他物品，以及非法持有、使用的专用间谍器材予以没收。<br>非法持有属于国家秘密的文件、资料和其他物品，构成泄露国家秘密罪的，依法追究刑事责任。 | 第三十二条　对非法持有属于国家秘密的文件、资料和其他物品的，以及非法持有、使用专用间谍器材的，国家安全机关可以依法对其人身、物品、住处和其他有关的地方进行搜查；对其非法持有的属于国家秘密的文件、资料和其他物品，以及非法持有、使用的专用间谍器材予以没收。非法持有属于国家秘密的文件、资料和其他物品，构成犯罪的，依法追究刑事责任；尚不构成犯罪的，由国家安全机关予以警告或者处十五日以下行政拘留。 | 第六十三条　涉案财物符合下列情形之一的，应当依法予以追缴、没收，或者采取措施消除隐患：<br>（一）违法所得的财物及其孳息、收益，供实施间谍行为所用的本人财物；<br>（二）非法获取、持有的属于国家秘密的文件、数据、资料、物品；<br>（三）非法生产、销售、持有、使用的专用间谍器材。 |
| | | 第六十四条　行为人及其近亲属或者其他相关人员，因行为人实施间谍行为从间谍组织及其代理人获取的所有利益，由国家安全机关依法采取追缴、没收等措施。 |
| | 第三十六条第二款　国家安全机关没收的财物，一律上缴国库。 | 第六十五条　国家安全机关依法收缴的罚款以及没收的财物，一律上缴国库。 |
| 第三十条　境外人员违反本法的，可以限期离境或者驱逐出境。 | 第三十四条　境外人员违反本法的，可以限期离境或者驱逐出境。 | 第六十六条　境外人员违反本法的，国务院国家安全主管部门可以决定限期出境，并决定其不准入境的期限。未在规定期限内离境的，可以遣送出境。 |

续表

| 国家安全法（1993年）① | 反间谍法（2014年） | 反间谍法（2023年） |
| --- | --- | --- |
| | | 对违反本法的境外人员，国务院国家安全主管部门决定驱逐出境的，自被驱逐出境之日起十年内不准入境，国务院国家安全主管部门的处罚决定为最终决定。 |
| | | 第六十七条 国家安全机关作出行政处罚决定之前，应当告知当事人拟作出的行政处罚内容及事实、理由、依据，以及当事人依法享有的陈述、申辩、要求听证等权利，并依照《中华人民共和国行政处罚法》的有关规定实施。 |
| 第三十一条 当事人对拘留决定不服的，可以自接到处罚决定书之日起十五日内，向作出处罚决定的上一级机关申请复议；对复议决定不服的，可以自接到复议决定书之日起十五日内向人民法院提起诉讼。 | 第三十五条 当事人对行政处罚决定、行政强制措施决定不服的，可以自接到决定书之日起六十日内，向作出决定的上一级机关申请复议；对复议决定不服的，可以自接到复议决定书之日起十五日内向人民法院提起诉讼。 | 第六十八条 当事人对行政处罚决定、行政强制措施决定、行政许可决定不服的，可以自收到决定书之日起六十日内，依法申请复议；对复议决定不服的，可以自收到复议决定书之日起十五日内，依法向人民法院提起诉讼。 |
| 第三十二条 国家安全机关工作人员玩忽职守、徇私舞弊，构成犯罪的，分别依照刑法第一百八十七条、第一百八十八条的规定处罚；非法拘禁、刑讯逼供，构成犯罪的，分别依照刑法第一百四十三条、第一百三十六条的规定处罚。 | 第三十七条 国家安全机关工作人员滥用职权、玩忽职守、徇私舞弊，构成犯罪的，或者有非法拘禁、刑讯逼供、暴力取证、违反规定泄露国家秘密、商业秘密和个人隐私等行为，构成犯罪的，依法追究刑事责任。 | 第六十九条 国家安全机关工作人员滥用职权、玩忽职守、徇私舞弊，或者有非法拘禁、刑讯逼供、暴力取证、违反规定泄露国家秘密、工作秘密、商业秘密和个人隐私、个人信息等行为，依法予以处分，构成犯罪的，依法追究刑事责任。 |

续表

| 国家安全法（1993年）① | 反间谍法（2014年） | 反间谍法（2023年） |
| --- | --- | --- |
| 第五章 附 则 | 第五章 附 则 | **第六章 附 则** |
| **第三十三条** 公安机关依照本法第二条第二款的规定，执行国家安全工作任务时，适用本法有关规定。 | **第三十九条 国家安全机关、**公安机关依照**法律、行政法规和国家有关**规定，**履行防范、制止和惩治间谍行为以外的其他危害国家安全行为的职责**，适用本法的有关规定。 | **第七十条** 国家安全机关依照法律、行政法规和国家有关规定，履行防范、制止和惩治间谍行为以外的危害国家安全行为的职责，适用本法的有关规定。<br>公安机关**在依法履行职责过程中发现、惩治危害国家安全的行为，适用本法的有关规定。** |
| **第三十四条** 本法自公布之日起施行。 | **第四十条** 本法自公布之日起施行。**1993年2月22日第七届全国人民代表大会常务委员会第三十次会议通过的《中华人民共和国国家安全法》同时废止。** | **第七十一条** 本法自**2023年7月1日**起施行。 |

**图书在版编目（CIP）数据**

中华人民共和国反间谍法释义 / 王爱立主编．—北京：中国法制出版社，2023.6
ISBN 978-7-5216-3490-7

Ⅰ．①中…　Ⅱ．①王…　Ⅲ．①反间谍法-法律解释-中国　Ⅳ．①D922.145

中国国家版本馆 CIP 数据核字（2023）第 069389 号

策划编辑：袁笋冰　　　　责任编辑：王林林　　　　封面设计：蒋　怡

**中华人民共和国反间谍法释义**

ZHONGHUA RENMIN GONGHEGUO FANJIANDIEFA SHIYI

主编/王爱立
经销/新华书店
印刷/三河市紫恒印装有限公司
开本/710 毫米×1000 毫米　16 开　　　　印张/ 28.5　字数/ 488 千
版次/2023 年 6 月第 1 版　　　　2023 年 6 月第 1 次印刷

中国法制出版社出版
书号 ISBN 978-7-5216-3490-7　　　　定价：98.00 元

北京市西城区西便门西里甲 16 号西便门办公区
邮政编码：100053　　　　传真：010-63141600
**网址：http：//www.zgfzs.com**　　　　**编辑部电话：010-63141672**
**市场营销部电话：010-63141612**　　　　**印务部电话：010-63141606**

（如有印装质量问题，请与本社印务部联系。）